華東理工大學
EAST CHINA UNIVERSITY OF SCIENCE AND TECHNOLOGY

1

学校举行庆祝中国共产党成立
95 周年大会

2

教育部党组第五巡视组来学校巡视

3

学校隆重举行2016级新生（本科生、研究生）开学典礼

4

魏东芝教授领衔项目喜获国家
技术发明二等奖

5

学校揽获上海市科学技术奖励
多项大奖

6

曲景平校长应邀参加 2016 浦江创新论坛

7

华理青年教师段学志获评第16届
国际催化大会“青年科学家奖”

8

华理青年教师应佚伦获世界最具潜力
女科学家称号

9

学校承压系统与安全教育部重点实验室承担的“安全阀热态试验关键技术研究”通过中国机械工业联合会专家组鉴定

10

市环境保护局总工程师罗海林、刘昌胜副校长共同为“系留气球垂直观测联合基地”揭牌

11

学校与韩国 TENT 公司关于煤气化制合成气项目的多喷嘴对置式水煤浆气化技术许可签约仪式举行

12

曹锦清教授主持的国家社会科学基金重大项目“构建全民共建共享的社会治理格局研究：聚焦人口流入型地区”开题论证会举行

13

鲍宗豪教授承担的国家社会科学基金重大项目“推动物质文明与精神文明协调发展研究”开题研讨会举行

14

学校参展第十八届中国国际工业博览会并获得好成绩

15

学校计算化学团队在第 10 届中国青少年科技创新奖颁奖大会上获“小平科技创新团队”称号

16

学校 Emoji 团队在第 10 届全国大学生化工设计竞赛全国总决赛中荣获特等奖

第十届中国青少年科技创新奖颁奖大会

2016年“东华科技-陕鼓杯”
第十届全国大学生化工设计竞赛
全国总决赛
The Final of the 10th China Undergraduate Chemical Engineering Design Competition
華東理工大學

中国研究生电子设计竞赛二十周年纪念
暨第十一届竞赛
颁奖典礼
ELECTRONICS
THUNDEROBOT

Signing Ceremony
Wenqing Zhang
Yongsheng Li
Wei Wu

17

学校学生团队在第 11 届中国研究生电子设计竞赛中获一等奖

18

法国化学工程师学校联盟（FGL）主席 Pierre LE Cloirec 一行来校访问 - 双方签署中法工程师联合教育项目协议

19

曲景平、刘昌胜、田禾等校领导陪同诺贝尔化学奖得主 Ben L.Feringa 教授参观结构可控先进功能材料及其制备教育部重点实验室

20

校党委书记杜慧芳率团访问美国阿克伦大学

21

学校和澳大利亚昆士兰科技大学签署博士联合培养协议

22

学校在加州大学伯克利分校举行海外人才招聘会

23

杜慧芳、曲景平带队到金山区交流校地合作事宜

24

学校与寻甸县签署本科学历教育帮扶协议

25

学校举行86届校友捐资修缮
"青春桥"开通仪式

26

华东理工大学澳大利亚校友会
成立

28

学校话剧团原创话剧《海岛来信》首次公演

27

学校第7届校际模拟联合国大会在奉贤校区召开

29

华理女乒团队揽获波罗的海大学生运动会多项冠军

E3
中国

学校伊卡斯特合唱团（ECUST Choir）参加第 14 届
“歌唱世界”国际合唱艺术节揽获五项大奖

2017

华东理工大学年鉴

East China University of Science and Technology Almanac

2017

华东理工大学年鉴编写组　组编

華東理工大學出版社
EAST CHINA UNIVERSITY OF SCIENCE AND TECHNOLOGY PRESS
·上海·

图书在版编目（CIP）数据

华东理工大学年鉴. 2017/华东理工大学年鉴编写组组编. —上海：华东理工大学出版社，2018.11
ISBN 978-7-5628-5536-1

Ⅰ. ①华… Ⅱ. ①华… Ⅲ. ①华东理工大学-2017-年鉴
Ⅳ. ①G649.285.1-54

中国版本图书馆CIP数据核字(2018)第160311号

策划编辑 刘 军
责任编辑 高 虹 孟媛利
装帧设计 肖祥德
出版发行 华东理工大学出版社有限公司
地址：上海市梅陇路130号，200237
电话：021-64250306
网址：www.ecustpress.cn
邮箱：zongbianban@ecustpress.cn
印 刷 上海盛通时代印刷有限公司
开 本 889mm×1194mm 1/16
印 张 34.75
插 页 12
字 数 681千字
版 次 2018年11月第1版
印 次 2018年11月第1次
定 价 200.00元

华东理工大学年鉴
编纂委员会

名誉主任：杜慧芳

主　　任：曲景平

委　　员：（以姓氏笔画为序）

王　晓　王惠文　王慧锋　付　尧　朱为宏　李永生

李建伟　李　涛　李德强　沈海涛　沈悦萍　张爱民

陈　龙　陈　坚　陈　康　周　玲　范体军　岳海洋

林嘉平　袁洪学　夏江雯　夏春明　柴　华　倪　炜

黄　婕　龚学庆　阎海峰　葛铁群　焦家俊　童之敏

蓝闽波

主　　编：王爱祥

副 主 编：陈莉丽

编　　纂：王　阳

出版说明

一、《华东理工大学年鉴（2017）》（以下简称《年鉴》）是全面反映2016年华东理工大学基本情况及各项事业改革与发展的史料性文献、资料汇编，其中收录了2016一年内学校主要活动和各项工作的重要讲话、文献、照片、统计数据等资料。

二、本《年鉴》共分12个部分，涉及学科建设、教学与人才培养、科学研究、科技产业、师资队伍、行政管理、党群工作、学术交流与合作、办学支撑条件、表彰奖励等各个方面，并专题收录了重要活动的文选及2016年大事记。所刊内容由各单位确定专人负责提供，并经本单位主管领导审定。所有数据资料除另有注明外，均截至2016年12月31日。

三、本《年鉴》各栏目和分目之首设有“概况”条目，集中记述有关领域的总体情况；分目下的条目，以“【】”号标识。条目是基本的撰稿形式和重要信息的记录单元。

四、本《年鉴》力求资料完整，内容翔实，数据准确。由于编辑力量和水平有限，疏漏、误差之处在所难免，恳请读者批评指正。

五、本《年鉴》由华东理工大学校长办公室组织编写，得到了学校领导、机关各部门及各学院的大力支持与帮助，谨此一并致谢。

2017年10月

目录

Contents

001 **特　载**

002 在“两学一做”学习教育工作动员部署会上的讲话　杜慧芳

006 在华东理工大学庆祝中国共产党成立95周年大会上的讲话　杜慧芳

010 在2016年秋季干部大会上的讲话　杜慧芳

018 在全校科技创新大会上的讲话　杜慧芳

022 在“一流大学一流学科”建设务虚会上的讲话　曲景平

027 让创新成为一种习惯

——在2016届毕业典礼上的讲话　曲景平

030 梦想从学习开始

——在2016级新生开学典礼上的讲话　曲景平

033 在科技创新大会上的讲话　曲景平

041 **机构与干部**

043 学校党政领导名单

044 校党政机构负责人名单

049 院党政负责人名单

054 直属单位负责人名单

057 **学校概况**

063 **院系概况**

064 化工学院

067 生物工程学院

070 化学与分子工程学院

073 药学院

076 材料科学与工程学院

080 信息科学与工程学院

084　机械与动力工程学院
087　资源与环境工程学院
089　理学院
091　商学院
095　社会与公共管理学院
098　艺术设计与传媒学院
101　外国语学院
104　法学院
107　体育科学与工程学院
110　马克思主义学院
113　高等教育研究所（工程教育学系）

117　**教育与教学**
118　本科教育
153　学生思想品德教育与管理
155　招生与就业
159　研究生教育
208　成人继续教育
215　网络教育学院

219　**科学研究与学科建设**
220　自然科学研究
236　人文社会科学研究
240　学科建设

247　**人事工作**
248　教职工队伍建设
256　离退休工作

259 **外事工作**

260 对外合作与交流

267 国际工程师学院

273 中德工学院

278 国际教育学院

283 **公共保障体系与后勤服务**

284 校园信息化建设

286 图书情报

288 档案工作

289 校园基本建设

291 教育技术

292 实验室与装备资产管理

301 财务工作

303 采购与招投标工作

304 审计工作

305 校董事会基金会及校友会工作

308 后勤工作

312 金山科技园

313 校办产业

318 对口支援与定点扶贫工作

321 **党建与思想政治工作**

322 组织工作

327 宣传思想文化工作

366 统战工作

369 纪检监察工作

372 安全保卫工作

374 机关党建
376 工会（妇委会）工作
379 共青团工作

383 **表彰与奖励**
384 获得国家级先进集体、先进个人名单
385 获得省部级先进集体、先进个人名单
393 获得各类表彰的学生集体和个人名单

517 **大事记**

特载

Tezai

在“两学一做”学习教育工作动员部署会上的讲话

杜慧芳

2016年3月22日

同志们：

在全体党员中开展“学党章党规、学系列讲话，做合格党员”学习教育是今年党建工作的龙头任务，是继群众路线教育实践活动、“三严三实”专题教育之后，深化党内教育的又一次重要实践，是坚持和明确《党内政治生活若干准则》的重要途径，对于进一步解决党员队伍在思想、组织、作风、纪律等方面存在的问题，保持发展党的先进性和纯洁性有着重大意义。

这次学习教育，是落实党章关于加强党员教育管理要求、面向全体党员深化党内教育的重要实践，是推动党内教育从“关键少数”向广大党员拓展、从集中性教育向经常性教育延伸的重要举措，是加强党的思想政治建设的重要部署。我们要站在协调推进“五位一体”总体布局和“四个全面”战略布局、贯彻落实五大发展理念的战略高度，深刻认识和准确把握开展学习教育的重要性及必要性，增强责任感和使命感，切实把思想和行动统一到党中央的部署要求上来，主动增强政治意识、大局意识、核心意识、看齐意识，坚定正确的政治方向。

根据中央学习教育方案和教育部党组的有关工作通知，学校制订了具体的实施方案，正在发文，马书记就实施方案和工作安排进行了解读，很全面也很具体。在这里我提三点意见。

一、要全面加强学习，学深学透，不断提高思想政治觉悟

“两学一做”，基础在“学”。要充分发挥思想建党的优势，强化学习，提高认识，从源头补钙培元、立根固本，不断提高党员的思想政治觉悟。要把党的思想建设放在首位，以尊崇党章、遵守党规为基本要求，以用习近平总书记系列重要讲话精神武装全党为根本任务。

学习党章党规，重在明确标准、树立行为规范。党章是管党治党的总章程，是党内的总规矩。作为共产党员，尊崇党章、学习党章、遵守党章、维护党章，是最基本的要求和责任。中国共产党廉洁自律准则、纪律处分条例等党规党纪，是对党章的延伸和具体化，是共产党员为人做事的红线和底线。党章党规党纪学好了，才能心中有戒，行动有则。

学习系列讲话，要深入领会其丰富内涵和核心要义，深入领会贯穿其中的马克思主义立场、观点、方法，深入领会以习近平同志为总书记的党中央治国理政新理念、新思想、新战略，更好地实现思想上的统一、政治上的团结、行动上的一致，为党的事业不断发展壮大提供有力保证。我们要坚持读原著、学原文、悟原理，坚定理想信念，牢记为民宗旨，增强“三个自信”，做到真学、真信、真懂、真用。

二、要积极立足岗位，服务奉献，争做合格的共产党员

“两学一做”，关键在“做”。做合格共产党员是这次学习教育的着眼点、落脚点。要坚定信仰信念、强化政治意识、树立风清气正、勇于担当作为，把理想信念时时处处转化为行动的力量，切实做到爱党、信党、护党、跟党走。

要将学习教育与全面贯彻党的教育方针结合起来，与落实立德树人根本任务结合起来，与提高教育质量结合起来，与学校建设世界“一流大学、一流学科”的奋斗目标结合起来，与2016年学校重点开展推进的各项工作结合起来，取得实绩，干出成效，不断提升服务国家战略、满足行业需求和上海市经济社会发展的能力及水平，进一步推动全面从严治党要求落实到学校基层党建工作的各个方面，推动学校基层党组织和党员开拓进取，创先争优，积极发挥榜样示范作用。

全体党员要着眼党的建设与事业发展的实际，坚持以知促行，做讲政治、有信念，讲规矩、有纪律，讲道德、有品行，讲奉献、有作为的合格党员。党员领导干部要为学校事业发展尽职尽责，做信念坚定、为民服务、勤政务实、敢于担当、清正廉洁的好干部；教师党员要自觉践行“四有”好老师标准，自觉爱党、护党、为党，敬业修德，带头践行社会主义核心价值观，积极投身教育创新实践，不断提高业务能力和教育教学质量，做学生健康成长的指导者和引路人；学生党员要做勤学、修德、明辨、笃实的表率，坚定理想信念，练就过硬本领，勇于创新创造，矢志艰苦奋斗，锤炼高尚品格，不断增强道路自信、理论自信、制度自信，增强社会责任感、创新精神、实践能力。学生系统在制订学生党员“两学一做”学习教育实施方案时，要明确提出针对本科生党员和研究生党员的具体要求和行为标准。

三、要切实强化责任，抓住问题，不断夯实党建工作基础

“两学一做”，重在抓落实，重在抓经常，重在打基础，要求党员参加全覆盖式的、时间跨度为全年的学习教育。这是一项重大的政治任务，大家要担起责任，做好指导，解决问题。我再明确几点要求。

（一）党员领导干部要积极履职尽责，做在前头，承担责任，做出表率。对于此次学习教育，各二级党组织主要负责同志要切实履行第一责任人的职责，承担起主体责任，不仅要自身

做得好，过得硬，还要带好班子，带好队伍。

（二）各二级党组织要明确任务要求，根据时间节点层层推进，抓好落实。各二级党组织要根据学校安排，制订好本单位的学习教育实施安排，对所辖党支部进行全面指导，以确保学习教育落地、落实、落细。各二级党组织开展“两学一做”学习教育的情况将纳入党建工作责任制的考评内容，纳入二级党组织书记抓党建述职的评议考核。

（三）党支部做好学习教育各项工作，注意抓平常、融入经常。这次学习教育的特点，概括起来就是“三基本”：以党支部为基本单位，以组织生活为基本形式，以落实党员日常教育管理制度为基本依托。所以，党支部要发挥积极性、主动性和创造性，争取在“七一”党课、专题学习讨论、民主评议、专题组织生活会、评奖评优等工作中做出实绩，体现特色。1927年，三湾改编时“支部建在连上”促进了我军的新生和党对军队的绝对领导，这就是发挥了党的组织体系扎根基层、掌握基层的作用，希望同志们站在历史的高度，在“两学一做”中加强学校基层党支部建设，发挥支部作用，这对于加强高校党的领导和坚持社会主义办学有重要作用。

（四）坚持以问题为导向，重在解决突出问题，让师生员工满意。在全年开展学习教育的过程中，要做好实施方案中所列出的基层党建中存在的突出问题的整改工作。我们要注意继续查找群众反映集中的问题，继续查找不严不实的问题，继续查找党的建设、党员队伍管理等工作中存在的主要问题。针对这些问题，全力做好整改，为下半年开展的二级党组织换届工作打下良好的基础。

同志们，“两学一做”不是一次活动，不是一阵风，不忙一阵子，要夯实基础，抓好重点，步步推进。我校现有党员8 007人，基层党支部474个，我们只有抓好了常规工作，规范了管理，整理好了队形，尤其是形成思想上、政治上的共识，才能托起学校事业发展的摩天大厦。让我们一起加倍努力，为“两学一做”学习教育取得实实在在的成效，为学校事业的蓬勃兴旺发展做出新的更大的贡献。

谢谢！

在华东理工大学庆祝中国共产党成立 95 周年大会上的讲话

杜慧芳

2016 年 6 月 29 日

同志们：

今天，我们在这里隆重集会，庆祝中国共产党成立95周年。首先请允许我代表校党委向辛勤工作在学校教学、科研、管理、服务各个岗位上的教职员工党员，向勤奋学习、争当表率的学生党员致以节日的问候，向受到表彰的优秀共产党员、优秀党务工作者和先进基层党组织致以热烈的祝贺。

回顾中国共产党95年的奋斗历程，从诞生时的50多名党员发展到今天有8 700多万名党员的执政党，由小到大，从弱到强，我们心潮澎湃，倍感骄傲与自豪。中国共产党诞生与成长的95年，是我们党把马克思主义与中国实际相结合、探索民主救国、开辟民族复兴道路的95年；是我们党带领人民不畏艰苦、不怕牺牲、团结奋斗的95年；是我们党历经千锤百炼、站在时代前列、创造辉煌业绩的95年。“其作始也简，其将毕也必巨”，经过95年的奋斗，中国共产党开创了中国特色社会主义事业，建设了繁荣富强的新中国。

党的十八大以来，以习近平同志为总书记的党中央，带领全党全国各族人民朝着实现“两个一百年”奋斗目标、实现中华民族伟大复兴的中国梦奋勇前进。立足中国发展实际，坚持问题导向，逐步形成并积极推进全面建成小康社会、全面深化改革、全面依法治国、全面从严治党的战略布局；坚持以人民为中心的发展思想，鲜明提出了创新、协调、绿色、开放、共享的发展理念。中国共产党始终是中国特色社会主义事业的坚强领导核心，全面推进从严治党，大力加强党的思想建设、组织建设、作风建设、反腐倡廉建设、制度建设，以高标准严要求保持和发展党的先进性、纯洁性，增强党的自我净化、自我完善、自我革新、自我提高能力，推动中国特色社会主义道路越走越宽广。

近年来，校党委贯彻落实全面从严治党要求，注重思想建设，强化纪律意识，加强制度建设，落实党建责任，围绕中心工作深化综合改革，优化内部治理体系，调整干部队伍结构，谋划“十三五”发展战略。各级党组织、领导干部和全体党员，紧密结合中心工作，在人才培养、科学研究、服务社会等方面取得了丰硕成果，涌现了一批先进基层党组织、优秀共产党员和优秀党务工作者。今年被评为上海市先进基层党组织的是信息科学与工程学院辅导员党支部。被评为上海市教卫工作党委系统优秀共产党员的有：鲍亮、龙亿涛、徐心茹和魏东芝同志。被评为徐汇区优秀共产党员的是杨发祥同志。被评为上海市教卫工作党委系统优秀党务工作者的有魏群和程里同志。被评为上海市教卫工作党委系统先进基层党组织的有：信息科学与工程学院辅导员党支部、党委宣传部党支部、马克思主义学院“毛泽东思想和中国特色社会主义理论体系概论”课党支部、外国语学院大学英语党支部、化工学院化学工艺研究所党支部。同时，表彰了华东理工大学 2014—2016 学年优秀共产党员、优秀党务工作者和先进基层党组织。刚才“两优一先”代表刘志鹏、龙亿涛同志做了很好的发言。从他们的发言中，我们感受到了先进基层党组织、优秀共产党员和优秀党务工作者的精神风貌、赤诚之心、敬业之品、奉献之德，他们是我们学习的楷模。

同志们，在为取得成绩自豪之时，我们也要清醒地看到，学校改革与发展的任务非常艰巨，特别是面对国家建设一流大学、一流学科的新要求，国内外大学、学科和专业评估的新竞争，我们要有更强烈的危机感和紧迫感，各级党组织要切实承担起责任，通过全面从严治党，促进学校各项事业取得较快发展。今年，党中央要求在全体共产党员中开展“两学一做”学习教育，校党委在 3 月 22 日印发了《华东理工大学“学党章党规、学系列讲话，做合格党员”学习教育实施方案》，按照推进学习教育、突出问题导向、贯彻从严标准、坚持重心下移、确保取得实效的要求，在 4 月底完成了基层党支部的换届工作，学校现有 172 个教工党支部，254 个学生党支部，8 007 名共产党员。离退休各支部换届后，已举办了离退休支部书记培训班。当前，各二级党组织正立足基层，在完成规定动作的基础上开展各类自选动作，组织了丰富多彩的学党章党规、学习近平总书记系列重要讲话精神的学习活动和专题讨论，各支部正在开展形式多样的领导干部讲党课活动。

上半年，党委召开了 2016 年党风廉政建设干部大会；在 4 月 20 日至 5 月 24 日接受了教育部党组第五巡视组对学校进行的为期 35 天的巡视……各项工作正有序开展。下面，我结合下半年工作，就加强学校党的建设谈三点想法。

第一，强化党组织整体功能，发挥党的政治优势。

要坚持政治功能和服务功能相统一，重点解决基层党组织功能不强、力量薄弱、责任落实层层衰减等突出问题。各级党组织要坚持社会主义办学方向，围绕立德树人，宣传、执行党的路线方针政策，并为其贯彻落实发挥保证监督作用。要加强顶层设计，明确工作目标，充分调动全体师生谋发展、促改革的积极性和主动性，提高党的建设科学化水平。各学院要完善党政联席会议制度。要加强党的思想建设、组织建设、作风建设、制度建设和反腐倡廉建设。要将党建工作与群团工作相结合，找准与党建工作的契合点，把思想教育与解决实际问题结合起来，拓展服务载体，搭建成长平台，服务师生发展。下半年，校党委将有序开展二级党组织换届选举工作；组织开展支部书记培训，进一步提升工作能力，不断发挥各级党组织的凝聚力、创造力、战斗力。

第二，加强党员教育管理，发挥党员模范作用。

要将全面从严治党与从严教育管理党员相结合，引导全体党员学习党章、尊崇党章，履行党员的八项义务，学习《中国共产党廉洁自律准则》和《中国共产党纪律处分条例》，遵守党规，用习近平总书记系列重要讲话精神统一思想行动，坚持以知促行，做“讲政治、有信念，讲规矩、有纪律，讲道德、有品行，讲奉献、有作为”的合格党员。教师党员要自觉践行“四有”好老师标准，自觉爱党护党为党，敬业修德，带头践行社会主义核心价值观，积极投身教育创新实践，不断提高业务能力和教育教学质量，做学生健康成长的指导者和引路人；学生党员要坚定理想信念、增强社会责任，做勤学修德、明辨笃实的表率。下半年，“两学一做”学习教育将先后开展做“四讲四有”合格党员活动和立足本职岗位、履职尽责、建功立业的专题讨论。年底，将开展专题组织生活和民主生活会，对不合格党员进行组织处理。希望全体党员增强政治意识、大局意识、核心意识、看齐意识，增强守纪律、讲规矩的意识，增强严格党内生活的意识，始终牢记自己是党组织的一员，时刻接受组织约束和监督。

第三，打造忠诚干净担当的干部队伍，全面履职尽责。

权力就是责任，责任就要担当，忠诚干净担当是党对领导干部提出的政治要求。面对新形势、新任务、新要求，各级党组织尤其是党员领导干部要担当责任，做到在党忧党，为党尽职、为民尽责，要心系使命、扛起责任，学校的改革发展也需要一支能够承担重任的干部队伍。在用人理念上，要开阔选人用人视野，在教学科研管理各个岗位，统筹好各类干部的培养选拔与使用；在用人导向上，要做到德才兼备、群众公认；在用人机制上，要推进干部能上能下，对落实全面从严治党责任不力、抓工作不力的干部进行严肃问责。下半年，校党委将对去年提任的一批领导干部进行试用期考核，对全体中层干部要进行述学、述职、述廉考核，并对考核优秀的领导班子和个人予以奖励。同时，根据中共中央最新审议通过的《中国共产党问责条例》，及时调整不适宜担任现任岗位的干部，持续推动解决干部队伍中存在的能力不足“不能为”、动力不足“不想为”、担当不足“不敢为”、规矩意识不足“乱作为”的问题。通过不断的努力，打造一支忠诚干净担当的干部队伍。

同志们，扎根中国大地，创建中国特色世界一流大学、一流学科，是华理人坚定不移的目标，创建的道路前途光明，但又充满艰辛。当前，学校改革发展稳定的各项任务非常艰巨，尤其需要团结和凝聚各方面的力量，希望各级党组织、全体领导干部、全体共产党员坚持“严”与“实”相结合的工作作风，坚持以“学”促“做”、知行合一的行动自觉，带领全校师生、员工齐心协力，为把华东理工大学建设成“国际知名、特色鲜明、多学科高水平研究型大学”做出新的更大贡献！

在 2016 年秋季干部大会上的讲话

杜慧芳

2016 年 9 月 19 日

同志们：

刚才曲校长对学校上半年工作进行了总结，部署了下半年工作。曲校长的报告重点突出、任务饱满、要求明确，希望各位认真落实，振奋精神做好下半年工作。

今天，我主要想和大家分享四个方面的想法，为做好下半年的工作共同努力。

一、认清形势，综合把握国家对教育的发展规划和方向

习近平总书记强调“致天下之治者在人才”，人才的培养在教育。“教育决定着人类的今天，也决定着人类的未来。”

今年是“十三五”开局之年，党中央在“十三五”时期我国发展指导思想中明确提出“以提高发展质量和效益为中心”，特别强调了要“提高教育质量”。习近平总书记指出，要推进教育改革，提高教育质量，培养更多、更高素质的人才。李克强总理要求，“十三五”期间要把教育质量放在更加突出的位置，力争有新的突破。国务院印发了《统筹推进世界一流大学和一流学科建设总体方案》，教育部已经针对一流大学、一流学科建设出台了相关的政策和要求。

今年，5 月 30 日，全国科技创新大会在北京召开，进一步强调要把科技创新摆在更加重要的位置，提出了建设世界科技强国的目标和五大重点任务，要求着力提升高校自主创新能力，着力推进高校科技体制改革，着力培养创新团队和青年人才，努力在创新驱动发展战略中发挥更大作用。

8 月 11 日，教育部发布了《推进共建“一带一路”教育行动》，这是教育部贯彻落实《关于做好新时期教育对外开放工作的若干意见》的配套文件，是国家《推动共建丝绸之路经济带和 21 世纪海上丝绸之路的愿景与行动》在教育领域的落实方案，提出教育交流为“一带一路”沿线各国民心相通架设桥梁，人才培养为沿线各国政策沟通、设施联通、贸易畅通、资金融通提供支撑，聚力构建“一带一路”教育共同体。

8 月 15 日，上海市印发了《上海市教育改革和发展“十三五”规划》，提出“以率先实现教育现代化为总目标，以全面深化教育综合改革为动力，以全面推进‘依法治教’为保证，继续践行‘为了每一个学生的终身发展’核心理念，努力办好人民满意的高质量教育，为服务国家战略需求、加快建设具有全球影响力的科技创新中心、基本建成‘四个中心’和社会主义现代化国际大都市提供强大的人才支撑、智力支持和文化引领”，并对主要指标进行了预期。

9 月 14 日，就是中秋节放假的前一天，上海市召开了秋季高校党政负责干部会议。会议围

绕切实加强和改进上海高校党的建设、全面深化教育综合改革、聚焦提升上海高等教育和科技创新能力，服务国家创新驱动发展战略和上海科创中心建设，对下半年上海高校党的建设和改革举措等重点工作做了部署，并强调要紧紧抓住一流学科建设和提升人才培养质量两大关键。

可以说，国家教育科技发展改革正在不断深入推进，需要我们及时掌握和综合把握方向、政策。

二、总结经验，把“两学一做”学习教育引向深入

从上半年总体情况看，“两学一做”学习教育推进有序、态势良好、成效明显，基本完成了学校确定的阶段性目标。但从教育部巡视和学校的检查中，我们也看到了学习教育中存在的问题：少数基层党组织思想上还不够重视；有的党组织集中学习研讨不够深入；个人思想与工作实际结合不够紧密，学做脱节、学改分离；基层党支部的主体作用和整体功能还需要进一步加强。

针对这些问题，在接下来的“两学一做”学习教育中，一要站位认识有高度。要进一步把“两学一做”学习教育上升到党中央贯彻全面从严治党要求的重大部署、推进思想政治建设常态化制度化的重要实践、推动管党治党工作向基层延伸的重要举措这个高度来认识，作为一项重大的政治任务来落实。要充分发挥党支部的主体作用，将“三会一课”等党的组织生活基本形式作为“两学一做”学习教育的主要路径。二要学习研讨有深度。在上半年深入学习党章和条例的基础上，正处级以上党员领导干部都精心准备，带头上党课，强化了与基层党支部的交流互动，增强了党课的吸引力。本学期要进一步深入学习《习近平总书记系列重要讲话读本》等，进一步深入学习习近平总书记在建党 95 周年庆祝大会上的讲话，要在学党章党规中进一步深刻领悟总书记重要讲话精神，真正实现“两学”深入融合。三要边做边改有力度。对照教育部巡视组反馈意见提出的突出问题和整改意见，学校制订了《华东理工大学关于对巡视情况反馈意见的整改任务清单》，要结合“两学一做”学习教育，立足岗位，尽职尽责，做讲政治、有信念，讲规矩、有纪律，讲道德、有品行，讲奉献、有作为的合格党员、干部。

三、落实巡视整改，切实担负起全面从严治党的主体责任

在中央从严治党要求下，学校党建工作面临新形势、新要求，问责力度不断加大，倒逼各

级党委落实主体责任。教育部对我校巡视反馈的意见中提到的一些问题，如“部分二级党组织及党支部主要负责人不熟悉、不了解党务工作”“二级党组织大多以行政会议、党政联席会议代替党委会，教工党支部也大多以行政工作、教研室工作代替支部组织生活，有的学生支部把论文答辩都视为支部组织生活内容。二级基层党组织会议记录严重不全，记录不认真，大多以会议提纲、纪要或总结代替会议记录，无法完整体现组织生活的严肃性和真实性。二级党组织多数没有民主生活会记录”等等，这些都反映了我们全面从严治党的意识不强，主体责任落实不到位，压力层层传导不够。为此，我们要进一步加强二级党组织的全面从严治党的主体责任，各位书记要充分认识党委（总支）书记在担负党的主体责任中的重要性，主动提高认识，加强研究，将主体责任层层进行分解；领导干部要增强主体责任意识，确保工作有人抓、问题有人管、责任有人担，切实增强全面从严治党的责任感和紧迫感，抓好整改落实工作。

学校党委根据教育部巡视反馈意见，建立了整改问题清单、任务清单和责任清单，将整改任务细化分解为 5 个方面、13 个大类、43 项具体问题，相应制订了 116 项整改任务，逐一明确每项整改的主责校领导、主责部处、任务清单、完成时间。根据整改方案的时间进度，9 月底前计划完成整改任务 71 项，年底前再完成 10 项，其余 35 项为系统性、长期性的任务。针对系统性、长期性的问题，各部门要围绕问题产生的根源，以改革和创新的思路探求解决问题的有效途径，加强顶层设计、突出工作重点，坚持标本兼治，把整改工作与完善学校内部治理体系结合，与全面推进“十三五”发展相结合，特别是注重从管理体制、运行机制、制度建设等各方面堵塞漏洞，着力破解学校改革发展的瓶颈制约；要在积极整改解决问题的同时，更加注重建章立制，健全全面从严治党的长效机制，形成保持成果的制度、规范。

四、真抓实干，勇于担当，推动学校事业更上一层楼

我们在座的干部都是在华理成长起来的，学校教给我们知识、教会我们做人，让我们发展当教授，给我们平台做干部，让我们展示才能为学校的发展管理服务。可以说我们这里有从读书到现在始终在华理勤勤恳恳奉献的干部，也有兜兜转转在外学习、工作锻炼后又回到学校继续工作服务的，还有组织派过来和华理一同奋斗进步的。既然我们到了华理，在华理做了干部，我们对华理的爱就要渗入血液、骨髓，要共同努力把学校事业发展好，不能辜负组织的信任、嘱托，不能辜负全校师生的期盼、期望。

怎样让组织更加信任、放心，如何实现师生的期盼、期望？我想和大家共勉几点。

一要坚持学习，用科学系统的理论指导实践。

首先要坚持政治理论学习。要自觉用政治思想、政治理论武装头脑，不断提高政治意识、政治素质，增强做好工作的本领。领导干部每做一件事，脑子里首先闪现的标准就是政治标准，没有政治意识政治素质，干出来的事就可能南辕北辙，就可能增加成本，搞不好还会栽进泥坑。这就是习近平总书记要求的领导干部、党员都要自觉增强政治意识、大局意识、核心意识、看齐意识。清华大学到现在依然强调又红又专、国家使命、崇尚学术，这就是政治意识，也成了清华的文化。今天的政治理论学习就是习近平总书记的系列重要讲话，就是中国特色社会主义。只有在思想上与党中央保持高度一致，行动上才能做到不偏不倚；只有提高了政治意识，才能正确理解中央决策、部署，才能更好地将其落实到实际工作中。

其次要与时俱进地进行形势政策学习。领导干部要提升顶层设计的能力和系统思维的能力，要十分注意外在政策的学习，结合学校实际情况制订发展政策、制度。领导干部既要加强对学校工作的全面了解和分管工作的系统了解，也要加强对学校历史现状的了解和校内外情况的了解，更要加强对教育发展规律的把握和双一流建设走向的研究，在工作中成为校领导的参谋助手，成为本领域政策制度的权威解读者。这样才能更好地解决问题，推动工作。

再次要深入实际向师生学习。曲校长和我到学校工作的第一件事就是了解基层情况，加强对校情的了解；我们几位副校级领导履新的第一件事也是调研。因为调查研究是把科学理论同具体实际相结合的基本方法和现实途径，更是谋事之基、成事之道。去年我们进行了新一轮的中层干部选拔、聘任，很多干部到岗后能够走出办公室，沉到学院、基层了解情况，准确定位问题，但有的干部还是停留在“看文件，看的文件不系统、不准确”，或者是到了基层调研也不是服务的思维而是管理的思维，不是解决问题的研究而是指挥的架势。这就造成了自上而下的执行力不强和自下而上的研究解决能力不强，造成了我们很多决策的事情落不了地。

（比如，有的职能部门在制订学校专项类的实施规划时，没有调查、研究，没有问题导向，写出来的规划千篇一律，换个校名用在哪个学校都行，没有体现学校的实际问题和发展特色，没能真正达到让学校这方面工作通过规划实现跨越发展的目的。）

我们的工作不能再停留在会议上、文件上、办公室里，要通过全面、深入、系统的调查研究弄清楚情况和问题，再来制订政策，拿出具体有效且符合校情的措施。今后，无论是个别研究还是上会讨论，凡是涉及各部门的工作都应该在事前充分调研的基础上给出两套以上可比较的建议方案，以供与会人员讨论和决策。

这学期我们会加大督查工作力度，督任务、督进度、督成效，精准对接学校发展，精准对接基层所盼、师生所向。

二要真抓实干，用表率争先的作风开展工作。

习近平总书记多次强调，任何工作都是一分部署、九分落实，一切工作只有落实了才有意义。

目前我们中层干部的平均年龄是45.3岁，可以说是一支非常有战斗力的队伍。打造一支有干劲、有水平、高效率的干部队伍会让学校的改革与发展焕发新的活力、产生更大的动力。那么我们这支队伍真抓实干抓什么？怎么干？简单概括就是：抓规划、抓落实；投入干、配合干。

今年6月，国家下拨了中央高校建设世界一流大学（学科）和特色发展引导专项资金（我们学校是4 000万元）；近期，教育部、国家发改委、财政部正在紧锣密鼓地研究制定世界一流大学和一流学科建设实施办法和配套政策，拟于今年全面启动新一轮建设。上海市高峰高原学科建设也在按照既定规划执行。我们要盯着这些规划制定和完善学校的规划、方案。

十届第88次党委常委会已经讨论并通过了学校的“十三五”改革发展规划，按照学校的“十三五”规划，各专项规划的“施工图”也要在年底之前编制完成。编制“十三五”校级专项规划，要以学校整体规划为统领，以问题为导向，提出具有针对性、前瞻性、导向性、可检查、可评估的发展指标；要处理好规划目标定性与定量的关系，规划既要有可行性、可操作性，又要能够考核，能够为“双一流”建设提供核心支撑。

（双一流建设的核心是学科建设。学科一流，大学才会一流，建设一流学科就是建设一流大学。我们学校的很多学科都是在原来化工基础上发展而来的，在成长的过程中又互相渗透、互相影响。一方面，存在一个学科分布在几个学院，不利于整体规划和发展的现象；另一方面，又存在一个学院的学科偏离了学科本身的方向，融合到了“能获得更好资源”的学科中，没有深入地从学科的本身发展出发的现象。学科的发展规划是我们发展的指挥棒，学科调整可能带来短期的阵痛，但站在学校未来10年、20年甚至50年的目标上来谋划，一个相对稳定、结构优化、科学前瞻的学科体系，必定能为华理迎来未来的发展！）

规划定了，目标有了，工作就不能再原地打转，必须有落实。工作中，很多人说起规划都头头是道、讲问题都能切中要害，但具体落实还是“从宏观到宏观”。再好的规划没有具体的落实措施也就是“纸上谈兵”而已。我们更多时候是要按照规划提出具体的措施、工作完成的时间节点，及时总结工作中的好的经验做法，及时反馈落实工作中存在的问题以及如何进一步解决的方案。

落实好这些规划就要倾情投入，倍加努力。我们常说“不进则退，慢进也是退”；但从现在高校发展的竞争趋势上讲应该说是“慢进则退，不进则亡”！我们很多干部都是“双肩挑”干部，在干部选拔过程中都承诺过要在管理岗位上倾情投入、服务师生的。我们有的干部刚到岗位上的时候干劲十足，工作一段时间发现困难多、问题多，产生了“还不如做好自己的学术”的思想，管理上投入少了，研究思考问题的时间少了，应付工作、推脱工作的借口多了；有的机关干部在岗多年，说起话来就是“我都这个岁数了，要退休了”，工作上等、靠的思想重了，有了“不干事不出事”的思想，造成了工作的停滞不前。这些都影响着学校的发展。对于华理来说，发展、进步只有一条道路，就是人人全身心投入工作，干部以饱满的工作热情投入管理岗位，尽心竭力、“夙夜在公”，只有这样，学校的管理水平和成绩才会更上一层楼，我们在“双一流”建设的道路上才能争得一席之地。

现在，我们的工作不再是单打独斗就可以完成的了。我们各块的工作、各学院的工作要通过相互交流、相互学习达到相互配合、相互支撑。新一届校领导班子非常重视相互沟通和配合，一个专项的工作经常都是一位副校级领导牵头，多位副校级领导配合，增强了工作的系统性和全局性，真正站在学校的全局角度看问题、解决问题，实现工作的良性循环。

今年，我们进一步完善了薪酬体系，学校投入了大量的财力完成全校教职工上半年校岗位津贴调整，和去年一样，这是普惠性的提高。接下去能不能持续稳定地提高教职工的待遇，就要在座的各位共同发力，不断向外部争取资源、平台、项目！

三要勇于担当，用纪律规矩的尺子要求自己。

今年6月28日，中共中央政治局审议通过了《中国共产党问责条例》，并于7月8日起施行。

8月16日，《中共教育部党组关于印发〈高等学校深化落实中央八项规定精神的若干规定〉的通知》（以下简称《通知》），对7个方面做出了明确规定。各位同志要深入学习领会《通知》精神，抓好本单位的党风廉政建设工作。教育部在巡视反馈意见中，特别提到了“部分二级单位负责人‘一岗双责’意识欠缺，重业务管理，轻廉政监督。在巡视个别谈话中，一些中层干部甚至不知道‘一岗双责’的含义”，在这里，我要特别强调一下“一岗双责”。“一岗”就是一个领导干部的职务所对应的岗位；“双责”就是一个领导干部既要对所在岗位应当承担的具体业务工作负责，又要对所在岗位应当承担的党风廉政建设责任制负责。

各位领导干部要学习、落实好《中国共产党问责条例》，激活党组织内部责任意识，坚持问题导向，强化问责工作，抓住关键少数，完善规范制度。校党委已经制订了《华东理工大学关于对中层领导干部进行提醒、函询和诫勉工作规程》，对提醒、函询和诫勉的适用情形和工作规程进行了详细规定，进一步加强和改进对中层领导干部的教育、管理和监督。

请各位认真落实党风廉政责任，找出风险点和薄弱环节，加以防范，切实做到一心一意谋划事业发展、扎扎实实推进党风廉政建设。

同志们，2016年已经过去9个多月了，我们下半年的工作任务很重，希望大家努力工作，全身心投入学校的改革发展，加大改革力度，加大落实力度，不断增强华理发展的动力和活力，以更加饱满的热情迎接明年校党代会，以更加优异的成绩迎接党的十九大！

谢谢大家！今天的会议到此结束！

在全校科技创新大会上的讲话

杜慧芳

2016 年 10 月 22 日

尊敬的高瑞平副主任、张旭副司长、傅国庆总工程师、谢在库主任，

老师们、同志们：

今天，我们在这里隆重召开全校科技创新大会，动员全校上下深入贯彻全国科技创新大会精神，研究部署我校科技创新工作。

首先请允许我代表学校对各位领导长期以来支持学校发展表示衷心的感谢，并恳请各位领导能够继续支持、帮助华东理工大学的各项工作！

华东理工大学是伴随着新中国的成长而发展起来的。60 多年来，学校培养了 10 多万优秀毕业生，产生了很多重要的科技成果。

一、自 1952 年建校起，学校就以服务国家战略需求为使命

1956 年，党中央向全党全国发出“向科学进军”的号召，我校苏元复教授参与新中国第一个中长期科技规划制定。学校先后诞生了新中国第一支青霉素、第一个彩色胶片、第一个抗生素专业、第一个化学工程学专业，学校为我国化学工业的进步做出了奠基性贡献。

1978 年，党中央召开全国科学大会，我校 12 项科技成果获奖。

1995 年，党中央、国务院召开全国科学技术大会，明确提出实施科教兴国战略。学校率先成立高新技术成果转化中心，“红霉素过程优化技术”等一大批产学研成果为国家战略产业的发展提供了重要支撑。

2006 年，党中央、国务院召开全国科学技术大会，部署实施《国家中长期科学和技术发展规划纲要（2006—2020 年）》。学校主动引领绿色产业发展，成功开发了中国首套自主知识产权的水煤浆气化技术，是世界上唯一同时拥有水煤浆气化和粉煤加压气化技术的研究单位，实现了中国大型化工成套技术首次向发达国家出口，建成了国际上最大规模的水煤浆气化装置……学校科技创新成果和优势学科建设实现了立足国内、走向世界。

人文社科方面，在社会工作与服务、“三农”问题、全国文明城市测评体系设计等方面的研究都在全国具有较大的影响力。

二、以科技创新为引领，加快推进“双一流”建设

党的十八大提出实施创新驱动发展战略。5 月 30 日召开了全国科技创新大会，习近平总书

记发表重要讲话，吹响了我国建设世界科技强国的号角。

围绕建设一流大学、一流学科，学校要着力培养创新人才，加强科研团队建设，加快科研成果转移转化。

要着力培养创新人才。人才是创新的根基，大学的根本任务是立德树人。要着力构建创新型人才培养的教育体系，注重学生创新精神和创新能力的培养，及时在教学中传播最新的研究进展和成果，为学生搭建创新创业平台，提供更多的科研实践锻炼机会，不断提升创新创业的能力。

要着力加强科研团队建设。变“单兵作战”为“团队作战”；大力支持学科建设和基地平台建设，组建交叉性科研团队，努力承担重大科研项目、产出高水平科研成果。

要加快科技成果转移转化。今年 4 月，国务院办公厅印发了《促进科技成果转移转化行动方案》；8 月，教育部、科技部联合印发了《关于加强高等学校科技成果转移转化工作的若干意见》。学校要健全成果转化机制，实现“基础研究—技术预研—重大技术研发—成果转化”的全链条产学研合作，推动重大科技成果转变为先进生产力。

三、认真学习，明确要求，不断推进科技创新工作

习近平总书记强调，“办好中国的世界一流大学，必须有中国特色”，要“扎根中国大地办大学”。科技创新要“面向世界科技前沿，面向国家重大需求，面向国民经济主战场”。我们要深刻领会习近平总书记系列重要讲话精神，认真学习、研究国家制定的相关政策、制度，瞄准世界科技前沿，积极对接行业需求，主动将学校的发展融入国家发展战略中。今天上午举办科技创新论坛，我们很荣幸邀请到了国家部委的领导、行业企业的领导为我们作报告，目的就是进一步加强学习，拓宽视野，开阔思路，增强对国家政策的领会、把握能力，进一步推动学校科技创新。

希望广大科技工作者以促进科技发展、民族振兴为己任，潜心研究，勇攀高峰，不断提升我校科研水平和科技创新的整体实力。希望各级党组织主动关心教学、科研的一线教师，高度关注科研人员和科研工作动态，充分调动教学、科研一线教师的工作积极性。希望科研部门加强制度建设，健全科学规范的科研制度体系，建立充满活力的科研管理机制，激发广大科研工作者的科技创新热情。

各位来宾，同志们！

10 月 25 日是华东理工大学建校 64 周年的日子。今天恰巧是我们毕业 30 周年校友返校的日子，广大校友用自己的成长与发展诠释了“勤奋求实，励志明德”的校训和“培育英才，服务社会”的办学使命。

昨天，习近平总书记在纪念红军长征胜利 80 周年大会上讲到，“长征永远在路上”，要“弘扬伟大长征精神，走好今天的长征路”。对我们学校来说，新的长征路就是“以科技创新为引领，加快推进‘双一流’建设”!

最后，预祝今天的科技创新大会圆满成功！祝各位来宾、同志们身体健康，工作顺利！

谢谢大家！

在“一流大学一流学科”建设务虚会上的讲话

曲景平

2016年1月19日

各位老师、各位同仁：

历时一天的会，紧张而严肃，活泼而细腻，开得非常好。我认为今天的会好就好在：一是时机准，二是水平高，三是思考深，四是人气旺。今天与会的各位教师的状态都非常好，正像书记刚才讲的，这是我们干事创业、追求一流的前提和保障。

过去古人讲“不谋全局不足以谋一隅”，这是告诉我们谋划意识；第二句话是“取法于上，仅得其中；取法于中，仅得其下”，所以杜书记经常讲，要有标杆意识，要有看齐意识。今天请黄校长、张书记来，一方面，听他们谈谈大学文化、管理方方面面的指导思想；另外呢，我们要向高水平大学看齐；第三，人无远虑必有近忧，这是要有忧患意识。无论是谋划意识、标杆意识、忧患意识，总而言之，今天坐在一起，都有一个共同的责任意识，那就是如何把我们华东理工大学的事业做得更好，在争创一流的过程当中抓住机遇、顺势而上。

那么，结合今天这么一个会议，我谈谈我的几个思考，其实这些思考不成熟，今天务虚会，我就简单同大家讲讲。我认为下一步要做好“双一流”，谋划“十三五”，包括深化学校综合改革，要在五个“力”上下功夫。

第一是要保持定力。这个定力来源于哪里呢？就是来源于我们华东理工大学办学 64 年的经验特色，我们华理几代人艰苦创业、励志明德的结果。上周五，学校召开了校董会，也召开了学术委员会，周六又召开了校友会理事会，其实每每对着这些校友，对着广大教师和广大学生对学校事业发展的期盼，我都会感到压力很大。但是如何把压力转化为动力，这要靠智慧和努力。所以，我们一定要增强信心，对过去 64 年的建设不断总结经验，提高我们的特色，来增强我们的信心，当下我们更要保持这种定力和自信。

杜书记我们俩来了以后，我们只有踏踏实实向华理的教师学习，向华理的历史学习，真正使我们自己首先成为一名负责任的光荣的华理人，接下来跟大家集思广益、凝心聚力，推动学校事业发展。所以，我想首先我们要保持定力。

第二要激发活力。今天黄校长和张书记都讲到要如何激发基层学术组织的活力。现在，就是学院的活力、部处的活力，如何让活力进一步地迸发，让大家的积极性、主动性、创造性进一步得到彰显，这是我们办学治校的根本。我们现在改革发展任务很重，学院和部处单位的责任也很重。我们以学校的大胜，来综合每个学院和每个部门的小胜，没有部门的小胜，很难换来学校的大胜。所以当前，我们必须激发学院、部处及基层学术组织的活力。

大家经常讲，我们现在从内燃机时代进入了动车时代，内燃机和动车有什么区别呢？当然都是“火车跑得快，全靠车头带”，这个都没变，但是重要的是动车每个轮子都发力。所以我们各个学院、各个部处，一定要只争朝夕、担当责任、主动作为、勇于发力。当下，面临着我们做“十三五”规划，面临着“一流大学、一流学科”建设方案，各个学院一定要站在学校的高度，来审视你的学科规划。

今天我们都讲到从新一轮的发展当中不断地服务于我们新的学科增长点，不断地提质增效，而不是简单地提转型。在原来的基础上，赋予我们学科新的生命，将我们的学科向生命、能源、健康、环境等国家战略型新兴产业这方面去延伸、去拓展。

另外，今天在座的各位都是部门的领导，学院的书记、院长，部处的处长。在激发活力的过程中，核心是调动广大教职员工的积极性和创造性，关键是凝心聚力，关键是做人的思想。我们再好的规划、再好的愿景、再好的目标，最后落脚点都是怎样去抓落实、谁去抓落实、谁去出贡献，是我们的广大教师。我们一定要深入到每个教师当中，倾听他们的需求，汇聚他们的智慧，阐明你的思路，把功夫用在平时。

我们经常讲“平时多流汗，战时少流血”，你把一些学校的包括学院的规划愿景及时地跟教授交流，及时地向他们传递，及时尊重他们、吸纳他们的建议，不只你的规划做得好，你将来在执行这个规划、推动发展的时候，你的执行力也会好。大家知道为什么要干，也知道怎么干，大家一门心思朝一个方向把事情做好。所以我跟杜书记经常讲，一定要转变我们的工作方式，要为一线教师排忧解难。这是我讲的第二点，如何激发活力。

第三要汇聚合力。我们今天事业的发展是华东理工大学的发展，我们做任何规划，设任何目标，都是为了学校的整体工作来奋进的。我们经常讲，我们今天的竞争是参与对外的竞赛，内部只有合作和协调。怎么参与对外竞争？我们与其伸出去五指，还不如收回来一个拳头，收回来捏紧了拳头向外打出去，就要提倡这个拳头教育。所以回到我们刚才讲的“十三五”规划也好，“一流大学、一流学科”的规划也好，各个学院、部门、学科的规划，包括我们子项目的规划一定要服从学校的规划。我们经常讲“大河有水小河满，大河无水小河干”，我们今天能够发展、能够进步、能够成长的是我们华东理工大学，所以在这方面大家一定要步调一致。在这个过程当中，各个部门要相互协调，上下联动，精准发力。

过去讲“人心齐泰山移”，我们实实在在地想想，大到一个国家，小到一个家庭，不怕条件差，不怕底子薄，就怕没有合力。只要我们凝心聚力，就没有克服不了的困难，没有实现不了的目标，关键是有了合力以后，大家开始出生产力，大家心情愉快、干劲倍增。同时杜书记经常讲，也要通过我们的努力，提高我们广大师生和员工的待遇，所以呢，这是我讲的第三点，要汇聚合力。

第四要精准发力。我们学校的事业发展千头万绪，哪个部门都不能缺，哪项工作都不能误，但是还得要抓重点、抓关键。做好精准发力，我要强调三点。

一是要强化目标管理。我们的各项工作都要抓目标管理，要有清晰的目标。从今年开始，我们每次校长办公会的主要议题都是为了中心，服务大局。各个副校长分管的工作收集几个重点来，在学校层面选出重中之重，我们每一次的工作、每一次的校长办公会就是要围绕重中之重的工作来展开联合攻关，时间紧任务重。我跟班子成员讲，我们一年凝心聚力、实实在在干成五到六件事情，坚持数年必有好处，就能看到学校实实在在的发展。有些工作不能议而不决，决而不做，所以这方面要强化目标管理。

二是，要坚持实行实效考核。你得有考核，做了，那做得怎么样？效果怎么样？是真正落地有声还是就闲在那呢？我们不能涛声依旧，今天重复昨天的故事。有的同志今年讲，明年也讲，后年还讲，讲到什么时候？所以我们要强化绩效考核，坚持问题导向。工作中，过程和程序要对结果负责，我们看的是结果，同时我们工作的结果要体现在解决问题上，而且要体现在解决学校事业发展关键、瓶颈的问题上。

三是要强化责任落实。在这里我要重点强调这一点，这个强化责任落实就是强化大家的担当责任。刚才柏钧副校长讲了如何把管理重心下移，我们不仅要把职能下移，关键是还要把责任下移。人财物给你了，目标责任也就给你了。所以这方面我们一定要精准发力，实实在在为学校的事业发展做出贡献。

最后一点要投入精力。谋划是前提，实干是根本，担当是本钱。事业是干出来的，不投入精力，不投入100%甚至更多的精力，事业是干不出来的。要真正做到“踏石留印，抓铁有痕”。刚才杜书记表扬了各位副校长，表扬了马书记，也表扬了宋来。我感觉我们这个班子，大家是投入的，团结的。去年12月30号，学校党委组织我们开了“三严三实”民主生活会，杜书记对这届班子成员提出了很高的要求。同时教育部的领导也列席我们的会议，对班子成员的投入、谋划和敬业精神给予了高度的肯定，我想这些都是我们事业发展的重要基础和保障。同样我也相信我们在座的各位一定会做得更好。

我一再跟我们班子副校长讲：凡是要下面做到的，首先我们要做到。以后我们要立下规矩，副校长有困难的找我，我所说的困难一方面是工作上的困难，另一方面我们有些人员是双肩挑的，科研、项目、用房，有困难你来找我。前提是你管那摊事，不能首先为了自己，首先考虑自己。你首先为了自己，就会让我们班子在广大教师面前没有信誉了。你有困难找我，我帮你解决，我代表组织帮你解决。我有困难找书记解决，书记有困难，我陪她一起去教育部解决。

我们班子是这样，各个基层也是这样的。我们学院的院长、书记，你有什么困难找分管的副校长、副书记；你们学院的副院长、副书记有什么困难，找你们学院的院长、书记。这样的话，我们才风清气正，才能在广大教师面前有公信力、有话语权。

同时，各位同志既然是学校的干部，是部门的负责同志，是带头人，那就决定了你在荣誉面前要缩小自己，在困难面前要放大自己。有的荣誉，组织上会考虑你的贡献，考虑你的付出，组织会替你考虑的；有的荣誉不该是你的，就不要考虑。但是在困难面前，你必须挺身而出，要看到你的身影，得看到你的担当。

今天的会，我讲了五个力：**保持定力、激发活力、汇聚合力、精准发力、投入精力。**有些想法不成熟，也不一定正确，还是那句话，务虚会跟大家交流。

各位教师，我们经常讲机会稍纵即逝，抓住了就是机遇，抓不住就是挑战，而一切机遇如何才能抓住呢？我现在又回到刚才讲的，5 月 13 号杜书记在“三严三实”动员会上的讲话：**一切机遇都是在实干中才能抓住和用好。**

我就谈这几点想法，谢谢大家。

让创新成为一种习惯

——在2016届毕业典礼上的讲话

曲景平

2016年6月17日

尊敬的各位来宾、各位老师，亲爱的同学们：

大家上午好！今天，我们在这里隆重举行华东理工大学2016届毕业生毕业典礼暨学位授予仪式。我代表学校，向圆满完成学业的3764名本科生、2397名硕士研究生和204名博士研究生表示热烈的祝贺！向辛勤养育你们的父母表示崇高的敬意！向悉心指导和热忱帮助你们的全校教职工表示衷心的感谢！

同学们，你们在华理学习和生活的几年中，已经深深烙下了华理的印记、积淀了华理的品格，更养成了华理人特有的习惯。毕业之际，我想对你们说，毕业是你们新的人生征程的开始，希望你们在继续秉承“勤奋求实、励志明德”校训精神的同时，还要让创新成为一种良好的习惯。

创新，是民族进步的不竭动力，是推动经济发展和社会进步的本质要求。当今世界，惟创新者进、惟创新者强、惟创新者胜，你们肩负着光荣的历史使命，只有不断创新，才能为早日实现中华民族伟大复兴的中国梦做出应有的贡献。当今中国，已经掀起了大众创业、万众创新的热潮，这是一个需要创新而且一定能够产生创新成果的伟大时代。作为这个时代发展浪潮中的弄潮儿，同学们只有具备不断创新的意识和能力，才能练就在创新中取得成就的本领。

一要勤于学习，让持续的学习成为创新的动力之源。

学习贯穿于每个人的一生。习近平总书记指出：“‘人才有高下，知物由学。’梦想从学习开始，事业靠本领成就。广大青年要自觉加强学习，不断增强本领。”人生的黄金时期在青年，青年时期学习基础厚实不厚实，影响甚至决定自己的一生。“广大青年要如饥似渴、孜孜不倦学习，既多读有字之书，也多读无字之书，注重学习人生经验和社会知识。”同学们，你们虽然已经经历了十多年的学习，但知识海洋的广博是需要用一生去学习和体验的。勤于学习要有持续学习的态度。毕业，不是你们学习的终点站，而是你们持续学习的加油站。现代社会的知识发展日新月异，没有知识的日积月累和不断更新，要掌握创新这一本领只会成为一句空话。勤于学习要有广博学习的方法。创新是一项复杂的系统工程，不仅需要扎实的专业知识，也要有丰富的哲学社会科学知识作为支撑。“少而好学，如日出之阳；壮而好学，如日中之光；老而好学，如秉烛之明。”让学习成为自己的一种兴趣、一种习惯、一种精神需要、一种生活方式。希望同学们能够通过持续学习，培养创新思维，提高创新能力，并将其内化为自身的行为自觉。

二要善于实践，用实干的精神迎接创新的挑战。

“行”是“学、问、思、辨”的落脚点；实践，是通往成功的必经之路，更是创新的“源头活水”。要善于实践，首先要敢于实践。同学们毕业后，将会面临更多的挑战，你们需要有实践的勇气，要勇于把心中的梦想付诸实践。21 年前，我校著名的煤化工专家于遵宏教授等老师创立了洁净煤技术研究所，通过潜心创新实践，成功开发了具有我国知识产权的多喷嘴对置式煤气化新技术，打破了国外的技术垄断，并居于国际先进之列。20 多年来，研究所的教师们始终发扬“汗水哲学”精神，奋发有为，及时创新，实现了现代煤化工领域的系列重大技术突破，刘海峰教授、王辅臣教授等分别获得了 2016 年上海市科技发明特等奖和技术发明一等奖。同学们，纸上得来终觉浅，绝知此事要躬行，所有知识要转化为能力，都必须躬身实践，要坚持知行合一，注重在实践中学真知，悟真谛，加强磨炼，增长本领。只有敢于实践，才有可能把创新的思维转化为创新的成果。要善于实践，还要把握正确的实践途径。不但要低头看路，更要抬头看天；实践要从小处着手，更要从大处着眼；要具有全球视野，把握时代脉搏，坚持立足实际，吸收精华，放眼未来；既要有坚定的创新自信，又要有自我否定、攻坚克难的勇气，坚持常创常新。

三要勇于担当，肩负起创新强国的光荣使命。

使命担当始终是华东理工大学办学 64 年创新发展的责任。51 年前，华理积极响应国家号召，一大批教师到四川自贡，在黄坡岭上创建华东化工学院西南分院。当时，年近古稀的张江树院长和苏元复副院长等亲自前往黄坡岭建设工地指挥工作，教职工们不畏艰辛，硬是在黄坡岭上建立起了一所大学，铸就了“勤奋求实、艰苦奋斗、顽强拼搏、开拓创新”的黄坡岭精神。作为新一代华理人，你们要继承华理的优良传统，勇敢地担负起时代的责任。

同学们，要把创新塑造成一种习惯，并不是一件容易的事情，创新是开创性、探索性的，其中难免会遇到各种挫折，甚至失败。但是，艰难困苦，玉汝于成，希望你们矢志不渝、百折不挠地争取创新的成功，给自己的梦想插上腾飞的翅膀，给自己的成长多一份担当。

同学们，心中有太阳，脚下有力量。伟大复兴的中国梦和你们个人的成长成才梦都需要你们通过不断的创新去实现，让创新成为你们自觉的习惯，让创新成就你们精彩的人生！母校由衷地祝福你们！

同学们，祝大家前程似锦，成长成才！

谢谢！

梦想从学习开始

——在2016级新生开学典礼上的讲话

曲景平

2016年9月10日

亲爱的同学们：

九月的上海，天高云淡；金秋的华理，生机盎然。在这美好的季节里，你们走进美丽的华理校园，成为光荣的华理一员。我代表全校师生员工，向大家表示热烈的祝贺和诚挚的欢迎，并祝福同学们在未来的求学岁月中，高扬青春风帆，抒写最美画卷！

今天又是第32个教师节，我向全校广大教师致以节日的问候，祝愿各位教师身体健康、工作顺利、生活幸福！

同学们，你们经过十几年的寒窗苦读，来到华理，迈入大学，是抱着什么目标来的呢？我想无外乎是三个方面：一是增长才干、实现自我，二是感恩父母、报效国家，三是助益文明、贡献社会。大学，借用教育学家布鲁贝克的一句话，“大学正如它的名字，就是天地万物”，这一描述讲出了大学之“大”，大学就是一个“海阔凭鱼跃，天高任鸟飞”的地方，它是青年的“梦工厂”，是航船起锚的港湾，是一代代学子无论走到哪里都会魂牵梦绕的心灵家园。今天，走过64年风雨历程的华理，正以“得天下英才而教育之”的博大胸怀，热情拥抱、接纳2016级全体同学。华理将教人以“勤奋求实，励志明德”，要以大师和大爱，为每一位华理的青年学子插上腾飞的翅膀。

在同学们正式开始大学生活之前，我有几句话相赠并与大家共勉。

一是境界高远。大学是载人之舟，是青春母港，而绝非彼岸；进了大学，全新人生刚刚开始。牛顿说他的成功在于“站在巨人的肩膀上”，大学正是这样的“肩膀”——大楼、大师、大爱，将帮助广大学子有大学问、大本领，但大学的终极意义，还是培养明德亲民、止于至善的“君子大人”，也就是有大情怀、大境界的人。一个国家和民族，国民境界高远，必将繁荣昌盛；一个单位或组织，成员境界高远，必将兴旺发达；一个个体，思想境界高远，必将成己达人而有益于国家和人民。由此我希望，华理的学子，要有家国情怀，要有青春梦想，“用青春铺路，让理想延伸”，在奉献中实现自我，在给予中找到幸福。

二是责任担当。人生而为人，就负有做人的责任；生而为中国人，也就有做中国人的责任。大学是个薪火相传的地方，这里有一场永恒接力赛，一代代年轻人来到这里，又奔赴四面八方，既传承着大学精神，也赓续着青年责任，周而复始、生生不息。作为青年人，至少肩负着个人、家庭和社会这三大方面的责任，大学时代，青年学生的责任主要还是自我完善的责任——也就是学习的责任。责任担当好比挑担子，今天我们要挑起学业的担子，明天才能挑起事业的担子。责任担当，志向、勇气、本领缺一不可，有才无德不堪任用，志大才疏难当重任，暴虎冯河匹夫之勇，都不可取。华理学子，要在愿担当、敢担当、善担当三个方面锤炼自己，学习历代圣贤和时代楷模，诚正格致、修齐治平，努力成为国家栋梁和时代脊梁。

三是重在行动。“一个行动胜过一打纲领”，青春只有在拼搏中才会闪光。远大的志向、高远的境界，也只有转化为今天实实在在的行动，才能赢得真真切切的未来。华理学子，要秉持修德为先，胸怀正气，崇尚廉洁，勿以善小而不为，勿以恶小而为之；要坚持勤学苦练，创新思维，大胆实践，既要对前贤有敬畏之心，又要有批判质疑精神；要加强身心修持，锻炼体魄，涵养心灵，以健康的身心完成今天的学习、迎接明天的工作和生活；要加强审美修养，理工科要修得一点人文知识，人文社科也要学习科学常识，把人文之美、科学之美有机融合，不仅提高创新的能力，也要提高审美和创造美的能力。

2016级同学们，梦想从学习开始，事业靠本领成就。美好的大学生活现在开始了，让我们一起努力。

华理，加油！

同学们，加油！

在科技创新大会上的讲话

曲景平

2016 年 10 月 22 日

各位老师：

大家下午好！今天我们差不多用了一天的时间在这里召开我们学校科技创新大会，我要跟各位同志交流，这是我们学校办学以来可以说是第一次。首先我要向各位获奖的同志表示热烈的祝贺！我刚才跟昌胜副校长讲，我们不能“特发此状以资鼓励”，我们是以资鼓励。我们这次，把从柏钧副校长财务口袋里拿的表彰资金说清楚。另外，明年科技表彰工作会，我们要列出获奖名单以及获奖的基本金额。

今天的会议开得及时、开得好。

及时应该体现在：去年开始，党的十八届五中全会提出了五大发展理念，制定了国家“十三五”发展规划纲要；今年中共中央、国务院于5月19日发布了国家创新驱动战略方案，这里有六大部分，提出了三步走的奋斗目标，在重要的科研任务里面提出了十项任务；接下来呢，5月30日，国家召开了科技创新会，总书记发表了重要讲话，号召全党全国人民向科技强国迈进。总书记在这个讲话中又提出五个方面的要求。这是从我们国家层面看。从上海市看，就是建设具有全球影响力的科创中心。从我们学校自身看呢，就是如何总结和回顾我们办学64年来在科技创新方面好的做法、好的举措、好的经验，如何在当代形势下承担责任、开拓事业。特别是，今年是“十三五”开局之年，如何做到开局之年开好头，对未来的四年以及今后的发展都特别重要。所以，今天的会，开得及时。

第二是开得好，总结有五个方面。一个是主题好：落实中央精神、释放政策红利、激发创新活力，根本落脚在如何激发我们学校的创新活力上。二是报告好。上午邀请了科技部、国家自然科技基金委、上海市还有中石化等作了四个报告。这几个报告体现了国家层面、区域层面和企业层面，体现了总书记要求的三个面向，面向世界科技前沿、面向经济主战场、面向国家重大需求。本来我们还邀请了教育部的科技司司长王延觉到我们学校来作报告，因为他临时有安排今天没能来。不要紧，这样的报告我们今后要形成系列的报告，及时跟大家来宣讲国家的政策，来凝聚大家的共识，来推动我们学校的科研工作发展。三是总结好。为了开好这次会议，几位副校长和科研院、文科处都做了精心的准备，大家的报告内容丰富、站位高、思考深，两位教师——为宏和显程的经验交流发言也饱含深情、令人感动。四是典型好。我们今天表彰了过去一年中为我们学校科研工作做出重要贡献的一些老师，你们是大家学习的楷模，你们今天受到表扬是对过去工作的肯定，也希望大家今后再接再厉，弄潮儿向潮头立，继续为学校的科研工作再立新功。五是大家的状态好。今天的会时间比较长，中间还没有休息，但是大家的状态都非常好。状态好是我们干事创业的基础和保障，状态好说明大家有自信、信心高，另外，大家今后把握工作的方向准，使出劲儿就会到位。所以在这里我再次感谢各位与会的同志。谢谢大家！

总结五好归一好，就是如何把我们学校的科技工作做得更好。怎样把学校的科技工作做得更好呢？我来谈谈我的感受吧。这些感受也是今天整个会议当中我的心得体会。我想下一步我们应该重点做好以下四个方面的工作。

一是认真学习，广泛研讨，精心谋划我校科技创新工作的新领域、新方向、新举措（定位）。

刚才讲到，国家大政方针、区域的战略发展、行业的需求已经都一一地摆在了我们面前，我们怎么能够在进一步总结回顾和提升已有经验的基础上，结合当代的创新驱动，在国家战略下科学谋划我们的研究领域和方向？前不久我跟几位教师交流过，我跟辅臣也交流过，我说你的煤化工下一步做什么，我也跟海峰交流过煤化工的设备下一步又能往哪儿走，等等。所以在这些方面，我们真的站位要高、视野要宽、责任要大。一个领域一个方向的谋划需要大家群策群力，而且这样一个方向和领域的谋划要立足当前、着眼长远，也可能我们谋划的事我们自己不能去实施，但是要告诉年轻人做什么、应该做什么、什么是我们的特色、什么是我们的优势，最终什么能形成我们华东理工大学的核心竞争力，我想，这是我们做好科学研究工作的基本定位问题。会后各部门、学院，特别是青年教师要踊跃探讨交流，真正站在学校、站在国家的发展高度上去谋划我们学校的科学研究。我再跟大家一起学一下国家创新驱动发展战略纲要中对大学的发展有什么要求。主要是十项任务，在第五大方面“壮大创新主体　引领创新发展”里面第二条讲到要“建设世界一流大学和一流学科”。加快中国特色现代大学制度建设，深入推进管、办、评分离，扩大学校办学自主权，完善学校内部治理结构。下面就是具体内容：引导大学加强基础研究和追求学术卓越，组建跨学科、综合交叉的科研团队，形成一批优势学科集群和高水平科技创新基地。这里面一是要加强基础研究和追求学术卓越，二是要组建跨学科综合交叉的团队，刚才昌胜副校长也在解读下一步为了更好地驱动学校的科技事业发展，我们要组建团队。另外形成一批优势学科集群和高水平科技创新基地。这三个层面，是国家创新驱动发展战略纲要的立德要求。总书记在为建设世界科技强国而奋斗的讲话中是怎么要求的呢？我给大家读一遍，总书记要求广大科技工作者要把论文写在祖国的大地上，把科技成果应用在实现现代化的伟大事业中。总书记在提出五项具体要求的同时对大学也提出了要求，（给大家读一下）说研究型大学是我国科技发展的主要基础所在，也是科技创新人才的摇篮。要优化科研院所和研究型大学科研布局。研究型大学要加强学科建设，重点开展自由探索的基础研究。要加强科研院所和高校合作，使目标导向研究和自由探索相互衔接、优势互补，形成教研相长、协同育人新模式，打牢我国科技创新的科学和人才基础，等等。所以我想大家一定要认真学习、广泛研讨、真正谋划好我们学校下一步科学发展的定位。

二是主动作为，精准对接，着力提高学校科技创新的能力建设（目标）。

这里要特别强调能力建设。国庆节前，9月28号，辛忠副校长还有宝国副校长我们一起到教育部，走访了7个司，恰巧我们几个人到部里，沈晓明副部长会见了我们半个小时。副部长刚到教育部，但对我们学校非常了解。我们也谈起来这几年我们从上海市得到的支持不多，然后沈部长就说，还是要找到服务于上海，特别是要精准对接上海科创中心的22条，我们不知道国家需要什么、区域需要什么，结果我们做的东西可能就推不出去，推不出去可能服务于国家、服务于国民经济的贡献度就没有彰显出来。所以我们一定要精准对接，同时还要加强能力建设。这个能力建设，下一步，科研院、文科处要征求意见、海纳百川，我们有基础研究、应用基础研究、工程技术研究、文科研究，不能一刀切，不同的研究给予不同的定位、不同的目标、不同的支持、不同的考评，归根结底要提高能力建设。这个能力是全方位的，可以是项目设计的能力、项目组织的能力、项目申报的能力、项目实施的能力、项目转化的能力，以及服务国家战略的能力，在这方面一定要培养若干战略科学家。这方面我们要一起来思考。

三是激发活力，造就人才，构建激励创新的体制机制（这个是保障）。

找准新领域、新方向是定位，能力建设是目标，创新体制机制是保障。今天柏钧副校长和昌胜副校长进入文科和理工科的研究，为了进一步激发我们的创新活力，学校也制订了相应的文件。当然，大家也看到，很多都标明“试行”或者“暂行”，我们在学中干，在干中学，有好的经验、好的做法及时吸纳进去，有不完善的地方及时改进，确保科研工作高质量、高水平地发展。这里我想重点强调两点。一是团队建设。回顾华东理工大学60多年的科技工作，真是大团队出大成果、大团队承担大项目、大团队培养大人才、大团队搭建大平台。过去我们学校一些好的做法要进一步发扬光大，但是我们缺一块，过去是课题组、基地，我们中间缺团队。当然过去也有特别是我们几个院士组成了团队，做得也非常好，包括一些“杰青”和长江（学者），但是这些团队还不够。怎样从学校层面支持他们，进一步让他们的团队在学校科技研究工作中做出更大的贡献，或者讲我们的支持还不到位，所以要强化团队建设。二是多学科的交叉融合。三年前学校就谋划了光遗传中心的建设，今年我们正式启动了这项建设，杨弋教授作为中心的领衔人物在开展这项工作。所以我们叫科研特区。我们有这么一个特区，第二、第三个在什么地方？我们学校科学研究新的增长点、新的增长极在什么地方？我们现在也在调研、也在思考，比如医疗器械，去年春节前杜书记我们一起去北京看望校友，我们几个校友在国家医药监督管理局，他就讲去年我们国家医药增长率最高的就是医疗器械，而医疗器械我们国家只有两所大学有这个专业，一所是上海理工大学，一所是沈阳药科大学。我回来以后跟一些教师聊，发现我们学校有一批人在做这个，但怎么汇聚的同时，我们以什么地方做切入点？其实医疗器械、医疗诊断也是写在国家创新驱动发展纲要里面的，这是国家的重大需求，而且我们有基础，就是下一步怎么走。所以（要思考）在团队建设和学科交叉的同时如何培养年轻的科技才俊。我们经常讲，创新驱动的核心是人才驱动。我记得上次跟我们学院的院长座谈讲，抓创新就是抓发展，谋创新就是谋未来，我个人认为创新驱动的根本是人才驱动。所以换一句话讲，抓人才就是抓发展，谋人才就是谋未来。所以通过团队建设、交叉学科建设，我们培养一批人才，汇聚一批人才，引进一批人才。

四是立德树人，科教融合，打造人才培养的创新实践高地，我认为这是根本的。

今天，我们几位，包括学校的负责同志都讲了如何通过科研活动培养学生的创新思维、创新意识、创新能力、创新思想。9月24号，我代表学校参加了浦江论坛，这个论坛是2009年开始的，这次是科研院交给我一个任务，让我去介绍一下学校，做做广告，我也非常愿意去。在做PPT的过程中，我和海峰还有科研院的其他同志就讨论一个问题：大学的科学研究跟科研院本身的区别是什么？大学科学研究的未来是什么？最后海峰我们达成高度的共识，就是大学科学研究如何反哺人才培养。人才培养是根本，我们在科学研究活动中要发挥学生的积极性、创造性，要容忍他们的失败，要积极辅导他们敢于创新、善于创新，另外要及时把我们在科学研究过程中产生的新成果、新概念、新定义及时地进课堂、进试卷、进教材，真正让我们的学生学在华理，能感受到研究型大学科研成果对于他创新实践能力培养的重要性。我们研究型大学和一般大学最大的区别就是如何使专业建设支持学科建设，学科建设、科研建设成果如何反哺人才培养。另外我们在科技活动中要规范我们的管理，特别是要强调学术诚信。在这里，我也代表学校和大家讲一下，华东理工大学对学术不端零容忍，所以我们在座的无论是机关的负责同志，还是学院的负责同志，也包括我们教授，首先我们不能在学术上出问题，更重要的是教导我们学生不能出现学术不端的问题。这不是你个人的问题、一个课题组的问题，这是我们华东理工大学办学声誉的问题，请大家在这个方面一定要引起足够的重视。另外，还要形成良好的创新文化、创新氛围，真正使我们学校各个部门、各个层面一起为推动我们学校科技创新事业的发展建言献策、奋发勇为。这里讲到科学研究要反哺人才培养，就和大家通报一下，明年我们学校就要进行本科教育教学的审核评定。这个工作非常重要，最近辛校长，还有宝国副校长，还有宋来副书记的努力，和大家透露一下，我们基本拿到了这一批教育部的创新示范校，我们最近也在尽力拓展，尽可能为学校事业发展争取更多的外部支持。

以上就是我结合今天的报告，包括大家的发言，所谈的四点体会。各位老师、同志们，有多大担当才能办多大事业，尽多大责任才能有多大成效。今天，各位一定把这次科技创新大会作为学校在新的历史起点上做好科技工作的新起点、新征程。请各部门、各学院、各位老师，大家齐心协力、只争朝夕、团结一致，把我们学校的科技工作做得更好，为使我校在“双一流”建设方面取得更好的先机和更好的位置大家一起努力。

谢谢大家！

机构与干部

Jigou yu Ganbu

- 华东理工大学
  - 职能部门
    - 党委办公室
    - 纪委办公室（监察处）
    - 党委组织部（党校）
    - 党委宣传部（精神文明办公室）
    - 党委统战部
    - 党委学生工作部（处）（武装部）
    - 机关党委
    - 工会（妇委会）
    - 团委
  - 行政系统
    - 校长办公室
    - 人事处
    - 教务处
    - 财务处
    - 科学技术发展研究院
    - 人文社会科学处
    - 研究生院
    - 学科与专业发展规划处
    - 校友与发展联络处
    - 国际合作与交流处（港澳台办公室）
    - 审计处
    - 保卫处
    - 信息化办公室
    - 实验室与装备处
    - 基建处
    - 采购与招投标管理中心
    - 档案馆
    - 离退休工作处
    - 后勤保障处
    - 图书馆
    - 高等教育研究所
    - 现代教育技术中心
    - 资产经营有限公司
    - 金山科技园管委会
  - 学院
    - 化工学院
    - 生物工程学院
    - 化学与分子工程学院
    - 药学院
    - 材料科学与工程学院
    - 信息科学与工程学院
    - 机械与动力工程学院
    - 资源与环境工程学院
    - 商学院
    - 社会与公共管理学院
    - 理学院
    - 艺术设计与传媒学院
    - 外国语学院
    - 法学院
    - 体育科学与工程学院
    - 马克思主义学院（人文科学研究院）
    - 国际教育学院
    - 中德工学院（国际工程师学院）
    - 网络教育学院
    - 继续教育学院

学校党政领导名单

党委书记	杜慧芳
副书记	马玉录（8月离任）
	宋　来
	陈　麒（8月到任）
副书记、纪委书记	罗仪华（4月到任，1962年10月—2016年7月24日）
校　长	曲景平
副校长	钱　锋
	吴柏钧
	刘昌胜
	辛　忠
	胡宝国（8月到任）
校长助理	宋恭华　朱广忠

校党政机构负责人名单

党群机构：

党委办公室	主　任	沈海涛（6 月到任）
	副主任	沈海涛（6 月离任）
		王　珊
纪委办公室（监察处）	副书记兼监察处处长	童之敏
	副处级专职纪检员	苏建玲
党委组织部（党校）	部　长	陈　麒（10 月离任）
		王慧锋（10 月到任）
	副部长	柴　华
	副部长	张　攀
	党校副校长	张　攀（兼）（11 月离任）
	党校常务副校长	柴　华（兼）（11 月到任）
	副处级专职组织员	
党委宣传部	部　长	夏江雯
（精神文明办公室）	副部长	房树芬（3 月到任）
	副部长兼精神文明办公室主任	彭辉辉
党委统战部	部　长	焦家俊
学生工作部（处）	部（处）长兼武装部部长	岳海洋
（武装部）	副部（处）长	司忠业
		崔姗姗
		郑　东（3 月到任）
	副部（处）长兼武装部副部长	蔡跃明

工会（妇委会）	主　席	宋　来
	常务副主席	沈悦萍
	副主席	朱志华　王　莉　庄启昕
	妇委会专职副主任	王　莉
	妇委会副主任	卢艳花
团委	书　记	倪　炜
	副书记	何　希（3月副处级）
		胡　兵（正科级）
机关党委	书　记	
	副书记	徐文方（2月到任）
离退休工作党委	书　记	葛轶群（4月到任）
	副书记	热　核
后勤党委	书　记	朱育红
	副书记	张善得
产业工作党总支	书　记	李　蓉
	副书记	朱彦龙（2月离任）
		姚　磊（2月到任）

行政机构：

校长办公室	主　任	王爱祥
	副主任	储　琰
		陈莉丽
校学术委员会	副秘书长	付　尧（4月到任）

注：根据校组〔2016〕10号文《华东理工大学关于设立校学术委员会秘书处的通知》，经2016年4月5日党委十届82次常委会讨论决定，设立校学术委员会秘书处，挂靠校长办公室。

人事处	处　长	王慧锋
	副处长	胡若军　周晓梅　周彦波
教务处	处　长	乐清华（3月离任）

		黄　婕（3月到任）
	副处长	夏春明（6月离任）
		沈文君　项延训　张先梅
财务处	处　长	张爱民
	副处长	焦淑芝
	副处长兼国有资产办公室主任	欧阳红忠
	副处长	葛永盛
科学技术发展研究院	院　长	刘昌胜（兼）
	常务副院长	朱学栋
	副院长	刘海峰　庄启昕
		付　尧（4月离任）
		徐　宏
		陈　锋（2月到任）
人文社会科学处	处　长	范体军
	副处长	唐有财
研究生院	院　长	辛　忠（兼）
	常务副院长	龚学庆
	副院长	栾伟玲
	学位办公室主任	李　浩（2月到任）
	培养办公室主任	栾伟玲
	招生办公室主任	孙洪峰
	党委研究生工作部部长	钱嫦萍
学科与专业发展规划处	处　长	轩福贞（1月到任）
	副处长	刘　涛（2月到任）
校友与发展联络处	处　长	李建伟
	副处长	王芝眉
国际合作与交流处	处　长	焦家俊（2月离任）
（港澳台办公室）		李永生（2月到任）
	副处长	包　华　　吴　唯

		徐　晶（2月到任）
		曹宵鸣（9月到任）
审计处	处　长	李德强（6月到任）
	副处长	李德强（6月离任）
保卫处	处　长	陈　坚
	副处长	童克峰
		施　敏（2月到任）
信息化办公室	主　任	王慧锋（6月离任）
		夏春明（6月到任）
	副主任	房一泉（2月到任）
实验室与装备处	处　长	袁洪学
	安全环保办公室主任兼副处长	叶肇敏
	副处长	董玉国（2月到任）
基建处	处　长	黄　樑
	副处长	孙国华　潘元虎
采购与招投标管理中心	主　任	陈　康
	副主任	吴　炎
档案馆	馆　长	陆宪良
	副馆长	段义严
离退休工作处	处　长	葛轶群
	副处长	热　核　陆仲林
后勤保障处	处　长	高永煜
	副处长	王海明　刘汉伟
		李新军
创新创业教育中心	主　任	辛　忠（兼）（12月到任）
	常务副主任	阎海峰（兼）（12月到任）
	副主任	司忠业
		岳海洋（兼）（12月到任）
		倪　炜（兼）（12月到任）

黄　婕（兼）（12月到任）

龚学庆（兼）（12月到任）

夏春明（兼）（12月到任）

姚　磊（兼）（12月到任）

注：根据校规〔2016〕9号文《华东理工大学关于成立创新创业教育中心的通知》，成立创新创业教育中心，并撤销原创业教育研究中心设置。

院党政负责人名单

化工学院	党委书记	李　涛
	党委副书记	徐心茹（4 月离任）
		司忠业（3 月离任）
		高艺霞（3 月到任）
	院　长	赵　玲
	副院长	赫崇衡（3 月离任）
		方　波　　刘殿华
		赵双良（3 月到任）
生物工程学院	党委书记	陆　兵
	党委副书记	吴　蓉（3 月到任，12 月离任）
		卢艳花（12 月到任）
	院　长	庄英萍
	副院长	曹学君（3 月离任）
		许建和（兼）（3 月离任）
		卢艳花
		王启要（3 月到任）
		赵黎明（3 月到任）
化学与分子工程学院	党委书记	唐燕辉（2 月离任）
		张文清（2 月到任）
	党委副书记	程　毅（2 月离任）
		孟庆鹏（2 月到任）
	院　长	田　禾（2 月离任）
		朱为宏（2 月到任）
	副院长	张金龙（2 月离任）

		张文清（2 月离任）
		郭杨龙（2 月离任）
		黄永民（2 月到任）
		曲大辉（2 月到任）
		徐首红（9 月到任）
药学院	党委书记	王　喆
	党委副书记	王　越
	院　长	宋恭华
	副院长	李　剑
		邓卫平
		任国宾
材料科学与工程学院	党委书记	唐颂超
	党委副书记	戴诚安（3 月到任）
	院　长	李春忠
	副院长	郎美东（2 月离任）
		李永生（2 月离任）
		李欣欣
		袁　媛（2 月到任）
		林绍梁（2 月到任）
信息科学与工程学院	党委书记	侍洪波
	党委副书记	赵　菡（4 月离任）
		刘志鹏（4 月到任）
	院　长	侍洪波（2 月离任）
		杜文莉（2 月到任）
	副院长	牛玉刚（9 月离任）
		虞慧群
		刘漫丹（9 月离任）
		钟伟民（9 月到任）
		万永菁（9 月到任）

机械与动力工程学院	党委书记	周邵萍
	党委副书记	杨　倩（2月提任副处级）
	院　长	轩福贞（1月离任）
	副院长	安　琦（2月离任）
		陈琴珠
		夏春明（兼）（2月离任）
		惠　虎
		章兰珠（2月到任）
资源与环境工程学院	党委书记	程　里
	党委副书记	崔姗姗（2月离任）
		饶志雄（2月到任）
	院　长	刘勇弟（11月离任）
		修光利（11月到任）
	副院长	黄光团　王辅臣
		修光利（11月离任）
商学院	党委书记	马　玲
	党委副书记	朱　姝
	院　长	阎海峰
	副院长	黄庐进　盛宝莲　李玉刚
社会与公共管理学院	党委书记	张广利
	党委副书记	万胤婕（6月提任副处级）
	院　长	徐永祥（2月离任）
		何雪松（2月到任）
	副院长	杨发祥
		何雪松（2月离任）
		纪晓岚（6月离任）
		陈　丰（6月到任）
		刘晓亮（6月到任）
理学院	党总支书记	刘伟兰

	党总支副书记	黄文彬（正科级）
	院　长	鲁习文（6月离任）
		李建奎（6月到任）
	副院长	刘朝晖
		龚尚庆（6月到任）
艺术设计与传媒学院	党总支书记	张　青
	党总支副书记	郑　东（4月离任）
		赵　菡（4月到任）
	院　长	程建新（4月离任）
	副院长	傅蓉蓉　　周美玉
		赵　菡（4月到任）
外国语学院	党总支书记	包瑞荣
	党总支副书记	沈　林（12月选举离任）
		樊　俊
	院　长	
	副院长	王建国（3月离任）
		张正军
		吴建伟
		赵　宏（3月到任）
法学院	党总支书记	丁　灏
	党总支副书记	周建国（11月到任）
	院　长	张　昱
	副院长	于杨曜（11月离任）
		吴　亮
		周登谅（11月到任）
体育科学与工程学院	党总支书记	
	党总支副书记	姚　文
	院　长	王　跃（10月到任）
	常务副院长	王　跃（10月离任）

	副院长	韩　骏
		叶心明（10月到任）
马克思主义学院	党总支书记	杜仕菊
（人文科学研究院）	院　长	沈　炜（兼）（6月离任）
		夏江雯（6月到任）
	副院长	杨　苏（4月离任）
		陈迎年
		徐国民
国际教育学院	直属党支部书记	
	院　长	
	常务副院长	
	副院长	包　华（兼）
中德工学院	直属党支部书记	王惠文
（国际工程师学院）		
	院　长	吴　唯（兼）
网络教育学院	直属党支部书记	
	院　长	鲁习文（3月到任）
	常务副院长	应卫勇
	副院长	程　华　刘百祥
继续教育学院	直属党支部书记	
	直属党支部副书记	王玉华（1977年9月—2016年10月8日）
	院　长	黄　婕（3月离任）
		鲁习文（3月到任）
	副院长	欧　伶　张雪芹

直属单位负责人名单

图书馆	党总支书记	朱广忠
	馆　长	林嘉平
	副馆长	葛巧珍
		康　健（3月到任）
		武亚珍（3月到任）
高等教育研究所	直属党支部书记	
（工程教育学系）	所　长	周　玲（兼）
	主　任	周　玲
	副主任	徐世爱
现代教育技术中心	直属党支部书记	王　晓
	主　任	王　晓
	副主任	郑　军
资产经营有限公司	总经理	徐殿胜
	副总经理	张武平

注：根据华委字〔2015〕23号文《关于印发〈华东理工大学组织机构调整的实施意见〉的通知》，撤销产业处，由华理资产经营有限公司代表学校经营和管理国有经营性资产。后经2015年12月14日十届第74次党委常委会讨论决定，撤销学校直属单位资产经营有限公司的正处级行政级别；同时，撤销资产经营有限公司总经理岗位的正处级职级、副总经理岗位的副处级职级（华委字〔2016〕号文）。

金山科技园管委会	直属党支部书记	周兴吉
	主　任	蓝闽波
	副主任	周兴吉

学校概况

Xuexiao Gaikuang

华东理工大学现有徐汇校区、奉贤校区和金山科技园区三部分，占地面积 2 535 亩，各类建筑总面积 91 万平方米，图书馆总藏书量 309.3 万册。学校设有 15 个专业学院以及 6 个非专业院系。学校学位授权点覆盖理、工、农、医、经、管、文、法、艺术、哲学、教育 11 个学科门类，36 个一级学科。有 67 个本科专业；26 个硕士学位授权一级学科，147 个硕士学位授权点；13 个博士学位授权一级学科，80 个博士学位授权二级学科点；设有 12 个博士后科研流动站，拥有 7 个国家重点学科、1 个国家重点（培育）学科、10 个上海市重点学科、7 个上海高校一流学科。学校有 9 个国家级研究基地、24 个省部级研究基地、2 个国际合作科研基地、55 个校级研究所（中心），建有国家大学科技园，是全国 6 所首批建立国家技术转移中心的高校之一。2016 年华东理工大学把握时代机遇，积极应对挑战，按照学校"十三五"规划蓝图，加快推进"世界一流大学和一流学科"建设，在人才培养、师资队伍建设、科学研究、国际交流与合作、管理体制和机制改革创新等方面都取得了新的进展。

人才培养。截至 2016 年底，学校共有在校全日制学生 25 636 人，其中本科生 15 422 人，研究生 9 117 人（其中博士生 1 676 人），留学生 1 097 人。2016 年，录取本科生 4 173 名，比 2015 年增长约 5.7%，制订以学生能力达成为导向的 2016 级本科教学培养方案。开展首批化学工程技术与工艺专业等 8 个"精品专业"立项建设，设立"ACM 国际大学生程序设计竞赛"等 6 项"一院一品牌"项目。完成生物工程学院、理学院和社会与公共管理学院本科教学审核评估试点工作。设立"张江树教学名师奖"重奖教书育人卓有成效的教师。新增国家级精品视频公开课程 11 门，上海市精品课程 5 门，上海市示范性全英语课程 2 门。获批上海市重点教改项目 3 项。获第四届中国石油化工联合会教学论文一等奖及二等奖各 1 项。

不断提升研究生培养质量，2016 年录取硕士研究生 2 570 人，博士研究生 387 人，比 2015 年扩招 4.3%，其中首次录取"申请—考核"制博士生 119 人。完成了 2017 年度研究生导师遴选工作，新增博士生导师 26 人，硕士生导师 43 人，制订研究生导师手册。开展包括 3 个博士一级学科和 5 个硕士一级学科的第三批全英文培养方案的制订工作。完成校第十二届学位评定委员会和各学位分委会的换届工作。学校作为协作组组长单位的"标准建设，深改推动，质量监督——化学工程专业学位研究生培养体系构建与实效"项目获评第二届国家研究生教育成果二等奖。

扎实推进"双创教育"，成立创新创业教育指导中心。全面梳理创新创业教育课程体系。在"创青春"全国大学生创业大赛中获得 4 银 4 铜，成绩位列上海高校第 3 名。学校入选教育部"全国高校实践育人创新创业基地"，获评首批上海大学生创新创业训练计划示范校。学校继续办好成人高等学历教育，继续教育招生录取 5 037 人。提升奉贤校区人才培养服务能力，实施奉贤校区教师餐补政策，调整班车运行路线，增加班车车次，促进双校区师生交流互动。

师资建设。学校现有教职员工 3 078 人（专任教师 1 852 人），其中两院院士 5 名，双聘院士 4 名，国家“千人计划”5 名，“青年千人”4 名，国家教学名师 2 名，“长江学者”特聘教授 18 名、讲座教授 2 名，国家杰出青年基金获得者 18 名，国家“973”计划首席科学家 7 名，国家“863”计划领域（主题）专家组成员 3 名，百千万人才工程国家级人选 12 名，基金委创新研究群体 2 个，教育部“长江学者和创新团队发展计划”创新团队 3 个，国家级教学团队 4 个。2016 年学校健全人才聘任制度体系，制定科学合理的人才选拔标准，规范各类人员选录程序，制定并实施《教师招聘管理办法》，优化师资队伍结构。不断健全准聘和长聘教职制度，实行新聘任教师“非升即走”。加大高层次人才引进力度，聚焦引进发展潜力大的优秀青年人才，制定并实施《“特聘研究员”、“特聘副研究员”计划实施办法（试行）》。完善博士后管理制度，稳步推进博士后管理工作上新台阶，全年完成博士后进站 59 人，出站 54 人，其中 28 人进入学校师资队伍。深化薪酬体制改革，推进校院两级管理，完成学校薪酬体系的优化工作，形成公正合理的收入分配格局。创新评价机制，完善岗位管理体制。首次开辟“教学系列”晋升通道，完成学校各类编制核查工作，为 2017 年岗位聘任工作奠定基础。

科技创新。2016 年科研项目经费增长态势稳中向好，科研经费到款共计 4.95 亿元。新签科研项目 915 项，合同金额 5.4 亿元。学校作为第一承担单位获得 3 项国家重点研发计划立项，学校教授作为项目负责人立项 2 项，立项经费共计 9 586 万元。获国家自然科学基金资助项目 122 项，获资助经费共计 9 436.6 万元。“无机纳米生物材料”项目入选国家自然科学基金委创新研究群体项目。人文社科研究取得突破性进展，获 5 项国家社科基金重大课题。在自然出版集团发布的 2016 自然指数排行榜中，学校位列全球科研机构第 130 名（全球高校第 112 名）、国内高校第 15 名。在 2016 年学校 SCI 论文收录 2 265 篇，同比增长 11.9%，其中作为第一完成单位的论文 1 812 篇。2016 年，申请专利 398 项，授权专利 330 项，PCT（专利合作协定）专利申请 15 项，获“上海市专利工作示范事业单位”称号。

科技奖励取得新突破。王辅臣领衔项目获国家科技进步二等奖。在上海市科学技术奖励大会上，12 项成果获得奖励，其中一等奖 5 项，并获得了首个上海市技术发明奖特等奖。获高等学校科学研究优秀成果奖 6 项，其中一等奖 2 项，获奖数并列全国高校第 15 名，张显程获教育部“青年科学奖”。获得第十八届中国国际工业博览会创新金奖和创新银奖。获中国石化联合会科技进步一等奖、中国轻工联合会技术发明一等奖各 1 项。获中国产学研合作创新成果奖一等奖1项。白志山获评“全国优秀科技工作者”和“中国石化联合会青年科技突出贡献奖”。赵玲获“中国产学研合作创新奖（个人）”。江浩、李辉、林金萍获上海青年科技英才奖。

持续推进科研体制改革，相继出台《科研创新团队建设管理办法》《专职科研人员聘用与管理办法》《促进科技成果转移转化的若干意见》和《校企联合科研机构管理办法》，修订《自然科学类科技奖励实施办法》《自然科学类科技项目经费管理办法》等重要文件，着力改革阻碍科技创新的体制机制障碍，启动科研创新团队建设，营造良好的科技创新环境。学校稳步推进重点科研基地建设工作，高浓度难降解有机废水处理技术国家工程实验室获发改委立项建设，石油化工行业智能优化制造创新引智基地（111引智项目）获教育部和外专局立项建设，生物基材料工程重点实验室获首批中国轻工业重点实验室认定。加速科技成果转移转化。与中国石油和化学工业联合会、上海化工研究院、华谊集团等单位深化交流与合作。加入由新疆维吾尔自治区发起的“一带一路”核心区产业创新发展支撑联盟。成立华理-聚能固废资源化利用联合研究所、华理-申能能源大数据联合研究中心等8个校企联合科研机构。与10余家企业签订重大成果转化合同。

国际交流与合作。加强校际对话与互访，拓展与世界知名高校和科研院所的实质性合作。落实校际互访成果，与世界知名高校和科研院所签署博士生联合培养等协议30份。依托化学学科，与以色列希伯来大学、瑞典皇家理工学院及英国爱丁堡大学签署共同建设“结构可控分子工程”国际合作联合实验室协议。成功申请国家创新实验室过程系统工程方向建设聘请外专特色项目，并资助63个海外学者短期授课项目。制定学校教育对外开放战略规划，出台华东理工大学教学科研人员因公出国管理工作实施细则，修订因公出国（境）管理规定，并精简校内审批流程。成功申报出国（境）研修项目36项，办理759人次因公出国（境）申请，接待987人次国外来访。新增3所德语国家合作大学，新签10项学生交流协议，顺利实施了17个暑期国际交流项目，共派遣430名学生赴国外参加各类学生交流项目，中外合作办学项目全部通过教育部合格评估。设立博士留学生校长奖学金，金额为30万元，成功举办国际文化节。2016年留学生总数达到1358人次，比2015年增长15%（13.5%），新生人数增加50%。学历留学生研究生比例达56%。博士留学生62人，较2015年增长38%。公派留学学生类项目录取87人，其中联合培养博士研究生45人。

校园治理。实行校院两级预算管理改革，不断完善内控制度建设。2016年学校决算总收入22.8亿元，总支出23.1亿元，制定内部控制制度建设办法和内部控制自我评价管理办法，完成年度内部控制基础性评价工作，提升资金使用效率。加强国有资产管理工作。修订国有资产管理暂行办法等文件，开展全校性的国有资产清查工作和国有资产专项检查整改工作。加强审计工作，完善采购与招投标管理机制。制定了科研经费、财务收支、预算执行与决算、内部控制等系列审计实施办法。完成审计项目 182 项，审计总金额 72. 8 亿元。

校园基础设施不断改善，新开工建筑面积约 6. 3 万平方米，总投资超过 1. 7 亿元；校园修缮项目近 2. 1 万平方米，总投资 986 万元。完成奉贤校区学生公寓 1—4 号楼大修等改善基本办学条件专项基金项目 6 项。获批教育部 2017 年改善基本办学条件专项基金 2. 3 亿元，成立教学和修缮类专项预算评审小组，提升服务保障能力。加强实验室安全管理，修订学校实验室安全环保管理规定、实验室废弃物管理办法等管理制度，全面推行实验室安全准入制度。加强网络基础设施建设。提升校园网运维和安全保障能力，免费用户带宽从 2M 提升到 4M，无线 WIFI 覆盖率提升至 95%，新增安全防护设备，有效提升安全防护等级。

提升实验室和设备的有效配置与使用。修订《实验室用房管理制度》，拟定了《学院用房定额管理办法》方案。完善大型仪器共享管理信息化平台建设，完成 50 万元以上仪器与国家网络管理平台数据对接工作。完善大型仪器共享机制，40 万元以上大型仪器平均机时数达到 1 414. 7 小时，较 2015 年提升 73. 6%。全面推广应用“化学品管理平台”，实现化学品采购与使用全过程实时定量管理。升级完善装备资产管理平台，规范固定资产管理和处置机制。

院系概况

Yuanxi Gaikuang

化工学院

【概况】 年内，化工学院有教职员工233人，专任教师181人，其中正高级职称53人、副高级职称83人，博士生导师42人。学院设有4个本科专业，7个硕士点，5个博士点。2016年招收本科生416人，其中化学工程与工艺专业212人，轻化工程专业59人，油气储运与工程专业87人，资源循环科学与工程专业58人。招收博士55人，学术硕士285人，全日制工程硕士77人，非全日制工程硕士56人。授予博士学位55人，工学硕士学位83人，全日制工程硕士学位77人，非全日制工程硕士学位29人。2016届毕业生共424人，就业率达到96.70%，签约率达到83.73%，升学率达到54.25%。年内，化工学院教职员工积极进取，在学科建设、师资队伍建设、人才培养、科学研究、国际合作交流和学生工作等方面取得新进展。

师资队伍建设。化工学院引进了荷兰皇家艺术与科学院院士马丁·科恩·斯图尔特（Martien A. Cohen Stuart），并与郭旭虹团队合作积极争取国家重大重点研发项目。德国“洪堡学者”孙胜童博士和校特聘副研究员王俊有博士到岗工作，选留师资和学科博士后10人。继续实施“化工之星”优秀青年教师培养计划，孙胜童、孙辉和张相洋入选第七届“化工之星”。赵玲教授入选长江学者（在新疆大学上岗）。龙东辉晋升研究员，朱贻安晋升教授；王际童晋升副研究员，段学志、钮东方晋升副教授；徐菊美晋升高级实验师。吴艳阳、程瑞华副教授入选上海市浦江人才计划，奚桢浩入选“上海市青年科技启明星（B类）”，许志美教授获“上海市育才奖”，潘鹤林副教授获“宝钢优秀教师奖”，奚桢浩获第八届“侯德榜化工科技青年奖”，赵双良获“第二届青年英才校长奖”，周晓东和凌昊教授荣获“校优秀工作者”称号。

教育教学工作。（1）本科教育。化工学院共完成4个专业培养方案的修订和审核工作，新增出版教材2本，3门国家级精品资源共享课程通过验收，新增教改项目11项，成功立项示范课程1项，品牌学科竞赛1项，大创项目经中期考核评比升级为国家级和市级项目共19项，第四届中国石油和化工教育科学研究成果评选获二等奖、三等奖各1项，新增华东理工大学校重点建设课程2门，获2015上海市普通高校优秀教材奖1项。启动2017年教育部审核评估第一轮的数据搜集和整理工作，组织2门国家级精品课程和5门上海市精品课程申报MOOC课程建设，组织3门课程申报全英文课程建设。获得校“2015年度青年教师课堂教学竞赛”决赛工学组一等奖、二等奖、三等奖各 1 项，获得校“2016 年课程建设优秀奖评选工作”一等奖、二等奖、三等奖各 1 项。举办第七届上海市化工设计邀请赛、“华理东方仿真杯”大学生化工实践虚拟仿真大赛以及 2016 年全国高校化工设计教师培训班。Emoji 团队获得 2016 年“东华科技-陕鼓杯”第十届全国大学生化工设计竞赛全国总决赛特等奖，Emoji 团队和 EPRO 团队分别获华东赛区决赛特等奖、一等奖，2 名教师获华东理工大学教书育人奖，化工学院获 2016 年双创教育评比“校级双创教育示范学院”。(2) 研究生教育。完成化学工程与技术一级学科硕士研究生(全英文)培养方案的制订工作。13 位博士研究生获得“华东理工大学研究生创新计划国际会议项目”资助，14 人获得“国家留学基金委公派留学研究生”项目。2 人获上海市优秀硕士学位论文，2 人获上海市优秀博士学位论文。白云飞、闫成硕获全国第三届“工程硕士实习实践优秀成果获得者”荣誉称号，白云飞等 7 人获得华东理工大学第三届“工程硕士实习实践优秀成果获得者”荣誉称号。教指委化学工程领域专业学位研究生教改项目立项 2 项；组织筹办 2016 年第九届化学工程领域工程硕士培养工作会议；建设国家级示范基地 1 个、上海市示范基地 1 个；实施上海市研究生教育创新计划——中国石油工程设计大赛(上海赛区)；辛忠教授主持、徐心茹等教授参与完成的项目获第二届中国学位与研究生教育学会研究生教育成果奖二等奖。

学科建设。成立以青年骨干教师为主的学科建设小组，牵头协调化学与分子工程学院、生物工程学院以及资源与环境工程学院相关团队，制订“化学工程与技术”一级学科建设的相关方案。上海市多相结构材料化学工程重点实验室建设顺利通过验收，组织申报科技部国际合作重点实验室“能源化学工程国际联合研究中心”。

科学研究。学院承担项目 249 个，到账经费总计 7 191.8 万元。其中获得国家重点研发计划、国家“863”“973”等国家级项目 10 项，国家自然科学基金项目 48 项，重点实验室专项经费 1 项，国外合作项目 1 项，省部级项目 17 项，军工项目 7 项，教育部霍英东青年教师基金 1 项，博士后基金 3 项，横向项目 155 项，教育部基本科研业务费项目 7 项。赵玲教授负责的“十三五”国家重点研发计划项目“聚合物材料的轻量化技术”获国家科技部批准立项，总经费 8 600 万元，其中，国家财政拨款 3 100 万元。煤制乙二醇、芳烃脱烯烃催化剂、聚烯烃催化剂等签订上千万元的技术转让合同。SCI 收录论文 195 篇，其中，化工学科三大期刊共 12 篇(AIChE J 3 篇、CES 5 篇、I&ECR 4 篇)，德国应用化学 2 篇，公开发明专利 108 件。赵玲教授获 2016 年中国产学研合作创新奖，周晓龙教授等获 2016 年中国产学研合作创新成果优秀奖，周晓东教授负责的“高性能纤维增强热塑性复合材料制备及成型的关键技术”获教育部高等学校科技进步二等奖。

国际合作与交流。主办“介尺度问题研究进展”国际研讨会、2016发泡高峰论坛、第九届全国膜与膜过程学术报告会。在美国旧金山2016 AIChE年会举办华理招待会。新增本科合作项目3个：加拿大西安大略大学“2+2”和“3+2”合作项目、阿克伦大学合作项目、比利时鲁文大学合作项目。选送学生到美国休斯敦大学、美国拉玛大学、美国密苏里州立大学、美国新墨西哥州立大学、英国女王大学、加拿大西安大略大学、英国伯明翰大学等交流学习。增选学生到比利时根特大学、伊利诺伊芝加哥分校进行学习。开展法国19所化学化工工程师研究生院联盟（FGL）的联合培养项目。

党建与学生工作。化工工艺所党支部获得上海市先进党支部荣誉称号，同时获得校“先进党支部”；11月18日，化工学院党委顺利召开了换届改选大会，选举产生了新一轮党委委员；在庆祝中国共产党成立95周年知识竞赛活动中获优秀组织奖。学院团委荣获“上海市特色团委”，获得校“五四”红旗团委标兵；本科辅导员党支部荣获第二届上海市教卫系统最佳组织生活案例奖；学生社会实践团荣获上海市暑期社会实践优秀项目；潘聪聪荣获全国“大学生创业优秀征文比赛”二等奖；社团“星火社”获全国百佳大学生理论学习社团。

（孙莉）

生物工程学院

【概况】 年内，生物工程学院有教职员工167人，专任教师144人，其中正高级职称39人、副高级职称56人，博士生导师34人。学院设有5个本科专业，5个硕士点，2个工程硕士点，3个博士点。招收本科生364人，其中生物工程专业119人，生物科学专业60人，生物技术专业60人，食品科学与工程专业62人，食品质量与安全专业63人。招收博士研究生48人，学术硕士研究生156人，全日制工程硕士研究生32人，非全日制工程硕士研究生56人。授予博士学位25人，工学硕士学位93人，全日制工程硕士学位28人，非全日制工程硕士学位9人。2016届本科毕业生应就业率为96.94%，其中签约率为56.40%，升学率达到39.79%；研究生签约率达到94.19%。年内，学院认真贯彻党中央精神和学校重点工作，落实“十三五”规划的各项任务，在党的建设、人才培养、科学研究、学科建设和师资队伍建设等方面取得进步。

师资队伍建设。新录用教师15人，引进国家“杰青”“973”首席张立新教授科研团队，刘琴入选国家“优青”，赵黎明入选2015年国家科技部中青年科技创新领军人才。赵黎明入选2015年上海市曙光学者，林金萍荣获第八届上海市青年科技英才，阳大海入选上海市晨光学者，王启要、张道敬、周胜敏、阳大海入选上海市浦江人才计划（含D类）。

教育教学工作。（1）本科教育。生物工程专业通过国家工程教育首批试点认证，完成全院审核评估试点工作；组织修购基金、教学改革、双创、专业精品课程等教改项目申报，共有18个项目获批；促进学风建设，召开学风建设会议，在奉贤校区开设了新生兴趣实验。（2）研究生教育。初步完成生物工程一级学科硕士、硕博、博士培养方案以及硕士、博士全英文培养方案（国际留学生）；在校第四届“良师益友”评审活动中，1位导师被评为“我心目中的好导师”，3个学术团队被评为“我们眼中的优秀导学团队”。

学科建设。完成教育部第四轮学科评估工作；启动生物化学与分子生物学二级博士学位点、微生物学和食品科学二级硕士学位点、生物工程和食品工程2个专业学位点的自评估工作；成功举办“2016大学生暑期夏令营暨研究生自主招生选拔”，积极争取外校优秀生源，力争留住本校优质生源，努力改善生源质量；成功举办2016上海市研究生教育创新计划项目“上海市研究生学术论坛（生物工程创造美好未来）”和“第五届上海海洋药物青年论文报告会”，扩大了学科影响力。

科学研究。制订《生物工程学院科技奖励实施办法（草案）》《生物工程学院科研项目筛选和人才推荐办法（草案）》，启动生物工程学院理事会的筹建工作。获国家自然科学基金资助项目15项、优秀青年基金1项；签订横向合同24项（其中合同金额100万元以上5项）；科研经费净到账4 850万元（其中横向经费959万元）。魏东芝教授等获得国家技术发明二等奖1项，赵黎明教授等获得中国轻工业联合会技术发明一等奖1项，叶邦策教授等获得教育部自然科学二等奖1项。发表SCI论文200多篇。出色完成了生物反应器工程国家重点实验室的现场评估工作，中国轻工业生物基材料工程重点实验室获批，成立华东理工大学-长龙生物壳寡糖研发中心校企合作基地，完成国家生化工程技术中心（上海）的中心评估，上海市海洋动物疫苗工程技术研究中心通过验收。

国际合作与交流。围绕学院的学科发展、科研和学生培养开拓国际合作项目，开展国际交流活动。年内共举办29次“SKLBE学术论坛”系列报告和讲座，其中国外专家举行学术报告21次。学院教师参加国际学术会议和访问研究172人次。应届本科毕业生中有32人被11个国家和地区的26所大学录取，攻读硕士或博士学位；接收与派送国际交换本科生总计近40人；资助13名研究生出国参加国际会议或学术交流，其中2人获校研究生教育创新计划项目资助；学院与德国波兰登堡大学启动“3+1”合作交流项目，面向2016级新入学的学生，并成功招募3名学生。

党建与学生工作。顺利完成学院党委换届、党支部换届和部门工会换届，完成学院副职和内设机构干部的调整。制订学院党政联席会议制度和“三重一大”决策制度。在生物反应器工程国家重点实验室迎评估和生物工程专业认证等学院重大任务中，发挥出了党员的先锋模范作用和支部的战斗堡垒作用。持续开办生工讲坛11场、谈笑逢生（相约913）15场，推动学风建设；完成第三届“生工之星”及明星班集体评选颁奖并宣讲，完成班级攀升计划。

（陆兵）

【魏东芝教授等获国家技术发明二等奖】 1月8日，魏东芝教授领衔的项目“定向转化多元醇的生物催化剂创制及其应用关键技术”获国家技术发明二等奖。

【学院第四届一次教代会第3次会议】 1月8—9日在奉贤校区图文信息中心，学院召开了新年工作启动会。庄英萍院长明确了学院“十三五”规划的战略目标：建设国际一流、国内领先的研究型生物工程学院；以全国第一个新增列的生物工程一级学科的建设为契机，力争将生物工程学科建设成国际一流学科。与会人员还以专业认证为核心，研讨了新一年本科教学工作。

学院党政领导以及教师代表共120人出席。

【中国轻工业生物基材料工程重点实验室颁牌】 7月，中国轻工业联合会发文认定成为中国轻工业生物基材料工程重点实验室首批中国轻工业重点实验室，10月正式颁牌。

【刘琴教授获国家“优青”项目资助】 8月18日，国家优秀青年科学基金资助项目揭晓，学院刘琴教授“水产病原致病机制研究及疫苗研制”获得国家自然科学基金优秀青年基金资助。

【生物工程专业通过国家工程教育首批试点认证】 11月13—16日，中国工程教育认证协会专家委员会专家组一行6人，对我校生物工程专业进行了现场考察认证。学院在学校各相关部门的周密部署、齐心协力配合下，顺利完成我国生物工程专业工程教育认证的首批试点工作。

【生物反应器工程国家重点实验室现场评估】 12月22日，受科技部委托，中国生物技术发展中心会同中国科协生命科学学会联合体委派专家组，莅临华东理工大学，通过现场考察、资料核查和个别访谈，对生物反应器工程国家重点实验室进行了现场评估。

（周燕）

化学与分子工程学院

【概况】 年内，化学与分子工程学院有教职员工220人，专任教师163人，其中正高级职称59人、副高级职称77人，博士生导师54人。招收本科生273人，招收博士研究生72人，学术硕士研究生263人，全日制工程硕士研究生40人，非全日制工程硕士研究生54名。授予博士学位25人，工学硕士学位93人，全日制工程硕士学位28人，非全日制工程硕士学位9人。2016届本科生就业率为98%，研究生就业率为100%。年内，学院认真贯彻党中央精神和学校重点工作，落实“十三五”规划的各项任务，在党的建设、人才培养、科学研究、学科建设和师资队伍建设等方面取得了进步。

师资队伍建设。化学与分子工程学院目前有院士2人、长江学者5人、“杰青”6人、“优青”3人、“青千”1人（2016）。引进申报国家青年千人5人，其中1人获得国家青年千人计划项目资助。2人获批国家优秀青年科学基金项目资助。引进上海市东方学者特聘教授1人，1人入选上海市东方学者特聘教授跟踪计划。1人入选第二批国家万人计划科技创新领军人才，1人获得上海市科委牡丹奖，1人入选上海市浦江人才计划（A类），1人入选2015年度晨光计划（A类），1人入选上海市青年科技启明星计划（A类），2人入选上海市青年科技英才扬帆计划。

教育教学工作。（1）本科教育。本科毕业288人，授予266人学士学位。14人获上海市“优秀毕业生”称号，10人获校“优秀毕业生”称号；51人获国家奖学金，2人获上海市奖学金，291人获各类计划外奖学金。立项国家级、上海市级和校级大学生创新项目分别为10项、12项和9项，USRP项目45项；117名学生参与奉贤创新教育基地创新活动；85名学生开展28项大创和USRP的活动，100多名学生参加化学与生活系列活动。获2016年第十届全国化学实验邀请赛三等奖2人，2016年第十届上海化学实验竞赛一等奖1人、三等奖2人。完成本科培养方案修订工作，建设优质课程群，推进教学内容和课程体系的改革与建设。组织申报教学成果奖10项。推荐申报教学贡献奖（教育贡献奖、教学管理奖）4人，张江树教学名师奖1人，优秀班导师4人。（2）研究生教育。继续开展研究生教学质量检查工作，修订硕士研究生招生目录和考试大纲（11 个二级学科硕士点），修订博士研究生招生目录和考试大纲（9 个二级学科博士点）。评选校优秀任课教师 1 人，申报 3 项修购基金。举办第六届“全国优秀大学生化学夏令营”，报名人数 241 人，通过审核 80 人，实际参加夏令营学生 58 人。新增 4 名博士生导师、3 名硕士生导师，完成博士生导师上岗资格大审年的资格审查工作。

学科建设。化学学科群发展迅速，目前已处于 ESI 前 1‰，在 4 个主要世界学科排名进入前 100 名。根据最新公布的中国高校（内地）ESI 总高被引论文分布，化学学科在统计的 21 个学科中高被引论文数量排名居首，化学学科的高被引论文数量在上榜的 210 所高校中排名第 9 位。学院获批国家科技部重大研发项目，其中牵头项目 2 项，子课题负责项目 1 项。获批 1 项国家基金委重点项目，申报上海市等省部级奖励 2 项。全面启动申报筹建国际联合实验室、诺贝尔联合实验室。依托现有基金委创新群体建设新的学科增长点和交叉学科，谋划有机光电学科高地。

科学研究。年内，学院纵向到款经费 6 055 万元，横向到款经费 562 万元，合计 6 617 万元。国家基金立项 19 项，资助率 32.20%，其中重点项目 1 项，国家优秀青年科学基金项目 2 项，面上项目 11 项，青年科学基金项目 5 项。在重大项目“大气污染成因与控制技术研究”中，卢冠忠教授牵头的项目“丙烷等低碳烃净化催化剂的研究与应用”获得 687 万元资助；王幸宜教授牵头的项目“含氯等杂原子 VOCs 净化催化剂的研究与应用”获得 513 万元资助。邢明阳副教授牵头项目“电荷空间分离技术同步光催化降解重金属-有机污染物废水的研究”获得“纳米科技”重点专项 150 万元的青年项目资助。朱为宏教授承担科技部重大研发计划“芳香纳米材料制备与应用研究”（纳米潜香体设计与修饰）获得 800 万元资助。

国际合作与交流。聘请 2016 年诺贝尔化学奖获得者伯纳德 • L. 费林加为名誉教授。成功举办上海-斯德哥尔摩理论化学双边会议、第八届光致变色国际会议。开展高水平国际合作办学，率先实现学生出国比例 30%以上。博士生在校期间到海外名校访学比例提高到 50%以上。继续与爱丁堡大学、FGL、法国里昂第一大学、日本大阪府立大学、英国贝尔法斯特女王大学、诺丁汉大学、美国阿克伦大学和德国萨尔大学等开展合作办学事宜。年内，共有 48 名同学参加了国际合作交流学习。组织了 10 名同学到日本大阪府立大学进行短期访学活动，13 名同学到韩国梨花女子大学进行短期访学活动。

党建与学生工作。学院党委下设 35 个党支部，620 名党员。年内，发展党员 53 名，转正 63 名。完成 164 名毕业生党员的转出工作。完成学院基层党委和所属党支部的换届工作，学院

2个支部获得校“十佳组织生活”提名，1个支部立项党建课题，1名党员获评上海市教卫工作党委系统“优秀共产党员”荣誉称号。获校“就业工作先进集体”称号，66人获校级“优秀学生”“优秀学生干部”称号，348名同学获得各类奖学金。获校“文化艺术节优秀组织奖”、校“十六届秋韵节优秀组织奖”、校“论文年会优秀组织奖”等。

（张文清）

药学院

【概况】 年内，药学院在聘教职员工109人，专任教师85人，其中正高级职称35人、副高级职称35人，博导46人（含兼职导师）。学院设有3个本科专业，3个硕士点，3个博士点。招收本科生179人，其中制药工程专业60人，药学专业58人，药物制剂专业61人；招收博士研究生39人，学术型硕士研究生130人，全日制专业硕士学位研究生50人，非全日制工程硕士研究生34人。共毕业本科生215人，研究生178人；授予博士学位28人，学术型硕士学位118人，专业学位硕士47人。2016届研究生就业率达到97.65 %，本科生就业率达到95.15 %，本科生升学率达到46%。年内，药学院在总结“十二五”工作的基础上，进一步梳理和凝练学科优势和特色，明确学院发展目标和定位，加强学科发展整体规划和顶层设计，注重各级目标层次化实现，为药学院“十三五”以及未来的跨越式发展奠定坚实基础。

师资队伍建设。杨弋入选教育部“长江学者奖励计划”和第二批国家“万人计划”科技创新领军人才，李洪林入选科技部中青年科技创新领军人才，赵玉政入选中国科协“青年人才托举工程”和上海市青年拔尖人才计划。杨泱泱入选上海市扬帆计划。郑文云以第一完成人身份获上海市技术发明三等奖，李剑以第二完成人身份获江苏省科学技术三等奖。徐晓勇教授以第二完成人身份获得第九届中国农药工业协会农药创新贡献奖（技术创新奖）一等奖，赵建宏副教授以第一完成人身份获得上海药学会科技奖三等奖，李剑教授获得中国药学会-赛诺菲青年生物药物奖及药明康德生命化学研究奖。1人晋升教授，3人晋升副教授。

教育教学工作。（1）本科教育。制药工程专业获准入选学校精品专业建设，2个项目分别入选“一院一品牌”和创新示范课程建设项目，获准立项建设4项学校教育教学改革项目；2位教师获得学校教学贡献奖（教书育人奖）；教师共发表教学研究论文6篇，其中以学生为第一作者发表教学研究论文3篇。由我院学生组成的参赛队，在第六届“国药工程杯”全国大学生制药工程设计竞赛中获一等奖、二等奖各1项；2名学生分获全国大学生英语竞赛一、二等奖，1名学生获全国大学生英语竞赛C类三等奖。新增国家级大学生创新项目8项，上海市大学生创新创业训练计划项目8项，校级项目7项；已完成的6项大学生创新项目被评为2014年度大学生创新创业训练计划优秀项目。在上海市教委、上海市科委联合组织评审和推选下，“华东理工大学药学实践工作站”正式获批授牌，并成为首批25家“上海市青少年科学创新实践工作站”入选单位之一。(2) 研究生教育。学院拥有药学一级学科博士点，制药工程与技术和农药学二级学科博士点；药学、植物保护一级学科硕士点以及制药工程与技术二级学科硕士点；制药工程领域和项目管理（药品GMP方向）领域工程硕士、药学专业学位点；在读全日制研究生共计649人，其中博士147人，硕士502人（含全日制专业学位硕士研究生127人）；在读非全日制专业学位研究生共计228人。

学科建设。药学一级学科以“代谢相关疾病靶向药物的创新与制备”为主题成功入选学校一流学科建设行列。药学一级学科完成教育部第四轮学科评估的材料整理和提交工作。药理学与毒理学、农业科学接近全球ESI学科前1%。

科学研究。年内，科研经费到账2 379万元，发表SCI论文155篇（第一单位），其中发表于中科院一区期刊的论文13篇，二区期刊论文39篇。获批国家自然科学基金12项。马磊和王蕊领衔研发的“知母皂苷元结构修饰衍生物、药物组合物及其应用”实现技术转让，合同经费1 280万元。

国际合作与交流。10多位国外知名专家学者应邀来校交流，共举办学术讲座12场。美国三藩大学Jack Li博士来校讲授“创新药物研究及案例分析”课程，共计20学时；英国女王大学Silva教授来校讲授“荧光探针方向的研究”课程，共计56学时。年内，共有5名教师出国访学，2名学生参与了与英国阿尔斯特大学的本科“3+1”交流项目，5名研究生参与了国家留学基金委公派攻读学位或联合培养项目，8名研究生赴国外参加学术会议。与美国FDA驻华办事处古丽主任一行、欧洲药物固态研究协会Thomas Rades教授、Clare Joanna Strachan教授等国际制药行业专家开展了交流。钱旭红院士作为会议主席主办了“2016工业、农业、卫生用生态农药国际会议”。

党建与学生工作。学院党委获评校2014—2016学年“先进基层党组织”，“庆祝中国共产党成立95周年知识竞赛”活动获“优秀组织奖”，1个项目获评2014—2015年度校基层服务型党组织建设优秀品牌项目，1人获评校2014—2016学年“优秀共产党员”，1人获评校“优秀党务工作者”，奉贤本科生联合党支部获2015年度校学生党支部“优秀组织生活”，1项课题获2015—2016年度校党建研究成果三等奖，药学院团委获评校“五四”红旗团委。本科和研究生中，获评校优秀学生共63人，校优秀学生干部27人，校优秀毕业生38人（其中20人同时入选上海市优秀毕业生）；校优秀团干部10人，校优秀团员32人，校十佳团支部1项，校十佳团日活动1项，红旗团支部3项，2015—2016年度活力团支部5项；2015—2016学年度校十佳集体

1项，校优良学风班集体14项，校先进班集体8项。获“丝路新世界、青春中国梦”全国大学生社会实践大赛优秀团队，1名学生获评全国大学生社会实践大赛优秀个人，2项作品分获2016年“知行杯”上海市大学生社会实践大赛一等奖和二等奖，1项作品获“创青春”全国大学生创业计划大赛上海市银奖，1名学生获评上海市暑期社会实践优秀个人，齐明辉老师获评上海市暑期社会实践优秀指导教师。

【学院任命3名副院长】 在试用期考核基础上，经2016年10月17日学校党委十届95次常委会讨论并票决决定，正式任命李剑、邓卫平为药学院副院长；在试用期考核基础上，经2016年12月20日学校党委十届100次常委会讨论并票决决定，正式任命任国宾为药学院副院长。

【学院党委举行换届选举】 11月25日，学院党委换届选举大会在徐汇校区六大教室举行，大会根据《党章》和有关规定，经全体到会正式党员采取无记名投票方式和差额选举的办法，选举王喆等9名同志为药学院党委新一届委员会委员；会后，药学院党委新一届委员会召开第一次全体会议，采用无记名投票方式选举王喆同志为药学院党委书记，王越同志为党委副书记。

（牛婧）

材料科学与工程学院

【概况】 年内，材料科学与工程学院有教职员工165人，专任教师127人，其中正高级职称50人、副高级职称62人，博士生导师33人。学院设有4个本科专业，7个硕士点，2个工程硕士点，1个国家一级学科博士点，3个国家二级学科博士点，1个博士后流动站。招收硕士研究生289人，其中学术硕士199人，全日制工程硕士54人，非全日制工程硕士36人，招收博士生49人。本年度共授予学位261人，其中博士37人，学术型硕士154人，全日制工程硕士46人，非全日制工程硕士24人。2016年招收录取本科生359人，其中高分子材料与工程专业181人，复合材料与工程专业58人，无机非金属材料工程专业60人，新能源材料与器件专业60人。2016年，学院以学科建设为重点，进一步凝练学科方向，加强制度化、规范化、民主化管理，努力营造和谐、进取的科研、教学氛围，促进学院在科研、教学、师资队伍建设、国际合作交流等各方面取得了阶段性成绩。

师资队伍建设。 刘昌胜教授领衔的团队获得国家自然科学基金委创新群体，陈庐阳教授入选国家青年千人计划，林绍梁教授获得国家优秀青年基金，林志群教授入选上海市千人计划，胡爱国教授入选上海市东方学者跟踪计划，江浩教授入选上海市科技英才，牛德超入选上海市青年科技启明星计划，李宇航入选上海市晨光学者、上海市青年科技英才扬帆计划人选、全国优秀博士后计划。孙金煜获得上海市上海高校青年教师教学竞赛自然科学应用学科组一等奖和“上海市教学能手”荣誉称号。出台《关于师资博士后留任专职教师的学院管理规定》，加强师资博士后队伍建设。

教育教学工作。 （1）本科生教育。按照一流大学本科教育的要求及工程教育认证标准，修订了高分子材料与工程、无机非金属材料工程、复合材料与工程、新能源材料与器件等4个本科专业的培养方案。实施“精品专业”建设工程，高分子材料与工程专业获批校精品专业（培育）建设项目。复合材料与工程专业进行工程教育专业认证。高分子材料与工程专业完成2017年第二次工程教育认证申请报告并上交。完成教务处审核评估基本数据收集。新增本科教学实习基地3个：上海锦湖日丽塑料有限公司、上海辐新辐照技术有限公司、上海紫江彩印有限公司。1人荣获成思危名誉校长奖学金特等奖，1人荣获宝钢奖学金，2人荣获美国大学生数学建模 Honorable Mention 奖（二等奖），1 人荣获美国大学生数学建模三等奖，1 人荣获 2016 年“高教社杯”全国大学生数学建模竞赛三等奖，2 人荣获第 32 届全国部分地区大学生物理竞赛（上海赛区）（非物理类 A 组）三等奖，1 人荣获全国大学生英语竞赛一等奖，1 人荣获 2016 全国大学生英语能力竞赛（NECCS）C 类全国一等奖，3 人荣获全国大学生英语竞赛三等奖，1 人荣获 2016 年“上纬杯”第二届全国大学生复合材料设计与制作大赛优秀奖，5 人荣获第八届超轻复合材料机翼优秀海报二等奖。（2）研究生教育。优化研究生招生结构，进一步完善博士生招生“申请-考核”制。成功举办了第六届全国大学生暑期夏令营。修订完善学院接受推免生的相关政策，完成硕士中期检查和博士资格认证，组织安排各类研究生学术讲座、报告等 70 余场。完成 2016 年学院研究生国家奖学金奖惩委员会和 2016 年学院研究生计划外奖学金奖惩委员会的调整。2016 年共有 41 名全日制硕士研究生参加学院学位论文公开答辩，3 篇学位论文被评为上海市研究生优秀成果（学位论文）。1 人荣获成思危名誉校长奖学金特等奖，1 人荣获成思危名誉校长奖学金二等奖。

学科建设。组织和申报了材料科学与工程一流学科建设方案，凝练了 4 个重点发展方向：聚合物结构设计与可控制备、特种树脂基复合材料、纳米材料化工、生物医用材料。“多级结构功能复合材料的构建与应用”项目获批学校一流学科建设项目。完成了教育部第四轮学科评估的材料申报工作。根据教育部的第四轮学科评估工作要求，完成材料科学与工程和生物医学工程学科评估简况表及相关附件的整理、提交工作。根据教育部的要求，目前正在整理材料科学与工程学科研究生课程建设情况调研报告。完成学院学术分委员会的换届组建。初步修订了学院博士生和硕士生申请学位学术成果要求的暂行规定。

科学研究。年内，科研经费到款 7 533 万元，其中纵向经费 5 144 万元，横向经费 2 389 万元。获批国家自然科学基金 11 项，总金额 1 661 万元，其中国家基金委创新群体项目 1 个，优秀青年基金 1 个，面上项目 7 个，青年基金 2 个。发表 SCI 收录论文 227 篇，ESI 高被引论文 50 篇，其中包括 Nat. Comm.（2 篇）、Nat. Energy（1 篇）、Chem. Soc. Rev.（1 篇）、Adv. Mat.（1 篇）、Angew. Chem. Int. Ed.（1 篇）、Nano Lett.（2 篇）、ACS Nano（2 篇）（第一单位）等高质量论文。米普科教授领衔的项目“超高粘度指数 PAO 润滑油基础油技术开发”获得了上海市科技进步奖一等奖，齐会民教授领衔的项目通过了教育部科技进步二等奖评审。

国际合作与交流。组织召开了全国首届“材料学科建设与学术前沿论坛”。完成了 2016 年华东理工大学-德国萨尔大学暑期学校。邀请国内外著名专家 17 人次来学校访问和交流，派出 5 名青年教师到国外著名高校等访问和学习，17 人参加国际合作与交流。

党建与学生工作。组织各支部对2015年以来组织生活的规范性、内容、形式、效果等进行了自查；按照《中国共产党党费收缴、使用和管理的规定》，组织各支部党员分别核对补缴2008年4月至2015年12月和2016年1月至6月的党费。9月启动学院党委换届选举工作，12月9日召开全院党员大会进行换届选举。第10次开展学院党委给教工党员过“政治生日”活动。2016年度发展党员31人（其中研究生12人），43名预备党员转正（其中研究生17人）。

（王惠）

【材料学科建设与学术前沿论坛举行】 5月13日，材料学科建设与学术前沿论坛举行，来自各高校、科研院所的著名学者共聚一堂，就材料学科建设与发展等话题展开交流、研讨。本次论坛邀请到中国科学院院士、南京大学祝世宁教授，中南大学材料学院院长梁淑全教授，四川大学高分子学院院长傅强教授，中科院化学所国家重点实验室主任杨振忠研究员，北京大学工学院副院长杨槐教授，南开大学材料学院副院长卜显和教授，山东大学材料学院院长赵国群教授，北京科技大学材料学院院长姜勇教授，浙江大学材料学院院长韩高荣教授，华中科技大学材料学院院长黄云辉教授，重庆大学化学化工学院院长魏子栋教授，上海交通大学化学化工学院书记朱新远教授，北京航空航天大学化学与环境学院副院长郭林教授，复旦大学高分子系主任汪长春教授等国内著名学者。

（朱以华）

【2016年高分子材料前沿论坛举行】 为了促进我校高分子材料学科发展，2016年12月22日至24日，材料科学与工程学院举办了2016年高分子材料前沿论坛。论坛邀请了中国科学院院士谢毅教授以及20余位高分子材料领域的长江学者、国家杰青和著名学者等参会，围绕当前高分子材料领域的热点、难点和发展趋势等前沿问题展开讨论。

（沈建华）

【召开党委换届选举党员大会】 12月9日，学院党委换届选举党员大会在徐汇校区六大举行。学院师生党员共计362人参加了党员大会，会议由学院党委副书记戴诚安主持。学院党委书记唐颂超代表上一届党委作了题为“凝心聚力 和谐共进 建设材料科学与工程一流学科”的党委工作报告。大会严格按照规定程序，表决通过了《中共华东理工大学材料科学与工程学院委员会换届选举党员大会选举办法》《中共华东理工大学材料科学与工程学院委员会换届选举委员候选人名单》等，采取无记名投票方式和差额选举的办法，选举产生材料学院新一届委员会党委委员（按姓氏笔画排序）：王惠、庄启昕、陈涛、李欣欣、林绍梁、袁媛、郭卫红、唐颂超、戴诚安。

（王惠）

【超细材料制备与应用教育部重点实验室召开2016年学术委员会会议】 12月10日，超细材料制备与应用教育部重点实验室2016年度学术委员会会议召开。解思深院士、胡英院士、袁渭康院士、李洪钟院士、赵东元院士、段雪院士、都有为院士、南策文院士、田禾院士、丁奎岭院士、王继扬教授、彭孝军教授、赵乃勤教授、刘昌胜教授、李春忠教授、林嘉平教授等学术委员会委员以及重点实验室科研骨干等出席了会议。

（朱以华）

信息科学与工程学院

【概况】 年内，学院有教职员工 215 人，专任教师 153 人，其中正高级职称 30 人，副高级职称 79 人，博导 27 人。学院设有自动化、测控技术及仪器、电气工程及其自动化、计算机科学与技术、软件工程、信息工程等 6 个本科专业，控制科学与工程、计算机科学与技术、信息与通信工程等 3 个一级硕士学位授权点，控制科学与工程一级博士学位授权点，计算机应用技术博士学位授权点。招收本科生 477 人，其中测控技术与仪器专业 60 人，电气工程及其自动化专业 61 人，自动化专业 87 人，计算机科学与技术专业 113 人，软件工程专业 61 人，信息工程专业 95 人。招收博士研究生 21 人，学术型硕士研究生 133 人，全日制专业学位硕士研究生 83 人，非全日制专业学位硕士研究生 64 人。授予博士学位 8 人，工学硕士学位 115 人，全日制工程硕士学位 66 人，非全日制工程硕士学位 58 人。毕业生共 570 人，就业率达到 97.54%，签约率达到 89.3%，升学率达到 35%。年内，学院根据学校“十三五”改革发展与规划纲要、学校 2016 年工作要点的有关要求，以校院两级管理试点为契机，在师资队伍建设、教育教学工作、学科建设、队伍建设、科研创新、国际合作与交流、党建与学生工作等各个方面都取得了卓有成效的进展。

师资队伍建设。落实人才强院战略，坚持外部引进和内部培育工作并重。年内，杜文莉入选教育部长江学者特聘教授，严怀成入选上海市曙光学者，和望利获得中国自动化学会青年人才托举工程，赵芝芸、堵威 2 人入选上海市扬帆计划，金晶入选 ESI 高被引学者。金耀初获得上海市千人计划短期项目资助。孙京诰获第二届全国高等院校工程应用技术教师大赛全国二等奖。钟伟民获校第二届青年英才校长奖。王喆、阮彤 2 人晋升教授；张宇、王梦灵、田州、谷小婧、胡庆春 5 人晋升副教授。聘请澳大利亚悉尼大学信息及电气工程学院董朝阳教授担任我校讲座教授，中国石化集团经济技术研究院毛加祥副院长为我校兼职教授。学院连续第 4 批实施信息学院优秀青年骨干教师培育计划，开展人才培育工程，5 位青年教师入选。

教育教学工作。（1）本科生教育。自动化专业获得校精品专业（培育）建设项目立项；新建软件工程本科专业，年内已开始招生。1 门课程入选上海市精品课程，2 人获得校创新示范课程建设项目立项。在 2016 年首届学校教学贡献奖评选中，王占全、王华忠获教书育人奖，郭卫斌获教学管理奖。1人获得校学科竞赛“一院一品牌”建设项目立项；8人获得校创新创业教学改革建设项目立项；2人获批校MOOC课程建设立项；16位教师获得2016年度本科教育教学改革项目立项，其中重点项目3项。组织校教学成果奖的申报工作，申报数超过40项。创新联动平台，依托计算机教学实验中心和电子信息实验教学中心，为各级各类的大学生创新活动的开展提供支持。14名教师入选首届校级创新创业导师。新增9项国家级大创项目，11项上海市级大创项目，4项校级大创项目以及20项USRP项目。年内结题的大创项目中，有7项获得大学生创新创业训练计划优秀项目。新增校外实习、实训基地3个。（2）研究生教育。新遴选博士生导师2位，新增硕士生导师3位；4人被评为2016年度研究生课程优秀任课老师；入选2016年度上海高校外国留学生英语授课示范性课程1门；1篇博士论文、1篇硕士论文获上海市研究生优秀学位论文；1篇博士论文、3篇硕士论文获校优秀研究生学位论文。2016年公派留学联合培养博士5人、攻读博士学位1人。举办全国优秀大学生暑期夏令营活动，吸引了来自全国各大高校的46名学生参加。

学科建设。做好第四轮学科评估工作，支持控制科学与工程、计算机科学与技术2个一级学科参加全国第四轮学科评估。组织国家自然科学基金委重大计划项目立项筹备工作，并进行了预答辩。全面参与中石化镇海炼化公司智能工厂建设，成功入选工信部第二批“智能制造示范工程”。控制科学与工程学科获批启动华东理工大学“一流学科”建设项目；申报2017年“高等学校学科创新引智计划”（即“111计划”），“石油化工行业智能优化制造学科创新引智基地”通讯评审为“优秀”直接获批立项；学术骨干参加学校上海高校I类高峰学科建设，年内已通过年度考核答辩评审；控制科学与工程博士后流动站在全国博士后流动站年度综合评估中获评优秀。计算机科学与技术学科参加上海市大数据技术与应用创新中心建设。新建“华理-梅斯生物医药开放链接大数据联合研究中心”“华理-申能能源大数据研究中心”以及“华理-数荃数据科技有限公司金融大数据联合研究中心”3个大数据研究中心。电子与通信学科有序推进学位点建设工作，着力培养、选留优秀青年学者，加强信息与通信工程一级学科硕士点建设，依托控制科学与工程一级学科的自设“通信与网络化控制”二级博士点，延拓推进电信学科建设工作。

科学研究。年内获得省部级科技奖励5项，其中以第一完成单位获得4项，“苯乙烯生产过程节能降耗运行优化技术”获上海市科技进步一等奖、“乙烯装置高附加值产品最大化的优化控制技术”获教育部科技进步一等奖、“大型乙烯装置全流程先进控制和运行优化技术与应用”获石油化工联合会科技进步一等奖、“信息受限下不确定动态系统控制理论与方法”获上海市自然科学二等奖。“苯乙烯生产过程节能降耗运行优化技术”成果荣获第十八届中国国际工业博览会创新银奖。“稀疏信号盲源分离的关键理论与新方法”以第二完成单位获得教育部自然科学一等奖。在科研项目申报方面，获批 1 项国家重点研发计划项目（含 2 个课题）；13 项国家自然科学基金资助项目（含重大计划课题 1 项、面上项目立项 9 项、青年基金 4 项），直接课题经费 629 万元；获 2 项上海市自然科学基金项目，3 项探索类项目。11 项授权发明专利，26 项公开专利；7 项登记计算机软件著作权。截至 2016 年 12 月 31 日，科研经费到款 3 343.47 万元（纵向经费 1 703.6 万元，横向经费 1 639.8 万元）；其中自动化系到款 2 073.6 万元，占比 62%；计算机系到款 831.6 万元，占比 24.8%；电信系到款 438.2 万元，占比 13.1%。发表 SCI 论文 118 篇，EI 论文 81 篇，其中，自动化系 SCI 论文 94 篇，占比 79.7%；计算机系 SCI 论文 19 篇，占比 16.1%；电信系 SCI 论文 5 篇，占比 4.2%。

国际合作与交流。邀请加拿大皇家科学院院士、麦克马斯特大学朱世平教授，加拿大 Aspen Technology 公司资深工程师杜仰光博士，国际知名控制专家、IEEE Fellow 等数十位国际著名高校、研究机构和国际公司的专家来访并作相关学术专题报告。德累斯顿工业大学自动化研究所所长 Klaus Janschek 教授为控制科学与工程学科研究生讲授了 20 学时的全英文课程，德国 Beck-Hoff 自动化有限公司 Frank Schiller 教授分别为学院自动化系本科生和研究生开设了 16 学时的全英文课程。学院 20 多名教师和 20 多名研究生分别赴加拿大多伦多大学、加拿大石油公司等国外著名高校和企业进行交流访学，11 名本科生赴美国密苏里大学等大学参加国际交流项目。

党建与学生工作。学院党委深入开展“两学一做”学习教育活动，坚持民主集中制原则和党政班子“三重一大”集体决策制度，坚持议事制度和议事规则，对学院教学、科研、学科建设、学生工作、行政管理等方面的常规事务通过学院工作例会进行部署和交流，学院的重要事项、重大问题均通过党政联席会议进行讨论和决策。学院党委换届选举党员大会顺利举行。学院获评 2014—2015 年度校“文明示范单位”，并连续获评校“安全文明单位”“综合治理先进集体”“信息宣传工作先进集体”；学院辅导员党支部获评上海市和市教卫工作党委系统“先进基层党组织”，魏群同志获评市教卫工作党委系统“优秀党务工作者”。学生工作坚持“文化育人、全员育人”的工作理念，扎实推进学风建设、学生党建、团学工作、毕业生就业工作、辅导员队伍建设等基础性工作。学院获评毕业生就业工作先进集体，获评校征兵工作先进集体。青年教师马天骄参加了第五届全国高校辅导员职业能力大赛（第六赛区）复赛并获二等奖。

（许浩）

【信息科学与工程学院新任院长任命】 3 月 9 日，经 2016 年 2 月 29 日党委十届 79 次常委会讨论并票决决定，任命杜文莉为信息科学与工程学院院长（试用期一年）。

【“自动控制原理”入选上海高校市级精品课程】 4月11日，沪教委公布2016年度上海高校市级精品课程名单，经学校推荐、网上公示、专家评审，我院由侍洪波负责的课程“自动控制原理”入选。

【信息科学与工程学院党委换届】 12月22日，学院党委新一届委员会组成人员名单公布，中共华东理工大学信息科学与工程学院委员会由万永菁、刘志鹏、孙自强、杜文莉、杨文、杨富琴、侍洪波、钟伟民、郭卫斌等9位同志组成；侍洪波同志任书记，刘志鹏同志任副书记。

（许浩）

机械与动力工程学院

【概况】 年内，机械与动力工程学院有教职员工 162 人，专任教师 125 人，其中正高级职称 38 人、副高级职称 60 人，博导 33 人。学院设有 4 个本科专业，3 个一级硕士学位授权点，8 个博士学位授权点。招收本科生 357 人，其中安全工程（安全检测技术）专业 30 人，材料成型及控制工程专业 89 人，过程装备与控制工程专业 118 人，机械设计制造及其自动化专业 120 人。招收博士 26 人，学术硕士 129 人，全日制工程硕士 55 人，非全日制专业学位硕士 47 人。授予博士学位 19 人，工学硕士学位 118 人，全日制工程硕士学位 47 人，非全日制工程硕士学位75 人。本科毕业生共 370 人，就业率达到 96. 22%，签约率达到 87. 30%，升学率达到 29. 73%，研究生就业率 99. 46%。年内，学院各项工作继续围绕“注重内涵，坚持特色，突出优势，协调发展”的学科建设指导方针有序推进，结合制定“十三五”及中长期发展规划目标，进一步凝练学科方向，在师资队伍建设、教育教学工作、学科建设、队伍建设、科研创新、国际合作与交流、党建与学生工作等各个方面取得新进展。

师资队伍建设。现有承压系统安全科学教育部重点实验室、化工机械研究所和绿色高效过程与节能教育部工程研究中心 3 个研究基地以及 18 个科研团队。年内，新进教师 1 名（高阳），新进师资博士后 1 名（杨斌），新晋升教授 1 名（章兰珠），新晋升高级实验师 1 名（颜雪娟），新晋升副教授 2 名（朱明亮、郭素娟），新聘兼职教授 1 名（梁秀兵）。入选各类人才计划和获得人才类奖项的有：青年长江学者白志山，国家自然科学基金优秀青年基金获得者项延训，霍英东教育基金会高等院校青年教师基金获得者、上海市“青年科技启明星”获得者杨强，上海市浦江学者刘爽，上海市晨光计划入选者、青年科技英才扬帆计划入选者贾云飞，上海市教书育人楷模提名奖获得者安琦，校特聘研究员高阳，校教学贡献奖获得者郭慧、马新玲，校教学管理奖获得者惠虎，第四届“良师益友”教师周邵萍、惠虎。

教育教学工作。本科教育教学中获省部级以上创新竞赛奖 26 项，其中国家级 10 余项；在第七届全国大学生机械创新设计大赛中获得一等奖 1 项，二等奖 1 项；在第七届全国大学生过程装备实践与创新大赛中获特等奖 2 项，二等奖 2 项，优秀指导教师一等奖 2 项，优秀组织奖 1 项；在全国第九届“高教杯”全国大学生先进成图技术与产品信息建模创新大赛中获得一等奖6 项，二等奖 2 项，优秀指导教师一等奖 2 项和团体一等奖 1 项；在第五届上海大学生机械创新设计大赛中获得一等奖 2 项；在第二届上海市大学生力学竞赛中获得特等奖 1 项，一等奖 1 项，二等奖 1 项，三等奖 1 项。2016 年 8 月协办了第七届全国大学生过程装备实践与创新大赛，该项赛事得到全国 60 余所学校的大力支持，参赛队伍 300 多支，我院并争取到 2017 年第八届全国大学生过程装备实践与创新大赛的举办权。

学科建设。推进第四轮学科评估工作及一流学科建设工作，完成学位点自评估工作。学院机械工程、动力工程及热物理、安全工程（硕士一级）等 3 个一级学科参加了第四轮学科评估。组建了以行政主要领导为负责人的学科评估领导小组和以各学科骨干教师为主的学科评估工作小组，在广大教师的积极配合下，完成了数据收集、整理和初稿撰写工作，保质保量地完成了本次学科评估工作。在学校启动的一流学科建设项目中，我院申报的“安全、绿色、智能过程装备技术”项目及参与申报的“能源清洁利用技术及装备”项目在学校学科评议中获得好评。

科学研究。年内，学院科研经费总计 4 705 万元，其中纵向课题 93 项，经费 2 105. 9 万元，横向课题 184 项，经费 2 599. 1 万元。马良博士作为项目负责人承担了国家重点研发计划青年项目“短流程旋流吸附-芬顿高级氧化耦合工艺用于橡胶行业挥发性有机物（VOCs）的控制”。完成 2015 年修购基金建设项目，获得 2016 年国家修购基金资助，主要用于材控专业实验室建设；与企业合作开发含安全、创新、创业、就业等教育的“机动学院学生综合素质教育平台”；推进机械类青年教师培训基地建设；新签两家产学研实践基地，包括校级基地（德尔福派克电气系统有限公司）和院级基地（奉贤双木散热器制造有限公司）；获大学生创新与创业实验计划项目建设国家级 8 项，市级 10 项，USRP 立项 38 项；积极组织申报了 2016 年教学成果奖（8 项）及教学团队（1 项）建设项目。

国际合作与交流。开展邓迪大学暑期交流项目，接待 20 名邓迪大学本科生的暑期来访。共有 6 名同学参加英国邓迪大学、美国密苏里大学和英国诺丁汉大学的国际合作交流项目，有 5 名同学参加了赴德国海德堡大学和英国邓迪大学的暑期交流项目。

党建与学生工作。学院党委深入开展“两学一做”学习教育活动，坚持民主集中制原则和党政班子“三重一大”集体决策制度，坚持议事制度和议事规则，对学院教学、科研、学科建设、学生工作、行政管理等方面的常规事务通过学院工作例会进行工作部署和交流，学院的重要事项、重大问题均通过党政联席会议进行讨论和决策。学院党委陆续开展了“两优一先”的推荐评选，进行干部推选及考核，开展基层党支部换届工作，选举成立学院学术分委员会，组织实施徐汇区人大代表选举工作，排查失联党员情况，党员党费补缴，学院党风廉政建设实地考核等工作。在建党 95 周年前夕，学院根据学校党委工作部署进行了优秀基层服务型党组织、优秀共产党员、优秀党务工作者的评选工作。马新玲当选为学校“优秀共产党员”，孙明当选为学校“优秀党务工作者”，化机一支部当选为学校“先进党支部”。

开展“我的中国梦”“社会主义核心价值观”主题教育活动，深入推动“班级攀升三步走”，认真落实《就业引导工程实施方案》，努力做好大学生思想政治教育工作，为学生成长成才服务。开展人文思政专题讲座和主题教育活动 20 余场，涉及创新精神、综合素质、生涯发展、专业导学和成长论坛等各个领域，徐国民、奚建武、安琦等一批优秀的院内外专家为大学生答疑解惑。围绕“班级攀升三步走”活动，通过各项活动帮助学生树立学习目标和习惯。辅导员、班导师通过班级骨干、走访宿舍以及利用网络平台，全方位掌握学生信息，切实了解每个学生的学习状况、思想状态和家庭背景等信息，从而有针对性地进行思想政治教育和管理工作。对于受到学籍处理的学生，发现个别同学出现比较严重的情况，及时与家长沟通，在让家长知晓信息的同时，请求家长配合以加强教育和引导。依托“班级攀升三步走”开展“机动风云榜——学风建设优秀系列”评选活动，班级、寝室、个人等积极申报。

通过强化制度建设来扎实推进学生基础党建。学院秉承“四化”工作理念，打造特色党建，具体表现在：编写《入党指南》手册，推进党员培养、教育与管理科学化；开展系列主题教育活动，推动党员培养、教育与管理项目化；建立党员之家与党员 E 家，推进党员培养、教育与管理立体化；拓展党员教育服务阵地，推动党员培养、教育与管理基地化。2012 级本科生第一党支部获得了校 2014—2016 学年先进基层党组织。

学院自 2005 年以来均获得校“毕业生就业工作先进集体”称号。此外，为进一步加强校企交流与合作，积极有效地鼓励、支持与引导毕业生面向重点地域、重点行业、重点企业就业，在校学生工作部（处）的指导与支持下，学院在 2016 年暑假派出一支队伍赴陕西西安开展“就业引导工程”企业走访活动，走访了华陆科技、陕煤技术研究院、陕鼓集团等大型企业，在实践中取得了良好的效果。

（孙明）

资源与环境工程学院

【概况】 年内，资源与环境工程学院有教职员工 103 人，专任教师 83 人，其中正高级职称 30 人、副高级职称 30 人，博导 26 人。学院设有 3 个本科专业，2 个硕士点，2 个博士点。2016 年招收本科生 185 人，其中环境工程专业 91 人，能源与动力工程专业 64 人，安全工程专业 30 人。招收博士 15 人，学术硕士 98 人，全日制工程硕士 12 人。授予博士学位 20 人，工学硕士学位 72 人，全日制工程硕士学位 25 人，非全日制工程硕士学位 7 人。2016 届毕业本科生共 159 人，就业率达到 95.6%；毕业研究生 119 人，就业率达到 100 %。年内，资源与环境工程学院按照学校“十三五”改革发展与规划纲要，统筹协调、凝心聚力，推动学院的全面发展。

师资队伍建设。 王辅臣获得国家“万人计划”领军人才，于建国受聘“第十届国家督学”，并入选第二批国家环境保护专业技术领军人才；李辉入选第二批国家环境保护专业技术青年拔尖人才。修光利被评为“上海市环境保护标兵”。新聘任河南省科学院副院长雷廷宙研究员为我校兼职教授。

教育教学工作。（1）本科教育。获 2016 年度上海高校市级精品课程 1 门，上海高校优质在线课程建设项目 1 项；获校本科教育教学改革立项建设重点项目 1 项，校本科教育教学改革立项建设项目 4 项，校创新示范课程建设重点项目 3 项。（2）研究生教育。新建院级研究生实习基地 1 个，成功举办了上海市研究生学术论坛。2 人获上海市优秀硕士学位论文，2 人获校优秀博士学位论文，1 人获校优秀硕士学位论文。

科学研究。 年内，科研经费到款 4 426 万元，其中纵向 2 243 万元，横向 2 183 万元。发表 SCI 论文 131 篇；授权专利 21 项，公开专利 29 项。国家自然科学基金立项 6 项，其中，重点 1 项，国际合作 1 项，青年 3 项，面上项目 1 项。“单喷嘴冷壁式粉煤加压气化技术关键装备开发及应用”获得上海市技术发明奖特等奖；“大型气流床煤气化炉内湍流多相流动、传递与反应过程基础研究与工程应用”获得上海市科技进步奖一等奖。“SE 粉煤加压气化技术”荣获第十八届中国国际工业博览会创新金奖。与上海市环境监测中心、上海市民防办联合成立了环境立体观测研究基地；围绕臭氧污染开展了垂直观测研究；成立华理-聚能固废资源化利用联合研究所。高浓度难降解有机废水处理技术国家工程实验室获得国家发改委批准建设。

国际合作与交流。聘任英国伯明翰大学丁玉龙教授、香港科技大学郁建珍教授、意大利萨勒诺大学 Massimo Poletto 教授为客座教授。共有 13 名研究生出国参加国际会议，3 名研究生公派出国联合培养；4 名硕士生公派出国参加学术交流或合作科研。8 名本科生参加法国高等化学工程师联盟（FGL）、美国密苏里大学、佛罗里达大学、柏林工业大学的本科生交流项目。与昆士兰科技大学签署了双博士联合培养协议，启动环境科学与工程双博士学位培养计划。邀请了英国南安普顿大学、美国宾夕法尼亚州立大学、昆士兰科技大学教授来校授课。选派 1 名教师赴美国 1 年访学，2 名教师短期出国开展合作研究。

党建与学生工作。程里被评为“上海市教卫党委优秀党务工作者”；陈雪莉被评为校“2014—2016 学年优秀共产党员”；张熠被评为校“2014—2016 学年优秀党务工作者”；2013 级本科生党支部被评为校“2014—2016 学年先进基层党组织”。环境科学教工党支部与上海市环保局污染防治处进行党支部结对子活动。环境 132 班支部获得“全国高校践行社会主义核心价值观示范团支部”“上海市五四红旗团支部”称号，5 个团支部被评为 2015—2016 学年度“活力团支部”；5 个团支部被评为 2015—2016 学年度“红旗团支部”；学院团委被评为 2015—2016 学年度“五四红旗团委标兵”；华理环保协会入选“中国绿色校园社团联盟”。“逐浪——重走长征路”文化宣传活动获第二十九届文化艺术节优秀项目奖。

（曹娜）

理学院

【概况】 年内，理学院共有教职工 152 人，其中博士生上岗导师 15 人，硕士生上岗导师 51 人，正教授 26 人、副教授 52 人。学院设有 4 个本科专业，2016 年招收本科生 192 人，其中应用物理专业 35 人，应用数学专业 61 人，信息与计算科学专业 32 人，光电信息科学与工程专业 64 人。2016 年本科生毕业人数为 168 人，其中数学与应用数学专业 60 人，信息与计算科学专业 25 人，应用物理学专业 27 人，信息显示与光电技术专业 56 人。2016 届本科毕业生总人数 168 人，实现就业人数 167 人，就业率达 99.4%，签约率 93.45%，读研率（含出国）达 42.60%。年内，理学院教职员工积极进取，在学科建设、师资队伍建设、人才培养、科学研究、国际合作交流和学生工作等方面取得了一定进展。

师资队伍建设。全年录用教师及师资博士后共 4 人，其中 3 人为博士。有 5 名青年教师晋升副教授，1 名教师晋升教授。强化教师的分类管理，完善和落实教师聘任与管理制度，制订了《理学院骨干教师出国研修管理办法（讨论稿）》《理学院新进校青年教师培养方案（讨论稿）》，力争充分发挥教师的主观能动性和优势，为完成学院的核心工作和“十三五”发展规划奠定基础。

教育教学工作。承担全校数学类、物理类公共基础课程教学。在广泛调研、认真研究国内外一流高校的本科教学培养方案基础上，制订了《本科生培养方案》。成立本科教学指导委员会，深化教学改革、提高教学质量。获准大学生创新实验计划项目国家级 3 项，上海市级 7 项，校级 3 项。完成校级 USRP 立项 13 项。组织 5 项面向全校的赛事（数模竞赛、数学大奖赛、大学物理竞赛、大学生物理学术竞赛、遥控游艇设计制作大奖赛），参与学生达 3 500 多人次。通过两个阶段的培训活动及校内选拔赛，我校参赛队在 2016 美国大学生数学建模竞赛中获一等奖 2 项，二等奖 3 项，三等奖 4 项；在全国大学生数学建模竞赛中获全国二等奖 2 项；在上海赛区评选中获得一等奖 3 项，二等奖 2 项，三等奖 16 项。第八届全国大学生数学竞赛（上海赛区）暨第八届上海市大学生数学竞赛（非数学专业类）中，共有 44 名学生获奖，其中一等奖 14 人，二等奖 11 人，三等奖 19 人，一等奖获奖人数在上海市参赛高校中名列第一。第八届全国大学生数学竞赛决赛上，高材 155 班邹君逸、化工 152 班姜沁源分获非数学专业类全国一等奖和二等奖，邹君逸以全国第7名（上海市第1名）的优异成绩进入“全国十强”。在第33届全国部分地区大学生物理竞赛（上海赛区）中，参赛学生获一等奖1项，二等奖7项，三等奖12项。在第七届中国大学生物理学术竞赛上获国家级二等奖1项，最佳正方奖1项；在上海市大学生物理学术竞赛中，获一等奖1项，二等奖1项。

科学研究。年内，科研总经费510万元。立项的国家自然科学基金10项，其中面上项目6项，青年项目4项。上海市自然科学基金面上项目和探索类项目各1项，上海市人才计划项目2项：启明星A类和扬帆计划。共发表SCI论文75篇。青年教师张波发表Nature论文1篇，Science论文1篇；郑致刚在Nature上发表论文1篇。

国际合作与交流。分别召开英国女王大学、邓迪大学以及斯克莱德大学本科生国际交流项目宣讲会，邀请了3所大学的知名教授担任主讲嘉宾，与各年级学生代表进行交流，推进学生联合培养项目。3名学生参加英国贝尔法斯特女王大学“3+1”联合培养项目。1名同学获选美国西佛罗里达大学优秀本科生项目。3名本科生参加了由英国斯克莱德大学组织的暑期夏令营活动；5名同学参加了由学校组织的暑期交流活动。

党建与学生工作。年内，完成了学院行政领导班子调整，完成数学和物理两个系的正副主任、物理实验教学中心主任和院长助理5名干部调整。完成理学院第三届党总支换届选举工作，产生了新一届总支委员会。规范支部组织生活制度，切实开展“两学一做”教育。学院被评为精神文明单位、学校综合治理工作先进集体、学校毕业生就业工作先进集体、征兵工作先进单位。物理实验教学中心获评学校实验室先进集体。安丰鹏老师获中国基础物理学突破奖，鲍亮老师获评上海市教卫系统优秀共产党员，钱夕元老师获宝钢奖，谢海芬老师获上海市育才奖。发展本科生党员18人，转正12人。通过实行专业班导师制度，扎实推进学风建设。吴赵龙同学获宝钢优秀学生全国特等奖。6名同学获2015—2016学年国家奖学金，2名同学获上海市奖学金，20名同学获2015—2016学年国家励志奖学金，3名同学获社会奖学金，8名同学获评上海市优秀毕业生，2名同学获评华东理工大学优秀毕业生，11名同学获评校优秀团员称号，4名同学获评校优秀团干部。加强学院文化建设，在2015—2016年度获青年志愿服务“优秀组织奖”、金山嘴小学志愿项目获优秀志愿项目奖、校园心理情景剧优秀奖、“法院杯”辩论赛亚军、啦啦操大赛最佳律动奖、第30届体育节功夫扇会演二等奖，光电142班团支部获校评红旗团支部。共接待了80位毕业20年、30年校友参加学校“校友返校日”活动，通过定制校友文化衫，赠送校标马克杯、校徽等活动，让校友感受到了“回家”的温暖；在2016年的征兵工作中，理学院积极精准动员，征兵人数超额完成任务，被评为校征兵工作先进集体。

（常福珍）

商学院

【概况】 年内，商学院在职教职工 181 人，其中专任教师 153 人，教授 37 人，副教授 70 人。目前设有管理科学与工程系、工商管理系、经济学系、会计学系、金融学系等 5 个系；经济发展研究所、欧洲研究所、电子商务研究所 3 个校级研究所和金融工程研究所、能源经济与环境管理研究所、运营与供应链管理研究所、组织管理研究所、公司财务研究所、营销科学研究所、人力资源管理研究中心、会计信息化与财务决策研究中心、商务英语教学与研究中心等 9 个院级研究所和研究中心。

师资队伍建设。商学院新入职教职工 3 人，退休教师 1 人，3 人晋升为教授，3 人晋升为副教授。马铁驹教授入选长江学者特聘教授，标志着学院在推进高层次人才队伍建设方面又获新进展。

教育教学工作。（1）本科教育。商学院设有 11 个本科专业，分别为信息管理与信息系统、工程管理、物流管理、工商管理、市场营销、人力资源管理、会计学、财务管理、国际经济与贸易、金融学和经济学。2016 年获得大学生创新实验项目国家级 7 项、市级 12 项、校级 13 项。“多元统计学”获评上海市精品课程；“宏观经济学”“国际贸易”获评上海市全英文示范课程；获得 14 项校级教育教学改革项目，5 项创新创业教育专项建设项目，20 项校级教学成果奖，其中一等奖 3 项、二等奖 5 项、三等奖 12 项。信息管理与信息系统专业获得校级精品专业（培育）。依据《华东理工大学商学院 2014 级本科大类招生学生专业分流实施方案》，完成对 2014 级学生的专业分流；依据《商学院本科生学术研究能力培养计划实施方案》，对 2014 级全体学生进行加强本科生学术研究能力的培养。（2）研究生教育。商学院设有应用经济学、管理科学与工程和工商管理 3 个一级学科硕士学位授权点。其中，应用经济学一级学科硕士点下设国民经济学、区域经济学、金融学、产业经济学、国际贸易学 5 个二级学科；管理科学与工程一级学科硕士点包括知识管理与信息系统、技术系统与科技管理、物流与供应链管理、管理系统工程、金融工程、项目管理 6 个研究方向；工商管理一级学科硕士点下设企业管理、会计学、技术经济与管理 3 个二级学科。年内，商学院在读研究生近 500 人，含学术型硕士生、博士生和留学生。商学院设有 2 个一级学科博士学位授权点，分别为应用经济学和管理科学与工程，自

2012 年起招生。至 2016 年 12 月，商学院现有硕士生导师 89 人（不含第二招生专业），博导 27 人（不含第二招生专业）。商学院学生索园园的硕士毕业论文《我国股指期货现货市场的重现时间间隔及其多重分形特性分析》（应用经济学，指导教师：汪冬华）获 2015 年上海市研究生优秀成果（学位论文）。商学院设有 6 个专业硕士学位授予点，分别为高级工商管理硕士（EMBA）、工商管理硕士（MBA）、会计硕士（MPAcc）、工程管理硕士（MEM）、项目管理领域工程硕士和物流工程领域工程硕士。另外，商学院还承办了学校和澳大利亚堪培拉大学合作举办的工商管理硕士学位教育项目。

学科建设。依托学校和行业，跨学科成立了虚拟商务研究中心、能源经济与环境管理研究中心、中国石油化工集团公司暨华东理工大学能源与化工经济管理研究中心和金融物理研究中心。学院设有专业学位教育中心，举办 MBA、EMBA、会计硕士（MPAcc）、金融硕士（MF）、工程管理（MEM）和工程硕士（项目管理领域和物流工程领域）等教育项目；设有高级管理培训中心（EDP），提供高级课程培训；与澳大利亚堪培拉大学合作，举办中澳合作 MBA 教育项目；与多所国外大学建立联系，开办学生互换和双学位教育项目。

科学研究。年内，学院获得省部级以上纵向课题 18 项，其中国家自然科学基金项目 8 项，1 人获上海浦江人才计划基金。科研经费到款 697 万元。发表 SSCI/SCI 论文 53 篇，CSSCI 论文 51 篇，专著（教材）19 部（本）。马铁驹教授当选“长江学者奖励计划”特聘教授。4 项成果获上海市第十三届哲学社会科学优秀成果奖，其中一等奖 1 项、二等奖 3 项。青年教师王强、宋渊洋、李田、闫宏斌分别在国际知名期刊 Journal of Business Ethics、Decision Sciences、Omega-International Journal of Management Science 上发表论文。

国际交流与合作。年内，学院为学生提供的国际交流项目总计 39 项，其中新增校际、院际的双学位项目 9 项。学生出国交流 98 人，接收国外交流学生 178 人。全年共接待来自全世界各地大专院校来访共 140 余次，接待了来自美国、德国、澳大利亚、新加坡等国家和地区的外宾 123 人次。学院教师出国交流和访问人数达 51 人次（其中参加国外/境外举行的国际会议达到 15 人次）。商学院共派出 3 位教师分别赴美国哈佛大学及澳大利亚新南威尔士大学、悉尼大学等国际知名高校作访问学者。法国 ICN 商学院 Executive Master of Business Administration 项目与华理 International MBA 合作双学位项目开始招生，同时结束与法国 ESCEM 商学院的 IMBA 双学位合作项目。

党建与学生工作。学院发展学生党员 65 名。24 名本科生、6 名研究生毕业生被授予“上海市优秀毕业生”称号。2016 年“商学院赴白马雪山保护区开展‘生态保护与绿色发展’专题调研”荣获上海市大学生暑期社会实践优秀项目奖，朱姝被评为全国大学生社会实践优秀指导教师。在校友工作方面，学院共有10个毕业班级返校举办毕业纪念活动，接待校友人数超过200人，暑假期间共拜访了上海、北京、广州、深圳等地的8家校友企业，先后与66名校友见面交流；组织了第二届“商苑杯”体育嘉年华系列比赛项目、第七届龙舟赛等活动。举办校友返校日活动，在返校日上表彰为学校做出突出贡献的校友个人76名、团队和集体59个，并为他们颁发了荣誉证书。2016年学院获得校友及社会现金捐赠402万元，实物捐赠650万元。

（黄庐进）

【首届中国化工企业可持续发展论坛在沪召开】 5月30—31日，由华东理工大学主办、华东理工大学商学院承办的首届中国化工企业可持续发展论坛在上海国际会议中心召开。来自政府机关、世界500强企业及高等院校的千余名行业精英和专家学者共聚一堂，探讨中国化工企业的可持续发展之路。开幕式上，华东理工大学副校长吴柏钧首先代表主办方致辞。

【2016中国石油化工发展创新论坛在沪召开】 6月2—3日，2016中国石油化工发展创新论坛在上海召开。本次论坛由华东理工大学主办，华东理工大学商学院和北展商务咨询、中国化学品交易网共同承办，是近期国内规模最大、层次最高的石化行业论坛。论坛云集了国内外石化行业多家巨头，上海华谊集团董事长刘训峰、巴斯夫全球高级副总裁郑大庆、上海赛科总经理吴海君、中石化九江分公司总经理覃伟中、金发科技董事长袁志敏等出席了论坛。华东理工大学商学院院长阎海峰担任开幕式主持。华东理工大学校长曲景平代表主办方致辞。

【“新兴市场企业国际化：机遇与挑战”研讨会在我校举办】 6月14日，由华东理工大学商学院组织管理研究所主办、美国旧金山大学中国企业管理研究所协办的国际研讨会“Opportunities and Threats：The Internationalization of Emerging Market Multinationals”在我校徐汇校区召开，来自美国、澳大利亚以及中国内地和香港地区的学者与企业界嘉宾参加了会议。我校商学院院长阎海峰教授和旧金山大学Xiaohua Yang教授分别为会议致辞。

【第八届全国MBA商业伦理与企业社会责任教学研讨会在沪召开】 7月11—12日，由华东理工大学商学院与北京大学光华管理学院联合承办的第八届全国MBA商业伦理与企业社会责任教学研讨会在华东理工大学以及北京大学光华管理学院上海分院分会场隆重举行，本届研讨会的主题是“重新定义社会责任：造福世界与创富企业”。来自70余所院校的近百位教师以及来自英特尔中国、蒙牛乳业集团等十余家企业的代表参加了本次研讨会，共同分享商业伦理课程的教学经验，探讨中国本土运营的企业如何更好地承担社会责任。华东理工大学副校长吴柏钧教授到会并致辞。

【商学院荣膺“中国最具品牌影响力 MBA 院校”】 11 月 23 日，由新浪教育主办的“耀·升级”2016 新浪教育盛典在北京召开。华东理工大学商学院凭借优质的 MBA 教学服务和良好的口碑，荣膺“中国最具品牌影响力 MBA 院校”。

【工商管理国际研讨会在我校召开】 12 月 14 日，工商管理国际研讨会（New Competitive Landscape for MNCs in Emerging Markets：Key Strategic Issues）在华东理工大学商学院顺利举行。会议邀请到了 Jane Lu、Ruihua Jiang 和 Christine Chan 等国际知名学者。

【第一届公共经济理论与政策论坛在我校召开】 12 月 17 日，华东理工大学第一届公共经济理论与政策论坛在逸夫楼隆重召开。

（李宏辉）

社会与公共管理学院

【概况】 年内，社会与公共管理学院坚持“以事业吸引人、以感情留住人、以公正凝聚人、以成就激励人”的方针，全面贯彻“人才强院”战略，以学科建设为抓手，社会学学科争创一流，公共管理学科办出特色，形成一支具有国际国内影响力的科研与教学团队。学院有教职员工 91 人，专任教师 70 人，其中正高级职称 19 人、副高级职称 30 人，博士生导师 15 人。学院设有 5 个本科专业，5 个硕士点，1 个博士点。2016 年招收本科生 204 人，博士 20 人，学术硕士 52 人，社会工作专业硕士 30 人，全日制公共管理硕士 68 人，非全日制公共管理硕士 65 人。授予博士学位 6 人，全日制公共管理硕士学位 18 人，非全日制公共管理硕士学位 38 人。2016 届本科毕业生共 211 人，就业率达到 91. 94%，签约率达到 75. 36%，升学率达到 35. 55%。

师资队伍建设。 新增博士生导师 1 名，新晋升教授 1 名、副教授 2 名。引进了具有海外教育背景的青年教师 3 人，师资博士后 4 人。徐永祥教授当选中国社会工作教育协会会长，何雪松教授担任协会副秘书长，进一步提升了社会工作学科的国内外影响力。

教育教学工作。 （1）本科教育。拓展国内高校本科教学交流与合作。上半年成功举办了城市发展与城市管理人才培养模式创新研讨会暨沪浙地区城市管理专业院长、系主任联席会议。围绕沪浙地区高校城市管理学科协同发展及人才培养模式等问题展开研讨。圆满完成本科教学试点评估工作。开始全面迎评准备，按时完成了评估材料的准备工作，并有效组织广大师生配合专家组的到院评估，专家组反馈结果显示，学院本科教学工作总体较为良好。组织 7 名新入职青年教师参加教学能力培训，与人文学院、外国语学院合作，设计了一套科学的培训方案，邀请了多位名师名家，为年轻教师们进行了系统的师德师风以及教学技巧等方面的培训。制订学院本科教学工作激励办法。为鼓励学院教师投身本科教学工作，提升教育质量，培养更多优秀人才，制订了学院教师教学工作激励办法（草案）。（2）研究生教育。现有社会学和公共管理 2 个一级学科硕士点。连续 4 年举办优秀本科生暑期夏令营，已录取 7 名学生为推免生。2016 年招收统考硕士生指标为 80 名，录取推免硕士生 41 名，超过 50%，其中本校 19 名，占比约 50%。学术型硕士录取推免生 32 名，超过拟录取指标的 67%。在研究生管理模式上，新增兼职辅导员 1 名。研究生学术督导（coordinator）制继续运行。首次试行博士生招生申请—审核制，公开招收22名博士研究生，包括对口支援青海大学博士生2名。2名博士生分别到美国休斯敦大学和加拿大不列颠哥伦比亚大学联合培养1年，均已回国。新招收公共管理硕士133名。截至2016年底，MPA共招收学员1 304名，毕业754名，其中很多MPA毕业学员已经走上领导岗位。2017年新报考人数有373人，创近年来报考人数新纪录。博士后工作方面，社会学博士后科研流动站各项工作进展顺利，在站博士后多人获得国家自然科学基金、国家社会科学基金和教育部人文社会科学研究基金，以及其他省部级项目，师资博士后先后出站并留校任教。本年度已有8名师资博士后顺利出站。

学科建设。社会学学科建设进展明显，国家社会科学基金重大项目立项4项，举办了多次国际会议。根据教育部学科目录，将社会保障专业调整至公共管理学科，优化公共管理学科的学科结构，发表了高水平期刊论文，冲击学校特色学科建设。积极参加第四轮全国学科评估，社会学、公共管理和公共管理专业硕士提交了评估材料。

科学研究。国家重大项目有了显著进展，在2015年度曹锦清教授率先取得突破的基础上，2016年新增3项国家社科基金重大项目，国家社会科学基金课题项目3项，教育部项目2项，上海哲学社会科学规划项目3项。在国际权威期刊Social Work上发表论文1篇，在《社会学研究》《社会》《中国行政管理》《公共管理学报》等中文权威期刊上发表论文5篇。新增省部级奖励1项。召开了社会工作与社会政策国际研讨会、长三角与珠三角社会发展研讨会以及城市治理的政策有效性及其评估、一带一路和国际发展、城市发展与公共治理等学术研讨会。邀请海内外专家作报告20余场。上海高校智库社会工作与社会政策研究院建设取得进展，已接受中期评估。

国际交流与合作。与英国南安普顿大学及美国的佛罗里达州立大学、纽约城市大学、北卡大学、休斯敦大学等学校讨论新的教育与研究合作计划。6月27—30日，徐永祥教授等一行人参加了在韩国首尔举行的2016年世界社会工作、教育与社会发展联合大会汇报演讲。8月3—7日，学院以曹锦清教授为代表组团赴印度加尔各答进行为期5天的学术交流和实地考察。

党建与学生工作。学院深入贯彻《华东理工大学关于进一步加强本科生班级建设的实施意见》的相关精神，在本科生各年级中推行“班级攀升计划”，4个班级获评“校优良学风班集体”、4个班级获评“校先进班集体”。在特殊群体教育工作方面，积极推行“少数民族成长计划”教育管理方案，面向少数民族学生的思想教育、学业提升、困难帮扶、社会活动和就业引领，开展全方位的教育培养工作，有18名少数民族学生在学习上表现优秀，获校级民族奖学金。在学生党建工作方面，学院坚持践行“以人为本、服务社会”的社会学院学生党建工作理念，严把党员培养、发展与管理各个环节，提升基层党建工作质量，学院13级党支部获“校党性锻炼先进集体”荣誉称号，2名学生获“校党性锻炼先进个人”荣誉称号。学院团委组织开展多项团学活动，内容涉及学术交流类、文化艺术类、体育竞技类、社会实践类、志愿服务类等各方面，在学校各类主题月中表现突出。2016年，学院团委共组织新生师生见面会等主题座谈会4场、名师名家系列讲座10场、学长学姐交流会活动3场。举办上海市本科生社科论坛、民族文化博览会、主题晚会等大型学术、文娱活动10余次。

（梁晶华）

【社会工作与社会政策国际研讨会顺利召开】 6月22—23日，上海高校智库社会工作与社会政策研究院、休斯敦大学社会工作研究生院等联合主办的社会工作与社会政策国际研讨会顺利召开。该研讨会旨在搭建我国社会工作与社会政策领域国际比较的平台，通过中国大陆、港台地区、美国学术界和实务届的交流，加快我国社会工作教育的专业化进程、提升我国社会工作理论的本土建构。

【中国社会工作教育协会换届选举，我校2名教授当选】 10月30日，中国社会工作教育协会2016年会暨加快我国社会工作学科体系建设研讨会进行换届选举，我校徐永祥教授当选为第一届协会会长，何雪松教授高票当选为协会秘书长。

【3个研究项目获评2016年度国家社科基金重大项目】 11月8日，徐永祥教授主持的“中国特色社会体制改革与社会治理创新研究”、何雪松教授主持的“社会治理背景下我国社会工作行动本土化理论框架与实践体系研究”以及张广利教授主持的“特大城市社会风险系统治理研究”等3个研究项目获评2016年度国家社科基金重大项目。

【“一带一路”与国际发展国际学术会议于我校召开】 11月19—20日，学院举办了“一带一路”与国际发展国际学术会议，参加此次会议的学者来自英国等6个国家，围绕历史的视角、中印崛起对国际发展的启示、“一带一路”下的全球治理机制、内部迁移与跨国迁移，以及沿线国家的比较研究等多个议题进行学术研讨，旨在促进我院走出去，加强与国内外各高校的联系。

（梁晶华）

艺术设计与传媒学院

【概况】 年内，艺术设计与传媒学院有教职员工 58 人，专任教师 42 人，其中正高级职称 5 人、副高级职称 19 人，博士生导师 4 人。学院有工业设计、产品设计、视觉传达设计、环境设计、广告学、风景园林、数字媒体艺术 7 个本科专业，设计学一级学科硕士点及艺术硕士、工业设计工程硕士、景观规划设计交叉学科硕士点等 4 个硕士点，工业设计二级学科博士点。2016 届本科生就业率达 96.88%，研究生就业率达 100%。2016 年，艺术设计与传媒学院以社会应用和前沿学术研究为目标，以学科交叉为特点，依靠学校理工背景，围绕创意产业的发展，走学科融合、综合发展的道路。

师资队伍建设。学院从引进与培养两方面着手，全力加强师资队伍建设，为学院快速发展提供强劲动力。学院教师中拥有上海市“领军人才”、上海市“十大青年高端创意人才”、上海市“浦江学者”、上海市“晨光计划”人才等，有多名教师获得了“宝钢教育奖”“中国工业设计十佳教育工作者”“中国十大策划专家”和上海市“育才奖”等称号，拥有一批优秀的中青年骨干教师。另外，聘请国内外高校的专家学者担任客座教授、兼职教授、企业导师，充实了学院师资队伍。

教育教学工作。（1）本科教育。修订了本科专业的培养计划。风景园林专业首届本科生顺利毕业。该专业通过了上海市评估院的专业评估，并获得参评专家的一致好评。组织全院教师参加教学研究和教学改革，共立项 17 项校级各类教改工程项目。学院教师发表教学论文 10 余篇，有 9 门课程立项学校重点课程建设。指导学生参加大学生创新、创业训练计划和校 USRP 活动。2015—2016 学年学院参与大创项目 30 项，其中国家级项目 5 项，上海市级项目 6 项，校级项目 19 项，创业训练类项目 1 项。参与 USRP 项目 43 项，4 月申请第十五届 USRP 项目 18 项。组织师生参加德国红点奖、IF 奖、2016“汇创青春”——上海学生文化创意大赛、第七届全国大学生广告艺术大赛、2016“上图杯”先进成图技术大赛等国内外设计竞赛 40 余项，在 23 个国内外设计竞赛上获奖。（2）研究生教育。在国际知名的设计奖项 INDUSTRIAL DESIGN EXCELLENCE AWARDS（IDEA 国际）上，学院博士生获得 Featured Finalists 奖，IF 设计大赛中程建新教授指导的博士生李腾野团队获得设计大奖。

科学研究。科研经费进账 197.3 万元，超过去年同期。拓展研究成果转化和协同研究，学院新增产学研基地 4 个，并同基地单位签订相关合作研究协议。学院参与的上海市“设计学四类高峰学科建设”正式获得立项，程建新教授受聘为“产品与品牌创新设计”方向首席科学家。组织进行了国家级、省级以及校级等项目的申报。本学年学院新增上海哲社课题 1 项，上海市艺术重大课题 1 项。

国际合作与交流。加强与海外高校的合作交流，参加 Cumulus（国际艺术设计与媒体院校联盟）的活动，加快学院国际化步伐。荷兰埃因霍芬科技大学（TU/E）著名设计智能研究专家、工业设计系设计智能研究组主任 Matthias Rauterberg 教授，美国威斯康星大学麦迪逊分校设计系终身教授、博士生导师董伟教授等五位国外专家都应邀来校短期访学并为本科生授课，受到学生普遍好评。学院继续推进原有合作项目，如在与韩国光州大学、英国邓迪大学、英国诺森比亚大学、美国纽约州立大学布法罗分校、台湾玄奘大学、德国汉诺威大学、英国阿尔斯特大学等的合作交流的基础上，同时继续推进与意大利坎帕尼亚大学、罗马一大等院校开展学术交流和互访。教师陈虹赴国外高校开设为期 3 个月的教学课程。

党建与学生工作。学院党总支获得 2014—2016 校“先进基层党组织”称号。学院学生工作取得可喜成绩。结合学院的专业特点，依托毕业设计展、学生作业展等展览，为学生搭建展示专业能力、提升实践能力的平台，激发了学生的创新精神。2016 年，学院获评学校“就业工作先进集体”称号。在团学工作方面，依托“华理艺设”微信公众号，开设“学艺”“创艺”“艺源店”等特色板块。结合“双创”工作要求，在奉贤校区组织开展创意市集，市集的摊位以创意作品展示为主，展示的作品全部为学生原创。活动得到了《新民晚报》、上海市教育新闻网的报道。学院团委被评为“校五四红旗团委”“校文化艺术节优秀组织奖”。

（傅蓉蓉）

【艺术学院教师参加首届世界工业设计大会】 2016 年 12 月 2 日，首届世界工业设计大会在中国良渚梦栖设计小镇举行。大会由中国工业设计协会联合全球 26 个国家和地区的设计组织、机构、企业以及院校等发起，中国工业和信息化部、浙江省人民政府共同主办，吸引了来自全球 50 个国际设计组织的 500 位行业精英领袖。我校教师程建新和丁伟分别以中国工业设计协会特邀副会长和常务理事的身份受邀参会。丁伟和他的团队共有 6 件作品入围并在会议期间展出。

【华理学子在全国大学生工业设计大赛中喜获佳绩】 2016 全国大学生工业设计大赛暨 2016 DiD Award 国际工业设计大赛颁奖典礼在东莞举行，来自全国 703 所高校的 25 982 件作品参赛，106 件作品获奖。我校共斩获 1 项二等奖和 5 项优秀奖，获奖数量和质量都是上海高校之最。

【我校教师的文章入选《中国道路·中国梦》2016 年卷】 由中共中央党校出版社出版，中国思想政治工作年鉴编撰委员会编辑的《中国道路·中国梦——新时期领导干部理论创新和实践发展成果精选》系列丛书日前在中共中央党校举行首发式，并在全国正式公开发行。我校教师程建新接受《今传媒》杂志的专访，《大数据时代下的现代化教学模式构建——访华东理工大学艺术设计与传媒学院院长程建新教授》一文入选。同时，程建新还被聘为该部大型文献特邀编委。

【艺术学院首次参展爱丁堡艺术节获得成功】 2016 年 8 月，受爱丁堡艺术节组委会亚洲奖中国区负责人邀请，学院教师携师生参展作品赴英国参加“爱丁堡艺术节·上海文化周——上海青年创意设计展”活动。

【华理学子在中国大学生广告艺术节学院奖中获最佳奖】 在第 14 届中国大学生广告艺术节学院奖春季赛和秋季赛上，我校艺术设计与传媒学院数字媒体专业 2015 级学生王嘉欣的作品“常见妖怪有哪些”和“地球遗产”两度获得“最佳二次元内容奖”，指导教师傅蓉蓉教授获得“杰出指导教师”荣誉称号。

【艺术学院学生建言城市发展 捧回上海市金点子奖】 2 月 19 日，上海市信访工作暨 2014—2015 年度先进表彰会议在世博中心举行，我校艺术学院风景 142 班潘逸炜同学因提出“关于加强本市古树名木保护的建议”受邀作为 8 名市民代表之一参加了会议，被评为“2015 年度上海市优秀人民意见”，捧得金点子奖。

（傅蓉蓉）

外国语学院

【概况】 年内，外国语学院有教职工 111 人，其中专任教师 97 人，教授 5 人，副教授 27 人。专任教师博士比例 29.9%，有半年以上海外研修经历的比例达到 43.3%。上海市教学名师 1 人。另有外籍教师 5 人。2016 届本科毕业生就业率 96.83%，研究生就业率继续保持 100%。2016 年，外国语学院结合“十三五”规划的整体目标、任务，深化学院综合改革，以教学科研为主导，紧紧围绕人才培养这一核心目标，稳步推进各项工作，不断提升学科实力和综合竞争力。

师资队伍建设。年内，有 2 名教师、辅导员晋升为副教授，1 名辅导员晋升为讲师。3 名教师赴美国、英国、日本高校开展 1 年的海外访学研修，2 名教师参加暑期的翻译专业硕士导师培训，部分大学英语部教师参加暑期外研社和外教社举行的教学研讨和培训会。4 名教师进入青年教师基地学习。学院举办了 2016 年教师课堂教学竞赛，王慧获得一等奖。楼燕斐参加了第七届“外教社杯”全国高校外语教学大赛上海赛区比赛，荣获大学英语综合组比赛一等奖。英语系高攀参加上海高校青年教师教学竞赛决赛，荣获人文科学组一等奖。高攀获得 2016 年校“教书育人奖”。

教育教学工作。（1）本科教育。学院成立了演讲与辩论中心，举办了全国性的“华澳杯”英语演讲比赛。学生在上海赛区“外研社杯”英语演讲、辩论、阅读、写作、跨文化能力比赛及“新世界日语杯”上海市大学生日语口译邀请赛等赛事中连获佳绩，获得一等奖 7 项、二等奖 7 项、三等奖 4 项；1 名学生在“21 世纪可口可乐杯”英语演讲比赛全国总决赛中获得第一名；1 名学生在 ChinaOpen 第七届中国辩论公开赛中获得全国冠军；学院还组织了全国大学生英语竞赛，全校有 732 名学生报名参赛，其中 2 名学生获得特等奖，3 名学生获得一等奖，多名学生获得二等奖、三等奖。接待我校对口支援单位青海大学、燕山大学等校的英语教师的调研，双方就大学英语教学工作进行了交流。

学科建设。学院组织了学科评估工作，以评估促进学科建设。积极申报“双一流”建设项目，科学规划外国语言文学学科建设方案。重视翻译专业硕士学位点的建设工作，组织教师参加全国高等院校翻译专业师资培训、全国翻译专业学位研究生教育 2016 年年会、第三届全国翻译专业学位研究生教育指导委员会组织的翻译硕士学位教育研讨会。申报“中央高校改善基本办学条件专项资金”项目，其中修改申报项目 1 项，新增项目申报 1 项（包含 3 个次项）。本科教育教学改革项目验收结果有 1 项优秀，8 项合格。深化教学改革立项建设项目中重点项目 2 项，一般项目 16 项。学科竞赛“一院一品牌”建设项目 1 项，创新示范课程建设项目（一般项目）1 项，创新创业教学改革建设项目 2 项。在研究生课程体系建设方面，有一门精品课程结题，2 名教师被评为优秀教师。

科学研究。获得国家社科基金课题立项 4 项，其中，国家社科基金一般项目 1 项，艺术类项目 1 项，外译项目 2 项。国家外文局重点项目 1 项，横向课题 1 项，科研经费突破 200 万元，在科研项目和科研经费上取得新突破。年内，学院科研成果总计 90 项。论文 68 篇，其中 CSSCI 来源期刊论文 13 篇（含 A&HCI 收录期刊、C 刊扩展版），国外学术期刊论文 4 篇。另有专著 4 部，译著 7 部，编著或教材 11 部。学术交流日益活跃，2016 年共开展了 10 场学术报告会。

国际交流与合作。继续与德国曼海姆大学、英国曼彻斯特大学等高校开展暑期学习交流。年内，本科学生短期、长期国外交流 58 人次。德国斯图加特应用技术大学、新加坡义安理工学院、美国威拉姆特大学、日本东京经济大学、加拿大西安大略湖大学来校交流。推进学校与日本科学协会之间的图书捐赠项目，使我校成为日本科学协会的图书捐赠单位。美国威拉姆特大学 Robert Trapp 教授到访我校，指导我校英语辩论队的常规辩论训练。英国贝尔法斯特女王大学现代语言学院 Piotr Blumczynski 教授到访我院，商议英语翻译（笔译、口译方向）硕士交流项目。主办了 ECUST-CDEN 全国演讲辩论师资培训会，来自美国威拉姆特大学和美国伊利诺伊大学香槟分校等大学的资深培训师，就如何开展公众演讲和辩论相关教学进行了培训。来自近 40 所高校共 70 多位演讲辩论指导教师和学生社团负责人参加了培训。

党建与学生工作。加强“双创”人才培养力度，给每个学生配备学业导师，积极申报学校、市、教育部的“双创”项目，第九届校级大学生创新创业训练计划项目立项 24 项，大学生创新创业训练计划国家级项目立项 3 项，市级立项 4 项，校级立项 2 项。大学生创新创业训练计划（2014 年度）结题获评优秀项目 3 项，学生在杂志上发表论文 14 篇。与上海新东方总部签署合作协议，新东方成为我院的实习基地。学生与奉贤广播电台合办了外语音乐节目。圆满完成亚洲消费电子展的双语志愿服务工作。本科、研究生毕业生中有 8 人获得校“优秀毕业生”称号，其中 4 人同时获得上海市“优秀毕业生”称号。重视毕业生就业工作，开展企业走访。党务工作方面，严格贯彻党政干部选拔任用条例，顺利完成系部主任、教研室主任、导师组主任、研究所所长等院内管理干部的配备。重视统战工作，加强与党外知识分子联系。扎实开展“两学一做”学习教育，切实落实全面从严治党主体责任。加强基层组织建设，规范完成总支、支部换届，优化教工党支部结构，配齐、配强教工支部班子。落实“三会一课”，基层党支部组织生活常态、有效、促进工作。党总支坚持每月 1 次党总支委员会会议研究、推进总支工作。各支部每 2—3 周过 1 次组织生活。党员干部带头讲党课。开展创先争优和党员民主评议，开展每两年一度的学院优秀党员和学生党性锻炼先进个人评选，表彰 6 名 2014—2016 学年优秀党员、5 名 2015—2016 学年学生党性锻炼先进个人。高攀被评为校优秀党员，大学英语教学部党支部被评为上海市教卫党委先进基层党组织。2016 年发展党员 14 名，预备党员转正 14 名。

（熊祥军）

【外国语学院三届一次双代会召开】 4 月 8 日下午，外国语学院三届一次双代会召开。学院党政领导、双代会正式代表、列席代表参加了会议。会议由学院工会委员张凤云主持。会议听取和审议了《外国语学院“十二五”工作报告》《外国语学院第二届教代会、工会委员会工作报告》《外国语学院第二届工会委员会经费使用情况报告》，选举产生了学院第三届工会委员。

【外国语学院党总支换届选举大会顺利召开】 11 月 25 日下午，外国语学院党总支在徐汇校区六教 302 室召开换届选举党员大会，学院师生党员出席大会。大会由外国语学院党总支副书记、学工委主任樊俊主持。会后，外国语学院新一届党总支委员会召开第一次全体会议，会议采用无记名投票方式选举包瑞荣为外国语学院党总支书记、樊俊为总支副书记。

（熊祥军）

法学院

【概况】 年内，法学院有教职员工 34 人，专任教师 26 人，其中正高级职称 7 人，副高级职称 12 人，博士生导师 3 人。招收法学专业本科生 80 人。学术硕士 16 人，全日制专业硕士 22 人，其中法律（非法学）专业 14 人，法律（法学）专业 8 人。2016 届本科毕业生共 53 人，就业率达到 90.57%；2016 届硕士毕业生共 30 人，就业率达到 100%。法学院下设法律系、法律专业硕士（JM）教育管理中心、知识产权研究中心、法社会学研究中心、能源和资源环境法研究中心、食品药品监管研究中心等机构。法学院现有法社会学二级博士学位授权点，法学专业一级硕士学位授权点，下设法学理论、刑法学、经济法学、环境与资源保护法学、国际法学等 5 个二级硕士学位授权点。拥有法律硕士（法学、非法学）专业学位授权点，包括知识产权、食品药品监管、律师服务与公司法务、经济法学等 4 个研究方向。另外，还拥有非全日制法律硕士 JM 招生资格。2016 年，法学院结合制定《华东理工大学法学院“十三五”规划纲要》及中长期发展规划目标，着力抓好校院中心工作，在教育教学工作、学科建设、科研工作、国际合作与交流等方面实现新的突破与进步，进一步提高法学院的教育质量和办学水平。

师资队伍建设。完成学院中层干部调整，配齐班子；1 名教师晋升副教授职称。5 名教师到国外参加培训、学术交流与访学，2 名教师到国外进行 1 年期学术访问。法学院继续推行新老教师“结对子”活动，发挥新老教师之间的传帮带作用。实施、完善院内教师听课制度，以评促改、以评促教。

教育教学工作。重视学生学术研究能力培养，加强学生品德素养教育。组织开展学院学术交流、创新活动，如本科生论文年会、“大创”项目申报、USRP、“挑战杯”等，鼓励学生利用课余时间参与学术研究和调研。同时举办奖学金公开答辩会、经验分享交流会等，加强指导规划。学院申报创新类项目 10 余项，参与 50 余人次，年级参与率超过 50%。组织全院学生参与学校“3·15”维权活动、“宪法周”系列活动、知识竞赛等学术活动，开展学院迎新、毕业纪念活动，结合传统节假日举办迎中秋、庆国庆等庆祝活动。2016 年，学院共组织大会、讲座、经验交流、宣传展示、辩论、竞赛、纪念等 7 大类专题活动，总共有 750 余人次参与。加强教学质量监控，重点放在降低不及格率、减少并杜绝考试作弊情况上。学院要求班导师提交不及格学生情况分析报告，分管系主任在院党政联席会议上做汇报，并启动了相应的应对工作，主要包括加强本科生规划指导、开展学习互动活动、增加法学学习方法引导等。

学科建设。学院按照学校“双一流”建设的总体目标和要求，结合学科特点和现状制订并落实法学院“双一流”建设工作计划。学院以一流学科建设为目标，优化学科布局，明确复合型法学科建设目标，全力做好教育部第四轮学科评估和教育部本科教学审核评估准备工作。年内，“大学生劳动就业法律问题解读”获国家精品视频公开课升级改造项目，“上海市卓越法律人才培养基地‘知识产权卓越系列教材’建设”获得2016年度校内专项立项。4项2013年度本科教育教学改革项目通过验收。

科学研究。创新科研管理体制，推动科研工作转型发展。配合学校做好科研管理和运行体制的创新，推进重大重点项目组织申请，“行政诉讼功能模式研究”和“中国海外投资企业法律风险识别研究”分别被国家社科基金后期资助项目立项资助。按质按量完成科研指标，27位教师共发表论文、出版著作和教材65篇（部），其中发表CSSCI期刊论文28篇、中文核心期刊论文2篇，人大复印资料全文转载3篇；出版专著3部、论文集1部，主编教材4部。各类项目经费到款136.065万元。

国际合作与交流。与美国俄亥俄州立大学、美国密歇根大学、日本北海道大学、韩国诚信女子大学、马来西亚马来亚大学开展了密切的合作与交流，共接待和派送国际交流学生40余人次。支持教师出国交流访学。引进国外优质学术资源，共接待来访交流和学术讲座的外宾20余人次。

党建与学生工作。紧密结合年初的“两会”及党的十八大，以及十八届四中、五中、六中全会精神，以时政热点为切入口，开展思想政治教育工作，把思想政治教育从课堂延伸至课外。采用校园线下与网络教育相结合的方式，通过整合各类思政教育平台，把入学教育、党校教育、学院团校教育与班集体学习相结合，把爱国主义、理想信念、礼仪诚信相结合，全面提升学生的德育素养。

（王义坤）

【第三届韩国法论坛】 2016年4月23日，第三届韩国法论坛在华东理工大学徐汇校区举行。本次论坛由华理法学院、延边大学朝鲜韩国研究中心承办，韩国地平律师事务所（上海）协办。

【第八届中韩法律比较国际研讨会举办】 2016年4月28日，以“中韩两国协作发展中的法律作用”为主题的第八届中韩法律比较国际研讨会在徐汇校区举办。

【中国食品安全法律政策论坛】 2016年5月16—20日，由华东理工大学法学院、中国人民大学法学院、美国加州大学洛杉矶分校法学院联合主办的中国食品安全法律政策论坛（2016）在我校徐汇校区召开。与会专家就国际食品法律的最新发展、食用农产品安全、食品企业社会责任以及如何防范食品欺诈等问题展开了探讨，并就中外食品安全问题进行了分析和比较。

【司法公正的社会认同学术研讨会举行】 2016年5月25日，司法公正的社会认同全国学术研讨会在华东理工大学举行。会议由上海市法学会和上海市浦东新区人民法院共同主办，华东理工大学法学院、法律社会学研究中心、上海市法学会法理法史研究会、上海市法学会法社会学研究会共同承办，来自全国各高校、社科院的专家、学者及人大、法院、检察院、律师事务所等实务部门的领导参加了会议。与会专家围绕“司法改革与公信力建设”“司法公信力社会认同的基础”“司法公信力的实现条件”三个主题展开了深入的学术交流。

【法学院第一届模拟法庭大赛举办】 2016年11月20日，法学院举办第一届模拟法庭大赛，邀请法院及律师事务所的法官和律师担任评审专家，化工学院、机械与动力工程学院、材料科学与工程学院、药学院等非法学院的近60名学生观摩了模拟过程。

（童友美）

体育科学与工程学院

【概况】 年内，学院有教职工 74 人，其中教授 3 人，副教授 33 人，讲师 34 人，助教 4 人。学院共有在读国际经济与贸易本科学生 119 人（高水平运动员班），体育人文社会学硕士研究生 30 人，产业经济学博士研究生 3 人，运动材料硕士研究生 14 人、博士研究生 3 人。2016 年，学院在体育教学、学科建设、高水平运动队建设、体育赛事活动和国际交流方面成绩显著。

师资队伍建设。学院拥有博士学位的教师共有 12 人，占全体教师比例为 16.7%；博士生导师 2 人，硕士生导师 8 人，上海市教学名师 1 人，上海市千人计划外专 1 人。

教育教学工作。学院开设课程门类 39 门。上海市精品课程 8 门，体质健康平台 3 个：大学生体质健康测试与指导实验教学中心；健康体适能测试与运动康复实验室；大学生身体素质拓展与健中心。(1) 高水平运动队运动训练与竞赛获奖方面。女子乒乓球队代表中国参加了在芬兰坦佩雷市中心举行的第 32 届泛波罗的海大学生运动会，共有来自中国、芬兰、爱沙尼亚、立陶宛等 10 个国家和地区的约 1 300 名运动员参赛，我校代表队一举夺得乒乓球女子团体冠军，郑诗畅同学获得女子单打冠军，陈诗婷同学获得女子单打亚军，王姝、黄文倩同学获得女单第三名。在闽南理工大学举行的第十六届“石狮杯”中国大学生田径锦标赛上，由俞菁老师率领的华东理工大学代表队获得男子甲 B 组百米冠军，许周政同学战胜每秒 2.3 米的逆风，以 10.67 秒的成绩创华东理工大学在大学生田径锦标赛事上成绩的新高。由上海市教委、市体育局主办，我校承办的上海市学生运动会乒乓球比赛（高校组）在奉贤校区举行，夏易正、王麒凯以及王少博、于迪扬等几名同学分别获得了冠亚军，并囊括了男子团体和女子团体两项冠军。女篮荣获上海市学生运动会女子篮球比赛冠军。在河北迁安举行的第二十一届全国大学生乒乓球锦标赛上，体育学院的 12 名学生运动员包揽了男女团体冠军，另在单项比赛中，获 1 项冠军、1 项亚军、3 项季军。(2) 群众体育方面。学院与国足队员、申花队队长刘军签署了特聘校园足球教练协议，刘军的加入为华理校园足球带来新的理念和方法。举办了第 30 届体育节，全校3 500 余名师生参加了本次活动。举办了第四届华东理工大学啦啦操大赛，14 个学院的 13 支代表队参与了角逐。我校足球队在上海市校园足球“联盟杯”赛上获得季军。男子龙舟队在“中鹰·黑森林杯”2016年中国龙舟公开赛（上海·普陀站）暨第十三届上海苏州河城市龙舟国际邀请赛中取得决赛第三名的好成绩。在“龙腾百湖”2016大庆萨尔图世界名校龙舟大赛上，我校龙舟女队获得2 000米绕标赛第二名。在南汇临港新城举行的由上海市教委和上海市体育局主办的上海市大学生运动会龙舟锦标赛上，我校健儿包揽高校组比赛所有项目的头奖。网球队获“解放日报杯”上海市大学生网球联赛南区比赛女团冠军，男团亚军。在奉贤校区举行了2016年新生运动会。排球队在上海市学生运动会暨上海市大学生校园排球联盟联赛中荣获冠军。

学科建设。学院基本形成了公共体育教育、体育科学、体育工程齐头并进、协调发展的局面。体育运动材料学作为一门交叉学科，设有硕士点、博士点，处于全国领先地位，具备区别于国内各大体育院校的突出优势，是学校学科交叉发展的一大特色。体育人文社会学硕士点依托商学院应用经济学博士点设立体育产业经济学方向，培养博士研究生。承办由中国体育科学学会主办的第七届中国体育工程学术会议暨首届全国体育仪器器材创新设计展。大会共吸引了来自全国20所高校、科研院所的150余位体育工程领域的专家学者参加，收到论文60余篇，并收到来自14家科研院所、企业的30余项作品，展示了以体育工程学为学科支撑的体育装备器材研发、健身物联网、运动可穿戴设备等最新研究成果。

科学研究。科研研究实现突破，科研项目层级多样化，包括国家自然科学、国家社会科学、教育部、国家体育总局、上海市哲学社会科学规划、上海市教委、上海市体育局等各级各类纵向项目及来自上海及其他省市政府部门、企事业单位的横向科研课题。年内，科研总经费207.33万元，其中科技经费37万元，人文科学经费170.33万元。发表SCI论文8篇、EI论文2篇、CSSCI论文16篇、SSCI论文3篇，申请专利1项。

国际合作与交流。学院本科生境外访学比例不断提高，年内，共有3名同学获得海外双硕士学位。日本大阪成蹊学园理事长、校长石井茂，分校琵琶湖成蹊体育大学校长嘉田由纪子，分校大阪成蹊大学副校长三村宽一，大阪成蹊大学教育研究支援中心部长池田千惠子一行4人到华理进行访问并与我校签署合作协议。美国春田大学健康、体育和休闲学院John Liu博士、Thomas Dodge博士一行，应邀来到我院开展学术交流活动。

党建与学生工作。学院共有5个党支部，其中3个教工党支部，2个学生党支部。现有中共党员79人，其中教工党员42人，学生党员37人。“全校师生体质健康测试与科学锻炼指导服务”被评为校基层服务型党组织建设优秀品牌项目。周晓燕同志获校“优秀共产党员”称号。大学体育党总支、教工联合党支部获校“优秀基层党支部”称号。本科生党支部“立足专业重实践，服务校区做贡献”获“校学生优秀组织生活参与奖”。研究生党支部主题为“在路上”和

“凝聚力量，放飞希望”的组织生活获“华东理工学生支部十佳组织生活”。

（曾理）

【体育科学与工程学院四届一次双代会召开】 3月25日下午，学院召开四届一次双代会。学院党政领导、双代会代表及特邀代表参加会议，校工会副主席朱志华列席会议。会议由学院工会委员周光云主持。学院常务副院长王跃作了“回顾‘十二五’、展望‘十三五’”的工作报告，院工会主席谢耀明作了学院第三届工会工作报告，会议听取和审议了学院工作报告以及学院教代会、工会工作报告，通过票决选举产生了学院第四届工会委员。

（吴婷）

马克思主义学院

【概况】 学院现有马克思主义中国化研究二级学科博士点，马克思主义理论、哲学一级学科硕士点，政治学理论二级学科硕士点。学院共有教职工 56 人，其中教授 4 人，副教授 24 人，具有博士学历教师 32 人。学院在校硕士生 36 人，博士生 24 人，其中留学生 1 人。毕业硕士研究生 13 人，博士研究生 2 人。年内，学院完成领导班子换届，夏江雯任院长（兼），因工作调动，免去沈炜兼任的院长职务。学院入选第二批上海高校示范马克思主义学院。

师资队伍建设。学院高度重视人才培养和队伍建设，推进教学科研团队和人文社科类青年教师培训基地建设。两位教师晋升为副教授。朱建婷老师荣获长三角教学比赛三等奖，米丹荣获上海市总工会组织的教学比赛优秀奖后，又在上海高校青年教师教学竞赛决赛中获得社会科学组优胜奖。汪斌锋的博士学位论文入选上海市马克思主义理论学科研究生人才培养“登峰计划”。学院先后派出了骨干教师挂职江苏省“科技镇长团”，促进高校院所科研成果推广转化，有效带动江苏省地方经济社会转型升级。其中，奚建武副教授、徐国民副教授、邱卫东副教授、叶敏副教授等就农村基层党建、社区治理、非公企业党建等课题展开了深入的研究，为提升思想政治理论课教学有效性打下了坚实的基础。

教育教学工作。学院承担了全校学生思想政治理论课的教学研究任务，承担了全校“中国文化导论”等 38 门文化素质课的教学研究任务，还承担了马克思主义中国化二级学科博士点、哲学一级学科硕士点、马克思主义理论一级学科硕士点、政治学理论二级学科硕士点的人才培养任务。为迎接教育部本科教学评估和校“双一流”建设，年内，学院以提升质量为根本，全面提升教学水平和教学质量。获校本科教育教学校教改重点建设项目 1 项、一般项目 4 项。获校创新创业教育专项建设重点项目 1 项、一般项目 1 项，校创新创业教育课程重点项目 1 项；获校 2014 年度大学生创新创业训练计划优秀项目 1 项；获校 2016 年教学贡献奖 1 项。主持了上海高校思想政治理论课名师工作室——徐国民工作室，承担了华东理工大学青年教师教学能力和教学水平培训基地（人文社科类）。陈荣杰老师主持的“中国文化导论”立项为校重点建设课程。在研究生教育教学方面，认真贯彻落实了《华东理工大学关于进一步加强和改进研究生思想政治教育的实施意见》，以“五高”战略为抓手，强化研究生培养质量。

学科建设。马克思主义理论一级学科是华东理工大学重点建设学科。本学科1990年获马克思主义理论与思想政治教育硕士点，2006年获批设立马克思主义中国化研究二级学科博士点，2008年设立马克思主义理论一级学科硕士点。其中，马克思主义中国化二级学科博士点和马克思主义理论一级学科硕士点先后参加了清华大学全国马克思主义理论科学状况调查以及教育部第四轮学科评估。目前，在加强学科建设的同时，正积极推进校学科点自评估工作。

科学研究。学院教师共发表论文54篇，其中CSSCI核心期刊论文21篇；出版学术专著4本。承担省市级以上科研项目23项，其中国家社科基金重大项目1项，即鲍宗豪教授的“推动物质文明与精神文明协调发展研究：10年来文明城市创建的理论、实践与制度构建”；国家社科基金一般项目2项；上海市哲学社会科学规划项目4项。年度科研到款经费总额为306.78万元。

国际合作与交流。邀请韩国首尔大学哲学系终身教授郭沂为师生作了题为“中华文明与人类未来”的学术讲座，学院研究生、哲学硕士点及中国传统文化研究中心（筹）的老师参加了本次活动。中国历史与国情教研部教师刘雅丽公派前往美国纽约州立大学布法罗分校进行为期12个月的访学。

党建与学生工作。马克思主义学院党总支完成换届选举，选举杜仕菊、徐国民、陈迎年、邱卫东、卢杨、汪碧云、汪帮琼等7名同志为马克思主义学院党总支新一届委员会委员。马克思主义学院宣讲团赴云南，将全面建成小康社会和全面打响贫困地区脱贫攻坚战的中央会议及文件精神，结合当地的脱贫难题，分别于文山、广南两地讲授了“美丽乡村建设与社会文明”“国家对相对落后地区现代农业的扶持政策”“家风建设与党风廉政建设”“旅游观光农业的策划与经营”4个专题，“智助”文山脱贫。为纪念建党95周年，举办“红色主题实践”活动日，参观钱学森图书馆与中共一大会址，开展“培养创新思维，争做合格党员”的专题研讨。举办读书会、论文年会，约请学者讲学，营造学术氛围；举办师生羽毛球比赛、迎新晚会等，参加学校各种文体活动，加强学院凝聚力；促进研究生会自我管理，举办就业指导分享会。

（杜仕菊）

【鲍宗豪教授团队获国家社会科学基金重大项目立项】 2016年3月，在“研究阐释党的十八届五中全会精神”重大基金项目中，鲍宗豪教授领衔团队的项目“推动物质文明与精神文明协调发展研究：10年来文明城市创建的理论、实践与制度构建”获得立项审批，这是马克思主义学院的第一个国家社会科学基金重大项目。

【我校教师入选并承担了上海高校思想政治理论课名师工作室——徐国民工作室建设项目】 2016年3月，根据《中共上海市教育卫生工作委员会 上海市教育委员会关于组织申报新一轮上海高校思想政治理论课名师工作室（2016—2018年）的通知》（沪教委德〔2015〕37号）要求，经学校推荐、市级初评和面试评审（终评），共遴选出10个，其中包含我校的上海高校思想政治理论课名师工作室——徐国民工作室。

【杜仕菊教授被任命为教育部全国高校思想政治理论课教学指导委员会分教学指导委员会委员】 2016年7月，教育部决定成立2016—2020年高等学校思想政治理论课教学指导委员会。党委书记杜仕菊教授被任命为高等学校思想政治理论课分教学指导委员会马克思主义基本原理概论分教学指导委员会委员。

（张丽华）

高等教育研究所（工程教育学系）

【概况】 年内，高等教育研究所根据学校的要求，着眼于国内外高等教育改革前沿，立足本校改革实际，以“院校研究”为本，借助高等教育研究的学科特色和优势，不断强化高教所在学校发展、学科建设、人才培养、期刊编辑等方面的服务与决策咨询作用，朝着“小部门，大作用”的目标迈进。

院校研究。完成《华东理工大学“十三五”规划》的修改完善以及上报教育部、上海市的各项工作。选取清华大学等六所理工高校，对人文社科发展现状、投入、产出展开对比研究，对我校人文社科发展提出建议。介绍并研究了上海四所“985”高校综合改革抓谋划、抓制度、抓运作、抓监管、抓服务的改革思路和具体举措，为深化学校内部管理运行模式变革提供参考与借鉴。围绕学科建设，开展ESI学科竞争力、贡献度和潜力学科发展研究工作；以人才培养为核心，开展创新创业教育研究，推动我校加入中国高校创新创业教育联盟；为提高我校科研竞争力，开展了科研人员分类评价方案研究；完成了《华东理工一流大学一流本科教育的现状、问题与思考》的研究报告。参与了钱旭红院士领衔的中国工程院咨询研究项目“长三角地区制药工业：产业转型、科技创新与人才培养”课题中子课题“我国制药工业转型、科技创新及人才培养的现状、存在的问题及对策研究报告”的研究及报告撰写工作；与人事处合作开展了“高校薪酬体系与结构”研究；针对高校教师从学校到学校，缺乏工程实践经验的“高校工科教师非工化”问题开展了调查研究。面向教育部、上海市，同北京航空航天大学、天津大学一起完成了《2015年中国工程教育质量报告》的研究与撰写工作；承担了教育部和中国高教学会委托的“高校‘十三五’规划研究测评工作”。承担了上海市教育综合改革年度报告研究与撰写任务。

学科建设。高教所系统梳理了各项制度，组织编制《高教所年度考核与管理暂行办法》《高教所年终奖励暂行办法》《高教所财务管理制度》《高教所教职员工请假制度》。推行每周例会制度、每日工作记录表一周汇报制度，通过制度落实责任人，推动各项工作进行。首次获得了学校“三八红旗集体”称号。

人才培养。做好各项研究生的招生、培养、思政、毕业及其他相关管理工作，切实保障研究生培养质量。年内，高教所共有在读硕士研究生 8 人，其中 2014 级 3 人，2015 级 2 人，2016 级 3 人。2013 级 4 名同学被授予了硕士学位，顺利毕业。

杂志编辑。年内，完成了《化工高等教育》编委会改组工作。三位同志参加了上海市新闻出版局组织的出版人员专业技术职务职业资格培训与考试，与北京勤云公司联系、沟通，启动了《化工高等教育》期刊专题网站的建设工作。

（赵延斌）

教育与教学

Jiaoyu yu Jiaoxue

本科教育

【概况】 围绕《华东理工大学综合改革方案》，以提高本科人才培养质量为目标，探索以学生能力达成为导向的本科教学培养体系，完善创新创业教育模式，深化专业内涵建设，加强课程质量，完善教学质量保障评价体系，取得成效。

本科教育体系建设。为进一步推进基于学生能力达成为导向的本科教育（OBE）体系的构建，启动了2016级本科教学培养方案的制订工作，凝练专业培养目标，完善课程体系，强化学生工程设计、工程实践和社会实践的能力，明细课程体系设置与学生毕业要求（能力要求）达成度之间的关系。

平台建设。围绕学校“绿色化工”学科优势，加强实验、实践、实训、竞赛、社团等平台建设。建设绿色化工大学生创新创业实践中心；完善创新实践教育联动平台建设，发挥学科交叉联动功能；完善校级、市级、国家级三层次创新实践训练递进平台，扩大创新创业训练计划项目的覆盖面。设立“ACM国际大学生程序设计竞赛”“全国大学生制药工程设计竞赛”“化工创新实践大赛”“人类疾病易感基因鉴定大赛”“外语演讲辩论与创新人才培养”“基于Red Dot（红点）竞赛的整合创新设计”共计6项“一院一品牌”项目。4月，学校获评首批上海大学生创新创业训练计划示范校（重点培育）。11月，学校入选教育部全国高校实践育人创新创业基地。

专业建设。开展“卓越工程师计划”试点班选拔工作，经学生自愿申请、学院初审面试、教务处复核公示，录取了125名学生进入试点班；鼓励学院探索多层次的“卓越工程师计划”人才培养模式。学校下拨专款，保障7个本科试点专业的建设。围绕学校精品专业建设，从专业发展布局出发，开展首批精品专业项目建设。经考核，本年度化学工程与工艺、制药工程、过程装备与控制工程、应用化学、生物工程、社会工作共6个专业获得精品专业建设项目立项，高分子材料与工程、自动化、信息管理与信息系统获得精品专业（培育）建设项目立项。

课程建设。为提升教学水平，提高教学质量，继续推进各级精品课程、资源共享课程、精品视频公开课、全英语课程、在线课程及重点课程建设，为学生提供优质的课程资源。新增国家级精品视频公开课1门、国家级精品资源共享课14门（其中4门为网络教育课程）、上海市精品课程 5 门、上海市示范性全英语教学课程 2 门、上海高校优质在线课程 2 门。启动了新一轮 MOOC 课程以及全英文示范课程建设的申报工作。

师资建设。为激励教师热爱教育事业，提高教学水平和质量，制订了《教学系列教授、副教授任职条件（试行）》文件，增辟“教学型”教授、副教授评审通道，徐志珍被评聘为教授，胡庆春被评为副教授。开展“双创”实践活动先进单位和优秀指导教师的评选，化学与分子工程学院、商学院、团委 3 家被评为先进单位，马新玲、高攀等 11 位教师被评为优秀。对教师年度考核指标体系进行了完善，增加了“双创”教育成果考核内容，将“大创”实践活动指导纳入一线教学工作体系。

教学改革。组织专家对 2013 年立项的 164 个教改研究项目进行了验收。经评审，14 个项目获得优秀，139 个项目通过验收，11 个项目暂缓通过。“工程导论课程建设”等 3 项被评为 2016 年上海高校本科重点教学改革项目。在总结上一轮教改经验的基础上，启动了 2016 年校级教改项目的申报。经审批，“基于能力培养的专业融合下程序设计课群教学实践模式研究”等 148 项获准立项，其中“高校课程考核非标准化模式的构建与保障机制研究”等 30 项为重点建设项目。

本科教育质量保障体系建设。开展 2015—2016 年教育部基本状态数据的收集与填报工作。启动、完成生物工程学院、理学院和社会与公共管理学院三个学院本科教学审核评估试点工作。与 Mycos 麦可思数据有限公司合作，对全校 15 000 余名学生展开大样本全面问卷调研。成立校级督导组，加强学院二级质量监控体系建设，从考试与平时成绩、实验实习以及毕业论文等多个方面加强学院本科教育质量管理与保障的基础环节。对本科生的毕业论文按一定比例进行重合率抽检，明确本科生和指导教师是毕业论文的直接责任人。

本科招生工作。2016 年开展了自主招生、保送生等创新人才的选拔工作，建立了更加公平、公正、科学的创新人才选拔机制。首次开展了上海市综合评价录取改革试点工作，为 2017 年后深化入学考试与招生制度改革积累了经验。组织了 2016 年艺术类、高水平运动员选拔考试，完善了特殊类型招生评价机制。完善了以学院负责制为基础的招生宣传工作组模式，优化招生宣传工作。完成了 2016 年高考统招录取工作，录取考生 4 163 名。研究制订了 2017 年专业大类招生实施方案，进一步优化专业设置。

（毛庆峰）

附录：

2016 年国家级精品视频公开课一览表

学院	课程名称	主讲人	授予年份
艺术设计与传媒学院	设计创新与城市发展	程建新	2016 年 2 月

（胡欣敏）

2016 年国家级精品资源共享课一览表

序号	学院	课程名称	负责人	批准年度	授予年份
1	化工学院	化工原理	黄婕	2013 年	2016 年 6 月
2		化学反应工程	许志美	2013 年	2016 年 6 月
3		化学工程与工艺专业实验	乐清华	2013 年	2016 年 6 月
4		化工原理及实验（网络教育）	齐鸣斋	2013 年	2016 年 6 月
5		分离工程（网络教育）	许振良	2014 年	2016 年 6 月
6	生物工程学院	发酵工程	张嗣良	2013 年	2016 年 6 月
7		酶工程	魏东芝	2013 年	2016 年 6 月
8		生物分离工程	曹学君	2013 年	2016 年 6 月
9	化学与分子工程学院	物理化学	黑恩成	2013 年	2016 年 6 月
10		有机化学	钱旭红	2013 年	2016 年 6 月
11		制剂工程	唐燕辉	2013 年	2016 年 6 月
12	材料科学与工程学院	高分子物理	徐世爱	2013 年	2016 年 6 月
13	信息科学与工程学院	基本线路与电子（网络教育）	林家骏	2013 年	2016 年 6 月
14		自控原理（网络教育）	侍洪波	2014 年	2016 年 6 月

（胡欣敏）

2016 年上海示范性全英语教学课程一览表

序号	课程名称	负责人	学院	批准年份
1	宏观经济学	赵炎	商学院	2016 年 5 月
2	国际贸易	申朴	商学院	2016 年 5 月

（胡欣敏）

2016 年上海优质在线课程一览表

序号	课程名称	负责人	学院	批准年份
1	化学反应工程	许志美	化工学院	2015 年
2	压力容器设计	潘家祯	机械与动力工程学院	2015 年
3	企业 EHS 风险管理基础	修光利	资源与环境工程学院	2016 年
4	MOOC 有机化学	俞善辉	化学与分子工程学院	2016 年

（胡欣敏）

2016 年上海市高校本科重点教学改革项目一览表

序号	学院	项目名称	负责人	批准年份
1	机械与动力工程学院	过程装备与控制工程专业卓越工程师培养计划的研究与实践	涂善东	2011 年
2	化工学院	专业新培养模式的探索——按需培养，分类施教	赫崇衡	2011 年
3	化学与分子工程学院	化学类专业创新型实验建设	孙学芹	2011 年
4	信息科学与工程学院	卓越工程师培养中电类课程教学新模式与新手段探索	林家骏	2011 年
5	材料科学与工程学院	强化工程教育内涵，奠定国家重点专业基础	唐颂超	2011 年
6	图书馆	上海高校全英语课程评价	孙济庆	2011 年
7	教务处	青年师资教学培训基地的建设	乐清华	2011 年
8	化学与分子工程学院	实施质量工程，推进教学科研一体化团队建设	黑恩成	2011 年
9	化工学院	教学科研互动，提升人才培养质量	黄婕	2011 年
10	化工学院	资源循环科学与工程人才培养模式创新实践	于建国	2012 年
11	机械与动力工程学院	实施质量工程推进工程图学教学共享平台建设	林大钧	2012 年
12	药学院	校企合作培养制药工程卓越工程人才	宋恭华	2012 年
13	教务处	公众需要的本科教学质量年报的内涵建设	夏春明	2013 年
14	信息科学与工程学院	计算思维导向的程序设计课群教学与多元评价	顾春华	2013 年
15	生物工程学院	毕业生教学质量跟踪反馈的测评指标体系研究	曹学君	2013 年
16	机械与动力工程学院	机械类专业设计能力和应用实践能力全面培养	安琦	2013 年
17	生物工程学院	面向 MOOC 的酶工程国家精品课程创新体系建设	魏东芝	2014 年
18	材料科学与工程学院	适应时代需求，多方位构建和完善高分子科学理论和实践教学课程体系	庄启昕	2014 年
19	信息科学与工程学院	以计算思维能力培养为导向构建化工学科计算机教学实践新模式	王占全	2014 年
20	理学院	建设智能型的网上“高等数学”学习辅导和作业评判管理系统	殷锡鸣	2015 年
21	法学院	探索构建“开放性、互动性、完备性”三位一体联动的 MOOC 课程教学新模式	刘金祥	2015 年
22	信息科学与工程学院	自动化专业工程实践能力培养综合改革探索	侍洪波	2015 年
23	化工学院	工程导论课程建设	辛忠	2016 年
24	化学与分子工程学院	基于两校区办学的创新实践体系的构建和理论探索	张文清	2016 年
25	理学院	以提高人才培养质量为目标，立体化深入大学物理教学改革	陆慧	2016 年

（胡欣敏）

2016 年本科专业设置一览表

学院		系别		专业	
代码	名称	代码	名称	代码	名称
1	化工学院	011	化学工程	081301	化学工程与工艺
				081303T	资源循环科学与工程
		012	石油加工	081504	油气储运工程
		013	产品工程	081701	轻化工程
2	生物工程学院	021	生物工程	083001	生物工程
		022	应用生物学	071001	生物科学
				071002	生物技术
		023	食品科学与工程	082701	食品科学与工程
				082702	食品质量与安全
3	化学与分子工程学院	031	化学	070301	化学
				070302	应用化学
				080403	材料化学
4	材料科学与工程学院	041	高分子材料	080407	高分子材料与工程
				080408	复合材料与工程
				080402	材料物理
		042	无机材料	080406	无机非金属材料工程
				080414T	新能源材料与器件
5	机械与动力工程学院	051	机械工程	080202	机械设计制造及其自动化
		052	动力工程及过程机械	080206	过程装备与控制工程
				082901	安全工程（安全检测技术）
		053	材料与装备工程	080203	材料成型及控制工程
6	信息科学与工程学院	061	自动化	080801	自动化
				080301	测控技术与仪器
				080601	电气工程及其自动化
		062	电子与通信工程	080706	信息工程
		063	计算机科学与工程	080901	计算机科学与技术
7	资源与环境工程学院	071	能源化工	080501	能源与动力工程
		072	环境工程	082502	环境工程
				082901	安全工程

学院		系别		专业	
代码	名称	代码	名称	代码	名称
8	理学院	081	数学	070101	数学与应用数学
				070102	信息与计算科学
		082	物理	070202	应用物理学
				080705	光电信息科学与工程
9	商学院	091	管理科学与工程	120103	工程管理
				120102	信息管理与信息系统
				120601	物流管理
		092	工商管理	120201K	工商管理
				120202	市场营销
				120206	人力资源管理
		093	会计学	120203K	会计学
				120204	财务管理
		094	经济学	020401	国际经济与贸易
				020101	经济学
		095	金融学	020301K	金融学
10	社会与公共管理学院	101	公共管理	120401	公共事业管理
		102	社会工作	030302	社会工作
		103	行政管理	120402	行政管理
		104	社会学	120403	劳动与社会保障
				030301	社会学
12	艺术设计与传媒学院	121	艺术设计	130502	视觉传达设计
				130503	环境设计
				130504	产品设计
		122	旅游管理	082803	风景园林
		123	工业设计	080205	工业设计
		124	传媒	050303	广告学
				130508	数字媒体艺术
13	外国语学院	131	英语	050201	英语
		132	日语	050207	日语
		133	德语	050203	德语
14	体育科学与工程学院	141	体育	020401	国际经济与贸易（运动员）

续表

学院		系别		专业	
代码	名称	代码	名称	代码	名称
15	药学院	151	制药工程	081302	制药工程
				100702	药物制剂
		152	药物科学	100701	药学
31	法学院	311	法律	030101K	法学
33	中德工学院			081301	化学工程与工艺（环境科学与工程）
				080601	电气工程及其自动化（电子信息工程）
				081301	化学工程与工艺

（范圣法）

2016 年辅修专业设置一览表

辅修专业名称	所属学科门类	学分数	辅修专业学士学位类别
英语	文学	60	文学辅修学士学位
、日语	文学	60	文学辅修学士学位
德语	文学	60	文学辅修学士学位
金融学	经济学	60	经济学辅修学士学位
财务管理（投资理财方向）	管理学	60	管理学辅修学士学位
数学与应用数学	理学	60	理学辅修学士学位
信息与计算科学	理学	60	理学辅修学士学位
法学	法学	60	法学辅修学士学位
视觉传达设计	艺术学	60	艺术学辅修学士学位
计算机科学与技术	工学	60	工学辅修学士学位

（林国辉）

2016 年国家级、市级、校级大学生创新创业训练计划立项一览表

项目编号	项目级别	学院	项目名称	项目类型	项目负责人姓名	指导教师姓名
201610251001	国家级	化工学院	颗粒表面流场分布的研究	创新训练类	凌铁杰	程振民
201610251002	国家级	化工学院	改性多糖交联凝胶体系及其流变学研究	创新训练类	杜威	方波
201610251003	国家级	化工学院	间苯二甲酸绿色制备过程催化剂载体研究	创新训练类	王瑞颛	龙湘犁

续表

项目编号	项目级别	学院	项目名称	项目类型	项目负责人姓名	指导教师姓名
201610251004	国家级	化工学院	玉米燃料乙醇副产物 DDGS 中醇溶蛋白连续化提取及其在脂肪替代品领域的应用	创新训练类	刘毓蓉	辛忠
201610251005	国家级	化工学院	基于反应型β晶型成核剂的共聚聚丙烯低温增韧研究	创新训练类	周健	赵世成
201610251006	国家级	化工学院	生物基热固性聚合物及其纳米复合材料的制备	创新训练类	杨叶馨蕾	赵玲
201610251007	国家级	化工学院	基于微流控技术制备具有核壳结构水凝胶纤维的研究	创新训练类	何铜	赵世成
201610251008	国家级	化工学院	吸附剂协同作用的变压吸附过程强化低浓度煤层气甲烷回收	创新训练类	钱震	李平
201610251009	国家级	生物工程学院	食品安全检测低成本微流控装置的研发	创新训练类	傅淑霞	左鹏
201610251010	国家级	生物工程学院	纤维材料在动物细胞三维培养中的应用	创新训练类	杜文静	周燕
201610251011	国家级	生物工程学院	海洋微生物来源抗肿瘤次生代谢产物 CHA 的分离制备	创新训练类	丁璐璐	卢艳花
201610251012	国家级	生物工程学院	修饰性蛋白质原核表达系统的构建	创新训练类	陈思园	辛秀娟
201610251013	国家级	生物工程学院	溶藻弧菌感染模型建立及其疫苗开发	创新训练类	底宇飞	刘晓红
201610251014	国家级	生物工程学院	酯类物质对吉他霉素生物合成的影响	创新训练类	汪雪梅	叶蕊芳
201610251015	国家级	生物工程学院	携带 ACT 结构域的酰基转移酶及蛋白质酰基化修饰调控	创新训练类	李晔	叶邦策
201610251016	国家级	生物工程学院	林可霉素生物合成调控蛋白 LmbU 结合位点的确定与分析	创新训练类	孙雨薇	张惠展
201610251017	国家级	化学与分子工程学院	离子液体/表面活性剂混合体系在酶促反应中的作用	创新训练类	吴婧	尚亚卓
201610251018	国家级	化学与分子工程学院	基于纳米光谱技术仪器搭建及分析	创新训练类	张雨康	龙亿涛
201610251019	国家级	化学与分子工程学院	原煤中硫氮磷的离子色谱检测方法	创新训练类	邓铭君	栾绍嵘
201610251020	国家级	化学与分子工程学院	针对葡萄糖脱水的高选择性固体酸催化剂的制备	创新训练类	邢铭菲	王艳芹
201610251021	国家级	化学与分子工程学院	含亮氨酸拉链结构脂肽的脂质体性质及控释性能	创新训练类	许素文	徐首红

续表

项目编号	项目级别	学院	项目名称	项目类型	项目负责人姓名	指导教师姓名
201610251022	国家级	化学与分子工程学院	一类硫杂环化合物的制备及其在荧光探针方面的应用	创新训练类	许晓佳	王成云
201610251023	国家级	化学与分子工程学院	茶皂素及其衍生物的制备及其构效关系的研究	创新训练类	赵彦博	徐志珍
201610251024	国家级	化学与分子工程学院	石墨烯水凝胶/硫化铜复合纳米材料的制备及光电化学性能	创新训练类	周斌	张华
201610251025	国家级	化学与分子工程学院	大气 VOCs 治理高效催化剂的制备及应用研究	创新训练类	王正	田宝柱
201610251026	国家级	化学与分子工程学院	新型光催化剂的制备及应用	创新训练类	樊灵刚	张金龙
201610251027	国家级	药学院	基于 Riboswitch 原理的原核细胞基因回路的构建	创新训练类	沈文妍	杨弋
201610251028	国家级	药学院	高效降解除草剂阿特拉津的微生物菌株筛选和降解特性研究	创新训练类	王瑞昕	徐文平
201610251029	国家级	药学院	糖尿病动物模型和药效学评价	创新训练类	武梦玉	王蕊
201610251030	国家级	药学院	基于老药新用的双靶点抗 AD 活性化合物开发	创新训练类	郑新羽	李剑
201610251031	国家级	药学院	大气中二氧化氮浓度的测定	创新训练类	梁馨予	杨有军
201610251032	国家级	药学院	Denagliptin 类似物 DPP－4 抑制剂的合成及生物活性研究	创新训练类	林瑞浩	罗晓燕
201610251033	国家级	药学院	星点设计-效应面法优化超声辅助酶法提取灵芝多糖的工艺及体外抗氧化性研究	创新训练类	郑丹婷	韩伟
201610251034	国家级	材料科学与工程学院	耐高温介电材料微观结构构筑及性能研究	创新训练类	林家豪	庄启昕
201610251035	国家级	材料科学与工程学院	新型偶氮苯衍生物的合成及其光学响应性研究	创新训练类	倪璧君	林绍梁
201610251036	国家级	材料科学与工程学院	具有细胞黏附功能的聚合物的设计、合成及生物功能评价	创新训练类	邵宁	刘润辉
201610251037	国家级	材料科学与工程学院	纳米杂化颗粒的制备及性能	创新训练类	秦兴	李永生
201610251038	国家级	材料科学与工程学院	生物质碳的合成与储能应用	创新训练类	陈菊锋	徐云龙
201610251039	国家级	材料科学与工程学院	贵金属纳米团簇和 Ti^{3+} 离子共掺杂 TiO_2 基高效 CO 低温氧化催化剂设计与制备	创新训练类	何子璇	胡彦杰

续表

项目编号	项目级别	学院	项目名称	项目类型	项目负责人姓名	指导教师姓名
201610251040	国家级	材料科学与工程学院	高活性微纳结构颅骨的 3D 打印	创新训练类	邱连振	李欣欣
201610251041	国家级	材料科学与工程学院	废旧聚氨酯向 3D 多孔炭材料的转变及其储能性的研究	创新训练类	钟小琳	赵崇军
201610251042	国家级	材料科学与工程学院	氧化还原响应性可注射含硒水凝胶的制备与表征	创新训练类	张媛颖	张琰
201610251043	国家级	材料科学与工程学院	偶氮苯超分子共聚物多孔膜研究	创新训练类	高雨朦	钱军
201610251044	国家级	材料科学与工程学院	具有细胞/组织靶向功能的全蛋白纳米载药体系的组装及应用	创新训练类	程志鹏	屈雪
201610251045	国家级	材料科学与工程学院	生物可降解的刺激响应性聚氨酯的合成与应用研究	创新训练类	江全	肖艳
201610251046	国家级	机械与动力工程学院	自动钱币分拣装置	创新训练类	贺明明	马新玲
201610251047	国家级	机械与动力工程学院	三菱 PLC 控制的 ptc 电阻分档机	创新训练类	周浩卿	胡德兴
201610251048	国家级	机械与动力工程学院	基于激光轮廓扫面技术的非接触式承载鞍磨损测量系统	创新训练类	张倩	陈建钧
201610251049	国家级	机械与动力工程学院	3D 打印软体机器人末端执行器	创新训练类	魏毓涛	李锦
201610251050	国家级	机械与动力工程学院	传统车床的数字化三维建模分析及虚拟运动仿真	创新训练类	银信	沈秋惠
201610251051	国家级	机械与动力工程学院	3D 生物漏管栓塞及推送装置设计	创新训练类	颜孙超	张洪波
201610251052	国家级	机械与动力工程学院	结合 3D 打印技术的定制产品设计	创新训练类	颜世福	刘晶
201610251053	国家级	机械与动力工程学院	油井强腐蚀环境下高耐蚀合金涂层开发	创新训练类	金前程	侯峰
201610251054	国家级	信息科学与工程学院	基于 Python 的辅助教学系统	创新训练类	王家辉	文欣秀
201610251055	国家级	信息科学与工程学院	基于 Andriod 平台的图像匹配与识别	创新训练类	秦佳妮	朱煜
201610251056	国家级	信息科学与工程学院	超酷智能全自动茶饮机	创新训练类	郑宇欣	孙京诰
201610251057	国家级	信息科学与工程学院	布料图像智能分析与识别技术研究	创新训练类	曹逸尘	张雪芹

续表

项目编号	项目级别	学院	项目名称	项目类型	项目负责人姓名	指导教师姓名
201610251058	国家级	信息科学与工程学院	自主旋翼飞行器的设计	创新训练类	权畅睿	颜秉勇
201610251059	国家级	信息科学与工程学院	移动终端图形化编程	创新训练类	任强	王占全
201610251060	国家级	信息科学与工程学院	基于开源机器人操作系统 ROS 的多足机器人的自动实时步态控制及功能扩展与应用	创新训练类	包怿杰	马国荣
201610251061	国家级	信息科学与工程学院	智能昆虫机器人与移动设备交互通信设计与实现	创新训练类	饶婷霜	杨泽平
201610251062	国家级	信息科学与工程学院	网站建立平台	创新训练类	朱昀	杨建国
201610251063	国家级	资源与环境工程学院	反蛋白石结构光催化材料的制备及其降解废水中有机染料的研究	创新训练类	慈明珠	雷菊英
201610251064	国家级	资源与环境工程学院	过硫酸盐氧化处理 DMF 废水技术研究	创新训练类	宋友桂	孙贤波
201610251065	国家级	资源与环境工程学院	铁形态对活化过硫酸盐体系中 ROS 形成机制的作用研究	创新训练类	吴光南	顾小钢
201610251066	国家级	资源与环境工程学院	微生物燃料电池系统钕铁硼磁化改性电极材料开发与应用研究	创新训练类	沙凯健	殷瑶
201610251067	国家级	资源与环境工程学院	调控结晶法处理高盐废水实现资源化利用的技术研究	创新训练类	王怡乔	张乐华
201610251068	国家级	理学院	上海私车牌照拍卖中的价格研究	创新训练类	吴倚天	温涛
201610251069	国家级	理学院	彩色光可擦写电子纸	创新训练类	韩飞	王骁乾
201610251070	国家级	理学院	甲醛石墨烯传感器的表面功能化研究	创新训练类	杜志伟	牟海川
201610251071	国家级	商学院	基于 CVaR 的生鲜农产品供应链决策与协调研究	创新训练类	邹凤莉	范体军
201610251072	国家级	商学院	苏南城乡一体化背景下的产城融合研究：以常州市为例	创新训练类	顾凯文	殷广卫
201610251073	国家级	商学院	概率销售模式下的库存管理研究	创新训练类	肖雅	吴一帆
201610251074	国家级	商学院	“链图”视角下的中国股票市场风险收益评估系统构建	创新训练类	周璟	林黎

项目编号	项目级别	学院	项目名称	项目类型	项目负责人姓名	指导教师姓名
201610251075	国家级	商学院	高校快递“最后一公里”难题解决方案的优化	创新训练类	顾笑	刘建香
201610251076	国家级	商学院	支持向量机在聚类算法中应用的参数优化问题的研究	创新训练类	吴佳迅	任宏涛
201610251077	国家级	商学院	互联网+背景下的农业生产与服务转型——基于农业产业链的食品安全调查与研究	创新训练类	孙杰	孙定东
201610251078	国家级	商学院	地区政治联系对企业绩效的影响研究	创新训练类	冯楹楹	宋渊洋
201610251079	国家级	商学院	消费者对于数字的感知和偏好研究	创新训练类	方頔	杜伟宇
201610251080	国家级	商学院	中国农产品出口欧盟市场波动增长研究	创新训练类	刘翔宇	杨逢珉
201610251081	国家级	社会与公共管理学院	上海市新生代农民工社会公平感研究	创新训练类	张苑松	方学梅
201610251082	国家级	社会与公共管理学院	社会变迁与个人际遇：在沪第一代资深女性农民工工作流动经历研究	创新训练类	孟昕	唐有财
201610251083	国家级	社会与公共管理学院	城市低保家庭儿童的社会工作干预研究	创新训练类	汪鑫富	何雪松
201610251084	国家级	社会与公共管理学院	老年人在二胎生育中的助力及其实现路径研究——基于上海市的民族志研究	创新训练类	沈佳	冷凤彩
201610251085	国家级	社会与公共管理学院	符号互动论视角下城市社区广场舞群体生活方式研究——以上海X公园为例	创新训练类	屠锋垚	杨君
201610251086	国家级	社会与公共管理学院	假期对校园周边餐饮业的影响调查研究——以上海市部分大学城为例	创新训练类	孙静博	孙淑敏
201610251087	国家级	艺术设计与传媒学院	城市多功能智慧照明产品设计研究	创新训练类	高宇	叶俊男
201610251088	国家级	艺术设计与传媒学院	基于微信与GIS平台的文化历史遗产交互系统——以上海市徐汇区为试点	创新训练类	蓝庭光	林轶南
201610251089	国家级	艺术设计与传媒学院	基于人性化设计理念的智能化健康生活产品设计研究	创新训练类	朱哲灏	周美玉

续表

项目编号	项目级别	学院	项目名称	项目类型	项目负责人姓名	指导教师姓名
201610251090	国家级	艺术设计与传媒学院	微食物森林系统置入校园景观的适用性研究	创新训练类	潘逸炜	闫爱宾
201610251091	国家级	艺术设计与传媒学院	基于用户体验的健康智能产品设计研究	创新训练类	鲍欣宁	程建新
201610251092	国家级	外国语学院	英汉虚拟运动事件的翻译	创新训练类	陈妍	郑国锋
201610251093	国家级	外国语学院	跨文化背景下基于社交网络的中美远程互助学习项目实践性研究	创新训练类	张俊豪	高攀
201610251094	国家级	外国语学院	翻译在中国当代文学成为世界文学过程中作用研究——以阎连科作品《受活》《四书》及刘慈欣《三体》为例	创新训练类	宋芳晨	华静
201610251095	国家级	法学院	刑事司法中留守儿童的保护研究	创新训练类	胡焱秋	周登谅
201610251096	国家级	法学院	群体性劳资矛盾预警机制实施方案建构研究	创新训练类	张琴	刘金祥
201610251097	国家级	法学院	自贸区跨境通模式下“全球购”食品安全保障法律问题研究	创新训练类	陈剑烨	于杨曜
201610251098	国家级	团委	低成本、高性能水处理膜的制备、工业应用及其商业推广	创业实践类	陈思磊	程亮
201610251099	国家级	团委	“座果灵”促作物生长剂（环保型）	创业训练类	司马王奕	王善利
201610251100	国家级	团委	日化产品面市的过程探索	创业训练类	王煜	段梅莉
S16001	上海市级	化工学院	基于离聚物的聚对苯二甲酸乙二醇酯用新型成核剂的开发与应用	创新训练类	曹齐茗	石尧麒
S16002	上海市级	化工学院	非贵金属铜基氧化物催化剂用于CO氧化及其机理研究	创新训练类	曹晔	徐晶
S16003	上海市级	化工学院	重质烃在超临界水中的溶剂化：分子动力学模拟研究	创新训练类	鲍刘毅	袁佩青
S16004	上海市级	化工学院	旋流型气液混合器	创新训练类	唐艳玲	程振民
S16005	上海市级	化工学院	凝胶型相变蓄冷材料的制备及其性能研究	创新训练类	任心怡	王杰
S16006	上海市级	化工学院	微胶囊磷系阻燃剂的制备工艺研究	创新训练类	倪烨铭	陆馨
S16007	上海市级	化工学院	加氢催化剂载体介孔分子筛的制备	创新训练类	斯泽浩	李伟

续表

项目编号	项目级别	学院	项目名称	项目类型	项目负责人姓名	指导教师姓名
S16008	上海市级	化工学院	化学液相沉积改性 ZSM－5 分子筛及其吸附脱硫性能研究	创新训练类	吴园	孙辉
S16009	上海市级	化工学院	工业废硫酸钙晶须的制备及其在 PVC 中的应用	创新训练类	郭捷	汪瑾
S16010	上海市级	化工学院	合成气制低碳烯烃铁-炭复合物纳米催化剂的结构与性能调控	创新训练类	徐美昌	段学志
S16011	上海市级	生物工程学院	林可霉素生物合成基因 lmbU 调控作用协同蛋白的筛选	创新训练类	黄慧敏	吴海珍
S16012	上海市级	生物工程学院	氧化葡萄糖酸杆菌中小 RNA 对基因表达抑制的应用基础研究	创新训练类	赵佳晨	马昱澍
S16013	上海市级	生物工程学院	生物法处理甲醛污染物的研究	创新训练类	陈凯泽	胡凤仙
S16014	上海市级	生物工程学院	槐花植株功能研究和产品开发	创新训练类	曹慧君	周家春
S16015	上海市级	生物工程学院	传统发酵食品中新型乳酸菌的筛选	创新训练类	张迪	周英
S16016	上海市级	生物工程学院	抗肿瘤药物 MAP30 的表达及性质研究	创新训练类	苍玉德	赵健
S16017	上海市级	生物工程学院	基于大数据、体内代谢网络原理模拟构建基因工程菌株	创新训练类	魏冰洁	关岳
S16018	上海市级	生物工程学院	新型纳豆发酵与活性研究	创新训练类	李媛媛	谢静莉
S16019	上海市级	生物工程学院	Pseudomonas synxantha 羧酸酯酶异源表达及其在农药降解中的应用	创新训练类	柯翔	魏巍
S16020	上海市级	化学与分子工程学院	微波辅助生物质荧光碳点的制备及其应用	创新训练类	冯旭阳	刘鑫、张玲帆
S16021	上海市级	化学与分子工程学院	食品中痕量亚硝酸盐的新型光谱快检技术	创新训练类	李超逸	杜一平
S16022	上海市级	化学与分子工程学院	Fe_3O_4@CQDs（碳量子点）磁性荧光纳米复合材料的制备	创新训练类	吴梦思	黄艳
S16023	上海市级	化学与分子工程学院	新型亲水作用色谱材料的制备工艺研究	创新训练类	陈敏	蓝闽波
S16024	上海市级	化学与分子工程学院	基于非自由基交联反应的医用水凝胶的原位光构建	创新训练类	杨晶	林秋宁
S16025	上海市级	化学与分子工程学院	螯合官能团修饰介孔材料的合成、表征及其对废水中重金属离子的吸附	创新训练类	黄东波	赵会玲

续表

项目编号	项目级别	学院	项目名称	项目类型	项目负责人姓名	指导教师姓名
S16026	上海市级	化学与分子工程学院	热固性环氧沥青材料的制备及其性能研究	创新训练类	王维一	赵丹丹
S16027	上海市级	化学与分子工程学院	硫化钴-介孔碳复合材料作为氧还原催化剂的应用研究	创新训练类	赵丹	殷馨、王海文
S16028	上海市级	化学与分子工程学院	水/醇解和加氢双功能催化剂协同效应的研究及性能调控	创新训练类	沈路泽	刘晓晖
S16029	上海市级	化学与分子工程学院	镧基钙钛矿结构表面 NO 催化氧化反应机理及性能	创新训练类	苑鸿宇	曹宵鸣
S16030	上海市级	化学与分子工程学院	基于噻二唑并吡啶的蓝色染料敏化剂的合成及其性能研究	创新训练类	胡晓东	花建丽
S16031	上海市级	化学与分子工程学院	植物抗菌剂硫甙类化合物的活性研究	创新训练类	马长顺	张文清
S16032	上海市级	药学院	钯荧光传感材料在催化碳-碳偶联反应中的应用研究	创新训练类	郝艳萍	朱维平
S16033	上海市级	药学院	MOF 类光敏剂抗肿瘤活性研究	创新训练类	赵倩文	黄瑾
S16034	上海市级	药学院	新型抗肿瘤药物 EGFR 抑制剂结构优化研究	创新训练类	徐嘉俊	赵振江
S16035	上海市级	药学院	基于环糊精的主客超分子自组装载药胶束的研究	创新训练类	杨晨誉	高峰
S16036	上海市级	药学院	适用于肿瘤早期诊疗的磁共振/荧光双模态纳米探针的构建及评价	创新训练类	王万艳	翁伟宇
S16037	上海市级	药学院	基于纸基微流控芯片的个人尿液分析系统的开发和应用	创新训练类	尚晓叶	张敏
S16038	上海市级	药学院	海洋植物抗皱、美白作用探讨与评价	创新训练类	陆佳颖	王春丽
S16039	上海市级	药学院	具有卤原子季碳手性中心的吡咯烷类化合物的不对称合成研究	创新训练类	邹雪洁	邓卫平
S16040	上海市级	材料科学与工程学院	大容量长寿命柔性超级电容器的创制	创新训练类	吴伊旸	王庚超
S16041	上海市级	材料科学与工程学院	聚肽共聚物在碳纳米管模板表面的自组装行为研究	创新训练类	张李巽	蔡春华
S16042	上海市级	材料科学与工程学院	碳量子点负载铂催化剂的制备及对甲醇的电催化研究	创新训练类	赖铱麟	李星玮
S16043	上海市级	材料科学与工程学院	高镁废钢渣制环保微晶玻璃的研究	创新训练类	杨朔	薛明俊

续表

项目编号	项目级别	学院	项目名称	项目类型	项目负责人姓名	指导教师姓名
S16044	上海市级	材料科学与工程学院	石墨烯-TiO_2复合材料对提高染料敏化太阳能电池的光电转化效率的研究	创新训练类	梁羽洁	钱秀珍
S16045	上海市级	材料科学与工程学院	纤维增强复合材料桥面板功能模块设计与结构优化	创新训练类	张家豪	侯锐钢
S16046	上海市级	材料科学与工程学院	SiBNC陶瓷前驱体的合成以及转化制备多孔陶瓷研究	创新训练类	郁卓尔	齐会民
S16047	上海市级	材料科学与工程学院	石墨烯基气凝胶的制备及其电化学性能的研究	创新训练类	侯璐	关士友
S16048	上海市级	材料科学与工程学院	多官能团有机胺分子对PS/PBLG-PAA共混体系自组装行为的调控研究	创新训练类	杨文漪	林嘉平
S16049	上海市级	材料科学与工程学院	高粘度指数PAO基础油的合成	创新训练类	郑逸坤	米普科
S16050	上海市级	材料科学与工程学院	聚合物太阳能电池光敏层相分离行为的研究	创新训练类	曹雨淳	张良顺
S16051	上海市级	材料科学与工程学院	Sn^{2+}/Tm^{3+}共掺磷酸盐玻璃的光致发光机理研究	创新训练类	张章龙	陈国荣
S16052	上海市级	材料科学与工程学院	紫杉烷类化合物与姜黄素载药胶束的制备及表征	创新训练类	程意	滕鑫
S16053	上海市级	材料科学与工程学院	ZnxSmyCe1-x-yO2-δ氧化物的制备及电化学性能研究	创新训练类	李楠	赵春花
S16054	上海市级	材料科学与工程学院	硅橡胶导热结构的构筑与性能	创新训练类	张慧	袁荞龙
S16055	上海市级	机械与动力工程学院	磁悬浮装置磁场分布探索	创新训练类	林光耀	覃新川
S16056	上海市级	机械与动力工程学院	饮料的加热搅拌瓶盖研制	创新训练类	於晔鸿	惠虎
S16057	上海市级	机械与动力工程学院	太阳能固定翼飞机的研究及应用拓展	创新训练类	杨皓钦	余醉仙
S16058	上海市级	机械与动力工程学院	ptc电阻的自动计数设备	创新训练类	吕蕴韬	潘蓉
S16059	上海市级	机械与动力工程学院	基于vericut技术的数控机床加工仿真	创新训练类	关少杰	郑毅
S16060	上海市级	机械与动力工程学院	一种多功能实验工作台的设计与制作	创新训练类	李桂成	潘林勇

续表

项目编号	项目级别	学院	项目名称	项目类型	项目负责人姓名	指导教师姓名
S16061	上海市级	机械与动力工程学院	3D打印技术在刀具复杂曲面建模上的应用	创新训练类	谷琳	何云
S16062	上海市级	机械与动力工程学院	数控刀片自动更换装置研发	创新训练类	蔡华军	刘晋
S16063	上海市级	机械与动力工程学院	复杂曲面三维数字化与3D打印技术的实验研究	创新训练类	肖婳婳	孙路
S16064	上海市级	机械与动力工程学院	发动机曲轴数控车削工艺模拟试验	创新训练类	李秉健	徐忠意
S16065	上海市级	信息科学与工程学院	面向防伪认证的PDF417二维码水印技术实现	创新训练类	马雪娇	蒋翠玲
S16066	上海市级	信息科学与工程学院	基于视频追踪的运动目标提取方法研究	创新训练类	王兢业	陈志华
S16067	上海市级	信息科学与工程学院	基于微信平台的面部识别情感分析系统	创新训练类	杨佳承	应方立
S16068	上海市级	信息科学与工程学院	基于红外/可见光双通道检测的健康智能镜	创新训练类	董永昊	谷小婧
S16069	上海市级	信息科学与工程学院	网络用户行为的可视化模式及行为偏好研究	创新训练类	张子琪	胡庆春
S16070	上海市级	信息科学与工程学院	基于手机平台的行车辅助APP的开发	创新训练类	桂欣雨	汪楠
S16071	上海市级	信息科学与工程学院	智能空气净化系统的设计	创新训练类	房金宝	韩宇光
S16072	上海市级	信息科学与工程学院	基于蓝牙技术的U盘适配器及新型蓝牙U盘	创新训练类	姜靖	冷春霞
S16073	上海市级	信息科学与工程学院	基于移动终端的广告过滤器	创新训练类	林静雯	郑红
S16074	上海市级	信息科学与工程学院	基于GPS与声纹的手机考勤识别研究	创新训练类	彭媛媛	李冬冬
S16075	上海市级	信息科学与工程学院	基于Android的移动医疗系统	创新训练类	龚雯妍	翟洁
S16076	上海市级	资源与环境工程学院	中度嗜盐菌AD-3降解多环芳烃芘和苊烯的代谢途径研究	创新训练类	董伟超	崔长征
S16077	上海市级	资源与环境工程学院	电化学铁氧体合成法处理核电厂放射性废水工艺研究	创新训练类	缪春霞	黄光团
S16078	上海市级	资源与环境工程学院	纳米零价金属颗粒去除水中锑的基础研究	创新训练类	钱泽颖	张巍

续表

项目编号	项目级别	学院	项目名称	项目类型	项目负责人姓名	指导教师姓名
S16079	上海市级	资源与环境工程学院	二氧化碳分解铝酸钾溶液及氧化钙回收氢氧化钾过程研究	创新训练类	张远景	刘程琳
S16080	上海市级	资源与环境工程学院	生物油重整制氢过程中催化剂再生技术研究	创新训练类	姚志鹏	许庆利
S16081	上海市级	资源与环境工程学院	从废 FCC 催化剂中回收稀土的研究	创新训练类	徐永烨	邱兆富
S16082	上海市级	资源与环境工程学院	水热法制备硫酸钙晶须过程研究及其在造纸行业中的应用	创新训练类	徐劭晗	许妍霞
S16083	上海市级	资源与环境工程学院	浓海水制备碳酸镁和水滑石技术探索	创新训练类	王鹏宇	孙玉柱
S16084	上海市级	理学院	金富勒烯纳米团簇的设计和特性研究	创新训练类	姚颖	赵丽霞
S16085	上海市级	理学院	强场中油性介质的自组织现象研究	创新训练类	叶跃振	钟菊花
S16086	上海市级	理学院	类 Airy 光束的制备	创新训练类	胡豪杰	罗锻斌
S16087	上海市级	理学院	阴离子交换膜钒电池的研制	创新训练类	钟沛耘	杨向民
S16088	上海市级	理学院	电磁管道内磁体运动特性的模拟与研究	创新训练类	周文豪	顾英俊
S16089	上海市级	理学院	有机发光二极管中激基复合物主体与染料客体之间的能量传递机制	创新训练类	计之皓	吕昭月
S16090	上海市级	理学院	对称空间嵌入问题的矩阵计算法	创新训练类	季之杰	陈云霞
S16091	上海市级	商学院	社会化媒体下产品伤害危机的信息扩散及溢出效应研究	创新训练类	姜宁	李英
S16092	上海市级	商学院	基于 QFD 的感性工学研究	创新训练类	徐梦霞	闫宏斌
S16093	上海市级	商学院	贸易自由化对中国工业企业创新行为的影响	创新训练类	金昊	伏玉林
S16094	上海市级	商学院	在线健康社区内用户成长及行为分析	创新训练类	王雨贤	刘璇
S16095	上海市级	商学院	文字表述的信息含量：基于证券分析师研究报告的解读	创新训练类	白晓樱	李丹蒙
S16096	上海市级	商学院	新生代研发人员大五人格对其周边绩效的影响研究	创新训练类	曹佳莉	龙丽群

续表

项目编号	项目级别	学院	项目名称	项目类型	项目负责人姓名	指导教师姓名
S16097	上海市级	商学院	体验经济时代下服务业营销策略——以咖啡馆为例	创新训练类	赵倩	李佑平
S16098	上海市级	商学院	新能源汽车产业的网络外部性治理及消费、投资促进政策研究	创新训练类	李嘉淇	蒋士成
S16099	上海市级	商学院	在线健康咨询和挂号服务的负面影响研究	创新训练类	陆金玲	李嘉
S16100	上海市级	商学院	城市群与城市绿色发展的研究	创新训练类	刘竞择	潘春阳
S16101	上海市级	商学院	我国大学宿舍分配的机制设计	创新训练类	夏萍	陈雅静
S16102	上海市级	商学院	养老保险基金投资管理和风险研究	创新训练类	刘靖爽	崔惠贤
S16103	上海市级	商学院	政府关注度对空气污染治理的影响研究	创新训练类	吴炘倩	杨继波
S16104	上海市级	社会与公共管理学院	青年农民工企业管理知识培训的实证研究	创新训练类	孙晓彤	徐荣
S16105	上海市级	社会与公共管理学院	公民科学素质视角下的全球科技创新中心软环境建设研究	创新训练类	戴颖	张良
S16106	上海市级	社会与公共管理学院	影响女性农民工婚姻稳定性问题研究	创新训练类	李涛	孙中伟
S16107	上海市级	社会与公共管理学院	融入与孤立：沪内高校少数民族学生的继续社会化研究	创新训练类	王璐	曹锦清
S16108	上海市级	社会与公共管理学院	大学生创业意愿与创业行为研究	创新训练类	王太阁	罗恩立
S16109	上海市级	社会与公共管理学院	积极老龄化视角下城市老人的社会参与：基于上海的实证研究	创新训练类	张晓怡	赵方杜
S16110	上海市级	社会与公共管理学院	老年志愿者群体养老方式研究——以上海徐汇区凌云街道梅陇三村“绿主妇”组织为例	创新训练类	何之未	纪晓岚
S16111	上海市级	社会与公共管理学院	关于上海市住宅小区停车收费的调查与思考——基于几类典型住宅区的调查	创新训练类	付晓鸣	刘德吉
S16112	上海市级	艺术设计与传媒学院	创新互动型景观铺地设计	创新训练类	陈雨	汪军
S16113	上海市级	艺术设计与传媒学院	互联网金融品牌产品界面以及品牌形象设计	创新训练类	缪莹怡	单浩

续表

项目编号	项目级别	学院	项目名称	项目类型	项目负责人姓名	指导教师姓名
S16114	上海市级	艺术设计与传媒学院	低维护自循环立体景观的研究与实践	创新训练类	怀露	方田红
S16115	上海市级	艺术设计与传媒学院	基于老年人无障碍理念的智能家居产品设计研究	创新训练类	吉喆	杨超翔
S16116	上海市级	艺术设计与传媒学院	视力障碍者的用餐体验研究及其餐具改良设计	创新训练类	陈珊	丁伟
S16117	上海市级	艺术设计与传媒学院	以景观设计为主题进行大自然亲子教育的可行性分析与应用探索	创新训练类	刘敏婕	姚子刚
S16118	上海市级	外国语学院	《语言文化探索》课程项目建设	创新训练类	蔡佳佳	赵宏
S16119	上海市级	外国语学院	基于语料库的中央文献翻译研究：以《习近平谈治国理政》为例	创新训练类	林玥	贾卉
S16120	上海市级	外国语学院	贵州德江方言对英语语音习得的影响	创新训练类	莫晓妍	王慧
S16121	上海市级	外国语学院	本科计算机辅助翻译实践探索	创新训练类	刘舒	徐宝华
S16122	上海市级	法学院	知识产权专门法院“三审合一”研究	创新训练类	胡佳好	任虎
S16123	上海市级	法学院	近海能源开发中环境风险预防、应对与赔偿的法律机制研究	创新训练类	李佳晟	魏圣香
S16124	上海市级	法学院	网络信息的依法治理机制研究	创新训练类	陆佳怡	吴亮
S16125	上海市级	法学院	信息分享时代知识产权保护问题研究	创新训练类	孙齐蔚	徐明
S16126	上海市级	团委	“微信号评论”微信号运营管理与数据分析	创业实践类	何奕昕	李忠
S16127	上海市级	团委	道器网（淘气网）运营管理与后台数据分析	创业实践类	江嘉	周炜星
S16128	上海市级	团委	除甲醛产品的开发与销售	创业训练类	薛田田	陈小平
S16129	上海市级	团委	轻型屋顶景观模块化设计研究——以华东理工大学徐汇校区为例	创业训练类	崔佳圆	温全平
S16130	上海市级	团委	校园文化地标线上线下（O2O）互动推广研究——以华理奉贤校区为例	创业训练类	陈慧	蒋正清
X16001	校级	化工学院	光敏流体自然对流传热的实验研究	创新训练类	陆俊男	金浩

续表

项目编号	项目级别	学院	项目名称	项目类型	项目负责人姓名	指导教师姓名
X16002	校级	化工学院	固体酸催化剂结构、调控制备及催化合成醋酸纤维素	创新训练类	严一振	曹贵平
X16003	校级	化工学院	纽扣生产过程中不饱和聚酯树脂的利用研究	创新训练类	李雨柔	周晓龙
X16004	校级	化工学院	氨基功能化氧化石墨烯及其改性 PAN 膜的制备及应用	创新训练类	赵李川	杨虎
X16005	校级	化工学院	合成气直接制备低碳醇 Mo 基催化剂构-效关系研究	创新训练类	陈熙理	韩一帆
X16006	校级	化工学院	乙醇羰基化合成丙酸	创新训练类	郑朱峰	刘殿华
X16007	校级	化工学院	锆系固体超强酸的合成及其在石脑油组分异构化反应中的催化性能研究	创新训练类	张雨婷	孟璇
X16008	校级	化工学院	吸附强化甲醇重整生产高纯氢气材料制备研究	创新训练类	李茜	吴一江
X16009	校级	化工学院	罐式集装箱防腐内涂层稳定性评价方法建立的过程研究	创新训练类	赵一权	施云海
X16010	校级	生物工程学院	不同种林可霉素产生菌发酵条件的优化	创新训练类	张晓晨	叶江
X16011	校级	生物工程学院	通过对双 miRNA 的同时检测实现对乳腺癌细胞的精确检测	创新训练类	雷进	李鹏飞
X16012	校级	生物工程学院	1，3-丙二醇氧化还原酶强化对克雷伯杆菌生长代谢的影响机制	创新训练类	阮青云	赵莉
X16013	校级	生物工程学院	豆渣膳食纤维饮料的研究	创新训练类	施晓予	常雅宁
X16014	校级	生物工程学院	利用碳水化合物结合模块研究纤维素表面异质性及对水解速率的影响	创新训练类	况昱瑶	高淑红
X16015	校级	生物工程学院	基于基因组分析的乳酸菌功能开发	创新训练类	冯瑶	高蓓
X16016	校级	化学与分子工程学院	基于硫化钼纳米片二元复合对电极在高效染料敏化太阳能电池上的应用	创新训练类	魏号召	武文俊
X16017	校级	化学与分子工程学院	介孔核-壳-壳磁性纳米颗粒的制备及其在样品前处理中的应用	创新训练类	张雪健	张凌怡

续表

项目编号	项目级别	学院	项目名称	项目类型	项目负责人姓名	指导教师姓名
X16018	校级	化学与分子工程学院	脱二氧化碳反应研究	创新训练类	杜清阳	王飞军
X16019	校级	化学与分子工程学院	光控有机小分子凝胶体系的研究合成	创新训练类	颜文昊	邹雷
X16020	校级	化学与分子工程学院	基于二维材料的糖基荧光生物传感器构建	创新训练类	陈跃	陈国荣
X16021	校级	化学与分子工程学院	用于二氧化碳捕集的离子液体物性测定与模型关联研究	创新训练类	赵宁	熊焰
X16022	校级	化学与分子工程学院	DNA 序列中单碱基分辨的电化学研究	创新训练类	吴琳琳	马巍
X16023	校级	化学与分子工程学院	金属钯催化下含氟羰基化合物 α 位芳基化反应	创新训练类	戈尔东	方向
X16024	校级	化学与分子工程学院	杂多化合物催化选择氧化生物质分子的研究	创新训练类	赵智峥	侯震山
X16025	校级	药学院	丹参中抗老年痴呆的活性组分研究	创新训练类	夏子航	马磊
X16026	校级	药学院	发育毒性预测模型的构建	创新训练类	徐秀	刘桂霞
X16027	校级	药学院	天然源桶混助剂对几种除草剂的增效作用及增效机制研究	创新训练类	李夕晨	陶黎明
X16028	校级	药学院	白血病细胞谷氨酰胺转氨酶的活化和抑制规律研究	创新训练类	柳林菲	黄青春
X16029	校级	药学院	靶向性 VES-g-CSO/TPGS 混合胶束的构建及其纳米给药系统的研究	创新训练类	张雯	陈彦佐
X16030	校级	药学院	抗血小板膜蛋白 GPIbα 的肿瘤转移抑制剂的筛选及功能研究	创新训练类	钱希曦	梁欣
X16031	校级	材料科学与工程学院	高性能聚氨酯密封胶的开发	创新训练类	刘琦	王贵友
X16032	校级	材料科学与工程学院	抗菌聚合物的设计、合成及生物活性研究	创新训练类	张君宇	刘润辉
X16033	校级	材料科学与工程学院	硫酸钙晶须/聚氯乙烯复合材料的界面设计及结构性能研究	创新训练类	黄建伟	徐世爱
X16034	校级	材料科学与工程学院	用于紧急救护的表面功能化淀粉基快速止血材料	创新训练类	宋金泽	陈芳萍
X16035	校级	材料科学与工程学院	端炔基酰亚胺硅烷增韧石英纤维/含硅芳炔复合材料研究	创新训练类	胡俊杰	扈艳红

续表

项目编号	项目级别	学院	项目名称	项目类型	项目负责人姓名	指导教师姓名
X16036	校级	材料科学与工程学院	载药用多级囊泡的构建	创新训练类	张恬	龚淑婷
X16037	校级	材料科学与工程学院	防雨水功能眼镜片的设计和研究	创新训练类	赵梓煊	张金朝
X16038	校级	材料科学与工程学院	聚肽接枝共聚物水凝胶的制备及性能研究	创新训练类	马炬乐	王立权
X16039	校级	材料科学与工程学院	金属表面耐久抗菌涂层的构建及生物性能研究	创新训练类	单怡琳	何宏燕
X16040	校级	材料科学与工程学院	生物 3D 打印的探索与应用	创新训练类	陈诚	郎美东
X16041	校级	材料科学与工程学院	尼龙 4 的共聚改性及其性能研究	创新训练类	骆佳伟	陈涛
X16042	校级	材料科学与工程学院	复合材料桥面板功能模块线路绝缘层自修复材料的研究	创新训练类	黄小烨	倪礼忠
X16043	校级	材料科学与工程学院	高分子基抗肿瘤药物载体的构建及其在光动力疗法中的应用	创新训练类	周磊	刘峰
X16044	校级	机械与动力工程学院	回收钢铁厂辐射热的储能材料研究	创新训练类	刘航铖	张莉
X16045	校级	机械与动力工程学院	电子轰击型离子源的设计开发	创新训练类	张旭东	章兰珠
X16046	校级	信息科学与工程学院	基于移动平台的食物营养成分视觉测量	创新训练类	蔡振宇	李建华
X16047	校级	信息科学与工程学院	基于智能视频分析的大气能见度监测系统设计	创新训练类	姚蔓婷	叶炯耀
X16048	校级	信息科学与工程学院	复杂化工过程软测量建模方法研究	创新训练类	乔辛磊	李绍军
X16049	校级	信息科学与工程学院	基于移动终端的人群聚集预警系统	创新训练类	康士鹏	罗飞
X16050	校级	资源与环境工程学院	Fenton 除磷脱水污泥的铁钙分离研究	创新训练类	汪昆锋	乔秀臣
X16051	校级	资源与环境工程学院	Fe（Ⅲ）催化过氧化钙降解三氯乙烯机理及影响因素研究	创新训练类	曹峻博	吕树光
X16052	校级	资源与环境工程学院	基于分子识别的高效吸附——光催化材料	创新训练类	王可心	周彦波
X16053	校级	资源与环境工程学院	吸附浓缩煤层气中甲烷分子筛材料优化改性过程研究	创新训练类	张柯	于建国

续表

项目编号	项目级别	学院	项目名称	项目类型	项目负责人姓名	指导教师姓名
X16054	校级	资源与环境工程学院	发光细菌法测定工业废水毒性影响因素的研究	创新训练类	冯浩然	徐宏勇
X16055	校级	理学院	大脑皮层中不同种类神经元及其回路的功能研究	创新训练类	袁月	王如彬
X16056	校级	理学院	网络可修复性和可靠性模型问题	创新训练类	武越	邵方明
X16057	校级	理学院	基于离散对数问题加密算法的设计与分析	创新训练类	庄子迪	田鹏
X16058	校级	商学院	在大数据背景下，金融市场真的有效吗？基于网络金融数据的研究	创新训练类	李嘉恒	蒋志强
X16059	校级	商学院	CEO 性格对企业投融资影响的研究	创新训练类	舒丁	郑凯
X16060	校级	社会与公共管理学院	社会性突发事件中地方政府善后机制研究	创新训练类	吕文富	陈丰
X16061	校级	社会与公共管理学院	县域义务教育城乡均衡发展研究——以贵州少数民族地区荔波县为例	创新训练类	胡敏	曾莉
X16062	校级	社会与公共管理学院	网络参与群体性事件的行动逻辑研究——以化工类群体性事件为例	创新训练类	蒋浩	李琼
X16063	校级	社会与公共管理学院	西方社会政策研究范式与学术流派	创新训练类	陈懿雯	童雪红
X16064	校级	艺术设计与传媒学院	为亚健康人群改善休息状况的健康设施设计	创新训练类	胡又琦	郭永艳
X16065	校级	艺术设计与传媒学院	基于人性化的城市滨水空间景观设计研究——以徐汇滨江岸段为例	创新训练类	苗堃	王计平
X16066	校级	艺术设计与传媒学院	基于“文化+”与创意设计融合视角塑造传统产品及品牌创新的理论与实践研究	创新训练类	王泽垚	赖红波
X16067	校级	艺术设计与传媒学院	基于全媒体视阈的非物质文化遗产保护与传承策略研究——以海派工艺美术类为例	创新训练类	葛姝	傅蓉蓉
X16068	校级	艺术设计与传媒学院	基于 POE 模式下的古镇改善方案研究 —— 以七宝古镇为例	创新训练类	张田妘	张雅玮

续表

项目编号	项目级别	学院	项目名称	项目类型	项目负责人姓名	指导教师姓名
X16069	校级	艺术设计与传媒学院	厨房工具系列：现代厨房的锅具及其延伸	创新训练类	潘雨婷	谢臻
X16070	校级	外国语学院	从“吉祥物”看日本的“萌文化”	创新训练类	孙逸磊	梁海燕
X16071	校级	外国语学院	欧洲难民危机下德国难民政策对德国今后发展的影响	创新训练类	姜昊	次晓芳
X16072	校级	法学院	快递服务中消费者权益的法律保护	创新训练类	范香娜	李海鹰
X16073	校级	团委	“道器太学堂”微信号运营管理与数据分析	创业实践类	朱彧意	朱忆天
X16074	校级	团委	线上 B2B——拓展农村生鲜市场的新模式	创业实践类	马徐佳	李佑平
X16075	校级	团委	给设计以灵魂——将中国传统文化融入现代设计的应用与支持体系研究	创业训练类	丁文佳	徐力
X16076	校级	团委	私家园林/庭院设计咨询公司——以江南私家园林活化利用和动态保护为特色	创业训练类	陆含芝	孙玲
X16077	校级	团委	上海高校非处方药品自动贩卖机营销可行性调研及市场开拓	创业训练类	杜楠	李筱
X16078	校级	团委	高校快递驿站——D 站创业计划	创业训练类	黄新	夏卫红

（耿胥）

2016 年在校本科生人数

（单位：人）

学院	人数
化工学院	1 636
资源与环境工程学院	686
生物工程学院	1 259
材料科学与工程学院	1 369
机械与动力工程学院	1 429
信息科学与工程学院	1 662
化学与分子工程学院	1 108
药学院	764
理学院	728
外国语学院	625

续表

学院	人数
商学院	2 058
艺术设计与传媒学院	806
社会与公共管理学院	798
法学院	264
体育科学与工程学院	117
中德工学院	344
合计	15 653

（陈佩玲）

2016 年授予学士学位人员名单一览表（共 3 655 名）

材料科学与工程学院（共 303 名）

郭政豪	陈斯阳	罗依婷	崔东东	董子睿	米倩强	杨明凯	谢　斌	胡宝麟	凌健恒	康运卿	姚伟良
方博宁	李　磊	王　越	李溯人	常鹏飞	金骁锋	朱　金	潘文磊	丛钰斌	童艳萍	肖梦玲	孙沛嘉
王苗苗	单淑亚	胡莎妮	何　池	倪建杰	刘子强	张彦鸣	牛　磊	黄灿阳	汪　瑞	王　超	于嘉诚
叶　备	陈金勇	郭　鑫	罗雪莉	董玉茹	牛娉婷	吕文超	寇文娟	陈　枫	张劲松	王英魁	刘　昱
邓顺书	金泽川	张承岩	许云汉	李金卓	孙煜涵	刘晓天	朱家庆	徐　昊	程　超	毛炫烨	张　悦
常铃雪	金　洁	邹承谕	宋　爽	文　静	李晓翠	谢　津	范　文	张治文	周启航	马伯男	吉步强
蒙云开	秦　徐	张志豪	鲍戮克	韩景勃	陆嘉荣	张鹏宇	陈佳楠	潘　浩	张达理	颜　浩	周恩斌
初明锋	王晓敏	金诗婕	马　静	陈佳云	陈　洁	花翘楚	龙丝仪	沈冠男	杨　威	李百川	高　佳
孙　涛	安凌霄	夏云洁	代妙吟	陈心驹	周予轩	张林杰	薛晨婷	方明远	王人佳	毕伯威	蔡卓昀
龚莉雯	张雅娟	周乐瑶	陈佳青	吴　蓉	吴　蕾	吴　曦	何　健	林泽青	宫梓皓	童晶晶	陈　婧
黄　磊	季宇阳	王炎祥	吴嘉骏	文联磊	钱正华	黄　宸	林　鑫	赵博轩	张昊成	傅　尧	楚　明
陈子和	姚威宇	江闻涛	吴嘉诚	周茂林	王心怡	丁宇静	徐　润	聂静文	田　晨	王婧琳	张　彤
张泽人	潘星翼	王晓熙	陆　辉	王　戎	庆　帅	高正宇	王　瑜	贾逸轩	王照闯	冯　诚	韩思杰
伍自涵	张天宇	魏　震	郭海峰	任天立	许　悦	强艺玮	常晓凤	李一晗	冯楚莹	李　蕊	王　佳
周　详	许　超	曹佳豪	潘冀佳	张启源	范俊杰	成建沣	张　杰	周生晖	胡兴龙	柳周洋	杨雪涛
檀庭显	许祥鸿	吴金雕	王冰柯	张馨予	孙丽丽	丁艳玲	刘桂芳	顾丽娜	王雅琪	曹诗雨	何诗羽
李田泉	邓逸凯	卜天星	秦凯捷	司翔宇	姜南阳	谢富炎	施　罕	董炬宏	肖圣东	郭仁乔	唐　钦
俞　邦	郑　曦	王　珏	廖卫斌	姚　昀	苏亚博	李玮瑶	汪凯凤	宗孟静子	李修函	谢颖美	丁风英
梅师奇	易健安	张治斌	赵　普	赵雁军	熊娇阳	郑浚轩	徐晟逸	洪　伟	吴　涵	唐小淘	冷禹彤
夏志轩	叶振琳	方乔丹	孔　耀	李　靖	李　帅	苟敏涛	张禹康	孟祥玮	常　洪	杨柳青	石　峰
王　洋	田　睿	曹立奇	孟　璐	冯婷婷	赵　秦	王　萍	范亚蕾	郭应礼	贺前荣	丁宇宁	刘宇轩
杨宗鑫	黄佳华	邹景强	胡世豪	周枫青	陈　筱	王多金	金　勋	齐　健	李　典	甘超宇	李　磊
姚　尧	周佳宸	姜广宇	李正宇	乔梦书	乔馨影	韩阳阳	高杨婉格	李　可	祝佳沁	陈轶伦	马　坤

郑　浩　刘彦迪　陈锦明　罗传鹏　黄俊皓　王　鑫　李政宏　梁　达　顾佳辰　路璟怡　方嘉骏　王　科
李朋威　杨凯烨　杨金霖　王圣琪　朱景润　安志康　蔡云霄　顾　浩　夏明鹏　姜　玲　陈诗韵　叶文青
刘育辰　励　琰　吾拉孜·塔苏

法学院（共 53 名）

汪　浩　江凌志　洪宙峰　田　禾　王赛赛　秘燕霞　顾恬羽　徐佳恬　吴小娟　徐　晶　王　琼　谢如燕
王　涵　刘伟光　胡高丹　姚轶男　李　烨　朱伊宁　迟翔宇　张　海　周　圆　刘　洋　刘嘉健　姚兴辉
成杨森　张谷泉　陈雨诗　周渝杰　施德凡　胡　获　李玉琴　郑孟云　毕盛楠　徐晓燕　陈小彤　陈梦婷
胡　葳　崔雯兰　苏宇吉　黄怡雯　朱凌羽　罗茗会　邱燕婷　黄炎炎　徐靖雯　张　祺　明　吉　卓央拉
白玛曲珍　薛伊娜　穷　吉　哈依沙尔　阿伊提拉罕·拜合力克

化工学院（共 429 名）

李倩雯　叶剑雄　焦伯帆　孙诗白　张一琳　单　毫　范宇翔　任逸尘　熊友祝　唐　喆　黄兆锴　胡省义
蒋启顺　李晓敏　张馨月　宋彦舟　李怡芳　陈　荣　张　驰　陆闻烨　韦盛康　田小禾　王凯鹏　魏浩然
余思承　冀　瑶　浦哲豪　张少秋　周延龙　李柏辰　罗弘熙　邱海欣　王　正　侯　觉　刘怡平　秦　东
石珂恺　廖　洋　刘凯隆　沈敏杰　姚红杰　涂明洁　李　坤　杨　光　朱浩然　宗泽钢　何幻宸　罗　亮
陆广杰　朱　林　周昊慷　张嘉恒　潘佳浩　杨宜山　黄　智　李海强　王怀之　赵　阳　陈沁媛　马梅花
黄冬雪　陈　宵　王慧慧　李玶怡　蔡　珉　周　仕　张　鹏　范志铭　田　涛　陈弋翀　申　士　何　玉
卓　威　王　昕　姚鸿俊　阮嵩钜　戴浩东　沈国栋　鲁文辉　张　衡　崔子仙　闫佳琪　朱　敏　林梦星
潘晓艺　孙　杨　赵　璇　康　颖　刘　岳　章奇明　王　华　吴震宇　时　安　王丹阳　宫锦波　张一恒
吴雨航　冯昊然　白云博　姚翰林　牛牧川　谢怀谷　司　迁　周目初　郑颖青　王　钽　李怡诺　焦艳波
屠家铭　王一冰　张　晶　胡旭涛　周德越　陆俊杰　汤焱强　牟高家　胡　阳　冯博钊　邝俊杰　张致远
姚炜屹　傅文钊　廖宝烨　黄　荐　亓鲁城　张　戈　奚莹洁　徐　卉　成　婕　车轶菲　郭子溦　李嫣然
施鸣亮　张伊龙　施镇方　徐龙宇　杜俊杰　王哲禹　支　晟　姚林杰　王　俊　周晟昱　余　锐　崔梦莹
钟玉洁　邵洁玲　王　露　王　淇　胡　雪　聂　畅　王　祎　黄本清　陈陶毅　牛霄峰　李登稳　张佳鑫
郑翔睿　王文璞　刘晨旭　汪　磊　元钟鸣　李文昊　王煦坤　刘乐平　许　健　邓世炜　时　健　魏　佳
谢浩然　龚正阳　何　苏　宁倩玉　钟　玲　信　茜　罗　聪　童微雯　杨青松　邬胜波　来　蕾　赵倩文
郭家森　吕伟光　汤斌辉　朱凌志　吴嘉雯　潘燕凯　耿　赫　陈　卉　刘广辉　谢博远　吴　婷　刘崇阳
陆栋栋　姚　舜　张馨心　潘伟童　李承霖　赵银睿　肖　娟　宋佳琳　刘文婧　陈思研　崔云鹤　肖茂慧
刘致爽　李昱杉　侯　瑞　邵熠珂　刘　拓　冯宇壮　施文祺　龚　旻　陆　凯　刘路易　吉　昂　崔鸿劼
姚　翀　雷　菲　马雪琪　孔振凯　徐开源　朱圣捷　陶天宇　黄恒泰　张胡货　叶俊翔　盛　晨　鞠庆庆
陆蓉蓉　张昳馨　刘景曼　蒋　寰　张晓煜　喻　小　吴婉莹　李万钧　魏信尧　金　康　任　杰　单颖伦
袁大水　吴裕凡　刘佳鑫　辜韵陶　李　彬　顾思诚　杨家敏　朱云飞　邓　涛　王金岭　俞　越　陈　俊
孙思纯　庄俐敏　高慧芝　梁小丽　陈斌宇　李博文　张　慧　陆丹彤　吕小葩　李　健　秦　炜　许宜轩
韩舜勋　高　健　马文超　黄晓文　徐少军　丁　磊　张　卓　付智楠　熊亮亮　谈书航　鲍昌辉　杨　鹏
赵伟杰　刘　赟　杨华裕　黄弘伊　袁雪晴　吴佳玲　张　颖　丁豆豆　杨　楠　洪　成　吴元波　黎　健

刘棒	李德文	朱帅帅	薛皓元	李园义	楼畅	王浩渺	葛宗运	高佳明	李国庆	孙天舒	瞿晓敏
汤洁瑶	蓝程程	李孟阳	冯莉芸	杨卉	陈梦菲	吴阳	刘振盈	胡斌	赵凌	方磊	陈鑫
王启鹏	周镇涛	闫凯	刘雪枫	金建鹏	秦子垚	刘子琦	张枭行	白思宇	刘文强	娄贺	焦阳
康宸宇	林佳斌	陈俊霖	张子昊	邓逸俊	胡磊	王怿兴	张晓	彭威	宗睿	杜添铭	郭书辉
孙优军	胡哲卿	钟文	雷强	彭辽源	谢亚洲	林言午	韩顺智	陈骋	杨荷心	王妙	胡雪莹
吕炎谕	张美佳	李亮辉	苏华	贺耀	刘宇航	张智诚	魏广宇	施鸿量	唐湖栋	董笑程	关韶辉
陆钱磊	施尧	刘伟志	王新鑫	伍智昊	肖长勇	钟夏昕	傅敏	王芊	任丹妮	曲美玥	邢雷
富岱奇	何桂春	苏保川	李庭贵	张佳豪	伍祥	赵沛然	许亦凡	伍卿平	孙谦	蔺海	徐鑫
郑志斌	徐磊	韩华哲	李卓	李宇婷	陈佳雯	王惠霖	刘钰	李佩青	韩晶	郑弘光	蒋微
汪伟	李桂桃	林超	朱文韬	张欣然	张怡萱	刘搏智	杨迎凯	刘炜	周夏青	张睿	韩忠昊
陈英春	王帅宇	袁勇	朱峰	杨世伦	应景涛	徐浩川	刘思瑾	武星昱	王倩	黄兰	罗萌
张梦亚	华昕	张晓茜	沈佳琦	刘畅	张文矜	王萍	涂雨潇	萨黑拉·努尔恰利甫			

化学与分子工程学院（共 283 名）

徐文豪	薛畅	赵杰	张祉轩	黄洋	雷彬	顾敏超	叶志晟	陈麒舟	魏强	朱克强	黄健才
盛欣磊	朱静远	丁俊杰	陈思	张程	康璐	吴炎芮	阮文静	谢晓旭	阳洁	帅洁	马戌君
黄想容	薛源	陆毅坚	李二鹏	王伟	邱涛	何贤杰	孙怀波	梁宇航	林荣	汪晨曦	兰赏
倪孝挺	陈曦	韩钰	张浩	苏光县	王晓云	曹媛媛	王丽丹	朱卡	江玥曈	刘钰清	吴芝烨
顾琳枫	顾夏金	冒睿智	刘璇	张家豪	贺雨晨	魏志强	张斌	邵顺杰	朱天立	余晓玲	康文倩
程心怡	熊芩	江振颖	马小珠	徐文卿	蒲晨露	杨娱舒	戚惠敏	张诗楠	董瑞林	陈盛文	董昕
叶建春	朱玉呈	王宗璞	谢朝峰	张艺耀	张东生	陈帅	胡震东	俞凯峰	尤传新	李鸣祺	刘天奇
汪志强	刘星彤	王玥	苏瑞	崔珂	贾钦羽	陈海红	肖瑞丽	金桐宇	汤玉娇	郭虹利	段呈佳
张宇飞	郭雪琦	熊云飞	张淼凡	钟景	张楷昊	陈尚宇	石佳佳	周恺欣	田一涵	苏清	廖添
王晓伟	浦征宇	贾峰	牛亚鹏	刘佳鑫	宋晓增	陈洁琼	陈婕	张若秋	吕嘉乐	薛玉峰	郑重
蔡碧莹	桑情妮	朱乔虹	吴梦琪	刘明	陈泽青	詹妮	陈雯雯	郑琪	李雨霏	俞沛帮	王卓
张昊东	余智豪	郭欣玮	金石虎	方健	余斌	王男	胡小龙	赵建宇	李胜	顾梁宁	张紫优
丁浩然	屈浩然	张凯伦	吴霞	李思奇	唐媛	李佳雯	黄秀全	丁凤娟	郑策	羌笛	郑江南
刘贤锋	吴起鹏	高世民	陈佳伟	高霄晖	许博文	胡景庭	刘俊	陈煌冠	吴家钰	钟承超	艾志远
王唯一	杨洁冰	肖悦	李文靖	程夕冉	袁瑜彬	潘福	庞勇	刘智勇	景亚轩	徐晨	叶子纬
朱文浩	肖潮	吴健	张俊豪	姜宏涛	侯嘉祺	端旭	吴仕群	朱凤强	邓琪琪	蔡璐遥	宋辉
翟孟晋	佘洁媚	赵雅梦	金晴	杨虹	李孟寅	任红鑫	泰尔格力	康琳	金俊吉	管丽波	王灿
孙美子	张逸寒	宗张璋	路瑶	王宇宁	贾宇宁	严岩	万帆竞	王逢泽	俞宙	朱一舒	李俊
黄冲	吴雷	肖琨	靳硕	刁智达	李昱昊	陈柏行	张玉涛	祁文	师睿	陈伟闻	朱倩韵
秦玉娟	杨翩翩	张伟伟	余品璇	胡丽娜	陈碧婷	孔梦涯	张维	王美玲	王雅倩	刘一鸣	魏祎
唐永昌	郭雷	廖宗智	张超	汪斌	张炳章	丁烁	王珂	姬子轩	袁媛	陈洁逸	李梦雅

陈晶　韩明月　陈露　陈琦　赵洁　赵宇　卫征　金苇航　张朔　许元泽　唐波　朱秋辉
柳瑞　徐超　雷思承晋　江伦　宋冬　王晨飞　王拓　秦朝阳　武柘彤　朱逸凡　濮伟雯　牛荔
周雪莹　胡静　吴露平　刘欢　杨书　张婷　德力木拉提·吐拜

机械与动力工程学院（共360名）

朱佳蕙　倪俊豪　汤晓东　罗聃　梁雨　孙维　张煜晨　王嘉晨　张宝路　刘光辉　郑焕君　庄博安
康小虎　吕东原　胡极　吴昊　张恒　韩美琪　刘玉琪　谭琪瑶　干丽凤　李锦旭　许柳青　杨蕊萌
徐亿毅　王鹏飞　金林　郝杰　胡源豪　张文杰　韩震　齐显鹏　石秀强　闻健　陈涛　方黎明
聂恺　兰凯鹏　李春雄　李腾飞　赵连磊　孙文杰　金婉莹　肖婷　池敏　赵玉女　陈泽　苏伟超
徐次威　张舒侣　梁振业　徐鸿涛　池强强　马宝圆　王红午　徐勇　张焜怡　张雨　刘志远　吴若雨
郑煌哲　胡婷婷　刘雪帆　宁宁宁　欧阳其　左冰馨　景容　孙帅凯　周俊豪　沈长林　王珣　杨涛
周美志　贺克宝　姜滔　杨润东　刘双琪　马林军　魏呈成　王孝斌　徐琪东　杨泊莘　成励翊　付涵文
熊文莉　陈佳　雷旺　王欣欣　韦文龙　于至孚　蒋强强　陈瑶　张凯旋　邱俊逸　潘晴　杨中华
林勖煌　程朦　苏文俊　陈阳　马学才　沙周龙　张帆　张驰　曹鹏飞　杨振威　刘怡心　王大伟
牟宇恒　薛家云　杨嘉源　陆天阳　唐子腾　朱成成　郭云龙　李瀚坤　刘琪麟　燕天奇　陈佳俊　胡家宇
李帅帅　王圣明　顾斌峰　向鹏　余夏晖　张元昊　蔡凯凯　陆元涛　张靖周　陈思媛　林雅清　吴红娃
张烨清　柴亦奇　禹畅　韩博舟　蒋富良　马圣源　李祎晨　吴嘉　郑志维　边凯瑞　戴绅　乔鹏程
王琦　陈显吉　金东旭　袁靖　张鹏　张阳　樊雪珺　贾格　李慧丽　刘哲铭　夏逸飞　叶跃煌
丁强　胡家豪　丁浩　胡志梁　陈贵友　许佳平　钟子齐　黄逸超　王玺　袁子越　曹宇　刘俊凯
罗元甲　林妹妹　汤雪玮　王涵琳　刘长城　夏弘宇　谢耀帆　徐浩然　张渊博　朱星宇　陈冬平　郭虹伯
冉小锋　王博　李培　刘泽昌　齐楚雄　肖博文　蒋新培　刘世鹏　刘振　翟红章　李璨　潘远博
谭晓敏　严江慧　杨梦红　封万俊　宋伟颉　晏希赟　黎继辉　聂嘉元　史浩　杨康　罗承强　夏齐炜
许叶龙　贺昶山　张安鹏　张凯彦　孙晓帆　舒红秀　田炜烨　付文谦　陆丹蓝　郑岚心　王子博　林晨
叶剑凯　张陈宝　蔡伟杰　曹润辉　徐子剑　游桦烨　陆英栋　陈炜健　陈哲智　赖燊楠　缪越　王一仲
王云　范阳　牟军勇　姜凯　张良汉　陈强　陈飞飞　李松　杨岳　吕欣潮　胡威晟　朱海龙
唐霞　姜朔　李俊颖　柏佳顺　余婷婷　何一昊　金陈玲　蒋文都　陈真儒　岑冠男　井炳　周毅浩
段鹏洋　徐威　赵云志　吕文达　许志炜　卞泽诚　廖新培　王中宇　樊茂　贾皓翔　时专泰　卢岸潇
冉冀林　万超　杨壮　樊旭颖　蒋玉若　于悦　陈佑涛　王涛先　王越来　张沈炜　何宇　李昀松
栾军政　陈裕梁　黄天华　沈瑞琨　陈佳明　李海达　李强　李林敏　刘旻轩　宋子叶　魏宏源　商正航
许占清　章倩　陈新华　杨兰岚　林煌彬　阳刚　杨杰　罗安　邱铜　沈董林　沈扬　王梓名
朱佳辉　王飞　郁季星　陈梓轩　刘俊岚　杨沁弘　陈兴宏　程隽逸　崔建鹏　杨文浩　陈莹　吕佳慧
杨建华　包潜　陈亮　杨刚　周海鹏　黄洪赛　马焱炜　莫松海　黄磊　涂维轼　陈道臻　周南栋
李欢　季伟强　刘雨晨　谭铁轩　赵吉祥　马思怡　宁月瑶　武梦丹　岳蕾　盛锦宇　陶钦锋　崔博雯
高旭　陈磊　陶盛　马军　张琼芳　高鹏超　王文斌　吴景涛　张超群　石文雷　王晗　王琦
肖鹏程　郭毅斐　韩敏　路笑　杨建鹏　姜南　张明鑫　石雅卓　许雨浩磊　叶挺　尔盼江·艾依热提
希尔艾力·伊卜拉伊木

理学院（共 157 名）

浦丛林	万志豪	唐清文	何志贵	张 唯	沈金箭	张威克	施佳亮	王彦阳	胡 冲	彭 俊	朱文斌
肖涵予	张 巍	丁晨航	周若都	张 涛	李圣鑫	孟熠垚	李 浩	唐灵逸	诸震宇	宋君秋	董 琳
沈锦晓	潘程艳	陈 月	张希羽	宫天琪	吴 敏	张昕鹏	董 超	肖立聪	张 肖	吴穹远	徐嘉辉
何 杨	徐彦琨	许 鑫	吕文涛	刘俊良	周 勇	詹纪元	郑家宇	鲍基炜	张 威	周逢时	郭洋宏
向 月	李弗贝	宗梦莹	吴婉婷	费知行	张 岚	舒 研	张金鸣	张馨元	高 迪	贾跃继	张黄淳
沈吉庆	周逸龙	王一晖	李永宁	姚 远	骆 成	龚之皓	周佳琪	蒋朝淳	赵宇彬	张 宁	戴祖坤
张达源	陈诚诚	程 鹏	郑英达	邢志鹏	姜永欣	夏 鹏	钟 华	陈 成	王陈玲	王雅贤	杨明威
孟笑宇	张睿琳	丁 樊	顾凯杰	刘 冬	刘顺利	余煜嘉	徐 瑨	葛 鹏	陆赟星	刘洪朱	王 辉
吴远旺	刘华清	程培鑫	杨廷坤	姜煊超	刘国旭	于东康	施嘉炜	林 雅	孟 硕	谷 颖	王 金
汪利平	黄子妍	周 洁	张慧敏	孔令峰	黄 易	郑天杨	李剑波	郑 晟	吴比乐	王文浩	张敏杰
梁志铭	王智颖	朱 昆	孙兆君	许文龙	曾 妮	周思佚	王 尧	陈 颖	李云婷	顾佳妮	王 欢
龙雨馨	范丽君	李雪景	刘晓玉	杨 天	邱旭骅	任尔康	曾超建	朱恩潜	楼 锋	邓奥林	文长泉
邹 鹏	程 昱	吴 峰	吴 迪	张方波	谢宇新	梁千柱	施云颖	由 玉	马玲莉	谭风玲	肖临峰
解江涛											

商学院（共 443 名）

王 戭	都基衡	陈昭宇	史焕达	倪鸿儒	李云峰	陆 佳	叶丽华	翁雨荪	赵 也	刘永尧	黄沁钰
宋高兰	王晓燕	施立文	沈 杰	陆群群	李 爽	段晓彤	刘超逸	张 霞	陈逸菲	牛晓荃	孙欣然
李 帆	俞丽娟	冯绿叶	樊 琳	张 媛	任新恬	王 鹏	刘 真	邓君妍	滕淑安	吴莲霞	苏圳烽
李亚楠	戴时红	戴千山	于 跃	万航宇	丁 升	李 静	崔书航	饶 希	张慧颖	宋 杨	马 颖
周一真	杜 迪	饶家伦	冯顺伟	李 昭	陶艺心	胡桑桑	徐 文	向闽睿	郦兆振	吴耀杰	汪 聪
张书均	丁洁扉	李秀超	於颖莹	孔怡颖	刘薇薇	张 楠	郑成才	张兆昀	马春晓	王浩宇	江 攀
黄 赛	任 捷	黄崇威	查思远	夏乾峰	沈 毅	梁美代子	赵诣成	刘佳俊	袁博文	吴欣刚	周 越
赵 阳	杨 涛	刘 山	郭雨佳	毛佳伦	肖 阳	刘晓东	周臻誉	王骋驰	张裕萱	竹 亮	田年盛
雷 勉	罗东明	杨向宇	刘 锐	肖子超	邹嘉雯	董 迟	何 威	于浩瀚	程 琛	黄轩辕	李轶伟
母正杰	成 铭	杨欣达	张 涛	陈树贤	石家梁	陈佳斌	张瑞瑾	薛 晴	李 望	方正业	王天宇
王震栋	秦 军	宋日壮	施 帅	花 蕊	王婷如	王梦蝶	刘 宁	洪 歌	吴沐爽	张 鹏	陈瑜亮
徐 宁	朱家琦	章晗斌	毛乃清	张茹芸	周 瑶	李楚晗	王聪逸	王鲲鹏	郭嘉诚	吴世聪	李家堃
贾 睿	邱万鹏	马怡菁	徐悦阳	徐 钦	胡金生	恽辰阳	姚怡俊	吴 笠	李 帅	柯博文	沈雯怡
施怡婷	薛天琦	许婉扬	王紫妍	撒凯旺	敖 敏	唐素凤	拉姆玉珍	金 真	益西江措	卓 嘎	郭苗苗
池妙伦	陈 庄	李晓宇	程 红	朱梦霞	杨 迪	丁 立	邵羽君	彭 璟	刘义婷	龙 瑗	周 娜
柳丽香	李雨婷	殷欢欢	段静静	李忆贤	顾 婷	陆 捷	张澄东	孔漠阳	刘 璐	陈 花	穆佩琼
张明珏	戴毅劲	吴亮涛	刘畅畅	戚铭铭	顾航宇	吴 琼	梅怡然	李瑞婷	陈嘉琳	贾凯慧	聂云华
刘闽青	逄淑怡	吴 鲜	贺婧文	魏慧源	杨浩宇	韩照旭	丁 源	王 鹏	张佳琦	李天权	张中阳

孙立东 张嘉宁 张庆泉 韩　巍 罗智敏 黄　元 薛锦涛 陈缘督 苏耀武 郭涛涛 张燚龙 祝康康
汪迪扬 王　灿 郑先鸿 黄　达 宋文柏 李　豪 吕曙光 褚国庆 劳诗涵 朱依娇 李天佐 刘诗怡
陈　顺 陈烜炯 王竞驰 王亦磊 王　储 潘　雪 沈思瀚 陈　星 潘佳芸 陈家宜 吕依琳 赵晔璇
刘心悦 施鑫蕊 李　镕 毕心蕙 谢卓伟 王　磊 张　尧 马禛昱 金　逸 田凯琳 吴曼任 孙惠艺
张　慧 文青华 魏晓宇 洪迎佳 马菁清 王柏年 吉佩珩 陈飞龙 陈天洋 宋志峰 吴国营 钱珺娇
綦雨薇 杨思嘉 郑　正 吴珮绮 徐雅馨 岳婉旭 谭文静 王安琪 陈　蕾 汪梦琦 马俊超 陈俞飞
叶小同 陈　实 冷雪源 洪梅婷 张　欣 贺钰偲 殷秋仙 万碧莹 王雅群 傅　琳 姚心成 李秋云
袁奕萍 叶颖超 张艺琼 姚泽民 魏　萌 谢志安 于棠子 蒋　玥 朱梦田 苏星泽 徐怡君 张　璇
张雨露 张丹阳 冯斯雨 叶　荣 王舒翊 濮丽娟 王　頔 陶　杰 王成勇 白莲芬 朱　健 刘　畅
韦鹏飞 杨铮宇 孙婷婷 罗　婧 杨晨江 沈　潇 费艺琼 商明頔 杨　帆 王　莹 王逸婷 杨兰玲
郑赵敏 莫浩颉 潘旭廷 俞　峰 唐　佳 吴潘琳 张淑琪 韩　旭 万　颖 曹晨雨 余丽丽 吕思馨
胡姿惠 文　俊 王致欣 杨杰凌 陈红雨 陈心怡 朱可箐 吴　鸣 汪　璘 张　晋 黄　洁 冯　露
黄爱玲 温　馨 傅姬烨 李墨丰 王圣尧 戴　维 吴　晨 张　博 王永晟 乐　乐 刘艳玲 夏佳炜
高　彦 温巧茹 苏佳卉 张海潮 李宇晨 高　旭 陈　洁 仇赛男 吴　琼 章峻玮 李玉婷 李贞秀
赵　阳 蔡怡磊 耿瀚欣 夏文俊 张梅娟 严欣怡 王倚竹 钱　震 余建平 吴瀛栋 肖　强 靳　薇
武虹希 孙　雯 徐晨昊 叶　睿 闵浩东 陈亚西 余韵竹 周诗韵 齐雨薇 何霁霏 强　珍 孙诗淇
于卓群 李二松 程政豪 王景昱 李力杉 袁宇焜 聂　超 迟英东 王厅厅 张京辉 王琪瑛 黄逸雪
陶　珣 黄致远 潘明天 朱伟峰 汪润润 陈玉林 邵燕燕 孔慧玲 任嘉莉 沈旻旭 吴培成 胡郅钰
李清源 唐　洁 裘祎晨 董晨欢 吴　婵 杨腕舒 郑梦梦 旦增罗布 阿迪力·麦合穆提
库尔班·买买提 艾散·阿卜杜拉

社会与公共管理学院（共 209 名）

刘小雨 程　遥 何毅捷 张　弛 刘意诚 袁宏波 蔡天敖 宋志凌 仲炜丽 熊歆童 张佳艳 吴相仪
崔晓磊 沈云云 张宇翾 刘　琳 李之意 沈纪瑶 李梦岚 李　晨 王传廷 贾　伟 刘明刚 俞维杰
柴佳蕾 袭　文 奚　丽 唐　蕤 汤辰怡 金袁圆 张露雯 赵俊毫 刘梦诗 赵妍斐 单超君 王章岑
李思捷 农彦伟 付琪蛟 柏入心 韦秋林 黄馨卉 白亚楠 李　丹 丁圆圆 刘斯文 吴烁硕 邓惠文
王自花 靳　琪 王亚东 赵翰墨 夏　玮 袁　野 陈　波 吴岳婷 刘　怡 朱　雯 唐洁莹 张　琰
张梦雪 耿菲菲 缪　丹 王镜新 龚怡翎 刘丹丹 钱　箴 苏　麟 张唯园 万琳琳 朱慧仪 焦薇伊
蔡圣辉 张耀丹 王思莹 沈吴越 苏　畅 汤紫琼 蒋亚梅 杨云芳 康玙珺 韦　香 强　珍 王　喻
格格日乐 龙　源 德吉卓玛 吴　天 次旦欧珠 次旦卓嘎 佟晨露 赵俊英 段元明 敖云斯琴 白　鑫 张　毅
赵奂鑫 张晋东 孙孟冬 陆　乐 秦　西 沈　燕 苏　翔 李鑫霖 孙媛媛 石碧波 朱紫荻 裘　学
王天玉 于　淇 朱　淏 马亦丹 刘怡宁 陈　强 徐沈悦 魏　强 董倞乔 张天佐 马嘉琪 方思唯
洪　丽 陈士卿 崔瀚文 张伊格 杨柳絮 汤雪雯 金　潇 方丹丹 张　婷 白　珍 塔茜茜 马永美
德吉卓嘎 吴宗勇 倪孙明 任　雷 吴祉元 夏　雯 郑　强 卫轩彤 陈　果 梁飞亚 江　姗 漏依凡
江婷婷 任楚楚 汪嘉琪 石文君 周　薇 盛玲怡 郑佩瑶 顾森森 丁科东 周适园 陈　文 芮文婷

斯杨婧　吕园园　部雨桐　沈佳希　储雯韵　王晓芳　袁宏展　毕鉴颖　陈超逸　沈晓璇　黄　迪　刘江北
马思韵　永　青　多吉次仁　冯铂伦　杨　琪　曹珺然　蔡宁斯　矣冬灿　米　珍　孙方雯　朝鲁蒙　吴德玛
姜亚楠　拉巴琼达　冯　豪　李云白　徐　颖　焉　茹　常中秀　刘　歌　汪逸韵　张冬梅　热依拉·吐尔洪
汪　鑫　高蔚佳　梁晶晶　沈骄梅　亓美赫　薄丹丹　祝逸阳　鲁冰洁　阿丽娅·依不拉音
加娜提·沙北提　努尔艳木·阿不都克依木　阿依江·卡孜别克　艾丽拉·卡迪尔别克
马合芭丽·白山拜克　阿依古则勒·亚森　热比耶姆·安外尔　热阿孜娅·哈勒木别克
恩和斯斯格

生物工程学院（共 264 名）

吴　怀　陈　飞　兰力芳　盛渊钦　徐菡薇　蔡佳程　蔡久宜　蒋　成　潘　燊　彭　友　王成豪　闫潇雨
曾海南　张　震　郑佳华　李承玲　刘雨佳　毛佳颖　师晓娜　谢　晔　许　滢　薛佳韵　曾欣韵　赵晨旭
赵迎佳　董文文　丁晓栋　范鸿文　姬　发　金　慈　瞿毅劼　康　亮　刘长荣　王　欢　杨仁钦　益　钧
张　波　张越尘　朱　迪　曹逸璇　陈瑾轩　陈　倩　方钰明　李　鑫　聂明月　孙冰瑶　王　慧　王诗艺
王　艳　肖凡婕　闫筱博　杨　霞　叶诚祎　董今一　范　尊　蒋　欣　梁　晨　刘　浩　吴江潮　元文斌
张诚枭　崔晓越　郭亚宁　黄　晗　冀　露　李　凤　潘秋燕　彭成成　孙柳青　赵心颐　谭玉婷　王莉莉
王　莹　肖　旭　徐泽菲　刘功全　董思莹　刘春兰　刘　宁　陈璋瑜　马铭悦　徐林果　张　圆　杨泽华
姜天威　胡　晓　张家豪　高　建　龚瑞卿　乔豪先　王天昱　王　壮　吴宇辉　项云杰　尹　文　周　煜
朱季昺　胡璟筠　袁　嘉　欧语诗　李柳美　李　林　仪菲菲　温瑾瑞　胡　恒　蒋家宛　郭玮玮　王明阳
阮文洁　谷　策　刘　凯　齐奕珂　孙琦皓　王泽雨　徐　霖　杨博林　姚　浪　张佰卿　张惊鸿　张艳敏
高营营　胡倩倩　李　晨　张　立　张　婷　彭舒璇　滕　一　于海园　孙俊飞　唐　衡　程　成　侯鸿庆
陆经纬　吕远洋　马志逊　彭强强　尚华一　尚火力　沈　涛　王瑞达　吴　浩　金　雪　来　聪　莫湘桂
倪　旎　沈旖婷　徐　遇　杨佳乐　蔡钦旭　董　竞　傅军伟　胡百敏　胡　金　刘晓禹　刘冶钧　王国楚
王佳萌　王雪涛　王　勇　徐念桥　杨东明　杨　昊　袁智洋　朱小愚　郭小梅　马佳宝　张　珂　钱晨希
倪静靓　毛韫炜　张亚琳　张　瑶　胡中舟　廖　翀　张文宇　钟　协　陈佳祎　高　晨　姜奕文　李雨欣
欧珏平　唐莉娅　魏　薇　徐正薇　孙　磊　王超勇　谢德伟　朱一菲　邹缘缘　樊　悦　傅美霞　火　瑜
黎敏灵　李　颖　廖　倩　潘婵婵　乔丽佳　万　方　杨　婷　张奕吉　黄泽海　丁明世　黄德彬　王添昊
许越峰　景望达　张英杰　李一珩　叶泽宇　陈海东　眭　勇　吴锦波　张　强　邢威强　朱　皓　韩　萌
刘智靖　王皓奇　周赟洁　王莹菲　杨宗辉　丁鑫涛　顾厉明　何楚寒　胡昌辉　纪德强　李　晟　林运良
彭俊杰　孙靖淳　王培康　张荣凯　崔雪梅　李　苒　秦　天　吴嘉琦　李　祯　陆依茜　黄晓敏　熊钰如
李杨靓　李碧璇　余佩琪　林雨萌　安西森　金晨元　刘晓骏　徐亦淳　徐轶钦　余伟群　赵　雷　翁佐琳
王淑媛　丁　玲　赵怡婷　张嘉雯　王婷婷　游佳琪　孙子荀　黎穗子　康伟华　伍　娟　白晨晓
叶斯热·艾尼

体育科学与工程学院（共 27 人）

周　鸣　闫润申　陈天罡　李超杰　徐浩文　涂炜声　许啸天　杨皓然　孙财晋　秦　伟　隋嘉欣　郑诗畅
卜　睿　张　珂　洪妍妮　陆蔡影　杨菲芃　乐　慧　吴绵绵　王安妮　徐　放　王昱骄　徐　茜　郝　赫
朱丽娜　赖晓晓　汤　露

外国语学院（共 147 人）

冯颖	杨东辰	葛宇涵	黄建锋	周晨玺	朱文景	丁佳薇	韩露露	贾梦毓	李正婷	彭奕	钱嘉菁
寿燕芳	王超怡	温丽珍	吴沁馨	苏佳琪	张伊妘	王道齐	杨粤龙	叶钿	张峰	黄竹青	李慧彬
刘冰羽	杨茜琳	樊川	方苑	富晓宇	龚怡云	顾诗怡	黄可人	杨殊	俞瑶里	袁月	张宏鸣
张钰	宋晨洁	黄晓晨	肖翔	张峻豪	鲍颖	蔡语嫣	管蓓丽	郭佩芸	蒋添乐	刘晓妩	庞亦娆
沈金怡	汪梓艳	韦莹	徐苗苗	杨佳艳	章吉虹	朱琰	陈帅帅	刘韩韬	叶德智	郑茂满	曹立颖
顾琳潇	李萌萌	刘晔	任云霞	盛伶丽	卢诗雯	徐焱	薛影	张倩	张秋青	朱燕	晓宇
梁翔宇	邹思卿	黄灏然	徐卓尔	段超	王凌凯	吴成猷	周德健	陈静蕾	丁洁	高洁	顾嫄媛
何怡	刘小露	陆珊珊	吕思敬	彭睿	汪雪梅	徐慧慧	张越	吉亚泓	曹珂	陈敏	董燕
方慧	顾文歆	江珍珍	刘晓璇	邱亦凡	王慧玲	安月婷	俞璐	张妤宸	丰崇修	黄哲浩	陶鸣
吴永刚	周辰若	陈嘉怡	陈心怡	何惠婷	李敏	毕嘉璟	刘馨	骆静静	沈聪	王敏芙	尤婧雯
章洁	张旖旎	周斯涵	周婷	王贺	王建纲	王泽洲	吴豪	张豪	陈雨文	林胜男	刘洋
楼情	陈星	马丽红	梅戈	秦越	尚代悦	施佳焱	谭深微	王璐	闻菁	姚漪捷	赵童
王玮	韦霁原	强巴央金									

信息科学与工程学院（共 369 人）

赵大洋	余勐昊	王维进	朱伟	闫括	杨迪	卓硕	于健博	张瑞麟	陈光宇	黄键	杜朝晖
曹敏贤	王晓辉	曹佳力	郑海泳	王爽	潘玉雯	张爽	王宁	刘畅	汪佳毅	李中豪	李刚
吴佳奇	杨知凡	尤阳	掌屹峰	何飞宇	郭晶晶	于苗	谭锦黎	郝诗源	刘津羽	纪彦竹	刘浩
胡贵	何梓君	于彪	胡名宋	张伟泽	何天明	苏炀	夏建胜	胡登俊	杨璐瑜	张芸薇	张乾
陆中华	蔡炳宏	刘子艳	颜雪凡	盛妍婷	鲁英暐	罗振宇	张期程	李竹心	董雍钢	王慧勇	娄佳杰
徐溢民	顾欣运	顾纯天	李立	邵金春	徐嘉鹏	顾嘉华	王逸飞	刘小琰	董云霞	郭妙吉	刘慧颖
黄欣宇	何嘉辉	徐文凯	王臻	吴文龙	郁怀波	汪洋	王炜瑟	朱杰	叶心凌	陆焱浩	薛瑞
曹志宇	凌语	童奕玮	甘芸芸	张玮雯	张湛	潘善照	邱兆祥	黄志宏	谢时欣	朱贯彪	颜纯浩
施成	李志毅	孙楠	孙帅	金一鸣	王鹏飞	柴宇	赵凯	杨震	李福乐	邓日东	吴雪妍
王枭瑜	朱伟重	梅崇岭	李超	刘思骏	侯广晓	廖国得	张天毅	王潇	叶复兴	杨正浩	余波
赵嘉炜	刘鹏	汪杨	曹实杭	高少卿	翟洪毅	魏天舒	王萌	王祺	庄磊	张徐前	胡伟强
王涛	杨章唯	李畅	李艳琼	张素钊	苏虹静	张寓帅	顾依依	邓存彬	严睿红	顾冰鑫	孟伟强
李忠诚	刘金宇	周芳伟	章逸之	刘邺超	谈询滔	陈柏君	王光海	樊振	王德勋	李博文	孙浩然
王兢业	林泽宇	曹琨琦	张仙	高婷	申忱	王艳	王珏	黄健	喻麒麟	张昀豪	廖林
张海涛	李智斌	陈晓亮	张凯义	贾楠	胡倍	施鸿裕	郑斌	曹真	赵亮	孙晏	曹辰捷
郁明强	向怀芳	陈颉	李海林	李丹阳	金凯迪	宋晓丰	王培杰	马晓东	杨工厂	衣向阳	王亚东
柏文	邱俊俊	来佳	王磊	汪周飞	杨忠栋	石鹏勇	董彦燊	沈戈	蔡舜烽	梅杞林	汤浩家
王文辉	黄哲峰	张皓	许世龙	郝睿	张悦明	范炎兰	郑文博	陈绒	李紫薇	余丽君	元禹茗
吴安琪	杜敬锐	朱振国	宫伟杰	陈立皇	白鹭杰	高楼	陈嘉豪	居晓仁	罗成	周垚鑫	李明雨

陈磊	蒋昌江	诸葛晶晶	施陈炜	赵阳	杨心凯	张旭	李家钰	李志渊	郭亦凡	熊凯琳	武墨
侯启桐	李佳欣	李梦霄	石嘉澄	阮佳妮	顾王欢	王鹏	陈旭东	乔璐峰	陈志宽	唐志成	侯志鹏
徐景行	施宏颖	解冰	生步乾	郑益豪	方阳	宓云亭	李晓晨	苏爱雅	王烨丹	马文茜	袁婧
陈宇	江梦斯	许帆	杨渝琪	施仪画	周吉	冯凯	吴凯	万家亮	陈鹏鹏	孙伟	黄帅
赵冰峰	曹瑞远	张凯军	林正男	苏秋奕	刘嘉琳	袁东昇	马彦超	梁博	王君平	高嘉诚	包垚垚
郑锦泉	郑成霖	赵熠阳	蒋立沫	戚宇欣	马腾	张书伟	杨泽域	何炜	凤伟	寿天泽	孙晓彬
黄凯	李茂林	张剑超	陆晶晶	梅建国	马思恒	匡云	章俊	李佳伟	周丰	汤禹	张一鸣
高小阳	凌晨	吴晓虹	齐烨琳	陈羽元	许冰	李鹏	戴哲恒	张光忠	干伟儿	郭鹏	彭凯欣
汪磊	郑烁	高笑晨	方蒙	姚铭炜	李蕾鸣	李志超	何睿博	季楠	周水峰	石海涛	唐坤
范常浩	龚玮琛	胡可	崔晓惠	徐怡雯	姚芳玲	范依婷	徐颖	叶怡萱	蔡斯佳	李标	凌斌
葛昊政	张军凯	史信伟	周锦永	吴世超	王嘉良	华翀	陈毅	潘玮	陈霜叶	吴鹏华	姚达琛
宗雪鹏	黄海东	王书豪	赵丹	高婧	韩猷	程欣	方圣琦	钟淑芹			

药学院（共 199 人）

邢袁骐	赵天宇	杨蕾	丁敏仪	陈宁	黄靖博	杨纬宇	马中朝	傅云	沈雪晴	亓佳	赵莉莉
魏汉文	王宁	金彤霞	肖雪	张楠丁	陈榛琰	陈维捷	蒋雨露	田妙芝	黄莉君	李晓雯	潘潇
黄夏钦	夏勤琴	徐潇潇	牛福芊	沈泽锴	赵培谷	杨旭松	万子逸	郑瑜	周必健	刘翰林	徐钟豪
袁晓青	侯晓丹	吴玉婷	丛箐	宗欣然	范斯佳	费笑	姜佳骝	吉如琼	吴艳放	俞佩姗	刘馨璐
朱忞仪	朱嘉露	陈岩	魏兵惠	王雨佳	董剑浩	孙忠涛	赵恒宇	林佺	李勋	靳洪伟	汤吕明
李健昌	袁野	宋润江	张丹清	熊伟锋	蒋昌胜	方志军	何萍	张兰心	蒋晨旻	王悦坤	夏张悦怿
王倩	徐媚媚	梁晨雪	阮诗怡	朱可欣	蔡星	朱易	浦婕	张思奇	曹珍珍	陈柯文	章志皓
沈鹏	杨高玲	支峰	汪玉杰	田焜仁	唐大卫	朱胜览	徐小杰	张婧妍	施昶	王婧媛	邱英美
孙伊秋	王静	王慧	徐想	胡倩	庄丽琴	纪憋	毛宇	叶远兰	陈木易	杨叶平	苏海霞
郭繁凝	刘嘉明	郑毅	张玉	杨萌	梅杰	张晓菁	黄刚	刘雪芳	谢旻诗	张良	李柯佳
柯玲娜	凌大正	贾浩武	陈鸿翔	张帅	修平	潘培文	桑佳乐	徐利江	陈彬	李强	曹浩楠
东多凌	张瀚文	王惠莹	许红晨	张旭	赵佳妮	方佳艳	赵卓慧	张亚丽	于乔	俞家慧	周雯倩
鲍佳俐	张皓然	安槿	韩少杰	吴嘉杰	张世玮	陶源	吴若骏	彭金玉	陈飞	江大森	俞明磊
曲跃尊	蒋榕坤	高远	钱敬文	赵美琪	王晓星	刘远儒	于玲	陈宇菲	程召敏	任静	方喆
赵海同	姜文倩	毕廷	冯晨	张亦弛	刘成林	顾晟	居炜	李旭彬	张勇	邢立浩	张添
黄海飞	姜文俊	侯方昕	沈诗偲	胡燕玲	符惠楠	刘泽慧	邹佳彤	朱艳芳	王秋华	左倩颖	周丽婷
王一媛	陈晓丽	赵瀚宇	闫丰	顾翔宇	彭邱鹏	徐力					

艺术设计与传媒学院（共 188 人）

刘筑微	肖梦真	党中慧	林森	曹鑫	刘子维	熊韬	张兆超	黄世斌	李善为	潘斯凡	孙昭阳
周依丽	刘嘉楠	朱雯	周青青	梁雯婷	赵琪雯	应晓青	辛佳红	杨姝雯	魏晓怡	张梦宁	华燕菁
张晓卉	邵倩倩	吴衍	何安琪	金晓霞	吴昊	张奇兮	张陈	顾纪云	张坤	魏煌	曹宇东

朱晓晗　施天凤　郑雪　陆倩云　顾元圆　冯歆怡　孙然　侯依宁　王溍　孙怡婧　叶丹凤　吕静
徐澄　陈琪　薛钊沁　顾敏婕　冯馨赟　郭桃巧　吴静珠　包琪洁　孙芳萍　李晓宇　杨岭　郑泽芸
朱晓莉　潘叶　教雨萌　马一鸣　贺滨　朱志诚　叶永　李昱　黄明望　黎战　何俊祥　梁燕飞
曹玉婷　梁粤晨　张琪　张亦青　杨翠丽　朱莎莎　杜艳佩　杨茗　王毓露　刘静怡　牟海森　张佳琪
郑子寒　王一　周秀秀　斯钱攀　朱立文　吕佳琪　聂存毅　吴嘉元　郭建咏　汤超　郑家辉　贝典徽
郭昕鸣　林诗涵　张丹露　陈莹　陆诗沁　何秀榕　邵红　张晨丽　蔡竹君　朱婷　吴泉　马铭谷
彭燕妮　夏曦　陈雪　朱超怡　乐涵潇　黄超　唐烋斐　李鑫　吴博闻　吴凯文　李豪然　沈思捷
刘以闻　张佩瑾　沈嘉懿　丁璠　庞玉亭　沈佳蓓　王陆丹青　龚若兰　徐菀　薛雯　吴明明　陈昳洁
杨旭　肖丹阳　龚泳帆　林娟　彭喆　管弦　穆思羽　林艳　杨路佳　沈云飞　潘大力　李鑫锐
龚治力　张易　康津榕　林宛霞　黄浩峥　刘雅　毛文瑶　孙夏琳　徐欣怡　袁睦茜　龚茜文　陈晨
傅斯楠　肖巧宁　申思瑜　吕倩枫　孙好　张雨迪　许黟赟　何宜泽　江静　邓靓婷　练文焕　段彦
马翰特　林佳怡　郭文　彭文婷　刘靖　尹艺荷　杨帆　李一珺　苏孟芯　韩乐　王欣婷　金晶
冯梦倩　刘雪羽　赵斯琪　尹诗　王美健　平丽梅　周一鸣　李媛媛

中德工学院（共 72 人）

章世坤　项志瑾　付啟航　陈家桢　吴康成　陶巍　陈一帆　宋夏平　杨铖　王赵炜　徐文彬　甄明达
赵至伟　李思广　黄子杰　黄鹤鸣　汪孟南　李阳　邓昉熙　王宇涵　项佳伟　丁祝成　吴博旋　陈铎鑫
周兴基　胡晟　郑楠　钱文涵　王宜峰　徐旻辰　李轶扬　李克畏　安峻峤　严乐宜　张沁怡　陈丹澜
黄雨珊　武正磊　陈世轩　李璞琛　张镇星　张志豪　周永嘉　沈丹迪　杨海剑　胡祥路　居俊杰　冯华一
龚嘉庆　石粟巍　朱乐奇　陈安翎　俞翘楚　黄英东　徐佳辰　陈文皓　陈疏影　蔡錾琳　张斯礼　宋菲
秦琪玥　邵蕾　谈杨磊　张可欣　高英子　曹心易　王佳安　翁世源　戴逸雯　史雯昳　李瑞飞　王介东

资源与环境工程学院（共 152 人）

张浩然　凌思源　周佳诚　夏意　江铭　王震东　颜秉健　李天翀　沈家荣　邹宇松　陈国恒　张浩
杜鑫鑫　伍峻锋　闫磊　沈嘉诚　高华　姜雪梅　吴越美　范晓静　左雅贞　庄欣佳　杨帆　朴春兰
张健　葛靖　王宇征　张慧鸽　王鑫磊　李晓亮　赵越　侯立尧　张星晨　许孔耀　叶登璐　张岷江
唐林　朱良兵　张成椿　王伟康　张兆凯　倪煜明　张志成　王燕燕　孟宁　万瑞欣　付滢　顾天翼
袁萌希　向兰生　陆晨琳　张观磊　周天俊　陈橙　薛聃　李程　何嘉睿　胡正　田建　王旋
刘良东　寇源　王浩　丁思佳　宋宁月　周纯淳　王晨　瞿玲　侯梦　陈佳慧　杨灿　王凯月
彭月明　王嗣业　刘乔丹　涂光远　董永成　沈凌龙　陈鑫　王雄　唐周　肖家晟　白钟庆　苏晨
吉昌铃　石静　陈冰　胡粉粉　曾晴　陈辉　徐子茜　梅雪冰　孙璐　俞洁　于碧政　马雅诗
刘世奇　张文潮　张涛　万诗琪　金恺宸　赵磊　陈智辉　邹光麟　张柯挺　莫子豪　单志昊　朱诤
李耀悦　张志清　马志悦　姜毅韡　李海建　崔皓昕　宋玥　刘润哲　谭豪　柳明　姜昊　许鑫磊
邱剑勇　钱朝坤　王腾澔　张睿越　喻昕蕾　祝慧雯　钟欣　位宗瑶　张逸秋　周群　陶红亮　李晓宇
戴力　李凯健　方振旅　黎杰　李文跃　吴洋　于雨　王龙　崔孟　徐浩然　邓云豪　李强林
郭松林　宁奕飞　张朋　杨小艳　陈卓　古丽亚·巴哈　加那提·努尔兰　西尔艾力·艾尼瓦尔

（陈佩玲）

学生思想品德教育与管理

【概况】 年内，学生工作部（处）以立德树人为根本任务，围绕学生、关照学生、服务学生，紧紧围绕学生成长发展需求和期待，加强理想信念教育和价值引领，努力提升部门工作能力和效率，保障学生工作顺利开展，开创了工作新局面，取得了新成果。

思想政治工作。发挥形势与政策课的课堂主渠道作用，通过课堂教学将社会主义核心价值观、党中央的“四个全面”精神和国家的重大方针政策融入课堂教学，不断加强理想信念教育和价值引领，确保社会主义核心价值观入脑入心。组织开展“汇贤讲堂”“形势政策大讲堂”“爱国学堂”等讲座，将之逐步打造成汇聚人文经典、强化思想引领的讲座品牌。组织“汇贤讲堂”27 场、“形势与政策大讲堂”152 场、“爱国学堂”4 场，结合十八届六中全会、“两会”、五四青年节、建党 95 周年、长征胜利 80 周年、一·二九运动、国家宪法日、革命烈士纪念日等重大历史事件、重要时间节点，分阶段、分层次地开展不同内容主题教育活动，形成了“主题 + 朋辈 + 不同的艺术表现形式”思想政治教育新模式。学工部组织开展“通海茶叙”系列活动 40 余场，将主题教育活动从总体上的“漫灌”和因人而异的“滴灌”结合起来。组织开展“中华民族一家亲，同心共筑中国梦”为主题的少数民族文化博览会，少数民族师生全员参与，各民族学生全程参加，全方位地展示各民族文化特色，极大地推动了华理民族团结进步教育事业的发展。

辅导员队伍建设。认真完成辅导员选聘、职称职级的调整与新聘、辅导员考核及优秀思政评选等工作。新聘辅导员 13 人，专业技术职务新聘 10 人（副教授 3 人、讲师 7 人），专业技术岗位等级调整 14 人，管理岗位等级调整 29 人，评选 10 名优秀思政工作者。制订《辅导员职业能力建设方案》，对辅导员培训研修、辅导员沙龙活动、辅导员科研发展等做了细致梳理与安排。全年安排新老辅导员校内培训与沙龙活动 10 余场，先后选派 15 位同志参加教育部全国高校辅导员骨干培训，25 位同志参加上海高校辅导员专题培训，同时依托“上海高校辅导员培训基地（华东理工大学）”，分别于 6 月、12 月开展了主题为“学生骨干培养”和“实践育人”的专题培训，共有来自上海各兄弟高校的近 70 名辅导员参加培训学习。积极组织开展辅导员建设月活动。按照上海市要求，组织开展校内辅导员年度人物评选、辅导员职业能力大赛、辅导员论坛、辅导员素质拓展等活动，其中吴婷获得全国辅导员年度人物提名奖，马天骄获得全国辅导员职业能力大赛（华东赛区）二等奖。学校获第五届上海高校辅导员团队拓展活动三等奖与最佳团队奖。推荐10篇论文参加上海市辅导员论坛，魏星、包雷晶获得第十三届上海市辅导员论坛一等奖，何天雄获得第十三届上海市辅导员论坛三等奖。

心理健康教育。荣获上海市教委“高校心理健康教育与咨询示范中心（2016—2020年）”，面向全市承办“心理情景剧在学校心理健康教育中的应用”与“本土化心理咨询探索实务”2次专题培训。开设“新生心理健康教育”“自信心训练”等8门选修课，共覆盖学生4 122人，其中“新生心理健康教育”29个窗口，达到较好的普及效果。“新生心理健康教育”获2015年学校重点课程建设立项，在第七届上海高校心理健康教育“移动微课程”大赛中，我校荣获优秀组织奖。组织全校本科生与研究生新生进行心理健康状况普查，建立心理档案，开展心理约谈，并根据情况及时与相关学院沟通联动，主动做好危机排查与预警。开展全天候、线上线下咨询服务，全年咨询686人次，及时疏导学生的心理困扰。组织开展主题为“和谐校园，阳光心灵”和“相约心灵，筑梦前行”两届心理健康教育宣传周活动与校园心理情景剧比赛品牌活动，参与学生几千人，广受师生好评。与加州大学伯克利分校心理咨询中心交流项目签约成功。定期举办学习培训、教学研讨与咨询个案督导活动，提升专兼职咨询师队伍的工作能力与水平。组建心理健康教育科研团队，成功申请2项市级课题，发表多篇研究论文。荣获上海学校心理健康教育活动月优秀组织奖、2016年度优秀团体辅导案例奖和2016年度上海市高校心理健康教育工作先进集体。

招生与就业

【概况】 年内，教育部下达我校招生计划数为 4 105 名（全部为本科计划），我校面向 31 个省、市、自治区招生，全部实行网上远程录取；另外，内地西藏班、内地新疆班的招生录取工作，根据教育部民族司的要求和安排，集中现场录取。

实际录取数为 4 095 人。上海市合计 768 人，占总录取数的 18.75%，其中，普通本科 560 人（文科 122 人，理科 438 人。上海市自 2016 年起一本、二本合并，称为“普通本科批”），自主招生 10 人，综合评价录取改革试点 139 人，高水平运动员 5 人，艺术设计类 43 人，国防生 5 人，外语类保送生 6 人。外省市 3 327 人，占总计划的 81.25%。第一批本科录取 2 635 人（其中文科 277 人，理科 2 358 人），自主招生 96 人，农村学生单独招生“励志计划”（以下简称“高校专项计划”）78 人，外语类保送生 3 人，高水平运动员 22 人，艺术设计类 78 人，国防生 61 人，内地班 50 人，农村贫困地区定向招生专项计划（以下简称“国家专项计划”）249 人，少数民族预科转正 52 人，新疆南疆单列计划 3 人（统计时该计划可纳入国家专项计划）。

少数民族预科（占 2017 年招生计划，预科就读地点分为两所高校：新疆新生预科培养地点为新疆农业大学，其余省份预科培养地点为南昌工学院，学制 1 年）合计 61 人。其中内蒙古 6 人，辽宁 4 人，湖北 4 人，湖南 4 人，广西 4 人，贵州 5 人，云南 6 人，西藏 2 人，甘肃 3 人，青海 3 人，新疆 20 人（民考汉，协作计划）。新疆新生录取专业为本科预科班（理工类）、本科预科班（文史类），未分到具体专业，待预科结业转正后根据《华东理工大学新疆少数民族预科录取考生专业安排管理办法》（2016 年 7 月修订）确定专业，其余省份新生均在录取时确定具体专业。

港澳台侨（不占教育部下达的招生计划）合计 68 人，其中联招 23 人、澳门保送生 2 人、台湾免试生 30 人、香港免试生 13 人。

自主招生录取情况。 收到纸质材料 3 320 份，初审合格 2 848 人（含获奖免笔试 46 人）。测试合格并公示 195 人。录取新生 106 人（其中高考成绩达到我校投档线及以上 23 人）。

高校专项计划（励志计划）录取情况。 来源计划管理系统 150 名，收到纸质材料 488 份，初审合格 228 人，171 人参加我校组织的测试（含笔试和面试），测试合格并公示 102 人，录取新生 78 人。

上海市综合评价录取情况。来源计划管理系统计划为139名，收到纸质材料5 278份，初审合格5 260人。根据计划数的1.5倍及最低分同分全部投档的原则，共投档223人。参加我校组织的面试177人，录取139人。

其他招生类型。插班生招生计划为30名，参加测试171人，录取21人，经上海市教委审核同意后按“插班生”途径转入我校二年级相应专业就读，并按我校学籍管理办法管理。

毕业生就业情况。年内，毕业生就业工作圆满完成预期目标，毕业生就业质量进一步提高。华东理工大学2016届各学历层次的毕业生共计6 083人，与2015年基本持平，其中本科毕业生3 763人，毕业硕士研究生2 090人，毕业博士研究生230人，毕业研究生总计2 320人。截至2016年8月31日，华东理工大学2016届毕业生总体就业率为97.25%，其中本科毕业生就业率达到96.07%，毕业研究生就业率达到99.18%，继续保持较高水平。本科毕业生中，2018人落实工作，1 059人升学读研，538人出国留学。毕业研究生中，2215人落实工作，51人升学攻读博士或从事博士后研究，35人出国留学。

附录：

新生情况（不包括少数民族预科、港澳台侨及插班生）

类别	录取人数	占招生数百分比
中共党员	1	
中共预备党员	3	96.78%
共青团员	3 959	
往届生	151	3.69%
女生	1774	43.32%
农村户口	1315	32.11%

本科录取情况　　（单位：人）

省码	省、市、自治区	一本统招	自主招生	综合评价录取	高校专项计划	国家专项计划	南疆单列计划	国防生	艺术类	保送生	高水平运动员	内地班	少数民族预科转正	港澳台侨	合计
11	北京	28												0	28
12	天津	51												0	51
13	河北	139	6		10	8					3			0	166
14	山西	59	1			2								0	62

续表

省码	省、市、自治区	一本统招	自主招生	综合评价录取	高校专项计划	国家专项计划	南疆单列计划	国防生	艺术类	保送生	高水平运动员	内地班	少数民族预科转正	港澳台侨	合计
15	内蒙古	30				6							5	0	41
21	辽宁	89						4			4		4	0	101
22	吉林	74	1			1		6			2			0	84
23	黑龙江	69	3			3					1			0	76
31	上海	560	10	139				5	43	6	5			0	768
32	江苏	243	14					6	18		1			0	282
33	浙江	270	33					8	16		2			0	329
34	安徽	201	12		39	20		7	14					0	293
35	福建	102						9			1			0	112
36	江西	90	1			13		6	15					0	125
37	山东	210	13					6	15		3			0	247
41	河南	162	6		15	32					2			0	217
42	湖北	93	1			11				1			3	0	109
43	湖南	87				16					2		4	0	109
44	广东	48								2	1			0	51
45	广西	39	1			8							4	0	52
46	海南	16												0	16
50	重庆	63				10								0	73
51	四川	75	2		11	17		4						0	109
52	贵州	48			3	26							3	0	80
53	云南	44				19							4	0	67
54	西藏	2				2						23	2	0	29
61	陕西	83	1			17		5						0	106
62	甘肃	104				26							1	0	131
63	青海	18				3							2	0	23
64	宁夏	23	1			3								0	27
65	新疆	75				6	3					27	20	0	131
	合计	3 195	106	139	78	249	3	66	121	9	27	50	52	0	4 095
	港澳台侨													68	68
	合计													68	4 163

说明：1. 港澳台侨考生的录取，不占教育部下达给我校的普通高考录取招生计划。

2. 内地班（内地新疆班、内地西藏班）是单列招生计划。

2016年毕业生就业单位性质流向表

单位性质	本科生单位性质流向	研究生单位性质流向
机关	0.90%	0.78%
国有企业	21.66%	20.24%
三资企业	29.20%	35.50%
民营私营企业	46.45%	37.27%
高等学校	—	2.50%
其他教学单位	0.30%	1.22%
科研设计单位	—	0.89%
医疗卫生单位	—	0.44%
其他事业单位	1.49%	1.16%
总计	100.00%	100.00%

2016年毕业生就业地区流向表

就业地区	本科生流向比例	研究生流向比例
上海市	70.27%	77.83%
华东六省	14.27%	14.27%
西部地区	7.83%	1.94%
环渤海地区	2.73%	2.08%
珠三角地区	1.98%	1.40%
中部地区	1.59%	1.94%
东北地区	1.04%	0.45%
其他	0.30%	0.09%
总计	100.00%	100.00%

研究生教育

【概况】 招生工作。年内，共有 657 名考生报考博士研究生，录取 387 名。其中，以公开招考方式录取 119 名，硕博连读生 246 名，直接攻博生 22 名。共有 7 766 人报考我校硕士研究生，录取硕士研究生 2 570 名，其中学术型硕士研究生 1 609 名，专业学位硕士研究生 961 名；按照考试方式划分，推荐免试硕士研究生 917 名，全国统招硕士研究生 1 653 名。我校 2016 年录取的工程硕士专业学位研究生 488 名，在职 MPA（公共管理硕士）研究生 65 名，在职 EMBA（高级工商管理硕士）研究生 69 名。

培养工作。召开研究生课程建设委员会会议，对两项精品课程立项进行验收；立项建设工程硕士在线开放课程“化学反应工程”“高等分离工程”；立项建设“研究生思想政治理论课教学改革探索”。资助开设研究生工程能力培养讲座 9 个。召开研究生教育督导组专家组会议，评选出 12 名研究生课程教学优秀任课教师。其中，一等奖 1 名，二等奖 3 名，三等奖 8 名。召开上海市西南片高校研究生教育工作研讨会暨研究生教育协作组第 48 次会议。上海交通大学、华东师范大学、东华大学、上海中医药大学、上海应用技术大学、华东政法大学等 15 所高校的 50 位代表参加了会议。虞慧群老师的“计算机安全与密码学”等两个项目获得上海市高校外国留学生英语授课示范性课程立项。撰写完成并报送教育部《华东理工大学关于与中科院联合培养博士研究生工作总结的报告》。完成 12 项上海市研究生教育创新计划和专业学位研究生教育综合改革试点项目（公共服务平台 1 项、暑期学校 1 项、学术论坛 2 项、实践基地 5 个、示范级实践基地 3 个）总结工作及 3 项上海市研究生教育创新计划和专业学位研究生教育综合改革试点项目（暑期学校 1 项、学术论坛 1 项、课程建设 1 项）的申报工作。完成 40 项华东理工大学 2013—2015 年上海市立项项目经费自查。完成 8 项上海市教育委员会专项经费项目结项材料报送工作（课程建设 1 项、学术论坛 1 项、暑期学校 1 项、实践基地 3 个、示范级实践基地 2 个）。召开上海市生物工程创造美好未来学术论坛。召开上海市中德材料化学暑期学校。立项首批华东理工大学创新创业教育课程（重点课程 5 门、一般课程 6 门）。完成资助研究生参加国际高水平会议和访学立项共 73 项（国际会议 69 项、国际访学 4 项）。

年内，获全国工程专业学位研究生教育指导委员会教育改革重点研究课题 2 个、自选研究课题 3 个，获上海市研究生教育学会立项重点研究课题 1 个、一般研究课题 1 个、规划研究课题 1 个。组织参加清华大学组织的首批工程伦理师资培训。组织申报上海市研究生教育研究项目，共申报 13 项，涉及研究生课程建设 2 项、暑期学校 1 项、市级示范级实践基地建设 2 项、市级与示范级实践基地继续经费 6 项等。完成上海市研究生创新项目结项工作，其中高校自主综合改革项目 3 项、市级实践基地 3 项及市示范级实践基地 2 项，合计 8 项，涉及经费 140 万元。

学位工作。完成 2016 年新增硕士生导师遴选及招收硕士生导师名单确定工作。新遴选硕士生导师 43 人，上岗招收硕士生的导师 928 人。完成新增博士生导师遴选工作，批准新遴选博导 26 人。进行 2017 年博士生导师上岗招生审核工作，完成 2017 年招收博士研究生导师名单确定工作，确定 2017 年招收博士生的导师 384 人。完成工程硕士企业导师遴选工作，新增企业导师 60 人。召开三次校学位评定委员会，经表决同意授予博士学位 257 人，硕士学位 2 518 人（其中同等学力硕士 4 人、硕士专业学位 1201 人）。

学籍、学生事务管理。完成春季 735 名专业学位研究生的入学工作；完成秋季 2 855 名学历研究生的报到注册、学籍数据上报，9 085 名老生学年注册及上报等工作。完成 263 名博士生，2 121 名硕士生的毕业工作。为学生办理出国事宜 640 多人次，回国事宜 500 人次，转专业 35 人次，转导师 63 人次，转学院 57 人次；博士改硕士答辩 6 人次，退学 92 人次，休学 32 人次，复学 22 人次。组织学生献血人数 352 人。

研究生思想政治工作。组织开展主题教育活动。制订《关于在广大研究生中深入开展爱国主义主题教育活动的实施方案》，开展爱国主义主题教育活动；组织开展主题学习研讨等活动 20 余场；组织研究生围绕“两学一做”、纪念长征胜利 80 周年开展主题教育活动。开展“学术道德和学术规范月”活动，编制《华东理工大学研究生学术道德与学术规范教育读本》。学校荣获上海市科学道德和学风建设宣讲教育“优秀组织单位”。开展第四届良师益友活动，该项目获评学校优秀校园文化项目。开展“名师讲坛”活动，邀请两院院士、杰青、长江学者以及企业精英等 30 余位，与研究生谈人生、谈科研。组织开展第二十届研究生论文年会，共收到 786 篇论文，其中，自然科学 429 篇，社会科学 357 篇，论文最高影响因子 25. 427。推进创新实践教育。在 2016 年全国研究生数学建模大赛中，我校学生获得全国二等奖 5 项、三等奖 10 项。完成学校研究生创新创业能力培养专项的项目申报和初审工作，遴选了 15 个项目参与市级答辩，8 个创业项目获得上海市立项并结题，2 个项目获得天使基金投资，较上一年度有很大提升。组织博士研究生参加教育部开展的博士生“蓝火计划”，学校获得优秀组织单位。开发了“党委研究生工作部”官方门户网站；完善“华东理工大学研究生”微信公众号功能。截至12月底，微信平台粉丝数达18 000余人。新增研究生入学教育系统，组织2016级全体新生参与了线上学习和测试。参与制订《华东理工大学关于进一步加强辅导员队伍建设的实施意见》，对11名研究生专职辅导员进行了明确的定岗；选拔、聘任了51位研究生兼职辅导员；制订了《研究生兼职辅导员工作条例（试行）》（华委〔2016〕22号）；开设2016年研究生辅导员培训班，共组织开展理论学习、专题研讨、实训拓展、科技考察等活动10余场；成立了研究生辅导员工作室。出台了《关于进一步加强和改进研究生思想政治教育的实施意见》文件，明确了研究生思想政治教育工作的校院两级管理体制，指导8个学院成立“研工办”。

附录：

华东理工大学2016年12月在读研究生统计表（含留学生）　（单位：人）

类别		合计				
		非定向	定向	委培	自筹	小计
学术型学位研究生	博士生	1 377	74	224	1	1 676
	硕士生	4 623	5	8	1	4 637
	合　计	6 000	79	232	2	6 313
全日制专业学位研究生	全日制MBA	468	333	92	96	989
	全日制MPA	0	191	18	0	209
	全日制工程硕士生	1 079	4	2	0	1 085
	全日制法律硕士生	53	1	0	0	54
	全日制社会工作硕士生	82	1	0	0	83
	全日制艺术硕士生	29	0	0	0	29
	全日制药学硕士生	57	0	0	0	57
	全日制中药学硕士生	8	0	0	0	8
	全日制会计硕士生	0	139	3	1	143
	全日制工程管理硕士生	0	82	0	0	82
	全日制金融硕士生	33	0	0	0	33
	全日制翻译硕士生	45	0	0	0	45
	合　计	1 854	751	115	97	2 817

续表

类别		合计				
		非定向	定向	委培	自筹	小计
非全日制专业学位研究生	高校教师	0	0	5	0	5
	MBA（单）	0	0	33	0	33
	EMBA	0	0	370	0	370
	MPA（单）	0	0	15	0	15
	工程硕士生（单）	0	0	241	0	241
	合　计	0	0	664	0	664
合　计		7 854	830	1 011	99	9 794

注：统计数据不包含休学和保留学籍学生（含留学生）。

2016 年博士生录取情况统计表（单位：人）

报考人数	录取人数				录取人数（按类别）		录取人数（按生源学历）				
	小计	公开招考	硕博连读	直接攻博	非定向	定向	已获硕士	应届硕士	在学硕士	应届本科	同等学力
657	387	119	246	22	362	25	70	49	246	22	0

2016 年硕士生录取情况统计表（单位：人）

招生规模	录取人数	录取人数（按类别划分）			录取人数（按考试方式划分）		录取人数（按考生学历划分）			保留入学资格
		非定向		定向	全国统考	推荐免试	研究生毕业	大学本科	同等学力	
		硕博	其他							
2 580	2 570	179	2 084	307	1 653	917	2	2 521	47	8

2016 年在职人员攻读硕士学位研究生录取情况统计表（单位：人）

录取 2015 年人数			
小计	工程硕士	MPA	EMBA
622	488	65	69

博士学位授权点一览表

学科门类	一级学科名称	二级学科名称	所在行政单位
经济学	应用经济学▲	国民经济学（原西方经济学）	商学院
		区域经济学	
		财政学（含：税收学）	
		金融学（含：保险学）	
		产业经济学	
		国际贸易学	
		劳动经济学	
		统计学	
		数量经济学	
		国防经济	
法学	社会学▲	社会学	社会与公共管理学院
		人口学	
		人类学	
		民俗学（含：中国民间文学）	
		社会工作（学）△	
		社会管理与社会政策△	
		法社会学△	
	马克思主义理论	马克思主义中国化研究	人文科学研究院
理学	数学▲	基础数学	理学院
		计算数学	
		概率论与数理统计	
		应用数学	
		运筹学与控制论	
	化学▲	无机化学	化学与分子工程学院
		分析化学	
		有机化学	
		物理化学（含：化学物理）	
		精细合成化学与分子工程△	
		高分子化学与物理	材料科学与工程学院
	生物学	生物化学与分子生物学	生物工程学院

续表

学科门类	一级学科名称	二级学科名称	所在行政单位
工学	机械工程▲	机械制造及其自动化	机械与动力工程学院
		机械电子工程	
		机械设计及理论	
		车辆工程	
		工业设计△	
		材料成型与装备△	
	材料科学与工程▲	材料物理与化学	材料科学与工程学院
		材料学	
		材料加工工程	
		生物材料△	
		纳米材料与技术△	
		体育运动材料△	
		高分子化工△	
		先进复合材料△	
		先进材料与制备技术△	化学与分子工程学院
		光信息物理与量子材料△	理学院
	动力工程及工程热物理▲	热能工程	资源与环境工程学院
		工程热物理	机械与动力工程学院
		动力机械及工程	
		流体机械及工程	
		制冷及低温工程	
		化工过程机械	
	控制科学与工程▲	控制理论与控制工程	信息科学与工程学院
		检测技术与自动化装置	
		系统工程	
		模式识别与智能系统	
		导航、制导与控制	
		通信与网络化控制△	
	计算机科学与技术	计算机应用技术	
	化学工程与技术▲	化学工程	化工学院
		化学工艺	
		过程系统工程△	
		材料化学工程△	
		能源化学工程△	
		应用化学	化学与分子工程学院
		工业催化	
		制药工程与技术△	药学院
		化学生物技术与工程△	
		生物化工	生物工程学院
	环境科学与工程▲	环境科学	资源与环境工程学院
		环境工程	
	生物工程▲	不设二级学科	生物工程学院

续表

学科门类	一级学科名称	二级学科名称	所在行政单位
农学	植物保护	农药学	药学院
医学	药学▲	药物化学	
		药剂学	
		生药学	
		药物分析学	
		微生物与生化药学	
		药理学	
管理学	管理科学与工程▲	不设二级学科	商学院

注：博士学位点涉及7个学科门类，13个一级学科。标注“▲”的为博士学位授权一级学科，共13个；标注“△”的为在博士学位授权一级学科下自主设置的学科专业，共19个。共80个二级学科博士学位点。

硕士学位授权点一览表

学科门类	一级学科名称	二级学科名称	所在行政单位
哲学	哲学▼	马克思主义哲学	人文科学研究院
		中国哲学	
		外国哲学	
		逻辑学	
		伦理学	
		美学	
		宗教学	
		科学技术哲学	
经济学	应用经济学▼	国民经济学（原西方经济学）	商学院
		区域经济学	
		财政学（含：税收学）	
		金融学（含：保险学）	
		产业经济学	
		国际贸易学	
		劳动经济学	
		统计学	
		数量经济学	
		国防经济	

续表

学科门类	一级学科名称	二级学科名称	所在行政单位
法学	法学▼	法学理论	法学院
		法律史	
		宪法学与行政法学	
		刑法学	
		民商法学（含：劳动法学、社会保障法学）	
		诉讼法学	
		经济法学	
		环境与资源保护法学	
		国际法学（含：国际公法、国际私法、国际经济法）	
		军事法学	
	政治学	政治学理论	人文科学研究院
		中外政治制度（暂停招生）	
	社会学▼	社会学	社会与公共管理学院
		人口学	
		人类学	
		民俗学（含：中国民间文学）	
		社会工作（学）▽	
		社会管理与社会政策▽	
		法社会学▽	
	马克思主义理论▼	马克思主义基本原理	人文科学研究院
		马克思主义发展史	
		马克思主义中国化研究	
		国外马克思主义研究	
		思想政治教育	
		中国近现代史基本问题研究	
教育学	教育学	高等教育学	高等教育研究所
	体育学	体育人文社会学	体育科学与工程学院

续表

学科门类	一级学科名称	二级学科名称	所在行政单位
文学	外国语言文学▼	英语语言文学	外国语学院
		俄语语言文学	
		法语语言文学	
		德语语言文学	
		日语语言文学	
		印度语言文学	
		西班牙语语言文学	
		阿拉伯语语言文学	
		欧洲语言文学	
		亚非语言文学	
		外国语言学及应用语言学	
历史学	中国史	中国近现代史（暂停招生）	人文科学研究院
理学	数学▼	基础数学	理学院
		计算数学	
		概率论与数理统计	
		应用数学	
		运筹学与控制论	
	物理学▼	理论物理	
		粒子物理与原子核物理	
		原子与分子物理	
		等离子体物理	
		凝聚态物理	
		声学	
		光学	
		无线电物理	
		核技术应用▽	
	化学▼	无机化学	化学与分子工程学院
		分析化学	
		有机化学	
		物理化学（含：化学物理）	
		精细合成化学与分子▽	
		高分子化学与物理	材料科学与工程学院
	海洋生物学	海洋生物学	生物工程学院
	生物学	微生物学	
		生物化学与分子生物学	

续表

学科门类	一级学科名称	二级学科名称	所在行政单位
工学	力学	固体力学	机械与动力工程学院
	机械工程▼	机械制造及其自动化	
		机械电子工程	
		机械设计及理论	
		车辆工程	
		工业设计▽	
		材料成型与装备▽	
	动力工程及工程热物理▼	工程热物理	
		动力机械及工程	
		流体机械及工程	
		制冷及低温工程	
		化工过程机械	
		热能工程	资源与环境工程学院
	材料科学与工程▼	材料物理与化学	材料科学与工程学院
		材料学	
		材料加工工程	
		生物材料▽	
		纳米材料与技术▽	
		体育运动材料▽	
		先进材料与制备技术▽	化学与分子工程学院
		高分子化工▽	材料科学与工程学院
		先进复合材料▽	
		光信息物理与量子材料▽	理学院
	信息与通信工程▼	通信与信息系统	信息科学与工程学院
		信号与信息处理	
	控制科学与工程▼	控制理论与控制工程	信息科学与工程学院
		检测技术与自动化装置	
		系统工程	
		模式识别与智能系统	
		导航、制导与控制	
		通信与网络化控制▽	
	计算机科学与技术▼	计算机系统结构	
		计算机软件与理论	
		计算机应用技术	

续表

学科门类	一级学科名称	二级学科名称	所在行政单位
工学	石油与天然气工程	油气储运工程	化工学院
	化学工程与技术▼	化学工程	
		化学工艺	
		过程系统工程▽	
		材料化学工程▽	
		能源化学工程▽	
		资源循环科学与工程▽	
		应用化学	化学与分子工程学院
		工业催化	
		制药工程与技术▽	药学院
		化学生物技术与工程▽（暂停招生）	
		生物化工	生物工程学院
	食品科学与工程	食品科学	
	生物工程▼	不设二级学科	
	环境科学与工程▼	环境科学	资源与环境工程学院
		环境工程	
	生物医学工程▼	不设二级学科	材料科学与工程学院
	安全科学与工程▼	不设二级学科	机械与动力工程学院
农学	植物保护▼	植物病理学	药学院
		农业昆虫与害虫防治	
		农药学	
医学	药学▼	药物化学	
		药剂学	
		生药学	
		药物分析学	
		药理学	
		微生物与生化药学	

续表

学科门类	一级学科名称	二级学科名称	所在行政单位
管理学	管理科学与工程▼	不设二级学科	商学院
	工商管理▼	会计学	
		企业管理（含：财务管理、市场营销、人力资源管理）	
		技术经济及管理	
		旅游管理	艺术设计与传媒学院
	公共管理▼	行政管理	社会与公共管理学院
		社会保障	
		土地资源管理	
		社会医学与卫生事业管理（未招生）	
		教育经济与管理	高等教育研究所
	图书情报与档案管理	情报学	科技信息研究所
艺术学	设计学▼	暂不设二级学科	艺术设计与传媒学院
		景观规划设计▽	

注：硕士学位点共涉及12个学科门类，26个一级学科。标注“▼”的为硕士学位授权一级学科，共26个；标注“▽”的为在博士学位授权一级学科下自主设置的学科专业，共22个。共153个二级学科硕士学位点。

硕士专业学位授权点一览表

专业学位名称	工程领域名称	所在行政单位
工程硕士（ME）	化学工程	化工学院
	制药工程	化学与分子工程学院
	轻工技术与工程	
	材料工程	材料科学与工程学院
	动力工程	机械与动力工程学院
	机械工程	
	安全工程	机械与动力工程学院 资源与环境工程学院
	控制工程	信息科学与工程学院
	软件工程	
	计算机技术	
	电子与通信工程	
	仪器仪表工程	
	环境工程	资源与环境工程学院
	食品工程	生物工程学院
	生物工程	

续表

专业学位名称	工程领域名称	所在行政单位
工程硕士（ME）	工业设计工程	艺术设计与传媒学院
	项目管理	商学院
	物流工程	
工商管理硕士（MBA、EMBA）		
会计硕士（MPAcc）		
金融硕士（MF）		
工程管理硕士（MEM）		
公共管理硕士（MPA）		社会与公共管理学院
社会工作硕士（MSW）		
药学硕士（M Pharm）		药学院
中药学硕士（MCMM）		
法律硕士（JM）		法学院
艺术硕士（MFA）		艺术设计与传媒学院
翻译硕士（MTI）		外国语学院

注：共12个专业硕士学位类别。

硕士研究生指导教师名单

专业代码及名称	导师名单									
010100 哲学	鲍宗豪	秦美珠	张璐倩	陈迎年	黄时进					
020200 应用经济学	吴柏钧	刘桂荣	谢国娥	王荣芳	黄庐进	杨逢珉	伏玉林	徐 琤	宋福铁	金永红
	汪冬华	申 朴	孔令丞	杨上广	于立宏	任 飞	马士国	麦 勇	杨剑侠	蒋志强
	孟 磊	吴玉鸣	李佑平	赵 炎	林 黎	董银果				
030100 法学	于杨曜	刘金祥	刘 源	任 虎	董溯战	郭曰君	李瑜青	阮赞林	孙晓东	张晓东
	张 平	吴 亮	秦 涛	邓刚宏						
030201 政治学理论	范明英	陈迎年	赵 赟	朱忆天	杜仕菊					
030301 社会学	范 斌	徐永祥	曹锦清	王 芳	朱眉华	熊万胜	程 毅	徐丙奎	张 昱	范志海
	张广利	李 琼	曾守锤	杨发祥	汪 华	赵方杜	唐有财	董国礼	黄玉琴	赵 环
	储 琰									
030302 人口学	唐有财	龚秀全								
0303Z1 社会工作（学）	朱眉华	费梅苹	何雪松	赵 环						
0303Z2 社会管理与社会政策	熊万胜	赵 环								
030500 马克思主义理论	王 芳	鲍宗豪	范明英	奚建武	金家厚	邱卫东	徐国民	方以启	曹东勃	
040106 高等教育学	姜尔林	潘艺林	周 玲							
040301 体育人文社会学	王 跃	朱晓东	朱洵韬	叶心明	杜 梅	徐昱玫	陈林华	李荣日		

专业代码及名称	导师名单									
050201 英语语言文学	颜静兰	黄淑芳	贾 卉	华 静	陈 丽	王建国	张之燕			
050211 外国语言学及应用语言学	龚 嵘	金春岚	郑国锋	吴建伟	赵 宏	王 涌	王 懿	管 博	何 玮	王建国
	吴碧宇	韦晓保	张正军							
070100 数学	鲁习文	钱夕元	刘朝晖	伏玉林	范体军	李建奎	解惠青	周炜星	唐 赟	邵方明
	王如彬	邓淑芳	王 薇	赖焕新	鲍 亮	黄定江	任 飞	廖 玮	谢 纲	马先锋
	杜 莹	姬 超	朱 焱	李启慧	廖 杰	潘晓川	和望利	袁玉波	余 炜	郭继明
	黎野平									
070200 物理学	贺黎明	钟菊花	陆 慧	沈 冬	方 斌	程红波	张先梅	罗有华	张 孟	廖 玮
	郑致刚	陈学谦	龚尚庆	侯 莹	钮月萍	孙佳睿	梁 莹	窦晓鸣	山口佳则	谢海芬
070301 无机化学	陈爱平	卢冠忠	黄永民	杨宇翔	刘金库	钟新华	张 华	李 艳	刘劲刚	
070302 分析化学	张立国	施超欧	倪力军	张文清	胡 坪	蓝闽波	夏 玮	杜一平	赵红莉	张维冰
	章弘扬	龙亿涛	张凌怡	钱俊红	李大伟	卫 钢				
070303 有机化学	蔡良珍	赵 敏	田 禾	沈 冬	伍新燕	杨雪艳	马海燕	杨先金	罗千福	邹 刚
	赵梅欣	王飞军	解永树	龙亿涛	刘培念	张 军	沙 风	吴君臣	许 胜	施 敏
	游书力	王朝晖								
070304 物理化学	胡 英	刘洪来	卢冠忠	胡 军	蔡 钧	牟伯中	杨世忠	彭昌军	尚亚卓	陈启斌
	徐首红	沈伟国	安学勤	邹爱华	刘金峰	王小永	卢运祥	姜建文	叶汝强	李和兴
070305 高分子化学与物理	唐颂超	刘 峰	张德震	陆 冲	黄发荣	林嘉平	郑安呐	庄启昕	徐世爱	李 宾
	袁荞龙	李欣欣	程起林	田晓慧	齐会民	王贵友	汪济奎	郭卫红	张丹枫	郎美东
	李 慧	吴国章	赵崇军	胡爱国	李 亮	刘小云	张 杰	蔡春华	陈 新	张良顺
	丁 云	邓诗峰	米普科	王晓松	吴 唯	施剑林				
0703Z1 精细合成化学与分子工程	陈国荣	唐燕辉	苏建华	田 禾	朱为宏	伍新燕	王巧纯	陈 锋	王成云	花建丽
	赵梅欣	解永树	朱麟勇	马 骧	赵春常	包春燕	刘培念	曲大辉	郭志前	
071005 微生物学	庄英萍	叶蕊芳	张惠展	储 炬	王永红	宫 衡	杭海峰	欧阳立明	杨 弋	郑高伟
071010 生物化学与分子生物学	欧 伶	赵 健	张惠展	魏东芝	范立强	叶邦策	常雅宁	林金萍	吴海珍	辛秀娟
	黄青春	欧阳立明	易小萍	马昱澍	马兴元	李素霞	任宇红	杨胜利	杜一平	钱江潮
	张井岩	杨 弋	黄 瑾	王启要	曹旭妮	冯耀宇	史 萍	魏 巍	王 平	尹斌成
	肖立华	全 舒	周胜敏	李亦学	张永莲	熊志奇	张 新			
080102 固体力学	李 勇	何录武	王和慧							
080201 机械制造及自动化	郑建荣	王庆明	林砺宗	易建军	曹 恒	李 英	高连新	何 云	钱 波	姚兴军
	章文俊									
080202 机械电子工程	郑建荣	章兰珠	林砺宗	周 炜	易建军	曹恒	高 志	钱志勤	刘长利	颜建军
	夏春明	刘 爽	章文俊							
080203 机械设计及理论	安 琦	郭 慧	高 志	轩福贞	王建文	谢林生	张修庆	王 旭	陈建钧	杨士模
	章文俊									

专业代码及名称	导师名单									
080204 车辆工程	林砺宗	易建军	何 云							
080500 材料科学与工程	马玉录	唐颂超	刘 峰	侯锐钢	陈 麒	沈学宁	朱以华	张德震	陈建定	陈爱平
	王以群	刘育建	陆 冲	黄发荣	王庚超	刘坐镇	方 斌	刘昌胜	李春忠	林嘉平
	周 权	郑安呐	庄启昕	陈 涛	徐世爱	杨晓玲	徐 宏	张 衍	李 宾	陈国荣
	袁养龙	李欣欣	袁 媛	程起林	徐云龙	田晓慧	齐会民	王贵友	林绍梁	汪济奎
	郭卫红	姜海波	陈芳萍	章圣苗	陈雪梅	管 涌	李 冰	吴驰飞	扈艳红	张 玲
	关凯书	张丹枫	李星玮	郎美东	李 慧	王德强	袁双龙	曾惠丹	魏 杰	郑柏存
	马新胜	余若冰	吴国章	刘京雷	李永生	赵崇军	张修庆	李 蔚	胡爱国	李 亮
	万里强	胡彦杰	王 靖	路贵民	刘小云	黄建国	顾金楼	关士友	赵文茹	杨化桂
	李秋影	郑致刚	屈 雪	肖 艳	张 杰	蔡春华	王立权	陈 新	张良顺	江 浩
	梁 莹	牛德超	何宏燕	李红波	仝 华	李玉林	刘润辉	陈庐阳	钱 军	邓诗峰
	米普科	张 琰	王晓松	吴 唯	杲 云	顾真安	施剑林	卫 钢	王健农	
0805Z5 先进材料与制备技术	张金龙	黄永民	尚亚卓	王艳芹	陈 彧	韩 霞	张伟安	田宝柱		
080702 热能工程	龚 欣	王辅臣	吴幼青	于广锁	胡 军	吴亭亭	王亦飞	张建雨	张德祥	刘海峰
	周志杰	代正华	张素平	陈雪莉	李伟锋	郭晓镭	王学生	周先桃	王兴军	王 杰
	吴诗勇	张乐华	陈彩霞	许庆利	郭庆华	周彦波	严晋跃			
080703 动力机械及工程	周邵萍	涂善东	曾为民	王卫泽	张洪波	周帼彦	王国珍	胡明慧	白志山	严晋跃
080704 流体机械及工程	葛晓陵	周邵萍	章兰珠	赖焕新	张洪波					
080706 化工过程机械	马玉录	葛晓陵	徐 宏	汪华林	涂善东	于新海	刘长军	惠 虎	轩福贞	栾伟玲
	侯 峰	曾为民	关凯书	王和慧	王学生	张 莉	周先桃	谢林生	项延训	王卫泽
	刘京雷	周帼彦	王 辰	张显程	王国珍	胡明慧	贾九红	白志山	张艳红	黄毓晖
	赵 鹏	杨 强	王明义	陈琴珠	王元华	夏翔鸣				
081002 信号与信息处理	林家骏	程 华	张雪芹	朱 煜	万永菁	常 青	吴耀军	邵方明	樊凌涛	朱宏擎
	李 钰	袁伟娜	黄 如	陈 宁	叶炯耀					
081100 控制科学与工程	凌志浩	林家骏	彭亦功	孙自强	侍洪波	顾幸生	钱 锋	王慧锋	王华忠	黄海燕
	高大启	朱 煜	刘漫丹	杜文莉	牛玉刚	邹俊忠	李绍军	颜学峰	刘 济	罗 娜
	张凌波	王学武	孙京诰	王 蓓	王振雷	叶西宁	罗健旭	祁荣宾	吴胜昔	徐震浩
	余昭旭	王如彬	张建华	曹萃文	钟伟民	叶贞成	杨 文	邹媛媛	严怀成	陈兰岚
	颜秉勇	金 晶	李进龙	程 辉	赵海涛	和望利	唐 漾	徐建平	张 杰	
081200 计算机科学与技术	黄建华	邵志清	张欢欢	顾春华	虞慧群	高大启	郭卫斌	郑 红	王占全	李建华
	过 弋	张 静	阮 彤	何高奇	李洪林	冯 翔	徐 贤	王 喆	罗 飞	范贵生
	袁玉波	陈志华	蔡立志							

专业代码及名称	导师名单									
081701 化学工程	胡 英	袁渭康	蔡建国	李 伟	张秋香	许志美	朱家文	刘洪来	胡培君	陈剑佩
	于建国	赵 培	李 平	陈 葵	曾作祥	曹贵平	方云进	谭文松	潘鹤林	程振民
	施云海	辛 忠	武 斌	韩 伟	方 波	周晓东	周兴贵	周静红	张新胜	彭阳峰
	金 浩	宋兴福	纪利俊	许振良	叶启亮	李 冰	龙湘犁	刘 涛	彭昌军	赵 玲
	袁佩青	沈春银	杨 虎	孙伟振	钱 刚	周志明	郑柏存	马新胜	隋志军	乔秀臣
	李 平	朱贻安	路贵民	李洪林	叶贞成	吴艳阳	白志山	漆志文	陈立芳	韩一帆
	朱卡克	徐 晶	奚桢浩	李进龙	龙东辉	马晓华	赵双良	张相洋	沈卫华	刘 宇
	Martien Cohen Stuart	孙世刚	杨为民							
081702 化学工艺	沈本贤	徐心茹	李少萍	应卫勇	田恒水	邹 滢	龚 欣	施 力	朱志华	欧阳福生
	周晓龙	王辅臣	薛为岚	吴幼青	刘殿华	江洪波	李 涛	吕 涯	于广锁	曹发海
	王亦飞	张建雨	张德祥	张海涛	李瑞江	刘海峰	周志杰	朱学栋	代正华	杨敬一
	张素平	凌 昊	凌立成	詹亮	梁晓怿	陈雪莉	王艳莉	王 杰	乔文明	郭旭虹
	刘柏平	刘纪昌	赵基钢	程瑞华	许庆利	张 琪	孙 辉	宋月芹	徐益升	吴本芳
	肖天存	王基铭								
081703 生物化工	庄英萍	张元兴	储 炬	徐殿胜	刘坐镇	魏东芝	周 燕	王永红	钟建江	谭文松
	许建和	李元广	蔡海波	曹学君	叶邦策	林金萍	黄明志	牟伯中	周祥山	易小萍
	王伟	卢艳花	张 旭	李志敏	任宇红	杨胜利	谢静莉	张道敬	王学东	刘 琴
	钱江潮	鲍 杰	郭美锦	王风清	周 英	郁惠蕾	花 强	左 鹏	张 杰	叶朝阳
	郑高伟	王 平	张 建	尹斌成	蔡孟浩	胡国华	关 岳	吴 辉	白云鹏	孙 彦
081704 应用化学	陈国荣	沈永嘉	宋恭华	苏建华	田 禾	李 忠	张金龙	朱为宏	伍新燕	牟伯中
	蓝闽波	王利民	王巧纯	陈 锋	陈 彧	马海燕	王成云	花建丽	钟新华	邹 雷
	张伟安	王灵芝	赵红莉	龚学庆	解永树	朱麟勇	马 骧	田宝柱	赵春常	包春燕
	曲大辉	武文俊	郭志前	刘劲刚	吴君臣	邢明阳	贺晓鹏	曲景平	张 斌	梁鑫森
	施 敏									
081705 工业催化	王幸宜	胡培君	卢冠忠	王筠松	张金龙	郭杨龙	郭 耘	刘晓晖	王艳芹	侯震山
	刘柏平	龚学庆	詹望成	王 丽	曹宵鸣	王海丰	谢在库			
0817Z1 能源化学工程	应卫勇	李 平	辛 忠	乔文明	郭旭虹	李 莉	许 军	韩一帆	朱卡克	张 锐
	龙东辉	徐益升								
0817Z2 资源循环科学与工程	于建国	汪华林	宋兴福	乔秀臣	李 平	孙淑英	孙 泽	孙玉柱		
0817Z3 制药工程与技术	沈永嘉	唐燕辉	宋恭华	虞心红	徐晓勇	李 忠	倪力军	张文清	韩 伟	曹 松
	施小新	任福正	蓝闽波	罗晓燕	冀亚飞	高 峰	曾步兵	朱维平	邓卫平	叶金星
	褚长虎	柯燕雄	马 磊	张维冰	刘仁华	张 敏	金 郁	杨丙成	章飞芳	朱 进
	邵旭升	陶黎明	刘 岩	任国宾	张彦涛	梁鑫森	SAnGhO Koo	游书力	汤文军	

专业代码及名称	导师名单									
0817Z4 过程系统工程	袁渭康	应卫勇	陈剑佩	钱　锋	刘殿华	李　涛	曹发海	周兴贵	杜文莉	李绍军
	颜学峰	赵　玲	王振雷	钱　刚	叶贞成	漆志文				
0817Z6 材料化学工程	曾作祥	曹贵平	李春忠	辛　忠	周晓东	许振良	陆　馨	陈雪梅	杨景辉	沈春银
	凌立成	詹亮	梁晓怿	郑　实	杨座国	乔文明	郭旭虹	李　莉	刘柏平	孟鑫
	赵世成	许海涛	张　锐	何雪莲	岑　莲	周生虎				
082003 油气储运工程	沈本贤	徐心茹	李少萍	邹　滢	施　力	欧阳福生	周晓龙	江洪波	吕　涯	杨敬一
	凌　昊	刘纪昌	赵基钢	孙　辉	宋月芹					
082203 发酵工程	叶蕊芳	宫　衡	曹学君	高淑红	黄明志	沈亚领	卢艳花	李志敏	王学东	刘　琴
	鲍　杰	郭美锦	花　强	夏建业	赵黎明	张　建	吴　辉	陈代杰		
082204 皮革化学与工程	王利民	邹　刚								
0822Z1 生物工程与技术	庄英萍	赵　健	张元兴	周　燕	谭文松	许建和	李元广	范立强	吴海珍	沈亚领
	周祥山	卢艳花	马兴元	李素霞	张道敬	刘　琴	王启要	曹旭妮	刘少伟	郁惠蕾
	李春秀	史　萍	叶朝阳	赵黎明	蔡孟浩	关　岳	范建华	全　舒	吴　辉	周　勉
	张立新	庄　平	陈　波	梁嘉言						
083001 环境科学	修光利	林匡飞	张　卫	吕树光	刘仁华	闫　莹	冯耀宇	龙亿涛	王丽娜	肖立华
083002 环境工程	冯长春	于建国	蔡兰坤	刘勇弟	陈康	汪华林	黄光团	修光利	宋兴福	孙贤波
	曹国民	林匡飞	张　卫	陈秀荣	王兴军	丁　雷	吕树光	邱兆富	乔建江	金锡标
	乔秀臣	吴诗勇	张乐华	路贵民	孙淑英	刘莉莉	张　巍	周彦波	孙　泽	崔长征
	杨　骥	李　辉	孙玉柱	隋　倩	崔心红	罗启仕	吴来明	沈根祥	郑绵平	
083100 生物医学工程	沈学宁	刘昌胜	蔡海波	袁　媛	陈芳萍	魏　杰	李永生	王　靖	顾金楼	赵文茹
	屈　雪	肖　艳	何宏燕	张　琰						
083201 食品科学	周家春	常雅宁	张鲁嘉	谢静莉	刘少伟	周　英	蒋丽华	左　鹏	张　杰	赵黎明
	胡国华	李　爽								
083700 安全科学与工程	刘勇弟	黄光团	修光利	孙贤波	于新海	刘长军	惠　虎	曹国民	栾伟玲	项延训
	乔建江	张显程	贾九红	张　博						
090400 植物保护	宋恭华	钱旭红	徐晓勇	李　忠	徐玉芳	曹　松	黄青春	王　伟	程家高	邵旭升
	陶黎明	徐文平								
100700 药学	虞心红	钱旭红	徐玉芳	施小新	刘建文	冀亚飞	高　峰	刘桂霞	唐　赟	曾步兵
	朱维平	邓卫平	程家高	王春丽	张井岩	杨　弋	李　剑	黄　瑾	郑文云	叶金星
	翁伟宇	马　磊	李洪林	张　敏	杨丙成	章飞芳	王　蕊	李卫华	赵振江	刘晓峰
	杨有军	郑　静	胡泽岚	朱丽丽	李　浩	楼开炎	赵玉政	谢贺新	余星昕	何薇薇
	杨　友	马大为	刘成海	熊志奇	胡立宏	王　卫	段文虎	蒋华良	沈　旭	梁鑫淼
	SAnGhO Koo	毕利军	张卫东							
120100 管理科学与工程	陈智高	刘红丽	常香云	马　玲	董大旻	佘金凤	范体军	李　英	杨洪涛	周炜星
	汪冬华	张　坚	迟春洁	李淑霞	胡继灵	程　岩	刘　璇	李　嘉	胡海波	李　琳
	吴一帆	闫宏斌	蒋志强	徐燕翼	陈　晋	李　田				

专业代码及名称	导师名单									
120200 工商管理	黄维德	郭　毅	阎海峰	俞丽辉	王俊秋	胡仁昱	侯丽敏	董临萍	雷　英	陈洪安
	李玉刚	解　宏	张艳辉	陈万思	戚海峰	关　涛	杜伟宇	杨桂菊	阮永平	费鸿萍
	葛永盛	高　松	郝　斌	唐松莲	陈　亮	花贵如	李佑平	宋渊洋	景奉杰	陈峻松
120401 行政管理	张　良	罗建平	刘德吉	俞慰刚	姜尔林	陈　丰	纪晓岚	岑树海	李　琼	黄忠怀
	郭圣莉	石超艺	刘晓亮	曾　莉	刘　燕					
120404 社会保障	范　斌	徐永祥	程　毅	罗恩立	徐丙奎	张　昱	范志海	纪晓岚	张广利	曾守锤
	杨发祥	汪　华	龚秀全							
120405 土地资源管理	罗建平	俞慰刚	陈　丰	纪晓岚	黄忠怀	石超艺	牛　星			
120502 情报学	陈　荣	吉久明	任福兵	李建霞						
130500 设计学	许懋琦	程建新	陈　虹	沈　榆	徐　力	杨明刚	尚慧芳	傅蓉蓉	王　仲	方田红
	周美玉	王计平	于　炜	高　茜	温全平	张　杰	赖红波	丁　伟	蒋正清	闫爱宾
99J100 景观规划设计	程建新	傅蓉蓉	方田红	王计平	温全平	张　杰	闫爱宾	汪　军		

博士研究生指导教师名单

专业代码及名称	导师名单									
020200 应用经济学	王　跃	吴柏钧	杨逢珉	宋福铁	汪冬华	孔令丞	杨上广	阮永平	于立宏	任　飞
	麦　勇	吴玉鸣	董银果	鲍曙明						
030300 社会学	范　斌	徐永祥	曹锦清	费梅苹	何雪松	程　毅	张　昱	纪晓岚	张广利	曾守锤
	杨发祥	郭圣莉	李瑜青	董国礼						
030503 马克思主义中国化研究	王　芳	鲍宗豪	刘金祥	范明英	张　平					
070100 数学	鲁习文	程红波	刘朝晖	范体军	李建奎	周炜星	唐　赟	邵方明	王如彬	王　薇
	任　飞	马铁驹	潘晓川	郭继明	黎野平					
070301 无机化学	朱以华	卢冠忠	黄永民	杨宇翔	钟新华	刘劲刚				
070302 分析化学	张文清	胡　坪	蓝闽波	杜一平	张维冰	龙亿涛	卫　钢			
070303 有机化学	田　禾	伍新燕	马海燕	邹　刚	胡爱国	童晓峰	刘培念	施　敏	游书力	陈凯先
	王朝晖									
070304 物理化学	胡　英	刘洪来	卢冠忠	胡　军	牟伯中	杨世忠	彭昌军	尚亚卓	徐首红	沈伟国
	安学勤	叶汝强	李和兴							
070305 高分子化学与物理	黄发荣	林嘉平	庄启昕	徐世爱	田晓慧	郭卫红	郎美东	吴国章	胡爱国	陈　新
	王晓松	吴　唯	施剑林							
0703Z1 精细合成化学与分子工程	陈国荣	苏建华	田　禾	朱为宏	伍新燕	花建丽	解永树	赵春常		
071010 生物化学与分子生物学	赵　健	张惠展	魏东芝	叶邦策	刘建文	王　伟	马兴元	任宇红	杨胜利	刘　琴
	杜一平	钱江潮	杨　弋	冯耀宇	刘少伟	史　萍	王　平	肖立华	全　舒	陈志南
	李亦学	张永莲								
080201 机械制造及其自动化	郑建荣	王庆明	于新海	刘长军	易建军	曹　恒	惠　虎	夏春明	张显程	章文俊

专业代码及名称	导师名单								
080202 机械电子工程	郑建荣	易建军	曹恒	夏春明					
080203 机械设计及理论	程建新	安琦	涂善东	于新海	轩福贞	张显程	王旭	章文俊	叶林
0802Z1 工业设计	程建新	安琦	杨明刚	周美玉	张杰				
080500 材料科学与工程	朱以华	陈建定	陈爱平	黄发荣	王庚超	刘昌胜	李春忠	林嘉平	庄启昕	徐世爱
	徐宏	陈国荣	袁媛	田晓慧	齐会民	林绍梁	汪济奎	郭卫红	李冰	吴驰飞
	张玲	关凯书	郎美东	魏杰	郑柏存	吴国章	李永生	刘够生	胡爱国	路贵民
	顾金楼	关士友	杨化桂	龚尚庆	钮月萍	陈新	江浩	李红波	窦晓鸣	山口佳则
	刘润辉	吴唯	杲云	顾真安	施剑林	王健农	蒋士成	梁兴杰	聂广军	赵宇亮
	唐智勇	王琛								
0805Z5 先进材料与制备技术	张金龙	周晓东	黄永民	王艳芹	陈彧	朱麟勇	黄维			
080702 热能工程	龚欣	王辅臣	吴幼青	于广锁	胡军	徐宏	王亦飞	张德祥	刘海峰	栾伟玲
	张素平	陈雪莉	王杰	陈彩霞	方梦祥	成少安	王树荣			
080703 动力机械及工程	刘长军	惠虎	轩福贞	赖焕新	王国珍	严晋跃	王健农			
080704 流体机械及工程	葛晓陵	安琦	刘海峰	赖焕新						
080706 化工过程机械	马玉录	徐宏	汪华林	涂善东	于新海	刘长军	惠虎	轩福贞	栾伟玲	关凯书
	王学生	张莉	谢林生	王卫泽	赖焕新	周帼彦	张显程	王国珍	白志山	陈钢
	章文俊									
081100 控制科学与工程	凌志浩	林家骏	侍洪波	顾幸生	钱锋	高大启	朱煜	刘漫丹	杜文莉	牛玉刚
	邹俊忠	李绍军	颜学峰	王振雷	王如彬	朱宏擎	张建华	钟伟民	严怀成	赵海涛
	唐漾	James Lam	张杰							
081203 计算机应用技术	林家骏	邵志清	顾春华	虞慧群	高大启	朱煜	易建军	李洪林	冯翔	王喆
081701 化学工程	胡英	袁渭康	李伟	刘洪来	胡培君	于建国	李平	曾作祥	曹贵平	方云进
	谭文松	程振民	辛忠	李元广	周晓东	周兴贵	张新胜	宋兴福	许振良	龙湘犁
	彭昌军	赵玲	周志明	刘够生	乔秀臣	李平	路贵民	漆志文	韩一帆	朱卡克
	赵双良	方向晨	孙世刚	杨为民	郑绵平	张懿				
081702 化学工艺	沈本贤	徐心茹	应卫勇	田恒水	龚欣	施力	周晓龙	王辅臣	刘殿华	于广锁
	曹发海	王亦飞	刘海峰	朱学栋	凌昊	凌立成	乔文明	郭旭虹	刘柏平	肖天存
	王基铭									
081703 生物化工	庄英萍	张元兴	储炬	魏东芝	周燕	王永红	刘昌胜	谭文松	许建和	李元广
	蔡海波	曹学君	叶邦策	沈亚领	牟伯中	周祥山	卢艳花	李志敏	任宇红	杨胜利
	刘琴	钱江潮	鲍杰	郭美锦	花强	王平	关岳	孙彦		

专业代码及名称	导师名单									
081704 应用化学	沈永嘉	宋恭华	苏建华	田 禾	张金龙	张文清	朱为宏	伍新燕	牟伯中	王利民
	王巧纯	陈 锋	陈 彧	王成云	花建丽	钟新华	童晓峰	解永树	朱麟勇	龙亿涛
	田宝柱	赵春常	包春燕	刘培念	曲大辉	刘劲刚	曲景平	梁鑫淼	施 敏	
081705 工业催化	王幸宜	胡培君	陈爱平	卢冠忠	张金龙	郭杨龙	郭 耘	王艳芹	马海燕	侯震山
	龚学庆	谢在库								
0817Z1 能源化学工程	沈本贤	徐心茹	应卫勇	施 力	周晓龙	李 平	辛 忠	凌立成	乔文明	郭旭虹
	韩一帆	龙东辉								
0817Z3 制药工程与技术	陈国荣	沈永嘉	宋恭华	虞心红	徐晓勇	李 忠	曹 松	施小新	蓝闽波	冀亚飞
	朱维平	邓卫平	叶金星	褚长虎	柯燕雄	张维冰	刘仁华	杨丙成	邵旭升	任国宾
	王 卫	梁鑫淼	游书力	汤文军						
0817Z4 过程系统工程	袁渭康	应卫勇	钱锋	周兴贵	杜文莉	李绍军	颜学峰	赵 玲	漆志文	王基铭
0817Z6 材料化学工程	曹贵平	李春忠	辛 忠	周晓东	许振良	凌立成	乔文明	郭旭虹	刘柏平	周生虎
082203 发酵工程	庄英萍	储 炬	王永红	钟建江	谭文松	许建和	李元广	曹学君	沈亚领	李志敏
	鲍 杰	郭美锦	花 强	关 岳	陈代杰					
082204 皮革化学与工程	王利民	邹 刚								
0822Z1 生物工程与技术	庄英萍	赵 健	张元兴	张惠展	储 炬	周 燕	许建和	曹学君	沈亚领	卢艳花
	马兴元	李志敏	鲍 杰	郭美锦	黄 瑾	刘少伟	花 强	史 萍	赵黎明	关 岳
	全 舒	梁嘉言								
083000 环境科学与工程	于建国	蔡兰坤	刘勇弟	汪华林	修光利	张德祥	宋兴福	许振良	林匡飞	吕树光
	金锡标	乔秀臣	李 平	冯耀宇	路贵民	杨 骥	李 辉	肖立华	郑绵平	
090403 农药学	宋恭华	钱旭红	徐晓勇	李 忠	徐玉芳	曹 松	王 伟	陶黎明	SAnGhO Koo	
100700 药学	虞心红	钱旭红	徐玉芳	施小新	刘建文	高 峰	刘桂霞	唐 赟	朱维平	邓卫平
	杨 弋	李 剑	黄 瑾	叶金星	刘仁华	李洪林	杨丙成	王 蕊	杨有军	李 浩
	谢贺新	杨 友	马大为	俞 飚	胡立宏	王 卫	蒋华良	沈 旭	梁鑫淼	SAnGhO Koo
	毕利军	张卫东								
120100 管理科学与工程	鲁习文	侍洪波	顾幸生	黄维德	郭 毅	阎海峰	刘朝晖	陈洪安	李玉刚	刘 刚
	范体军	李 英	周炜星	汪冬华	马铁驹	景奉杰	王基铭			

博士学位研究生分学科专业统计表（单位：人）

编号	专业名称	博士生人数
1	0202 应用经济学	37
小计：02 经济学		37
2	0303 社会学	9
3	030301 社会学	57

续表

编号	专业名称	博士生人数
4	0303Z1 社会工作（学）	30
5	0303Z2 社会管理与社会政策	10
6	0303Z3 法社会学	3
7	030503 马克思主义中国化研究	26
小计：03 法学		135
8	0701 数学	16
9	070101 基础数学	1
10	070104 应用数学	10
11	070301 无机化学	12
12	070302 分析化学	37
13	070303 有机化学	37
14	070304 物理化学	41
15	070305 高分子化学与物理	8
16	070320 精细合成化学与分子工程	2
17	0703Z1 精细合成化学与分子工程	11
18	071010 生物化学与分子生物学	64
小计：07 理学		239
19	0802 机械工程	25
20	080201 机械制造及其自动化	6
21	080202 机械电子工程	3
22	080203 机械设计及理论	5
23	0802Z1 工业设计	15
24	0805 材料科学与工程	173
25	080522 先进材料与制备技术	1
26	0805Z5 先进材料与制备技术	8
27	0807 动力工程及工程热物理	82
28	080702 热能工程	31
29	080706 化工过程机械	7
30	0811 控制科学与工程	68
31	081101 控制理论与控制工程	5
32	081102 检测技术与自动化装置	1
33	0812 计算机科学与技术	1
34	081203 计算机应用技术	35

续表

编号	专业名称	博士生人数
35	0817 化学工程与技术	1
36	081701 化学工程	136
37	081702 化学工艺	113
38	081703 生物化工	118
39	081704 应用化学	95
40	081705 工业催化	66
41	081720 制药工程与技术	8
42	081721 过程系统工程	8
43	081722 化学生物技术与工程	2
44	081723 材料化学工程	6
45	0817Z1 能源化学工程	5
46	0817Z3 制药工程与技术	35
47	0817Z4 过程系统工程	2
48	0817Z6 材料化学工程	20
49	082203 发酵工程	36
50	082204 皮革化学与工程	2
51	0822Z1 生物工程与技术	12
52	0830 环境科学与工程	55
53	083001 环境科学	1
54	083002 环境工程	2
55	083600 生物工程	1
小计：08 工学		1 190
56	090403 农药学	17
小计：09 农学		17
57	1007 药学	76
58	100701 药物化学	2
小计：10 医学		78
59	1201 管理科学与工程	47
小计：12 管理学		47
合　计		1 743

硕士研究生分专业人数统计表 （单位：人）

编号	专业名称	硕士生人数
1	0101 哲学	1
2	010101 马克思主义哲学	3
3	010102 中国哲学	2
4	010103 外国哲学	1
小计：01 哲学		7
5	020201 国民经济学	7
6	020202 区域经济学	15
7	020204 金融学（含：保险学）	36
8	020205 产业经济学	19
9	020206 国际贸易学	29
10	025100 金融	33
11	025400 国际商务硕士	6
小计：02 经济学		145
12	030101 法学理论	4
13	030104 刑法学	6
14	030107 经济法学	31
15	030109 国际法学	9
16	030201 政治学理论	17
17	030301 社会学	44
18	030302 人口学	3
19	0303Z1 社会工作（学）	15
20	0303Z2 社会管理与社会政策	6
21	0305 马克思主义理论	15
22	035101 法律（非法学）	41
23	035102 法律（法学）	13
24	035200 社会工作	86
小计：03 法学		290
25	040106 高等教育学	8
26	040301 体育人文社会学	33
小计：04 教育学		41
27	050201 英语语言文学	31
28	050211 外国语言学及应用语言学	38
29	055100 翻译	45

续表

编号	专业名称	硕士生人数
小计：05 文学		114
30	0701 数学	44
31	070101 基础数学	1
32	070102 计算数学	4
33	070103 概率论与数理统计	1
34	070104 应用数学	15
35	0702 物理学	30
36	070301 无机化学	32
37	070302 分析化学	98
38	070303 有机化学	109
39	070304 物理化学	96
40	070305 高分子化学与物理	59
41	0703Z1 精细合成化学与分子工程	35
42	070703 海洋生物学	3
43	071005 微生物学	27
44	071010 生物化学与分子生物学	100
45	077700 生物医学工程	41
小计：07 理学		695
46	080102 固体力学	11
47	0802 机械工程	43
48	080201 机械制造及其自动化	18
49	080202 机械电子工程	34
50	080203 机械设计及理论	36
51	0805 材料科学与工程	484
52	0805Z5 先进材料与制备技术	15
53	0807 动力工程及工程热物理	76
54	080702 热能工程	66
55	080703 动力机械及工程	10
56	080704 流体机械及工程	18
57	080706 化工过程机械	116
58	081002 信号与信息处理	56
59	0811 控制科学与工程	244
60	081101 控制理论与控制工程	1

续表

编号	专业名称	硕士生人数
61	0812 计算机科学与技术	99
62	081202 计算机软件与理论	1
63	081203 计算机应用技术	4
64	0817 化学工程与技术	3
65	081701 化学工程	393
66	081702 化学工艺	272
67	081703 生物化工	172
68	081704 应用化学	157
69	081705 工业催化	95
70	081720 制药工程与技术	4
71	081721 过程系统工程	2
72	081723 材料化学工程	35
73	0817Z1 能源化学工程	8
74	0817Z2 资源循环科学与工程	1
75	0817Z3 制药工程与技术	112
76	0817Z4 过程系统工程	6
77	0817Z6 材料化学工程	49
78	081903 安全技术及工程	1
79	082003 油气储运工程	46
80	0822 轻工技术与工程	9
81	082203 发酵工程	67
82	082204 皮革化学与工程	8
83	0822Z1 生物工程与技术	41
84	0830 环境科学与工程	150
85	083002 环境工程	2
86	083201 食品科学	40
87	083700 安全科学与工程	18
88	085201 机械工程	69
89	085204 材料工程	142
90	085206 动力工程	75
91	085208 电子与通信工程	38
92	085210 控制工程	131
93	085211 计算机技术	43

编号	专业名称	硕士生人数
94	085216 化学工程	219
95	085221 轻工技术与工程	48
96	085229 环境工程	63
97	085235 制药工程	116
98	085237 工业设计工程	65
99	085238 生物工程	79
小计：08 工学		4111
100	0904 植物保护	2
101	090403 农药学	38
小计：09 农学		40
102	1007 药学	190
103	1008 中药学	24
104	105500 药学	57
105	105600 中药学	8
小计：10 医学		279
106	1201 管理科学与工程	92
107	1202 工商管理	32
108	120201 会计学	34
109	120202 企业管理	98
110	120203 旅游管理	2
111	120204 技术经济与管理	7
112	120280 工商管理硕士	26
113	120401 行政管理	44
114	120404 社会保障	38
115	120405 土地资源管理	16
116	120502 情报学	13
117	125100 工商管理	952
118	125200 公共管理	209
119	125300 会计	143
120	125600 工程管理	82
小计：12 管理学		1 788
121	460100 工商管理硕士	17

注：硕士生统计不包括非全日制专业学位研究生。

2016 年授予学位人员名单

2016 年 1 月研究生学位授予名单

一、经校第十一届学位评定委员会第十九次会议审议表决，同意授予以下 48 人博士学位。

博士学位 48 人

法学：2 人

社会学（2 人）

于兰华　高梅书

理学：6 人

分析化学（5 人）

张　磊　宋　伦　周　浩　张玉龙　李　炜

物理化学（1 人）

吕　磊

工学：37 人

机械电子工程（1 人）

张　亮

材料科学与工程（8 人）

高　楠　付曙霞　李玲玲　唐　为　戴义辉　江宏亮　任大勇　张　侃

动力工程及工程热物理（2 人）

邓国坚　杜彦楠

热能工程（1 人）

倪昊尹

化工过程机械（1 人）

杨景强

控制科学与工程（2 人）

董亚明　王河山

计算机应用技术（1 人）

裴　新

化学工程（3 人）

夏　天　靳苗苗　徐　阳

化学工艺（5 人）

孔令平　黄　婧　陈慧超　孔令涛　王　枫

生物化工（4 人）

代同成　赵　晨　栾政娇　孙慧慧

应用化学（1 人）

赵　轩

工业催化（3 人）

王　栋　夏启能　余燕燕

制药工程与技术（1 人）

丁　伟

材料化学工程（1 人）

韩　婷

发酵工程（1 人）

贡　怡

环境科学与工程（2 人）

徐　峰　张汝壮

农学：1 人

农药学（1 人）

王高磊

医学：2 人

药学（2 人）

李　晓　徐祎春

二、经校第十一届学位评定委员会第十九次会议审议表决，同意授予以下 958 人硕士学位。

1. 学历教育（学术型）硕士学位 267 人

哲学：2 人

哲学（2 人）

陈佳妍　秦　楚

经济学：28 人

国民经济学（2 人）

胡　唯　任　可

区域经济学（3 人）

高　强　韩惠民　赵蔡晶

金融学（含：保险学）（11 人）

朱　红　韩丽贤　庆　楠　苏丽玲　汪　珊　王佳森　徐　凯　章　琦　赵　锦　周小洲　枥内阳助

产业经济学（4 人）

田　烨　涂改革　武兴娟　郑治欢

国际贸易学（8 人）

蒋　煦　陆立惠　翟慧娟　罗　吉　哈米木　德　米　杰西卡　阿尔蒂

法学：53 人

法学理论（2 人）

李思豫　刘　婧

刑法学（1 人）

杨剑波

经济法学（6 人）

陈　诚　何雅洁　刘　玮　朴祉颖　张鹏程　张　翊

国际法学（6 人）

蔡雯怡　胡柯岚　刘美君　尉　力　姚妍韡　张华君

政治学理论（9 人）

陈晓敏　程道华　凌　玲　陆雪婷　孙玉琳　魏亚娇　武文菲　张素芹　张玉卓

社会学（24 人）

程福江　魏应彪　王　婕　阿　沙　陈　魏　褚　好　杜捷欣　高　洁　李春瑶　刘　俊　罗巧英　裴志超
戚　玉　宋晓晓　王玲玲　王　顺　吴维祺　熊　锐　徐照照　杨潇白　余旭娇　张飞达　张贯磊　赵云亭

人口学（3 人）

倪嘉颢　齐红星　易怀山

马克思主义理论（2 人）

令狐露　谭美学

教育学：12 人

高等教育学（5 人）

马　靖　黄伟健　倪晓晴　任　颖　郁冬梅

体育人文社会学（7 人）

何久勇　季忆旸　刘　振　卢　青　彭　伟　徐毅晨　颜景昕

文学：22 人

英语语言文学（9 人）

程玉婷　江晓雪　李亦天　林正奇　刘高洋　刘玉婷　彭雅洁　岳瑞莉　张　娟

外国语言学及应用语言学（13 人）

陈楚楚　耿　维　何路铭　和　敬　李娟娟　李　倩　李亚亚　欧阳秋芳　施佳莉　夏　沁　张洋洋
赵璘枫　封馨艳

理学：8 人

应用数学（1 人）

孙立娟

无机化学（1 人）

王思文

物理化学（1 人）

龚金华

高分子化学与物理（2 人）

张俊超　周　超

微生物学（1 人）

胡莉莉

生物化学与分子生物学（2 人）

黄雅佩　袁　鹰

工学：12 人

机械工程（1 人）

张　辉

机械设计与理论（1 人）

陈思佳

热能工程（1 人）

刘瑞民

生物化工（4 人）

刘佳莉　郭孟磊　栗　娜　沈　处

应用化学（1 人）

曹甜甜

制药工程与技术（2 人）

路琼琼　杨润洁

发酵工程（1 人）

董浩苏

环境科学与工程（1 人）

蒋媛媛

农学：1 人

植物保护（1 人）

王雪啸

医学：5 人

药学（5 人）

陈　彬　公　静　毛玲雪　叶亚婧　许旭升

管理学：95 人

管理科学与工程（28 人）

于娟娟　蔡　路　方陈浩　方慧莲　方　远　洪贤铭　胡珍苗　黄海梁　李银萍　刘分佩　罗　翀　罗春海
倪颖奇　宁菲阳　乔梦宇　王宝茹　王梦丽　王　婷　魏美华　吴志慧　肖峥嵘　谢文成　杨春姬　杨艳萍

周　洁　周　可　候赛因　何　平

会计学（13 人）

毕经纬　何雨晴　胡方圆　姜力玮　李　佳　卢　婧　陆韵石　倪凯时　温艳华　吴秋敏　徐玲丽　赵　琳　张希亚

企业管理（24 人）

查林蓉　车晓良　费舒霞　宫金雪　顾兰云　郭雪娇　华建飞　黄文辉　纪宇彤　李　斌　李佳琳　毛鑫鑫　钱熠萌　沈　丹　宋亚晨　覃润宇　陶　悦　吴露琼　吴琪琦　杨敏炎　杨　琴　虞雅琳　张　雯　朱　丽

技术经济与管理（2 人）

陈雨泓　季昌梧

行政管理（11 人）

拜合提亚尔·巴拉提　刘　蓉　邵明伟　施锦凤　时　静　王世杰　王　玮　王　颖　严任舟　章丽丹　朱　卫

社会保障（9 人）

耿　敏　郭佶胤　何惠亭　黄立娴　李　洋　刘一伟　秦银娟　热孜完·艾力　张　莹

土地资源管理（4 人）

程　露　杜　杰　李晨夏　张　颖

情报学（4 人）

陈锦辉　李媛媛　王倩倩　叶圣俊

艺术学：29 人

设计学（29 人）

邹　丹　陈　欣　戴纯菲　冯秋保　龚小亭　胡　珊　胡文娟　黄文捷　蒋静雯　金　菁　孔玲艳　刘丹彤　刘振艳　陆　懿　吕宗伟　戚　洁　沈驰鑫　宋颖颖　覃永艳　田晓盼　王陈璐　王靖予　王璐璐　徐　佩　张　恒　张琪玥　张　颖　张　永　张正元

2. 同等学力人员申请硕士学位 3 人

管理学：3 人

企业管理（3 人）

郎　丽　印婷婷　应　璐

3. 硕士专业学位 688 人

社会工作硕士：24 人

陈朵多　陈珍珍　成燕子　顾笑晓　贺　艳　黄夏燕　姜　楠　姜伟云　姜亚萍　李楚楚　毛倩雯　米热买买提·米吉提　牟小林　盛琳琳　孙　斐　万　玥　肖乐乐　俞倩雪　苑玮烨　张　健　朱婷婷　朱霄雅　竺幸波　祝嘉慧

工程硕士：391 人

机械工程（35 人）

浦昕炜　张　春　方　斌　许任丰　曹　琼　解　强　解文芳　潘瑞霞　高正芳　徐　阳　严佳纯　陈传龙

陈　帅　陈晓朋　陈梓强　樊吉宁　黄金灿　江思宏　蒯智杰　刘　盼　鲁　祝　罗　彬　毛雷鸣　钱沓丰
孙　涛　王夫清　王　寅　吴建军　吴　松　徐　磊　杨秀秀　张朝辉　张海群　郑焕魁　周　康

材料工程（45 人）

程文雄　陈　兵　周乐云　潘建中　郭正也　鲍潮军　陈凯强　陈腾达　戴　艳　丁敏源　段莹莹　高维川
韩向超　季小明　简祖凯　李茂林　李兴茂　路亚亮　马雪婷　倪樱嫣　彭华夏　齐栋栋　司鹏翔　汤晓峰
童　旸　王彬淇　王格非　王沪东　王璐佳　王永丽　谢义师　熊亚超　徐清国　杨　龙　袁　远　詹佳栋
张芳宁　张梦亚　张培忠　郑祎初　庄李强　高　远　万　顺　徐金鹏　陈建辉

动力工程（24 人）

史斐菲　张　健　张欣欣　潘沈斌　汪　柯　柳　博　缪飞飞　言鸿君　仇　巍　黄新莲　黄卓笑　贾云全
江浩然　李福兴　王干新　王云祥　王中君　徐志岳　姚本飞　曾　聪　张晓霓　赵瑞军　郑维栋　朱鸿伟

电子与通信工程（10 人）

宋　超　曹顺建　王　珏　柯　杰　毕东旭　陈　聪　董明杰　李亚光　罗晶波　朱恺骋

控制工程（39 人）

杨德双　陈　曦　李德海　张　凯　赵国新　温朱桂　杨安韬　蔡　冰　陈俊睿　范　宇　房巍巍　龚俭庭
顾　伟　韩　庚　康永波　李　刚　茆莹莹　穆佩红　邵昱宁　孙灿荣　田尔欣　王兆宁　魏　莱　吴凌云
吴晓冬　吴玉海　夏刘媛　杨　惠　杨尚咏　杨　宇　于　浩　于　腾　张成成　赵　健　赵　腾　郑阳洋
周铁军　周晓瑾　庄钰滨

计算机技术（26 人）

刘祯懿　黄　海　刘　峰　贾　杰　陈银银　董　旭　范文朋　江　雷　金　袆　李　成　李小可　刘　宇
刘　赟　孟　芸　倪军燕　孙丽萍　汤敏伟　王道志　魏文浩　席梦隆　杨　帆　张凯旋　张　平　张　莹
赵琳莹　朱楠楠

软件工程（7 人）

陈华荣　胡逸琳　李　倩　秦建龙　宋雷军　王锁平　陈　俊

化学工程（53 人）

杨春胜　陆林华　禹兴利　章岳峰　汪　飞　伏　刚　宿仕富　蔡奕盛　陈言理　崔向茹　方潜森　顾　谦
顾艳哲　顾芷齐　何双荣　侯世敏　黄彩贺　黄　磊　黄耀林　黎　勇　李　婷　李　伟　李晓晓　李　颖
刘　丹　刘齐琼　刘　行　刘育军　刘昱祺　苗文才　潘婵婵　饶　蕾　容尔益　孙亚萍　谭远婷　万富苗
万　明　王　晨　王敏芝　王杨杨　王　殷　文　雅　辛　怡　徐　辉　徐晓龙　杨　剑　杨小佩　易光栻
张正德　赵延茂　周秉武　訾江芝　张　源

轻工技术与工程（17 人）

王志军　傅　龙　邵宇虹　李思思　沈　阳　郭　敏　陈宏伟　苟　了　胡　阳　郎红月　施冰冰　卫　瑞
夏银江　徐要要　张　帆　周　峰　周苏旸

安全工程（4 人）

郑　刚　高燕铭　陈　颖　王溢博

环境工程（2人）

于永莲　李述良

食品工程（5人）

汤文华　杨卫明　姚　科　茅　俊　宁准梅

制药工程（33人）

吴贯中　沈雁雁　吴明军　董惟恺　孙永强　杨小军　叶大兵　周林伟　徐俊珺　弓一帆　钱毛毛　申慷尼

申伟成　宋　易　唐明花　王　欢　谢　婷　许丹丹　张　飞　郑　希　周　丹　朱婷婷　刘京川　张小灵

岳淑贤　秦敬国　王天池　陈　勇　董正颉　姜强强　李　勇　李玉丹　姚　勇

工业设计工程（17人）

张煜菡　孙兴华　童　婧　曹瀚月　张馨元　鞠思远　梁培龙　刘　昕　刘燕英　钮　薇　宋佩茜　王鹤鸣

王　琳　王盛超　徐颢芳　姚　姮　陆俊超

生物工程（6人）

岳建强　黄海涛　朱　勇　周伟光　黄培森　蒋晓丹

项目管理（59人）

欧阳钧　王娴婷　胡　颖　孙　杰　王莉芳　王少莉　祝　赫　白军华　柴国锦　陈　川　陈　伟　陈远志

程华杰　邓旭林　杜仕政　高顺利　龚　雁　胡剑虹　胡文璟　胡　宇　蒋　峰　金诚骁月　金　晖　敬　敏

李名天　李　平　李文盛　李雅珍　林　琳　刘爱华　刘　丽　刘　芹　陆　洋　彭　张　钱健航　邵丽敏

沈梅杰　沈学军　施立伟　宋建军　汪海波　王　蓓　王　巍　王泽泉　王志远　谢晶晶　杨　豪　杨球武

姚祖军　于　波　余勤锋　袁希阳　张吉辉　张卫明　周成蹊　朱　骁　朱肇基　金哲君　穆晓念

物流工程（9人）

刘国伟　周晶科　常升亮　曾　鸿　胡佳楠　花中玉　林剑忠　沈雨亮　施连吉

药学硕士：3人

丁　玥　杜文沛　徐刘昕

中药学硕士：6人

董叶青　黎　俊　柳　伟　孙晓燕　汪慧琼　魏汉林

工商管理硕士：209人

工商管理（199人）

邓国英　王　恒　张秋寄　杨旭光　蔡卫东　陈小兵　冯　超　金　珠　倪燕华　宋剑秋　吴　广　闫成蕾

张卓华　熊艳萍　蔡惠萍　刘　佳　朱晓平　付金成　何鉴缘　姬晓峰　姜　珊　金美华　李志强　吕志锋

邵嘉斌　吴莹慧　席　蓉　郑　方　代长生　冯向阳　何　宁　吕品品　宋见五　王振岭　杨思淋　叶玲升

张芷瑞　周　煜　方立平　沈　嵘　杨　辉　朱馨远　陈科峰　林本佳　孙　林　汪洪波　陈树建　程　莲

顾　蕴　郭晋锋　洪　斌　黄志成　焦　姣　卢建栋　罗　海　马亮羽　戚君琴　田志成　汪红建　王秋惠

徐　琛　徐　轶　许　珲　杨　栋　杨　静　姚冰晶　姚　伟　俞莉莉　张　雷　周怡静　曹　柳　陈　梅

仇　霖　谷君先　何　伟　李文风　梁雪东　柳靓婧　龙明庆　邱文冠　孙　波　唐建锋　王莉君　王婷婷

徐艳玲　杨　啸　于鹏飞　张　涛　周　齐　朱德敏　谢梦蝶　陈思文　陈　骁　陈修乾　陈子磊　程齐舫

从懿骏　代凤朕　单　惟　高秋萍　耿连松　耿　艳　龚　波　顾政怡　黄　旖　贾国麟　蒋勇杰　揭建华
金　梁　李军红　李　珺　李　朋　林　松　钱　晨　钱　俊　任　慧　邵春霞　施铁侃　时　代　陶建钢
陶　杰　王　飞　王　珂　王乐天　王敏明　王瀛超　夏　容　徐庆洪　徐毅元　杨文豪　应俊祥　余竹清
虞剑清　张登基　张　浩　张　津　张　琼　张振英　郑　伟　卞　扬　蔡　晨　丁吴涛　樊仙仙　冯春亮
高声雨　葛　非　胡　勇　胡运林　黄昌宁　黄文明　蒋江送　李　刚　李国青　李景伟　李　龙　李　昕
刘占锋　刘　卓　吕　超　罗　维　莫启钧　牛　聪　彭方法　彭　俊　邱月波　邵茸茸　施锦玲　石　嘉
眭　建　王安舟　王大成　王　栋　王　欢　王健斌　王　莹　吴丹平　徐　骏　杨荟萌　杨　凯　杨　毅
杨永超　尧　敏　叶学文　尹建成　张风雷　张　峰　张红梅　张建军　张向峰　张晓林　郑露露　钟小民
周　杰　李　响　杨　华　余修君　林　成　聂结胜　彭　亮

高级管理人员工商管理（10 人）

史云霓　成　舫　李展山　邵颂一　王明光　曹彩娥　常建群　韩靖远　聂军祥　董　盛

公共管理硕士：20 人

肖云拿　李　菊　李蜀锦　刘伯伟　卫　青　吴潇潇　徐珠春　俞　颖　陈　云　高　宇　娄雷鸣　周　炜
竺若茜　周　琳　杜　宁　谷　慧　李　莉　王　力　张慧慧　叶　静

会计硕士：27 人

曹莎莎　陈　曦　陈颖中　高　源　耿浩翔　龚慧炜　顾之峰　黄　鑫　李丽丽　梁丽萍　陆　燕　陆媛君
马美芸　潘倩华　彭静文　施琼娴　孙英姿　谈晓娟　王　梅　王　倩　王云霄　徐炜玮　徐霄祺　俞惠容
张静斐　章颖辉　周伟勋

艺术硕士：8 人

吴　菲　李　丹　李舒珂　潘　靖　王雅晴　王哲敏　王　震　张　帅

2016 年 6 月研究生学位授予名单

一、经校第十一届学位评定委员会第二十次会议审议表决，同意授予以下 156 人博士学位。

学历教育博士 156 人

经济学：1 人

应用经济学（1 人）

李嘉晨

法学：5 人

社会学（3 人）

黄成亮　张建雷　周贤润

马克思主义中国化研究（2 人）

刘　涛　闰彩霞

理学：28 人

数学（2 人）

安广宇　陈华忆

无机化学（2 人）

王　靳　马云飞

分析化学（4 人）

高方园　李　飏　万　昊　朱　翔

有机化学（7 人）

陆颖鹏　杜　丹　商学松　姚武冰　朱彭龙　陈　凯　赵正乐

物理化学（4 人）

熊　焰　高　飞　李海英　孟　勇

高分子化学与物理（1 人）

魏　佳

精细合成化学与分子工程（6 人）

夏志清　厉凯彬　王飞翼　高　省　汤云瑜　吴志方

生物化学与分子生物学（2 人）

吴　锴　张　磊

工学：115 人

机械工程（3 人）

马方波　孙　权　吴德龙

机械制造及自动化（1 人）

陈劭力

机械电子工程（1 人）

姚海庆

机械设计及理论（2 人）

张苏周　刘一帆

材料科学与工程（18 人）

刘荣鹏　朱向阳　沈银龙　徐　磊　杨　双　张兴棣　张正河　王　云　陈　一　张　婧　高勇平　侯晓宇　李宇航　刘立超　闵书迪　王　超　杨重阳　钟宇华

先进材料与制备技术（1 人）

汪　诚

动力工程及工程热物理（6 人）

陈金鑫　张玉财　唐佳丽　马　坤　韩延龙　伍声宝

热能工程（6 人）

高山松　刘　鹏　唐　佳　孙　晔　夏梓洪　张杰

控制科学与工程（4 人）

李　路　倪　力　朱燕飞　贺凯迅

计算机应用技术（1 人）

蒋宇一

化学工程（12 人）

顾嘉辉　刘　鹏　叶　静　庄黎伟　刘　娟　潘德韬　单玉领　胡冬冬　梁珊珊　苏俊杰　叶光华　陈　杭

化学工艺（19 人）

宁爱民　侯晓明　丁同梅　葛　翔　蒋　坚　李建文　车　煜　葛传长　周建国　王铭纬　丁　路　徐月亭　马　越　张　峰　仓　钰　刘冰灵　王静文　陈可冉　李文成

生物化工（8 人）

章　真　黄　锭　王小龙　鲁洪中　高文渊　齐　凯　邓　健　高　鑫

应用化学（13 人）

王　晗　左虎进　茅　松　高玉婷　刘允昌　邵安东　张　锴　赵　珂　李新进　王晓航　姜　宇　杨云龙　姚旭阳

工业催化（6 人）

汪鹏华　白树行　丁大千　吴新平　陈　晨　杨　虹

制药工程与技术（7 人）

翟娇娇　纪顺利　李红亮　唐　蜜　吴新鑫　杨德骏　殷　伟

材料化学工程（1 人）

陶　淼

发酵工程（3 人）

易　霞　范季瀛　张　成

环境科学与工程（3 人）

杨丞磊　徐　薇　周　栋

农学：1 人

农药学（1 人）

陆　青

医学：6 人

药学（6 人）

费　杰　王友鑫　闫文仲　张子谦　李诗良　林圣超

二、经校第十一届学位评定委员会第二十次会议审议表决，同意授予以下 1 439 人硕士学位。

1. 学历教育（学术型）硕士学位 947 人

经济学：2 人

国民经济学（1 人）

方海波

国际贸易学（1 人）

汪　浩

法学：1 人

经济法学（1 人）

张　磊

教育学：1 人

体育人文社会学（1 人）

肖巧俐

理学：138 人

数学（1 人）

赵丽芳

应用数学（8 人）

丁丹丹　马丽瑛　夏　雨　徐冬梅　许　哲　袁　琪　张　丹　张　燕

物理学（5 人）

甘贵贤　饶　潞　史可意　王珂珂　张健飞

无机化学（11 人）

白语杨　戴祚晟　邓　乔　邓亚娟　孟欣欣　皮　娜　王　聪　王茹春　韦琴梅　杨　欢　钟圆圆

分析化学（24 人）

陈雅静　房南南　付　迪　高　羽　国　欣　贺　冰　胡　咪　金红英　刘姗姗　刘婷婷　刘心梦　马东升
彭　丽　邱巧丽　上官露露　孙桂琴　王岚岚　王　蕾　王振平　仰贤莉　赵丽丽　赵甜甜　钟　霖　周婷婷

有机化学（30 人）

朱子忠　熊晶晶　袁　晶　艾　文　蔡训志　陈浩杰　崔淑贞　郭建双　姬晓悦　江汉春　景　磊　雷　煜
李　超　李法霖　李　璟　李青巍　刘海鹏　路则海　吕士昌　马玉涛　孟德财　邵同乐　沈文琪　司淑芬
孙　敏　王　艳　郑东青　周玉胜　朱会凯　边庆龙

物理化学（20 人）

何怡晨　王雨琴　蔡帮鑫　车佳宁　程方亮　董修言　胡晓华　惠志倩　季　姗　柯文静　刘　飞　刘晓炜
吕文华　王玉芳　吴结群　夏　天　夏艳婷　徐　晨　张理火　周　静

高分子化学与物理（9 人）

崔嘉扬　段俊超　傅杰松　刘朗萍　石俊慧　王　雄　吴　琼　辛　浩　张　槟

精细合成化学与分子工程（9 人）

陈　林　李年泰　刘建森　栾舟临　谭文斌　曾亚丽　张柯委　张　悦　邹盼盼

微生物学（5 人）

姜　蒙　程　娟　林　杰　刘婷婷　赵春云

生物化学与分子生物学（16 人）

宋姗姗　郑增节　崔昕晖　杨圆圆　张旭凡　郭　华　郭　敏　黎　珊　徐海玲　张宝琪　张　娇　张　晶
张　娜　赵程程　赵凤兰　周　瑶

工学：754 人

固体力学（3 人）

陈　亮　刘　波　文世冬

机械制造及其自动化（8 人）

陈佳佳　罗金龙　唐　驰　吴占峰　徐亚军　袁　航　曾繁俊　庄　泳

机械电子工程（17 人）

郭　刚　郭海林　何　欢　胡守柱　瞿婷婷　刘民胜　童　星　王　林　王灼龙　卫佳骏　吴　凯　吴　平　徐　骏　张　浩　赵鲁昂　郑　阳　周　静

机械设计及理论（16 人）

李　钊　陈　广　何　丹　洪先雷　厚　康　刘妹妹　刘婷玉　陆钦鑫　丘盛昌　邵　东　王培勇　王　清　阳燕林　阴子良　赵玉善　叶东东

车辆工程（1 人）

张昌宪

材料科学与工程（131 人）

陈　程　蒋丽莉　刘玉锦　浦彬彬　许　伟　安建国　曹　磊　曹晓艳　陈　超　陈会高　陈　洁　陈　玮　陈　洋　陈　瑛　陈宇琦　程晓静　程子非　丛志楠　崔晓倩　崔中纹　代文文　戴宝杰　戴　辉　刁飞宇　丁　赛　董　辉　杜孝林　杜鑫鑫　冯国威　付正义　高小梅　高针针　戈　榕　郭吟竹　郭云舟　韩冬菁　何田田　胡　浩　胡文秀　黄彬磊　黄　超　黄　锋　黄健飞　黄　帅　黄友富　贾贵奇　蒋孝杰　蒋余花　金　诚　郎思晥　雷　昆　冷新建　李怀龙　李　军　李　宁　李　翔　李　响　梁新萍　刘冬冬　刘　强　刘伟兴　刘雅琨　刘映婷　刘竹霖　卢　贞　鲁加荣　吕欢欢　马　娟　马晓飞　马正宇　牛晓凤　潘　斐　浦海洲　秦学飞　沈　康　唐　洋　唐宇航　陶明康　田　宇　涂先兵　涂永辉　汪　翔　汪洋洋　王慧骁　王建伟　王　丽　王璐婷　王平平　王淑仪　魏　杨　温　虹　邬迎阳　吴敏乐　吴为果　吴振飞　夏凡舒　肖晨晨　熊儒琳　徐其磊　徐晓婵　徐　星　许海灵　闫德强　闫薪竹　杨海荟　杨华清　杨　昆　杨　涛　姚　乙　于　雳　余明泉　俞佩佩　袁　龙　袁文津　张冉冉　张　珊　张识介　张　涛　张小娟　张新伟　张　洋　张一珠　赵　聪　赵换叶　周　磊　周　琦　周　颖　朱送伟　朱绪敏　朱志峰　邹　斌

先进材料与制备技术（2 人）

程红霞　吴珊珊

热能工程（13 人）

孙晓林　李　军　刘芳奇　陆志峰　钱文伟　苏宇峰　田英奇　吴炬晖　徐　阳　许文娟　周　强　庄德旺　左成月

动力机械及工程（7 人）

蔡　斌　陈大清　刘泽攀　吴　为　徐亮亮　于景业　占　勇

流体机械及工程（10 人）

白海涛　蔡　翔　邓　钏　李业强　刘诗念　倪　靖　王继祥　徐文洁　杨　可　张振乾

化工过程机械（41 人）

陈　浩　陈　圆　董　政　范永坚　范　宇　冯　博　韩星浩　姜懿峰　靳振西　李红振　李　阳　李宇轩
明小祥　潘仁静　祁　凡　乔　伟　宋晓梅　宋啸虹　王瑞雄　王晓东　王志华　吴良敏　吴　楠　邢天月
徐银香　许颖恒　闫东恒　尹华卿　尹少峰　曾　鹏　张　超　张胜兵　张仲强　赵传亮　赵珊珊　赵　巍
朱锦斌　朱文敏　朱宗亮　邹　镔　邹同卫

信号与信息处理（16 人）

程相康　方　婷　何聪芹　刘　婷　卢南南　马宇舸　潘　旭　宋梦桃　谈美明　吴彩丽　杨　帆　姚勇涛
张　磊　赵江坤　斯麦尔　阮英秀

控制科学与工程（74 人）

蔡　锋　曹叙风　陈文广　成　祥　崔希庆　杜单良　杜国杰　段星辰　冯　巍　傅佳烨　干玲剑　郭红杰
胡宝龙　胡慧萍　江　韦　江晓栋　蒋　臣　瞿　丽　康小明　寇增前　李　东　李继明　李小刚　刘春平
刘皓阳　刘　欢　刘　骏　刘　珍　陆　苗　吕小条　罗明英　马　奔　聂永高　牛进伟　逄铭雪　彭培培
钱　冬　钱峰峰　邱莹莹　任　翔　盛明明　时文飞　双翼帆　汪海强　王冰冰　王华利　王怀宇　王佳伟
王　权　王　伟　王潇逸　王鑫超　王雅斌　王永存　王玉梅　魏　畅　吴朔枫　肖姝源　谢兴兴　徐　林
徐小丽　薛立卡　闫小东　杨克浊　杨智慧　叶　强　印肖霞　张　彪　张俊民　张　醒　赵付洲　郑洪雯
周书恒　朱　明

控制理论与控制工程（1 人）

哈　里

计算机科学与技术（18 人）

陈冠廷　戴光辉　高永伟　郭丽丽　刘楠楠　刘　洋　刘　怡　鲁成程　钱能武　邱　远　邵舒迪　谭立威
田　甜　王敏光　吴　芳　薛丽娟　杨　昙　张进文

计算机应用技术（5 人）

陆　旻　闫顺成　邱张得　阿努泊　布莱恩

化学工程（99 人）

陈　强　敖　灿　曹　可　曹　盛　曹　伟　曹小冬　曹仲良　曹宗彬　陈　君　陈星好　陈艳梅　程　钢
丁海荣　董开衢　豆欣欣　樊晓丽　方　丹　冯　彩　冯　姣　高　峰　顾晟燊　郭文泽　韩银召　黄本赫
黄佳乐　黄　毅　加明磊　姜　昊　姜子维　蒋文斌　康学青　雷　静　李　冰　李冰雪　李驰祥　李奉才
李国栋　李　娟　李　娜　李沈婷　李婷婷　李　想　梁　善　刘　达　刘海庆　刘江琳　刘婷婷　隆宽燕
吕建峰　罗　佳　马进荣　马　明　马星全　宁　静　潘文龙　潘振强　庞洪强　彭代力　乔鸿昌　裘俊峰
邵健强　邵阳康　史小帅　孙振龙　万　宇　汪龙香　王彩杰　王倩倩　王荣荣　王远月　王紫君　吴凤凤
吴志娟　谢端鹏　徐　林　闫海超　杨　佳　杨　军　杨　沫　姚丽雯　叶黎城　叶庆元　叶　文　曾凡雪
翟祥素　张鲭丹　张　宏　张　辉　张　婧　张颖娜　张梓澜　章进旸　周天睿　朱道奇　朱明明　朱贤平
张佳楠　瓦里德　吴长春

化学工艺（88 人）

冯秀文　曹加悦　曹　琴　曹世晴　陈　翔　陈振奇　陈志远　程利萍　崔　喜　党亚茹　董　科　樊宗明

方伟刚 龚明兰 龚　青 郭建新 郝鹏飞 何自国 胡威威 黄　璠 江　婷 蒋　章 孔丹旎 李关龙
李延岫 林善俊 刘　慧 刘明慧 刘宁强 刘旭华 栾红娟 马　健 潘响明 乔　治 任思嘉 沈　晨
沈叶婷 宋　军 苏晓琳 汤云超 唐嘉瑞 田晓雨 宛　政 王　超 王　晶 王隽哲 王　军 王梦雪
王田田 王亭亭 王　杏 王永恒 王永前 王运风 王志锋 魏　杰 魏燕芳 吴　磊 吴文滨 吴雪梅
夏腾飞 肖丽霞 徐　俊 徐晓宁 严　良 杨　洁 杨竟宪 杨全俊 杨　威 杨文剑 姚佳佳 于　磊
于晓玲 余　盼 喻　益 曾军建 张焕焕 张小庆 赵汉青 赵宏阳 赵　静 赵世敏 钟　杰 周　磊
周妮妮 朱　磊 朱腾飞 庄志海

生物化工（27 人）

黄松燕 顾德清 闰从林 盛花开 崔士磊 冯建勋 王　旗 张越乾 陈思齐 陈小红 方　珊 郭淑音
吕欣欣 闵　亮 庞昆云 唐宇飞 汪　梁 王凯晨 王　倩 王世阳 杨　骏 张　华 张金茂 张理想
张士杨 张　阳 赵永田

应用化学（27 人）

黄兴华 安建才 陈　珏 陈　玮 陈晓健 陈　烨 董　磊 甘凯峰 胡志勇 姜娟娟 李　红 李　森
刘　柳 刘　亚 宋　恒 孙　翔 汤　高 吴洁菲 徐刚强 杨婷婷 袁　敏 张　景 张婷婷 张文慧
周　强 周　影 朱　宁

工业催化（7 人）

李春锐 王梦攀 温战辉 吴晓惠 伍立军 谢寅正 杨　辉

制药工程与技术（33 人）

孙　博 唐孟方 丁　俊 范学敏 范云鹏 郭瑞强 巨　磊 李春燕 李　申 林淑英 刘晶晶 刘松林
罗明艳 沈巧英 宿建平 孙飞龙 田　雪 王少杰 吴海霞 许　引 杨　娜 翟婉婉 张　松 张　义
张中南 赵见超 赵志鹏 甄茂民 周雅茹 朱　含 朱　娜 朱一飞 祝凤娟

过程系统工程（6 人）

董　华 綦　欢 王　意 吴　迪 杨亚超 周继鹏

材料化学工程（15 人）

陈丹丹 陈伟杰 宫含章 顾志云 候晓燕 黄　铠 刘　想 刘演莉 刘　艳 孟　奎 魏新浩 杨　瑞
于振川 俞　欣 张　恰

油气储运工程（8 人）

谢　宇 崔园园 乔　月 石利斌 史　超 王秀辉 魏亦明 张　震

发酵工程（8 人）

葛海燕 龙　辉 蒋金龙 李运杰 全　聪 夏忠武 刘合天 王　乐

皮革化学与工程（4 人）

党梦瑶 孙艳婷 王明力 于　萍

环境科学与工程（44 人）

鲍　征 蔡丽娟 曹　静 曹徐齐 陈　波 陈　征 丁奕文 冯　浩 何怡萱 胡　凯 黄　玲 金　磊
李　晶 李　靖 李　佩 李伟新 梁　思 林　颖 刘　健 刘　腾 刘小屿 乔军晶 邱月峰 沈传松

史　念　史志洋　孙　霄　唐巍飚　陶　萍　汪正东　王琰涤　吴晴雯　伍思敏　谢晓影　谢　枝　徐超超
杨维维　杨昕梅　俞　恬　詹瑛瑛　张　荣　张　政　朱晓燕　朱泽楷

生物医学工程（13 人）

李贵龙　丁月婷　江　超　李帅帅　李腾飞　李　伟　吕高建　秦建康　石恒松　宋文华　王　淼　王儒旭
张　贺

食品科学（8 人）

王　英　郎　充　郎　丽　吕元娣　毛贻政　穆金屏　唐文娟　叶　盼

安全科学与工程（4 人）

丁天胜　汤俊雄　夏旭峰　于文强

农学：9 人

植物保护（9 人）

郭俊夫　邓亚运　冯易安　黄　涛　刘苹苹　杨志川　张　蕾　张志成　朱承春

医学：36 人

药学（29 人）

刘寒琪　蔡金亚　蔡　琪　冯婷婷　甘贻慧　黄宇坤　黄　政　贾军华　李红线　李俊豪　廖自阳　刘文超
罗　超　蒙小青　钱　锐　唐斐斐　王佳炜　王晶晶　王　威　徐玉琼　杨立彦　杨雅琴　杨艳红　张　骥
张　娟　张　磊　张玲玲　郑　阳　郑永军

中药学（7 人）

黄　丹　李绍辉　宋科标　汪佳丹　王　惠　韦志深　张小倩

管理学：5 人

管理科学与工程（2 人）

朱晓宇　罗纳德

企业管理（3 人）

胡敏月　武琼娥　史倩倩

艺术学：1 人

设计学（1 人）

沈姝君

2. 同等学力人员申请硕士学位 1 人

工学：1 人

化学工艺（1 人）

刘　司

3. 硕士专业学位 491 人

国际商务：20 人

安　娜　达　博　阿德里安娜　安　德　安德里亚　弗拉维奥　乔治娅　候丽娅　马泰奥　莫　琳　保　罗
西蒙娜　斯特凡诺　珍　妮　艾　玛　克朗坦　梅勒妮　克莱门斯　埃里克　姆巴耶

法律：14 人

陈徽昊　晋其成　刘宏影　刘　潇　石海燕　徐森森　张天宇　周厚军　博雅文　冯佳瑶　刘　新　苏柔文　汪雨澄　张丛玉

工程：250 人

机械工程（26 人）

黄利宾　蒲建刚　李根劳　倪　骏　申　强　唐永飞　万婷婷　毕群泗　陈　磊　朱铁男　姚　庠　冯　杰　宫立志　解瑞铭　刘维岩　张俊赫　张　凯　赵　鑫　李宝元　孙浩轩　王增鹏　于潇航　张　鹏　周卓明　何　菲　相孟昌

仪器仪表工程（2 人）

陈美丽　余宝国

材料工程（30 人）

袁　帅　胡　敏　代　平　李　炜　卢晶雅　曾　恩　张　宪　钱玉静　秦军港　王　杰　王　珍　杨佳俊　张晓峰　陈同银　陈智敏　吕鑫亮　王喆弌　张　尧　赵　晨　周盈盈　林芳芳　兰方兴　柴林涛　陈丹丹　胡静雯　贾丽洲　陆圣珏　桑雪岗　张蓉蓉　庄海正

动力工程（20 人）

李　永　芦　伟　钱同云　杨瑞鹏　宇文慧娟　徐泽辉　张凌剑　高洪英　刘明霞　刘正恩　王争艳　杨　湖　张来云　张立春　朱　斌　计宏辉　刘建书　陈子龙　单挺挺　潘　林

电子与通信工程（6 人）

黄　敏　潘粟城　胡　越　马时雨　曾　超　朱恺乾

控制工程（9 人）

夏张佳　柳　振　沙周华　陆　晔　王桂霞　徐瑞馨　张育平　李　杨　李召唤

计算机技术（11 人）

陈　攀　鲁秋静　蔡　方　金晓冉　赵瑞卿　刘鸿飞　王天微　徐步峰　陈　雷　任晓刚　汪　琦

软件工程（3 人）

陆颖侃　杨振中　张一鸣

化学工程（38 人）

李晓艳　秦汉文　魏震东　黄训兵　李德松　刘　勇　吴　晟　谢　祥　刘清洲　王　哲　贾红军　吕　娜　徐广伟　于　鹏　乐　琦　肖　云　刘　莉　马乐波　王智衎　仇　上　方　栩　顾　强　管　蕾　黄　炜　李嘉旭　刘　慧　刘　念　田胜聪　王　萌　王　亚　熊　鑫　徐　凡　闫双双　杨金忠　张　杰　张　倩　赵晓雷　朱　勇

轻工技术与工程（2 人）

祝　乐　朱中卫

安全工程（2 人）

叶峰梅　吴畏畏

环境工程（23 人）

唐春辉 张化文 陈彩成 陈 星 方冬冬 冯丽君 何国凯 黄 舒 蒋博博 蒋婷婷 金鑫霞 刘雪梅 马佳文 唐琪玮 吴 菁 吴文仙 修 艺 杨聿航 张 娟 张雅聪 赵江月 钟楚娴 朱菲菲

制药工程（22 人）

陈光辉 蒋心妍 张学亚 薛明辉 刘家凤 陆宇伟 章 强 丁丽丹 刘明明 杜 斌 高惠茹 李 成 李 宁 陆益奔 吕 蓓 钱清清 宋 晗 孙佩佩 王晨浩 吴 丹 肖云盼 宛伟东

工业设计工程（1 人）

李丽萍

生物工程（26 人）

吴学智 曹湛波 高亚楠 管 成 侯伟亮 黄孟成 黄 莎 雷 攀 李建章 李如东 李尚洁 刘 璐 刘 璐 陆叶舟 裴海燕 彭钰珂 施 镇 史 杨 宋佳丽 孙 垚 谭莹莹 王晨诚 王兆印 行雅晖 徐辛未 朱 理

项目管理（28 人）

李 波 李 正 杨寒杰 桂浩俊 刘 娟 陆 恺 邵爱华 周永生 戴晔明 冯 骥 顾俊杰 刘 辉 谢家玮 潘佳昆 潘文江 孙 杰 陶建辉 肖 琦 邹林庆 王伟翀 孟令凯 孙立东 殷志科 张士涛 马 力 王添维 刘 阳 刘一龙

物流工程（1 人）

郑沪芸

药学：10 人

白静涛 程联彪 丁石荟 董宁宁 井 凯 谭文娟 吴时旺 熊 伦 杨小清 俞晨璘

中药学：4 人

代 梅 宦丽云 李芳冰 魏雨恬

工商管理：138 人

工商管理（125 人）

杨绍东 方佳琦 刘 瑜 王玉乾 孙宗国 顾文骏 马国栋 于玮婕 霍志亮 卢 江 李维强 刘景锦 赵海亮 蒋复春 王 平 周 进 周 洋 周 勇 胡 轼 赵莎莎 王 丰 杨雪莉 翟文华 管能武 郭 丽 李长贵 李 超 刘景彬 熊梅慧 杨宇明 胡荣恩 康晓静 李陈龙 陶 黎 郑意叶 侯 红 庞学用 王少梅 武贺霖 张 欣 潘智平 周 亨 陈 超 施志霞 魏 霞 余哲君 张 琪 蔡静莹 韩晓华 何陈敏 姜 涛 王 蕾 王 石 王予煜 杨姗姗 谢 俊 严瑛帧 曾 慧 诸利亮 杨军辉 陈 晋 陈绍安 杨 军 龙华杰 吕晓春 许明武 杨家梦 殷 俊 余 欣 张 蕊 赵增成 周 勇 陈洪江 郭治宏 刘 妍 张杰鑫 赵寒梅 谢 敏 柏妮妮 卢小丰 易平化 殷慧娴 黄东伟 刘 梅 马 亮 潘 亮 施 丝 吴玉春 夏 景 杨 飞 姚 宁 袁 健 曾 玲 张昶明 陈 珺 刘露茜 闾邱丽娜 成 玉 范宇杰 冀泓金 蒋荣英 莫鸿雁 宁 鸥 潘鑫涛 戚根昌 乔 娇 帅高明 孙 蕾 陶云娟 王姝怡 魏文婷 文 浩 武志强 肖冬霞 徐黎丽 朱乃将 谢 提 阿尔贝托 胡里奥 谢里夫 陈 峰 黄 涛 吴煌全 陈金伙 江鲁奔

高级管理人员工商管理（13 人）

王　易　潘友军　许泽华　尚志远　王　勇　朱佳钦　沈　健　王树博　朱建民　朱宗将　潘　荣　潘昆鹏　王　鸿

公共管理：36 人

陈景创　缪　斌　蔡晓洋　蔡叶青　陈立诚　程　赟　方　堃　方赛峰　顾　旭　顾　永　胡海双　金昊亮　金　澜　林雪琼　麻晓娟　沈海波　沈　维　孙　艳　王煊钰　袁　宇　赵玉娟　郑　臻　周　敏　周培佩　朱中青　张佳娜　张洁静　周盛业　朱晔慧　陆洪丹　施　杨　汤　皓　吴礼让　薛文靖　张　婧　朱慧欣

会计：19 人

莫雁青　尹　益　袁　菲　张　艳　钟瑜阳　陈　赟　韩福阳　何怡雯　李米仁　马美玲　邱　旻　王建中　王　磊　王梦桃　王　允　于水心　余东东　赵宏东　朱耀华

2016 年 10 月研究生学位授予名单

一、经校第十二届学位评定委员会第一次会议审议表决，同意授予以下 53 人博士学位。

法学：1 人

社会学（1 人）

纪文晓

理学：12 人

无机化学（1 人）

王建栋

分析化学（3 人）

高小迪　顾海昕　曹　玥

有机化学（3 人）

杨　漾　解　进　阚　超

物理化学（2 人）

李彩云　刘姗姗

生物化学与分子生物学（3 人）

顾　丹　戴国英　杨广超

工学：33 人

材料科学与工程（9 人）

沈　炜　曹旭光　张　昆　刘　瑾　胡丕栋　陈小明　吕仲菲　庄泽亮　王友付

先进材料与制备技术（1 人）

牟广宇

动力工程及工程热物理（2 人）

付　敏　刘　迎

热能工程（1 人）

宋旭东

化学工程（2 人）

胡耀峰　唐　豪

化学工艺（1 人）

常雪松

生物化工（5 人）

陈　敏　殷金岗　何　浩　焦学成　罗晓晶

应用化学（3 人）

郭幸涛　周海涛　张晓瑜

工业催化（1 人）

陈建富

制药工程与技术（2 人）

李季玲　沈国滨

化学生物技术与工程（2 人）

王　翀　郝永佳

环境科学与工程（4 人）

陈将飞　陆　强　臧学轲　唐　波

农学：1 人

农药学（1 人）

曾　惠

医学：5 人

药学（4 人）

张　臣　周　利　陈　虎　严　伟

药物化学（1 人）

李丹丹

管理学：1 人

管理科学与工程（1 人）

邵颖慧

二、经校第十二届学位评定委员会第一次会议审议表决，同意授予以下 121 人硕士学位。

1. 硕士学位（学术型）99 人

理学：31 人

应用数学（2 人）

巩　乐　张欢欢

物理学（1 人）

吉慕尧

无机化学（1 人）

刘翔宇

分析化学（2 人）

贡文秀　张国霞

有机化学（4 人）

江　瑜　刘雨风　王玉麟　张　欣

物理化学（8 人）

朱晓敏　胡　号　金　磊　康文瑞　刘琴琴　王宛洛　严佳蕾　杨李影

高分子化学与物理（3 人）

傅继春　宋华杰　张玲美

精细合成化学与分子工程（1 人）

杨昊宇

微生物学（3 人）

陈冲冲　李　红　杨　颂

生物化学与分子生物学（6 人）

梁倩男　王　玲　刘　蕙　胡林林　阮梦雅　赵志强

工学：43 人

材料科学与工程（5 人）

何　凡　刘尧华　翁　祥　张沁彤　阿布德

先进材料与制备技术（1 人）

闫孟飞

热能工程（1 人）

沈寓韬

控制科学与工程（1 人）

张　青

化学工程（5 人）

陈董根　方　丽　王　婷　王祖华　张志飞

生物化工（9 人）

宋　浩　陈　婷　林骥晗　王文婷　肖思维　何　昊　施慧琳　王振旸　杨　艳

应用化学（2 人）

张丽丽　杜　丹

工业催化（7 人）

常三毛　邵长志　宋冬冬　王洪友　夏　岩　徐乐乐　庄晓静

制药工程与技术（1 人）

张静雯

油气储运工程（1 人）

阿乐马兹

发酵工程（4 人）

李颖君　庞学玮　杨　霞　张建文

环境科学与工程（1 人）

张　帅

生物医学工程（2 人）

王菲菲　王　萌

食品科学（2 人）

张胜男　朱俊颖

安全科学与工程（1 人）

张　亭

农学：2 人

植物保护（2 人）

罗明明　杨　超

医学：18 人

药学（17 人）

顾世恺　刘　飞　孙美建　杨　宇　赖水琴　李　巧　李玉杰　刘建旭　刘睿璇　刘迎迎　陆瑶琦　裴金鹏　尚志浩　宋文琳　徐洪玲　赵　普　朱明玉

微生物与生化药学（1 人）

张　翼

管理学：4 人

行政管理（1 人）

王来祥

社会保障（2 人）

王　滢　项小月

土地资源管理（1 人）

冀梦佳

艺术学：1 人

设计学（1 人）

张佳韵

2. 专业学位硕士 22 人

工程：22 人

机械工程（2 人）

吴浩民　李　伟

仪器仪表工程（1 人）
高　伟
材料工程（2 人）
胡乐平　尹凯凯
控制工程（10 人）
娄家骏　钮佳彬　胡达理　陈天赠　陈　武　方嘉麟　李　诚　刘　振　唐　政　夏应婷
化学工程（3 人）
孙瑞瑞　于海波　张曼杰
轻工技术与工程（1 人）
王芳文
环境工程（1 人）
罗雯军
制药工程（1 人）
丁壮志
生物工程（1 人）
胡　丹

2016 年研究生指导教师分职称、分导师情况一览表　（单位：人）

学院名称	总计	其中：女	分职称		分导师		
			教授	副教授	博士、硕士导师	博士导师	硕士导师
合　计	948	283	467	481	357	23	568
国际教育学院	0	0	0	0	0	0	0
化工学院	110	26	53	57	40	2	68
化学与分子工程学院	107	30	65	42	57	3	47
生物工程学院	89	31	50	39	39	1	49
机械与动力工程学院	73	19	37	36	31	2	40
材料科学与工程学院	98	22	53	45	36	6	56
信息科学与工程学院	82	30	32	50	26	1	55
资源与环境工程学院	66	14	33	33	26	4	36
药学院	75	18	49	26	43	1	31
理学院	42	14	21	21	13	0	29
商学院	82	33	31	51	21	3	58
社会与公共管理学院	39	14	17	22	14	0	25
外国语学院	19	13	5	14	0	0	19

续表

学院名称	总计	其中：女	分职称		分导师		
			教授	副教授	博士、硕士导师	博士导师	硕士导师
艺术设计与传媒学院	21	8	5	16	4	0	17
马克思主义学院	16	3	4	12	2	0	14
体育科学与工程学院	9	2	3	6	2	0	7
高等教育研究所	2	1	2	0	0	0	2
科技信息研究所	4	3	0	4	0	0	4
法学院	14	2	7	7	3	0	11
商学院专业学位中心	0	0	0	0	0	0	0
MPA 教育中心	0	0	0	0	0	0	0

成人继续教育

【概况】 继续教育学院下设四室二部，在职在聘教职工 20 人，外聘职工 16 人。在册学历学生 11 151 人（其中业余学生 10 654 人，函授学生 497 人）。参加高等教育自考生 17 379 人次。各类继续教育年培训量达 4 408 人。

根据教育部文件上报 2016 年成人教育招生计划。教育部根据报名人数的 85%，下达招生计划数总数 4 281 人。其中高起专上海计划 893 人，函授计划 125 人；高起本上海计划 616 人；专升本上海计划 2 605 人，专升本函授计划 42 人。向教育部申请追加计划专升本 50 人，高起专 30 人。最终上海市共录取：专升本 2 666 人，高起本 602 人，高起专 914 人。函授录取专升本 28 人，高起专 116 人。录取总人数为 4 326 人。完成计划总数的 99. 2%。

在上海市成人教育协会院校教育专业委员会组织的 2016 年上海市成人高校优秀学员的评选中，学院丁宗美、顾靖、刘荣金、焦方祥、王学荣、华卫国、左燕等 7 人被评选为 2016 年上海市成人高校“优秀学员”。沈红瑛、戴丽丽等 2 人为 2015—2016 年上海市成人高校优秀班主任。评选武玉华、吴桂芳、沈红英、黄士贤、俞德芬、戴丽丽等 6 人为继续教育学院 2015 年度优秀班导师。授予张敏等 109 人“优秀学生”称号，授予奚花等 72 人“优秀学生干部”称号，授予张瑞等 51 人“优秀新生”称号，授予丁宗美等 20 人为继续教育学院 2016 年优秀学生标兵。授予电信 110 林俊等 24 人成人高等教育 2016 届“优秀毕业生”称号。

教育管理工作。积极开展继续教育教学研究工作，由各院系教师共同参与的 28 项继续教育教学研究项目通过验收。先后完成了上海高等职业教育创新发展行动计划项目“机械设计制造及其自动化专业建设标准”研究工作和上海市学分银行管理中心的“成人高等教育学分认定与转换的实施途径及模式研究”项目。开展了上海成人高等教育校外学习站点的梳理自查，上报教学点数据、撰写自查报告等一系列工作。10 月，市教委专家到学院校外教学点进行了评估检查，专家对学院的校外教学点教学管理工作给予了较高评价。上海市国家保密局会同上海市教育考试院对学校自学考试试卷保密室进行了达标安全全面检查。由市国家保密局处长胡宝兴、徐强，市教育考试院党办主任汤军，市自考办主任汪成辉、副主任肖广组成的检查小组，对学校自考试卷保密室监控设施的配置和使用情况、保密室管理规定等系列制度文件、保密值班记录、保密管理值班人员工作责任书等进行了仔细检查，并对学校在试卷保密过程中严谨认真的组织工作给予了充分肯定。

教育培训工作。与国内大中型企业及地方政府合作开办多项培训项目，包括：为贵州省粮食局举办贵州省粮食系统军粮供应专题研修班，为上海石油化工研究院举办主管工程师培训班，为学校举办2016年度职员培训，为苏州高新区举办苏州领军人才企业家管理创新研修班，为张江高新区青浦园举办优秀人才研修班，为中国石化上海石油化工股份有限公司举办第三期兼职教师培训班，为南通市安监局举办南通市危险化学品安全监管研修班，为上海华谊能源化工有限公司举办办公自动化技能提升研修班，为贵阳市粮食局举办贵阳市粮食系统综合能力培训班等。

（许学敏）

附录：

成人高等学历教育学生人数统计表　　（单位：人）

学习类型		函授		业余		
层次		专升本	高起专	高起本	专升本	高起专
年级	一年级	47	103	450	1 904	809
	二年级	54	109	363	1 825	656
	三年级	66	118	366	2 337	981
	四年级	—	—	463	—	21
	五年级	—	—	479	—	—
	小计	167	330	2 121	6 066	2 467

注：统计数据截至2016年9月。

（许学敏）

成人非学历教育学生人数统计表

项　目	委培单位	班　级	人数	办 班 时 间
中高端内训	平湖市委中心组学习讲座	平湖市委中心组	80	3月17日
	贵州省粮食系统军粮供应专题研修班	贵州省粮食局	60	4月25日—4月29日
	上海石油化工研究院主管工程师培训班	上海石油化工研究院	80	4月28日—9月30日
	2016年度职员培训	学校人事处	150	5月10日—6月7日
	四川资阳食药监局综合能力培训	四川资阳食药监局	47	5月16日—5月20日

续表

项　目	委培单位	班　级	人数	办班时间
中高端内训	苏州领军人才企业家管理创新研修班	苏州科技局	29	5月25日—5月27日
	张江高新区青浦园优秀人才研修班	张江高新区青浦园	50	6月2日—6月3日
	中国石化上海石油化工股份有限公司第三期兼职教师培训班	中国石化上海石油化工股份有限公司	30	7月4日—7月8日
	南通市危险化学品安全监管研修班	南通市安监局	50	8月1日—8月5日
	云南寻甸干部扶贫培训	云南寻甸	50	8月7日—8月14日
	人保部专业人才知识更新项目：高级社工心理疏导研修	全国各省	72	8月21日—8月27日
	上海华谊能源化工有限公司办公自动化技能提升研修班	上海华谊能源化工有限公司	50	9月29日
	贵阳市粮食系统综合能力培训班	贵阳市粮食局	50	10月17日—10月21日
	“东航GE”英语强化培训	东方航空公司	25	10月17日—11月18日
	内蒙古阿拉善经济开发区班干部培训一期	内蒙古阿拉善经济开发区	72	10月24日—10月29日
	内蒙古阿拉善经济开发区班干部培训二期	内蒙古阿拉善经济开发区	72	10月30日—11月5日
	浙江上虞“交通运营安全生产管理”培训	浙江上虞交通局	82	12月27日—10月28日
	田林街道居委干部系列讲座	田林街道居委	960	全年
	和黄药业“制药工程工程硕士核心课程”	和黄药业	30	全年
执业资格、证书类培训	社会报名	社工师（初级）	41	
	社会报名	会计从业资格培训	53	
	社会报名	经济师	24	
	社会报名	托福	13	
	社会报名	营养师	157	
	社会报名	雅思	15	
自考助学辅导	社会报名	商务管理（业余本科）	96	
	社会报名	自考毕业论文辅导班	1 271	
成考辅导班	社会报名	高中起点辅导班	328	3月—10月
	社会报名	专科起点辅导班	371	3月—10月

（李本友　王丽霞　张振明）

夜大招生专业一览表

序号	专 业 名 称	修业年限	科类	学习形式	学历层次
1	英语（商务英语）	3 年	文史、中医类	业余	专升本
2	高分子材料与工程	3 年	理工类	业余	专升本
3	自动化（电气工程测控技术）	3 年	理工类	业余	专升本
4	机械设计制造及其自动化	3 年	理工类	业余	专升本
5	机械设计制造及其自动化（模具设计）	3 年	理工类	业余	专升本
6	计算机科学与技术	3 年	理工类	业余	专升本
7	信息工程（应用电子技术）	3 年	理工类	业余	专升本
8	化学工程与工艺	3 年	理工类	业余	专升本
9	国际经济与贸易	3 年	经管类	业余	专升本
10	金融学	3 年	经管类	业余	专升本
11	生物技术	3 年	经管类	业余	专升本
12	生物技术（食品工程与检测）	3 年	经管类	业余	专升本
13	财务管理	3 年	经管类	业余	专升本
14	药学	3 年	经管类	业余	专升本
15	工程管理（项目管理）	3 年	经管类	业余	专升本
16	工程管理（质量管理与检测）	3 年	经管类	业余	专升本
17	工商管理	3 年	经管类	业余	专升本
18	会计学	3 年	经管类	业余	专升本
19	人力资源管理	3 年	经管类	业余	专升本
20	物流管理	3 年	经管类	业余	专升本
21	信息管理与信息系统	3 年	经管类	业余	专升本
22	行政管理	3 年	经管类	业余	专升本
23	劳动与社会保障	3 年	经管类	业余	专升本
24	电子信息工程（物联网工程）	5 年	理工类	业余	本科
25	计算机科学与技术	5 年	理工类	业余	本科
26	药学	5 年	理工类	业余	本科
27	财务管理	5 年	文理	业余	本科
28	工商管理	5 年	文理	业余	本科
29	国际经济与贸易	5 年	文理	业余	本科
30	物流管理	5 年	文理	业余	本科
31	人力资源管理	5 年	文理	业余	本科
32	药学	4 年	理工类	业余	专科
33	机械设计制造及其自动化（模具设计）	4 年	理工类	业余	专科
34	机电一体化技术	3 年	理工类	业余	专科
35	计算机信息管理	3 年	文理	业余	专科

续表

序号	专 业 名 称	修业年限	科类	学习形式	学历层次
36	会计（财务会计）	3 年	文理	业余	专科
37	人力资源管理	3 年	文理	业余	专科
38	经济信息管理	3 年	文理	业余	专科
39	工商企业管理	3 年	文理	业余	专科
40	行政管理	3 年	文理	业余	专科
41	国际质量管理体系认证	3 年	文理	业余	专科
42	商务英语	3 年	文理	业余	专科

函授招生专业目录

序号	专业名称	层次	科类	函授站地址
1	药学	专科	理工类	深圳函授站
2	药学	专升本	经管类	深圳函授站
3	工程管理	专升本	经管类	深圳函授站
4	高分子材料与工程	专升本	理工类	新疆函授站
5	工商企业管理	专科	文理	贵州函授站
6	会计（财务会计）	专科	文理	贵州函授站
7	会计学	专升本	经管类	贵州函授站
8	工商管理	专升本	经管类	贵州函授站

自学考试专业目录

序号	专业名称	层次	科类
1	商务管理	专升本	经管类
2	商务管理	专科	经管类
3	社会工作与管理	专科	文史类

（张振明　钱群）

成人高等学历教育毕业生及授予学位学生数一览表　　（单位：人）

名称	函授		夜大		
层次	专升本	高起专	高起本	专升本	高起专
毕业生数	48	36	349	1 793	873
授予学位学生数	1	—	129	647	—

注：统计数据截至 2016 年 9 月。

（许学敏）

高等教育自学考试情况一览表

自学考试时间	报考人次	中英合作商务管理本科报考人次/门次	中英合作商务管理专科报考人次/门次	社会工作与管理专科报考人次/门次
4月9、10、16、17日 5月14、15日	8 872	8 591/22 452	264/613	17/32
10月22、23、29、30日 11月19、20日	8 507	8 278/22 668	202/437	27/44

（钱群）

高等教育自学考试毕业生一览表　　（单位：人）

毕业时间	中英合作商务管理本科	中英合作商务管理专科	社会工作与管理专科	合计
6月	698	15	2	715
12月	714	35	4	753
授学士学位	615	–	–	615

（钱群）

继续教育学院校外教学点一览表

编号	教学点（授课点）	依托单位	上课地点
1	医药职大	上海医药职工大学	长宁区愚园路1088弄48号
2	闵行行知	上海行知进修学院	闵行区碧江路359号
3	文化学院	传媒与文化艺术学院	徐汇区漕溪北路502号
4	华文进修学院	上海华文进修学院	宝山区南陈路259号
			闸北区阳曲路421号
			虹口区三门路661号
			宝山区同济支路199号
			浦东新区金海路2360号
			浦东新区川沙镇临园路55号
5	纺织职大	上海纺织工业职工大学	普陀区长寿路652号
6	大华	上海市计算机进修学院	宝山区大华三路99号
			浦东新区源深路158号
7	博学科技	徐汇区博学科技专修学校	徐汇区老沪闵路777号
8	工业技术学校	上海市工业技术学校	徐汇区喜泰支路8号
9	裕德教育	上海裕德进修学院	徐汇区罗香路240号
10	群星职校	上海市群星职业技术学校	浦东新区德州路240号
11	嘉定汽车城	上海汽车城人才培训学院	嘉定区金沙路200号
			嘉定区安亭镇民丰路988号四楼

续表

编号	教学点（授课点）	依托单位	上课地点
12	轻工党校	中共上海轻工控股公司第二党校	黄浦区天津路 521 号六楼
13	震旦学院	上海震旦进修学院	黄浦区复兴中路 369 号
14	智优学院	上海智优经理人进修学院	普陀区长寿路 868 号中旅大厦
15	晨光学院	上海晨光进修学院	金山区石化蒙山北路 611 号
16	食品科技	上海金山区广益培训中心	金山区朱泾镇万安街 381 号
17	大成思苑	上海大成思苑进修学院	浦东新区惠南镇工农南路 235 号
18	沪东科技委培点	上海沪东科技进修学院	杨浦区凤城路 101 号
19	自力教育	上海自力进修学院	黄浦区云南南路淮云大厦 14 楼
			闵行区沪闵路 6088 号 1005 室
20	市中教育	上海市中教育进修学院	浦东新区沪南路 859 号
			闵行区莘松路 58 号
21	昌硕科技委培点	昌硕科技（上海）公司	黄浦区瑞金一路 8 号四楼

（张振明）

网络教育学院

【概况】 年内，网络教育学院有员工 42 人（其中校编在职员工 19 人，公司编制员工等 23 人），在聘网络教育教师 180 人。学院设有 20 个本科专业，20 个专科专业。2016 年招收学生（学籍注册）共 8 887 人，其中春季 3 882 人、秋季 5 005 人。2016 届毕业生共 8 163 人，其中春季 4 517 人、秋季 3 646 人；授予学士学位 195 人。

办学规模保持稳定。加强与企业合作，开拓深圳市广裕煌电子有限公司、国药控股国大药房广东有限公司、深圳市华洋铄馨国际货运代理有限公司等三家企业委培班；创新中心发展思路，依托政府机构或行业协会的人才培养项目来拓展生源渠道，联合杭州教育中心参与杭州市总工会的“优秀外来务工人员上大学”项目。非学历项目积极推进，成功开拓高级企业管治硕士研修班新项目，首批来自全国各地股份制企业的 33 名学生于 9 月正式入学。

教学管理水平有效提高。进一步扩大职业资格证书相关课程免考的认证范围，在会计类和计算机类证书基础上延伸到安全类、工程类、机械类、药学类、物流类等 11 大类 37 种证书。继续推进课程资源建设，新建课程课件 21 门（全视频课件为主），更新课件 30 门，开发在线实验 4 个以及实验实践考核能力平台，出版网络教育专用教材 7 本，累计达到 84 本。考试管理有序开展，新增学生平台模拟卷下载功能，优化上机操作考试考务流程，首次与继续教育学院共同组织学位英语考试工作。

校园文化活动积极开展。完成微信支付平台建设，完善入学考试与监控系统，完成班主任系统、信息管理系统的升级，进一步完善网络安全机制，加强对服务器安全漏洞的检测工作，部署新型防火墙。成功举办“音你而精彩”第八届学生十大歌手比赛、第十一届师生运动会。组织开展 2016 年春季、秋季新生开学典礼，2016 届秋季学生毕业典礼以及学生评优工作，年内评选出优秀毕业生 486 名，优秀学生 441 名。

办学影响力继续扩大。联合上海交通大学、同济大学、东华大学、上海交通大学医学院等高校网络教育学院开展的上海市继续教育在线课程学分互认建设试点项目于 5 月按时按质完成，并受到上海市教委项目验收组好评。学院积极推进“全面工程能力培养”实践教育 E 计划，被列为全国 12 所有卓越进展的高校网络教育学院之一。ISO9001 质量管理体系继续深入贯彻执行，年内顺利通过外审专家的评审。办学声誉进一步提升，凭借为学生的优质服务和良好的社会信誉，荣获腾讯网“2016 年度综合实力网络教育学院”称号。

附录：

网络教育学生人数统计表

年份	项目	学生数（人）
2016 年	注册学生	8 887
	毕业学生	8 163
	授予学位	195

备注：统计时间截至 2016 年 12 月底。

网络教育招生专业一览表

层次	招生专业
专科起点本科	工商管理、行政管理、会计学、国际经济与贸易、工程管理、物流管理、金融学、法学、社会工作、劳动与社会保障、化学工程与工艺、过程装备与控制工程、机械设计制造及其自动化、电气工程及其自动化、药学、信息与计算科学、计算机科学与技术、信息工程、生物工程、自动化
高中起点专科	工商企业管理、会计、行政管理、国际经济与贸易、经济信息管理、计算机信息管理、劳动与社会保障、物流管理、建筑工程管理、市场营销（医药营销）、药学、药物制剂技术、计算机应用技术、应用化工技术、安全技术管理、机电一体化技术、电气自动化技术、生产过程自动化技术、广告设计与制作、艺术设计

校外教学点一览表

省份	校外教学点名称	依托建设单位
上海市	华东理工大学网络教育学院徐家汇工商学院教育中心	徐家汇工商管理进修学院
	华东理工大学网络教育学院上海科技教育中心	上海市业余科技进修学院
	华东理工大学网络教育学院轻工教育中心	上海第二轻工业学校
	华东理工大学网络教育学院奉贤教育中心	上海市奉贤中等专业学校
	华东理工大学网络教育学院嘉定教育中心	上海嘉华进修学院
	华东理工大学网络教育学院长宁科技教育中心	上海长宁科技进修学院
	华东理工大学网络教育学院医药教育中心	上海市医药学校
	华东理工大学网络教育学院群星教育中心	上海市群星职业技术学校
	华东理工大学网络教育学院市北教育中心	上海市市北职业高级中学
	华东理工大学现代远程教育崇明学习中心	上海崇明中华职业进修学校
	华东理工大学现代远程教育普陀学习中心	上海智优经理人进修学院
	华东理工大学现代远程教育普陀信息学习中心	上海信息技术学校
	华东理工大学现代远程教育闵行学习中心	上海西南工程学校

续表

省份	校外教学点名称	依托建设单位
上海市	华东理工大学现代远程教育新长宁学习中心	上海新长宁教育培训中心
	华东理工大学现代远程教育东辉学习中心	上海市东辉职业技术学校
	华东理工大学现代远程教育杨浦学习中心	上海百联职业技术学校
	华东理工大学现代远程教育黄浦学习中心	上海市商贸旅游学校
	华东理工大学现代远程教育宝山华文学习中心	上海华文进修学院
	华东理工大学现代远程教育新世界学习中心	上海新世界进修学院
	华东理工大学现代远程教育闵行电力学习中心	上海电力工业学校
	华东理工大学现代远程教育中华职校学习中心	中华职业学校
	华东理工大学现代远程教育静安学习中心	上海第二工业大学
	华东理工大学现代远程教育南汇学习中心	上海工商外国语职业学院
	华东理工大学现代远程教育济光学习中心	上海济光职业技术学院
浙江省	华东理工大学网络教育学院宁波教育中心	宁波工程学院
	华东理工大学网络教育学院杭州教育中心	杭州市工人业余大学
	华东理工大学网络教育学院金华教育中心	金华职业技术学院
	华东理工大学网络教育学院桐乡教育中心	桐乡市工会职工学校
	华东理工大学网络教育学院丽水教育中心	丽水市审计培训中心
	华东理工大学网络教育学院临安教育中心	临安市职工业余学校
	华东理工大学现代远程教育嵊州学习中心	嵊州市中等职业技术学校
	华东理工大学现代远程教育湖州学习中心	浙江信息工程学校
	华东理工大学现代远程教育舟山学习中心	舟山职业技术学院
江苏省	华东理工大学网络教育学院南化教育中心	南京科技职业学院
	华东理工大学网络教育学院南京科技教育中心	南京市科技干部进修学院
	华东理工大学现代远程教育昆山学习中心	江苏省昆山第一职业高级中学
	华东理工大学现代远程教育常州工程学习中心	常州工程职业技术学院
	华东理工大学现代远程教育常熟学习中心	常熟理工学院
	华东理工大学现代远程教育南通业大学习中心	南通市工人业余大学
广东省	华东理工大学网络教育学院顺德教育中心	顺德职业技术学院
	华东理工大学现代远程教育中山学习中心	中山火炬职业技术学院
	华东理工大学现代远程教育深圳学习中心	华东理工大学深圳研究院

注：统计时间截至 2016 年 12 月底。

科学研究与学科建设

Kexue Yanjiu yu Xueke Jianshe

自然科学研究

【概况】 年内，在校党委和行政的领导下，学校科技工作坚持“面向国家需求，推进科技创新，深化体制改革，激发科研活力”的指导思想，全校科技工作者锐意创新、开拓进取，完成了全年主要目标任务，学校各项科技指标稳中有进，科技体制机制改革取得新进展，科技创新取得新成绩，实现了“十三五”发展良好开局。

科研经费总量进一步增加。年内，学校到账经费 7.28 亿元，其中：研发经费 4.95 亿元，成果转化经费 2.33 亿元。新签科研项目 1 062 项，合同金额共计 5.46 亿元，其中：纵向项目 301 项，合同金额 2.29 亿元，横向项目（民口）718 项，合同金额 2.84 亿元，国防科研项目 43 项，合同金额 3 300 万元。

重大项目申报工作取得进展。学校组织申报国家重点研发计划，作为第一承担单位立项 3 项，另外，学校教授作为项目负责人立项 2 项，负责课题 14 个，立项经费共计 9 586 万元。组织申报国家自然科学基金 526 项，获资助项目 122 项，直接经费共计 9 437 万元。刘昌胜负责的“无机纳米生物材料”项目入选国家创新研究群体项目。项延训、刘琴、王海丰、郭志前、林绍梁 5 人入选国家“优青”，入选人数创历史新高。李洪林、赵黎明入选科技部中青年科技创新领军人才。

重点科研基地建设工作稳步推进。生物反应器工程国家重点实验室顺利通过评估现场考察，得到高度认可。学校新增高浓度难降解有机废水处理技术国家工程实验室、石油化工行业智能优化制造创新引智基地（“111”引智项目）以及中国轻工业联合会生物基材料工程重点实验室。上海市多相结构材料化学工程重点实验室、上海海洋动物疫苗工程技术研究中心顺利通过市科委的验收。上海市新药设计重点实验室和上海市化学生物学重点实验室预评估“良好”。

基础研究水平不断提升。在自然出版集团发布的 2016 自然指数排行榜（Nature Index 2016 Tables）中，学校位列全球科研机构第 130 名（全球高校第 112 名）、国内高校第 15 名。高水平学术论文数继续稳定增长，年内，学校 SCI 论文收录 2 265 篇，同比增长 11.9%，其中作为第一完成单位的论文 1 812 篇。11 名教师进入 2016 年中国高被引学者榜单。

科技奖励取得新突破。学校获国家科技进步二等奖1项，获上海市科学技术奖11项（其中一等奖5项），首次获得上海市国际科技合作奖，获教育部高等学校科学研究优秀成果奖6项（其中一等奖2项），获奖数并列全国高校第15名。学校共获省部级一等奖13项。在科技人才方面，张显程获教育部青年科学奖，实现了学校在该奖项上零的突破，刘海峰获上海市青年科技杰出贡献奖，白志山获全国优秀科技工作者和中国石化联合会青年科技突出贡献奖，江浩、李辉、林金萍获上海青年科技英才奖，获奖人数达历史最好水平，李剑获药明康德生命化学研究学者奖，奚桢浩获侯德榜化工科学技术青年奖。

科技成果转移转化成效显著。学校获中国产学研合作创新成果一等奖1项。赵玲获中国产学研合作创新奖（个人）。学校先后与宜兴、抚顺等地方政府签署全面战略合作协议，与中国石油和化学工业联合会、上海化工研究院、华谊集团等单位深化交流与合作，成立华理-聚能固废资源化利用联合研究所、华理-申能能源大数据联合研究中心等8个校企联合科研机构，与山东维凯隆新材料有限公司、北京盛诺医药科技有限公司、杭州燃油锅炉有限公司等10余家企业签订重大成果转化合同，涉及合同总金额超过1亿元。

（陈啸寅　黄婉君）

【国家科技奖颁发 华理两项目获奖】　1月8日上午，国家科学技术奖励大会在北京人民大会堂隆重召开。由华东理工大学牵头、生物工程学院魏东芝教授领衔的项目“定向转化多元醇的生物催化剂创制及其应用关键技术”获国家技术发明二等奖。于建国教授团队与青海盐湖工业股份有限公司合作完成项目“青海盐湖低品位难开发钾盐高效利用技术”（华理为第二完成单位）获国家科技进步二等奖。

（孙凯文）

【华理-梅斯生物医药开放链接大数据研究中心成立】　3月12日，由信息学院、梅斯医学主办，主题为“开放·链接·服务”的2016生物医疗大数据研讨会暨华理-梅斯生物医药开放链接大数据研究中心成立仪式在逸夫楼报告厅举行。信息学院携手上海梅斯医学，在上海市经济与信息化委员会指导以及上海市大数据联盟的支持下，成立了生物医药开放链接大数据联合研究中心。

（清墨）

【市科技奖励大会召开 华理12个项目获奖并夺全市首个技术发明奖特等奖】　4月18日下午，上海市委、市政府在上海展览中心召开上海市科学技术奖励大会。华理共有12个项目获奖，其中，刘海峰领衔的“单喷嘴冷壁式粉煤加压气化技术关键装备开发及应用”项目获得了上海市技术发明奖特等奖。由华东理工大学作为牵头单位的获奖项目中，除了1个特等奖项目外，还有5个一等奖项目、1个二等奖项目和1个三等奖项目。在华东理工大学协作的项目中，也产生了2个二等奖和2个三等奖。

（孙凯文）

【2位教授入选科技部中青年科技创新领军人才】 5月16日，科技部公布创新人才推进计划入选名单，药学院李洪林教授和生物工程学院赵黎明教授入选中青年科技创新领军人才。

（曹学）

【学校与宜兴市签订政产学研合作协议】 6月18日，应宜兴市人民政府邀请，科研院组织专家代表参加宜兴市科技镇长团年度产学研对接暨校地（企）合作签约活动，学校与宜兴市人民政府签订了政产学研合作协议。

（李刚）

【学校与抚顺市政府签署战略合作协议】 6月24日，应辽宁省抚顺市政府邀请，科研院常务副院长朱学栋、副院长刘海峰等人出席了抚顺市科技创新大会。会上，朱学栋代表学校与抚顺市政府签署了校地战略合作协议。

（李刚）

【中德学者汇聚华理热论“绿色科技及化学”】 6月24—26日，由德国洪堡基金会资助、华东理工大学主办的洪堡学者会议在华理召开。来自生物、化学、医学等领域的约120位中德著名学者围绕“绿色科技及化学”这个主题，交流各自的最新研究成果，大大加强了中德两国之间跨学科领域研究的国际合作。

（邹爱华）

【江苏镇江-华东理工大学产学研对接会在华理举行】 7月6日，由学校科研院与镇江市科技局共同举办的江苏镇江-华东理工大学产学研对接会在学校逸夫楼演讲厅举行。化学与分子工程学院、材料科学与工程学院、机械与动力工程学院、信息科学与工程学院的10多位专家、教授和镇江市的40多家企业的代表参加了对接会。在近1个小时的对接洽谈环节中，与会的专家和企业代表进行了深入的交流，多个项目初步达成了合作意向。

（李刚）

【华理5人入选国家“优青”、1项目入选国家创新研究群体】 2016年国家自然科学基金项目评审结果揭晓。学校共获得5项优秀青年基金项目，获得者分别是：生物工程学院刘琴，化学与分子工程学院王海丰、郭志前，材料科学与工程学院林绍梁，机械与动力工程学院项延训。学校“无机纳米生物材料”项目成功入选国家创新研究群体，刘昌胜担任群体项目负责人。这是继2014年学校“界面光电分析化学基础研究”项目获得立项后再次在该项目中取得突破。

（罗妍）

【“2016感动上海年度人物”揭晓 华理一团队获提名奖】 华东理工大学洁净煤技术研究所团队荣获“光荣与力量——2016感动上海年度人物”提名奖。这是自“感动上海年度人物”评选活动启动以来，学校首次获得该项殊荣。2016年，洁净煤技术研究所团队入选了上海市“为人、为师、为学”宣传典型。经上海市教卫工作党委推荐，团队成为“光荣与力量——2016感动上海年度人物”候选人并荣获提名奖。

（张婷）

【华理国际技术转移项目助力泰国钾矿资源开发】 9月，由华东理工大学国家盐湖资源综合利用工程技术研究中心和泰国凯利公司合作的年产14万吨氯化钾技术转移项目正式完成设备商务采购工作，项目实施进展顺利，已进入实质性工程施工阶段，整体工程有望于明年底建成并正式投产，这标志着华理此项标的达1 000万元的国际技术转移项目正式落地开花。

（张婷）

【华理携手申能成立国内首个能源大数据研究中心】 9月30日，由华东理工大学和申能（集团）有限公司主办的“华理-申能能源大数据研究中心”成立仪式暨大数据产业发展趋势研讨会在学校逸夫楼演讲厅举行。校长曲景平、副校长刘昌胜出席揭牌仪式，并与上海市经信委副主任邵志清教授，申能（集团）有限公司总经理吴建雄、副总经理朱宗尧，万达信息股份有限公司副总裁李光亚等嘉宾进行了会谈。揭牌仪式由信息学院院长杜文莉主持，刘昌胜致辞，曲景平、邵志清、吴建雄、朱宗尧等嘉宾共同为“华理-申能能源大数据研究中心”的正式成立揭牌。

（清墨）

【国家重点研发计划“聚合物材料的轻量化技术”项目正式启动】 10月13日，华东理工大学作为牵头单位、化工学院赵玲教授负责的国家重点研发计划“聚合物材料的轻量化技术”项目启动会召开。“聚合物材料的轻量化技术”项目及课题负责单位分别为华东理工大学、浙江大学、北京化工大学和北京工商大学，参与单位包括从事聚合物发泡材料生产与应用的浙江浦森新材料科技有限公司、无锡会通轻质材料股份有限公司、浙江新恒泰新材料有限公司、中石化北京化工研究院、河北格瑞尔斯塑机制造有限公司、山东道恩高分子材料股份有限公司和上海越科复合材料有限公司等企业，项目总经费为 8 600 万元，其中中央财政经费 3 100 万元。

（卢红）

【晋煤集团与华理签署战略合作框架协议】 10 月 18 日，晋煤集团董事长、党委书记贺天才，煤化工事业部副总经理张晋峤，煤化工事业部副总经理、煤化工研究院院长原丰贞及分公司负责人等一行 9 人来校访问。双方共同签署了战略合作框架协议。

（李刚）

【华理召开科技创新大会 总结表彰部署科创工作】 10 月 22 日，学校科技创新大会在逸夫楼报告厅内隆重召开。大会分为两部分，上午举办科技创新论坛，围绕国家创新驱动发展战略、上海具有全球影响力的科创中心建设和行业发展重大战略需求，学习了解国家、上海市、中国石化等的科技创新政策和思路；下午召开科技创新总结表彰会，表彰先进集体和个人，解读科技举措，总结和部署学校科技工作。

（陈啸寅）

【华理参展工博会取得最好成绩】 10 月 31 日下午，第十八届中国国际工业博览会开幕式在上海国际会议中心举行，工博会几大奖项同时揭晓。华东理工大学参展项目获得历史最好成绩——同时获得创新金奖和创新银奖。获得创新金奖的项目是资源与环境工程学院刘海峰领衔的“SE 粉煤加压气化技术”，获得创新银奖的项目是信息科学与工程学院叶贞成领衔的“苯乙烯生产过程节能降耗运行优化技术”。机械与动力工程学院易建军领衔的“一种具有物联网功能的新型多功能电动手术床”荣获中国高校展区优秀展品二等奖。华理校友、紫霄智能科技（上海）有限公司曾明树的大学生创业项目“远距离无线充电技术”被评为中国高校展区优秀创新创业项目。学校连续第 11 次获得优秀组织奖，产业处姚磊老师获得先进个人奖。

（流韵）

【第八届光致变色国际会议在华理开幕】 11 月 4—7 日，由华东理工大学举办的第八届光致变色国际会议在逸夫楼报告厅举行，大会汇聚了 250 余位国内外学者，围绕“光致变色分子体系”“超分子光致变色”“新型光致变色功能和应用”等主题进行思维碰撞，为光致变色分子、功能光致变色材料和分子开关等领域的研究和发展凝聚智慧。

（张婷）

附录：

2016 年华东理工大学科技人力资源情况统计表　　（单位：人）

序号	类别	合计	其中：女性	教师技术职务系列人员						其他技术职务系列					辅助人员
				小计	教授	副教授	讲师	助教	其他	小计	高级	中级	初级	其他	
1	合计	1 980	911	1 147	289	403	413	42	0	833	409	365	57	0	2
2	自然科学	639	318	352	112	151	83	6	0	287	152	121	14	0	0
3	工程与技术	1 233	519	712	170	224	284	34	0	521	253	228	38	0	2
4	医药科学	24	18	12	0	5	7	0	0	12	3	4	5	0	0
5	农业科学	5	3	4	3	1	0	0	0	1	1	0	0	0	0
6	其　他	79	53	67	4	22	39	2	0	12	0	12	0	0	0
7	博士研究生	1 071	401	607	265	282	60	0	0	464	336	126	2	0	0
8	硕士研究生	545	325	332	18	74	240	0	0	213	33	151	29	0	0
9	大学本科	281	136	177	6	47	89	35	0	104	35	50	19	0	0
10	大学专科	74	47	31	0	0	24	7	0	43	5	33	5	0	0
11	中　专	7	2	0	0	0	0	0	0	7	0	5	2	0	0
12	高中及以下	2	0	0	0	0	0	0	0	2	0	0	0	0	2
13	30 岁及以下	207	119	75	0	3	62	10	0	132	2	97	33	0	0
14	31～35 岁	344	164	166	1	70	77	18	0	178	71	98	9	0	0
15	36～40 岁	360	176	198	11	96	85	6	0	162	103	53	6	0	0
16	41～45 岁	318	152	195	38	95	60	2	0	123	87	35	1	0	0
17	46～55 岁	637	277	433	192	114	121	6	0	204	121	74	8	0	1
18	56～60 岁	103	22	70	37	25	8	0	0	33	24	8	0	0	1
19	61 岁及以上	11	1	10	10	0	0	0	0	1	1	0	0	0	0

2016 年华东理工大学科技项目情况表（一）

序号	研究类别	课题数（项）	当年投入经费（千元）	当年支出经费（千元）	当年投入人员（人年）						参与项目的研究生人数（人）		
					合计	女	高级职务	中级职务	初级职务	其他	合计	博士	硕士
1	合计	2 072	603 836	544 570	839. 8	84. 4	406. 1	350. 9	82. 8	0	4 387	1 219	3 168
2	基础研究	763	209 539	189 815	276. 5	22. 7	129. 9	122. 9	23. 7	0	1 723	490	1 233
3	应用研究	799	228 764	197 322	343. 5	37. 1	165. 7	143. 5	34. 3	0	1 579	411	1 168

续表

序号	研究类别	课题数（项）	当年投入经费（千元）	当年支出经费（千元）	当年投入人员（人年）						参与项目的研究生人数（人）		
					合计	女	高级职务	中级职务	初级职务	其他	合计	博士	硕士
4	试验与发展	368	107 202	106 862	153.9	16.9	77.4	60.5	16	0	718	211	507
5	R&D成果应用	134	55 445	48 203	61.6	7.2	30.9	22.5	8.2	0	343	100	243
6	其他科技服务	8	2 886	2 368	4.3	0.5	2.2	1.5	0.6	0	24	7	17
07	自然科学	664	186 729	165 435	270.2	21.4	130.4	116.2	23.6	0	1 379	371	1 008
8	工程与技术	1 256	378 842	341 293	508.2	56.8	248	207.3	52.9	0	2 682	760	1 922
9	医药科学	147	36 584	36 349	58	5.7	26.1	26	5.9	0	305	81	224
10	农业科学	5	1 681	1 493	3.4	0.5	1.6	1.4	0.4	0	21	7	14

2016年华东理工大学科技项目情况表（二）

序号	研究类别	课题数（项）	当年投入经费（千元）	当年支出经费（千元）	当年投入人员（人年）						参与项目的研究生人数（人）		
					合计	女	高级职务	中级职务	初级职务	其他	合计	博士	硕士
1	合计	2 072	603 836	544 570	839.8	84.4	406.1	350.9	82.8	0	4 387	1 219	3 168
2	“973”计划	17	11 341	9 792	8.3	1	4.3	2.6	1.4	0	72	22	50
3	国家科技支撑计划	8	5 551	5 687	4.3	0.6	2.6	0.9	0.8	0	42	13	29
4	“863”计划	24	14 707	14 343	10.9	1.2	6.1	2.2	2.6	0	99	31	68
5	科技部重大专项	5	2 716	1 834	3	0.5	1.6	1	0.4	0	14	6	8
6	国家自然科学基金项目	397	113 998	102 781	169	11.7	81.5	75.4	12.1	0	909	281	628
7	主管部门科技项目	348	80 471	77 467	86.5	5.8	34.3	44.1	8.1	0	636	130	506
8	国家部委其他科技项目	49	45 557	40 053	41.2	5.3	24	9.8	7.4	0	270	86	184
9	省、市、自治区科技项目	273	88 595	70 683	134.1	14.1	65.4	54.3	14.4	0	812	233	579
10	企事业单位委托科技项目	932	235 839	217 537	378.1	43.8	183.8	159.2	35.1	0	1 503	409	1 094
11	国际合作项目	10	4 190	3 433	3	0.4	2	0.5	0.5	0	25	8	17
12	自选课题	9	871	960	1.4	0	0.5	0.9	0	0	5	0	5
13	其他课题	0	0	0	0	0	0	0	0	0	0	0	0

2016 年华东理工大学科技成果统计表

序号	学科门类	发表论文（篇）		三大检索系统（篇）		
		其中：国外学术刊物发表		SCIE	EI	ISTP
1	合计	4 508	2 381	1 840	1 437	120
2	自然科学	2 067	1 149	863	502	46
3	工程与技术	2 270	1 093	715	894	71
4	医药科学	132	106	185	36	2
5	农业科学	39	33	77	5	1

序号	学科门类	科技著作						编著	
		合计（部）	合计（千字）	其中：国（境）外出版		大专院校教科书			
				部	千字	部	千字	部	千字
1	合计	12	1 237	6	58	6	1 850	5	583
2	自然科学	1	10	1	10	3	1 281	3	528
3	工程与技术	7	286	4	22	2	549	2	55
4	医药科学	4	941	1	26	1	20	0	0
5	农业科学	0	0	0	0	0	0	0	0

2016 年华东理工大学理工科学院论文与专利情况表

学院名称	SCI 收录（篇）				专利与软件著作（项）					
	SCI 收录总数	SCI 大类一区	SCI 大类二区	SCI 大类其他	专利公开	授权国内发明专利	授权国际发明专利	外观设计	实用新型	软件著作权
材料科学与工程学院	236	26	75	135	69	44	4	0	5	0
化工学院	197	36	69	92	56	27	0	0	2	0
化学与分子工程学院	442	135	132	175	73	53	1	0	0	0
药学院	160	10	55	95	31	32	1	0	2	0
机械与动力工程学院	212	61	40	111	63	63	1	0	2	0
生物工程学院	90	7	26	57	29	10	0	0	0	3
信息科学与工程学院	120	6	32	82	53	31	0	1	21	1
资源与环境工程学院	147	14	66	67	45	23	0	0	8	0
理学院	101	8	26	67	3	1	0	0	0	0
总计	1705	303	521	881	422	284	7	1	40	4

2016 年华东理工大学自然科学类科技奖励情况表

序号	类别	数量	学校奖励（元）	配套奖励（元）
1	重大科技项目奖励			
	重大项目	11	280 000	280 000
	项目到款	185	1 076 536	1 076 536
2	高水平科技论文奖励			
	三大刊及权威子刊	5	150 000	150 000
	SCI	1 717	3 455 000	3 455 000
	ESI	53	265 000	265 000
3	科技成果获奖奖励			
	自然科学	6	270 000	270 000
	科技进步与技术发明	31	1 164 000	2 174 000
4	知识产权与成果转化奖励			
	发明专利国内授权	284	568 000	568 000
	发明专利国际授权	7	35 000	35 000
	软件著作权	4	4 000	4 000
5	人才与科研团队建设奖励			
	基金委创新研究群体	1	200 000	200 000
	高等学校学科创新引智基地	1	50 000	50 000
	国家优青	5	100 000	100 000
6	科研基地建设奖励			
	国家级评估	1	1 000 000	1 000 000
	省部级新建	1	100 000	100 000
7	科技管理奖励			
	学院综合业绩奖	8	500 000	500 000
	学院管理奖	9	27 000	27 000
	突出业绩奖	10	90 000	90 000
8	补充奖励	59	124 762	95 612
全校奖励合计			9 459 298	10 440 148

2016 年华东理工大学技术转让与知识产权情况统计表

序号	受让方类型	合同数（项）	合同金额（千元）	当年实际收入（千元）
1	合计	37	29 273	25 321
2	其中：专利出售	34	28 573	24 676
3	其他知识产权出售	3	700	645

续表

序号	受让方类型	合同数（项）	合同金额（千元）	当年实际收入（千元）
4	国有企业	13	20 701	19 587
5	外资企业	0	0	0
6	民营企业	24	8 572	5 734
7	其他	0	0	0
	知识产权类别	申请数（项）	授权数（项）	专利拥有数（项）
1	合计	398	330	1 794
2	其中：国外	12	10	50
3	发明专利	352	286	1 519
4	实用新型	45	43	274
5	外观设计	1	1	21
6	其他知识产权	0	0	0

2016 年华东理工大学科技交流统计表

序号	形式	合计	国（境）内	国（境）外
1	合作研究 ｜派　　遣｜（人次）	94	15	79
2	合作研究 ｜接　　受｜（人）	72	14	58
3	国际学术会议 ｜出席人员｜（人次）	581	175	406
4	国际学术会议 ｜交流论文｜（篇）	228	106	122
5	国际学术会议 ｜特邀报告｜（篇）	34	13	21
6	国际学术会议 ｜主　　办｜（次）	17	13	4

2016 年华东理工大学出版刊物（自然科学）情况表

序号	刊名	国内刊号	创刊时间	出版周期	开本	期刊类型	页码	语种	定价	印数	发行量	年载文量	学科门类	主管部门
1	华东理工大学学报（自然科学版）	CN31－1691/TQ	195701	双月	A4	学术类	152	汉文	12	1 050	700	180	自然科学	教育部
2	功能高分子报	CN31－1633/06	198801	季刊	A4	学术类	112	汉文	15	800	500	80	自然科学	教育部

2016 年华东理工大学科技获奖情况表

序号	获奖者或获奖项目	学院完成单位	完成单位	主要完成人	获奖名称及等级
1	大型高效水煤浆气化过程关键技术创新及应用	资源与环境工程学院	华东理工大学（第二完成单位）	王辅臣、刘海峰等	国家科技进步二等奖

续表

序号	获奖者或获奖项目	学院完成单位	完成单位	主要完成人	获奖名称及等级
2	功能化界面电荷传输过程中的电分析化学基础研究及其应用	化学与分子工程学院	华东理工大学	龙亿涛、花建丽、应佚伦等	上海市自然科学奖一等奖
3	信息受限不确定动态系统控制理论与方法	信息科学与工程学院	华东理工大学	牛玉刚、邹媛媛、刘明等	上海市自然科学奖二等奖
4	复杂系统离散标度不变性的原理、方法和应用	商学院	华东理工大学	周炜星、蒋志强、顾高峰等	上海市自然科学奖二等奖
5	区域环境污染与健康危害的特征识别、评估与风险控制技术	资源与环境工程学院	华东理工大学	于云江、李辉、杨彦等	上海市技术发明奖一等奖
6	药物稳定递载制剂与精准靶向控释新技术	药学院	华东理工大学	郑文云、陆一鸣、任福正等	上海市技术发明奖三等奖
7	超高粘度指数（UHVI）PAO润滑油基础油技术开发	材料科学与工程学院	华东理工大学	米普科、王斯晗、许胜等	上海市科技进步奖一等奖
8	苯乙烯生产过程节能降耗运行优化技术	信息科学与工程学院	华东理工大学	缪长喜、钱锋、吴德荣等	上海市科技进步奖一等奖
9	木霉菌资源筛选与植物病害生物防治技术创新与应用	生物工程学院	华东理工大学（第三完成单位）	王伟等	上海市科技进步奖一等奖
10	海洋氨基寡糖提质增效关键技术	生物工程学院	华东理工大学	赵黎明、陈列欢、蒋丽华等	上海市科技进步奖二等奖
11	青年科技杰出贡献奖	资源与环境工程学院	华东理工大学	刘海峰	上海市人民政府
12	国际科技合作奖	化学与分子工程学院	华东理工大学	伊万诺夫（牟伯中）	上海市人民政府
13	稀疏信号盲源分离的关键理论与新方法	信息科学与工程学院	华东理工大学（第二完成单位）	张宇等	高等学校自然科学一等奖
14	分子识别过程的信号转换机制及高效生物传感器设计	生物工程学院	华东理工大学	叶邦策、尹斌成、左鹏等	高等学校自然科学二等奖
15	乙烯装置高附加值产品最大化的优化控制技术	信息科学与工程学院	华东理工大学	杜文莉、钱锋、张利军等	高等学校科技进步一等奖
16	高性能纤维增强热塑性复合材料制备及成型的关键技术	化工学院	华东理工大学	周晓东、林群芳、范传杰等	高等学校科技进步二等奖
17	军工（内部公告）	材料科学与工程学院	华东理工大学	齐会民、王帆、朱亚平等	高等学校科技进步二等奖
18	青年科学奖	机械与动力工程学院	华东理工大学	张显程	教育部
19	大型乙烯装置全流程先进控制与运行优化技术及应用	信息科学与工程学院	华东理工大学	王振雷、杜文莉、钱锋等	中国石油和化学工业联合会科技进步一等奖

续表

序号	获奖者或获奖项目	学院完成单位	完成单位	主要完成人	获奖名称及等级
20	青年科技突出贡献奖	机械与动力工程学院	华东理工大学	白志山	中国石油和化学工业联合会
21	氨基糖类的绿色生物制造和高值应用技术	生物工程学院	华东理工大学	赵黎明、范立强、邱勇隽等	中国轻工业联合会技术发明一等奖
22	高功率激光精准焊接质量控制关键技术及应用	机械与动力工程学院	华东理工大学（第二完成单位）	张显程等	中国机械工业联合会科学技术一等奖
23	夏枯草提取物防治结肠癌术后转移的药效、作用机制及结肠靶向给药的研究	药学院	华东理工大学（第二完成单位）	刘建文等	上海市中西医结合学会二等奖
24	SE 粉煤加压气化技术	资源与环境工程学院	华东理工大学	刘海峰等	中国国际工业博览会创新金奖
25	苯乙烯生产过程节能降耗运行优化技术	信息科学与工程学院	华东理工大学	钱锋等	中国国际工业博览会创新银奖
26	表面调控型高校换热设备研制及节能应用	机械与动力工程学院	华东理工大学	徐宏等	中国产学研合作创新成果一等奖
27	废轮胎胶粉资源化利用制备道路沥青关键技术	化工学院	华东理工大学	周晓龙等	中国产学研合作创新成果优秀奖
28	中国产学研合作创新奖	化工学院	华东理工大学	赵玲	中国产学研合作促进会
29	真菌抗肿瘤天然产物的发现及高效制备关键技术与应用	生物工程学院	华东理工大学（第三完成单位）	钟建江等	贵州省科技进步一等奖
30	天然产物生物制造的理论与方法	生物工程学院	华东理工大学（第三完成单位）	钟建江等	湖北省自然科学一等奖
31	重型压力容器轻量化设计制造关键技术及工程应用	机械与动力工程学院	华东理工大学（第四完成单位）	惠虎等	安徽省科学技术一等奖
32	低温容器轻型化关键技术的研发及工程应用	机械与动力工程学院	华东理工大学（第二完成单位）	惠虎等	浙江省科技进步三等奖
33	血管狭窄性疾病干预的创新与应用	药学院	华东理工大学（第三完成单位）	李剑、朱进等	江苏省科学技术三等奖
34	第八届上海青年科技英才	材料科学与工程学院	华东理工大学	江浩	上海市科协
35	第八届上海青年科技英才	生物工程学院	华东理工大学	林金萍	上海市科协
36	第八届上海青年科技英才	资源与环境工程学院	华东理工大学	李辉	上海市科协
37	第十届药明康德生命化学研究奖	药学院	华东理工大学	李剑	药明康德评委会
38	第八届侯德榜青年奖	化工学院	华东理工大学	奚桢浩	中国化工学会

2016 年华东理工大学科研基地情况表

级别	科研基地名称	成立时间/负责人	挂靠学院
国家级（9）	化学工程联合国家重点实验室	1991. 03	化工学院
	生物反应器工程国家重点实验室	1995. 10	生物工程学院
	国家超细粉末工程研究中心	1994. 06	化工学院
	国家生化工程技术研究中心（上海）	1996. 06	生物工程学院
	国家盐湖资源综合利用工程技术研究中心	2008. 11	资源与环境工程学院
	高浓度难降解有机废水处理技术国家工程实验室	2016. 06	资源与环境工程学院
	国家医用生物材料动员中心	2003. 03	材料科学与工程学院
	国家技术转移中心	2001. 09	校部
	大学科技园	2005. 11	校部
省部级（26）	国家环境保护化工过程环境风险评价与控制重点实验室	2008. 04	资源与环境工程学院
	超细材料制备与应用教育部重点实验室	2000. 10	材料科学与工程学院
	结构可控先进功能材料及其制备教育部重点实验室	2003. 11	化学与分子工程学院
	承压系统与安全教育部重点实验室	2005. 11	机械与动力工程学院
	煤气化及能源化工教育部重点实验室	2007. 02	资源与环境工程学院
	特种功能高分子材料及相关技术教育部重点实验室	2008. 05	材料科学与工程学院
	化工过程先进控制和优化技术教育部重点实验室	2008. 10	信息科学与工程学院
	上海市化学生物学重点实验室	2001. 12	药学院
	上海市新药设计重点实验室	2011. 12	药学院
	上海市先进聚合物材料重点实验室	2008. 11	材料科学与工程学院
	上海市功能性材料化学重点实验室	2010. 06	化学与分子工程学院
	上海市多相结构材料化学工程重点实验室	2014. 12	化工学院
	医用生物材料教育部工程研究中心	2001. 04	材料科学与工程学院
	大型工业反应器工程教育部工程研究中心	2006. 06	化工学院
	过程系统工程教育部工程研究中心	2006. 06	化工学院
	资源（盐湖）过程工程教育部工程研究中心	2007. 10	资源与环境工程学院
	绿色高校过程装备与节能教育部工程研究中心	2009. 04	机械与动力工程学院
	制药工程与过程化学教育部工程研究中心	2007. 10	药学院
	生物采油教育部工程中心	2013. 12	化学与分子工程学院
	上海煤气化工程技术研究中心	2011. 12	资源与环境工程学院
	上海海洋动物疫苗工程技术研究中心	2014. 12	生物工程学院
	国家能源煤气化技术研发中心	2014. 08	资源与环境工程学院

续表

级别	科研基地名称	成立时间/负责人	挂靠学院
省部级(26)	中国轻工业生物基材料工程重点实验室	2016.07	生物工程学院
	中国特色可持续城市化研究基地	2015.02	马克思主义学院
	社会工作与社会管理研究中心	2013.04	社会与公共管理学院
	能源经济与环境管理研究中心	2016.02	商学院
引智基地(6)	神经退行性疾病相关蛋白与药物发现科学创新引智基地	2007	药学院
	化学反应工程科学与技术创新引智基地	2008	化工学院
	先进过程装备技术创新引智基地	2012	机械与动力工程学院
	生物材料与工程创新引智基地	2013	材料科学与工程学院
	结构可控分子工程创新引智基地	2015	化学与分子工程学院
	石油化工行业智能优化制造创新引智基地	2016	信息科学与工程学院
其他重点科研基地(7)	教育部科技查新工作站	1995.12	图书馆
	上海市科学技术成果查新工作站	1998.11	图书馆
	分析测试中心	1993.11	化学与分子工程学院
	国家宝石检测中心	1998.12	材料科学与工程学院
	上海市稀土材料研究中心	2008.10	化学与分子工程学院、上海市经信委
	联合化学反应工程研究所华东理工大学分所	1983.11	化工学院、国家教委、中石化
	发酵工业分离提取技术研发中心(发酵工业协会)	2010	生物工程学院、发酵工业协会
校级研究机构(53)	生物医药纳米技术中心	王平	生物工程学院
	化学工程研究所	许振良	化工学院
	石油加工研究所	施力	化工学院
	化学产品工程国际研究中心	辛忠	化工学院
	精细化工研究所	田禾	化学与分子工程学院
	工业催化研究所	郭扬龙	化学与分子工程学院
	应用化学研究所	牟伯中	化学与分子工程学院
	材料科学研究所	袁养龙	材料科学与工程学院
	国防材料研究所	黄发荣	材料科学与工程学院
	无机材料研究所	陈国荣	材料科学与工程学院
	环境工程研究所	曹国民	资源与环境工程学院
	洁净煤技术研究所	于广锁	资源与环境工程学院
	危险化学物质风险评价与控制研究中心	林匡飞	资源与环境工程学院

续表

级别	科研基地名称	成立时间/负责人	挂靠学院
校级研究机构（53）	资源过程工程研究所	于建国	资源与环境工程学院
	生物质能源研究中心	王杰	资源与环境工程学院
	化工机械研究所	轩福贞	机械与动力工程学院
	防腐蚀技术开发中心	刘坐镇	机械与动力工程学院
	应用数学研究所	鲁习文	理学院
	近代物理研究所	廖玮	理学院
	核技术应用研究所	杨存忠	理学院
	计算机技术研究所	邵志清	信息科学与工程学院
	自动化研究所	侍洪波	信息科学与工程学院
	药物化工研究所	李忠	药学院
	中药现代化工程中心	韩伟	药学院
	药品生产质量管理规范研究中心（GMP 研究中心）	宋恭华	药学院
	计算化学中心	胡培君	化学与分子工程学院
	食品药品监管研究中心	阮赞林	法学院、药学院、生物工程学院
	政治文明研究所	范明英	马克思主义学院
	社会福利与社会政策研究所	范斌	社会与公共管理学院
	公共政策与公共管理研究所	罗建平	社会与公共管理学院
	应用社会学研究所	徐永祥	社会与公共管理学院
	社会发展研究中心	曹锦清	社会与公共管理学院
	电子商务研究所	钱世超	商学院
	欧洲研究所	杨逢珉	商学院
	经济发展研究所	程岩	商学院
	商业自动化研究所	丁玉章	信息科学与工程学院
	认知神经动力学研究所（2008 年）	王如彬	理学院
	科技信息研究所	孙济庆	图书馆
	外国语言研究所	邵志洪	外国语学院
	广告与品牌文化研究所	杨明刚	艺术与传媒设计学院
	居住形态与城市文化研究所	陈国宏	艺术与传媒设计学院
	旅游与会展研究所	张杰	艺术与传媒设计学院
	设计与艺术研究所	程建新	艺术与传媒设计学院
	华东社会发展研究所	朱忆天	马克思主义学院

续表

级别	科研基地名称	成立时间/负责人	挂靠学院
校级研究机构（53）	都市文化与现代化研究中心	鲍宗豪	马克思主义学院
	中国城乡发展研究中心	熊万胜	马克思主义学院
	马克思主义理论研究中心	鲍宗豪	马克思主义学院
	哲学研究所	秦美珠	马克思主义学院
	体育经济理论研究所	王跃	体育科学与工程学院
	能源与资源环境法研究中心	董溯战	法学院
	知识产权研究中心	于杨曜	法学院
	法律社会学研究中心	李瑜青	法学院
	廉政文化研究中心	杜仕菊	马克思主义学院
国际合作（2）	中德先进材料联合研究中心	吴唯	材料科学与工程学院
	中法化学与环境工程可持续性发展联合实验室	袁渭康	化工学院
校企合作（8）	阿华生物工程研究所	张元兴	生物工程学院
	鲁华生物技术研究所	魏东芝	生物工程学院
	“华理泰山”体育新材料研发中心	郑柏存	体育科学与工程学院
	华东理工大学-基伊埃工程技术（中国）有限公司联合实验室	任福正	药学院
	中国石油化工集团公司-华东理工大学能源与化工经济管理研究中心	王基铭	商学院
	烟台万华-华东理工大学协同创新联合实验室	刘柏平	化工学院
	航空发动机寿命预测技术联合创新中心	涂善东	机械与动力工程学院
	华东理工大学-恒天生物基材料联合研究院	赵黎明	生物工程学院

人文社会科学研究

【概况】 年内，学校人文社会科学研究以国家重大需求和科学发展前沿为指引，以体制机制改革为核心，加快转变学校人文社会科学发展模式，不断提升人文社会科学研究水平，在重大项目突破、科研项目立项、科研获奖和基地平台发展等方面呈现迅猛发展的势头。

科研项目。重大项目取得历史性突破，经费总量上涨。获国家社科基金重大课题 5 项，取得历史性突破，立项数位列上海市第二名。全年共计立项国家级项目 26 项（含 17 项国家社会科学基金项目，9 项国家自然科学基金文科类项目），较 2015 年增加 23.8%。在艺术类项目（1 项）、后期资助项目（3 项）、中华学术外译项目（2 项）等学校相对薄弱的国家级项目类型方面也实现了较大突破。省部级项目共获立 18 项，其中教育部人文社科项目 6 项，上海市哲学社会科学规划课题达到创历史新高的 12 项。学校文科教师新签订人文社会科学类科研项目合同 200 项，合同金额 2 132.85 万元，其中纵向项目共 85 项，合同金额 1 280.48 万元；横向项目 115 项，合同金额 852.37 万元。各类科研经费到款总额达 2 867 万元，其中纵向经费 1 793 万元，占总经费的 62.50%；横向经费 1 074 万元，占总经费的 37.50%。

科研成果奖励。高显示度研究成果影响力不断提升。学校文科教师共发表学术论文 500 余篇，其中 CSSCI、CSCD、EI、SCI、SSCI、ISTP 等源刊论文 200 余篇；出版学术专著、译著、编著等 30 余部。2016 年，两年一届的上海市哲学社会科学优秀成果奖申报工作开评，学校共获 5 项优秀成果奖，其中论文类一等奖 1 项、著作类二等奖 2 项、论文类二等奖 2 项，这是学校近年来最好成绩。此外，在上海市自然科学奖方面，学校文科教师获二等奖 1 项。

社会服务。智库和科研基地服务社会能力日益凸显。能源经济与环境管理研究中心被上海市教育委员会认定为上海高校人文社会科学重点研究基地，这是第三个经上海市认定的重点研究基地。此外，华东理工大学上海高校智库“社会工作与社会管理研究中心”顺利通过中期考核。

（王超）

【国家社科基金重大研究项目获历史性突破】 2016 年 3 月，曹锦清教授领衔的课题“构建全民共建共享的社会治理格局研究：聚焦人口流入型地区”及鲍宗豪教授领衔的课题“推动物质文明与精神文明协调发展研究：10年来文明城市创建的理论、实践与制度构建”获批“研究阐释党的十八届五中全会精神国家社科基金重大项目”，实现学校国家社科基金重大项目立项的历史性突破；同年8月，徐永祥教授领衔的“中国特色社会体制改革与社会治理创新研究”、何雪松教授领衔的“社会治理背景下我国社会工作行动本土化理论框架与实践体系研究”及张广利教授领衔的“特大城市社会风险系统治理研究”获立国家社科基金重大项目，立项率100%。2016年度总共获批5项国家社科基金重大课题，位列上海市第二名。

（王超）

【国家社科基金后期资助项目再创佳绩】 2016年度邓刚宏的“行政诉讼功能模式研究”、祝宁波的“中国海外投资企业法律风险识别研究”、熊万胜的“当代中国农村地权结构研究”等3项课题获立国家社科基金后期资助项目，位列上海市并列第二名，立项率为60%，远高于全国和上海地区的平均立项水平，是学校在此类别项目申报中的最好成绩。

（王超）

【上海市哲学社会科学优秀成果奖收获喜人】 2016年，两年一届的上海市哲学社会科学优秀成果奖申报工作开评，学校共获5项优秀成果奖：杨上广等的《Socio-spatial restructuring in Shanghai：Sorting out where you live by affordability and social status》获论文类一等奖，吴柏钧等的《中国城镇化的经验与理论研究——长三角地区的发展格局与未来道路》、刘璇等的《知识管理在科研网络及企业中的应用研究》获著作类二等奖，宋渊洋等的《为什么中国企业难以国内跨地区经营?》、熊万胜的《新户籍制度改革与我国户籍制度的功能转型》获论文类二等奖。

（蔡庆）

【文科教师首获上海市自然科学奖】 周炜星教授领衔的项目“复杂系统离散标度不变性的原理、方法和应用”获2016年上海市自然科学奖二等奖，这是学校文科教师首次获该奖项。

（蔡庆）

【人文社会科学处网站上线】 人文社会科学处网站于2016年7月正式上线，网站建设提高了科研信息管理的效率，提升了华东理工大学人文社会科学研究成果的显示度。

（王超）

附录：

人文、社会科学研究与发展经费情况统计表

项目类别	经费数（千元）
当年经费收入合计	33 775. 31
政府资金投入	23 232. 25
其中：科研活动经费	20 361. 85
科技活动人员工资	2 870. 4
科研基建费	—
非政府资金投入	10 543. 06
其中：企事业单位委托项目经费	10 543. 06
金融机构贷款	—
自筹经费	—
国外资金	—
其他资金	—

人文、社会科学研究课题情况统计表

项目类别	课题数（项）	当年拨入经费（千元）	当年支出经费（千元）
合计	598	27 024. 91	17 520. 08
国家社科规划项目	76	7 296. 30	3 303. 00
国家社科基金单列学科项目	1	108. 0	13. 42
教育部人文、社科规划项目	65	709. 0	361. 62
高校古籍整理研究项目	0	—	—
国家自然科学基金项目	48	5 058. 75	2 872. 85
中央其他部门社科专门项目	18	186. 0	261. 4
省、市、自治区社科项目	47	487. 0	358. 65
省教育厅社科项目	39	888. 8	293. 78
地、市、厅、局等政府部门项目	97	1 748. 0	2 263. 15
国际合作研究项目	0	—	—
与港、澳、台合作研究项目	0	—	—
企事业单位委托项目	207	10 543. 06	7 792. 21
学校社科项目	0	—	—
外资项目	0	—	—
其他课题	0	—	—

人文、社会科学研究成果统计表

项目类别		数量	单位
出版著作	总计	47	部
	专著	31	部
	编著教材	15	部
	工具书、参考书	1	部
古籍整理		0	部
译著		8	部
发表译文		2	篇
发表论文	总计	448	篇
	国内学术刊物	393	篇
	国外学术刊物	55	篇
	港澳台刊物	0	篇
获奖成果数	合计	5	项
	国家级奖	0	项
	部级奖	0	项
	省级奖	5	项
研究与咨询报告	合计	2	篇
	其中：被采纳数	2	篇

人文、社会科学国内外交流情况

<table>
<tr><th rowspan="3">学术交流类别</th><th colspan="2">校办学术会议</th><th colspan="3">学术会议</th><th colspan="2">受聘讲学</th><th colspan="2">社科考察</th><th colspan="2">进修学习</th></tr>
<tr><th rowspan="2">本校独办数</th><th rowspan="2">与外单位合办数</th><th colspan="2">参加人次</th><th rowspan="2">提交论文（篇）</th><th rowspan="2">派出人次</th><th rowspan="2">来校人次</th><th rowspan="2">派出人次</th><th rowspan="2">来校人次</th><th rowspan="2">派出人次</th><th rowspan="2">来校人次</th></tr>
<tr><th>合计</th><th>其中：赴境外人次</th></tr>
<tr><td>合计</td><td>7</td><td>8</td><td>489</td><td>14</td><td>105</td><td>9</td><td>20</td><td>27</td><td>15</td><td>5</td><td>2</td></tr>
<tr><td>国际学术交流</td><td>2</td><td>5</td><td>280</td><td>14</td><td>45</td><td>3</td><td>8</td><td>15</td><td>6</td><td>0</td><td>2</td></tr>
<tr><td>国内学术交流</td><td>5</td><td>2</td><td>203</td><td>0</td><td>60</td><td>6</td><td>12</td><td>9</td><td>8</td><td>5</td><td>0</td></tr>
<tr><td>与港澳台地区学校交流</td><td>0</td><td>1</td><td>6</td><td>0</td><td>0</td><td>0</td><td>0</td><td>3</td><td>1</td><td>0</td><td>0</td></tr>
</table>

学科建设

【概况】 年内，学校稳步推进学科整体规划和优化学科布局，努力投身学科评估、“世界一流大学、一流学科”建设以及学科内涵建设的工作中。参与全国第四轮学科评估工作，完成24个学科的评估材料提交。开启博士、硕士学位授权点的全面自我评估工作，完善学科点的布局调整和优化。推进“化学工程与技术”学科上海市高峰学科的建设任务，完成中期拨款和进度检查工作。完成各项调研报告和学科数据分析工作，为学校学科建设提供决策咨询与服务。

“双一流”建设。认真学习领会《国务院关于印发统筹推进世界一流大学和一流学科建设总体方案的通知》（国发〔2015〕64号）文件精神，研究提出“双一流”建设项目的实施方案。启动实施国家教学名师培育团队建设计划项目、“科研创新团队”建设计划项目、ESI学科“倍增计划”等“双一流”建设项目。制订《华东理工大学“2016年中央高校建设世界一流大学（学科）和特色发展引导专项资金”使用说明》，保障我校“双一流”建设项目有序推进、有规可依。

学科发展规划。完成《华东理工大学2014/2015年度ESI潜力学科发展情况报告》《华东理工大学2012—2015年ESI高被引论文的各学院贡献度分析》《华东理工大学工程学科进入ESI前1‰方阵的分析与展望》《华东理工大学进入ESI前1%潜力学科的分析与展望》等学科数据分析报告，分析了学校在学科建设、科学研究等方面的优势与潜力，为改进工作、实施改革、提升学校整体学科实力提供参考和依据。

刊出11期《学科建设通讯》，及时通报和总结学校学科建设工作的进展、了解国内外其他高校发展近况与改革措施，传递学科建设信息，交流学科建设研究成果，分享学科建设经验，营造争创一流的学科氛围。

【“世界一流大学和一流学科”建设领导小组和工作小组成立】 3月19日，学校成立“双一流”建设领导小组及工作组，旨在加强学校“世界一流大学和一流学科”建设的顶层设计，统筹学科建设和改革发展，全面指导和推进“双一流”建设工作。为配合学校“世界一流大学和一流学科”建设工作，各学院成立工作组。

（吕遐）

【组织参加教育部第一次专业学位水平评估】 4月19日，学校召开专业学位水平评估试点工作启动会，会议就此项工作进行安排部署，工商管理硕士点、会计硕士点、法学硕士点、公共管理硕士点参加此次专业学位水平评估。

（冉博）

【组织参加教育部第四轮一级学科整体水平评估】 4月22日，教育部学位与研究生教育发展中心发布《第四轮一级学科整体水平评估工作的邀请函》，新一轮学科水平评估工作正式展开。5月5日，学校召开第四轮学科评估参评工作布置会议。校长曲景平，副校长辛忠，各学院院长、书记、学科建设负责人以及相关职能部门负责人参加会议。会议介绍了第四轮学科评估的背景与意义，分析了此轮评估的创新与变革之处，并对评估指标、材料填报注意事项进行了解读和说明。6月20日，参评学科的材料上报工作完成，前后历时约3个月。我校共有24个学科参加此轮评估。

（吕遐）

【中央高校建设世界一流大学（学科）和特色发展引导专项资金下发】 6月29日，教育部财政司下发了2016年中央高校建设世界一流大学（学科）和特色发展引导专项资金，“双一流”建设项目全面启动。

（樊晓杰）

【“世界一流大学、一流学科”建设实施方案研讨】 7月6日，学校召开“世界一流大学、一流学科”建设实施方案编制研讨会，旨在研讨学校“双一流”建设实施方案的主要内容及编制原则，相关职能部处的主要负责人参加会议。会议主要围绕如何通过“双一流”建设方案的编制和落实，统筹优化学校资源配置，全面落实国务院“关于印发统筹推进世界一流大学和一流学科建设总体方案”，推动我校一流师资队伍建设、拔尖创新人才培养、科学研究水平提升、创新优秀文化传承和科研成果转化等各项工作高效有序开展等问题开展研讨。

（冉博）

【学校基础数据统计资料汇编完成】 9月15日，《2015年华东理工大学信息统计资料汇编》编制完成，旨在全面了解学校教学、科研、师资、学科、事业发展等方面的信息，方便校领导、相关职能部门和学院及时掌握准确有效的数据，促进交流与发展。

（樊晓杰）

【完成“十三五”专业学位教育发展规划报告】 9月30日，按照上海市教委要求，学校组织专业学位授权点全面自查，并完成“十三五”专业学位教育发展规划报告。

（冉博）

【学位授权点自我评估工作启动实施】 11 月 17 日，根据《国务院学位委员会、教育部关于印发〈学位授权点合格评估办法〉的通知》及《关于开展学位授权点合格评估工作的通知》文件精神，我校启动针对博士、硕士学位授权点的全面自我评估，学校召开学位授权点自我评估工作启动会，各学位评定分委员会主任、各学院院长以及主管学院研究生工作的副院长参加了会议。会议布置了 2016—2017 年学校学科点自评估各项工作的时间节点和工作安排，所有自评估工作拟定于 2017 年 6 月底前完成。

（冉博）

附录：

国家与上海市重点学科一览表

国家重点学科	上海市重点学科
化学工程与技术（一级学科）	材料学
化工过程机械	化工过程机械
控制理论与控制工程	控制理论与控制工程
材料学（培育）	发酵工程
	环境工程
	农药学
	社会学
	化学工程
	生物工程
	应用化学

国家与上海市重点实验室一览表

国家重点实验室	省市重点实验室
生物反应器工程国家重点实验室	上海市化学生物学重点实验室
化工工程联合国家重点实验室	上海市新药设计重点实验室
	上海市功能性材料化学重点实验室
	上海市先进聚合物材料重点实验室
	上海市多相结构材料化学工程重点实验室
	超细材料制备与应用教育部重点实验室
	结构可控先进功能材料及其制备教育部重点实验室
	煤气化及能源化工教育部重点实验室
	化工过程先进控制和优化技术教育部重点实验室

续表

国家重点实验室	省市重点实验室
	特种功能高分子材料及相关技术教育部重点实验室
	承压系统与安全教育部重点实验室
	国家环境保护化工过程环境风险评价与控制重点实验室
	绿色高效过程装备与节能教育部工程研究中心

国家工程中心一览表

国家工程中心
国家超细粉末工程研究中心
国家盐湖资源综合利用工程技术研究中心
国家生化工程技术研究中心（上海）
国家医用生物材料动员中心

学位授权点自评估参评学科——一级学科博士学位授权点（10 个）

序号	学位点代码	学位点名称	批准时间
1	0303	社会学	2011 年
2	0701	数学	2011 年
3	0703	化学	2006 年
4	0802	机械工程	2011 年
5	0805	材料科学与工程	2003 年
6	0807	动力工程及工程热物理	2006 年
7	0811	控制科学与工程	2003 年
8	0817	化学工程与技术	1998 年
9	0830	环境科学与工程	2006 年
10	1007	药学	2011 年

学位授权点自评估参评学科——一级学科硕士学位授权点（13 个）

序号	学位点代码	学位点名称	批准时间
1	0101	哲学	2006 年
2	0301	法学	2011 年
3	0305	马克思主义理论	2006 年
4	0502	外国语言文学	2015 年
5	0702	物理学	2011 年
6	0810	信息与通信工程	2015 年
7	0812	计算机科学与技术	2006 年

续表

序号	学位点代码	学位点名称	批准时间
8	0831	生物医学工程	2006 年
9	0837	安全科学与工程	2011 年
10	0904	植物保护	2006 年
11	1202	工商管理	2006 年
12	1204	公共管理	2006 年
13	1305	设计学	2011 年

学位授权点自评估参评学科——二级学科博士学位授权点（4 个）

序号	学位点代码	学位点名称	批准时间
1	030503	马克思主义中国化研究	2006 年
2	071010	生物化学与分子生物学	2006 年
3	081203	计算机应用技术	2006 年
4	090403	农药学	2006 年

学位授权点自评估参评学科——二级学科硕士学位授权点（11 个）

序号	学位点代码	学位点名称	批准时间
1	030201	政治学理论	2003 年
2	030202	中外政治制度	2003 年
3	040106	高等教育学	2003 年
4	040301	体育人文社会学	2003 年
5	0602L5	中国近现代史	2003 年
6	070703	海洋生物学	2006 年
7	071005	微生物学	2003 年
8	080102	固体力学	1981 年
9	082003	油气储运工程	2006 年
10	083201	食品科学	1998 年
11	120502	情报学	2003 年

学位授权点自评估参评学科——专业学位授权点（20个）

序号	专业学位名称	代码（工程领域）	批准时间
1	工程（ME）	085201 机械工程	2001 年
2		085203 仪器仪表工程	2006 年
3		085204 材料工程	1999 年
4		085206 动力工程	1999 年
5		085208 电子与通信工程	2005 年
6		085210 控制工程	1999 年
7		085211 计算机技术	2000 年
8		085212 软件工程	2002 年
9		085216 化学工程	1997 年
10		085221 轻工技术与工程	2003 年
11		085224 安全工程	2006 年
12		085229 环境工程	2001 年
13		085231 食品工程	2002 年
14		085235 制药工程	1997 年
15		085237 工业设计工程	2004 年
16		085238 生物工程	2003 年
17		085239 项目管理	2004 年
18		085240 物流工程	2004 年
19	工商管理（MBA、EMBA）	1251	1997 年、2009 年
20	公共管理（MPA）	1252	2005 年

人事工作

Renshi Gongzuo

教职工队伍建设

【概况】 **师资队伍建设。**荷兰瓦赫宁根大学 Martinus Abraham COHEN STUART 教授入选“外专千人”计划，王辅臣、朱为宏、杨弋、轩福贞、汪华林教授入选“万人计划”科技创新领军人才，杜文莉教授入选教育部“长江学者”特聘教授，陈庐阳、陈宜峰入选中组部“青年千人”计划，白志山入选教育部“长江学者”青年项目。刘海峰、马铁驹入选上海领军人才，吴永真入选上海市东方学者，胡爱国、解永树入选东方学者跟踪计划，张斌、刘爽、王骁乾、周胜敏、唐松莲、陈芳萍、程瑞华、吴艳阳、王飞军、王启要、阳大海、张道敬等 12 位教师入选上海市浦江人才，赵玉政入选上海青年拔尖人才，项延训、王灵芝获上海人才发展资金资助计划。刘朝晖、杨云霞、刘金祥、王占全等 4 位教师获“宝钢教育优秀教师奖”。继续做好教师专业发展工程有关项目，资助 10 名青年教师赴海外访学进修，资助 25 名青年教师赴企业开展产学研践习。

人事制度建设。进一步完善教师遴选机制，规范教师选录程序，严把“进人关”。颁布实施了《“特聘研究员”“特聘副研究员”计划实施办法（试行）》《教师招聘管理办法》。2016 年引进、录用教学科研教师 47 人，博士率 100%，其中东方学者 2 人，正高 3 人、副高 4 人。加强兼职教师队伍建设，不断创新用人观。按照《名誉教授、兼职教授和客座教授管理办法（试行）》要求，聘请了包括两院院士等 26 位海内外知名学者担任名誉教授（13 人）、客座教授（7 人）和兼职教授（6 人）。受聘人员在促进学科建设与发展、加强对外交流与合作等方面发挥了重要作用。修订和颁布实施了《人才派遣管理办法（修订）》《退休教职工聘用管理规定》《教师长期公派出国（境）管理办法》。按照学校规定开展职称聘任工作。聘任正高级专业技术职务 20 人（其中教授 15 人、研究员 4 人，享受教授待遇的高级实验师 1 人），副高级专业技术职务 46 人（其中副教授 31 人、专职思政副教授 3 人、副研究员 7 人、高级实验师 3 人、高级工程师 1 人、副研究馆员 1 人），中级专业技术职务 20 人（其中专职思政讲师 7 人、工程师 4 人、实验师 5 人、馆员 2 人、会计师 1 人、主治医师 1 人）。

薪酬体系改革。根据学校 2016 年津贴总量的预算安排，制订了以岗位津贴为主体的基础性绩效和以业绩津贴、专项津贴为主体的奖励性绩效相结合的绩效模式。进一步优化岗位津贴结构，按专技、管理、其他专技、工勤四个系列制订了科学合理的岗位津贴标准体系。分配时总量核拨，二级部门可在原标准基础上±25%范围内上下浮动。岗位津贴增长总额为4 500万元，涉及2 835人（不包含校产、后勤等部门中岗位津贴自行承担部分）。考虑岗位和贡献度双重因素，将按工作量计算的业绩津贴与按事项进行的专项津贴结合，由教务处、科研院、研究生院、人文社科处、人事处分别根据规划目标制订实施方案后下拨至二级部门。各二级部门结合任务目标完成情况，制订与目标任务相符的二次分配办法。2016年绩效津贴总额发放9 447万元。

博士后工作。博士后科研流动站概况。年内，学校已设有化学工程与技术、控制科学与工程、材料科学与工程、环境科学与工程、动力工程及工程热物理、化学、机械工程、药学、社会学、轻工技术与工程、植物保护、管理科学与工程博士后科研流动站12个。与30多家企业博士后工作站合作，并已设立了华东理工大学博士后创新实践基地，目前在站博士后178人，企业博士后达40余人。

完善博士后的进出站管理。年内，进站博士后61人（师资博士后34人、学科博士后18人、企业博士后9人）；出站博士后65人，其中出站师资博士后34人（有27人留校任教），学科博士后14人，企业博士后17人；退站4人。推动博士后国际交流，材料科学与工程学院博士后李宇航、赵珂获博士后创新人才支持计划资助；材料科学与工程学院博士后沈建华获得香江学者计划资助。博士后基金资助总额再创新高。37人次博士后获各项基金资助，总资助金额491万元。其中：第59批博士后面上基金12人获得资助，一等资助4人，二等资助8人，资助金额72万元；第60批博士后基金15人获得资助，一等资助3人，二等资助12人，资助金额84万元；5人获得了第9批博士后特别资助，资助金额75万元。香江学者1人次资助60万元。博士后引进计划2人次资助80万元，博新计划2人次资助120万元。

附录：

2016年教职工情况统计表

（单位：人）

教职工总数	女性	专业技术岗位			管理岗位	工勤技能岗位
		专技总数	专任教师	其他专技		
3 078	1 455	2 417	1 852	565	487	174

2016 年各学院专任教师情况统计表

（单位：人）

部门	正高（年龄分布）						副高（年龄分布）					中级	初级及以下	合计	博士	硕士
	≤35岁	36～40岁	41～50岁	51～60岁	＞60岁	小计	≤35岁	36～40岁	41～50岁	51～60岁	小计					
化工学院	1	2	25	24	2	54	10	14	35	24	83	53	3	193	141	43
生物工程学院	1	4	16	17	1	39	11	9	24	10	54	52	2	147	112	23
信息科学与工程学院	3	3	14	10	0	30	7	22	25	15	69	69	1	169	120	37
材料科学与工程学院	0	5	19	25	1	50	7	13	23	16	59	31	1	141	108	25
化学与分子工程学院	1	8	28	18	2	57	11	11	30	9	61	40	1	159	132	17
机械与动力工程学院	0	4	14	14	4	36	6	6	32	17	61	43	0	140	100	31
资源与环境工程学院	0	2	15	13	0	30	7	13	9	2	31	23	1	85	75	9
药学院	1	6	17	11	0	35	8	9	15	3	35	21	0	91	82	8
理学院	0	3	10	13	0	26	13	14	11	13	51	52	1	130	104	24
商学院	0	1	18	14	4	37	13	16	31	12	72	52	2	163	125	30
人文研究院	0	0	1	2	1	4	1	3	12	8	24	23	0	51	38	7
社会与公共管理学院	0	1	7	8	2	18	2	7	17	4	30	33	2	83	61	18
外国语学院	0	0	2	3	0	5	1	4	16	7	28	68	0	101	30	60
艺术设计与传媒学院	0	0	2	1	2	5	2	7	8	4	21	21	0	47	21	20
体育科学与工程学院	0	0	1	2	0	3	2	4	14	16	36	25	4	68	10	30
法学院	0	0	2	3	2	7	1	3	7	1	12	8	2	29	18	8
合计	7	39	191	178	21	436	102	155	309	161	727	615	19	1 797	1 277	390

2016 年高层次人才计划名单

2016 年外专千人

Martinus Abraham COHEN STUART

2016 年青年千人

陈庐阳　陈宜峰

2016 年教育部长江学者特聘教授

杜文莉

2016 年教育部长江学者青年项目

白志山

2016 年享受政府特殊津贴人员

安　琦　冯耀宇　蓝闽波　刘勇弟　龙亿涛

2016 年万人计划科技创新领军人才

王辅臣　朱为宏　杨　弋　轩福贞　汪华林

2016 年上海领军人才

刘海峰　马铁驹

2016 年上海千人短期

温晓玲　金耀初　林志群

2016 年上海高校特聘教授（东方学者）

吴永真　胡爱国（跟踪计划）　解永树（跟踪计划）

2016 年上海青年拔尖人才

赵玉政

2016 年上海浦江人才计划 C、D 类

唐松莲　陈芳萍　程瑞华　吴艳阳　王飞军　王启要　阳大海　张道敬

2016 年上海人才发展资金

项延训　王灵芝

2016 年奉贤区滨海贤人领军人才

刘勇弟

2016 年在聘正高级专业技术职务人员名单

教授（379 人）

Mratin A Coh　安　琦　白志山　包春燕　鲍　杰　蔡海波　蔡建国　蔡　钧　蔡兰坤　蔡良珍　曹发海
曹贵平　曹国民　曹　恒　曹学君　曾步兵　曾守锤　曾作祥　陈彩霞　陈　丰　陈　锋　陈国荣　陈洪安
陈建定　陈庐阳　陈　麒　陈启斌　陈　新　陈雪莉　陈　彧　陈智高　程红波　程家高　程建新　程　岩
程振民　储　炬　崔景斌　邓卫平　董国礼　董溯战　董银果　窦晓鸣　杜仕菊　杜一平　范　斌　范明英
范体军　方　波　费梅苹　冯　翔　冯耀宇　伏玉林　傅蓉蓉　高大启　高　飞　高　峰　高　松　高　志
宫　衡　龚　嵘　龚尚庆　龚　欣　龚学庆　顾金楼　顾晓艳　顾幸生　关士友　关　涛　郭丙君　郭继明
郭圣莉　郭卫红　郭旭虹　郭　毅　郭曰君　过　弋　韩　伟　韩一帆　何录武　何雪松　贺黎明　侯震山
胡爱国　胡　军　胡培君　胡　坪　胡仁昱　胡一晨　胡　英　花建丽　花　强　黄发荣　黄光团　黄　婕
黄　瑾　黄庐进　黄青春　黄维德　惠　虎　冀亚飞　江　浩　焦家俊　解惠青　解永树　金　晶　景奉杰
孔令丞　赖焕新　蓝闽波　郎美东　黎野平　李　冰　李春忠　李　浩　李红波　李建奎　李　剑　李　莉
李　平　李　平　李　琼　李荣日　李　涛　李　伟　李　英　李永生　李瑜青　李玉刚　李元广　李志敏
李　忠　廖　玮　林嘉平　林匡飞　林砺宗　林绍梁　凌　昊　凌志浩　刘柏平　刘朝晖　刘殿华　刘　刚
刘桂霞　刘海峰　刘洪来　刘建国　刘建文　刘剑平　刘金库　刘金祥　刘劲刚　刘漫丹　刘培念　刘　琴
刘润辉　刘少伟　刘　涛　刘勇弟　刘长虹　刘长军　龙湘犁　龙亿涛　楼高翔　卢冠忠　卢艳花　鲁习文
路贵民　栾伟玲　罗建平　罗有华　吕树光　马海燕　马铁驹　马　骧　马新胜　马兴元　马玉录　麦　勇
牟伯中　倪礼忠　倪力军　牛玉刚　钮月萍　欧阳福生　潘晓川　彭昌军　彭建华　漆志文　钱　锋　钱　军
钱世超　钱夕元　钱旭红　乔文明　乔秀臣　曲大辉　曲景平　全　舒　任国宾　阮　彤　阮永平　阮赞林
山口佳则　尚亚卓　邵方明　沈　冬　沈永嘉　施　力　施小新　侍洪波　宋福铁　宋兴福　苏建华　苏永升

孙自强　谭文松　唐颂超　唐燕辉　唐　赟　田宝柱　田　禾　田恒水　田晓慧　涂善东　汪冬华　汪济奎
王成云　王　芳　王国珍　王慧锋　王建国　王健农　王　杰　王俊秋　王利民　王　平　王启要　王巧纯
王庆明　王　蕊　王　薇　王　卫　王卫泽　王幸宜　王　旭　王学生　王艳芹　王亦飞　王　涌　王　跃
王　喆　卫春回　魏东芝　吴柏钧　吴驰飞　吴国章　吴海珍　吴　唯　吴小红　吴永真　吴幼青　吴玉鸣
伍新燕　夏春明　肖立华　谢海芬　谢贺新　谢林生　辛　忠　熊万胜　修光利　徐殿胜　徐海生　徐　宏
徐　晶　徐世爱　徐首红　徐晓勇　徐心茹　徐燕翼　徐永祥　徐志珍　许建和　许振良　许志美　严怀成
阎海峰　颜静兰　杨丙成　杨发祥　杨逢珉　杨桂菊　杨化桂　杨　骥　杨明刚　杨上广　杨世忠　杨　弋
杨　友　杨有军　杨宇翔　杨云霞　姚晓东　叶金星　叶蕊芳　易建军　殷锡鸣　应卫勇　于广锁　于建国
于立宏　于杨曜　俞慰刚　虞慧群　虞心红　袁荞龙　袁渭康　袁　媛　詹　亮　张爱民　张德祥　张广利
张惠展　张建华　张　杰　张金朝　张金龙　张井岩　张立新　张　莉　张　平　张素平　张维冰　张伟安
张　卫　张文清　张先梅　张显程　张新胜　张　昱　张元兴　张正军　章兰珠　赵春常　赵海涛　赵　健
赵黎明　郑柏存　郑建荣　钟新华　周幗彦　周家春　周静红　周美玉　周邵萍　周生虎　周炜星　周祥山
周晓龙　周兴贵　周　燕　周志杰　周志明　朱宏擎　朱家文　朱卡克　朱麟勇　朱眉华　朱为宏　朱学栋
朱贻安　朱以华　朱忆天　朱　煜　朱志庆　庄启昕　邹　刚　邹俊忠

教授（专职学生思想政治教育）（1 人）

程　毅

研究员（55 人）

柏子龙　曹　松　岑　莲　陈爱平　程起林　代正华　杜文莉　方云进　关凯书　郭美锦　郭杨龙　郭　耘
胡彦杰　黄永民　纪晓岚　李洪林　李　辉　李绍军　李　蔚　李星玮　梁晓怿　凌立成　刘昌胜　刘仁华
刘雪婷　龙东辉　潘艺林　齐会民　钱江潮　任宇红　沈亚领　史　萍　宋恭华　唐　漾　汪华林　王辅臣
王庚超　王　靖　王　伟　王永红　王振雷　魏　杰　徐云龙　轩福贞　颜学峰　叶邦策　于新海　袁　晓
张　玲　赵　玲　钟伟民　周　玲　周晓东　朱维平　庄英萍

享受教授待遇的高级工程师（8 人）

陈　康　何　云　侯锐钢　金锡标　雷　浩　米普科　陶黎明　张　杰

享受教授待遇的高级实验师（2 人）

吴慧兰　杨富琴

研究馆员（2 人）

吉久明　孙济庆

主任医师（1 人）

郑　彦

自聘教授（1 人）

方　斌

自聘高级工程师（教授级）（2 人）

刘坐镇　吴秋芳

2016年首次聘任高级专业技术职务人员名单

教授（15人）

朱贻安　吴海珍　马　骧　徐志珍＊程家高　钱　军　王　喆　阮　彤　章兰珠　张　卫　伏玉林　杨桂菊　楼高翔　熊万胜　钱夕元

研究员（4人）

龙东辉　王　靖　李　辉　代正华

享受教授待遇的高级实验师（1人）

吴慧兰

副教授（31人）

钮东方　段学志　王　玮　魏　巍　刚洪泽　赵　平　须志平　梁　欣　朱　芸　王梦灵　谷小婧　张　宇　胡庆春＊朱明亮　郭素娟　孙东亮　梁钦锋　雷菊英　齐国友　刘钻石　彭泽余　萧易忻　张红雨　李芳菲　林功伟　林辉球　赵丽霞　刘　淼　王　捷　叶　敏　吴思增

副教授（专职思政教师）（3人）

崔姗姗　何天雄　逄　索

副研究员（7人）

王际童　王泽建　韦柳静　袁慧慧　陈　卓　田　洲　孙中伟

高级实验师（3人）

徐菊美　宋江闯　颜雪娟

高级工程师（1人）

张玲帆

副研究馆员（1人）

李　楠

注：＊为教学系列。

2016年外籍教师

院系	姓名	国籍
外国语学院	Stephen Sandelius	美国
外国语学院	Melissa Marie Vaugn	美国
外国语学院	Julian Marioulas	德国
外国语学院	ITO KYOHEI	日本
外国语学院	Magan Ann Fuehrer	美国
外国语学院	王涌	德国
中德工学院	Justus Geschonneck	德国
商学院	Yan Zhao	加拿大
生物工程学院	Yue Guan	英国

续表

院系	姓名	国籍
化工学院	Martinus Abraham Cohen Stuart	荷兰
理学院	YOSHINORI YAMAGUCHI	日本
资源与环境工程学院	Namkung Hueon	韩国
资源与环境工程学院	Israel Pedruzzi	巴西

2016 年新聘任名誉教授、兼职教授、客座教授名单

类别	序号	姓名	国籍	聘请部门
名誉教授	1	丁汉	中国	机械与动力工程学院
	2	陈小明	中国	化学与分子工程学院
	3	于吉红	中国	化学与分子工程学院
	4	谢毅	中国	化学与分子工程学院
	5	唐本忠	中国香港	化学与分子工程学院
	6	赵进才	中国	化学与分子工程学院
	7	冯小明	中国	化学与分子工程学院
	8	谭蔚泓	中国	化学与分子工程学院
	9	John Meurig Thomas	英国	化学与分子工程学院
	10	刘忠范	中国	化学与分子工程学院
	11	Ben L. Feringa	荷兰	化学与分子工程学院
	12	张俐娜	中国	化学与分子工程学院
	13	岳国君	中国	生物工程学院
兼职教授	1	肖林	中国	商学院
	2	毛加祥	中国	信息科学与工程学院
	3	廖增太	中国	商学院
	4	朱忻	中国	材料科学与工程学院
	5	胡钧	中国	理学院
	6	雷廷宙	中国	资源与环境工程学院
客座教授	1	民谷荣一	日本	理学院
	2	郁建珍	中国香港	资源与环境工程学院
	3	Yulong Ding	英国	资源与环境工程学院
	4	Massimo Poletto	意大利	资源与环境工程学院
	5	罗扬铭	美国	生物工程学院
	6	Ivan Cole	澳大利亚	化学与分子工程学院
	7	Gabriel Nú?ez	美国	生物工程学院

博士后科研流动站设置一览表（一级学科）

设站学科	设站部门	设站时间
化学工程与技术	化工学院、生物工程学院、化学与分子工程学院	1985 年
控制科学与工程	信息科学与工程学院	2001 年
材料科学与工程	材料科学与工程学院	2003 年
动力及工程热物理	机械与动力工程学院	2003 年
环境科学与工程	资源与环境工程学院	2003 年
机械工程	机械与动力工程学院	2007 年
化学	化学与分子工程学院、药学院	2007 年
药学	药学院	2009 年
社会学	社会与公共管理学院	2009 年
植物保护	药学院	2012 年
轻工技术与工程	生物工程学院	2012 年
管理科学与工程	商学院	2014 年

离退休工作

【概况】 年内，学校退休教职工共 2 715 人，其中男性 1 324 人，女性 1 391 人；教授等正高级职称人员 304 人，副教授等副高级职称人员 643 人，讲师等其他人员 662 名。退休人员中正副局级和正副处级以上干部 97 人，共产党员 874 人、民主党派人士 228 人。离休干部共 34 人，平均年龄 88.86 岁，年龄最大的为 96 岁。其中原副局级的干部 3 人，享局级的干部 10 人，参照局级三项待遇的干部 3 人，原正处级的干部 4 人，原副处级和享处级的干部 13 人，其他干部 1 人。其中抗战时期参加革命的 10 人，解放战争时期参加革命的 24 人，具有正高级职称的 4 人，副高级以上职称的 6 人，中共党员 32 人。迟英良（女）、丁西三、开顺心、田林、魏玉峰、程仲梅（女）、郭正等 7 名同志享受按副省（部）长级标准报销医疗费。

离退休行政工作。退休管理工作实行“两级管理、两级服务”的工作机制，参照二级党组织建制建立二级退管分会。年内，办理 2 658 名退休人员住院互助医疗的续保，参保金额 55 万元。协调原工作部门共同妥善处理 53 名去世人员善后事宜，第一时间上门慰问，送上补助金，在尊重家属的前提下做到让逝者安息、家属满意。送清凉活动共慰问 2 678 人，发放金额 214.23 万元；送温暖活动共慰问 2 708 人，发放金额 208 万元。敬老节为全体退休人员发放慰问金和生日费，共计 3 696 人，金额为 215 万余元。80 岁以上高龄人员、孤老、一老养一老、参加过抗美援朝老战士、生病住院人员及生活困难人员，被列入重点慰问范围。安排 2 300 余名退休教职工进行体检，退休教职工重大疾病医疗帮困互助慈善基金会共资助重大病患者 34 人，支出金额 25.5 万元。老年大学全年开班 76 个，共有学员 1 753 人次。老教授协会、乐龄文体协会积极组织各类活动。其中由居住在学校周边的 20 多位老年人参加的谈心会，坚持每两周一次活动，深受老人欢迎。先后组织 6 批退休人员参观多家养老院，提供新的养老理念和信息。建设离退休工作信息管理系统，不断完善离退休人员电子信息。申请离退休工作微信公众号，建立离退休工作微信矩阵，及时推送离退休工作处相关工作信息、养老服务政策法规。承办上海市老教授协会第二届乒乓赛，我校老教授代表队取得第二名的佳绩。

离退休工作党委工作。年内，离退休工作党委根据 750 余名退休党员退休前所属学院部门重新调整了支部，将原有的 20 个党支部拆分为 26 个党支部，并进行党支部换届改选，支部人数控制在 30 人左右，支部书记平均年龄 65 岁。离退处党委强化离退休党建工作，充分发挥支部的战斗堡垒作用，以党建推动为老服务工作。今年的“两送”工作与支部党建相结合，党支部委员参与到为退休职工“冬送温暖、夏送清凉”的慰问活动中。通过多种多样的活动方式，结合党员思想实际和需求，探索组织生活内容新颖、形式多样化的途径和机制，不断提升组织生活的质量和效果。2016 年，离退处工作党委组织 3 次专题报告，2 000 余党员与会。

【离退休党支部书记培训班】 5 月 12 日，离退休工作党委联合校党委组织部举办离退休党支部书记培训班。校党委书记杜慧芳出席会议并作开班动员报告，党委副书记马玉录主持会议。与会领导向各离退休党支部代表授旗、授徽和授书。本次培训涵盖理论学习、校情报告、工作实务、工作交流、行走教学 5 个模块。党委组织部部长陈麒、离退休工作党委书记葛轶群、离退休工作党委委员、离退休党支部新老书记、部分离退休党员骨干参加了培训。

【老教授协会换届】 10 月 9 日，学校老教授协会换届改选代表大会在工会八角亭隆重举行。党委副书记陈麒、离退休工作处处长葛轶群、本届理事会理事及会员代表 70 余人参加了会议。上海市老教授协会副会长兼秘书长汤传明专程到会表示祝贺。大会通过了由 33 名理事组成的新一届理事会。

附录：

2016 年度去世退休教职工名单（53 人）

张铸全、包佩玉、徐水英、吕梅芳、路琼华、陈淑章、张尔荣、李根胜、张明枢、仓云、蔡天乞、王春田、费福珍、冯碧芳、费志亨、赵德仁、陈剑萍、吴泽炜、陆伯生、周妙桃、印仁冲、蔡诚良、林富国、徐泉源、孙承绪、杨炳良、施善定、屠秀菊、张丽芬、曹宝生、陈永兴、张明星、闻如福、高敦嶽、梁复、何邦顺、丁志兴、李建山、佘义福、刘文芳、池敬兴、杨汉贤、范织云、张谊华、王月新、谈美英、陈中亮、荣阊倍、徐种德、沈湘梅、池敬铭、朱桂芳、黄富生

2016 年去世离休干部（3 人）

王肖增、张志聪、李怡宁

外事工作

Waishi Gongzuo

对外合作与交流

【概况】 年内，学校共接待了国（境）外来访外宾 1 275 人次，其中包括伯明翰大学、华盛顿州立大学、法国 FGL、比利时布鲁塞尔自由大学、鲁汶大学、澳大利亚昆士兰大学、瑞典皇家理工学院、埃克森美孚公司等；先后签署了 28 份合作协议。资助 52 个短期英语授课项目，举办了国际会议 10 次，聘请了 12 名长期外国文教专家。因公出国（境）人数为 809 人次，教师占 474 人次。

（黄河）

【第八届光致变色国际会议在华理开幕】 11 月 4 日，由我校举办的第八届光致变色国际会议在逸夫楼报告厅开幕，在 4 天时间里共有 70 多场会议报告，堪称一场精彩的学术“盛宴”。与会的学者中，有 120 多位学者来自日本、法国、德国、美国和荷兰等国家，包括多位在国际学术领域名声赫赫的学者，除了今年刚刚获得诺贝尔化学奖的 Ben L. Feringa 教授外，还有来自以色列耶路撒冷希伯来大学的 Itamar Willner 教授、中国香港大学的中科院院士 Vivian W. W. Yam 教授和东京大学的 Takuzo Aida 教授等。

【澳大利亚昆士兰科技大学校长率团来访】 3 月 15 日，澳大利亚昆士兰科技大学校长 Peter Coaldrake 一行 6 人来校访问。我校校长曲景平在逸夫楼第三会议室会见来访客人，副校长刘昌胜等参加会见。座谈交流后，双方签署了博士联合培养协议，并在科研合作与学生创新创业能力培养等方面达成了合作意向。

【继续办好回国人员工作汇报会】 1 月 15 日，2015 年公派留学回国人员汇报会在逸夫楼报告厅举行，会上，来自 15 个学院的 57 名回国人员就访学期间的研修计划、研修成果等分别进行了翔实的汇报。由各学院及人事处、教务处、科研院和研究生院等相关职能部门代表组成的评审委员会，根据回国人员的现场汇报以及留学小结等材料对其进行现场考核打分。

（黄河）

附录：

来访人员国别分布

国家或地区	美国	英国	法国	德国	日本	沙特
人数	343	154	94	146	83	10
国家或地区	韩国	哈萨克斯坦	澳大利亚	加拿大	中国香港	中国台湾
人数	52	4	68	33	43	60
国家或地区	比利时	坦桑尼亚	瑞士	荷兰	新加坡	瑞典
人数	2	2	6	20	64	26
国家或地区	挪威	丹麦	巴西	土耳其	奥地利	爱尔兰
人数	4	7	1	2	2	3
国家或地区	波兰	以色列	印度	捷克	西班牙	伊朗
人数	4	6	13	4	5	1
国家或地区	斯洛伐克	孟加拉国	马来西亚	意大利	葡萄牙	越南
人数	1	2	1	6	1	2

（黄河）

签署协议情况一览表

合作单位	国家/地区	协议名称
加州大学伯克利分校	美国	心理咨询师交流项目的协议
费耶特维尔州立大学	美国	备忘录
阿克伦大学	美国	国际合作谅解备忘录
阿克伦大学	美国	合作协议
伯明翰大学	英国	合作协议
诺丁汉大学	英国	学生交换备忘录
玛丽女王学院	英国	3+1+1 协议
爱丁堡大学	英国	谅解备忘录
伦敦金斯顿大学	英国	学术合作交流协议
澳大利亚联邦工业组织	澳大利亚	备忘录
昆士兰科技大学	澳大利亚	联合培养博士生协议
门捷列夫化工大学	俄罗斯	框架协议
莫斯科动力大学	俄罗斯	框架协议
韦仕敦大学	加拿大	3+1 学生交换协议
乌贝兰迪亚联邦大学	巴西	合作备忘录
里昂一大	法国	化学专业双学位项目合作协议

续表

合作单位	国家/地区	协议名称
里昂一大	法国	化学专业双学位项目 合作协议
FGL	法国	谅解备忘录
FGL	法国	3+3教育项目补充协议
韦仕敦大学	加拿大	双学位协议 学生交换协议
门捷列夫化工大学	俄罗斯	框架协议
希伯来大学	以色列	国际联合实验室协议
萨勒诺大学	意大利	文化和科技合作框架协议
大阪府立大学	日本	教育和学术合作协议
大阪府立大学	日本	学生交换备忘录
东京经济大学	日本	合作与交流协议书 学生交换协议书

（黄河）

国家公派出国全额资助项目录取名单

姓名	国别	国外院校
孙淑英	澳大利亚	悉尼大学
金永红	澳大利亚	新南威尔士大学
王杰	美国	普林斯顿大学
王晓霞	美国	纽约州立大学布法罗分校
王灵芝	美国	加州大学河滨分校
邹爱华	英国	伦敦大学国王学院
梅华	加拿大	阿尔伯特大学
郝斌	英国	诺丁汉大学
赵海涛	美国	波士顿大学
杜莹	美国	德克萨斯大学阿灵顿分校
蒋士成	美国	哈佛大学
赵辉	澳大利亚	莫纳什大学
范建华	美国	华盛顿卡内基研究院
左鹏	美国	哈佛大学
张鲁嘉	美国	加州理工学院

（俞晓青　张闻）

国家留学基金委青年骨干项目资助录取名单

姓名	国别	申报单位
胡庆春	美国	伊利诺伊大学香槟校区
陈丽	美国	佛罗里达大学
陶峰	澳大利亚	悉尼大学
罗飞	美国	加州大学欧文分校
李启慧	美国	达特茅斯学院
封宗颖	美国	北卡罗来纳大学教堂山分校
刘卫兵	美国	新泽西州立罗格斯大学
石尧麒	美国	密歇根大学安娜堡校区

（俞晓青　张闻）

长期境外文教专家聘请情况一览表

所属学院	专家姓名	最高学位	国籍	类别
外国语学院	Stephen Sandelius	硕士	美国	语言类
外国语学院	Melissa Marie Vaugn	学士	美国	语言类
外国语学院	Julian Marioulas	硕士	德国	语言类
外国语学院	ITO KYOHEI	硕士	日本	语言类
外国语学院	Magan Ann Fuehrer	学士	美国	语言类
中德工学院	Justus Geschonneck	硕士	德国	语言类
商学院	Yan Zhao	博士	加拿大	非语言类
生物工程学院	Yue Guan	博士	英国	非语言类
化工学院	Martinus Abraham Cohen Stuart	博士	荷兰	非语言类
理学院	YOSHINORI YAMAGUCHI	博士	日本	非语言类
资源与环境工程学院	Namkung Hueon	博士	韩国	非语言类
资源与环境工程学院	Israel Pedruzzi	博士	巴西	非语言类

（唐纪敏）

港澳台及华侨学生奖学金获奖名单

姓名	学生类别	等级	生源类别	姓名	学生类别	等级	生源类别
陈亭谚	本科	一等奖	台湾	姚昕妤	本科	三等奖	台湾
林哲纬	本科	一等奖	台湾	留钰凯	本科	三等奖	台湾
吴业琴	本科	一等奖	台湾	梁丽萍	本科	一等奖	香港
连心瑀	本科	二等奖	台湾	张怡莹	本科	一等奖	香港
谢秀真	本科	二等奖	台湾	陈睿闻	本科	二等奖	香港
赵禹定	本科	二等奖	台湾	忻伟	本科	二等奖	香港
陈宗棋	本科	二等奖	台湾	关锦鸿	本科	二等奖	澳门
陈亭谕	本科	三等奖	台湾	张一秀	本科	三等奖	香港

续表

姓名	学生类别	等级	生源类别	姓名	学生类别	等级	生源类别
毛静文	本科	三等奖	台湾	彭晟	本科	三等奖	香港
田佑慈	本科	三等奖	台湾	蔡家颖	本科	三等奖	香港
刘敬业	本科	三等奖	台湾	叶雯惠	本科	三等奖	香港
陈泓叡	本科	三等奖	台湾				

（叶晓松）

赴台湾高校交流学习学生名单

姓名	年级	所在学院	专业	交流学校
朱迪	大三	艺术设计与传媒学院	工业设计	云林科技大学
金天昊	大三	艺术设计与传媒学院	广告设计	玄奘大学
徐佳叶	大三	艺术设计与传媒学院	视觉传达设计	玄奘大学

（叶晓松）

国际（地区）会议情况

会议名称	举办部门
光致变色国际研讨会	化学与分子工程学院
第四届微试样测试技术国际学术会议	机械与动力工程学院
第五届国际“多喷嘴对置式煤气化技术推广及应用研讨会”	资源与环境工程学院
上海-斯德哥尔摩理论化学双边学术研讨会	化学与分子工程学院
新兴市场企业国际化：机遇与挑战	商学院
社会工作与社会政策国际研讨会	社会与公共管理学院
“一带一路”与国际发展国际学术会议	社会与公共管理学院
虚拟商务与供应链管理研讨会	商学院
界尺度问题研究进展	化工学院
空间分析方法在城市与区域科学研究中的应用研讨会	商学院

（叶晓松）

外国学者短期访问资助名单

学院	专家姓名	国籍	工作单位	职务/职称
材料科学与工程学院	Kiyama Seiichi	日本	三洋公司	部长
材料科学与工程学院	D. Drummer	德国	埃尔朗根-纽伦堡大学	教授
法学院	M. T. Roberts	美国	加州大学洛杉矶分校	校客座教授
化工学院	Jay Benziger	美国	普林斯顿大学	教授
化学与分子工程学院	Marc LEMAIRE	法国	里昂第一大学	特级教授
化学与分子工程学院	Joanne XIE	法国	巴黎 Cachan 高师	教授

学院	专家姓名	国籍	工作单位	职务/职称
化学与分子工程学院	Juyoung Yoon	韩国	梨花女子大学	院士/教授
化学与分子工程学院	Zihua Zhu	美国	Pacific Northwest National Laboratory	资深科学家
化学与分子工程学院	W. R. Browne	爱尔兰	荷兰格罗宁根大学	教授/系主任
化学与分子工程学院	John M. Thomas	英国	剑桥大学	教授
化学与分子工程学院	Michel Che	法国	巴黎第六大学	教授/院士
化学与分子工程学院	H. Yamshita	日本	大阪大学	教授/主编
化学与分子工程学院	A. Z. Moshfegh	伊朗	谢里夫工业大学	教授
机械与动力工程学院	Zhihong Huang	英国	University of Dundee	教授
机械与动力工程学院	John Howell	英国	Glasgow 大学	教授
理学院	S. D. Hogan	英国	University College London	高级讲师/实验室主任
商学院	Teo Hock Hai	新加坡	新加坡国立大学	教授
商学院	J. Shanthikumar	美国	普渡大学	教授
商学院	Rudy Santore	美国	田纳西大学	副教授
商学院	Marek Makowski	波兰	国际应用系统分析研究所	高级研究员
商学院	T. Mukoyama	美国	弗吉尼亚大学	副教授
社会与公共管理学院	Ashwani Saith	荷兰/印度	荷兰鹿特丹伊拉斯姆斯大学	教授
生物工程学院	松川真吾	日本	东京海洋大学	副教授
体育科学与工程学院	Seok-Ho Song	韩国	美国圣托马斯大学	教授/系主任
外国语学院	Robert Gulval	美国	加州大学洛杉矶分校	教授
外国语学院	Karl-Heinz Pohl	德国	特里尔大学汉学系	教授
信息科学与工程学院	Frank Schiller	德国	BeckHoff 自动化公司	教授/首席科学家
信息科学与工程学院	H. R. Karimi	挪威	米兰理工大学	教授
信息科学与工程学院	Manousiouthakis	美国	加州大学洛杉矶分校	教授
信息科学与工程学院	巩洋	美国	德州大学休斯顿健康科学中心	副教授
信息科学与工程学院	Klaus Janschek	德国	德累斯顿工业大学	教授/所长
信息科学与工程学院	Zhenyu Yang	丹麦	Aalborg University	副教授
药学院	John S. Fossey	英国	伯明翰大学	讲师
药学院	Jie Jack Li	美国	旧金山大学	副教授
艺术设计与传媒学院	A. Apicella	意大利	那不勒斯第二大学	教授/院长
艺术设计与传媒学院	姜德求	韩国	光州大学校 文化艺术大学	教授
艺术设计与传媒学院	M. Rauterberg	德国	荷兰埃因霍温理工大学	教授

续表

学院	专家姓名	国籍	工作单位	职务/职称
艺术设计与传媒学院	李东勋	韩国	东西大学	副教授
艺术设计与传媒学院	董伟	美国	威斯康星大学麦迪逊分校	教授/系主任
资源与环境工程学院	Lichong Xu	美国	宾州州立大学医学院	研究员
资源与环境工程学院	C. J. Banks	英国	南安普敦大学	教授
资源与环境工程学院	Lidia Morawska	澳大利亚	昆士兰科技大学	教授
化学与分子工程学院	V. Wing-Wah YAM	中国	香港大学	院士/教授
材料科学与工程学院	M. A. Winnik	加拿大	多伦多大学	院士/教授
化学与分子工程学院	Bart Jan Ravoo	德国	明斯特大学	教授
化学与分子工程学院	Ben Feringa	荷兰	格罗宁根大学	院士/教授
化学与分子工程学院	Itamar Willner	以色列	耶路撒冷希伯莱大学	院士/教授
化学与分子工程学院	Neil Robertson	英国	爱丁堡大学	教授
化学与分子工程学院	Stefan Hecht	德国	洪堡大学	教授
化学与分子工程学院	区泽堂	香港	浸会大学	教授
化工学院	MASAHIRO OSHIMA	日本	京都大学	教授
化工学院	S. Costeux	美国	道氏化学	研究员

（叶晓松）

国际工程师学院

【概况】 年内，国际工程师学院以积极推进国际化办学和加大本科生国际交流力度为重点，实施 10 个暑期国际交流项目，共派出 130 人；新实施 6 项本科生校际交流项目，各类公派留学学生项目共录取 86 人；与国外 12 所高校签署或续签 16 项学生交流协议或框架协议；协助国外（境外）公派留学、中外合作办学、校际交流、暑期项目等各类项目的 432 名学生办理了各类派出手续。

开发服务于国家战略发展的学生交流项目。结合我校学科优势，创立服务于“一带一路”国家战略的高水平大学合作交流关系。与俄罗斯门捷列夫化工大学签署框架协议（续签），与俄罗斯国际研究大学-莫斯科动力学院签署框架协议。

继续发挥“专项基金”对学生参与国际交流的作用。继续实施我校“学生国外（境外）学习项目专项基金”对优秀贫困学生参加国际交流的资助，全年共资助 2 批共计 84 名学生。

加大信息发布力度，让国际交流成为学生成才的重要环节。在新生入学报到当天，面向全校新生及新生家长，采用宣传墙报和印发《华东理工大学学生国际交流项目》宣传册的方式，进行了华东理工大学学生国际交流项目展示。完善国际工程师学院网站建设，及时发布和更新各项目及项目管理信息，方便学生和各学院，让国际交流成为学生成才的一个重要环节。

附录：

2016 年优秀本科生国际交流项目获批项目一览表

序 号	项目名称	留学国别	留学单位	选派专业
1	与美国密苏里大学优秀本科生国际交流项目	美国	密苏里大学哥伦比亚校区	自动化，生物工程，化学工程与工艺，油气储运工程，轻化工程，电气工程及其自动化，计算机科学与技术，测控技术与仪器，过程装备与控制工程，机械设计制造及其自动化
2	与美国休斯敦大学优秀本科生国际交流项目	美国	休斯敦大学	机械设计制造及其自动化，过程装备与控制工程，轻化工程，油气储运工程，化学工程与工艺，材料成型及控制工程，安全工程（安全检测技术）

续表

序 号	项目名称	留学国别	留学单位	选派专业
3	与法国化学工程师学校联盟优秀本科生国际交流项目（国立高等化学工艺技术工程师学院）	法国	法国化学工程师学校联盟国立高等化学工艺技术工程师学院	化学工程与工艺，环境工程
4	与英国贝尔法斯特女王大学优秀本科生国际交流项目	英国	贝尔法斯特女王大学	化学工程与工艺，应用化学，资源循环科学与工程
5	与英国伦敦大学玛丽女王学院优秀本科生国际交流项目	英国	伦敦大学玛丽女王学院	高分子材料与工程，复合材料与工程，无机非金属材料工程，新能源材料与器件
6	与英国邓迪大学优秀本科生国际交流项目	英国	邓迪大学	材料成型及控制工程，安全工程（安全检测技术），机械设计制造及其自动化，过程装备与控制工程，生物工程
7	与德国亚琛工业大学优秀本科生国际交流项目	德国	亚琛工业大学	材料物理，复合材料与工程，高分子材料与工程
8	与奥地利雷奥本矿业大学优秀本科生国际交流项目	奥地利	雷奥本矿业大学	材料物理，复合材料与工程，高分子材料与工程
9	与德国埃尔朗根-纽伦堡大学优秀本科生国际交流项目	德国	埃尔朗根-纽伦堡大学	材料物理，复合材料与工程，高分子材料与工程
10	与德国柏林工业大学优秀本科生国际交流项目	德国	柏林工业大学	材料物理，高分子材料与工程，复合材料与工程，环境工程
11	与澳大利亚纽卡斯尔大学优秀本科生国际交流项目	澳大利亚	纽卡斯尔大学	资源循环科学与工程
12	与美国西佛罗里达大学优秀本科生国际交流项目	美国	西佛罗里达大学	应用物理学，数学与应用数学，信息与计算科学，光电信息科学与工程，计算机科学与技术，自动化，电气工程及其自动化
13	与新西兰奥克兰大学优秀本科生国际交流项目	新西兰	奥克兰大学	社会学，社会工作，机械设计制造及其自动化，过程装备与控制工程，电气工程及其自动化，计算机科学与技术（注：可授工学或理学学士学位）

续表

序 号	项目名称	留学国别	留学单位	选派专业
14	与美国密歇根大学弗林特分校优秀本科生国际交流项目	美国	密歇根大学弗林特分校	工商管理，市场营销，人力资源管理，会计学，财务管理
15	与法国南锡高等商学院优秀本科生国际交流项目	法国	法国南锡高等商学院	经济学，金融学，国际经济与贸易，工商管理，市场营销，人力资源管理，会计学，财务管理，信息管理与信息系统，工程管理，物流管理

（邓中华）

2016 年国家公派留学研究生项目录取人员名单

序号	姓名	留学身份	留学国别	留学单位（中）
1	刘雨佳	硕士研究生	德国	乌尔姆大学
2	刘彦迪	硕士研究生	瑞典	瑞典皇家理工学院
3	林森	硕士研究生	荷兰	代尔夫特工业大学
4	林佳怡	硕士研究生	英国	伦敦大学学院
5	梁粤晨	硕士研究生	荷兰	代尔夫特理工大学
6	赵迎佳	硕士研究生	荷兰	瓦格宁根大学
7	赵慎	联合培养硕士研究生	美国	春田学院
8	陈伊君	联合培养硕士研究生	美国	春田学院
9	朱伟	联合培养博士研究生	美国	宾夕法尼亚州立大学帕克分校
10	张维伟	联合培养博士研究生	瑞士	洛桑联邦高等工业学院
11	张灵芝	联合培养博士研究生	美国	密歇根大学
12	张杰	联合培养博士研究生	澳大利亚	科廷大学
13	于汝佳	联合培养博士研究生	美国	西北太平洋国家实验室
14	杨彦红	联合培养博士研究生	美国	波士顿大学
15	杨武林	联合培养博士研究生	美国	新泽西州立罗格斯大学
16	杨丽娅	联合培养博士研究生	荷兰	阿姆斯特丹自由大学
17	闫宇强	联合培养博士研究生	英国	牛津大学
18	徐如浓	联合培养博士研究生	美国	密歇根大学安娜堡校区
19	王伟	联合培养博士研究生	美国	佐治亚理工学院
20	田国建	联合培养博士研究生	日本	九州大学
21	宋军	联合培养博士研究生	英国	布鲁奈尔大学
22	师鑫	联合培养博士研究生	荷兰	代尔夫特工业大学
23	盛瑜玠	联合培养博士研究生	美国	橡树岭国家实验室
24	邵益	联合培养博士研究生	美国	威斯康星大学麦迪逊校区

续表

序号	姓名	留学身份	留学国别	留学单位（中）
25	任佳伟	联合培养博士研究生	法国	斯特拉斯堡大学
26	乔崇智	联合培养博士研究生	法国	里昂高等师范学校
27	毛争艳	联合培养博士研究生	德国	海德堡大学
28	吕剑昆	联合培养博士研究生	美国	加州大学旧金山分校
29	罗翼	联合培养博士研究生	瑞典	斯德哥尔摩大学
30	柳济元	联合培养博士研究生	美国	加州大学洛杉矶分校
31	刘晓院	联合培养博士研究生	美国	波士顿学院
32	刘芳	联合培养博士研究生	美国	加州大学圣塔芭芭拉分校
33	李园辉	联合培养博士研究生	德国	慕尼黑工业大学
34	李星	联合培养博士研究生	日本	物质材料研究所
35	李杰	联合培养博士研究生	美国	哈佛医学院
36	雷晓宁	联合培养博士研究生	美国	宾夕法尼亚州立大学
37	雷克晟	联合培养博士研究生	德国	慕尼黑大学
38	金田	联合培养博士研究生	美国	田纳西大学-诺克斯威尔
39	黄健	联合培养博士研究生	美国	普渡大学
40	侯慧	联合培养博士研究生	美国	休斯敦大学
41	洪刚	联合培养博士研究生	美国	宾夕法尼亚大学
42	杭彦迪	联合培养博士研究生	新加坡	新加坡国立大学
43	郭卿君	联合培养博士研究生	美国	密苏里大学哥伦比亚校区
44	高瑞	联合培养博士研究生	英国	剑桥大学
45	傅晓日	联合培养博士研究生	美国	德州农工大学
46	段炼	联合培养博士研究生	美国	德州农工大学
47	董春华	联合培养博士研究生	荷兰	阿姆斯特丹大学
48	陈雅华	联合培养博士研究生	美国	艾奥瓦（依阿华）州立大学
49	陈文尧	联合培养博士研究生	挪威	挪威科技大学
50	陈龙	联合培养博士研究生	美国	奥多明尼昂大学
51	蔡亚丰	联合培养博士研究生	美国	亚利桑那州立大学
52	王雨川	联合培养博士研究生	英国	兰开夏大学
53	俞欣	博士研究生	澳大利亚	迪肯大学
54	彭代力	博士研究生	荷兰	格罗宁根大学
55	林梦星	博士研究生	加拿大	西安大略大学
56	郭云舟	博士研究生	日本	北海道大学
57	郭文泽	博士研究生	荷兰	格罗宁根大学
58	高燕云	博士研究生	瑞士	伯尔尼大学
59	董磊	博士研究生	法国	里昂一大

续表

序号	姓名	留学身份	留学国别	留学单位（中）
60	曾亚丽	博士研究生	法国	斯特拉斯堡大学
61	刘妹妹	博士研究生	法国	Universite de Technologie de belfort-Montbeliard
62	李俊豪	博士研究生	瑞典	皇家工学院

（邓中华）

2016 年优秀本科生国际交流项目录取人员名单

序号	姓名	学院	留学国别	留学单位	留学期限
1	王雨明	化工学院	美国	休斯敦大学	9 个月
2	穆艳雨	化工学院	美国	休斯敦大学	9 个月
3	辛玮玥	化工学院	美国	休斯敦大学	9 个月
4	赵汉秦	化工学院	美国	休斯敦大学	9 个月
5	赵晓晖	化工学院	美国	休斯敦大学	9 个月
6	赵　倩	商学院	法国	南锡高等商学院	9 个月
7	朱佳媛	商学院	法国	南锡高等商学院	9 个月
8	李许强	信息科学与工程学院	美国	密苏里大学	9 个月
9	张帆	化工学院	法国	化学工程师学校联盟国立高等化学工艺技术工程师学院	9 个月
10	李婧韡	生物工程学院	英国	邓迪大学	9 个月
11	陆舟洲	化工学院	美国	密苏里大学	9 个月
12	李淳纯	化学与分子工程学院	英国	贝尔法斯特女王大学	9 个月
13	岳明健	化学与分子工程学院	英国	贝尔法斯特女王大学	9 个月
14	许晨杰	理学院	美国	西佛罗里达大学	9 个月
15	王映真	生物工程学院	美国	密苏里大学	9 个月
16	陈聪	信息科学与工程学院	美国	密苏里大学	9 个月
17	朱学辉	信息科学与工程学院	美国	密苏里大学	9 个月
18	王晓睿	资源与环境工程学院	法国	化学工程师学校联盟国立高等化学工艺技术工程师学院	9 个月
19	曹大群	化工学院	澳大利亚	纽卡斯尔大学	6 个月
20	单怡琳	材料科学与工程学院	奥地利	雷奥本矿业大学	4 个月
21	邵宁	材料科学与工程学院	奥地利	雷奥本矿业大学	4 个月
22	侯嘉倩	材料科学与工程学院	奥地利	雷奥本矿业大学	4 个月
23	李进杰	材料科学与工程学院	奥地利	雷奥本矿业大学	4 个月
24	李艳晓	材料科学与工程学院	奥地利	雷奥本矿业大学	4 个月

（邓中华）

2016 年国际工程师学院实施的暑期项目一览表

序号	国别	项目实施单位	参加人数
1	日本	立命馆大学	10
2	韩国	梨花女子大学	3
3	德国	海德堡大学	13
4	英国	邓迪大学	25
5	法国	IESEG 管理学院	1
6	加拿大	英属哥伦比亚大学	43
7	瑞典	林奈大学	4
8	越南	Humanitarian Affairs，United Kingdom	11
9	美国	波士顿大学	1
10	美国	加州大学伯克利分校	19

（邓中华）

国际工程师学院牵头新签或续签的协议

序号	国家	合作单位	协议名称
1	美国	伊利诺伊大学芝加哥分校	3+1 学生交流协议
2	美国	伊利诺伊大学芝加哥分校	3+2 学生交流协议
3	美国	密苏里大学	3+2 学生交流协议
4	美国	密苏里大学	2+2 学生交流协议
5	美国	波士顿大学	暑期项目协议
6	新西兰	坎特伯雷大学	学生交流协议
7	新西兰	惠灵顿维多利亚大学	学生交流协议
8	德国	勃兰登堡工业大学	3+1 学生交流协议
9	奥地利	维也纳工业大学	3+1 学生交流协议
10	英国	布里斯托大学	学生交流协议
11	英国	伦敦大学玛丽女王学院	3+1+1 学生交流协议
12	俄罗斯	门捷列夫化工大学	框架协议
13	俄罗斯	国际研究大学-莫斯科动力学院	框架协议
14	日本	东京经济大学	框架协议
15	日本	东京经济大学	交换协议
16	法国	FGL 化学工程师联盟（20 所）	3+3 学生交流协议

（邓中华）

中德工学院

【概况】 年内，中德工学院下设直属党支部（团学工作办公室）、学院办公室、教学管理部及项目管理部4个部门和中德先进材料联合研究中心，共13名教师。张楠调离中德工学院，徐今加入中德工学院。

人才培养。年内，学院2016届67名毕业生中有46人被国外（境外）大学录取为研究生，录取比例为67.2%，其中中德合作化学工程与工艺（环境科学工程）专业录取比例高达81.8%。

办学项目。学院实施的中德合作中外合作办学项目荣获“示范性中外合作办学表扬项目”。这是中德合作中外合作办学项目自2011年获得表扬后第二次获此殊荣。中外合作办学项目全部通过教育部评估。与克劳斯塔尔工业大学合作举办化学工程与工艺专业本科教育项目参加2016年教育部中外合作办学项目评估，评估结果为“合格”。至此，中德工学院3个合作办学项目均通过教育部评估。

党支部建设。中德工学院直属党支部举行换届选举党员大会，大会通过第一届直属支部委员会工作报告，并以无记名投票方式选举产生了第二届支部委员会委员，分别为邓中华、王惠文、吴唯、吴志先和胡骅。在随后举行的中德工学院第二届直属支部委员会第一次会议上，王惠文同志当选直属党支部书记。

对外合作。增加2所对德合作学校。与德国勃兰登堡工业大学、奥地利维也纳工业大学签署本科生交流协议，与德国埃尔朗根-纽伦堡大学扩展合作专业。至此，对德交流学校已达到12所。

附录：

中德工学院2016届毕业生被国外（境外）大学录取为研究生情况清单

德电专业：

序号	姓名	录取大学	录取专业
1	章世坤	德国帕德伯恩大学 Universität Paderborn	计算机科学 Computer Science

序号	姓名	录取大学	录取专业
2	徐旻辰	德国埃尔朗根-纽伦堡大学 Friedrich-Alexander Universität Erlangen Nürnberg	计算机工程 Computational Engineering
3	郑楠	德国埃尔朗根-纽伦堡大学 Friedrich-Alexander Universität Erlangen Nürnberg	计算机工程 Computational Engineering
4	陈世轩	德国埃尔朗根-纽伦堡大学 Friedrich-Alexander Universität Erlangen Nürnberg	计算机工程 Computational Engineering
5	严乐宜	德国亚琛工业大学 RWTH Aachen University	通讯工程 Communications Engineering
6	邓昉熙	德国哥廷根大学 Georg-August-Universität Göttingen	应用计算机科学 Applied Computer Science
7	汪孟楠	德国斯图加特大学 Universität Stuttgart	科学硕士 Master of Science
8	徐文彬	美国伊利诺伊大学 University of Illinios	电子与计算机工程 Electircal and Computer Engineering
9	陈丹澜	美国卡耐基梅隆大学 Carnegie-Mellon University	电子与计算机工程 Electrical and Computer Engineering
10	甄明达	美国匹茨堡大学 University of Pittsburgh	信息科学 Information Science
11	钱文涵	美国斯蒂文斯理工学院 Stevens Institute of Technology	金融工程 Financial Engineering
12	黄鹤鸣	美国波士顿大学 Boston University	电气工程 Electrical Engineering
13	项佳伟	英国萨里大学 University of Surrey	信息系统 Information Systems
14	周兴基	英国纽卡斯尔大学 Newcastle University	计算机科学 Computer Science
15	吴康成	德国汉堡工业大学 Technische Universität Hamburg	
16	吴博旋	德国埃尔朗根-纽伦堡大学 Friedrich-Alexander Universität Erlangen Nürnberg	
17	李可畏	德国埃尔朗根-纽伦堡大学 Friedrich-Alexander Universität Erlangen Nürnberg	

续表

序号	姓名	录取大学	录取专业
18	安峻峤	德国杜伊斯堡艾森大学 University of Duisburg-Essen	
19	黄雨珊	英国赫特福德大学 University of Hertfordshire	音乐与声音技术（音频工程） Music and Sound Technology (Audio Engineering)

德环专业：

序号	姓名	录取大学	录取专业
1	高英子	德国斯图加特大学 Universität Stuttgart	空气质量控制、固体废品与废水处理工程 Air Quality Control, Solid Waste and Waste Water Process Engineering
2	胡祥路	德国图宾根大学 Universität Tübingen	应用地质科学 Applied and Environmental Geoscience
3	蔡鋆琳	德国德累斯顿工业大学 Technische Universität Dresden	水科学与工程 Hydro Science and Engineering
4	李瑞飞	德国德累斯顿工业大学 Technische Universität Dresden	水科学与工程 Hydro Science and Engineering
5	邵蕾	德国德累斯顿工业大学 Technische Universität Dresden	水科学与工程 Hydro Science and Engineering
6	俞翘楚	德国德累斯顿工业大学 Technische Universität Dresden	水科学与工程 Hydro Science and Engineering
7	谈杨磊	德国慕尼黑工业大学 Technische Universität München	可持续资源管理 Sustainable Resource Management
8	朱乐奇	德国哥廷根大学 Georg-August-Universität Göttingen	水文地质学与环境地质科学 Hydrogeology and Environmental Geoscience
9	曹心易	美国乔治亚理工学院 Georgia Institute of Technology	环境工程 Environmental Engineering
10	居俊杰	美国南加州大学 University of Southern California	化学工程 Chemical Engineering
11	王佳安	美国卡耐基梅隆大学 Carnegie-Mellon University	土木与环境工程 Civil and Environmental Engineering
12	张志豪	美国加州大学洛杉矶校区 University of California, Los Angeles	化学工程 Chemical Engineering
13	陈安翎	英国曼彻斯特大学 The University of Manchester	环境工程 Environmental Engineering

续表

序号	姓名	录取大学	录取专业
14	陈疏影	香港科技大学 The Hongkong University of Science and Technology	化学与生物分子工程 Chemical and Biomolecular Engineering
15	张镇星	香港科技大学 The Hongkong University of Science and Technology	化学与生物分子工程 Chemical and Biomolecular Engineering
16	杨海剑	香港科技大学 The Hongkong University of Science and Technology	化学与生物分子工程 Chemical and Biomolecular Engineering
17	冯华一	香港科技大学 The Hongkong University of Science and Technology	环境科学与管理 Environmental Science and Management
18	陈文皓	慕尼黑工业大学新加坡校区 Technische Universität München，Asia	工业化学 Industrial Chemistry
19	徐佳辰	慕尼黑工业大学新加坡校区 Technische Universität München，Asia	工业化学 Industrial Chemistry
20	石粟巍	慕尼黑工业大学新加坡校区 Technische Universität München，Asia	工业化学 Industrial Chemistry
21	张斯礼	丹麦技术大学 Technical University of Denmark	环境工程（环境管理） Environmental Engineering （Environmental Management）
22	龚嘉庆	香港科技大学	
23	秦琪玥	德国图宾根大学	
24	李瑞飞	德国图宾根大学	
25	翁世源	德国德累斯顿工业大学	
26	史雯昳	德国德累斯顿工业大学	
27	王介东	加拿大西安大略大学	

（邓中华）

与德语国家高校开展校际交流本科生项目清单

序号	合作学校	项目形式	涉及学院
1	德国亚琛工业大学	3+1	材料科学与工程学院
2	德国柏林工业大学	3+1	材料科学与工程学院 资源与环境工程学院
3	德国埃尔朗根-纽伦堡大学	3+1	材料科学与工程学院 机械动力工程学院

续表

序号	合作学校	项目形式	涉及学院
4	德国汉诺威大学	3+1	商学院 艺术设计与传媒学院 信息科学与工程学院
5	德国曼海姆大学	交流项目（一学年）	外国语学院
6	德国萨尔大学	3+1	化学与分子工程学院 材料科学与工程学院
7	德国伊尔梅瑙工业大学	毕业设计	材料科学与工程学院 机械动力工程学院 信息科学与工程学院 理学院
8	德国克劳斯塔尔工业大学	中外合作办学项目	中德工学院
9	德国吕贝克应用技术大学	中外合作办学项目	中德工学院
		毕业设计	理工科及管理类专业
10	奥地利莱奥本大学	3+1	材料科学与工程学院
11	奥地利维也纳工业大学	3+1	化工学院 化学与分子工程学院 机械与动力工程学院 信息科学与工程学院
12	德国勃兰登堡工业大学	3+1	生物工程学院 资源与环境工程学院 机械动力工程学院

（邓中华）

国际教育学院

【概况】 年内，国际教育学院有在编行政管理人员 10 人，其中 1 人借调中国驻英国大使馆教育处工作；汉语教师 8 人；院聘行政管理人员 2 人，留学生宿舍后勤服务人员 36 人。围绕学校重点工作，在多方调研基础上完成了国际教育学院管理体制变革，由机关部处管理模式转型为二级学院管理模式。规范内部管理，成立了学院院务委员会，颁布了《国际教育学院行政管理制度》；加强外部沟通与协调，组织召开了外国留学生本科教学研讨会和外国留学生研究生教学研讨会以及留学生座谈会、茶话会，虚心听取工作意见和建议。支持管理人员和教师参加教育部和国家留学基金委来华留学工作业务培训和政策学习，提高留学生管理工作水平。在“两学一做”学习教育中，加强党员教工的理论学习，提高党性意识。举办专题党课“迈向制度自信：中西方政治制度对比及评析”；开展专题组织生活，参观四行仓库和创新型民企——江苏吴江亨通集团有限公司。

瞄准国家“一带一路”外交战略和国家能源战略，结合学校的学科特色，加大对外招生宣传，留学生规模稳步扩大，总数达 1 358 人次，比 2015 年增长了 15.2%，其中博士 62 人、硕士 161 人、本科 176 人、进修生 73 人，分布在 16 个学院。争取经费支持，本年度获得中国政府来华留学生奖学金 491 万元，上海市外国留学生政府奖学金 163 万元，上海市教育委员会“一带一路”专项经费支持 25 万元；新增加《上海高校外国留学生英语授课示范性课程建设》项目支持 2 项（10 万元/项），获得国家留学基金委和中国驻英使馆中英人文交流项目经费支持，实施了华东理工大学与英国邓迪大学中英大学生创新实践项目。学院还主动出击，到外资企业洽谈留学生教育合作，获得沙特阿美亚洲公司（Aramco Asia）出资，资助 5 名沙特留学生在我校化工学院攻读本科学位；与沙特基础工业公司（SABIC）合作开展企业员工培训，获支持经费 45.12 万元。

学院开展多样化的留学生活动，举办第一届华东理工大学国际文化节，承办第九届上海高校外国留学生龙舟比赛，组织留学生去中国创新型民企参观交流、去安徽徽州开展中国传统文化体验、去朱家角进行江南水乡文化考察，开办中华武术兴趣班，举行留学生毕业生欢送会等。利用新媒体手段宣传和推送我校留学生活动，建立了华理留学生微信公众号、华理留学生微信群等，加强与留学生的互动。重视留学生校友工作，不断挖掘校友资源，6月份成立了华东理工大学在华留学生校友会，建立了华理留学生校友微信群。

【改革国际教育学院管理体制】 完成《国际教育学院改革发展方案》，并于10月份通过了校长办公会审议。国际教育学院实现由机关职能向二级学院管理体制的转型。

（包华）

【举办留学生汉语演讲比赛】 6月8日，国际教育学院汉语教学中心在校工会八角亭，举行了以“留学华理，快乐汉语”为主题的外国留学生汉语演讲比赛。按照初级、中级、中高级三个水平组，来自多个国家的17位选手作了声情并茂的演讲。经过激烈紧张的角逐，来自也门的伊兹斯、越南的阮国盛、哈萨克斯坦的叶尔江，分获各组的一等奖。

（张桂宾）

【成立华东理工大学在华留学生校友会】 6月21日，华东理工大学在华留学生校友会成立大会在徐汇校区八角亭举行，来自世界各国的华东理工大学在华留学生代表近百人出席了会议。会议审议并通过了《华东理工大学在华留学生校友会章程》以及《华东理工大学在华留学生校友会第一届理事会成员名单》。会后，全体理事会成员召开了第一次理事会议，选举包华为华东理工大学在华留学生校友会会长，毛利斯、纳赛尔、金中国、黄天锐等四人为副会长。

（林颖）

【组织师生赴亨通集团参观】 6月24日，国际教育学院组织师生赴江苏吴江亨通集团有限公司进行参观学习。亨通集团王向国副总裁介绍了亨通集团的基本概况和发展历史，留学生就亨通集团的企业文化、海外就业等问题与亨通的代表进行了充分交流。

（梁乘）

【举办国际文化节】 11月8日，国际教育学院举办了华东理工大学第一届国际文化节，主题为“我们是一家人（We are family）”。来自23个国家的近百名留学生搭建了20个展台，展示各个国家、民族的文化、服饰、工艺品、美食等，当天参观人数达上千人次。

（梁乘）

【新增上海高校外国留学生英语授课示范性课程2门】 2016年两门课程入选上海市高校外国留学生英语授课示范性课程，分别是信息科学与工程学院虞慧群老师的“计算机安全与密码学”和商学院李佑平老师的“管理经济学”。每门课程资助标准为10万元，分两年拨付。

（刘晗）

附录：

外国留学生情况统计表

学院/类别	博士	硕士	本科	进修	语言	合计
化工学院	4	22	46	13	1	86
生物工程学院	9	6	7	9	1	32
化学与分子工程学院	5	2	7	6	2	22
药学院	1		2	1	1	5
材料科学与工程学院	5	1	3	3		12
资源与环境工程学院	5	4	5	3		17
机械与动力工程学院	4	1	16			21
信息科学与工程学院	15	12	21	5	3	56
商学院	3	99	57	31	1	191
社会与公共管理学院	10	4			2	16
艺术设计与传媒学院		1	7	1		9
理学院			1		1	2
外国语学院		2		2		4
法学院		6	2	1		9
国际教育学院					365	365
体育科学与工程学院		1		1		2
人文科学研究院	1					1
长期生小计	62	161	174	76	377	850
生物工程学院				9		9
材料科学与工程学院				1		1
商学院				20		20
法学院				33		33
国际教育学院					436	436
体育科学与工程学院				9		9
短期生小计				72	436	508
共　计	62	161	174	148	813	1 358

（田野）

公共保障体系与后勤服务

Gonggong Baozhang Tixi yu Houqin Fuwu

校园信息化建设

【概况】 年内，信息化办公室秉承“建设安全校园网络，实现数据互联互通”的理念，加强网络基础设施建设，提升校园网运维和安全保障能力。通过构建数据共享平台，推进一体化服务体系。统筹业务部门应用系统，推进系统集中管理。扩容并推广“华理云盘”，方便师生多平台数据同步共享。

网络基础设施建设。 推进校园网基础建设。完善 IPOE 架构，新增核心路由设备 2 台，实施冗余配置，并配置 1 台业务防火墙，加强安全防护，将宕机风险从 1%降低到 0.1%，有效提升了校园网的安全稳定性。校园网基本完成整个有线接入网络的改造，使可靠和安全的接入体验达到新高度。更新升级两校区间互联的波分复用设备，互联带宽容量从 40G 增加到 100G，校园网络的安全性、可靠性及易维护性进一步增强。扩大无线覆盖范围，对食堂等区域进行覆盖，使教学、实验、后勤区覆盖率达到 95%，进一步扩大了学校 ECUST 无线覆盖的范围，方便教职工和学生无线接入。完成认证设备升级和实名制改造，免费用户带宽从 2M 提升到 4M，收费带宽从 8M 升至 12M，使免费网络服务惠及更多的用户，也使得付费用户享受更优质快速的网络服务。

应用服务系统建设维护。 构建核心数据共享平台，包括数据仓库及数据分析平台，已接入教务、学工、研究生、人事、一卡通、图书馆、招生等核心数据，为推进一体化服务体系建设奠定基础。统筹全校业务部门应用系统的更新建设，纳入学校“虚拟化服务器云平台”“网站群平台”集中管理，推行统一数据标准，强调共享性、安全性、兼容性，以及管理服务相对分离的建设原则。为各单位系统建设提供技术支撑，启动人事系统和科研系统的二期建设，建立了药学院教学管理系统，提供信息学院教师在线 OA 服务试运行，完成离退休工作管理系统的调研、需求设计和系统设计。完成网站群平台升级工作，有效增强网页防篡改能力。完成校友与发展联络处网站、化工学院网站改版、信息科学与工程学院网站改版、学术委员会网站、采购与招投标办公室网站、生物工程学院网站改版、教务处网站改版、高等教育研究所网站的建设任务。共计 97 个网站的迁入工作，5 个部处网站及 3 个学院网站的建设任务。

校园网络安全运行、服务体系建设。 部署校园网出口安全防护设备，有效保障校园网和核心机房的安全运行；定期对学校各级信息系统进行安全扫描，有效保障学校信息系统的安全稳定运行；将零散自建的应用系统、网站等统一迁入学校大平台，有效增强其安全防护等级；根据教育部与公安部要求，常态化推进校内信息系统的等级保护定级、备案、测评和整改工作；已启动了学校主页、新闻网等的保护工作。

制度建设。注重职员专业水平的提升，组织参加各类技术及培训会议，与兄弟院校及信息厂商广泛交流，获取前沿技术资讯，不断提升职业素质。关注学校信息建设需求，通过现场调研与邮件调研相结合的方式，广泛了解各部门信息化建设需求及建议。组织多部门交流、研讨，梳理数据对接共享机制及流程，全局把握信息化建设需求。重视制度建设，本年度共梳理校内规章制度 8 个，信息办内部规定 7 个。组织多次专题会议讨论修订信息化建设管理办法，不断完善管理体制机制和工作流程。

服务提升。全面推广集总式“虚拟化服务器云平台”，启动推广“华理云盘”，为每位学生及教工提供 10G 及 20G 存储空间；完成邮箱扩容，学生、教工账户分别扩至 500M 与 5G 容量。采用集中培训与专题培训相结合的方式，为全校师生提供信息化培训服务，继续为全校师生提供微软正版化激活服务。对移动校园“i 华理”进行升级，升级后将添加更多新功能，同时将开放开发者平台，可以让有兴趣、有能力的师生打造自己的移动校园应用。全方位人工服务，及时处理全校师生的上网、邮箱等问题，提供电话咨询、上门修理等周到服务，不断提升服务质量。

获奖成果。获批全国教科网下一代互联网技术创新项目一项；指导学生获 2016“安恒杯”全国高校网络信息安全挑战赛全国第四名（华东地区第二名，上海市第一名）的好成绩，取得了历史性的突破。

（何菲）

图书情报

【概况】 年内，新增纸本馆藏27 859种、71 101册，数据库资源新增9个，其中中文数据库2个、外文数据库7个。全年接待到馆读者193万人次，提供纸本馆藏借阅总量达27万册次，全馆阅览区座位使用总量106万人次，研讨室预约使用总量达2 425次，门户系统访问量达140万次，微信公众号关注人数上升至12 029人。获得学校“精神文明示范单位”和“综合治理工作先进单位”荣誉称号。

学科服务。共有8名专职学科馆员、17名兼职学科馆员，面向16个学院提供对口学科服务。撰写学科分析报告，为学校科研决策提供支撑，主要包括：国内化工专业部分学校对比分析、华东理工大学ESI入选论文分析报告、部分学院SCIE发文及馆藏分析报告及基于学术论文的科研产出对标分析报告等。提供新生入馆教育17次，开展各类讲座32场次，发布学科简报7期、信息导报6期。

信息服务。完成上海市研发公共服务平台全文传递8 355项，同比增长6%，全文传递平均完成率达到92%。为学校研究生和教师提供的免费全文传递服务，2016年服务总量比上一年度增长了3倍。完成科研立项、申报奖励等用途的科技查新340项，其中：国内查新137项，国外查新203项。面向校内师生服务46项，校外企业及机构查新294项，另外，提供学术论文查收查引服务506项。

文化建设。开展以“读·创未来”为主题的第九届读书月活动，开展了“阅享书香”讲座、“父辈的中国”征文评选、“创想华理”3D打印竞赛等系列活动，吸引千余名师生参与。图书馆积极开展线上线下阅读推广活动，2016年图书馆微信公众号共推送各类栏目220期，如周游记、艺术长廊、好书推荐、书山论荐、影评等。线下则通过空间文化、实践拓展、特色推广等多种活动形式，打造了真人图书馆、研磨之味、慧读讲堂、创客空间、艺韵读书会等品牌活动。启动院士墙建设工作。

教学科研。本科生课程“文献检索”共完成57个教学班、2 957名学生的教学。研究生课程“文献检索与检索案例研究”共完成11个教学班、1 174名学生的教学。情报学硕士点，共有硕士生导师6人，其中2016年新增上岗导师1人，在读研究生13人，2016年招生4人，完成答辩 4 人。1 人获硕士研究生国家奖学金。发表学术论文 19 篇，其中 SCI 论文 2 篇、CSSCI 论文 12 篇、北大核心期刊论文 5 篇、人大报刊复印资料全文转载 2 篇。在研国家或省部级项目 3 项，2016 年新增立项 6 项，其中华东理工大学教改项目 4 项、大学生创新创业训练计划 2 项。图书馆获上海市图书馆学会“2016 年度优秀学术活动组织奖”。

组织建设。将“流通阅览部”“资源服务部”合并，成立“徐汇校区读者服务部”，将“数字资源与学科服务部”更名为“资源与学科服务部”，新成立“综合服务与阅读推广部”和“（读者）共享空间管理中心”，并完成了图书馆中层干部的选拔任用工作。推出了队伍优化措施，制订了《图书馆专业馆员队伍建设实施办法》，建立了专业馆员和辅助馆员相结合的图书馆专业队伍，实行分类管理，发挥图书馆信息资源优势和专业服务优势。

（梅海东）

档案工作

【概况】 年内，全校共归集各类档案 5 985 卷、OA 文件 2 153 件、照片 1 222 张、财会凭证账册 14 943 册（其中，后勤保障处凭证账册 11 282 册），以及作为资料保存的硕士研究生学位论文 2 427 本。接待档案利用 2 792 人次，利用档案 8 402 卷次，出具各类档案证明 21 900 余份。

征（收）集到一批与学校相关的资料和实物，有 1954 年华东化工学院乒乓球联赛纪念书签、1958 年出版的《染料应用》教材、1984 年《化工高等教育》创刊号、1986 年华东化工学院业余党校首期学员结业证书、1990 年四川轻化工学院校庆 25 周年专刊、化工原理实验室早期使用的萃取塔、学校早年的保险柜、木质试管架、老式收录机、青年教师宿舍用写字台、化工学院油气 132 班钱荣同学的书法作品等。

围绕学校中心工作，为教育部巡视组来校检查、学校“973”项目和干部任职审计、学校科技创新大会召开、退休教职工办理社保补助、分析测试中心举办庆典等提供档案材料的查阅利用；为学校开展 64 周年校庆活动，编制《那些年一起走过——1986 届毕业生纪念册》，举办 1996 届毕业生合影回放展，扫描了 1 488 张学生证件照和毕业合影照。

梳理历年来学校获国家科技“三大奖”详情，举办《攀登》档案图片展；编制《瞬间——华理 2015 图库》，供校友和有关人员了解学校各方面工作成就；完成陆柱、朱裕贞、朱炳辰、俞俊棠等多位前辈的传文，为策划出版《笃行——华理学人传略》一书积累素材；为科研院制作《克难攻坚攀高峰》PPT；撰写《我国研制“110 雷达之玻璃钢天线罩”细节》《大同遗风今安在?》等校史研究文章；与艺术学院环设 130 班建立“校史馆设计实践基地”，为学生博物馆课程设计提供蓝本，提升设计实战能力；配合学校做好新生入学教育、新教工入职教育，做好校史馆的参观接待工作，全年接待约 1 347 人次。

【召开档案工作暨表彰先进会议】 2016 年 4 月 1 日，学校召开 2013—2015 年度档案工作暨表彰先进会议，总结两年来的工作，布置今年的工作，并对资蕙等 22 位优秀档案员进行了表彰。此前，按照优秀档案员评选办法，档案馆组队分别到 28 名申报者所在部处、学院检查工作，并与其档案工作分管领导、档案员就部门档案工作的开展进行了交流和商讨。

（段义严）

校园基本建设

【概况】 年内，学校基础设施建设在建项目共 4 项，总建筑面积 93 360 平方米，总投资 42 690 万元。全年计划基建总投资 15 972 万元，其中国拨资金 3 657 万元。完成基建投资 15 926. 93 万元（其中国家拨款投资 4 626. 54 万元，自筹投资 11 300. 39 万元）。在建工程为徐汇校区实验十九楼、奉贤校区学生公寓二期第二批、游泳馆、教学二楼，无竣工面积。

徐汇校区学生一食堂项目在扩初概算报审阶段，预计 2017 年 9 月开工建设。徐汇校区科研成果转化大楼取得徐汇区规划局的设计要求批复，同意由原规划的 2 万平方米调整为 2. 5 万平方米，在取得环评批复后向教育部上报了可行性研究报告，等待教育部评估。奉贤校区取得换发排水许可证（沪水务排证字第 P2016209），有效期至 2021 年 9 月 17 日。

四项目相继开工建设。四个项目在 12 月相继开工建设。其中徐汇校区实验十九楼 39 200 平方米，总投资 19 996 万元，预计 2019 年竣工。奉贤校区学生公寓二期总面积 40 000 平方米，总投资 14 400 万元，第一批 18 000 平方米已竣工并投入使用，本次开工的第二批为 22 000 平方米，预计 2018 年竣工。游泳馆 4 160 平方米，总投资 2 964 万元，预计 2017 年竣工。教学二楼 12 000 平方米，总投资 5 330 万元，预计 2018 年竣工。

徐汇校区教师学术活动中心改造项目持续进行。该改造工程于 1 月开始改造设计招标，6 月空调更新工程通过教育部专家组验收，按时完成国拨资金 1 080 万元，至年底完成全部拆旧和部分改造工程，预计 2017 年完成所有改造内容。

配合 15 号线地铁施工腾地工作。为配合市政地铁 15 号线百色路站施工，经学校与政府相关部门多次沟通协商，涉及学校基地的房屋动迁陆续进行，完成了实验十二楼桩基加固、施工箱变基础的选址和施工以及临时围墙的施工工作，并与上海市徐汇区第二房屋征收服务事务所有限公司签订学校与 15 号线相关房屋及土地移交协议。

徐汇校区电力扩容项目一期完工。徐汇校区 6 号开关站增容及子站改造（电力扩容项目一期）项目经过一年的建设，于 12 月竣工，按计划完成国拨投资 2 000 万元，一期项目的完工可为学校东北部学生宿舍区安装空调设备提供电力条件。二期项目已完成全部招投标内容和增容手续，预计 2017 年开工建设，建成后可解决宿舍、部分教学楼的空调安装电力要求。

调整“十三五”校园基建规划。根据教育部要求，将我校“十三五”期间基本建设规划修改稿报校常委会批准后上报教育部。修改后的“十三五”基本建设规划项目为16个，总建筑面积36.2万平方米，计划总投资19.3亿元。

附录：

年度基本建设情况一览表

校区	项目名称	建筑面积（m^2）	总投资（万元）	已完成投资（万元）	工程进度
奉贤校区	学生公寓二期	40 000	14 400	8 741	在建
奉贤校区	游泳馆	4 160	2 964	1 251	在建
奉贤校区	教学二楼	12 000	5 330	148	在建
徐汇校区	实验十九楼	37 200	19 996	4 657	在建

（陈礼平）

教育技术

【概况】 年内，现代教育技术中心在平台、技术、会议会务服务等方面开展了卓有成效的工作。多层面多层级实施基础平台的运行保障、维护及管理，深化多媒体教学平台的信息化管理。技术推广多点并行，全面推进现代教育技术应用与发展。利用数字高清技术，全面加速影视制作的创新型发展。会议会务服务高效平稳运行，完成多项教育技术现代化的建设工程项目，为公共教学环境提供强有力的技术保障。

平台与系统开发。发挥多媒体教学平台和多媒体教学监控系统的作用，实现教学质量监控和命题监控及远程可视化，不仅协助教师解决了在教学中碰到的问题，也使得教务处、教学顾问组能实时掌握教学情况，实施教学监控。完成教育部修购基金多媒体教学系统升级改造一期、奉贤校区标准化考场建设和徐汇校区第六教学辅楼改造等项目。

重要数据汇总。当前两校区多媒体教室共有 260 间，其中徐汇校区有 135 间，奉贤校区有 125 间，包括 2 间沉浸式远程直播互动教室。两校区 2016 年奉贤标准化考场改造 97 间、七教多媒体教室改造 30 间、五教标准化考场 IP 广播新增 10 间，逐批新增或更换了多媒体教学相关设备，主要包括音频系统相关设备、计算机等。奉贤校区完成有线电视模转数的网络升级改造，发放机顶盒近 300 只。教室出借 9 000 余次，比上一年度增加了 10%，会议室出借 1 133 次，比上一年度增加了 7.6%。

工作研究与获奖。完成 3 个校级本科教育教学改革建设项目“基于东西部高校课程联盟的网络互动教室构建研究”“OCW 课程资源构建云平台的研究与应用”“关于智慧教室建设的研究”。中心当选为中国教育技术协会第六届理事会理事单位，是上海仅有的 3 所高校之一。中心里 1 人挂职江苏省苏州市吴中区木渎镇党委副书记兼科技副镇长。1 部专题片获第六届“视友杯”中国高校电视奖教学类三等奖。

（林琳　王晓）

实验室与装备资产管理

【概况】 年内，共入账登记固定资产 6 923 台件，总金额 10 405 万余元。处置报废仪器设备共计 24 批次，累计处置 62 729 台件，原值 11 355 万余元，请上海国拍公司评估、拍卖 6 次，通过上海国拍公司拍卖残值收入 29.85 万元，扣除评估拍卖费用后净残值收入为 23.64 万元；拍卖所得残值已上交学校财务处。学校 5 万元以上的物资采购合同，全年共审核、备案 228 份，合同金额 4 886.60 万元。2016 年，全校购置装备资产中进口仪器设备总计 136 台件，比上年 170 台件减少 20%；总值 2 199.63 万元，比上年 4 994.75 万元减少 56%。制订《材料类物资管理细则》。2016 年，各类物资器材的采购供应两校区共计入库金额 465 万元、出库金额 534 万元，入库笔数 3 046 笔、出库笔数 118 554 笔，现库存品种 1 404 种，金额近 94.7 万元。管制类化学品申报公安备案、登记易制毒化学品 2 147 批次、易制爆化学品 515 批次。

用房管理工作。配合地铁 15 号线建设和实验十九楼建设两大工程，完成实验十二楼辅楼、过渡临时房等 7 个学院、近 5 000 平方米的实验室安置，配合评估公司组织对实验 12 楼辅楼实验室搬迁开展了多轮评估。对全校 185 名中层领导干部的办公用房和科研用房进行了清查和整改。并且，校领导和处级领导干部的用房信息将长期公示在学校信息门户，接受全校师生监督。

实验室与大型仪器管理工作。制订《关于参加实验教学会议资助办法》，鼓励各学院实验教学中心人员积极参加全国实验教学领域会议，对会务费用予以资助。2016 年共资助 33 人次参加全国高校实验教学交流研讨会，并撰写《会议交流总结》。制订《实验室项目建设评审管理规范》。对各学院本科教学等实验室的环境修缮改造、设备更新搬迁等项目专项进行专家论证。组织进行我校申报的 2013 年上海市高校实验技术队伍建设计划项目结题考核评议工作。30 项完成项目相关指标。根据国家政府采购相关政策，自 2016 年 5 月下旬起，实验室与装备处开始通过教育部政府采购网对大型进口仪器设备进行备案及审批登记。2016 年我校共有 17 批次大型进口仪器设备完成备案工作。2016 年我校 317 台 40 万元以上大型仪器平均机时数达到 1 414.7 小时。我校大型仪器 2015—2016 年度在上海市大型科学仪器设施共享服务平台入网共 26 台，通过该平台开放服务 1 775 次、1 278.15 机时，收入 128.5 万元。申报材料科学与工程学院赵秀阁为 2016 年度上海市大型科学仪器设施共享服务先进个人候选人。

安全生产及环境保护工作。修订并出台了《实验室安全环保管理规定》，构建学校、二级单位、实验室负责人、实验者四级安全管理体系，巩固校园安全基础。梳理实验室安全检查重点，设计《实验室违规较重情节》目录，作为实验室安全检查的重要依据。制订《实验室废弃物管理办法》，落实有偿处置管理细则，提升安全检查专业化水平，在实验室安全定期大检查的基础上，增加日常巡查频率，并将检查结果以实验室安全检查通报的形式进行公示，增加实验室安全管理的透明度。引入第三方专业公司进行实验室安全检查新模式，探索手机 APP 在实验室安全检查与通报中的应用。组织开展“安全生产月”系列主题活动，以多形式宣传、安全教育片、知识竞赛、微信推送等方式，积极营造校园安全文化氛围，提升师生的安全意识，参与各类活动人数 7 831 人次。管控危险化学品购置严格审核，做好国家管控化学品、病原微生物、实验动植物及自购气体钢瓶、特种设备的审批工作。截至 12 月 31 日，共审批易制毒化学品 2 517 人次、易制爆化学品 636 人次、特种气体钢瓶 204 批次，严把入口关，确保实验室管控化学品安全、有序。做好实验室化学废弃物的外送处置工作，徐汇、奉贤校区共外送废液 32 批次，共计 160 余吨，费用 260 余万元。做好特种设备、设施监管工作，督促特种设备使用管理部门做好特种设备的年检、保养和安全管理人员、特种设备作业人员的上岗资质培训。

仪器设备情况。教学、科研设备的台件数由 2015 年底的 90 921 台件减少到 85 527 台件，净增加 − 5.93%。总金额由 136 494.10 万元减少到 136 104.62 万元，净增加 − 2.85%。其中单台 10 万元以上的大型仪器设备的台件数由 1 771 台件增加到 1 811 台件，净增加 2.26%。总金额由 64 796.99 万元增加到 66 315.91 万元，净增加 2.34%。

装备资产规范化处置和资产清查工作。建立资产综合管理平台，对装备资产管理系统进行升级，全面实行网上固定资产入账、网上申请报废处置、动态管理等，更好、更便捷地服务全校师生，设计制作新版固定资产标签，采用条形码识别技术进行日常管理和清查。结合平台使用修订学校《装备资产管理办法》，并且配套制订相关制度。对 2014 年后报废的装备资产，已全部按照财政部、教育部的规范要求，通过评估、拍卖的形式进行处置。制订了学校《仪器设备资产处置管理细则》《仪器设备最低使用年限表》，进一步规范了报废处置流程和处置行为，引入第三方评估公司对报废仪器设备残值进行评估，公开竞价拍卖，所得残值收入全部上交国库。组织开展全校性的装备资产大清查工作，清查装备资产共计 107 037 台件，总金额 157 226.18 万元。清查结果盘亏件数 914 台件，占比 0.85%，盘亏总金额为 649.70 万元，占比 0.41%。

化学品管理平台上线运行。化学品管理平台正式开始运营，通过对上线供应商的化学品经营资质和运输资质严格审核，截至2016年底，在线销售供应商56家，基本包含了上海地区销售、生产各类化学药品的主要厂商，能够确保学校正常教学科研的需求。平台运行中期，组织师生对供应商进行满意度测评，对药品质量、价格、供应速度、售后服务四个方面进行综合排名，促进供应商改善服务。

危险品仓库改造完成。按照消防规范要求，拆除库房5间，取消存放危化品8间，剩余可存放危化品的仓库90余平方米。学校原库存危化品274种、近8 000瓶，大部分涉及甲类、易燃易爆、易制毒，剧毒类115瓶。组织对危化品存放重新进行分类分库，通过求助校外专业公司寄存等方式，在剩余的有限空间里做好库存安全放置。保证学生宿舍的最后竣工验收。集中处置了一批历史遗留13个品种、3万余克的剧毒化学品。

安全教育与考核平台上线运行。实验室安全教育平台正式开通运行，完成教育培训、考试考核题库设计。推行实验室安全准入制度，自2016年研究生新生开始，开展平台安全教育与考试，考试合格后方可进行学院“三级”安全教育。共有2 099名研究生新生通过“安开网”进行安全学习与考核，覆盖率达到83.9%。

开通微信公众号“华理实装”。通过微信公众号定期向师生推送安全主题微文，发布重要通知、最新动态、工作简报、安全贴士等，介绍实装处相关工作流程，提供服务信息，方便有需要的师生随时随地了解相关信息。编辑工作简报《华理实装》，通过简报及时总结工作成果，传播交流工作进展。内容包括本处新闻简讯、工作通报、检查情况通报等。全年编辑、发布简报共7期。

（赵勤伟　刘扬）

附录：

华东理工大学特种设备使用统计表

校区	钢瓶	锅炉	其他 压力容器	电梯	场内 机动车	合计
徐汇	2 454	4	68	46	1	2 573
奉贤	86	2	8	30	1	127
合计	2 540	6	76	76	2	2 700

华东理工大学化学品管理平台购买化学试剂统计表

校区	采购总订单数	采购总金额（万元）	管制类订单数	管制类金额（万元）	普通类订单数	普通类金额（万元）
徐汇	26 348	604.97	2 248	15.46	24 100	589.52
奉贤	189	5.97	24	0.77	165	5.02
合计	26 537	610.94	2 272	16.23	24 265	594.71

华东理工大学 2016 年度教学、科研仪器设备一览表

单位名称	2015 年期末数		2016 年期末数		其中：10 万元以上大型仪器	
	台（件）数	金额（万元）	台（件）数	金额（万元）	台（件）数	金额（万元）
合计	90 921	136 494.10	85 527	136 104.62	1 811	66 315.91
化工学院	11 542	23 838.34	10 363	23 802.68	368	13 616.23
过程系统工程教育部工程研究中心	12	97.72	15	98.50	3	69.38
大型工业反应器工程教育部工程研究中心	1 107	2 184.68	969	2 169.20	39	1 348.74
化工专业实验教学中心	3 062	4 621.72	2 877	4 976.74	72	2 324.88
化工原理实验教学中心	1 125	1 505.48	849	1 272.15	32	557.49
上海市多相结构材料化学工程重点实验室			18	16.17	0	0.00
化学工程研究所	778	1 036.52	744	1 094.43	16	491.68
国家超细粉末工程中心	78	101.00	51	80.58	2	42.02
中石化联反所华理分所	4 973	13 860.90	4 369	13 569.63	198	8 663.62
国重点固定床反应工程	26	141.84	51	170.90	6	118.42
化工学院办公室	381	288.50	420	354.39	0	0.00
机械与动力工程学院	5 894	10 273.12	6 178	11 210.94	126	5 290.12
机械实验教学中心	1 173	1 003.62	1 200	1 111.68	15	275.53
化工机械基础实验室	46	29.65	122	291.40	4	169.26
摩擦学实验室	68	67.85	69	66.92	1	20.59
机械专业实验中心	3 712	8 227.20	3 276	7 681.30	87	4 069.57
绿色高效过程装备与节能教育部工程研究中心			558	1 006.32	11	453.17
防腐蚀技术开发中心	24	24.37	26	27.75	0	0.00
机械工程系	334	648.68	361	728.10	7	290.80
机械设计及理论中心	154	48.38	163	55.97	0	0.00

续表

单位名称	2015年期末数		2016年期末数		其中：10万元以上大型仪器	
	台（件）数	金额（万元）	台（件）数	金额（万元）	台（件）数	金额（万元）
机械工程学院办公室	383	223.36	403	241.49	1	11.20
生物工程学院	9 069	16 781.87	8 739	16 822.11	256	8 414.52
生物工程实验教学中心	2 802	3 266.67	2 514	3 107.31	40	1 025.68
生化反应器实验室	9	5.04	9	5.04	0	0.00
生物反应器工程国家重点实验室	3 348	8 735.50	3 422	9 112.73	152	5 395.02
生物分离工程研究所	23	40.10	25	40.70	1	19.51
国家生化工程研究中心	1 173	1 958.67	1 148	1 924.34	26	891.78
生物化学研究所	288	471.64	269	462.06	12	299.15
鲁华联合研究所	817	1 214.16	782	1 163.79	15	488.43
阿华生物工程研究所	384	849.54	352	845.09	9	260.29
天方-华东联合所	59	170.29	48	89.45	1	34.64
生物工程学院办公室	166	70.27	170	71.60	0	0.00
材料科学与工程学院	7 496	12 172.40	6 453	12 160.02	168	5 902.05
材料实验教学中心	4 866	8 360.44	2 414	5 616.85	95	3 525.19
无机材料系	1 251	1 587.21	1 051	1 618.14	20	402.96
上海市先进聚合物材料重点实验室			331	337.37	1	34.43
宝石检测中心			2	0.31	0	0.00
特种功能高分子材料及相关技术教育部重点实验室			1 379	2 241.67	27	1 092.33
超细材料教育部重点室	864	1 615.78	766	1 555.29	17	657.47
生物材料研究所	515	608.96	510	790.40	8	189.66
化学与分子工程学院	11 691	19 544.79	11 940	19 766.11	235	11 371.19
化学实验教学中心	7 224	8 264.20	7 485	8 480.50	105	3 234.54
精细化工系	1	0.29	6	4.91	0	0.00
工业催化研究所	1161	2 219.82	1 050	2 205.09	38	1 353.63
上海市功能性材料化学重点实验室	163	295.16	179	313.87	8	185.54
分析测试中心	516	5 336.47	523	5 184.01	42	4 856.34
应用化学研究所	457	475.44	485	493.90	6	144.49
结构可控先进功能材料及其制备教育部重点实验室	2 039	2 896.77	2 068	3 018.67	36	1 596.63

续表

单位名称	2015年期末数		2016年期末数		其中：10万元以上大型仪器	
	台（件）数	金额（万元）	台（件）数	金额（万元）	台（件）数	金额（万元）
药物化工研究所	1	0.15			0	0.00
化工研究所（康拜）	4	2.44	4	2.44	0	0.00
化学与制药办公室	125	54.05	140	62.72	0	0.00
信息科学与工程学院	11 816	10 562.85	10 310	10 307.85	92	3 004.14
电子信息实验教学中心	6 085	4 899.86	5 002	3 505.37	16	338.12
电信系			226	183.57	1	42.57
化工过程先进控制和优化技术教育部重点实验室	63	66.01	260	2 550.56	51	1 787.88
计算机系			10	400.08	5	382.21
计算机实验教学中心	3 370	2 597.88	3 060	2 413.02	15	363.82
自动化系	2 125	2 914.28	1 595	1 187.68	4	89.54
信息科学与工程办公室	173	84.83	157	67.57	0	0.00
资源与环境工程学院	6 288	12 482.43	6 247	12 405.49	191	6 446.08
资源与环境专业实验教学中心	4 819	8 275.18	3 507	5 865.68	87	2 603.18
洁净煤研究所	1 348	4 144.44	1 388	3 815.86	63	2 402.53
国家环境保护化工工程环境风险评价与控制重点实验室			672	798.03	11	258.97
国家盐湖资源综合利用工程技术研究中心			562	1 863.17	30	1 181.40
资源环境学院办公室	121	62.81	118	62.74	0	0.00
商学院	2 102	1 670.74	1 907	1 633.84	12	316.52
商学院综合实验室	2 102	1 670.74	1 907	1 633.84	12	316.52
外国语学院	1 355	1 342.24	1 025	982.99	12	310.01
外国语实验教学中心室	1 355	1 342.24	1 025	982.99	12	310.01
理学院	4 045	3 644.28	4 019	3 670.99	48	1 001.05
物理实验教学中心	3 145	3 042.64	3 090	3 041.72	48	1 001.05
数学实验教学中心	680	453.09	695	471.97	0	0.00
应用数学所微机室	3	2.34	5	3.79	0	0.00
近代物理研究所	43	36.44	41	36.20	0	0.00
理学院办公室	174	109.77	188	117.30	0	0.00

续表

单位名称	2015 年期末数		2016 年期末数		其中：10 万元以上大型仪器	
	台（件）数	金额（万元）	台（件）数	金额（万元）	台（件）数	金额（万元）
继续教育学院	367	221.71	451	249.99	0	0.00
继续教育学院办公室	367	221.71	451	249.99	0	0.00
艺术设计与传媒学院	1 121	1 050.49	982	1 049.49	19	419.93
文化艺术学院办公室	129	65.05	129	63.73	0	0.00
艺术设计与传媒教学中心	984	981.26	849	983.60	19	419.93
台湾研究所	8	4.18	4	2.16	0	0.00
社会与公共管理学院	976	659.68	1 026	691.78	4	115.62
社会学院办公室	788	558.21	778	549.45	4	115.62
社会工作系	129	70.65	87	69.02	0	0.00
行政管理系	39	22.23	57	33.44	0	0.00
社会与公共管理实验室	20	8.59	20	8.59	0	0.00
社会工作与社会管理研究中心			84	31.27	0	0.00
网络教育学院	645	1 116.89	574	991.77	14	381.77
网络教育学院办公室	645	1 116.89	574	991.77	14	381.77
法学院	353	220.63	308	203.47	1	15.20
法律系	353	220.63	308	203.47	1	15.20
药学院	4081	8 313.44	4 061	8 507.78	146	4 943.31
药学实验教学中心	67	132.29	133	206.33	3	60.06
制药工程与过程化学教育部工程研究中心			345	667.10	15	430.34
上海市新药设计重点实验室			125	966.93	13	753.37
药物科学系实验室			42	37.60	0	0.00
药物化工研究所			1	7.90	0	0.00
农用化学品研究所	713	1 786.43	669	1 745.92	30	1 105.25
药学院办公室	3 301	6 394.72	2 746	4 876.00	85	2 594.28
人文研究院	481	317.27	286	162.64	0	0.00
中德工学院	220	107.43	213	101.50	0	0.00
中德工学院办公室	220	107.43	213	101.50	0	0.00
国际教育学院	849	275.16	853	255.10	3	38.90
国际教育学院办公室	849	275.16	853	255.10	3	38.90

续表

单位名称	2015 年期末数		2016 年期末数		其中：10 万元以上大型仪器	
	台（件）数	金额（万元）	台（件）数	金额（万元）	台（件）数	金额（万元）
体育系	1 648	2 244. 95	1 611	2 207. 56	19	1 121. 26
图书馆	2 288	2 053. 75	2 169	1 977. 16	21	714. 06
现代教育技术中心	2 663	3 754. 22	3 170	3 996. 74	44	1 832. 29
工程训练中心	585	973. 16	557	949. 06	15	323. 95
金山校区	3 346	2 872. 27	2 085	1 997. 56	17	737. 71

2016 年新增大型仪器设备一栏表（金额 40 万元以上）

序号	设备名称	购置日期	型号	设备金额（元）	生产厂家	所属学院
1	微量混合流变仪	2016—12	HAAKE MiniLab II	493 424. 00	赛默飞世尔科技（中国）有限公司	化工学院
2	热分析仪	2016—12	FLASH DSC 1	791 884. 00	梅特勒-托利多国际贸易（上海）	化工学院
3	旋转流变仪	2016—12	MCR 302	521 781. 00	奥地利安东帕公司	化工学院
4	化学反应器	2016—09	OPTIMAX hfcal	790 886. 00	瑞士梅特勒公司	化工学院
5	高速动态分析仪	2016—10	FASTCAM SAX2	480 395. 00	日本 PHOTRON 公司	机械与动力工程学院
6	高温真空环境蠕变疲劳试验机	2016—12	UZ－1000	850 000. 00	长春机械科学研究院有限公司	机械与动力工程学院
7	毛细管流变仪	2016—12	Malvern RH7	950 426. 00	英国马尔文公司	机械与动力工程学院
8	切削力测量仪	2016—12	9257B	492 857. 00	奇石乐中国有限公司	机械与动力工程学院
9	量子效率测试仪	2016—09	PVE300	420 000. 00	新加坡 Bentham 公司	材料科学与工程学院
10	紫外分光光度计	2016—09	lambda 950	520 000. 00	Perkin-Elmer	化学与分子工程学院
11	电子倍增光谱探测器	2016—04	SR-303I-A + DU-888U-C	512 447. 00	英国 ANDOR	化学与分子工程学院
12	快速控制原型系统	2016—10	DS1007	425 650. 00	德国 DSPACE 公司	信息科学与工程学院

续表

序号	设备名称	购置日期	型号	设备金额（元）	生产厂家	所属学院
13	近红外分析仪	2016—12	MATRIX-F	717 614. 00	德国布鲁克公司	信息科学与工程学院
14	软件工程综合实验系统	2016—12	益客- IT	1169 400. 00	上海理云信息科技有限公司	信息科学与工程学院
15	显微激光拉曼光谱仪	2016—06	DXR	884 977. 99	美国尼高力有限公司	资源与环境工程学院
16	高速动态分析仪	2016—01	pco. dimax S4	494 566. 00	德国 PCO 公司	资源与环境工程学院
17	高速动态分析仪	2016—12	Fastcam Mini AX200	496 394. 00	日本 Photron Limited 公司	资源与环境工程学院
18	质谱联用仪	2016—12	discovery mas	537 410. 37	美国 TA 公司	资源与环境工程学院
19	扩展柜	2016—06		798 649. 00	四川长虹公司	信息办

财务工作

【概况】 年内，学校资产总额 645 735.57 万元，其中流动资产 219 604.60 万元，固定资产 398 252.75 万元。年末负债总额 44 605.55 万元，年末净资产总额 601 130.02 万元，其中事业基金 88 090.39 万元，非流动基金 426 130.96 万元，专用基金 4 321.71 万元，财政补助结转 1 804.28 万元，非财政补助结转 80 072.68 万元，财政补助结余 710 万元。

财务收支情况。本年度学校共筹集各类收入 228 457.83 万元（比上年增加了 209 996.28 万元，增长率为 9.19%），其中，教育补助收入 99 042.14 万元（含基建拨款 3 657 万元），科研补助收入 4 281.28 万元，其他补助收入 3 877.42 万元，教育事业收入 47 183.14 万元，科研事业收入 45 264.04 万元，其他收入 28 809.81 万元。学校各类支出 195 427.44 万元。其中，工资福利支出 59 300.57 万元，商品和服务支出 81 663.58 万元，对个人和家庭的补助支出 21 521.74 万元，基本建设支出 719.71 万元，其他资本性支出 31 573.15 万元，债务利息支出 648.69 万元。

积极向教育部、财政部、上海市政府争取项目资金支持，缓解我校资金偏紧的状况。2016 年我校实现各类收入 22.85 亿元，比上年增加 1.85 亿元，增长 8.79%。近年来学校收入呈现逐年递增的趋势，2016 年度收入创历史新高。改善基本办学条件经费 13 100 万元，比上年增加 4 020 万元；基本建设拨款 3 657 万元，比上年增加 947 万元；增加“双一流”学科建设费 4 000 万元；增加绩效奖励 1 403 万元。

资金管理工作。编制“中央财政专项资金周报”，每周向相关部门负责人及项目负责人通报项目执行进度。提高工作效率，较好地完成了大幅增加的财务报销等工作，专项资金执行进度明显加快。中央财政专项资金结余额大幅减少，基本完成了教育部下达的指标。2016 年我校各类财政专项拨款合计 3.05 亿元，支出 3.04 亿元，当年度资金执行率为 99.86%。根据财政部、教育部的相关政策和上级审计报告提出的整改要求，推出二级单位全口径预算管理，调整机关各部处创收分配政策，所有收入和支出均通过校级预算进行安排，学校行政管理部门及直属机构人员津贴统一由人事部门制定政策并予以发放。协助国际教育学院等单位制定管理制度和经济政策改革方案，促进学院的改革与发展。

预算编制工作。根据部门预算及校级预算的要求，将预算关口前移以确保预算的科学性、合理性。以信息科学与工程学院、社会与公共管理学院、外国语学院为试点，推行了校院两级预算改革工作，初步建立了学院层级的全口径财务预算体系，扩大和提高学院管理本单位范围内各类资金的责任、权力和能力，为学校管理重心下移、财权与事权相结合提供试点改革经验。

科研经费管理工作。修订《差旅费管理办法》《会议费管理办法》《科研经费管理实施细则》等财务制度和管理办法，本着进一步简政放权、放管结合、优化服务的理念，修订后的管理办法更好地满足了广大师生对经费管理的要求，更加符合科研经费发展规律。

内部控制制度建设。成立了学校内部控制领导小组，制订了内部控制建设管理办法和内部控制评价办法，编制《华东理工大学内部控制手册（经济活动 2016 年版）》，完成了 2016 年度内部控制基础性评价工作。起草完成了《华东理工大学财务管理办法》《货币资金管理办法》《往来账管理办法》《校园卡管理办法》等财务制度。

后勤事业部分并账工作。为适应新的管理要求，确保财务数据安全、完整，将原在后勤独立核算的事业部分并入学校大财务，合理设置会计科目，顺利完成并账工作，完成 2016 年 1—3 月份的财务数据补录工作。

财务信息系统建设。完善财务管理系统，开发了预算管理系统、酬金网上申报系统，升级网上预约报销系统。原有的系统改善和服务功能的增加提高了工作效率，保证了数据的准确性，方便了学校师生。

（朱蓉）

采购与招投标工作

【概况】 年内，共计招投标项目 286 项，实际采购金额 47 960.86 万元。其中货物类 122 项，金额 5 826.54 万元；工程类 79 项，金额 33 127.58 万元；服务类 62 项，金额 8 124.03 万元；政府集中采购 23 项，金额 882.71 万元。采用公开招标的项目达 80%以上。其中重大基建项目包括奉贤校区学生公寓二期二标段、奉贤校区游泳馆建设、徐汇校区实验十九楼新建项目等；大型修缮项目包括徐汇校区 6 号开关站增容及子站改造、教师学术活动中心装修、徐汇校区学生 17 舍修缮和徐汇校区第七教室修缮等；大规模服务项目包括徐汇奉贤两校区保洁与管理物业、徐汇奉贤两校区保安服务、华东理工大学教职工健康体检服务项目等；较大规模货物采购项目包括奉贤校区标准化考场设备采购、本科教务信息化管理系统、校园网出口高端运营设备等；政府集采大宗物资包括磁盘阵列、空调和台式计算机等。

加强制度建设，印发《华东理工大学采购管理办法（试行）》（校采〔2016〕1 号）、《华东理工大学采购工作廉政规定（试行）》（校采〔2016〕2 号）、《华东理工大学货物与服务采购管理实施细则（试行）》（校采〔2016〕3 号）、《华东理工大学工程采购管理实施细则（试行）》（校采〔2016〕4 号）、《华东理工大学变更采购方式审批管理细则（试行）》（校采〔2016〕5 号）等文件，通过制度建设、规范管理、前期介入、专业指导、协同合作等方式，为全校教学科研服务，完成全年采购与招投标任务。

【确定 2016 年工作重点 完善招投标机构设置】 2 月 26 日，学校召开 2016 年采购与招投标工作会议。会议确定了 2016 年工作重点，会议议定完成采购与招投标管理系统建设，逐步建设招投标中心专家库，继续完善人员配置，培养合作招标代理机构，建立重大项目提前介入制度，完成采购与招投标相关模板编制，建立健全规范的采购与招投标档案管理制度。设立由分管副校长任组长的采购与招投标领导小组，由相关职能部处负责人组成的采购与招投标工作小组，由各专业背景成员组成的采购与招投标评审小组。

【遴选公开招标代理机构】 3 月 25 日，召开 2016—2017 年工程、货物项目采购代理机构遴选招标会，通过公开招标的方式引入 5 家具有资质的招标采购代理机构。委托实施集采限额以上项目的采购招投标工作，此类项目的招标公告和中标公示皆依法在中国政府采购网上发布。

（张群）

审计工作

【概况】 年内，审计处围绕学校中心工作，积极发挥审计“免疫系统”功能，稳步推进审计全覆盖，完成了各项工作任务。

项目审计。 完成审计项目268项，审计总金额72.95亿元，其中重大财政专项资金跟踪审计12项、经济责任审计34项、科研经费审计1项、预算执行与决算审计1项、财务收支审计2项及工程审计218项。共发现问题136个，提出审计建议87条，有问题支出金额824.09万元，为学校增收节支2 303.35万元。此外，审计处积极参与大宗物资、设备采购招标项目。共参与招标项目187个，累计金额9 957.68万元。

制度建设。 审计处全面梳理成立以来的规章制度，加快审计建章立制工作，制订了《华东理工大学科研经费审计实施办法》《华东理工大学内部审计工作实施办法》《华东理工大学财务收支审计实施办法》《华东理工大学预算执行与决算审计实施办法》《华东理工大学内部控制审计实施办法》《审计跟踪检查实施办法》《审计项目质量控制实施办法》《审计结果公开实施办法》等一系列制度。

其他工作。 完善建设审计项目管理信息系统基建管理模块，将每个新建工程从立项开始所有资料上传登记，实现基建付款审批业务网上流转。牵头开展了科研经费专项检查工作。组织开展学校房产资源清查工作。参加地铁15号线拆迁评估工作。参与华昌公司自建和租用校内房屋搬迁补偿评估工作。朱美娟参加上海市委巡视组第二、三批巡视工作。

（池璧）

校董事会基金会及校友会工作

【概况】 年内，校友与发展联络处紧密围绕学校中心工作，不断加强校友会组织建设，着力搭建各类校友工作平台，积极推进海内外地方校友会、学院校友会、行业校友会三位一体的校友工作体系构建。不断拓展社会资源，全力做好基金会工作及校董会秘书处工作。各类校友活动有序开展，校友工作信息化建设稳步推进。相关举措有效加深了校友与母校间的情感联络，对凝聚校友力量、助力校友发展起到良好的促进作用。

校董会及校友会理事会工作。完成华东理工大学第五届董事会第四次会议、华东理工大学校友会理事会一届一次会议、华东理工大学校友会常务理事会一届二次会议、上海华东理工大学校友会一届三次会议的筹备、组织工作。

地方校友会及学院校友会建设。实地走访19个省级地方校友组织、13个地市级校友组织和1个海外校友会，直接拜访校友500余人次。海南校友会、辽宁校友会、浙江校友会、重庆校友会成功换届。大力拓展海外校友会建设，注册成立华东理工大学澳大利亚校友会。重视二级学院校友工作，组织召开2016年度学院校友工作会议、学院校友工作推进会议，出台《关于进一步推进学院校友工作的通知》（校联〔2016〕1号）、《华东理工大学学院校友工作指南（试行）》和《2016年华东理工大学学院校友及募资工作评价指标》等文件，对下阶段各学院校友工作的开展提出指导性意见。指导国际交流学院成立在华留学生校友会。

组织多种形式校友活动。5月，组织毕业5周年和10周年的青年校友返校，开展游园会、龙舟赛、青年校友沙龙等活动，共吸引900余位校友参与。10月，举办86届校友毕业30周年、96届校友毕业20周年等大型校友返校活动，共接待近2 000名校友。校庆期间，校友会共协助组织校友返校活动30余场，接待校友1 000余人。成立“爱校社”学生社团，聘任毕业班学生担任校友班级联络员，充分发挥其桥梁纽带作用。

校友信息库建设。完善校友信息资源库及其应用系统建设，维护好25万余条校友名册及12万余条档案信息。建立学院版校友综合服务管理系统，并于4月起向学院开放，确保校院两级共同激活校友信息。年内，新增校友信息28 000余人，全日制毕业校友激活率达到53.6%，比年初增长11.9%，非全日制毕业校友激活率由年初的5.7%增长到10.7%。

微信公众号平台建设。发布微信图文 47 次，图文 69 篇，篇均阅读达 3 800 余人次，阅读人次总计达 24 万。"华东理工大学校友会"微信公众号被评为"华东理工大学新媒体应用先锋"，现已吸纳粉丝数达 17 000 余人。持续推进"华理校友微站"建设。4 月，进行"华理校友微站"二期建设，内容主要涉及"校友服务大厅"，年内，校友绑定微站人数近 10 000 人（固定粉丝数）。

基金会建设。年内，基金会账户资金总额为 2 855.24 万元，较 2015 年增长了 53.56%；2016 年新签捐赠协议 82 项，较 2015 年增长 74.47%；协议募资金额 2 025.62 万元，较 2015 年增长 131.43%。捐赠到款 1 404 万元，较 2015 年增长 100.04%。完成了 2016 年中央财政捐赠配比专项资金的申报工作，成功获批 715 万元，比 2015 年增长了 195%。组织召开了校友与捐赠工作业务培训会议，对各学院校友工作联络员进行实务培训。会同财务处起草《华东理工大学校友工作专项经费管理办法》并经学校批准试行。基金会网站完成网页改版，以全新面貌展示基金会各项工作；基金会微信公众平台正式上线，实现在线捐赠。基金会通过了上海市社团局对 2015 年工作的审计和检查。结合校友会秩年返校活动，配合开展了"86 届校友捐赠活动"，以修缮"青春桥"为契机，共筹得资金 86 万余元，修缮了"青春桥"，余款设立了"86 届校友图书基金"。

【华东理工大学第五届董事会第四次会议召开】 2016 年 1 月 15 日，华东理工大学第五届董事会第四次会议在逸夫楼演讲厅召开。校董事会主席王基铭院士主持会议。校党委书记杜慧芳致辞，代表学校向各位校董长期以来给予学校教育事业的关心和支持表示感谢。校长曲景平代表学校向校董事会报告了学校 2015 年的工作，并对学校工作取得的主要成效、目前学校发展面临的困难及下一步工作进行汇报。高等教育研究所所长周玲作《华东理工大学"十三五"改革与发展规划纲要（征求意见稿）》汇报。与会校董围绕学校"十三五"规划，对学校的发展方向和举措提出切实有效的意见和建议。

【华东理工大学 2016 年青年校友返校】 5 月 28 日，华东理工大学 2016 年青年校友返校专场活动在奉贤校区举行，活动吸引了近百名青年校友参与。在"爱华理·致青春"青年校友沙龙上，校友与发展联络处处长李建伟介绍了学校校友工作开展情况。多位青年校友分享了毕业后的职业生涯经历，对母校校友工作提出中肯建议。沙龙结束后，与会校友先后参与了青年校友龙舟赛、体质测试及参观校园等活动。

【1986 届校友毕业 30 年秩年返校】 10 月 22 日，我校 1986 届近 1 000 名校友重返母校同贺母校生日，共同纪念毕业 30 周年。李建伟代表学校教育发展基金会接受了"86 届校友基金"

捐赠。秦炜、陈伟康、冯海峰三位校友代表先后发言。校友会向参与活动的校友特别赠送了毕业30周年纪念徽章和毕业30周年纪念册。86届部分校友组成了“86届校友理事会”，向全体同届校友发起筹资倡议，修缮了母校“青春桥”，并设立“86届校友图书资金”，共有近400位86届校友热情参与，捐款总额864 857.33元。

【1996届校友毕业20周年秋年返校】 10月29日，近千名96届校友在毕业20周年之际欢聚一堂，重游校园，再叙同窗深情，共话母校发展。谭群钊、邵新宇、董云三位校友代表先后发言。校友会向参与活动的校友特别赠送了毕业20周年纪念徽章和《瞬间》图片集。

【学校EHS校友会召开年度大会】 12月17日，华东理工大学EHS校友会召开2016年度大会。教务处处长黄婕、校友与发展联络处处长李建伟、化工学院党委书记李涛、资源与环境工程学院院长修光利等嘉宾受邀出席大会并致辞。EHS校友会理事长徐新良等作了常务理事会工作汇报，介绍了一年来校友会在校内常规讲座、慕课的录制、成员活动情况以及财务情况等各项工作情况。与会嘉宾为EHS校友会做出突出贡献的校友、到期卸任的常务理事和监事颁发了荣誉证书，对他们的付出和努力表示肯定和感谢。全体成员共同选举了新任理事、新一届常务理事以及监事会。根据常务理事会推选，新一届理事长继续由徐新良担任，吴荣良和陈晶晶担任副理事长。

【基金会第二届理事会三次会议召开】 12月28日，上海华东理工大学教育发展基金会理事会二届三次会议召开。二届理事会理事长、校党委书记杜慧芳，校长办公室主任王爱祥，财务处处长张爱民，学工部部长岳海洋等基金会理事，基金会秘书长、校友与发展联络处处长李建伟，基金会监事、纪委副书记、监察处处长童之敏出席会议。副校长吴柏钧、校友与发展联络处副处长王芝眉列席会议。会议由理事长杜慧芳主持。会议审议通过了《基金会管理细则的修改意见》，听取了《基金会2016年工作报告》，研究部署了2017年工作重点。

后勤工作

【概况】 年内，后勤保障处以“调结构、提质量、强监管、增效益”为目标，对接“双一流”建设主战场，主动融合教学科研育人，全面提升服务水平与质量。

合理规划资源结构，有效提高资源利用率。（1）调整组织结构，优化资源配置。以完成“三定”工作为目标，梳理内部规章制度和岗位职责；开展人员定岗定编工作，理顺后勤保障处人事、财务、资产关系；梳理后勤保障处各部门职责、安全、廉政责任，完成签约工作；完成小红花幼儿园董事会换届工作。（2）优化餐饮结构布局，引进多元化供餐模式。落实奉贤校区教师餐补政策，调整奉贤校区第二餐饮大楼三楼为教工餐厅；引入开放式清真餐厅，完成徐汇校区四食堂二楼、三食堂及奉贤校区二食堂三楼餐厅改造等工程，实现大众餐饮与特色小吃搭配、中式快餐与西式简餐并存的多元供餐模式。（3）持续推进节能改造，建设节约型校园。完成徐汇校区主干道LED路灯绿色照明改造工程；依托上海市教委生态文明教育示范项目平台，启动徐汇校区23舍、24舍学生公寓洗浴热水系统工程；完成奉贤校区二食堂单体空调和高杆路灯的智能化监控及商业街用水用电的远程抄表等工程；完成奉贤校区节能监管平台技术验收工作。（4）落实各项计划，完善办学条件。完成奉贤校区学生公寓1～4号楼大修等2016年度中央高校改善基本办学条件专项基金项目6项，完成投资3 600万元，修缮建筑面积3万余平方米，完成教育部2015年中央高校改善基本办学条件专项基金修缮项目检查工作及2017年中央高校改善基本办学条件专项基金12个修缮项目入库申报工作，申报资金1.25亿元；完成实验十八楼卫生间及公共区域装修项目；完成2016年校级专项修缮项目，启动徐汇校区团结1～4楼、大学生俱乐部设计工作；落实“十三五”校园绿化规划，奉贤校区通过“上海市绿化合格单位”评审。（5）全面梳理管理合同，完成相关招投标工作。合理调整奉贤校区商业街业态，完成招投标工作；梳理物业管理合同，完成新一轮物业招投标，组织员工培训；形成周例会制度，及时与各中心、社会企业负责人沟通并解决问题。

加强后勤能力建设，不断提升服务质量。（1）推进规范化建设，全面提升服务水平。做好“六T”申报工作，徐汇校区有3家食堂被评为“‘六T’实务现场管理达标食堂”，奉贤校区二食堂一楼获“餐饮业现场管理规范（‘六T’实务）5A级单位”；加强宿舍文化建设，积极创建国家级高校学生公寓标准化试点和上海“六T”达标学生公寓，2016年奉贤校区新增上海高校学生公寓“六T”管理五星级达标公寓2幢、“六T”管理四星级达标公寓2幢，徐汇校区新增“六T”管理四星级达标公寓1幢、“六T”管理三星级达标公寓1幢。提升医疗服务质量，华东理工大学被上海市企事业卫生保健管理协会评为“上海市内设医疗机构标准化建设合格单位”。(2)深化校企合作，提升服务能力。启用“菜鸟驿站+众创空间”校园综合服务中心，共建校园智慧物流平台；搭建创业创新孵化基地，为学生提供实训、交流、双创平台；加入菜鸟网络“绿动计划”，实现纸箱二次利用。(3)加强师生互动，提高服务质量。后勤保障处积极通过师生互动促进服务转变，定期邀请师生参观食堂后厨，观摩和监管菜肴加工制作流程；与社团组织合作，共同举办校园美食评选活动；多次召开师生代表座谈会，及时征询师生意见、建议；开展后勤服务质量满意度调查，全面提升服务质量。

多措并举补短板，凝心聚力强监管。(1)强化监管措施，履行监管职责。发布实施《后勤保障处服务质量监督办法（试行）》，明确后勤服务考评原则，完善后勤服务质量监管体系建设；建立沟通协调机制，定期召开合作单位企业联席会议，促进社会企业提高服务质量；建立自查与抽查制度，主动发现问题并解决问题。(2)打造过硬监管队伍，加大监管力度。拟定《后勤保障处关于成立服务质量监督专家顾问组的实施方案（试行）》，探索成立后勤专家顾问委员会；与学生社团合作，建立巡察制度，形成服务质量反馈报告，落实各项整改。(3)推进信息化建设，建设智慧后勤。以“互联网+教育后勤”为契机，在餐饮服务、公寓管理、维修管理、能源管理、校园快递等方面，搭建“智慧后勤”与服务质量评价相结合的框架，实质性启动智慧校园建设。年内，集微主页、服务邦、美食汇等板块于一体的订阅号“华理小蜜蜂”已平稳运行；增加党务公开、服务大厅等板块，不断完善后勤保障处官网功能，改版后的官网已投入使用；多层选拔，组建学生宣传团队，共建智慧后勤。

创新服务形式，增加育人效益。(1)加强文化建设，助力服务保障。后勤保障处着力加强文化建设，用后勤文化滋养大学文化。紧密结合“乐教在奉贤”主题，推出“5元惠师餐”，承办“小小面点师”等教工亲子休闲活动；举办家乡菜评比推广活动，用家乡菜开启“舌尖上的迎新”；开展端午送粽子、毕业送红烧肉、中秋送校徽月饼等温情活动，举办“2016年华东理工大学品质生活节”等活动。(2)以师为本，打造惠师服务。遴选三家专业体检机构为华东理工大学教职工提供健康体检服务；调整班车运行路线，增加班车车次；为11名教职工办理公积金上门提取业务，为156户教职工办理晶华坊续签手续；共451户教职工入住晶华坊，入住率达到97.83%，其中2016年新入住教职工173户。

【获奖情况】

2016年1月，奉贤校区二食堂一楼被上海市餐饮烹饪行业协会评为“餐饮业现场管理规范（‘六T’实务）5A级单位”；

2016年1月，饮食服务中心、曹建方分别获得2015年上海高校后勤团体采购“先进单位”与“先进个人”；

2016年1月，范辰辉获得华东理工大学好新闻二等奖；

2016年2月，小红花幼儿园被徐汇区教育局、徐汇区环保局评为2014—2015年度徐汇区绿色学校；

2016年2月，华东理工大学获“2015年度上海市达标及示范锅炉房单位”荣誉称号；

2016年3月，华东理工大学校医院、（奉贤校区）卫生所被上海市企事业卫生保健管理协会评为“上海市内设医疗机构标准化建设合格单位”；

2016年3月，刘洁获得2013—2015年度优秀档案员二等奖；

2016年4月，汽车队、动力与修缮工程中心、商业管理办公室、行政通信管理部、物业管理部、饮食服务中心、校医院、小红花幼儿园被评为“综合治理工作先进单位”；

2016年4月，王辉、钟继光、牟臣子、曹建方荣获2014—2015年度学校综合治理工作先进个人一等奖；

2016年4月，小红花幼儿园获得徐汇区第十二届“田林科技杯”亲子玩科学比赛优秀组织奖；

2016年4月，胡旭莹、殷颖获得2016“快乐旅行记——智能交通”上海市幼儿园小达人智能高低结构创意活动优秀教师指导奖；

2016年5月，牟臣子获得“世界无烟日”海报设计大赛三等奖；

2016年5月，胡旭莹、蔡珍妮被评为“华东理工大学优秀教工团员”；

2016年6月，小红花幼儿园、奉贤校区二食堂一楼获得“上海高校后勤服务中心文明窗口”，金茹、朱月姣、曹洁获得“上海高校后勤服务中心服务明星”；

2016年6月，宋飞飞被评为“华东理工大学优秀教育工作者”；

2016年6月，李明杰被评为华东理工大学2014—2016“优秀共产党员”；

2016年6月，小红花幼儿园获得徐汇区第十二届“龙苑杯”头脑奥林匹克万人挑战优秀组织奖；

2016年6月，后勤党委在华东理工大学党委宣传部组织的“庆祝中国共产党成立95周年知识竞赛”活动中荣获优秀组织奖；

2016 年 6 月，黄志钧获得 2015—2016 年度华东理工大学党建研究成果一等奖；

2016 年 7 月，张惠民被上海市节能协会评为“上海节能低碳知识竞赛优秀组织者”；

2016 年 10 月，魏广斌获得 2014—2015 年度上海市无偿献血促进奖；

2016 年 10 月，胡余立被上海市学校后勤协会、上海高校后勤服务中心授予“上海高校后勤标兵（绿叶奖）”荣誉称号；

2016 年 11 月，华东理工大学奉贤校区被上海市工商行政管理局评为“上海市消费者权益保护示范联络点”；

2016 年 11 月，李明杰获得中国教育后勤协会“十二五”期间优秀研究成果奖三等奖；

2016 年 11 月，吕存广、刘继林、胡江涛获得上海高校行道树（悬铃木）修剪比赛第三名；

2016 年 11 月，学生公寓管理部、饮食服务中心获得“119”消防安全宣传活动主题板报比赛三等奖，计划与质监中心、物业管理部获得“119”消防安全宣传活动主题板报比赛 KT 板参与奖；

2016 年 11 月，何民杰荣获“第二届上海高校创新菜肴比赛”银奖，周长生、朱振华荣获“第二届上海高校创新菜肴比赛”铜奖；

2016 年 12 月，高婵、潘芸莉、吴培基、林伟国、赵岷、朱爱国、聂金燕、赵蕊、牟臣子、吴保全获得 2016 年学校综合治理安全管理人员奖；

2016 年 12 月，华东理工大学奉贤校区被上海市奉贤区市场监督管理局评为 2016 年度奉贤区消费维权联络站先进单位；

2016 年 12 月，吴晓青被全国教育后勤协会评为全国高校校园商贸先进个人；

2016 年 12 月，奉贤校区学生 2 号、4 号公寓被上海市学校后勤协会评为“六 T”管理五星级达标公寓，徐汇校区学生 11 舍、奉贤校区学生 1 号及 3 号公寓被上海市学校后勤协会评为“六 T”管理四星级达标公寓，徐汇校区学生 5 舍被上海市学校后勤协会评为“六 T”管理三星级达标公寓；

2016 年 12 月，潘美华、邱国琴、马翠凤获得 2016 未来之星“小小结构大师——慧管制造未来”教师团队活动一等奖，胡旭莹、许佳雯、唐义佳、张琦、张晓玲、刘晓梅获得 2016 未来之星“小小结构大师——慧管制造未来”教师团队活动三等奖；

2016 年 12 月，奉贤校区二食堂三楼、徐汇校区三食堂一楼、徐汇校区三食堂二楼美食广场被上海市学校后勤协会评为上海市高校后勤协会评为“六 T”管理达标食堂。

（朱育红）

金山科技园

【概况】 年内，金山科技园现有职工 23 名，入驻金山科技园的中博专修学院职工人数为 85 名，学生人数 1 744 名。金山科技园广大职工坚持科学发展观，强化规矩、规章意识，始终把安全稳定工作作为头等大事，层层落实安全责任，严格执行日常安全检查制度，确保了园区一方平安。同时加强国有资产精细管理，夯实基础工作，强化节能减排、降本增效、绿色环保，较好地完成了年初制订的各项工作任务，确保了华东理工大学国家大学科技园金山科技园安全稳定和有序运行。

（顾军兰）

【金山科技园管委会召开年度职工及会员大会】 1 月 13 日，在园区毅园多功能厅召开了金山科技园第二届第一次职工大会、第二届第一次会员大会，园区工会主席张超主持会议并作工会工作报告，园区管委会主任蓝闽波作园区行政工作报告，园区管委会副主任、园区直属党支部书记周兴吉就 2016 年园区工作进行了部署并提出了要求。会上选举产生了由张超、陆彩勤及缪国辉三人组成的新一届园区工会委员会。

【金山科技园直属党支部组织全体职工听取“两会”辅导报告】 2016 年 3 月 21 日，金山科技园直属党支部组织全体党员、干部及职工听取由全国政协委员、园区管委会主任蓝闽波所作的全国“两会”精神辅导报告，园区直属党支部书记周兴吉主持会议。

（张超）

校办产业

【概况】 年内，学校共有科技企业47家（不含资产公司）。资产公司所属的46家企业净资产为28 457.42万元，比去年同期增长10.43%。其中，科技园运营平台5家，净资产1 402.19万元；科技型企业19家，净资产18 550.49万元；孵化企业10家，净资产569.95万元；委托管理企业4家，净资产1 151.84万元；拟工商注销企业7家，净资产1 285.43万元；出版企业1家，净资产5 497.51万元；学校未划转企业1家，净资产-14.16万元。截至2016年12月底，根据资产经营公司持股比例应享受的净利润为2 848.63万元，与2015年同期相比增加20.66%。产业系统学校编制人员全年费用为1 335.50万元。2016年在校企业上交学校水、电、煤等费用与去年相同。完成了年初提出的学校股权利益增长5%的目标。

企业规范管理与发展建设工作。根据教育部组织的国有资产专项检查工作及教育部对学校巡视的要求，进一步完善三会建设，清理整顿企业。推进学校常熟研究院的发展建设及参与上海张江生物基地的发展建设，以生物工程学院谭文松团队完成的科研项目转化组建科技公司增资扩股。启动了对嘉兴泽元生物制品有限公司学校所占股权的转让工作，以及对上海国佳生物工程技术研究中心有限公司的增资扩股工作。基本完成了原上海华理化学专用品有限公司的清算工作，已基本完成对上海华力索菲科技有限公司的注销清算工作。参展中国国际工业博览会，连续第十一次荣获优秀组织奖。其他参展奖项获得历史性突破。两项科技成果转化组建科技公司，目前正在前期筹建中。出版社、高校后勤的股份变更正在进行之中。

科技园建设与大学生创业工作。徐汇科技园孵化功能建设取得显著进展，新增孵化面积1 500平方米，新增创业苗圃项目40余项，新增孵化企业（含大学生创业企业）40多家，并取得上海市科技企业孵化器（众创空间）资质。园区知识产权（科技成果转化）工作再上台阶，园区再次获得上海市经信委信息服务业产业基地支持，成为上海市信息服务产业基地联盟成员单位。园区收支情况良好，在完成2015年度150万元红利上缴的情况下，2016年10月底实现利润比2015年增长20%。奉贤科技园作为上海市大学生创业的基地，零注册入驻的优惠政策是学校大学生创业的首选基地，也是学校科技园区建设的增量部分。年内，学校分基金会共通过基金项目评审40多项，总金额600多万元。在今年的资助中，诞生了一批上海市大学生创业的明星企业，受到市基金的关注和社会的认可。

五项监管与监督工作。加强了对产权监管、权责界定监管、清产核资监管、资产评估监管、财务清算监管。对学校控股和相对控股企业始终掌握运行中的动态；对参股企业加强沟通了解，促进规范正常化运行，为学校的股权利益的增值保值提供保障。

（纪桂杨）

附录：

2016 年学校各公司名单及出资和投资比例表

序号	企业名称	注册资本（万元）	出资额（万元）	投资比例
	科技园运营平台			
1	上海华东理工科技园有限公司	2 500.00	700.00	28.000%
2	上海华理化工科技发展有限公司	200.00	40.00	20.000%
3	华东理工常熟研究院有限公司	200.00	102.00	51.000%
4	上海海湾科技园发展有限公司	600.00	60.00	10.000%
5	南通华理功能材料研究院有限公司	200.00	50.00	100.000%
小　　计		3 700.00	952.00	—
	科技型企业			
6	华东理工大学华昌聚合物有限公司（合并报表归属母公司数）	6 588.00	2 890.22	43.871%
7	上海华明高技术（集团）有限公司	5 200.00	2 028.20	37.039%
8	华东理工大学工程设计研究院有限公司	1 505.00	602.00	40.000%
9	上海国佳生化工程技术研究中心有限公司	950.00	850.00	89.470%
10	上海华理安全装备有限公司	518.00	107.74	20.800%
11	上海华理远大技术有限公司	95.00	95.00	100.000%
12	上海伊特工程技术有限公司	380.00	340.10	89.500%
13	上海多佳水处理科技有限公司	502.00	131.40	26.175%
14	上海华力索菲科技有限公司	825.00	225.00	27.273%
15	上海现代中医药技术发展有限公司	7 650.00	150.00	1.961%
16	上海华化摩擦材料有限公司	425.00	175.00	41.176%
17	上海瑞邦生物材料有限公司	2 222.00	187.64	8.445%
18	上海四达石油化工科技有限公司	300.00	120.00	40.000%
19	上海华天生物科技有限公司	175.00	70.00	40.000%
20	上海华理生物医药有限公司	400.00	40.00	10.000%

续表

序号	企业名称	注册资本（万元）	出资额（万元）	投资比例
21	华东理工大学科技服务部	11.00	11.00	100.000%
22	上海华友科贸实业有限公司	50.00	10.00	20.000%
23	上海华泰科技贸易有限公司	50.00	5.00	10.000%
24	上海理凯材料科技有限公司	190.23	78.50	39.250%
小　　计		28 036.23	8 116.80	–
	孵化企业			
25	上海浩思海洋生物科技有限公司	1 325.00	125.00	9.434%
26	上海合达炭素材料有限公司	3 765.00	527.10	14.000%
27	上海华理能源生物技术有限公司	500.00	175.00	35.000%
28	青海盐湖镁业有限公司	895 252.43	297.00	0.033%
29	上海宝利纳材料科技有限公司	500.00	100.00	20.000%
30	上海敏光化学科技有限公司	80.00	35.00	43.750%
31	嘉兴泽元生物制品有限责任公司	3 000.00	735.00	24.500%
32	上海熠能燃气科技有限公司	100.00	30.00	30.000%
33	上海华理自动化系统工程有限公司	200.00	40.00	20.000%
34	上海衡和环保新材料科技有限公司	300.00	90.00	30.000%
小　　计		905 022.43	2 154.10	–
	委托管理企业			
35	上海华东理工安全工程咨询有限公司	500.00	500.00	100.000%
36	上海华理置业有限公司	500.00	400.00	80.000%
37	上海翼熠机电设备有限公司	30.00	30.00	100.000%
38	上海博商经济技术有限公司	50.00	10.00	20.000%
小　　计		1 080.00	940.00	–
	拟工商注销企业			
39	上海华方建筑装饰工程公司	500.80	500.80	100.000%
40	上海华凯科技贸易公司	89.00	99.00	100.000%
41	上海华卫装潢公司 *	54.00	54.00	100.000%
42	华东理工大学服务公司 *	50.20	50.20	100.000%
43	华东理工大学催化剂厂 #	103.70	103.70	100.000%
44	上海华化生物制品厂 #	20.00	20.00	100.000%
45	上海华商企业发展智力服务公司	10.00	10.00	100.000%
小　　计		827.70	837.70	–

序号	企业名称	注册资本（万元）	出资额（万元）	投资比例
	出版企业	938 666.36	13 000.60	–
46	华东理工大学出版社有限公司	1 100.00	1 100.00	100.000%
	未划转企业			
47	上海伯瑞生物技术发展有限公司	100.00	38.00	38.000%
	小　　计	1 200.00	1 138.00	–
	学校合计	939 866.36	14 138.60	–

注：另有上海顺风自控新技术开发公司、上海华化副食品经营部税务已注销，工商未注销上海华理化学专用品有限公司，投资已收回，正在关闭中。

2016 年大学生科技创业基金会华理分基金债权资助名单

序号	项目编号	分基金会	项目名称	公司名称	申请人	资助时间	资助金额（万元）	所属行业
1	Z16061139	华东理工大学分会	爱租房	上海家旬信息科技有限公司	李俊磊	2016—12—22	30	其他
2	Z16060946	华东理工大学分会	智能家居产品	上海赞点家居有限公司	陈新霞	2016—11—28	30	电子科技
3	Z16060834	华东理工大学分会	环保第三方运营	上海昱沛环保科技有限公司	周宏旺	2016—10—31	30	节能环保
4	Z16060752	华东理工大学分会	艺多分	上海小邻网络科技有限公司	李聪	2016—11—28	30	IT 技术与互联网
5	Z16060526	华东理工大学分会	BATP 停车	上海享泊信息科技有限公司	付营之	2016—08—22	30	IT 技术与互联网
6	Z16060291	华东理工大学分会	爱婴施坦	上海震烨网络科技有限公司	罗维	2016—09—30	30	现代服务
7	Z16061600	华东理工大学分会	科研社交 app 及网站	上海校果科技有限公司	王琳	2016—11—16	30	IT 技术与互联网
8	Z16061693	华东理工大学分会	酷选韩国年糕火锅店	上海范糖文化传播有限公司	张华君	2016—08—22	20	连锁餐饮
9	Z16061684	华东理工大学分会	2046 私人订制转型之路		宫治宇	2016—08—22	20	其他
10	Z16061680	华东理工大学分会	姆爱母婴智护服务		杨小明	2016—08—22	20	现代服务
11	Z16061649	华东理工大学分会	无线供电	紫霄智能科技（上海）有限公司	曾明树	2016—05—26	20	机械与电子
12	Z15061520	华东理工大学分会	大学生创意用品开发与销售	上海栋哈网络科技有限公司	卓超	2016—10—27	20	IT 技术与互联网

续表

序号	项目编号	分基金会	项目名称	公司名称	申请人	资助时间	资助金额（万元）	所属行业
13	Z15061489	华东理工大学分会	“口碑外卖”运营		时超群	2016—02—24	20	其他
14	Z15061470	华东理工大学分会	煤焦油综合利用及下游产品开发	上海鼎素精细化工有限公司	李军	2016—02—29	20	医药化工
15	Z15061278	华东理工大学分会	源程环境能源科技（上海）有限公司		袁博	2016—02—18	20	节能环保

2016年校产奖项情况一览表

获奖者（项目）	获奖者所在单位	奖项名称	授奖单位	获奖时间
华理孵化器	上海华东理工科技园有限公司	上海科技创业导师工作室	上海市科技创业中心、上海科技企业孵化协会	2016年5月
华东理工科技园	上海华东理工科技园有限公司	2014—2015年度上海市守合同重信用企业/合同信用等级AA级	上海市合同信用促进会	2016年7月
华东理工大学华昌聚合物有限公司	华东理工大学华昌聚合物有限公司	2014—2015年度守合同重信用企业	上海市合同信用促进会	2016年7月
华东理工大学华昌聚合物有限公司	华东理工大学华昌聚合物有限公司	上海市“五星级诚信创建企业”	上海市企业诚信创建活动组委会	2016年9月
高性能环氧乙烯基酯树脂	华东理工大学华昌聚合物有限公司	2015年度上海市高新技术成果转化项目自主创新十强	上海市科技创新中心	2016年11月
华东理工科技园	上海华东理工科技园有限公司	上海市创业孵化示范基地	上海市人力资源和社会保障局	2016年11月
华东理工大学华昌聚合物有限公司	华东理工大学华昌聚合物有限公司	2016年度上海市新材料协会先进单位	上海市新材料协会	2016年12月
刘坐镇	华东理工大学华昌聚合物有限公司	享受政府特殊津贴	上海市人力资源和社会保障局	2016年12月
院士专家工作站	华东理工大学华昌聚合物有限公司	院士专家工作站	上海市院士专家工作站指导办公室	2016年12月

对口支援与定点扶贫工作

【概况】 年内，定点帮扶云南省寻甸回族彝族自治县（以下简称“寻甸县”），赴定点县实地调研24人次，制订定点扶贫工作实施方案，发挥高校优势，从教育培训、科学技术、校友资源、农特品产销等维度全面深入开展“智力+”精准扶贫，向云南寻甸县选派1名处级干部挂职副县长，选派1名教师担任村第一书记，完成48名党政干部40学时的来校培训，建立华东理工大学网络教育寻甸学习中心，通过现代远程教育手段，免学费帮助寻甸县干部职工提升学历层次，助力寻甸县加快脱贫攻坚步伐。

扶贫会议。 1月，昆明市副市长阮凤斌、市政府副秘书长陈树发、扶贫办主任杨凡、寻甸县委副书记马郡等一行来校调研访问。学校党委书记杜慧芳、副校长钱锋院士及学校相关部门负责人与来宾就学校定点扶贫云南省昆明市寻甸县的工作进行了交流座谈。12月，华东理工大学校长曲景平、分管副校长钱锋院士带队赴寻甸县，围绕县域经济发展的重点问题，与寻甸县委、县政府班子成员及相关部门负责人座谈协商，深入推进定点扶贫工作。双方签订了本科学历教育帮扶协议，采取异地培训与上门教育相结合的方式，在寻甸县委党校设立“华东理工大学现代远程教育寻甸学习中心”，免学费帮助寻甸县干部职工和教师提升学历层次。

扶贫调研。 组织两批专家团队赴寻甸县开展调研并对接具体工作，组织校办、网络教育学院、生物工程学院、科研院、资源与环境工程学院、EMBA项目部、校友与发展联络处、工会、继续教育学院、旅游规划与会展研究所的专家、教授先后到寻甸县实地调研了扶贫开发、远程教育、产业发展、农特产品生产等工作。曲景平校长到栽开村和竹沟村看望慰问建档立卡贫困户，赴寻甸县一中、寻甸县民族中学，与高三学生见面交流，学校招生办的同志向寻甸高中师生解读了国家的高考招生政策，介绍学校的情况，鼓励符合条件的学生积极参加农村和贫困地区专项招生计划。

干部挂职扶贫。 选派处级干部、校长办公室副主任储琰同志挂职云南省寻甸县副县长，与之前我校选派前往寻甸金所村挂职第一书记的满永博同志一起，投入定点扶贫工作。满永博在当地基层党组织工作中发挥了重要作用，并积极担任金所驻村扶贫工作队队长。在工作中依托“党支部+合作社+建档立卡贫困户”模式，抽调党员中的养殖骨干组成产业发展党支部，成立金所村鼎力养殖合作社，按照“7个一批”原则把28户建档立卡贫困户纳入，贫困户小额信贷资金整体注入合作社，大力发展养殖，实现“造血”式扶贫。2016年金所村党总支部荣获本年度寻甸县先进基层党组织、昆明市党建示范点等荣誉。

扶贫干部培训。为寻甸县48名党政干部开设“树牢五大理念，提升区域经济发展能力”专题培训班。通过系统的地方产业发展规划、特色农业、新型工业化、区域资源利用与地方文化旅游产业发展、产业集群与特色园区、生态经济等方面知识的讲授，增强寻甸干部队伍的理论素养和实践经验。

社会服务扶贫。药学院社会服务实践团队一行10人，深入云南省昆明市寻甸，结合学院的专业特点和相关知识，通过公益宣讲的形式在当地科普有关常见病的知识和相关用药常识。在校医院专业医生的指导下，队员们为村民们测量血压、心率，解答日常用药方面的疑惑，并发放宣传资料。

产销扶贫。寻甸贫困农户居住在高寒山区，高原特色农产品销售收入是他们的主要经济来源之一。学校工会与寻甸县供销社合作，成立专门工作组，积极筹备“华理寻甸 同心同行——寻甸风情展示暨特色农产品展销会”，让寻甸的优质农特产品牛干巴、马铃薯、苦荞和土蜂蜜等走进华理，走进上海。

（林梅）

党建与思想政治工作

Dangjian yu Sixiang Zhengzhi Gongzuo

组织工作

【概况】 年内，党委组织部（党校）在校党委领导下，深入学习贯彻习近平总书记系列重要讲话精神以及党的十八大和十八届三中、四中、五中、六中全会精神，紧紧围绕学校中心工作，聚焦全面从严治党，扎实开展“两学一做”学习教育，不断加强领导班子和干部队伍建设，持续推进基层党组织建设，努力加强部门自身建设，为学校事业发展提供坚强的组织保证。

“两学一做”学习教育活动。 3月，在校党委的领导下，认真组织开展“两学一做”学习教育活动，教育引导全体党员尊崇党章、遵守党规，用习近平总书记系列重要讲话精神统一思想行动，做合格党员。

加强理论学习和研讨，提高思想认识。深入学习、讨论习近平总书记“七一”讲话、纪念红军长征胜利80周年讲话，深入学习贯彻党的十八届六中全会精神，把学习全会和讲话精神列为党支部组织生活理论学习的重点内容。学校党委中心组从“四个全面”“党规党纪”“深入学习《中国共产党问责条例》”和“双一流”建设等角度开展专题学习5次，二级党组织层面中心组开展专题学习13次，帮助干部加深了对习近平总书记系列重要讲话的理解，提高了对全局工作的认识。

推进学习教育取得实效。采用专家辅导、党课报告、集中研讨、调研考察、走访实践等灵活多样的方式，开展“三会一课”。抓住关键人，开展二级党组织书记、党支部书记、组织员培训，加强党务工作者队伍建设。强化督导，指导二级单位和基层党支部聚焦重点开展工作，通过二级党组织书记会部署工作安排，督导二级党组织按时完成阶段性工作，规范做好二级学院党务院务公开，督导基层党支部组织生活的自查工作。

开展专项重点工作，加强基层党组织建设。开展了党员组织关系集中排查、党代会代表和党员违纪违法未给予相应处理情况的排查清理、基层党组织按期换届情况专项检查、党费收缴工作专项检查以及深入推进抓党建促脱贫攻坚和抓严抓实机关党员干部学习教育等工作，以重点工作推进夯实基层党组织建设基础。

基层党组织科学化建设。 规范基层党组织换届，深化服务型党组织创建。3月至4月，集中开展了到期届满基层党支部的换届工作。换届后，支部设置和人员结构更加合理。10月起，开展了到期届满基层党委、党总支、直属党支部的换届工作。积极推动各级党组织加强基层服务型党组织建设，1家组织生活获评市教卫工作党委系统第二届优秀组织生活最佳案例。开展建党95周年系列评选表彰，充分发挥基层党组织和党员的先进性作用。结合基层党组织建设的需要，有针对性地开展党建研究工作。

依托三级党校培训机制，夯实党员发展教育工作基础。以质量为核心推进党员发展、积极分子和党员的教育管理等工作。不断完善初、中、高“三级党校”培训体系，形成教育培训分类实施、全面覆盖的工作机制。2016年举办2期学生发展对象培训班和2期教工发展对象培训班，共培养发展对象486名，其中本科生351名，研究生130名，教工5名，教育引导发展对象进一步纯化入党动机，提升党性觉悟。坚持“入党公开答辩”机制，把好学生党员发展入口关，深入考察入党积极分子的入党动机和思想素质，增强学生党员发展工作的公信度。深入落实《中国共产党发展党员工作细则》，按照控制总量、优化结构、提高质量、发挥作用的总要求，继续完善党员发展规程，优化材料文本内容和结构。全年共发展党员618名，转正党员561名。

创新学生党员教育实践新载体，加强学生党建工作。指导二级党组织适应新情况，整合校地资源，开展形式多样、有针对性的党员教育活动、志愿服务与社会实践项目，引导学生党员在学习、生活、实践中积极主动开展党性锻炼和发挥先锋模范作用。利用易班、短信、微博、微信等新媒体开展党建工作和服务型党组织建设，强化党在意识形态工作中的领导权、话语权。在大学生党员中实行全覆盖的“述责答辩”，组织部加强了对各党支部和班级开展“述责答辩”工作的指导检查，年度学生党员述责答辩的学生党员满意度为99.78%。做好毕业生党员离校教育工作，对全体毕业班学生党员进行了培训指导，特别强调做好组织关系转接到位，开展了组织关系回执寄回情况检查工作。

领导班子和干部队伍建设。不断完善制度建设。新制定了《中层领导干部试用期考核实施办法》《干部挂职锻炼管理办法》《中层领导干部选拔任用工作纪实办法》《中层领导干部离任工作交接办法》《学院党政联席会议议事规则》《基层党组织换届选举暂行办法》等规章制度，建立了《干部选任工作规程》《对中层干部进行提醒、函询、诫勉工作规程》等内部管理制度，使各级各类干部选任和管理有章可依、按规执行。

继续开展中层干部选任工作。全年共任免处级干部86人，其中新提任51人，平级交流11人，免职24人。完成23名新提任干部的试用期考核。新提任的处级干部中，一批“70后”、“80后”干部脱颖而出，平均年龄41岁，比2015年底处级干部整体平均年龄低4.2岁，干部队伍年龄结构不断优化。严格执行干部交流轮岗制度，统筹学院机关干部队伍交流、党政交流，为优秀干部多岗位锻炼创造条件，其中学院机关之间交流 4 人，党政交流 9 人。

从严从实管理监督干部。严格落实《关于防止干部“带病提拔”的意见》精神，坚持“四凡四必”。严格执行领导干部个人有关事项报告制度，做好信息汇总、随机抽查、重点抽查和信息比对等工作。认真开展干部人事档案审核工作，坚持凡提必审，重点审核干部的“三龄两历一身份”等重要信息，对发现问题的信息及时进行认定。全面落实干部任职征求纪检部门意见和任前公示制度，对反映违规违纪问题线索具体、有可查性的信访举报进行调查核实。加强领导干部因私出国（境）证件集中管理，严格执行特定身份人员登记备案制度。委托审计处对 11 名离任干部开展经济责任审计。开展 2016 年中层领导班子和领导干部考核，增加现场述职环节，进一步改进考评方式，继续探索考核结果与干部能上能下、干部奖惩挂钩机制。

建设干部管理系统，提高干部管理信息化水平。以“信息共享、规范标准、安全可靠、方便高效”为目标建设干部管理系统，基本涵盖了干部选任、管理和监督的关键环节，有效提高了干部管理信息化水平和工作效率。

扎实做好上级布置的各类专项工作。按照教育部党组《关于做好直属高校校级副职后备干部建议人选推荐工作的通知》要求，在校党委领导下，通过民主推荐、组织考察、党委常委会票决等程序，确定校级副职后备干部建议人选，上报教育部党组。在上海市区县人大政协换届工作中，按照上级要求做好人大代表、政协委员候选人的考察工作，同时认真落实选举事务各项工作，确保徐汇区、奉贤区人大代表选举工作顺利进行。

部门自身建设。重视思想建设，坚定理想信念，努力做到在政治上讲忠诚、组织上讲服从、行动上讲纪律。强化组织建设，坚持民主集中制原则，坚持每周例会制度，抓学习、抓业务，注意加强与相关部门和服务对象沟通，努力提高管理水平。加强作风建设，把践行“三严三实”要求落实到组织工作的各方面，贯穿到自身建设的全过程。严格落实“一岗双责”要求，坚持将党风廉政建设作为自身建设的重要内容。2016 年党委组织部获评 2014—2015 年度华东理工大学文明示范单位。

【召开校领导班子和成员年度考核及干部选拔任用“一报告两评议”大会】 2 月 26 日下午，2015 年度学校领导班子和成员年度考核及干部选拔任用“一报告两评议”大会在逸夫楼报告厅举行。学校党政领导班子全体成员出席会议，学校党委书记杜慧芳主持会议。杜慧芳代表学校党政领导班子作述职报告，通报了专题民主生活会召开情况，并对干部选拔任用工作进行了专题报告。杜慧芳、校长曲景平、党委副书记马玉录和副校长钱锋分别进行个人述职述廉报告。与会人员对学校领导班子和成员履职情况以及干部选拔任用工作进行了民主测评和民主评议。

（杨雅伟）

【校领导在“两学一做”学习教育中上党课】 在“两学一做”学习教育中，学校领导率先垂范，以不同形式在所辖党支部上专题党课。6月2日，学校党委书记杜慧芳为党委办公室党支部和商学院14级管工研究生党支部的党员上党课，带领党员一起深入学习党章。6月28日，校长曲景平为校长办公室和审计处的党员上党课，鼓励党员牢记习近平总书记对机关工作人员的教诲，加强责任担当，提高工作能力。学校领导马玉录、罗仪华、宋来、吴柏钧、刘昌胜、辛忠也结合各自分管工作或学习体会从学党章党规、加强党的建设等方面上专题党课。

（刘海宾）

【校党委书记杜慧芳参加青年干部培训班开班仪式并作首场报告】 4月8日下午，学校党委书记杜慧芳参加学校第二十期青年干部培训班开班仪式并作以“聚焦学习 全面成长”为主题的首场报告。学校党委副书记马玉录主持，第十九期青干班学员代表、第二十期青干班38名学员与会。

（刘海宾）

【开展建党95周年“两优一先”评选表彰】 学校召开建党95周年庆祝大会，对获评上海市、市教卫工作党委系统和校级“两优一先”的党组织和党员进行了表彰。1个党支部获评上海市“先进基层党组织”，5个基层党组织获评市教卫工作党委系统“先进基层党组织”，4位同志获评市教卫工作党委系统“优秀共产党员”，2位同志获评市教卫工作党委系统“优秀党务工作者”，1位同志获评徐汇区“优秀共产党员”，20个基层党组织获评学校“先进基层党组织”，20位同志获评学校“优秀共产党员”，10位同志获评学校“优秀党务工作者”。

（徐永桢）

【评选创建服务型党组织品牌项目和优秀组织生活】 深入落实《华东理工大学关于加强服务型党组织建设的实施意见》，积极推动各级党组织加强基层服务型党组织建设，在39个培育项目中，评选出20个优秀品牌项目，11个入围品牌项目。教工与学生党支部围绕服务成才、服务发展、服务社会三个重点领域丰富组织生活形式和内容，7项教工组织生活和12项学生组织生活在创建展示中获评“优秀组织生活”。

（徐永桢）

【开展2016年度基层党组织书记培训】 9月23日，2016年度基层党组织书记培训在逸夫楼报告厅举行，学校党委副书记陈麒主持了全天的培训。培训聚焦基层党组织建设和党员队伍建设，涵盖专题讲座、工作交流、案例分享和党建实务四项内容。浙江大学医学院神经生物学系党支部书记杨巍教授受邀到学校作了“党支部建设”的工作交流。学校各二级党组织书记、副书记、教工党支部书记、党务秘书等参加了此次培训会。

（刘海宾）

【选送干部参加学习培训和挂职锻炼】 选派 136 名同志参加校外各级各类党校学习培训。注重在艰苦和一线岗位锻炼干部，选送 23 名干部到教育部、有关区县和西部等地进行挂职锻炼（含第八批援疆干部）。接收武汉工程大学、四川理工学院、云南财经大学的 4 名干部来校挂职。向学校外输送副处级干部 1 名。

（杨雅伟）

【青干班学员赴苏州高新区学习考察】 5 月 27 日，学校党委副书记马玉录带领第二十期青干班学员一行 30 人赴苏州高新区学习考察。苏州高新区管委会主任周旭东、常委钮跃鸣等组织、人事、科技部门负责人与学员进行了座谈交流。学员们深入了解了苏州高新区的发展历程、科技工作及产业现状，先后参观了高新区规划展示馆、华东理工大学苏州工业技术研究院、医疗器械产业园、太湖金谷、知识产权集聚区、中国科学院苏州生物医学工程技术研究所等，并就项目对接、科技成果转化、人才培养等方面与相关负责人员进行了交流讨论。

（刘海宾）

【坚持党建研究课题项目化管理】 进一步加强党建研究课题的项目化管理，2015 年立项的课题最终结题 47 项，评选出一等奖 2 项、二等奖 4 项、三等奖 6 项。2016 年已经申报立项的 30 项党建研究课题开展了中期指导检查工作。2016 年共获得上海市教卫工作党委课题三等奖 2 项，鼓励奖 1 项；2016 年申报教卫党委重点课题 1 项，一般性课题 4 项。

（刘海宾）

宣传思想文化工作

【概况】 年内，党委宣传部在校党委领导下，深入学习贯彻党的十八大及十八届三中、四中、五中、六中全会精神和习近平总书记系列重要讲话精神，从加强思想引领、凝聚思想共识、汇聚发展合力、提升学校形象、传播大学文化等方面，扎实开展工作，为学校事业的发展筑牢了思想基础、营造了舆论环境、提供了精神动力、创造了文化条件。

把握宣传教育方向，建立新机制，取得新成效。制定、修订党委中心组、二级党委中心组和教职工“三级理论学习制度”，依托“马院”成立“华东理工大学理论宣讲团”。围绕习近平总书记系列重要讲话精神、“两学一做”学习教育等主题，举办党委中心组学习报告6场。全年为师生发放《习近平总书记系列重要讲话读本》等理论学习书籍近1 200套册。配合校党委制订《意识形态工作责任制实施细则》，明确了学校党委和二级党组织领导班子、领导干部的意识形态责任。制订、修订了《华东理工大学新闻宣传工作管理办法（试行）》《华东理工大学网络信息安全管理规定》等阵地管理制度，并对宣传思想文化工作制度进行汇编。强化制度执行，对校内宣传阵地进行全面督查，加强网络阵地的建设和管理。进一步完善哲社报告、讲座的网上审批平台，优化审批流程。组织召开全校宣传思想文化工作会议。依托校思政研究会，以爱国主义教育为选题，立项资助思政研究课题10项。同时组织2016年、2017年上海市学校德育课题申报，共有15个课题立项。选送12名教师分别参加教育部和上海市哲社骨干研修。配合教育部完成2016年高校教师思想政治状况滚动调查，同时完成本校教师思想政治状况调研。配合学校党委制定并下发《关于深入开展爱国主义教育的实施方案》《中共华东理工大学委员会关于学习贯彻习近平总书记在庆祝中国共产党成立95周年大会上的讲话的通知》等文件。举办“两学一做”学习教育、“建党95周年”等11个主题展览18场次；主办“庆祝中国共产党成立95周年知识竞赛”主题活动。会同法学院、纪委办等部门做好普法和廉洁文化教育。与教务处、计算中心合作，完成3 200余名大二学生免费普通话测试工作。突出培训培养，加强宣传队伍建设。加强二级党组织宣传委员、信息员、通讯员、学术专家、评论员、网评员等宣传工作者队伍建设，邀请资深记者、市网信办领导等来校作业务培训9场；组织校内新闻摄影培训2次。

对焦学校中心工作，壮大主流舆论，传播华理声音。通过新闻网推出“两学一做 以知促行”“爱国情　矢志行”“秉承信念　薪火相传”“学长征精神　铸中华精魂”等多个主题教育新专栏，刊发文章近200篇。官微以图解、调研、微视频、H5贺卡等多种形式，推出《图解｜华东理工大学“两学一做”学习教育实施方案》等内容。对我校弘扬“长征精神”等工作，《解放日报》等10余家媒体都给予重点关注，《东方教育时报》推出整版报道。开设“抓规划　促改革　创一流”等近10个新专栏，选出了一批师生典型，如洁净煤技术研究所成员王海丰、赵黎明等潜心科研的典型，安琦、高攀等教书育人典型，信息学院辅导员党支部等党建先进典型，以及关爱定西儿童的陈敏媛、“点燃创新小火苗”的李嘉晖、公益教育创业团队喀热宛等学生典型。对学校立体化服务迎新等工作，上海电视台等10余家媒体进行了报道。鼓励专家“当学术大使，为华理代言”，设置议题，强力传播。全年推出华理成为上海科技奖励获奖大户等40余个外宣主题。结合科技创新和成果，《文汇报》头版和《解放日报》要闻版分别刊登深度报道，《解放日报》第四版整版报道，《中国科学报》、东方卫视等10余家媒体刊发20余条报道，《人民日报》以《这个团队为什么能》为题，对洁净煤所进行大幅报道；4月25日、11月16日，央视记者两度来校，对法学院教师吴亮就依法整治“僵尸车”和电动车交通违规等话题采访；10月25日的《文汇报》以整版形式对华理的创新创业教育进展、经验及专家思考进行了报道。据不完全统计，2016年，媒体全年首发关于学校的报道1 000余篇（条），其中，中央电视台与《人民日报》《光明日报》等国家级媒体和《解放日报》《文汇报》等沪上重要媒体，合计刊发200余篇（条），《解放日报》《文汇报》等媒体还刊登16个整版报道。媒体融合为法，创新宣传途径。官微、新浪官方微博全年推出“两学一做”“校庆祝福”“中华传统”“迎新季”等10余个专栏。《为华理鼓掌！最新排名：亚洲63，中国大陆11》推文阅读量达42 138人次，《喜讯！wuli华理人“承包”了里约奥运会女乒团体冠亚军》推文阅读量达72 275人次，相继实现历史性突破。据统计，官微全年推送221期、336篇文章，阅读数累计近139.2万（去年同期86万）人次；新闻网全年发布新闻约2 900篇，校报出版21期，招生、科技2期专刊和11个专版。教育部网站刊登题为《华东理工大学推动校园媒体融合　积极传递正能量》的文章，专题报道学校推动校园媒体融合的工作。

打造文明文化品牌，榜样示范引领，扩大社会影响。调整精神文明建设工作委员会，加强组织保障。学校以A等成绩通过上海市文明单位中期考核，并顺利完成上海市文明单位终期考核工作。召开2016年精神文明建设工作会，对8家校级文明示范单位、10个校园文化建设优秀项目、10项精神文明好人好事进行了表彰奖励，并通过专题展览、宣传片等，展示先进集体和个人风采。配合学校成立校文化建设委员会，起草制定了学校《大学文化建设“十三五”规划》；组织实施徐汇校区校园文化环境优化提升计划等 4 个重点文化项目、开展第二届校园文化创新发展培育项目、校园 3D 全景地图拍摄工作；做好高雅艺术进校园、进剧院品牌活动，共组织上海国际艺术节剧目《郑和》《诺玛阿美》以及大型原创沪剧《邓世昌》等演出 12 场。继续做好上海高校志愿服务育人联盟和上海志愿服务研究中心两大市级平台工作，开展上海学生志愿服务管理办法研究。经大力宣传和积极推荐，化学学院应佚伦老师入选十大上海教育年度新闻人物。洁净煤技术研究团队入选上海市教育系统“为人为师为学”宣传典型，市教委联合学校拍摄了反映他们事迹的《汗水哲学》微电影，作为 2016 年上海市教师节的献礼影片，该团队还荣获“2016 感动上海年度人物”提名奖。机动学院安琦老师获“2016 年上海市教书育人楷模提名”。此外，还积极组织师生参与上海市大学生公益广告大赛、书画作品大赛等活动。选送的书法作品获得“2016 年大学生纪念长征胜利 80 周年书法展示活动”一等奖 1 项，二等奖 2 项，优胜奖 1 项，学校获“优秀组织单位”奖。选送的选手获得长三角地区“中华经典·中国梦想”大学生中华经典诵读大赛上海赛区三等奖。

【华理 3200 名学生参加“在校大学生普通话水平测试”】 3—5 月，在党委宣传部、教务处、信息学院以及各学院通力合作下，学校 3 200 名大二学生分 5 批次参加了上海市在校大学生普通话水平测试，最终达标 2 934 人，达标率为 91.69%。

（曲珩）

【华理一作品获首届全国高校网络宣传思想教育优秀作品“网络文章组”三等奖】 4 月 1 日，经党委宣传部选送，由学工部刘少文撰写的《幸福，以及那年时光》获首届全国高校网络宣传思想教育优秀作品“网络文章组”三等奖。

（王静）

【《解放日报》整版报道华理 2016 年上海市科技奖励大会获奖】 4 月 19 日，《解放日报》在第二版以《华东理工大学凭啥成为‘头奖大户’》为题，对学校获奖背后的故事进行了深度报道；在第四版，以整版篇幅，对学校在 2016 年上海科技奖励大会上获奖的特等奖、一等奖项目进行了深度报道。

（张婷）

【研究生支教团获“2015 年上海市教卫工作党委系统十佳好人好事提名”】 5 月，2015 年上海市教卫工作党委系统十佳好人好事评选结果揭晓，华东理工大学研究生支教团“17 万余小时的定西接力支教”事迹获评十佳好人好事提名。

（吴月欣）

【华理党委宣传部党支部获“上海市教育卫生工作党委系统先进基层党组织”】 6月，上海市教卫工作党委“两优一先”评选结果公布，学校党委宣传部党支部获评“上海市教育卫生工作党委系统先进基层党组织”。

（刘稳风）

【《华东理工大学周报》报送作品在中国及上海高校校报好新闻评选中获多奖】 8月，第三届全国石油和化工行业新闻宣传奖评选中，《华东理工大学周报》报送作品获得1项优秀新闻作品三等奖；11月在中国高校校报研究会好新闻评选中，《华东理工大学周报》报送作品获得2个二等奖；12月，在上海高校校报研究会好新闻奖评选中，《华东理工大学周报》报送作品获得1个一等奖、1个二等奖、1个三等奖。

（卞慧）

【洁净煤技术研究所团队获“2016感动上海年度人物”提名奖】 9月，“光荣与力量——2016感动上海年度人物”揭晓，华东理工大学洁净煤技术研究所团队荣获提名奖。

（吴月欣）

【华理微视频作品《大写中国说爱你》获评“博雅微视频征集活动”三等奖】 12月22日，由上海市教卫工作党委、上海市教委指导，上海教育报刊总社《东方教育时报》、易班网主办的“博雅微视频征集活动”评选结果公布，党委宣传部推荐的机动学院微视频作品《大写中国说爱你》获评三等奖。

（吴月欣）

附录：

2016年“媒体看华理”数据统计（平面媒体和网络媒体）

序号	媒体名称	新闻标题	发表时间
1	上海发布官方微博	【上海发布官方微博】华东理工2015届就业质量报告：约半数前往制造和科研技术行业	2016/1/2
2	法制晚报	《法制晚报》：初产蛋更营养？专家：不靠谱	2016/1/3
3	上海教育新闻网	【上海教育新闻网】华东理工发布2015年度毕业生就业质量报告	2016/1/4
4	中国社会科学网	【中国社会科学网】中国社会学会消费社会学专业委员会成立会议举行	2016/1/4
5	东方网	【东方网】沪出租车宰客、拒载可由城管直接处罚 已划定32个区域	2016/1/5
6	科技日报头版	《科技日报》：一种针对多宝鱼疾病的疫苗问世	2016/1/5
7	新民晚报	《新民晚报》：本科专业半数以上就业率100%	2016/1/6
8	东方教育时报	《东方教育时报》：将人文关怀融入设计之中	2016/1/6

续表

序号	媒体名称	新闻标题	发表时间
9	青年报	《青年报》：应届生就业 沪各高校相继公布质量报告	2016/1/6
10	文汇报	《文汇报》：沪上多所高校发布2015年就业质量报告（附照片）	2016/1/6
11	中国科学报	《中国科学报》：人工光合成领域取得重要进展	2016/1/6
12	新闻晨报	《新闻晨报》：两高校毕业生三成就职制造业	2016/1/7
13	青年报	《青年报》：高校公共艺术课程将记入学分	2016/1/8
14	西宁晚报	《西宁晚报》：我省又一科技成果获国家奖项	2016/1/9
15	解放日报	《解放日报》：转化“最后一公里”法宝何在	2016/1/9
16	中国化工报	《中国化工报》：生物催化由醇制胺不再难	2016/1/9
17	科技日报	《科技日报》：小细胞“催化”新兴大产能	2016/1/11
18	上海科技报	《上海科技报》：坚守“一线工作法”的实干家	2016/1/12
19	上海科技报	《上海科技报》：可调控有机串联反应研究取得新进展	2016/1/13
20	上海科技报	《上海科技报》：华理在人工光合成领域取得重要进展	2016/1/13
21	青年报	《青年报》：华理开学业互助营请学霸做“讲师”	2016/1/13
22	经济参考报	《经济参考报》：协同创新　优化科技成果转化路径	2016/1/13
23	解放日报	《解放日报》：今天，我们以球会友，快乐运动	2016/1/14
24	解放日报	《解放日报》：沪首创政府“法治GDP”指标体系	2016/1/15
25	中国教育新闻网	【中国教育新闻网】华东理工大学推动校园媒体融合积极传递正能量	2016/1/17
26	经济参考报	《经济参考报》：吉化大型乙烯节能降耗项目通过验收	2016/1/18
27	中青在线	【中青在线】华东理工确保困难学生温暖过冬	2016/1/18
28	澎湃新闻	【澎湃新闻】上海创新路｜华东理工：研发成果技术入股，教师过得更体面了	2016/1/21
29	东方网	【东方网】华东理工大学自我造血 教师通过科技成果转化致富	2016/1/21
30	解放日报	《解放日报》：华东理工大学专利许可收入每年保持在5 000万元居全国高校前列	2016/1/21
31	澎湃新闻	【澎湃新闻】上海轨道交通命名被指单一无指向性，政协委员提议重命名	2016/1/23
32	腾讯·大申网	【腾讯·大申网】华东理工大学青春河边惊现美丽雾凇	2016/1/23
33	上海热线	【上海热线】上海遭遇极寒天气 华东理工惊现雾凇 美翻了！	2016/1/23
34	解放网	【解放网】上海徐汇出现东北雾凇？真的雪景被美哭！	2016/1/23
35	劳动报	《劳动报》：华东理工大学现绝美雾凇	2016/1/23
36	青年报	《青年报》：今晨最低－4℃冷空气已是强弩之末	2016/1/26
37	东方教育时报	《东方教育时报》：“学霸”当老师　解题讲重点	2016/1/27
38	东方网	【东方网】海外产业园为上海迎来创新国际化的"黄金时代"	2016/2/1
39	中国科学报	《中国科学报》：研究发现抗“超级细菌”药物新靶点	2016/2/3

续表

序号	媒体名称	新闻标题	发表时间
40	上海科技报	《上海科技报》："李鬼"惹祸，殃及"李逵"?	2016/2/4
41	东方网	【东方网】破解儿科看病难，政府应当如何作为	2016/2/4
42	东方网	【东方网】长期护理制度帮助上海挑起老龄化重担	2016/2/5
43	央广网	【央广网】［央广求证 粉碎谣言］"涉毒"塑胶跑道的谣言	2016/2/10
44	法制晚报	《法制晚报》：零食干燥剂 别破别沾水	2016/2/13
45	腾讯·大申网	【腾讯·大申网】华理一中心被认定为高校人文社会科学重点研究基地	2016/2/14
46	江南晚报	《江南晚报》：干燥剂遇水男童被炸瞎	2016/2/14
47	中国化工报	《中国化工报》：海水淡化产业化项目启动	2016/2/15
48	解放日报	《解放日报》：下一个"引力波"，呼唤稳定性资助	2016/2/16
49	文汇报	《文汇报》：应重视"寂寞长跑"的回报	2016/2/17
50	解放日报	《解放日报》：网络招聘应认证企业资质	2016/2/18
51	东方网	【东方网】国家科学中心为上海科技创新再添新动力	2016/2/18
52	中国化工报	《中国化工报》：石化装备制造：内外兼修向高端	2016/2/19
53	慧聪网	【慧聪网】石化装备制造：内外兼修向高端	2016/2/19
54	新民晚报	《新民晚报》：上海小囡加盟引力波研究团队 爱遥望星空的"非学霸"	2016/2/22
55	澎湃新闻	【澎湃新闻】广东多家餐企包子检出铝，摄入过量可影响雄性动物生殖能力	2016/2/23
56	澎湃新闻	【澎湃新闻】重新研究数百个老药，上海科学家发现对抗"超级细菌"新办法	2016/2/23
57	镇江日报	《镇江日报》：我立志要把技术与生产接轨起来	2016/2/24
58	东方早报	《东方早报》：上海"听波者"	2016/2/24
59	新民晚报	《新民晚报》：网络诈骗缘何专找大学生下手	2016/2/24
60	天天化工网	【天天化工网】华东理工在不对称催化研究领域获进展	2016/2/24
61	文汇报	《文汇报》：华理发现抗金葡菌药物新靶点	2016/2/24
62	中国经济网	【中国经济网】华东理工大学王启要教授揭示细菌产生抗生素抗性的新机制	2016/2/26
63	克拉玛依日报	《克拉玛依日报》：扎根炼化，填补国内空白	2016/2/26
64	上海教育新闻网	【上海教育新闻网】"听波者"张渊皞：LIGO团队里的中国面孔	2016/2/29
65	中国科学报	《中国科学报》：中国科学家发现抗"超级细菌"感染的药物作用新靶点	2016/2/29
66	理财周刊	【理财周刊】天价鉴宝费背后有何秘密	2016/2/29
67	高新网	【高新网】华东理工大学在碳纳米管薄膜材料研究方面获新进展	2016/3/1
68	人民网	【人民网】上海"互联网+"：发展新引擎，城市新品牌	2016/3/1
69	东方教育时报	《东方教育时报》：打造"励志明德"校园文化	2016/3/2
70	上海教卫党建	【上海教卫党建】华东理工后勤创新学习形式：普通党员上党课	2016/3/2
71	上海科技报	《上海科技报》：华理重视能源经济与环境管理研究	2016/3/2

续表

序号	媒体名称	新闻标题	发表时间
72	上海科技报	《上海科技报》：华理教授揭示细菌产生抗生素抗性新机制	2016/3/2
73	上海科技报	《上海科技报》：用纯植物洗护还地球一抹绿	2016/3/2
74	上海科技报	《上海科技报》：发现抗“超级细菌”药物新靶点	2016/3/2
75	上海观察	【上海观察】这 5 张表，读懂上海男人和女人究竟谁的贡献大？	2016/3/3
76	新华网	【新华网】韦一良任武汉纺织大学党委书记	2016/3/3
77	解放日报	《解放日报》：近十年上海男女人才贡献基本持平	2016/3/4
78	腾讯·大申网	【腾讯·大申网】华理姑娘山区支教 把日子过成诗过成画	2016/3/4
79	钱江晚报	《钱江晚报》：各国争抢的项目，他决定落户金华	2016/3/4
80	婺城新闻网	【婺城新闻网】万晓燕：创业的同时不忘回报社会	2016/3/4
81	上海教育新闻网	【上海教育新闻网】政协委员建言：大学要建设以兴趣为导向的教学体系	2016/3/4
82	东方早报	《东方早报》：探索居民充电设施共享模式	2016/3/4
83	解放日报	《解放日报》：近十年沪男女人才贡献基本持平 受教育程度存差异	2016/3/4
84	新民晚报	《新民晚报》：IT 应成为国内商学院核心课程	2016/3/5
85	第一教育公众微信平台	【第一教育公众微信平台】这位支教大学生手绘了 127 篇日志，随后孩子们的变化出乎她的意料	2016/3/5
86	澎湃新闻	【澎湃新闻】政协委员蓝闽波：港口岸电可促进环保，保障“一带一路”	2016/3/6
87	第一教育	【第一教育】两会@教育｜上海教育界代表委员发出了哪些“好声音”？	2016/3/7
88	新民晚报	《新民晚报》：两会·声音	2016/3/7
89	中国国防报	《中国国防报》：长江经济带：推动上海国防动员跳出一城谋全局	2016/3/7
90	新民晚报	《新民晚报》：大学生应聘“刷单”被骗走 1.2 万元	2016/3/7
91	劳动报	《劳动报》：插电混动应适度降低标准	2016/3/7
92	中国劳动保障报	《中国劳动保障报》：“双创”为中国经济注入新动能	2016/3/7
93	澎湃新闻	【澎湃新闻】上海女研究生每天手绘一幅甘肃支教图，并筹钱给学生建绘本屋	2016/3/7
94	人民日报	《人民日报》：美丽中国 绿色先行（建真言　谋实策　集众智　凝共识）	2016/3/7
95	中国科学报	《中国科学报》：蓝闽波委员：高校教学须以兴趣为导向	2016/3/8
96	中国禁毒报	《中国禁毒报》：毒品滥用防治有了 32 人“智囊团”（附完整名单）	2016/3/8
97	东方网	【东方网】政协委员谈“十三五”教育：关键“提质量”	2016/3/8
98	上海科技报	《上海科技报》：提升学生学习兴趣 推进一流大学建设	2016/3/8
99	澎湃新闻	【澎湃新闻】妇女能顶半边天有了数据支撑：上海男女人才贡献率基本持平	2016/3/8
100	指尖大学城微信公众号	【指尖大学城】上海女性人才贡献率高全国 5%	2016/3/8
101	新民晚报	【新民晚报·新民网】上海女人也“模子”！女性人才 GDP 贡献率全国领先	2016/3/8

续表

序号	媒体名称	新闻标题	发表时间
102	新民晚报	【新民晚报·新民网】中国高端女科学家人数偏少 期待下一个“屠呦呦”	2016/3/8
103	新民晚报	【新民晚报·新民网】超8成女大学生遭就业歧视 极端招聘者限制血型星座	2016/3/8
104	新民晚报	《新民晚报》：中国女科学家“高位缺失”	2016/3/8
105	新民晚报	《新民晚报》：上海女性人才贡献率全国领先	2016/3/8
106	中国科学报	《中国科学报》：蓝闽波委员 高校教学须以兴趣为导向	2016/3/8
107	科技日报	《科技日报》：上课玩手机，不都是大学生的错	2016/3/8
108	东方教育时报	《东方教育时报》：从仰望星空到研究天体	2016/3/9
109	亮报	《亮报》：促进电动汽车全产业链快速健康发展	2016/3/9
110	上海法治报	《上海法治报》：上海女性人才贡献率全国领先	2016/3/9
111	新民晚报	《新民晚报》：点亮教育地图每个角落 让申城每个孩子都出彩	2016/3/9
112	东方早报	《东方早报》：上海女性人才贡献率全国领先	2016/3/9
113	西部商报	《西部商报》：上海女研究生千里支教定西 每天用一幅画记录支教生活	2016/3/9
114	新浪网	【新浪网】共谋石化产业创新转型 CPDIS 千人大会强势启航	2016/3/10
115	人民网	【人民网】中国石油化工发展创新论坛六月将登录上海	2016/3/10
116	科学网	【科学网】中国石油化工发展创新论坛将在上海举行	2016/3/10
117	法制晚报	《法制晚报》：你真的煮熟豆浆了吗？	2016/3/10
118	信息时报	《信息时报》：解决两会汽车之声	2016/3/10
119	上海观察	【上海观察】世界化工老大为何请400家中国供应商进大学回炉？	2016/3/11
120	解放网	【解放网】深信保健品有细胞补养的神奇疗效 老人花光20万养老钱	2016/3/11
121	中国科学报	《中国科学报》：科学家头疼：为什么招科研秘书比招保姆还难	2016/3/11
122	中国教育报	《中国教育报》：政协委员建言：“地方大学可以有世界一流学科”	2016/3/12
123	中国青年报	《中国青年报》：“双一流”建设能否终结大学“千校一面”	2016/3/12
124	参考消息网	【参考消息网】外媒：中国家长信奉“棍棒教育”六成学生被打骂	2016/3/13
125	上海观察	【上海观察】阿尔法狗竟首负！除了围棋还能干啥？ 人机大战前冠军在当医生	2016/3/13
126	澎湃新闻	【澎湃新闻】全国首个生物医疗开放大数据研究中心落沪， 意欲突破行业困境	2016/3/13
127	新闻晨报	《新闻晨报》：健康｜国内首个生物医疗开放大数据研究中心落沪	2016/3/13
128	新华网	【新华网】蓝闽波委员：促进电动汽车全产业链快速健康发展	2016/3/13
129	澎湃新闻	【澎湃新闻】同济、上外、华东理工公布自主招生方案，测试时间撞车	2016/3/14
130	中青在线	【中青在线】国内首个生物医疗开放大数据研究中心成立	2016/3/14
131	上海法治报	《上海法治报》：国内首个生物医疗开放大数据研究中心落“沪”	2016/3/14
132	东阳日报	《东阳日报》：日升昌单个产品纳税1 800多万元	2016/3/14

序号	媒体名称	新闻标题	发表时间
133	盐阜网	【盐阜网】建湖：在沪高层次人才入选“国字号”人才计划	2016/3/14
134	健康点	【健康点】「早点」医药产业的供给侧改革来了	2016/3/14
135	科学网	【科学网】首个生物医疗开放大数据研究中心在沪成立	2016/3/14
136	上海教卫党建网	【上海教卫党建网】华东理工资环学院：众志成城干事业	2016/3/14
137	解放日报	《解放日报》：巴斯夫“强制培训”供应商的启示	2016/3/15
138	i时代报	《i时代报》：同济、上外、华理公布自主招生政策	2016/3/15
139	劳动报	《劳动报》：同济上外等公布自主招生方案	2016/3/15
140	新闻晨报	《新闻晨报》：[教育]本市三高校昨公布2016年自主招生政策	2016/3/15
141	青年报	《青年报》：今年自招全通过教育部平台报名	2016/3/15
142	新民晚报	《新民晚报》：三校自主招生敲定6月11日	2016/3/15
143	腾讯·大申网	【腾讯·大申网】会说话的食品包装袋	2016/3/15
144	东方教育时报	《东方教育时报》：华理四教授入选2015年度　“长江学者奖励计划”	2016/3/16
145	解放日报	《解放日报》：尊严和增能对弱势群体很重要	2016/3/16
146	上海教卫党建网	【上海教卫党建网】华理药学院：搭建平台 开拓载体 丰富机制	2016/3/16
147	上海教育新闻网	【上海教育新闻网】华东理工大学启动2016自主招生	2016/3/16
148	上海教卫党建网	【上海教卫党建网】华理材料学院：给党员过“政治生日”	2016/3/17
149	中国教育报	《中国教育报》：开展高校实验室安全管理标准体系研究	2016/3/17
150	联合时报	《联合时报》：着力培养工程科技人才创新能力	2016/3/18
151	新民晚报	《新民晚报》：国内首个生物医疗开放大数据研究中心落户上海	2016/3/18
152	法制晚报	《法制晚报》：泡面+可乐 小心胀气	2016/3/18
153	中国化工报	《中国化工报》：二氧化铈表面氧缺陷结构被解	2016/3/18
154	东方网	【东方网】锐意改革 上海争做科技创新的“宝塔尖”	2016/3/18
155	中国科学报	《中国科学报》：民之食，究竟“添”了啥	2016/3/18
156	文汇报	《文汇报》：沪优秀慈善义工受表彰	2016/3/19
157	青海日报	《青海日报》：格桑花成功解密“八瓣梅”	2016/3/21
158	上海教卫党建网	【上海教卫党建网】华东理工社会学院：党组织就在学生身边	2016/3/21
159	中国化工报	《中国化工报》：中国石油化工发展创新论坛将开	2016/3/22
160	华禹教育网	【华禹教育网】华东理工大学学子获全国英语演讲比赛总决赛一等奖	2016/3/23
161	上海科技报	《上海科技报》：国内首个生物医药开放 大数据研究中心成立	2016/3/23
162	中国科学报	《中国科学报》：“双一流”建设须突出学科特色优势	2016/3/23
163	中国科学报	《中国科学报》：发明抗抑郁药全新合成方法	2016/3/23
164	The Globe and Mail	【The Globe and Mail】New material raises hopes for cheap renewable energy storage	2016/3/24

续表

序号	媒体名称	新闻标题	发表时间
165	Newswise	【Newswise】New Catalyst is Three Times Better at Splitting Water	2016/3/24
166	Phys. org	【Phys. org】Saving sunshine for a rainy day: New catalyst offers efficient storage of green energy	2016/3/24
167	生物谷	【生物谷】梅斯医学张发宝：开启智慧医疗时代	2016/3/24
168	中国科学报	《中国科学报》：钱锋院士：工程人才培养体系仍须健全	2016/3/24
169	中国农药网	【中国农药网】创制杀虫剂环氧虫啶项目顺利通过科技部考核验收	2016/3/25
170	腾讯·大申网	【腾讯·大申网】华理博士后获评“世界最具潜力女科学家”	2016/3/25
171	新华网	【新华网】“流感侦探”陈化兰巴黎获颁“世界杰出女科学家奖”	2016/3/25
172	澎湃新闻	【澎湃新闻】不合格电水壶会致神经紊乱？专家：抛开剂量谈毒性都是耍流氓	2016/3/25
173	东方早报	《东方早报》：不合格电水壶会致神经紊乱？	2016/3/25
174	黑龙江晨报	《黑龙江晨报》：“流感侦探”陈化兰获颁“世界杰出女科学家奖”	2016/3/26
175	中青在线	【中青在线】华东理工博士后获评“世界最具潜力女科学家”	2016/3/26
176	中青在线	【中青在线】“量子点敏化太阳电池”转换效率再创新高	2016/3/27
177	上海教育新闻网	【上海教育新闻网】沪上高校在基础教育如何作为？	2016/3/28
178	上海教育新闻网	【上海教育新闻网】华理博士后联合国获评“世界最具潜力女科学家”	2016/3/28
179	中国科学报	《中国科学报》：中国女科学家获国际科学桂冠	2016/3/29
180	东方教育时报	《东方教育时报》：青春因无私奉献而精彩	2016/3/30
181	上海教育官方微博	【上海教育官方微博】“两学一做”教育实施方案	2016/3/30
182	上海科技报	《上海科技报》：量子点敏化太阳电池转换效率创新高	2016/3/30
183	上海教育新闻网	【上海教育新闻网】华理青年教师破题新能源存储《Science》第一署名	2016/3/30
184	澎湃新闻	【澎湃新闻】上海老字号新出蛋黄肉松青团成“网红”，排队6小时才能买到	2016/3/31
185	指尖大学城	【指尖大学城】大学科研｜华东理工课题组打破化石燃料依赖“魔咒”	2016/3/31
186	光明网	【光明网】女科学家陈化兰获“世界杰出女科学家成就奖”	2016/3/31
187	中国科学报	《中国科学报》：中外学者合作完成电催化分解水研究	2016/3/31
188	中青在线	【中青在线】华东理工一研究为可再生燃料提供新途径	2016/4/1
189	上海科技报	《上海科技报》：华理团队发明抗抑郁药合成新方法	2016/4/1
190	青年报	《青年报》：华理科研人员为可再生燃料提供新途径	2016/4/1
191	中青在线	【中青在线】华东理工一碳纤维项目通过验收	2016/4/1
192	科学网	【科学网】华东理工多举措送毕业生“春风十里”	2016/4/1
193	新华网	【新华网】华东理工多措并举促进毕业生高质量就业	2016/4/1
194	文汇报	《文汇报》：女学霸初三就开始写学术论文，28岁成“世界最具潜力女科学家”	2016/4/1

续表

序号	媒体名称	新闻标题	发表时间
195	温州网	【温州网】10 款薯片 8 款差评，上好佳、乐事检出可能致癌物	2016/4/2
196	央广网	【央广网】洗衣液含荧光增白剂？医学专家辟谣：致癌说不靠谱	2016/4/3
197	中国青年报	《中国青年报》：发展专业社工，让留守儿童不再孤单	2016/4/3
198	瞭望	【瞭望】平凡细节养成文明	2016/4/4
199	中青在线	【中青在线】华东理工研究为雨生红球藻培养开启工业模式	2016/4/5
200	上海教育新闻网	【上海教育新闻网】华理团队创新虾青素高产技术 开启工业模式	2016/4/6
201	上海科技报	《上海科技报》：华东理工青年教师破题新能源存储	2016/4/6
202	上海科技报	《上海科技报》：华东理工博士后获评“世界最具潜力女科学家”	2016/4/6
203	上海科技报	《上海科技报》：华东理工多举措送毕业生“春风十里”	2016/4/6
204	中国科学报	《中国科学报》：雨生红球藻研发获突破	2016/4/6
205	中国科技网	【中国科技网】华理研究为雨生红球藻培养开启工业模式	2016/4/7
206	劳动报	《劳动报》：华理“励志计划”倾向老少边穷学生	2016/4/7
207	中国经济网	【中国经济网】华东理工大学研究为雨生红球藻培养开启工业模式	2016/4/7
208	上海教育新闻网	【上海教育新闻网】交一个美国朋友：华理启动中美学生远程互助学习项目	2016/4/7
209	上海教育新闻网	【上海教育新闻网】华东理工“励志计划”占高招总数 2%	2016/4/7
210	上海科技报	《上海科技报》：为雨生红球藻培养开启工业模式	2016/4/8
211	新京报	《新京报》：上海新规：不常回家看看，子女信用可“拉黑”	2016/4/8
212	都市快报	《都市快报》：16 岁永康女孩章静珩还是学霸	2016/4/8
213	新浪网	【新浪网】206 个公益项目直接服务妇女儿童逾 68 万人次	2016/4/8
214	济南日报	《济南日报》：95 所高校向寒门学子抛橄榄枝	2016/4/8
215	中国化工报	《中国化工报》：催化转化为可再生燃料提供新途径	2016/4/8
216	新民晚报	《新民晚报》：美联储未来加息对中国经济有影响	2016/4/9
217	搜狐网	【搜狐网】这些大学的化学工程与科技比清华还牛	2016/4/9
218	广州日报	《广州日报》：206 个公益项目获资助	2016/4/9
219	人民网	【人民网】工业生物过程优化与控制研讨会将在宜昌召开	2016/4/11
220	腾讯·大申网	【腾讯·大申网】华东理工大学商学院猎头合作平台再签两家企业	2016/4/11
221	上海教育新闻网	【上海教育新闻网】华理商学院猎头合作平台签约企业达 12 家	2016/4/11
222	中青在线	【中青在线】华东理工商学院猎头合作平台助力 MBA 学员职业发展	2016/4/11
223	上海热线	【上海热线】华东理工大学商学院猎头合作平台再签两家企业	2016/4/12
224	光明日报	《光明日报》：支教，高原绽放“彩虹花”	2016/4/12
225	新民晚报	《新民晚报》：难忘每个人脸颊那两朵高原红	2016/4/13
226	东方网	【东方网】【治国理政地方谈】铁腕式交通整治也要“不忘初心”	2016/4/13
227	人民政协网	【人民政协网】创新创业教育不能只“贴标签”	2016/4/13

续表

序号	媒体名称	新闻标题	发表时间
228	人民日报	《人民日报》(海外版)：拥有的何止学问与情怀（名人书房）	2016/4/13
229	青年报	《青年报》：上海85后青年荣获“最具潜力女科学家” 博士后妈妈爱DNA测序	2016/4/14
230	人民网	【人民网】(海南视窗）美兰区举办双创知识培训 上海专家交流经验	2016/4/14
231	人民网	【人民网】(上海频道）项目设计“遍地开花”撬动居民自治热情	2016/4/14
232	上海科技报	《上海科技报》：华东理工一攻关项目通过验收	2016/4/15
233	中国经济网	【中国经济网】华理与普莱克斯携手培养优秀女工程师	2016/4/15
234	文汇报	《文汇报》：世界一流大学建设须打破“路径依赖”	2016/4/15
235	文汇报	《文汇报》：把“纸”变钱，科学家企业家一起走	2016/4/17
236	劳动报	《劳动报》：华理与企业合作培养职场“女神”	2016/4/17
237	Shanghai Daily	【Shanghai Daily】Age no longer a barrier for entrepreneurs	2016/4/18
238	上海教育新闻网	【上海教育新闻网】工科女≠女汉子 华东理工女性储才班开班	2016/4/18
239	上海教育新闻网	【上海教育新闻网】传统文化创意市集引“共鸣”	2016/4/18
240	劳动报	《劳动报》：上海市科技奖励大会召开	2016/4/18
241	中国科技网	【中国科技网】“吃”进劣质黑煤“吐”出绿色能源	2016/4/18
242	中国科技网	【中国科技网】华理获得上海首个技术发明特等奖	2016/4/18
243	东方网	【东方网】“被污染的学校”背后的“环保监管之殇”	2016/4/19
244	东方早报	《东方早报》：投资农民工人力资本亟须制度创新	2016/4/19
245	新民晚报	《新民晚报》：首个技术发明特等奖　煤气化技术领跑国际	2016/4/19
246	青年报	《青年报》：“吃”下多种煤 引领新型煤化工	2016/4/19
247	上海科技报	《上海科技报》：“吃”进劣质黑煤“吐”出绿色能源	2016/4/19
248	人民网	【人民网】上海科技奖励大会颁奖 金亚秋丁文江成“科技功臣”	2016/4/19
249	文汇报	《文汇报》：华东理工大学为何“技”高一筹	2016/4/19
250	解放日报	《解放日报》：新型液晶高分子材料有望重用	2016/4/19
251	解放日报	《解放日报》：源头实现清洁生产和资源回收	2016/4/19
252	解放日报	《解放日报》：十年深耕，煤气化技术新突破	2016/4/19
253	解放日报	《解放日报》：“吃”进劣质黑煤“吐”出绿色能源	2016/4/19
254	解放日报	《解放日报》：给机械装备安上“火眼金睛”	2016/4/19
255	解放日报	《解放日报》：华东理工大学凭啥成为“头奖大户”	2016/4/19
256	新民晚报	《新民晚报》(大学版)：早起诵读适合所有学生吗？	2016/4/20
257	新民晚报	《新民晚报》(大学版)：多写一点“我找他”的新闻	2016/4/20
258	上海教育新闻网	【上海教育新闻网】人民币中的华理元素：从技术合作到人才输送	2016/4/20
259	东方教育时报	《东方教育时报》：沪高校多举措保障招聘质量	2016/4/20

续表

序号	媒体名称	新闻标题	发表时间
260	东方教育时报	《东方教育时报》：周元凯：只想给世界一点改变	2016/4/20
261	中青在线	【中青在线】没人敢“吃”的劣质煤如何在中国“重获新生”？	2016/4/20
262	中国化工报	《中国化工报》：SE气化装置：“吃”进劣质煤“吐”出“绿色”气	2016/4/20
263	中国科学报	《中国科学报》：上海市科学技术奖颁发	2016/4/20
264	FT中文网	【FT中文网】EMBA教育不宜整齐划一	2016/4/21
265	上海教育	【上海教育】最新｜沪8个“高校心理健康教育与咨询示范中心”都在哪？	2016/4/21
266	江西日报	《江西日报》：在希望的田野上	2016/4/24
267	中国社会科学报	《中国社会科学报》：破解难题 助人自助 探索社会工作的本土化创新	2016/4/25
268	人民网	【人民网】华东理工大学商学院猎头合作平台再签两家企业	2016/4/25
269	中青在线	【中青在线】华东理工大学启用化学品管理平台	2016/4/25
270	新华网	【新华网】华东理工大学从严管控危化品采购使用	2016/4/25
271	科技日报	《科技日报》：一项新技术何以3年创造15亿产值	2016/4/26
272	法制晚报	《法制晚报》：麦片中吸出铁粉 不必惊慌	2016/4/26
273	上海教育新闻网	【上海教育新闻网】华东理工张开实验室“保护伞”启用化学品管理平台	2016/4/26
274	山东商报	《山东商报》：山东大气污染防治“二期计划”近期出台	2016/4/26
275	新华网	【新华网】中国抗体药物迎来发展“机遇期”	2016/4/26
276	中青在线	【中青在线】华理科研成果有望大幅降低DNA测序成本	2016/4/26
277	科学网	【科学网】华东理工大学启用化学品管理平台	2016/4/26
278	新民晚报	《新民晚报》(大学版)：把传统文化“装进”盘子里	2016/4/27
279	医谷网	【医谷网】华东理工大学最新科研成果有望大幅降低DNA测序成本	2016/4/27
280	东方教育时报	《东方教育时报》：校企合作培养优秀女工程师	2016/4/27
281	青年报	《青年报》：华理科研成果有望大降DNA测序成本	2016/4/27
282	中国科学报	《中国科学报》：新成果或大幅降低测序成本	2016/4/27
283	新民周刊	《新民周刊》：土壤修复，难在哪里？	2016/4/28
284	新民周刊	《新民周刊》：农药厂污染地最危险	2016/4/28
285	上海观察	【上海观察】最具潜力女科学家是怎样炼成的	2016/4/28
286	新民晚报	《新民晚报》：最新科研成果可望 降低基因测序成本	2016/4/28
287	文汇报	《文汇报》：填志愿：了解自己、学校和专业	2016/4/29
288	新民晚报	《新民晚报》：体育自主招生不能因噎废食	2016/4/30
289	第一教育	【第一教育】华理食堂创意菜大PK 演绎“舌尖上的校园”	2016/5/1
290	搜狐网	【搜狐网】华东高校排球邀请赛落幕 复旦华东理工分获冠军	2016/5/2
291	腾讯·大申网	【腾讯·大申网】有一种食堂叫别人家的食堂 华理演绎舌尖上的校园	2016/5/2
292	上海科技报	《上海科技报》：华东理工办传统文化创意市集	2016/5/3

续表

序号	媒体名称	新闻标题	发表时间
293	上海科技报	《上海科技报》：华东理工大学启用化学品管理平台	2016/5/3
294	中国环境报	《中国环境报》：小区环境越差越担心雾霾危害	2016/5/3
295	指尖大学城	【指尖大学城】看看这些山里孩子的画，它们被制成了明信片	2016/5/3
296	第一教育	【第一教育】华理女生为一整所山区学校学生开画展 画背后的故事令人动容	2016/5/3
297	上海教育	【上海教育】震撼丨101 幅小学生的画 你会看哭吗?	2016/5/3
298	东方网	【东方网】华理支教山区儿童来沪办画展 作品将义卖支持当地教育	2016/5/3
299	上海观察	【上海观察】大学生支教团带回百幅“乡土童画”读懂山区孩子生活与梦想	2016/5/3
300	中青在线	【中青在线】华理研究生支教团帮助山区孩子成为更好的自己	2016/5/3
301	上海教育新闻网	【上海教育新闻网】来自甘肃的 101 个梦：华理志愿者为山区儿童办画展	2016/5/4
302	澎湃新闻	【澎湃新闻】支教女生每日用画与山区孩子交流：发现他们积蓄了很大的能量	2016/5/4
303	中国新闻网	【中国新闻网】华理研究生支教团帮助山区孩子成为更好的自己	2016/5/4
304	人民网	【人民网】“彩虹童画”，画出山区儿童的生活与梦想	2016/5/4
305	新闻晨报	《新闻晨报》：华东地区高校 排球邀请赛举行	2016/5/4
306	文汇报	《文汇报》：用绘画帮孩子成为更好的自己	2016/5/4
307	上视新闻综合频道	【上视新闻综合频道】支教大学生为山里娃开画展：乡土童画读懂孩子的生活与梦想	2016/5/5
308	青年报	《青年报》：让山区儿童用画笔描绘彩色梦想	2016/5/6
309	上海教育新闻网	【上海教育新闻网】华东理工举行 2016 年“青春盛典”为青年喝彩	2016/5/7
310	莱芜日报	《莱芜日报》：加快发展电子信息产业	2016/5/9
311	中国网	【中国网】农联商学院四期走进天目湖-专家介绍	2016/5/9
312	搜狐网	【搜狐网】2016 年对口支援石河子大学高校团队秘书处会议召开	2016/5/9
313	红网	【红网】中南区化学工程与工艺专业“卓越计划”研讨会在湘大举行	2016/5/9
314	医谷网	【医谷网】华东理工大学最新科研成果：实现了对肿瘤组织的精确定位	2016/5/10
315	中国新闻网	【中国新闻网】华东理工大学繁荣校园文化有妙招	2016/5/10
316	中国新闻网	【中国新闻网】华理科研成果实现对肿瘤组织的精确定位	2016/5/11
317	指尖大学城	【指尖大学城】华东理工、华东政法公布今年招生新政	2016/5/11
318	上海发布	【上海发布】华东理工大学 2016 年上海招生计划公布	2016/5/11
319	劳动报	《劳动报》：华理招生增设软件工程专业	2016/5/11
320	腾讯・大申网	【腾讯・大申网】华东理工大学公布 2016 年上海招生计划	2016/5/11
321	中青在线	【中青在线】华东理工大学公布 2016 年上海招生计划	2016/5/11
322	中国新闻网	【中国新闻网】华东理工大学公布 2016 年上海招生计划	2016/5/11
323	中国青年报	《中国青年报》：“彩虹童话”讲述山区儿童的生活与梦想	2016/5/11
324	齐鲁晚报	《齐鲁晚报》：助力零增长，华东理工在行动	2016/5/12

续表

序号	媒体名称	新闻标题	发表时间
325	中国新闻网	【中国新闻网】承载百万大学生梦想，佛慈制药厚植创新土壤	2016/5/12
326	青年报	《青年报》：对抗外卖、路边摊必须“脑洞大开”	2016/5/12
327	文汇报	《文汇报》：华东理工公布在沪招生计划	2016/5/12
328	第一教育	【第一教育】解码中国首位“世界最具潜力女科学家”的成长之路，“非学霸”如何逆袭	2016/5/12
329	大众网	【大众网】临沂 8 个科技成果获 2015 年度省科技大奖	2016/5/13
330	青年报	《青年报》：华理：今年计划在沪招生 699 人 华政：侦查学等专业不在秋考之列	2016/5/13
331	新民网	【新民网】2016 年上海科技活动周今开幕	2016/5/14
332	上海观察	【上海观察】中外科学家在上海走红毯，“秒杀”韩国文艺明星	2016/5/14
333	中国新闻网	【中国新闻网】上海科技活动周启动 华理元素放光彩	2016/5/14
334	解放日报	《解放日报》：VR2.0 助力加速“中国制造 2025”	2016/5/15
335	文汇报	《文汇报》：让科创像乒乓球一样有群众基础	2016/5/15
336	青年报	《青年报》：29 岁美女科学家走上“红毯秀”	2016/5/16
337	东方早报	《东方早报》：知行合一，止于至善，培养全面发展的学员	2016/5/17
338	法治周末	《法治周末》：他们，不愿意“农转非”	2016/5/17
339	文汇报	《文汇报》：打拐社会化期待更多力量加入	2016/5/17
340	上海热线	【上海热线】中外专家齐聚华理 关注国内外食品的安全监管	2016/5/17
341	中国新闻网	【中国新闻网】中国食品安全法律政策论坛在沪召开	2016/5/17
342	新闻晨报	《新闻晨报》：上海正修改相关办法近期或网上征求意见	2016/5/17
343	科技日报	《科技日报》：红毯上，鲜花簇拥着科学家们	2016/5/17
344	中国科学报	《中国科学报》：实现肿瘤组织精确定位	2016/5/17
345	科学网	【科学网】中国食品安全法律政策论坛聚焦“舌尖上的安全”	2016/5/18
346	中国青年报	《中国青年报》：上海闵行：培育本土社会组织 让基层“活”起来	2016/5/18
347	新民晚报	《新民晚报》（大学版）：青年学子践行“双创”理念	2016/5/18
348	新民晚报	《新民晚报》（大学版）：创业夏令营 + 实践平台 + 精品课程	2016/5/18
349	新民晚报（大学版）	《新民晚报》（大学版）：大山里绘就“彩虹童话”	2016/5/18
350	海安日报	《海安日报》：县环保局组团赴华东理工大学“充电”	2016/5/19
351	上海环境	【上海环境】填补国内技术空白！系留气球垂直观测联合基地在沪揭牌成立	2016/5/19
352	上海观察	【上海观察】新闻述评：100 年太短，食品安全法没有最严、只有更严！	2016/5/19
353	人民日报	《人民日报》：在奉献中绽放青春	2016/5/19
354	上海科技报	《上海科技报》：科技成果如何能够不过剩	2016/5/19

续表

序号	媒体名称	新闻标题	发表时间
355	指尖大学城	【指尖大学城】对付 PM2.5 监测污染源头 落户华东理工的这个“空中哨兵”能对付	2016/5/20
356	解放日报	《解放日报》：世博“大鲸鱼”变身环保气球	2016/5/20
357		《上海科技报》：成功实现对肿瘤组织精确定位	2016/5/20
358	曲靖日报	《曲靖日报》：猪八戒网成国内最大文化创意服务交易平台	2016/5/20
359	中华工商时报	《中华工商时报》：“让创意找到出口，让需求寻到创意”互联网服务众包激发创新创业活力	2016/5/20
360	中国经济网	【中国经济网】凯宝药业老总：华理 EMBA 是我人生的加油站	2016/5/20
361	新民晚报	《新民晚报》：世博安保气球变身雾霾“哨兵”	2016/5/20
362	中国科技网	【中国科技网】世博“安防兵”化身大气“监督员”	2016/5/20
363	扬州日报	《扬州日报》：借力上海撬动全球科技服务资源	2016/5/20
364	新浪网	【新浪网】经济新常态与工业 4.0 高峰论坛即将举行	2016/5/20
365	东方网	【东方网】“90”后的你青春怎样过？大学生自演励志“学生兵”［图］	2016/5/20
366	新闻晨报	《新闻晨报》：华东理工“90”后大学生 打造原创话剧《海岛来信》	2016/5/20
367	新民晚报	《新民晚报》(大学版)：多写一点“我找他”的新闻	2016/5/20
368	上海市教委网	【上海市教委网】华东理工大学主动融入国家发展战略 深入推进科技创新工作	2016/5/21
369	江海明珠网	【江海明珠网】400 多位专家齐聚海安助推英才创业 集中签约项目达 60 个	2016/5/21
370	搜狐网	【搜狐网】985 高校 2016 年招生计划陆续公布	2016/5/21
371	上海热线	【上海热线】尽现 90 后女生之别样青春 话剧《海岛来信》在华理上演	2016/5/21
372	新华网	【新华网】华东理工“90 后”学生打造原创话剧《海岛来信》	2016/5/22
373	人民网	【人民网】大院士为何热衷“小”科普	2016/5/23
374	上海教育新闻网	【上海教育新闻网】话剧《海岛来信》演绎 90 后女生“从军记”	2016/5/23
375	上海科技报	《上海科技报》：“华理现象”	2016/5/24
376	中国农业新闻网	【中国农业新闻网】“零增长行动”积极打造现代农业“代言人”	2016/5/24
377	腾讯·大申网	【腾讯·大申网】90 后的别样青春“海岛来信”邀你参军慰平生	2016/5/24
378	中国环境报	《中国环境报》：上海建成垂直观测平台	2016/5/24
379	中国青年报	《中国青年报》：此间少年 未来精彩无限	2016/5/24
380	新民晚报（大学版）	《新民晚报》(大学版)：当科研达人遇上健美大咖	2016/5/25
381	东方教育时报	《东方教育时报》：华理支教团用艺术扶起学生	2016/5/25
382	中国宁波网	【中国宁波网】甬沪两地对接生命健康产业产学研 四项成果现场发布	2016/5/25
383	中国新闻网	【中国新闻网】中国辩论公开赛落幕 华理学子喜获全国冠军	2016/5/25
384	上海教育新闻网	【上海教育新闻网】中国辩论公开赛落幕“中美搭档”夺魁	2016/5/26

续表

序号	媒体名称	新闻标题	发表时间
385	每日甘肃网	【每日甘肃网】华东理工大学设计与艺术传媒学院程建新教授应邀走进兰州文理学院数媒大讲坛	2016/5/26
386	中国新闻网	【中国新闻网】马秋林被任命为江苏省人民政府副省长	2016/5/26
387	上海教育新闻网	【上海教育新闻网】华东理工自办英文期刊篇均 SCI 引用率达 1.1	2016/5/26
388	光明日报	《光明日报》：华东理工大学自办英文期刊国际影响力提高	2016/5/26
389	解放日报	《解放日报》：院士专家献计“智造强国”	2016/5/26
390	东方网	【东方网】大学生健美大赛秀肌肉比身材 有的已取得国家级健身教练	2016/5/27
391	人民前线	【人民前线】【关注】大学生征兵宣传效果不好？让这所学校来教你正确的打开姿势！	2016/5/28
392	第一教育	【第一教育】双面学霸博士的开挂人生 白天科研达人 晚上健美先生	2016/5/30
393	新民网	【新民网】首届中国化工企业可持续发展论坛重磅来袭	2016/5/31
394	中国新闻网	【中国新闻网】让世界看到我们的改变 ——首届中国化工企业可持续发展论坛重磅来袭	2016/5/31
395	中国化工报	《中国化工报》：改写中国煤气化技术进口历史	2016/5/31
396	《新民晚报》（大学版）	《新民晚报》（大学版）：发起公益计划 资助家乡学童	2016/6/1
397	东方教育时报	《东方教育时报》：华理演原创话剧　号召学子投笔从戎	2016/6/1
398	上海科技报	《上海科技报》：给机械装备安上“火眼金睛”	2016/6/1
399	青岛新闻网	【青岛新闻网】创联工场冯希祥：一个很长的故事 关于创业	2016/6/2
400	青年报	【青年报】【揭秘】魔都大学生看过来，现在你们的学位证已经大变样！	2016/6/2
401	青春上海	【青春上海】沪上首批高校自主设计的学位证书出炉啦！看看有你的学校吗？	2016/6/2
402	中国侨网	【中国侨网】上海徐汇区举办新侨人士培训班 加强人才培养	2016/6/2
403	光明日报	《光明日报》：王义桅：“我能为国家做什么”	2016/6/2
404	劳动报	《劳动报》：上海大学生谱写现实版“士兵突击”	2016/6/3
405	中国化工报	《中国化工报》：石化业供给侧改革双管齐下	2016/6/3
406	指尖大学城	【指尖大学城】上海 32 所高校外国留学生赛龙舟 他们也是蛮拼的	2016/6/5
407	上海教育新闻网	【上海教育新闻网】上海高校留学生龙舟赛落幕 华东师大夺冠	2016/6/5
408	上海教育新闻网	【上海教育新闻网】上海市第八届教工运动会乒乓球赛举行	2016/6/5
409	东方网	【东方网】申城 32 所高校留学生相聚华理 竞渡龙舟感受传统文化	2016/6/5
410	Shanghai Daily	【Shanghai Daily】Race to the finish line	2016/6/6
411	教师博雅	【教师博雅】推荐丨上海教工乒乓赛来了，他们工作出色，球技也很高！	2016/6/6
412	中国新闻网	【中国新闻网】华理学生就业权益保障视频公开课受热捧 留言超千条	2016/6/6
413	东方网	【东方网】克莉丝汀点心被曝酸价超标 专家：轻拉肚子重则损害肝脏	2016/6/6
414	中青在线	【中青在线】华东理工：学生就业权益保障视频公开课受热捧	2016/6/6

续表

序号	媒体名称	新闻标题	发表时间
415	上海教育新闻网	【上海教育新闻网】华理绿色化工“智”造者 为节能降耗倾心十年	2016/6/6
416	中青在线	【中青在线】华东理工一研究成果有望在海水淡化领域中应用	2016/6/6
417	图说教育	【图说教育】【发现】上海千余名留学生赛龙舟迎端午	2016/6/6
418	劳动报	《劳动报》：32 所高校外国留学生竞渡龙舟	2016/6/6
419	科学网	【科学网】2016 中国石油化工发展创新论坛在沪举行	2016/6/6
420	上海热线	【上海热线】32 所沪上高校外国留学生齐聚华理赛龙舟	2016/6/6
421	上海教育新闻网	【上海教育新闻网】高校就业权益保障视频公开课受热捧	2016/6/7
422	中国教育新闻网	【中国教育新闻网】华东理工大学就业权益保障视频课受到学生热捧	2016/6/7
423	中国经济网	【中国经济网】做食品安全科普的“行动派”：第二届食品安全科普创新公益大赛上海站再起高潮	2016/6/7
424	中国科学报	《中国科学报》：发现海温调控病原菌毒力信号转导机制	2016/6/7
425	解放日报	《解放日报》：“后单位”背景下，个体如何汇聚成群	2016/6/7
426	中国化工报	《中国化工报》：华理功能碳材料研发获进展	2016/6/7
427	新民晚报（大学版）	《新民晚报》（大学版）：做好一个“讲故事的人”	2016/6/8
428	新民晚报（大学版）	《新民晚报》（大学版）：发现平凡生活中的“大新闻”	2016/6/8
429	上海科技报	《上海科技报》：华东理工大学自办英文期刊	2016/6/8
430	上海科技报	《上海科技报》：华理成果有望应用于海水淡化等领域	2016/6/8
431	上海教育新闻网	【上海教育新闻网】华理研究团队重组蛋白为肿瘤患者带来福音	2016/6/8
432	中青在线	【中青在线】华东理工一研究成果揭示放线菌氮代谢重要调控机制	2016/6/8
433	全球网	【全球网】上海正修改相关办法近期或网上征求意见	2016/6/8
434	上海教育新闻网	【上海教育新闻网】赛龙舟、派粽子 留学生感受“中国味儿”	2016/6/8
435	文汇报	《文汇报》：一项设计“兴师动众”为哪般	2016/6/8
436	江苏卫视荔枝网	【江苏卫视荔枝网】“歪果仁”赛龙舟 感受中国传统文化	2016/6/9
437	青年报	《青年报》：放风筝、舞龙狮、赛龙舟…… 5 000 余名学生上演“三龙争霸”	2016/6/10
438	环球时报官方微信	【环球时报官方微信】深度好文：从印度归来，才看懂中国	2016/6/11
439	中青在线	【中青在线】华东理工自办英文期刊篇均 SCI 引用率达 1. 1	2016/6/11
440	解放日报	《解放日报》：从校园到军营，大学生兵的别样青春	2016/6/12
441	新民周刊	《新民周刊》：第九届上海高校外国留学生龙舟赛在华理举行	2016/6/13
442	慧聪网	【慧聪网】创新驱动助力 濮阳石化产业升级转型	2016/6/13
443	新浪网	【新浪网】华东理工大学新增软件工程专业 承诺进档不退	2016/6/14

续表

序号	媒体名称	新闻标题	发表时间
444	中国青年报官方微信“长大”	【中国青年报官方微信“长大”】又一波高校“个性”学位证来袭，这次有你的大学吗？	2016/6/14
445	青年报官方微信	【青年报官方微信】【毕业季】红烧肉、延时摄影、纪念徽章……华东理工大学的毕业季这样玩	2016/6/14
446	东方教育时报	《东方教育时报》：应对材料专业毕业生就业挑战	2016/6/15
447	中国禁毒报官方微信	【中国禁毒报官方微信】独家｜戒毒治疗与康复前沿：2016 中国禁毒论坛报告精华	2016/6/18
448	澎湃新闻	【澎湃新闻】“世界最具潜力女科学家”荣誉获得者：从小到大都不是学霸	2016/6/19
449	城市商报	《城市商报》：国内首款定向音箱亮相苏州	2016/6/19
450	上海发布官方微博	【上海发布官方微博】沪高校 56 门课入选新一批示范性全英语课程	2016/6/19
451	苏州晚报	《苏州晚报》：神奇音箱把声音“围”起来	2016/6/19
452	第一教育	【第一教育】如何培养创新能力？要让学校、学生、老师、评价、课程等等更加多样化，彼此不一样	2016/6/19
453	文汇教育	【文汇教育】成绩中等偏上的她，怎么会成为国内首位“世界最具潜力女科学家”？	2016/6/19
454	新民晚报	《新民晚报》：发现兴趣 坚持选择 自由成长	2016/6/19
455	东方网	【东方网】聚焦教育综合改革，关注创新能力培养 2016 上海民进教育论坛举行	2016/6/19
456	上海观察	【上海观察】世界最具潜力女科学家来了，没想到引发大中学校长区长大讨论	2016/6/19
457	上海教育新闻网	【上海教育新闻网】华东理工新版“日月”学位证书亮相 2016 年毕业典礼	2016/6/20
458	中国新闻网	【中国新闻网】第五届“清洁节水中国行、一家一年一万升”活动圆满落幕	2016/6/20
459	青春上海	【青春上海】上海 8 所高校最新毕业照曝光～再见了，我的大学！	2016/6/20
460	文汇教育	【文汇教育】上海九所高校自招面试多为 29 日，招办主任独家透露面试攻略	2016/6/20
461	参考消息网	【参考消息网】世界最具潜力女科学家应佚伦：从小到大都非学霸	2016/6/20
462	新民网	【新民网】尝一口红烧肉作别母校 华东理工送毕业生红烧肉	2016/6/20
463	新民晚报	《新民晚报》：送行红烧肉 永远母校情	2016/6/20
464	人民网	【人民网】唤起公众节水意识 倡导绿色生活方式	2016/6/21
465	劳动报	《劳动报》：“综合评价”批志愿 6 月 24 日起填报	2016/6/21
466	东方教育时报	《东方教育时报》：中外大学生共同体验中华文化	2016/6/22
467	上海科技报	《上海科技报》：华东理工学子获中国辩论公开赛冠军	2016/6/22
468	上海发布	【上海发布】沪 9 所高校今年送给毕业生这些礼物！你觉得哪个最赞？	2016/6/22
469	中国教育网	【中国教育网】重磅：公示第二批国家“万人计划”领军人才人选	2016/6/22
470	青年报	《青年报》：“互联网＋食品”监管情况不尽如人意	2016/6/22

续表

序号	媒体名称	新闻标题	发表时间
471	华讯网	【华讯网】“萤光支教”结出了累累硕果	2016/6/22
472	经济日报	《经济日报》：“萤光支教”陇上情	2016/6/22
473	青年报	《青年报》：沪上各高校暑期时间表出炉 最长：财大 76 天 最短：同济 37 天	2016/6/23
474	中青在线	【中青在线】赵铁均：从应用科学走向科学应用	2016/6/23
475	中青在线	【中青在线】华理女生用 1 000 元打造北欧范儿文艺宿舍	2016/6/23
476	劳动报	《劳动报》：华理女生用 1 000 元打造北欧范儿文艺宿舍：淘购低价良品 手工 DIY 装饰品	2016/6/23
477	西宁晚报	《西宁晚报》：16 名院士把脉我省工业转型	2016/6/23
478	青海日报	《青海日报》：院士专家探讨工业绿色转型发展	2016/6/23
479	指尖大学城	【指尖大学城】毕业季到了，看看校长们都对学生们送了什么祝福	2016/6/23
480	山西晚报	《山西晚报》：来华东理工大 咱一起上自习吧	2016/6/23
481	经济参考报	《经济参考报》：抗体药成未来生物医药“潜力股”	2016/6/24
482	中国新闻网	【中国新闻网】华理女生用 1 000 元打造北欧范儿文艺宿舍	2016/6/24
483	东方早报	《东方早报》：华理女生花 1 000 元打造北欧范儿文艺宿舍	2016/6/24
484	上海教育新闻网	【上海教育新闻网】用什么“姿势”上力学课？华理“青椒”玩转大课堂	2016/6/24
485	ShanghaiDaily	【ShanghaiDaily】Young scientist picks up prestigious award in Paris	2016/6/24
486	东方网	【东方网】华理女生用 1 000 元打造“北欧范儿”文艺宿舍［图］	2016/6/25
487	中国新闻网	【中国新闻网】近 300 名产学界人士在华理谈创新创业	2016/6/26
488	解放日报	《解放日报》：一条环环相扣的创新人才链	2016/6/26
489	都市快报	《都市快报》：北欧范儿的宿舍 好想拎包入住	2016/6/27
490	中国投资网	【中国投资网】知行合一，共谋创新创业	2016/6/27
491	中青在线	【中青在线】秦朔：改良后的“传统行业”仍能在经济新常态中找到生存机会	2016/6/27
492	上海教育官方微信	【上海教育官方微信】解读｜综合评价试点院校从 2 所扩容至 9 所意味着什么？	2016/6/27
493	人民网	【人民网】华东理工：学校企业双导师制培养卓越工程师	2016/6/27
494	扬子晚报	《扬子晚报》：北欧范儿的宿舍 网友好想拎包入住	2016/6/28
495	科学网	【科学网】长三角地区运筹学与控制论学术论坛举行	2016/6/28
496	京华网	【京华网】VR 元年，网展科技让 VR 全景走进校园	2016/6/28
497	皖江晚报	《皖江晚报》：诗城 90 后女孩打造“北欧范”大学宿舍	2016/6/28
498	劳动报	《劳动报》：沪九所高校“综合评价”投档分数线出炉 临近面试专家支招	2016/6/28
499	西部晨风	《西部晨风》：北欧范儿的宿舍 好想拎包入住	2016/6/29
500	今日桐庐	《今日桐庐》：北欧范儿的宿舍 网友好想拎包入住	2016/6/29

续表

序号	媒体名称	新闻标题	发表时间
501	腾讯·大申网	【腾讯·大申网】华理商学院知行合一论坛为创新创业凝智	2016/6/29
502	中国新闻网	【中国新闻网】2016“中国好作业”7月1日上线 打造不一样的精彩暑假	2016/6/29
503	央广网	【央广网】2016“中国好作业”7月1日上线 打造不一样的精彩暑假	2016/6/29
504	上海教育官方微信	【上海教育官方微信】快讯·沪9所高校综合评价录取“校测”有序进行	2016/6/29
505	新民网	【新民网】华东理工大学自招考题：介绍特拉斯汽车的原理	2016/6/29
506	劳动报	《劳动报》：9高校综合评价“校测”举行	2016/6/29
507	上海教育新闻网	【上海教育新闻网】华东理工“90后”大学生党员书写多样人生路	2016/6/29
508	文汇报	《文汇报》：她缘何成“世界最具潜力女科学家”	2016/6/29
509	上海教育新闻网	【上海教育新闻网】华东理工举行庆祝中国共产党成立95周年大会	2016/6/30
510	上海教育新闻网	【上海教育新闻网】华理信息学院辅导员党支部模范品牌是如何炼成?	2016/6/30
511	上海教卫党建	【上海教卫党建】华东理工“90后”大学生党员书写多样人生路	2016/6/30
512	中国广州政府	【中国广州政府】社会治理创新与社区矫正社会工作发展研讨会在穗举行	2016/6/30
513	中国新闻网	【中国新闻网】华理4名“90后”学生党员的多样人生路	2016/6/30
514	新民网	【新民网】高考改革 大学从“招分”变“招生”	2016/6/30
515	澎湃新闻	【澎湃新闻】纪检监察参与上海高校自主招生评测，同济引入心理专家当考官	2016/6/30
516	解放日报	《解放日报》：九校综合评价校测展开	2016/6/30
517	青年报	《青年报》：“90后”学生党员走出精彩人生路	2016/7/1
518	青春上海	【青春上海】【快讯】听了习近平总书记的话，上海青年这样说～	2016/7/1
519	中国新闻网	【中国新闻网】华东理工大学师生集中观看纪念中国共产党成立95周年大会直播	2016/7/1
520	中国教育报	《中国教育报》：“始终坚定不移地跟着党走”	2016/7/2
521	中国食品安全报	《中国食品安全报》：上海举办中国食品安全法律政策论坛	2016/7/2
522	新民晚报	《新民晚报》：信仰还是那么纯正和厚重	2016/7/2
523	青年报	《青年报》：奋进开拓奉献 坚定不移跟党走	2016/7/2
524	新浪网	【新浪网】2016黄金海岸马拉松起跑 川内优辉1秒之差屈居亚军	2016/7/3
525	光明日报	《光明日报》：努力做好本职工作 为经济社会发展作贡献	2016/7/3
526	文汇报	《文汇报》：社区党课，在家门口成功“圈粉”	2016/7/4
527	新快报	《新快报》：面对社区服刑人员 社会工作办法良多	2016/7/4
528	中国高新技术产业导报	《中国高新技术产业导报》：抗体药成生物医药“蓝海”产业化发展受制约	2016/7/4
529	劳动报	《劳动报》：从这里起步为梦想努力	2016/7/5
530	上海科技报	《上海科技报》：赛学结合 寓学于乐	2016/7/5

续表

序号	媒体名称	新闻标题	发表时间
531	上海观察	【上海观察】毕业季，看沪上大学校长们比拼“段子”和“金句”	2016/7/5
532	生物通	【生物通】华东理工大学 Nature 子刊开发细胞代谢研究新工具	2016/7/5
533	人民网	【人民网】以自治项目为抓手推动三社联动 龙华街道探索社区自治初尝甜头	2016/7/5
534	中国科技报	《中国科技报》：华东理工研究成果有望开发抗肿瘤新药	2016/7/6
535	青年报	《青年报》：更多高校送出创意毕业礼物	2016/7/6
536	中青在线	【中青在线】华理教师获澳岸马拉松赛华人选手最好成绩	2016/7/6
537	MBA 中国网	【MBA 中国网】知行合一 华理商学院培养 MBA 学员的社会责任意识	2016/7/7
538	上海发布	【上海发布】沪 16 所高校录取通知书整装待发！你最喜欢哪一款？	2016/7/7
539	解放日报	《解放日报》：转动机制创新金钥匙，科创发力提速	2016/7/7
540	MBA 中国网	【MBA 中国网】华东理工大学吴玉鸣教授应邀参加智慧生态融合创新城市论坛并演讲	2016/7/8
541	央广网	【央广网】刑事责任年龄是否该降低 多数专家认为要理性看待	2016/7/8
542	中国新闻网	【中国新闻网】华东理工大学“特聘计划”助青年人才脱颖而出	2016/7/8
543	中国能源报	《中国能源报》：自主煤制气先进技术通吃不同煤种	2016/7/11
544	上海热线	【上海热线】百余专家齐聚华理 分享商业伦理课程教学经验	2016/7/11
545	科学网	【科学网】华东理工大学暑期创业实战赛打响	2016/7/11
546	科学网	【科学网】第八届全国 MBA 商业伦理与企业社会责任教学研讨会举行	2016/7/12
547	青年报	《青年报》：嘿，那段难忘的军旅生涯是青春的使命和担当	2016/7/12
548	东方网	【东方网】黄金海岸英雄篇：何为百马王子梦？跑步改变人生	2016/7/12
549	和讯网	【和讯网】中国石油天然气集团公司召开会议 总经理落定	2016/7/12
550	中国新闻网	【中国新闻网】华东理工大学暑期创业实战赛打响 探索苏州城市魅力	2016/7/12
551	中国新闻网	【中国新闻网】百余位专家汇聚华东理工大学分享商业伦理课程教学经验	2016/7/12
552	青海日报	《青海日报》：清华大学等五所高校与青海大学签订对口支援协议	2016/7/12
553	第一财经资讯	【第一财经资讯】有一种孩子 叫“别人家的孩子”！喏 他就是！｜丁玎观察	2016/7/13
554	东方早报	《东方早报》：中石油总经理空缺 16 月终补位	2016/7/13
555	科学网	【科学网】“95 后”创客李嘉晖：科研的火苗向创业蔓延	2016/7/13
556	中国新闻网	【中国新闻网】华理推出首个基于分子三维相似性的国产药物设计图形软件	2016/7/13
557	中国科学报	《中国科学报》：华东理工举行全国 MBA 商业伦理与企业社会责任教学研讨会	2016/7/14
558	青年报	《青年报》：跨五省重走长征路感受长征精神	2016/7/14
559	东方早报	《东方早报》：“最严”塑胶跑道新标开始实施	2016/7/14
560	上海科技报	《上海科技报》：“特聘计划”不拘一格选人才	2016/7/15
561	文汇报	《文汇报》：创新创业教育与理工科大学的角色	2016/7/15
562	姑苏晚报	《姑苏晚报》：自制风暴瓶能测天气	2016/7/16

续表

序号	媒体名称	新闻标题	发表时间
563	科学网	【科学网】首个基于分子三维相似性的国产药物设计软件推出	2016/7/18
564	新民晚报	《新民晚报》：华东理工设 80 后“特聘研究员”年薪超过教授	2016/7/18
565	东方早报	《东方早报》：学生假期补课被指愈演愈烈	2016/7/18
566	上海科技报	《上海科技报》：华东理工大学打响暑期创业实战赛	2016/7/20
567	MBA 环球网	【MBA 环球网】英特尔中国首席责任官杨钟仁先生谈社会责任	2016/7/20
568	姑苏晚报	《姑苏晚报》：大学生创客用微信　为老人制作时光回忆录	2016/7/20
569	苏州日报	《苏州日报》：大学生创客用微信分享传承“红色印记”	2016/7/20
570	中国科学报	《中国科学报》：推出基于分子三维相似性的药物设计图形软件	2016/7/20
571	城市商报	《城市商报》：大学生创客用微信为老人制作回忆录	2016/7/20
572	江南时报	《江南时报》：图 • 说	2016/7/22
573	中国环境报	《中国环境报》：上海实施最严塑胶跑道标准	2016/7/22
574	新民晚报	《新民晚报》：百余专家汇聚华理 探讨商业伦理教学	2016/7/23
575	青年报	《青年报》：进老乡家做饭，感悟鱼水情	2016/7/23
576	人民网	【人民网】MBA 商业伦理与企业社会责任教学研讨会开幕	2016/7/25
577	上海教育新闻网	【上海教育新闻网】华东理工暑期创业实战赛打响 探索苏州城市魅力	2016/7/25
578	东方早报	《东方早报》：大学生如何过暑假？顶着 40℃ 高温做调研，还有人身兼两职	2016/7/25
579	中国石化新闻网	【中国石化新闻网】上海石化中心组学习请来院士讲智能工厂	2016/7/26
580	上海科技报	《上海科技报》：从科研到创业：要做，就要做到最好	2016/7/27
581	中国科学技术协会	【中国科学技术协会】杜仕菊：促进科学家与媒体良性互动进一步发挥科学家职业影响力	2016/7/27
582	文汇报	《文汇报》：“喀热宛”公益创业支教团：让更多的孩子们能够受到好的教育	2016/7/29
583	中国经营报	《中国经营报》：本土“老字号”重夺市场 百事可乐转型缓慢重启争议配方	2016/8/1
584	上海科技报	《上海科技报》：“创业太艰辛了，需要持久的热情”	2016/8/2
585	青年报	《青年报》：部分高校暑期置换市区宿舍 为实习学生缩短“煎熬路”	2016/8/4
586	中国科学报	《中国科学报》：科研的火苗向创业蔓延	2016/8/4
587	中国民族报	《中国民族报》：如何做好高校少数民族学生教育引导工作	2016/8/5
588	中国民族宗教网	【中国民族宗教网】如何做好高校少数民族学生教育引导工作	2016/8/5
589	青年报	《青年报》：实习路途虽辛苦 但坚信每一分付出都不会白费	2016/8/5
590	光明日报	《光明日报》：能“自愈”的复合材料	2016/8/5
591	中国青年报	《中国青年报》：倪炜：在校园“创业”的团干部	2016/8/6
592	解放日报	《解放日报》：研究院与企业合体发挥“两栖”优势	2016/8/8
593	青年报	《青年报》：唯美二十四节气图红遍朋友圈	2016/8/8
594	上海科技报	《上海科技报》：喀热宛：一支丝路新“驼队”	2016/8/9

续表

序号	媒体名称	新闻标题	发表时间
595	上海科技报	《上海科技报》：华理学子历时一年拍摄 24 节气组图美翻朋友圈	2016/8/9
596	上海科技报	《上海科技报》：百余位专家分享商业伦理课教学经验	2016/8/9
597	上海科技报	《上海科技报》：首个基于分子三维相似性的 国产药物设计图形软件问世	2016/8/9
598	中国化工报官方微信	【中国化工报官方微信】【深度】煤气化装置技术创新路径全扫描	2016/8/10
599	中国科学报	《中国科学报》：华东理工大学：不拘一格选拔人才	2016/8/11
600	上海教育新闻网	【上海教育新闻网】“95 后”创客李嘉晖：科研的火苗向创业蔓延	2016/8/23
601	上海教育新闻网	【上海教育新闻网】华理公益教育“驼队”走进新疆	2016/8/24
602	经济杂志	【经济杂志】网络订餐：安全是软肋	2016/8/26
603	新民晚报	《新民晚报》：大一学生自创公司当上 CEO	2016/8/27
604	新浪财经	【新浪财经】阎海峰：企业管理是基于中国智慧的思考	2016/8/27
605	央广网	【央广网】中国企业 500 强名单公布 国家电网以 2.07 万亿营收登顶	2016/8/28
606	文汇报	《文汇报》：让学生明年选专业更有的放矢	2016/8/31
607	东方网	【东方网】G20 峰会：中国为世界架起“合作共赢”之桥	2016/9/1
608	中国甘肃网	【中国甘肃网】为大山里孩子开启精彩世界——华东理工大学支教团定西安定区支教工作写真	2016/9/2
609	新民晚报	《新民晚报》：会计：“会”人一步“计”高一筹	2016/9/3
610	东方网	【东方网】华理新生报到首日　“跑上跑下、搬这搬那”家长比学生忙	2016/9/3
611	周到上海	【周到上海】华东理工：20 余道家乡菜开启“舌尖上的迎新”	2016/9/3
612	澎湃新闻	【澎湃新闻】高校迎新生防诈骗措施：入学通知书、官方微信密集发送提醒	2016/9/3
613	上海新闻综合	【上海新闻综合】上海高校新生入学 重点关注防诈骗	2016/9/3
614	上海热线	【上海热线】华东理工喜迎 2016 级新生 新推 20 余道家乡菜	2016/9/4
615	劳动报	《劳动报》：沪上高校为迎接新生创意迭出	2016/9/4
616	上海发布	【上海发布】上海 10 所高校特色月饼强势出炉！想不想咬一口？	2016/9/5
617	上海教育新闻网	【上海教育新闻网】华东理工为受灾地区困难学生“暖心”	2016/9/5
618	腾讯·大申网	【腾讯·大申网】华东理工：20 余道家乡菜开启“舌尖上的迎新”	2016/9/5
619	上海教育新闻网	【上海教育新闻网】新学期，华理“双创”课程“新”在哪里	2016/9/5
620	上海教育新闻网	【上海教育新闻网】“舌尖迎新”“霸气寄语”看华理“花式迎新”	2016/9/5
621	中国新闻网	【中国新闻网】华东理工喜迎 2016 级新生 20 余道家乡菜展示“舌尖上的华理”	2016/9/5
622	中国化工报	《中国化工报》：锂硫电池研发取得突破	2016/9/5
623	澎湃新闻	【澎湃新闻】上海各高校“校徽月饼”争奇斗艳：价格很亲民，也会免费赠送	2016/9/6
624	上海科技报	《上海科技报》：华东理工：20 余道家乡菜开启“舌尖上的迎新”	2016/9/6

续表

序号	媒体名称	新闻标题	发表时间
625	上海科技报	《上海科技报》：华理研究为高性能锂硫电池研发提供新思路	2016/9/6
626	中国涂料在线	【中国涂料在线】涂协外企分会二次研讨会召开（图）	2016/9/6
627	周到上海	【周到上海】优衣库、海底捞、滴滴打车写进教案，看华东理工“双创”课怎么开	2016/9/6
628	新华网	【新华网】华东理工超细粉末国家工程研究中心引领产业腾飞	2016/9/6
629	新民网	【新民网】：华东理工新生报到前在家先上“防骗课”	2016/9/7
630	重庆晚报	《重庆晚报》：民信公司与华东理工大学商学院开启战略合作	2016/9/7
631	青年报	《青年报》：校徽纷纷露脸 包装可寄明信片	2016/9/7
632	劳动报	《劳动报》：市质监局、市教委联合开展督查行动	2016/9/9
633	济南日报	《济南日报》：如何防诈骗	2016/9/9
634	中国妇女报	《中国妇女报》：开学第一课：防诈骗	2016/9/9
635	新华每日电讯	【新华每日电讯】入学第一课：防诈骗	2016/9/9
636	山西晚报	《山西晚报》：7 名科学家展示煤炭清洁高效转化新成果	2016/9/9
637	央广网	【央广网】【记者调查】民办学校教师职业现状调查	2016/9/10
638	上海教育官方微信	【上海教育官方微信】最高 50 万元！华东理工大学重奖教学名师	2016/9/10
639	上海教育新闻网	【上海教育新闻网】胡余立：大学锅炉房里的“非凡”	2016/9/10
640	上海教育新闻网	【上海教育新闻网】华东理工大学设百万巨奖激励教学名师	2016/9/10
641	上海教育新闻网	【上海教育新闻网】高攀：华东理工大学里的“别样”英语课	2016/9/10
642	微言教育官方微信	【微言教育官方微信】教师节，看看教育系统新媒体如何暖心送祝福?｜感念师恩	2016/9/11
643	新华网	【新华网】华理投入 100 万重奖教学名师 特等奖可获 50 万	2016/9/11
644	腾讯·大申网	【腾讯·大申网】华理开学典礼主打文化牌感动 7 000 余名新生	2016/9/11
645	上海热线	【上海热线】华东理工大学 2016 级开学典礼主打文化牌	2016/9/11
646	中国新闻网	【中国新闻网】上海高校 2016 级新生开学典礼个性十足（图）	2016/9/11
647	科学网	【科学网】华东理工校长曲景平寄语新生：梦想从学习开始	2016/9/11
648	科学网	【科学网】华东理工大学开学典礼主打文化牌	2016/9/11
649	上海教育新闻网	【上海教育新闻网】华东理工大学开学典礼主打文化牌	2016/9/11
650	上海教育新闻网	【上海教育新闻网】曲景平：梦想从学习开始	2016/9/11
651	中国新闻网	【中国新闻网】华东理工大学开学典礼主打文化牌	2016/9/11
652	上海教育新闻网	【上海教育新闻网】沪开展高校学生用品质量安全专项督查行动	2016/9/12
653	半岛都市报	《半岛都市报》：市南区：“小”体量何以聚起创业创新“大”激情	2016/9/12
654	人民网	【人民网】华东理工大学商学院举行开学典礼	2016/9/12

续表

序号	媒体名称	新闻标题	发表时间
655	青年报	《青年报》：华东理工大学军训唱响“长征精神”	2016/9/13
656	中青在线	【中青在线】教师节华理投入100万元重奖教学名师，奖金最高达50万	2016/9/13
657	山西经济日报	《山西经济日报》：科学家论坛：面向低碳发展的头脑风暴	2016/9/13
658	劳动报	《劳动报》：华理投入100万重奖教学名师	2016/9/13
659	新民晚报	《新民晚报》：三十年两代人一个梦 他们无悔	2016/9/14
660	新民网	【新民网】华理人打破国外公司垄断，让中国拥有了“煤气化”核心技术	2016/9/14
661	中国科学报	《中国科学报》：华东理工大学重奖教学名师	2016/9/15
662	新闻晨报	《新闻晨报》：诺奖获得者钱永健追思会昨举行	2016/9/15
663	新快报	《新快报》：月饼 made by 学校，很受欢迎！	2016/9/15
664	光明日报	《光明日报》：“校徽月饼”体现校园文化	2016/9/15
665	南阳新闻网	【南阳新闻网】高校安全教育需要更新升级	2016/9/16
666	新民晚报	《新民晚报》：追思诺奖荣获得者钱永健	2016/9/16
667	上海观察	【上海观察】正念训练是什么东东，凭啥变成苹果 ios10 新应用？	2016/9/18
668	青年报	《青年报》：期待四年后读读爸妈给我的信	2016/9/20
669	新京报	《新京报》：抗菌洗浴产品在美被禁售	2016/9/20
670	解放日报	《解放日报》：感动上海年度十大人物揭晓	2016/9/20
671	东方教育时报	《东方教育时报》：凭良心教书　用真心待人	2016/9/21
672	东方教育时报	《东方教育时报》：高校学生用品质量安全专项督查行动开展	2016/9/21
673	上海科技报	《上海科技报》：华东理工研究发现超分子“缩聚”反应	2016/9/21
674	上海观察	【上海观察】只有获得社会认同的司法才是公正的吗？	2016/9/21
675	上海观察	【上海观察】快讯｜上海高校一生物实验室发生爆炸，两学生受重伤一人轻伤	2016/9/22
676	文汇报	《文汇报》：双创教育：是凤凰涅槃的良机？	2016/9/23
677	辽一网	【辽一网】“俺来也-遇见招聘官”2016百场校园公益行正式启动	2016/9/23
678	中国网	【中国网】化塑汇技术副总裁曾纪锋：B2B助力高成长性企业赢在“互联网＋”	2016/9/23
679	中国水产养殖网	【中国水产养殖网】产量15万吨，配合饲料使用不足10%，大黄鱼产业还有哪些商机待挖掘？	2016/9/23
680	上海发布	【上海发布】【教育】华理、东华、上经贸大、中医药大硕士招生简章公布	2016/9/23
681	南通网	【南通网】两位南极科考专家在南通城中小学与江海小记者交流	2016/9/23
682	周到上海	【周到上海】华东理工发布2016届毕业生就业报告，就业率97.25%	2016/9/23
683	上海教育新闻网	【上海教育新闻网】华东理工大学2016届毕业生总体就业率达97.25%	2016/9/23
684	中国化工报	《中国化工报》：华理发现超分子“缩聚”反应	2016/9/23
685	上海教育新闻网	【上海教育新闻网】工程院院士连续五年为本科新生讲授专业第一课	2016/9/23

续表

序号	媒体名称	新闻标题	发表时间
686	三思派	【三思派】创意到产品之路，2016 浦江创新论坛主宾国论坛观点摘录 | 三思派在现场	2016/9/24
687	中国青年网	【中国青年网】“上海交警”陈栋：“最帅”是对所有交警的尊重和期待	2016/9/24
688	新民晚报	《新民晚报》：创业创新的同时别忘了工匠精神	2016/9/24
689	新民网	【新民网】华东理工应届毕业生总体就业率：97. 25%	2016/9/25
690	朔州新闻网	【朔州新闻网】第四届亚洲粉煤灰大会举行技术论坛	2016/9/25
691	中国社工时报	《中国社工时报》：王瑞鸿：社会工作中的性别敏感	2016/9/25
692	东方网	【东方网】第九届上海大学生魔术大会成功举办	2016/9/26
693	人民网	【人民网】华东理工大学多喷嘴对置式水煤浆气化技术再次走出国门	2016/9/26
694	腾讯·大申网	【腾讯·大申网】华理系列研究聚焦快速检测流感病毒和癌细胞诊疗	2016/9/27
695	光明网	【光明网】华理工 2016 届毕业生总体就业率达 97. 25%	2016/9/27
696	科学网	【科学网】调查显示公众对科学家社会影响力的总体评价良好	2016/9/27
697	科学网	【科学网】华东理工大学钱锋院士为本科新生讲授专业第一课	2016/9/27
698	番禺日报	《番禺日报》：“三社联动”推动社区治理创新	2016/9/27
699	中青在线	【中青在线】华东理工系列研究聚焦快速检测流感病毒和癌细胞诊疗	2016/9/27
700	中国新闻网	【中国新闻网】华理系列研究有助快速检测流感病毒和癌细胞诊疗	2016/9/27
701	科学网	【科学网】华东理工大学国际技术转移项目落地开花	2016/9/27
702	中青在线	【中青在线】华东理工多喷嘴对置式水煤浆气化技术再次走出国门	2016/9/27
703	中国化工报	《中国化工报》：聚合物材料轻量化专项获批	2016/9/27
704	中国化工报（第一版）	《中国化工报》：多喷嘴煤气化技术出口韩国	2016/9/27
705	中国化工报（第二版）	《中国化工报》：聚合物材料轻量化专项获批	2016/9/27
706	镇江日报	《镇江日报》：绿色化工产业园 对接华东理工大学	2016/9/28
707	中化新网	【中化新网】中国化工园区 EHS 发展论坛开幕	2016/9/28
708	新华网	【新华网】曲景平：着眼国家重大需求 服务行业企业重大创新	2016/9/28
709	CCTIME 飞象网	【CCTIME 飞象网】第二届百度-西交大大数据竞赛 情侣参战视频引围观	2016/9/29
710	搜狐网	【搜狐网】AACSB 国际认证指导专家 Tony van Zijl 教授来华理访问	2016/9/29
711	中青在线	【中青在线】华东理工携手申能成立国内首个能源大数据研究中心	2016/9/30
712	上海教育新闻网	【上海教育新闻网】“烈士纪念日”华理师生走进烈士家庭	2016/9/30
713	中国新闻网	【中国新闻网】华理开展多项“庆国庆”主题爱国活动	2016/9/30
714	新民晚报	《新民晚报》：第三个国家烈士纪念日 华理青年学子缅怀先烈	2016/10/1
715	文汇报	《文汇报》：不忘苦难辉煌 牢记职责使命	2016/10/1

续表

序号	媒体名称	新闻标题	发表时间
716	青年报	《青年报》：沪高校学子心怀感恩缅怀先烈	2016/10/1
717	青年报	《青年报》：华理开展“庆国庆”主题爱国活动	2016/10/1
718	青年报	《青年报》：虽远在海外，我心依旧是中国心	2016/10/4
719	视觉中国	【上海观察】新科诺贝尔化学奖得主的“中国缘”	2016/10/5
720	第一财经	【第一财经】“分子机器”的启示：机器人医生和模拟生命前景可期	2016/10/6
721	新民晚报	【新民网】华东理工教授师从诺贝尔化学奖得主 独家解读“分子机器”	2016/10/6
722	文汇报	《文汇报》：分子机器使人类操控分子达到新高度	2016/10/6
723	解放日报	《解放日报》：“纯化学”科学家研发最小“机器”	2016/10/6
724	腾讯教育	【腾讯教育】华理 MBA 打造特色化教学 培养“双化”人才	2016/10/8
725	科学网	【科学网】2016 诺奖得主费林加：创造从未存在过的物质	2016/10/8
726	上海观察	【上海观察】“智能燃气”更安全吗？国内首个能源大数据研究中心主攻用气	2016/10/8
727	人民网	【人民网】罗建平教授在“心视野·心对话”心理健康论坛演讲实录	2016/10/9
728	浦东时报	《浦东时报》：家庭社工服务将覆盖全区一半街镇	2016/10/10
729	中国新闻网	【中国新闻网】华理携手申能成立国内首个能源大数据研究中心	2016/10/10
730	科学网	【科学网】SE 东方炉实现高灰熔点、高灰分淮南煤高效气化	2016/10/10
731	中国新闻网	【中国新闻网】SE-东方炉成功试烧高灰熔点、高灰分安徽淮南煤	2016/10/10
732	人民日报	《人民日报》：聊聊拓扑，看看我们	2016/10/10
733	中化新网	【中化新网】全球高海拔地区首套煤气化装置投产	2016/10/11
734	中国新闻网	【中国新闻网】华东理工大学打造上海高校优质在线课程播撒化工业责任关怀种子	2016/10/12
735	看看新闻	【看看新闻】联通手机实名制遇难题 上海一市民姓名中有生僻字始终无法过关	2016/10/13
736	科学网	【科学网】意念打字：让想象成文	2016/10/13
737	东方网	【东方网】上海 6 位中青年科学家摘下“牡丹奖”	2016/10/13
738	中国科学报	【光明网】上海市自然科学牡丹奖授奖	2016/10/13
739	中国化工报	《中国化工报》：SE-东方炉高效气化淮南煤	2016/10/13
740	上海教育新闻网	【上海教育新闻网】学术道德成华东理工大学研究生“必修课”	2016/10/14
741	腾讯大申网	【腾讯大申网】学术道德成华东理工大学研究生“必修课”	2016/10/14
742	中国军网	【中国军网】光荣 e 家：“荣誉指数”在手机上飙升	2016/10/14
743	中青在线	【中青在线】学术道德成华东理工大学研究生“必修课”	2016/10/14
744	劳动报	《劳动报》：避免研究生学术不端行为	2016/10/14
745	文汇报	《文汇报》：开始研究生学业须过学术道德关	2016/10/15
746	新华网	【新华网】学术道德成华东理工大学研究生“必修课”	2016/10/15

序号	媒体名称	新闻标题	发表时间
747	东方网	【东方网】浦东：2016“临港 南汇新城杯”龙舟赛在滴水湖举行	2016/10/16
748	解放日报	《解放日报》：上海大学生“网球大师赛”挥拍	2016/10/16
749	法制晚报	【法晚网】烤冷面烧不穿 赖摊贩不妥	2016/10/18
750	上海科技报	《上海科技报》：华理研发病毒和细胞快速检测技术	2016/10/19
751	上海科技报	《上海科技报》：华理与韩国 TENT 签订煤气化技术许可合同	2016/10/19
752	东方教育时报	《东方教育时报》：宣讲科学道德与学风建设 高校亮高招	2016/10/19
753	东方教育时报	《东方教育时报》：院士连续 5 年为本科新生讲授“专业第一课”	2016/10/19
754	中国农药工业协会	【中国农药工业协会微信公众号】善待农药——访中国工程院院士钱旭红	2016/10/19
755	东方网	【东方网】华理成立学生宣讲团　把“长征精神”融入课堂融入实践融入校园文化	2016/10/19
756	中国社会科学网	【中国社会科学网】地方政府治理创新仍具活力	2016/10/19
757	江海明珠网	【江海明珠网】院士专家南通行 助力功能材料与精细化工产业发展	2016/10/20
758	贵州日报	《贵州日报》：铜仁　创新创业天地宽	2016/10/20
759	解放日报等	【上海教育官方微信】我们一直在长征～那是我们的基因！	2016/10/20
760	青年报	《青年报》：让学生成为“长征精神”宣讲主体	2016/10/20
761	解放日报	《解放日报》：用双脚和画笔丈量二万五千里	2016/10/20
762	上海教育新闻网	【上海教育新闻网】华东理工大学生成“长征精神”主讲人	2016/10/20
763	上海热线	【上海热线】华东理工大学成立“长征精神”学生宣讲团	2016/10/20
764	上海观察	【上海观察】老乡到朋辈，退休人到 95 后，80 年后校园怎么上长征这一课	2016/10/20
765	聊城日报	【聊城新闻网】宋军继在沪走访科研院所和企业	2016/10/21
766	江苏公众科技网	【江苏公众科技网】聚焦功能材料产业领域 服务南通新兴产业发展	2016/10/21
767	新华网	【新华网】上海倍谙基生物：扛科技成果转化大旗 做疫苗抗体产业发动机	2016/10/21
768	新华网	【新华网】华东理工大学成立“长征精神”学生宣讲团	2016/10/21
769	青年报	《青年报》：伟大长征精神砥砺我们奋勇前进	2016/10/22
770	新民晚报	《新民晚报》：自贸区并不是开发区的升级版	2016/10/22
771	中国证券报	《上海证券报》：自贸区创设的深层意涵	2016/10/24
772	中国甘肃网-甘肃农民报	【中国甘肃网】为大山里孩子开启精彩世界——华东理工大学支教团安定区支教工作写真	2016/10/25
773	中国石化镇海炼化公司	【金投原油网】镇海炼化院士工作站揭牌启动	2016/10/25
774	青年报	《青年报》：淘购低价良品打造唯美寝室	2016/10/25
775	科学网	【科学网】田禾院士等在光响应分子机器领域取得重要进展	2016/10/25
776	齐鲁网	【齐鲁网】聊城举行化工行业智能制造及智慧化工园区建设交流会	2016/10/25

续表

序号	媒体名称	新闻标题	发表时间
777	原材料工业司	【工业和信息化部网站】化工行业智能制造及智慧化工园区建设现场经验交流会在山东聊城召开	2016/10/25
778	中国新闻网	【中国新闻网】2017 届中智“外企进名校”校园招聘会受热捧	2016/10/25
779	看看新闻	【看看新闻】2017 年就业形势出炉：应届生招聘日趋理性薪资要求收窄自主创业增加	2016/10/25
780	文汇报	《文汇报》：高校如何开展创新创业教育？华理经验：创新是创业的基石	2016/10/25
781	上海科技报	《上海科技报》：在光响应分子机器领域取得重要进展	2016/10/26
782	快递杂志	《快递杂志》官方微信：案例：全国校园包裹“双 11”将达 1 500 万件！怎么送？	2016/10/26
783	电商在线	【电商在线】全国首家校园双创与智慧物流服务中心在上海启用	2016/10/26
784	上海热线	【上海热线】全国首家校园双创与智慧物流服务中心在沪启用	2016/10/26
785	环球网	【环球网】上海高校最炫建筑：一楼智慧物流二楼学生创业	2016/10/26
786	南方网	【南方网】全国首家校园双创与智慧物流服务中心在上海启用	2016/10/26
787	中青在线	【中青在线】全国首家校园双创与智慧物流服务中心在沪启用	2016/10/26
788	中国新闻网	【中国新闻网】首个校园双创与智慧物流服务中心在上海启用	2016/10/26
789	北京商报	《北京商报》：双 11 当日校园将超 1 500 万单 菜鸟驿站进高校玩众包	2016/10/26
790	青年报	《青年报》：理工科毕业生更在意“专业对口”	2016/10/26
791	中国食品报	《中国食品报》：第七届全国发酵工程学术研讨会聚焦发酵新技术	2016/10/26
792	青年报	《青年报》：华理推学术道德读本 过测试方可继续学习	2016/10/26
793	人民网-安徽频道	【人民网】2016 年国家重点研发计划《水泥生产智能化控制关键技术及应用》项目启动会在芜湖召开	2016/10/26
794	中国科学报	《中国科学报》：面对挑战，工程教育如何开展	2016/10/27
795	新民周刊	《新民周刊》：供给侧改革下，职场如何规划？	2016/10/27
796	上海教育新闻网	【上海教育新闻网】华东理工启用首家校园双创与智慧物流服务中心	2016/10/27
797	科学网	【科学网】华理建成全国首家菜鸟驿站 + 众创空间校园综合服务中心	2016/10/27
798	劳动报	《劳动报》：大数据预警防止“双十一”校园快递爆仓	2016/10/27
799	青年报	《青年报》：一楼智慧物流二楼学生创业	2016/10/27
800	新民晚报	【新民网】集装箱建筑现沪上高校 为学生提供创新空间	2016/10/27
801	亚洲清洁空气中心	【北极星节能环保网 】分析：制药业的 VOCs 治理	2016/10/28
802	东方网	【东方网】华理举行公益论坛 引航供给侧改革下的职业发展	2016/10/29
803	上海教育新闻网	【上海教育新闻网】供给侧改革下的职业发展公益论坛在沪举行	2016/10/29
804	中国新闻网	【中国新闻网】华理大型公益论坛引航供给侧改革下的职业发展	2016/10/29

续表

序号	媒体名称	新闻标题	发表时间
805	智库商学院	【智库商学院】未来我给机器人擦皮鞋，不要笑，就那么残酷！｜职业发展公益论坛	2016/10/30
806	上海热线	【上海热线】华理公益论坛聚焦供给侧改革下的职业发展	2016/10/30
807	视觉中国	【上海观察】职业导师袁岳问答：为啥大学生愿意去美国鱼店和中国前台工作	2016/10/30
808	中青在线	【中青在线】“供给侧改革下的职业发展公益论坛”在沪举行	2016/10/30
809	科学网	【科学网】华理大型公益论坛引航供给侧改革下的职业发展	2016/10/30
810	新民晚报	《新民晚报》：孩子过万圣节忙着扮鬼怪　过洋节能培养“国际视野”	2016/10/31
811	南阳晚报 * 南阳网	《南阳晚报》：为大学生心理疾病开良方	2016/10/31
812	南方网	【南方网】组图：细节满分！女生花千元打造“最美宿舍”	2016/10/31
813	东方网	【东方网】学习六中全会精神落实全面从严治党 沪各界青年传达心声	2016/10/31
814	上海观察	【上海观察】工博会有哪些将改变生活的科技元素？跟着上观新闻记者抢先看	2016/10/31
815	人民网	【人民网】第二届“理想杯”大学生大数据创新应用与建模大赛开幕	2016/10/31
816	上海科技报	《上海科技报》：一楼智慧物流 二楼学生创业	2016/11/1
817	上海科技报	《上海科技报》：供给侧改革赋予岗位更具创新性	2016/11/1
818	证券日报	《证券日报》：快递公司提升自动化备战物流大战“双 11”当日将首次成为揽收高峰期	2016/11/1
819	太行日报	《太行日报》：晋煤集团与华东理工大学签订战略合作协议	2016/11/1
820	新民晚报	《新民晚报》：“创客”故事多 充满新奇特	2016/11/2
821	上海发布	【界面新闻】魔都网站 12 强今出炉！看看哪些“网红”上了榜？	2016/11/2
822	大河报	《大河报》：创新成“热词”，企业受鼓舞	2016/11/2
823	文汇报	《文汇报》：营造风清气正干事创业良好生态	2016/11/2
824	澎湃新闻	【澎湃新闻】15 天“海选”101 万人次参与，上海优秀网站 12 强今出炉	2016/11/2
825	东方网	【东方网】上海第七届优秀网站揭晓 东方网获评最佳网站、新闻类优秀网站	2016/11/2
826	央广网	【央广网】沪上高校科创成果亮相第 18 届中国国际工业博览会	2016/11/2
827	东方教育时报	《东方教育时报》整版：引导学生做“长征精神”传承者	2016/11/2
828	科学网	【科学网】华理工研制成功多功能电动手术床	2016/11/3
829	Shanghai Daily	《Shanghai Daily》：Medical innovation on intelligent bed pays off	2016/11/3
830	黄河新闻网 吕梁频道	【黄河新闻网】金融学教授孟磊做客交城县	2016/11/3
831	上海教育新闻网	【上海教育新闻网】华东理工两项科研成果分获工博会创新金奖、银奖	2016/11/4
832	上海热线	【上海热线】中外学者齐聚华理 探讨光致变色技术发展	2016/11/4

续表

序号	媒体名称	新闻标题	发表时间
833	东方网	【东方网】第八届光致变色国际会议在华东理工大学举行	2016/11/4
834	中国新闻网	【中国新闻网】中外学者为光致变色技术发展凝聚智慧	2016/11/4
835	央广网	【央广网】第八届光致变色国际会议在沪举行	2016/11/4
836	大申网	【大申网】第八届光致变色国际会议在华东理工大学举行	2016/11/5
837	中青在线	【中青在线】华理的“博导”当起了研究生兼职辅导员	2016/11/5
838	东方教育时报	《东方教育时报》：各高校创新成果亮相工博会	2016/11/6
839	科学网	【科学网】第八届光致变色国际会议在华东理工大学举行	2016/11/6
840	新民网	【新民网】新科诺奖得主费林加做客华理：不远的将来分子机器可改变人类	2016/11/6
841	新民晚报	《新民晚报》：诺奖得主走进华理大做演讲	2016/11/6
842	中国科技网	【中国科技网】聚焦“绿色”制造 先进技术改变传统工业模式	2016/11/7
843	上海教育新闻网	【上海教育新闻网】博导“兼职”辅导员 华理破题研究生思政教育	2016/11/7
844	上海教育新闻网	【上海教育新闻网 】中外学者为光致变色技术发展凝聚智慧	2016/11/7
845	新闻晨报	《新闻晨报》：华东理工举办“供给侧改革下的职业发展公益论坛”	2016/11/8
846	中国出版传媒商报	《中国出版传媒商报》：大学社紧盯市场“孵化”新商机	2016/11/8
847	第 1 财经	【第 1 财经】构建有利于创新的功能性产业政策体系	2016/11/9
848	新浪网	【新浪网】共话珠宝行业新未来：“匠心×定意”设计师沙龙城市巡展上海站完美落幕	2016/11/9
849	上海科技报	《上海科技报》：为光致变色技术研发凝聚智慧	2016/11/10
850	中国科学报	《中国科学报》：博导当起兼职辅导员	2016/11/10
851	中国教育新闻网	【中国教育新闻网】万永菁：天生的师者	2016/11/10
852	浙江工人日报	《浙江工人日报》：从“专科医生”到“全科大夫”	2016/11/11
853	解放日报	《解放日报》：中国国际工业博览会高校展区摘金夺银	2016/11/11
854	医谷网	【医谷网】变革引领医药发展创新驱动健康中国—2016 中国医药产业创新发展高峰论坛在华理召开	2016/11/11
855	东方网	【东方网】中国医药产业创新发展高峰论坛在沪举行	2016/11/11
856	上海观察	【上海观察】十三五新药创制重大专项为何迟迟未报？立项流程管理在改革	2016/11/11
857	劳动报	《劳动报》：华理与枫林集团打造新型医药产业大平台	2016/11/11
858	科学网	【科学网】2016 中国医药产业创新发展高峰论坛在华理召开	2016/11/11
859	中国新闻网	【中国新闻网】2016 中国医药产业创新发展高峰论坛在华理召开	2016/11/11
860	央广网	【央广网】2016 中国医药产业创新发展高峰论坛上海召开	2016/11/11
861	视觉中国	【上海观察】从“青椒炒月饼”到“泰拳鸭掌”，大学食堂华山论剑	2016/11/12
862	文汇报	《文汇报》：哪所大学的吃货最有口福？看上海高校创新菜比赛	2016/11/12

续表

序号	媒体名称	新闻标题	发表时间
863	新华网	【新华网】继承中山精神 同心振兴中华 ——两岸暨港澳纪念孙中山先生诞辰150周年	2016/11/12
864	人民日报	《人民日报》：胸怀民族复兴理想 开创更加光明前景	2016/11/12
865	东方网	【东方网】市民运动会拔河总决赛举行 五百余名中外勇士奋力角逐	2016/11/13
866	新华社	《南方日报》：共筑“中国梦”开创更加光明前景	2016/11/13
867	上海教育新闻网	【上海教育新闻网】华东理工携手枫林集团打造新型医药产业大平台	2016/11/14
868	人民网-上海频道	【人民网】上海市民运动会拔河决赛在嘉定举行	2016/11/14
869	人民网-教育频道	【人民网】教育部公示第二批“全国高校实践育人创新创业基地”入选名单	2016/11/14
870	阳泉日报	《阳泉日报》：陈永奇率团赴上海江苏考察招商	2016/11/14
871	搜狐网	【搜狐网】火爆开幕！“第七届中国体育工程学术会议暨首届全国体育仪器器材创新设计展”今日火爆开幕！	2016/11/15
872	凤凰山东	【凤凰网】心性儒学与政治儒学研讨会在孟子故里邹城举办	2016/11/15
873	东莞时间网	【东莞时间网】东莞横沥镇举行“文明创建大家谈”系列活动活动	2016/11/16
874	中国社会科学网-中国社会科学报	【中国社会科学网】协调社会学的双重责任	2016/11/16
875	新华网	【新华网】2016年智慧体育与智能装备前沿论坛在沪举行	2016/11/16
876	中国化工报	《中国化工报》：典型VOCs催化净化项目启动	2016/11/17
877	文汇报	《文汇报》：上海凝聚全社会合力推动禁毒工作	2016/11/17
878	中国新闻网	【中国新闻网】智慧体育与智能装备前沿论坛举行 助力健康中国	2016/11/17
879	人民网-体育频道	【人民网】智慧体育研讨助力健康中国	2016/11/17
880	央广网	【央广网】智慧体育研讨助力健康中国 智能体育产业发展方兴未艾	2016/11/17
881	澎湃新闻	【澎湃新闻】“天使走进实验室”4年孵化437个研究生创业项目	2016/11/18
882	中国新闻网	【中国新闻网】华东理工举办首届国际文化节	2016/11/19
883	Shanghai Daily	《Shanghai Daily》：Opening up the world at Shanghai university	2016/11/19
884	东方网	【东方网】“一带一路”与国际发展国际学术研讨会在沪举行	2016/11/19
885	央广网	【央广网】“一带一路”与国际发展国际学术会议上海召开	2016/11/19
886	科学网	【科学网】华东理工举办首届国际文化节	2016/11/20
887	中国新闻网	【中国新闻网】中外学者热议“一带一路”与国际发展 吁重视中印比较研究	2016/11/20
888	上海教育新闻网	【上海教育新闻网】华东理工举办首届国际文化节	2016/11/21
889	新华社	【新华网】“核外观核”：一份来自全国政协科技界委员的核电观察记录	2016/11/22
890	深圳特区报	《深圳特区报》：大力发展清洁能源	2016/11/22
891	上海科技报	《上海科技报》：中国医药产业创新发展高峰论坛举行	2016/11/23
892	医谷网	【医谷网】华理研究为恶性肿瘤标志物高效探测提供新的分子探针工具	2016/11/23

续表

序号	媒体名称	新闻标题	发表时间
893	中青在线	【中青在线】华东理工研究为恶性肿瘤标志物高效探测提供新的分子探针工具	2016/11/23
894	中国新闻网	【中国新闻网】华理研究为恶性肿瘤标志物高效探测提供新的分子探针工具	2016/11/23
895	上海统战网	【上海统战网】九三学社华东理工大学委员会第七次代表大会隆重召开	2016/11/24
896	上海教育新闻网	【上海教育新闻网】华理团队提速恶性肿瘤标志物高效探测	2016/11/24
897	上海科技报	《上海科技报》：华理研究为恶性肿瘤标志物高效探测提供新工具	2016/11/24
898	德州新闻网	【德州新闻网】赵黎明：商界才俊 学界奇兵	2016/11/25
899	新华网	【新华网】第二届“东风梦想车”中国青年汽车创意设计大赛圆满落幕	2016/11/25
900	中国科学报	《中国科学报》：科学家构建高效探测恶性肿瘤标志物的探针材料	2016/11/28
901	新浪网	【新浪网】院士专家热议拉曼光谱与生物医学	2016/11/28
902	科学网	【科学网】靶向探针精确操纵蛋白质	2016/11/28
903	中国社会科学网	【中国社会科学网】首届太湖流域水生态文明国际论坛在苏州举行	2016/11/28
904	新京报	《新京报》：批发商开收据拒签字 问题水产难溯源	2016/11/29
905	上海科技报	《上海科技报》：又一国家重点研发计划项目在沪启动	2016/11/30
906	新民周刊	《新民周刊》微信公众号：“二十四节气”申遗成功，快来欣赏一下这组一年时间拍就的 24 节气图片吧！美爆了！	2016/11/30
907	青年报	《青年报》：肝胆肿瘤有望被早发现早治疗	2016/11/30
908	镇江日报	《镇江日报》：2016 镇江国际低碳技术产品交易展示会圆满闭幕	2016/11/30
909	央广网	【央广网】2016 镇江国际低碳技术产品交易展示会闭幕	2016/11/30
910	东方教育时报	《东方教育时报》：华理举办首届国际文化节	2016/11/30
911	柴达木日报	《柴达木日报》：推动盐湖产业发展再上新台阶 海西盐湖工作会议召开	2016/12/1
912	新民周刊	《新民周刊》：让基层医生“冷”变“热”	2016/12/1
913	中国高新技术产业导报	《中国高新技术产业导报》：南通：接轨上海争当区域创新引领者	2016/12/5
914	医谷网	【医谷网】华东理工大学超分子化学研最新进展	2016/12/5
915	科技日报	《科技日报》：来，大学生团队带你玩转“新奇酷”	2016/12/5
916	中国科学报	《中国科学报》：超分子化学研究获新进展	2016/12/6
917	上海教育新闻网	【上海教育新闻网】华理超分子化学研究取得突破性进展	2016/12/6
918	中国科学报	《中国科学报》：上海交通大学等揭示核仁应激感应机制	2016/12/6
919	新民晚报	《新民晚报》：四书五经国学经典走进德育课堂	2016/12/7
920	中国新闻网	【中国新闻网】华理毕业生就业能力进入全球 200 强	2016/12/8
921	腾讯大申网	【腾讯大申网】华东理工大学国家“优青”走进研究生思政课堂	2016/12/8
922	中国新闻网	【中国新闻网】华东理工大学国家“优青”走进研究生思政课堂	2016/12/8

续表

序号	媒体名称	新闻标题	发表时间
923	上海教育新闻网	【上海教育新闻网】QS 发布了 2017 全球大学毕业生就业能力排名	2016/12/9
924	上海教育新闻网	【上海教育新闻网】国家“优青”走进研究生思政课堂	2016/12/9
925	文汇报	《文汇报》：为学生点亮理想的灯，照亮前行的路	2016/12/9
926	上海热线	【上海热线】第二届中国行动学习大会在华东理工举办	2016/12/9
927	东方网	【东方网】培养“知行合一”的人才 第二届中国行动学习大会华理举行	2016/12/9
928	中国新闻网	【中国新闻网】第二届中国行动学习大会在沪举行	2016/12/9
929	青年报	《青年报》：立德树人　用中国梦激扬青春梦	2016/12/10
930	央广网	【央广网】第二届中国行动学习大会上海举办 革新人才培育新理念	2016/12/10
931	新民晚报	《新民晚报》：7 年相约 北冰南展沪上兴 短道速滑世界杯助推申城冰雪运动	2016/12/11
932	健康届	【健康届】石远凯领衔 2016“药明康德生命化学研究奖”揭晓（附名单）	2016/12/11
933	新民晚报	《新民晚报》：学代会首次组织学生提案　好多“和专业部门想到一起了”	2016/12/11
934	青年报	《青年报》：立德树人思政课要在创新中提高	2016/12/12
935	人民网-黑龙江频道	【人民网】黑龙江省妇联举办加强女性社会组织建设培训班	2016/12/12
936	民主与法制时报	《民主与法制时报》：留守妇女维权之困	2016/12/12
937	中国 MBA 教育网	【中国 MBA 教育网】荟萃“行动学习”方法结晶、凝聚“知行合一”培英智慧——第二届中国行动学习大会在华理成功举办	2016/12/12
938	智库商学院	【智库商学院】第二届中国行动学习大会在华理成功举办	2016/12/12
939	新民晚报	《新民晚报》：学生运动会闭幕激情不灭 众奖项花落各家成就梦想	2016/12/14
940	解放网	【解放网】80 后“村官”王宗文：“我在崇明岛上接地气”	2016/12/14
941	扬子晚报网	【扬子晚报网】二十年，上海西南五校联合招聘会规模从百余家发展到近 600 家	2016/12/14
942	上海教育新闻网	【上海教育新闻网】上海西南五校联合招聘会举行 540 余家企事业参会	2016/12/14
943	东方教育时报	《东方教育时报》：立德树人，用中国梦激扬青春梦	2016/12/14
944	解放日报	《解放日报》：以球会友，申城大学成网球热土	2016/12/15
945	东方网	【东方网】新亮点！华东理工大学金融大数据研究中心来了	2016/12/17
946	中国新闻网	【中国新闻网】“名校名企优才”2017 届毕业生五校联合招聘会举行	2016/12/17
947	青春上海	【青春上海微信号】上海高校的四大思政“女神”，把枯燥的政治课玩出了新花样！	2016/12/19
948	科学网	【科学网】巴斯夫连续第七年被评为中国杰出雇主	2016/12/19
949	中国新闻网	【中国新闻网】华理“谢耳朵”：如何收获一只苹果？	2016/12/19
950	视觉中国	【上海观察】什么样的大学生创业项目能获资助？他们的“灵感”背后都有一份艰辛	2016/12/19
951	澎湃新闻	【澎湃新闻】越南观察②“制度相似性”并非中国企业投资越南的优势	2016/12/19

续表

序号	媒体名称	新闻标题	发表时间
952	澎湃新闻	【澎湃新闻】上海第一八佰伴商场没装修完就营业，气味刺鼻店员戴口罩上班	2016/12/20
953	上海教育新闻网	【上海教育新闻网】吴赵龙：如何收获一只苹果？	2016/12/20
954	中国科技网	【中国科技网】如何收获一只苹果	2016/12/20
955	上海科技报	《上海科技报》："谢耳朵"如何收获一只苹果？	2016/12/21
956	上海科技报	《上海科技报》：《先进材料》报道华东理工超分子化学研究新进展	2016/12/21
957	上海教育新闻网	【上海教育新闻网】田禾院士荣获法国化学会"中法化学讲座奖"	2016/12/21
958	科学网	【科学网】田禾院士荣获法国化学会"中法化学讲座奖"	2016/12/21
959	中青在线	【中青在线】华东理工大学田禾院士荣获"中法化学讲座奖"	2016/12/22
960	光明网	【光明网】华东理工大学田禾院士获法国化学会"中法化学讲座奖"	2016/12/22
961	无锡日报	《无锡日报》：堰桥街道3家科技型企业上市	2016/12/23
962	青年报	《青年报》：从现实问题入手 启发学生思考	2016/12/23
963	海峡法治在线	【海峡法治在线】名师领衔，"安悦充电杯"创意设计大赛评委阵容首曝光	2016/12/26
964	中国妇女报	《中国妇女报》：发挥家庭"三个不可替代"价值需更多顶层设计	2016/12/26
965	科学网	【科学网】田禾院士获法国化学会中法化学讲座奖	2016/12/26
966	长城网	【长城网】第21届中国大学生乒乓球锦标赛在河北迁安落幕	2016/12/26
967	环渤海新闻网	【环渤海新闻网】第二十一届中国大学生乒乓球锦标赛在迁安落幕	2016/12/26
968	腾讯教育	【腾讯教育】华理商学院MBA主任陈亮：塑特色化教学体系	2016/12/26
969	科普知世界公众号	【上海观察】奇迹？炒作？一文看懂大热的石墨烯到底是什么｜涨姿势	2016/12/27
970	上海观察	【上海观察】引力波天文学时代来了！中国科学家如何看待《科学》评出的年度十大突破（上）	2016/12/27
971	文汇报	《文汇报》：呼唤更多孩子成长为"当代君子"	2016/12/27
972	中国水网	【中国水网】"膜材料与膜应用国家重点实验室"首届学术委员会会议在津膜科技召开	2016/12/27
973	中国科学报	【科学网】社会活力亟待社会治理造就	2016/12/28
974	新华网	【新华网】首届全国土肥和谐大会暨第二届中国泥炭产业高峰论坛在京召开	2016/12/29
975	中国社会科学网	【中国社会科学网】上海38项国家社科基金重大项目获得资助	2016/12/29

2016年"媒体看华理"数据统计（广播电视媒体）

序号	报道媒体	报道标题	发表时间
1	【教视新闻】	展望2016沪上师生许下新年新愿景	2016/1/1
2	【上海早晨】【新闻综合】	沪上多所高校发布2015年就业质量报告	2016/1/6
3	【新闻制高点】	沪上多所高校发布2015毕业生就业质量报告	2016/1/7

续表

序号	报道媒体	报道标题	发表时间
4	【教视新闻】	沪上多所高校发布 2015 年就业质量报告	2016/1/8
5	【990 早新闻】	中国科学家在重症肝功能衰竭治疗上有关键突破	2016/1/17
6	【教视新闻】	代表委员热议高校创新人才培养	2016/1/24
7	【嘎讪胡 2253】【娱乐】	两步教你“火眼金睛”鉴定翡翠是否为“A 货”	2016/2/4
8	【嘎讪胡 2273】【娱乐】	液体手机壳含有腐蚀性酸 破裂会灼伤皮肤?	2016/12/10
9	【990 早新闻】	科创之城 追梦之路专题报道：万能小细胞 催化新兴大产能	2016/2/10
10	【浦东新闻】	新闻能见度：“限塑令”调查（一）“限塑令”真的成为“卖塑令”了吗?	2016/2/28
11	【浦东新闻】	新闻能见度：“限塑令”调查（二）农贸市场仍免费提供 要减少污染还需新思路	2016/2/29
12	【X 诊所 299】【星尚】	食物的保鲜密码	2016/3/2
13	【上海早晨】【新闻综合】	同济、上外、华东理工公布自主招生方案 测试时间撞车	2016/3/15
14	【上视午新闻】【新闻综合】	上海高考改革 综合评价录取改革将扩至沪上九校	2016/4/11
15	【上视新闻】【新闻综合】	上海：综合评价录取改革试点扩容至 9 所高校	2016/4/16
16	【东方新闻】	上海技术发明特等奖：华东理工刘海峰团队	2016/4/18
17	【上视新闻】【新闻综合】	为劣质煤度身定制气化炉 华东理工团队获颁技术发明特等奖	2016/4/18
18	【SHANGHAI LIVE】【ICS】	COAL GASFICATION TECHNOLOGY IMPROVES EFFICIENCY	2016/4/19
19	【X 诊所 334】	厨房里的健康杀手	2016/4/21
20	【新闻坊】	沪上高校大厨各带特色菜 摆擂同济抢“吃货”	2016/4/21
21	【东广新闻台】	《新闻男女》华东理工大学 应佚伦博士专访	2016/4/24
22	【CCTV－2 第一时间】	关注“僵尸车”整治 专家建议：将车主纳入征信体系黑名单	2016/4/25
23	【CCTV－13 新闻直播间】	关注“僵尸车”整治 专家支招治“僵尸车”车主	2016/4/25
24	【X 诊所 338】	锅子优劣鉴别大会	2016/4/27
25	【新闻坊】	父女（华理工大二学生）相伴 一场 20 多年的寻亲路	2016/5/3
26	【上视午新闻】	支教大学生为山里娃开画展 乡土童画读懂孩子的生活与梦想	2016/5/5
27	【X 诊所 344】	奶制品你必须要知道的真相	2016/5/5
28	【教视新闻】	山区儿童来沪办画展 义卖所得支持当地教育	2016/5/6
29	【东广新闻台】《新闻男女》	第三届支教团团长 陈敏媛 专访	2016/5/7
30	【X 诊所 348】	舌尖上的陷阱 你中招了吗?	2016/5/11
31	【上视新闻】	2016 年上海科技活动周启幕 中外科学家走红毯	2016/5/14
32	【CCTV－13】	美国：英特尔国际科学与工程大赛	2016/5/15
33	【静安有线】	足球协会举办 2016 年裁判培训班	2016/5/18
34	【SHANGHAI LIVE】【ICS】	ICS TO BROADCAST BILINGUAL SCIENCE SHOW	2016/5/20

续表

序号	报道媒体	报道标题	发表时间
35	【教视新闻】	华理话剧团原创话剧《海岛来信》首次公演	2016/5/24
36	【ICS】	2016 年上海科技活动周特别节目【科学 + 说 Science-X，听科学家怎么说】科学 + 说预告片 他究竟是谁？李嘉晖	2016/6/1
37	【上视新闻】	电影节：精准敲击中文对白 字幕员苦练基本功	2016/6/4
38	【教视新闻】	华理学子自排自演原创话剧“海岛来信”谱写军旅之歌	2016/6/6
39	【教视新闻】	申城 32 所高校留学生相聚华理 竞渡龙舟感受中国传统文化	2016/6/9
40	【陈辰全民星 194】【娱乐】	老上海怀旧风	2016/6/13
41	【教视新闻】	2016 上海民进教育论坛举行 关注创新能力培养	2016/6/18
42	【新闻坊】	尝一口红烧肉作别母校 华东理工送毕业生红烧肉	2016/6/20
43	【GEEK 秀】	少年极客都二次创业了，你还在干做什么？	2016/6/29
44	【叩击】	一个人的学校	2016/7/5
45	【嘎讪胡 2358】	花鸟市场淘了个“宝贝”是块老姜还是块石头？	2016/7/7
46	【陈辰全民星 202】【生活研究馆】	如何挑选遮阳伞等	2016/8/8
47	【X 诊所 415】	养生还是“烧钱”网红食品大鉴别	2016/8/15
48	【东广早新闻】	加快科技成果转化	2016/8/17
49	【东方新闻】	华东理工大学：开学迎新防诈骗	2019/9/3
50	【新闻制高点】	上海高校陆续开学 开学典礼各具特色	2019/9/3
51	【上视新闻】	上海高校开学季 防诈骗成第一课	2019/9/3
52	【教视新闻】	华东理工大学 2016 级新生正式入学 学弟学妹收获无数惊喜	2019/9/4
53	【990 新闻午间道】	华理工新生防诈骗	2019/9/5
54	【东广晚新闻】	华理工推出特色校徽月饼	2019/9/6
55	【X 诊所 423】	你真的会吃肉吗？	2019/9/8
56	【新闻制高点】	上海开展高校学生生活用品专项督查	2019/9/9
57	【教视频道】	我们与祖国同行 2016 教师节特别访问 微电影《汗水哲学》	2019/9/10
58	【教视新闻】	上海高校“校徽月饼”争奇斗艳	2019/9/11
59	【教视新闻】	华东理工大学举行开学典礼 校长寄语梦想从学习开始	2019/9/12
60	【教视新闻】	餐厨垃圾处理设备进校园 变废为宝增添绿意	2019/9/13
61	【X 诊所 442】	被你忽视的嘴边毒	2019/9/21
62	【X 诊所 443】	卫生间的清洁警报	2019/9/22
63	【陈辰全民星 209】	染发剂真相大调查	2019/9/26
64	【东广早新闻】	目前高校校园文化不容乐观	2019/9/30
65	【东广早新闻】	创新之城・上海推动科技创新中心建设专题报道	2016/10/4

续表

序号	报道媒体	报道标题	发表时间
66	【名医坐堂】	食物颜色密码之红色食物	2016/10/4
67	【名医坐堂】	食物颜色密码之红色食物	2016/10/5
68	【名医坐堂】	食物颜色密码之红色食物	2016/10/6
69	【名医坐堂】	食物颜色密码之红色食物	2016/10/7
70	【看东方】	上海将大规模招聘中小学“种子老师”	2016/10/11
71	【名医坐堂】	食物颜色密码之红色食物	2016/10/11
72	【新闻坊】	手机实名遇生僻字 如何解决当有预案	2016/10/13
73	【X诊所462】	厨房清洗大揭秘	2016/10/17
74	【体育夜线】	2016上海市学生运动会棒球比赛开幕	2016/10/17
75	【教视新闻】	传承红色基因 华东理工大学成立“长征精神”学生宣讲团	2016/10/21
76	【体育新闻】	“丁松零距离——上海市学生乒乓球擂台赛”在华东理工开赛	2016/10/22
77	【上视新闻】	“外企进校园”招聘启动 毕业生薪资要求趋理性	2016/10/25
78	【教视新闻】	首份工作月薪多少合适 企业想法和学生期望有差距	2016/10/26
79	【看东方】	上海：“外企进校园”招聘启动 毕业生薪资要求趋理性	2016/10/26
80	【东方新闻】	工博会：“高校智造”密集亮相	2016/11/2
81	【新闻制高点】	工博会：“高校智造”主攻“绿色低碳”	2016/11/2
82	【SHANGHAI LIVE】	AWARD-WINNING ITEMS BY UNIVERSITIES AT INDUSTRY FAIR	2016/11/3
83	【教视新闻】	第八届光致变色国际会议在沪举行	2016/11/7
84	【新闻制高点】	探讨医药产业发展趋势	2016/11/13
85	教视新闻】	“城市发展与公共治理”学术研究会关注城市治理领域相关学术研究	2016/11/28
86	【浦东有线】	消除字迹“神器”风油精并非万能	2016/12/2
87	【上视夜新闻】	研究生奖学金 到底普惠好还是奖优好	2016/12/8
88	【新闻坊】	延期交房违约金 居然要比利息低	2016/12/19
89	【我们退休啦】	罐头视频是否有营养	2016/12/20
90	【教视新闻】	上海教育年度新闻人物候选人应佚伦	2016/12/22
91	【嘎讪胡】	市民买块猪肉“夜明珠”晚上会发光	2016/12/26
92	【新闻制高点】	上海市大数据技术与应用创新中心成立	2016/12/29

统战工作

【概况】 年内，统战部在认真贯彻落实党的十八大精神、深入学习贯彻中央、上海市统战工作会议精神和《中国共产党统一战线工作条例（试行）》这条主线的基础上，以换届工作为重点，着力抓推进、抓落实、补短板、求实效，充分发挥统一战线成员的优势，围绕中心、服务大局。

夯实统战工作工作基础。为进一步贯彻落实统战工作精神，协助党委成立了以校党委书记为组长，组织部、统战部等职能部门负责人为组员的统战工作领导小组；配强工作力量，增加编制 1 人；扩大了民主党派、统战团体负责人津贴发放范围，切实将统战工作会议精神落到实处。组织统战成员学习全国“两会”精神；召开民主党派、统战团体工作交流会；组织分党委书记参加上海市统战工作会议；组织党外教师及少数民族学生了解民族文化，观看大型民族音乐剧《阿曼尼沙罕传奇》；组织少数民族学生参加市政协“阳光育人”项目答辩及资助活动；组织香港和台湾学生参加上海市“爱我中华”在沪港澳台大学生夏令营活动；以校园网、校报和统战简报为载体，加大宣传力度，发布统战信息 54 篇，编辑统战简报 4 期。通过学习和宣传提高了广大党员干部及统战成员思想共识。加强党风廉政建设，认真开展中央八项规定精神，落实情况回头检查工作，做好国有资产清查及“小金库”专项治理等工作。加强调研工作，配合教育部巡视组完成民主党派情况调研，配合市委统战部完成党外代表人士队伍建设督查工作。加强统战理论研究，2 篇调研课题获市教卫工作党委立项、6 篇课题上报市委统战部。《积极选配党外正职，加强党外代表人士队伍建设》荣获 2015 年度上海市统战工作实践创新特色奖；宋来、宋晓涛等人撰写的《高校少数民族学生教育引导研究》荣获 2015 年度上海统战理论政策研究优秀奖及市教卫工作党委系统 2015 年度统战调研优秀成果一等奖，《提升高校民主党派基层组织活力问题研究》荣获市教卫工作党委系统 2015 年度统战调研优秀成果二等奖。通过学习和调研进一步提高了部门及成员的自身建设。

做好换届工作。协助民主党派、统战团体基层组织选好干部、配好班子，确保人选安排与人大、政协换届相衔接，与党派市委换届工作相协调。统战部在与民盟、九三学社、民进、致公党、民革市委以及市侨联、民族联、欧美同学会、知联会进行沟通的基础上，与校内民主党派、统战团体基层组织及组织部等相关部门进行了充分的协商，顺利完成了民盟等5个民主党派基层组织，侨（台）联等4个统战团体基层组织的换届。配合徐汇区、金山区及民进市委，完成党派、团体区委班子成员的考察及换届任务。在新一届的班子中，九三学社社员童天中副教授当选为第五届金山区委副主委兼秘书长；民革党员刘少伟教授当选徐汇区第十四届委员会副主委、陈虹副教授当选委员；社会与公共管理学院俞慰刚教授当选徐汇区社会组织统战工作联合会首任会长；校民进支部主委赵玲当选为民进高教委员会首任主委。

加强队伍建设。推进党外代表人士队伍建设，配合党派完成新成员的考察工作，发展民主党派成员15人；完成7名无党派人士的登记认定工作；发展欧美同学会会员8人。9月份在校党委和二级党组织的大力支持下，对学校的70后、80后民主党派成员和党外优秀人才进行调研，形成169名由民主党派成员、无党派人士、知联会会员及无党派知识分子组成的名单，充实了党外代表人士信息库。把留学归国人员作为统战工作新的着力点，加大关注，将104名回国人员纳入视野。推荐23名党外教师参加各级党校、社会主义学院及民主党派中央、市委组织的各类学习培训班。其中选送1名致公党党员参加致公党中央培训班，选送1名民进会员参加民进中央培训班；选送1名党外教师参加市委统战部培训班；选送3名党外教师参加上海市教卫工作党委系统培训班等。1名教师被推荐到市人大挂职；完成了1名民主党派市委副主委的考察工作、党派市委委员的推荐工作；在与组织部的共同努力下，完成了徐汇区、奉贤区及金山区政协委员推荐考察工作，有9名党外教师当选新一届政协委员。

加强服务工作。支持人大代表、政协委员履职，召开了人大代表、政协委员集体调研会，人大代表、政协委员积极建言献策。共递交提案、建议及社情民意59篇。支持各民主党派基层组织不断提升参政议政能力，向党派中央、市委递交社情民意43篇。民盟委员会获民盟中央“开展坚持和发展中国特色社会主义学习实践活动先进单位”。统战部组织党外专家实地考察菱塘回族乡，了解企业发展情况及当地经济在转型升级当中遇到的瓶颈问题和困难，提供技术咨询，在当地建立“华东理工大学社会实践基地”。致公党华东理工委员会与嘉定致公党区委达成信息互通、资源共享的合作共识，进一步扩大了区校共建的领域。认真做好为统一战线成员的服务工作，重大节日走访慰问老归侨、探望生病教师，关心贫困少数民族学生。2016年为党外知识分子和老归侨申请助困金金额10 000元；为23名少数民族学生申请资助49 000元，将主动服务落到实处。

【5个民主党派基层组织完成换届】 4月27日至11月18日，校民进支部、民盟委员会、致公党委员会、九三学社委员会、民革支部相继召开代表大会，并按照各党派的章程进行了换

届选举。民进赵玲、致公党李建奎连任新一届主委，民盟黄发荣、九三学社刘海峰、民革刘少伟当选新一届主委。民进上海市委组织部副处级调研员蒋泽芬、民盟上海市委主委郑惠强、致公党上海市委副主委邵志清、九三学社上海市委专职副主委周锋、民革上海市委副主委董波等党派市委领导及我校党委副书记马玉录、陈麒等分别出席会议并讲话。

【华理专家教授为菱塘回族乡提供智力支持】 为进一步“促进各民族和睦相处、和衷共济、和谐发展”，6 月 3 日—6 月 5 日，校统战部部长焦家俊带领以少数民族教师为主体的专家学者一行 14 人赴高邮市菱塘回族乡进行实地考察，了解企业发展情况，参加了融入“一带一路”发展战略专家研讨会，并就当地经济在转型升级当中遇到的瓶颈问题和困难提供了专业指导和建议。在民族文化宫室内广场举行了“华东理工大学社会实践基地”揭牌仪式。高邮市副市长杨文喜、赵平等人参与接待。

【4 个统战团体基层组织完成换届】 5 月 24 日至 11 月 25 日，校侨（台）联、少数民族联合会、欧美同学会及中青年知识分子联谊会相继进行了换届，选举产生了新一届领导班子，涂善东连任欧美同学会会长，韩一帆当选侨（台）联主席，马海燕当选少数民族联合会会长。胡爱国当选中青年知识分子联谊会会长。上海市侨联副主席徐大振、上海市民族联副会长兼秘书长徐涛、上海市欧美同学会常务副会长陆建非、上海市委统战部党外知识分子工作处副处长何倞及校党委马玉录、宋来、陈麒等分别出席会议并讲话。

【9 名党外教师担任新一届区政协委员】 在新一届区县政协委员换届中，胡爱国、刘漫丹、刘少伟、任国宾和俞慰刚担任政协徐汇区第十四届委员会委员，其中俞慰刚当选区政协常委。邓卫平、李浩和王以群担任政协奉贤区第五届委员会委员，其中邓卫平被选为区政协常委。童天中教师担任政协金山区第六届委员会委员。

【3 名党外教师担任新一届区人大代表】 在新一届区人大换届选举中，赵玲、常雅宁当选徐汇区第十六届人大代表，郎美东当选奉贤区第五届人大代表。

（宋晓涛）

纪检监察工作

【概况】 年内，学校纪检监察部门认真落实中央、教育部和上海市关于党风廉政建设和反腐败工作部署，坚持全面从严治党、依规治党，忠诚履行党章赋予的职责，聚焦监督执纪问责，深化标本兼治，规范权力运行，强化党内监督，持之以恒落实中央八项规定精神，继续深化“三转”，努力践行监督执纪“四种形态”，为学校事业健康发展奠定坚强的思想政治基础和制度保障。

贯彻上级决策，抓好责任制落实。协助党委抓好中央重大决策部署的贯彻落实。协助抓好党风廉政建设工作任务的分解和责任落实，制定《华东理工大学党政领导班子成员党风廉政建设和反腐败工作责任分工》和《华东理工大学党政班子成员和各分管范围党风廉政建设工作任务责任分解》，督促领导班子主要负责同志履行党风廉政建设第一责任人职责和领导班子成员落实“一岗双责”。配合做好二级单位党风廉政建设责任制落实情况的检查考核。制定《华东理工大学二级单位党风廉政建设责任制落实情况检查考核办法》，细化党风廉政建设责任落实检查考核要点，成立了由校党风廉政建设领导小组牵头的专项检查组，对全校28家二级党组织责任落实情况进行了检查。

落实教育部要求，配合做好巡视工作。根据党委统一安排和部署，配合做好教育部巡视相关工作，完成《华东理工大学接受教育部党组巡视纪委工作报告》；根据巡视结果和整改要求，成立工作小组，制定整改方案，落实整改任务，重点对两个方面九类问题进行整改，对巡视移交的22件问题线索和信访开展集体研判，全部按照规定的处置方式分类处置，根据调查结果提出处理建议，形成《华东理工大学关于教育部巡视组移交问题线索和信访问题的处置情况报告》并上报巡视组。

突出监管重点，履行监督检查责任。加强对中央八项规定精神执行情况的监督检查，持之以恒纠正“四风”。编制《违反中央八项规定精神案例选编》供二级单位和中心组成员对照学习检查；加强对中央八项规定精神执行情况的监督检查，发现问题，及时处理；牵头对教育部检查组在学校国内公务接待专项检查中发现问题的整改情况进行回头检查，对2015年11月以来学校公务接待情况开展自查。加强对校院两级领导班子落实“三重一大”事项等决策制度执行情况的监督检查。在干部选拔任用工作中，坚持书面征求纪检部门意见制度，全年共出具纪委意见88份。坚持做好新任处级干部上岗廉政谈话制度，共有68位处级干部接受了谈话并与学校签订了《处级干部廉政承诺书》。制定《纪检监察部门关于加强对重点部位和关键环节监管的实施办法》，加强重点领域和关键环节的监管；对采购与招投标管理中心开展专项检查，在自查基础上，进行现场检查并根据检查结果提出整改建议。

严格纪律审查，践行监督执纪“四种形态”。以教育部巡视整改为契机，修订了《纪检监察部门关于纪律审查工作规程》，完善工作程序和制度。制定了《纪委办、监察处问题线索处置集体研判制度》，规范问题线索处置，健全集体研判机制。先后两次对2013年以来受理的问题线索处置情况进行全面排查，进一步规范完善问题线索的处置、办理程序。年内，共受理检控类信访案件39件，对信访案件及时处理和纠偏，对严重违纪涉嫌违法的问题依法依纪严肃处理，确保信访“件件有落实，事事有回音”。

开展纪律教育，营造风清气正的校园环境。加强党风廉政宣传教育工作，2月，组织校党政班子及党委委员、纪委委员和各二级单位负责同志70余人参加教育部党风廉政建设工作视频会议分会场的学习；3月，协助党委召开全校党风廉政建设干部大会，党委副书记马玉录代表校党委作题为“坚持挺纪在前，强化责任担当，扎实推进学校党风廉政建设”的工作报告，党委书记杜慧芳对2016年的工作提出要求，全校副处级以上干部300余人参加会议；10月，邀请上海市十八大精神宣讲团成员、上海地方志纪检监察卷主编赵增辉教授作题为“不忘初心 铭记责任”的专题辅导报告，全面解读《中国共产党问责条例》以及十八届六中全会亮点等，参会干部集体观看了警示教育片；加强网站宣传和改版工作，及时更新内容，上传新闻50篇，更新栏目文章64篇，在网站开设《中国共产党廉洁自律准则》《中国共产党纪律处分条例》等学习专栏，共上传权威解答、条文案析等文章35篇。

加强队伍建设，聚焦主业提升能力。深化和落实“三转”，制定了《中共华东理工大学委员会关于深化纪检监察部门“转职能、转方式、转作风”工作的实施方案》。加强对纪检干部的教育培训与管理，全年共11人次参加了教育部、上海市组织开展的相关培训。派员参加教育部直属高校、省部共建高校纪委第二片组第五次工作研讨会，就“全面从严治党背景下，高校纪委践行监督执纪问责‘四种形态’的思路与举措”主题开展研讨。完善充实学生监督员队伍。学生监督员通过查找问题，共向监察部门提供信息、意见或建议180余条。

【举办预防职务犯罪专题讲座】 6月2日，在和平楼第二会议室组织开展预防职务犯罪讲座，邀请徐汇区人民检察院社区检察科科长、主任检察官吴文骏作“防微杜渐 反腐倡廉”的主题讲座，基建处、后勤、采购与招投标管理中心的领导和工作人员以及部分二级党组织纪检委员、纪检监察审计干部共计 70 余人参加。

【开展重点岗位廉政教育】 11 月 4 日，由纪委办公室、后勤党委联合，在一教 101 组织开展重点岗位廉政教育，会上集体观看了三集“贪腐警示录”系列片，后勤、基建处、采购与招投标管理中心等部门近 70 人参加了教育活动，副校长胡宝国主持会议并对参会人员提出了要求。

【廉政文化作品征集活动获奖】 在教育部举办的第五届全国高校廉政文化作品征集暨廉洁教育系列活动评选活动中，团委教师包雷晶的作品《为官者，盘里装着鱼肉，心里怎有百姓》荣获该活动上海赛区艺术设计类二等奖。

安全保卫工作

【概况】 年内，保卫处在校党委和行政的领导下，在教委、公安部门的指导下，圆满完成了政治维稳、治安、综合治理、消防、交通、户籍管理等各项工作任务，实现了年度工作目标，确保学校正常的教学和工作秩序，并获得了以下奖项："加强三网建设，打造平安校园"项目被中央综治委校园及周边治安综合治理组授予"全国第二届平安校园建设优秀成果三等奖"，连续六届获得"上海市安全文明校园"荣誉称号，徐汇校区被上海市徐汇区消防安全委员会授予"徐汇区消防工作先进集体"称号。

党支部工作。完成了新一届支部领导班子换届工作。定期召开党支部大会，组织民主生活会、专题讨论会，开展"两学一做"教育实践活动。开展形式多样的组织生活，以"牢记誓言，严守党纪党规，做合格党员"为主题开展党课学习，与闵行高校派出所结对共建参观陈云故居活动等。保卫处严格遵守八项规定，推进"三严三实"落到实处，班子成员始终坚持落实"一岗双责"。

综合治理工作。积极开展平安校园创建工作，组织全校各二级单位的综合治理工作评比活动。召开"2016 年安全工作会议暨 2014—2015 年综合治理总结表彰大会"，对先进单位和个人进行表彰，并对 2016 年的综合治理工作提出要求。落实学校的综合治理指导意见，开展群防群治，实行安全责任书层层签约，落实综合治理责任制。

维稳工作。搜集和完善特殊群体的基础信息工作。加强反恐、涉恐工作，开展打击清理暴恐音视频专项行动，制定了《华东理工大学关于打击清理暴恐音视频专项行动工作方案》。配合公安、安全、反恐等国家机关开展调研工作。在政治敏感时期，排摸不稳定因素，组织巡逻保安，对广告栏、宣传栏等公共场所的宣传材料进行检查。做好非正常死亡和群访等维稳工作，做好校外学生实验爆炸死亡事故的善后与处理工作，做好 2016 届 MBA 群访、华天公司房屋拆迁闹访等事件的劝导维稳工作。

消防工作。加强日常巡检，完善台账制度，积极开展消防安全宣传。组织消防安全讲座 15 次，灭火演练 12 次，消防逃生演练 4 场，地毯式的安全大检查 5 次和安全大评比 1 次。利用市教委经费进行消防智能化建设，包括智能运维系统和消防管网及水箱的实时监测。做好消防设施改造和维护保养，对 3 780 个灭火器进行更换和充装，修复各类消防设备故障及问题 470 余起，确保消防设施正常运行。组建微型消防站，制定微型消防站规章制度，完善灭火处置程序。全年学校共发生 8 起火警，均得到及时妥善处置。

技防建设。增加摄像监控点，完善校园监控摄像布局。通过视频巡控和伏击守候，抓获犯罪嫌疑人 6 人，协助公安机关成功破获 38 起案件，帮助师生追回遗失或被盗的手机、电脑等物品，累计价值 22 万余元。通过巡查及时处理夜间未锁门事件 66 起。学校治安状况保持良好状态，在上海市公安局文保分局每季度发布的高校重点校区治安状况综合评估中均位列前两名。

安全教育。利用微信等新媒体积极开展安全教育宣传，推送安全教育类文章 57 篇；编写《华东理工大学校园安全服务手册》、“每周一案”和《安全提示》；开展了新生安全教育，实现本科生、研究生、留学生新生安全教育全覆盖；组织校园交通安全宣传、119 消防安全宣传系列活动等专项安全教育活动。定期在宣传栏放置安全教育知识，如校园交通安全、防诈骗宣传、暑假安全提示等。通过电子邮件，每周向全校师生发送“每周一案”。

大型活动安保工作。做好学生搬迁、新生报到、校友返校、校园招聘会、东方学者论坛、ISOP 国际研讨会、师生运动会、龙舟赛、乒乓球比赛、足球比赛等学校组织的大型活动的安全保卫工作，对校内停车及行进路线做统一安排和调整，布置保卫力量在道路、活动现场维护交通、活动秩序，确保活动的平安顺利进行。对于各学院、部处申报的学术会议、比赛等大型活动，加强安全审查，并协助做好安全保卫工作。

人口管理。简化新生户籍的迁移手续，为本科生、研究生办理迁入 1 642 人、毕业生迁出 2 250 人。为集体户口的教工子女报出生 32 人，办理新教工落户 76 人。为学生办理出国、结婚购房贷款、驾照和身份证补办等各项事宜开具户籍证明和办理身份证联系单 9 000 多张，接待电话咨询 1 800 多次。配合凌云街道社区事务中心，对师生办理（临时）居住证进行审核，共接待 288 人次。办理外来人员临时出入证 412 人次，签订安全协议书，加强外来施工队治安消防管理。

（施敏　郑倩倩）

机关党建

【概况】 年内，机关党委深入开展“两学一做”学习教育，全面加强党的建设，落实全面从严治党责任，积极支持群团工作，使机关党建始终围绕学校中心工作，服务学校发展大局。

开展“两学一做”学习教育。机关党委及时传达中共中央、教育部、上海市以及学校有关文件精神；制定《华东理工大学机关“学党章党规、学系列讲话，做合格党员”学习教育实施方案》，按照方案层层推进，开展“两学一做”学习教育。以“三会一课”等党的组织生活为基本形式，以落实党员教育管理制度为基本依托，通过集中学习、听报告、上党课、外出参观等多种形式，学党章党规，学系列讲话，将“两学一做”学习教育落到实处。组织党支部书记赴梅陇三村参观党建引领社区建设的典范“绿主妇”项目、参观“上海市纪念中国共产党成立95周年”主题展览和上海淞沪抗战纪念馆、参观“纪念红军长征胜利80周年主题展”；组织部分支部书记、党员参加“信仰的力量”情景党课的学习；举办“我为党旗争光辉”主题沙龙，围绕如何提升支部生活的有效性和吸引力、如何增强支部的活力和凝聚力等方面进行交流与讨论；涌现出“人人上台讲党课”“一句话承诺”“委员走进党小组”“党员流水做批注”“党员学习专用群”“抄写党章重点语句，撰写个人心得体会”等好的经验做法。组织竞赛、评比促进学习。组织机关党员教工参加学校“庆祝中国共产党成立95周年知识竞赛”，以赛促学，并荣获“优秀组织奖”；在机关党员中开展“立足岗位做贡献，时刻铭记是党员”征文活动；在机关党支部中组织“特色组织生活”评选活动。组织落实整改，以知促行。一是要求机关党员按月足额缴纳党费；二是规范组织生活频次；三是规范组织生活记录。注重宣传报道，利用校园网等媒体，及时宣传机关党委和各支部围绕“两学一做”学习教育开展的组织生活创新，宣传开展“两学一做”学习教育成效，在校园网上累计发布新闻报道9篇，并精心制作领导干部上党课微信简报专辑，营造良好氛围。

机关党组织建设。顺利完成党支部换届选举。对机关党支部设置作相应调整：设置22个党支部，其中设置联合党支部4个。将张爱民、轩福贞、李永生、徐晶、刘涛、唐有财等6位“双肩挑”干部的党组织关系从学院转入了机关党委。召开党支部书记会议，布置党支部换届选举工作，22个党支部均完成了换届选举工作，党支部书记均由部门副职以上领导担任，支部委员配备齐全。年内，发展预备党员2名，预备党员转正2名。组织推荐3位年轻干部分别于江苏苏州高新开发区、江苏扬中开发区和云南寻甸挂职锻炼。协助组织部进行干部推荐、考察工作。加强党建课题研究，推动各支部进行党建课题申报，年内共申报并批准立项党建课题7项。组织“两优一先”的推荐工作，向学校和上海市教育系统推荐优秀党员、先进党支部。组织推荐“上海市育才奖”候选人。关心退休支部工作，机关有5个退休党支部，与退休支部书记进行座谈交流，了解退休支部工作情况。开展敬老节退休教工返校活动。

推进制度建设。建立党支部书记例会制度，每月以会议、参观、沙龙等形式组织一次党支部书记活动，开展学习交流活动10次。建立党支部组织生活抽查制度，通过检查党支部生活记录本等方式，不定期检查党支部组织生活的开展情况。建立机关党委会例会制度。建立机关党委委员每月例会制度，坚持重大事项由党委委员会集体讨论决定，年内共召开机关党委会10次，议决事项20项。建立机关中心组学习制度，制订了二级中心组学习计划，将自学与集中学习相结合，每月至少集中学习一次。

机关作风建设。组织领导班子成员学习相关准则和条例。组织基建、招生、招投标等关键岗位干部职工进行学习教育，听取徐汇区检察院检察官关于预防职务犯罪报告。组织干部职工观看警示教育片。督促班子成员以及机关部处领导干部落实“一岗双责”，明确领导班子的党风廉政建设和责任分工。坚持党的民主集中制，坚持重大事项决策必须经集体讨论决定。利用部门网站、部门橱窗、党支部书记会议、党支部书记微信群等渠道，推进党务公开。

机关文化建设。组织召开第十五届工代会，选举产生新一届工会委员会。组织开展帮困、送温暖活动，为8位教职工申请了帮困补助，其中为1位教师申请了上海市教育工会的帮困补助。主动关心4位参加献血的教职工。组织教工参加学校教工运动会，获得团体第一名。组织教工参加学校的各项体育比赛，获学校篮球赛冠军、乒乓球赛亚军、80分比赛统揽冠亚军、校庆杯龙舟赛亚军、羽毛球比赛亚军。组建机关乒乓球兴趣小组。组织机关教工“乐教在奉贤周末休闲计划”活动，报名人数近百人。组建机关合唱队。组织举办机关新年联欢会。组织推荐校三八红旗手1名，校三八红旗集体1个，上海市教育系统三八红旗手1名，上海市三八红旗集体1个。

【领导干部上党课】 6月2日杜慧芳书记从“党章概述”“党章的发展历程”“党章的总纲”“党章的条文”“学习和遵守党章”等五个方面带领党员们一起学习党章。6月28日下午，校长曲景平为校长办公室和审计处的党员上了题为“牢记习近平总书记对机关工作人员的教诲——加强责任担当，提高工作能力”的党课，重点解读了“五个坚持”的工作要求。

（邹玉梅）

工会（妇委会）工作

【概况】 年内，学校现有27个部门工会，177个工会小组，会员总数3 612人（其中编外会员574人），发展新会员196人（其中编外会员104人）。一年来，校工会以组织建设为基础，以能力建设为重点，以作用发挥为关键，以职工满意为标准，增强服务、维护和创新意识，做实常规工作、做强特色工作、做亮重点工作，充分履行工会各项职能。

教代会工作。（1）完成二级部门双代会换届工作。27家部门工会在同级党组织领导下，根据《中华人民共和国工会法》《中国工会章程》和《学校教职工代表大会规定》，严格程序、积极宣传，顺利完成教代会、工代会换届工作，推进了校院两级管理体制改革。（2）发挥教代会执委会作用。依据《华东理工大学章程》《华东理工大学教职工代表大会实施办法（试行）》等规章，健全教代会民主管理相关制度，落实教代会职权。探索完善执委会在教代会闭会期间的工作规程，教代会闭会期间表决通过上海市五一劳动奖章候选对象人选、收入分配制度改革方案、绩效津贴各专项分配方案等。（3）推进教代会提案工作。八届一次教代会共收到代表提案122件，立案84件。提案工作委员会及时关注提案办理进度，加强与各承办部门及代表的沟通，围绕“多媒体教学设备使用维护”“教工体检”“奉贤校区教职工餐补”与“徐汇校区道路交通机动车管理及停车场建设”等问题召开现代教育技术中心、后勤保障处的提案专场沟通会及两场教代会提案巡视工作座谈会。

师德师风建设。（1）加强先进典型宣传。开展2016年度“上海市五一劳动奖状、奖章”评选推荐工作，学校获评“2016年上海市五一劳动奖状”，材料科学与工程学院李春忠教授获“2016年上海市五一劳动奖章”荣誉称号。举行纪念“三八”国际劳动妇女节106周年表彰会，表彰上海市巾帼建功个人和集体。开展2015—2016年度校“三八红旗手（集体）”评选活动，评选产生校“三八红旗手”20名、校“三八红旗集体”6家。党委宣传部获评上海市“三八红旗集体”，大学英语教学部获评上海市教育系统“三八红旗集体”；陈建定老师被评为上海市“三八红旗手”，王慧锋、傅蓉蓉老师被评为上海市教育系统“三八红旗手”。（2）组织教职工参加各类市级竞赛。联合人事处、教务处组织了上海高校青年教师教学竞赛校内选拔赛，5位选手参加了第二届上海高校青年教师教学竞赛决赛，高攀、孙金煜老师获一等奖；张孟、曹毅然老师获三等奖；米丹老师获优胜奖；教务处获“上海市工人先锋号”荣誉称号，学校获“优秀组织奖”。组织教师参加上海教师三笔字大赛，赵琳琳获钢笔字高校青年组三等奖，李以超、王建国、田野、郭敬维获优胜奖。（3）重视青年教师培养工作。以青年教师联谊会为抓手，开启青年教师学术交流及“优青走进青年学生”系列学术沙龙活动。开展“校领导与青年教师午间恳谈”活动，为学校发展积极建言献策，推动学校各项事业发展。同时借助“传、帮、带”结对子活动，加强师德引领。2016 年新结对子 43 对。11 月，开展 2013—2014 年 119 对对子“推优”工作，推选产生“优秀对子”35 对。

校园文体活动。（1）组织好一会一赛。第三十届体育节教工运动会考虑两校区教职工需求，增多项目、扩大规模，调整活动设置，吸引 23 个部门工会 2 800 余人次教职工参与。徐汇校区设团体趣味项目 10 项，奉贤校区设个人单项赛 5 项，在开幕式进行广播体操展示评比及近百人的入场式方阵表演。举办第十届“校庆杯”教工龙舟赛，召开专门协调会，充分考虑接待方案、场馆布置等，增设通海厅游戏环节，吸引 22 个部门工会 21 支队伍参与，俺来也、中国农行徐汇支行组队友情参赛。（2）做好文体班培训。根据教职工的需求调整课程内容设置，2016 年新设彩铅班，并开设瑜伽、摄影、乒乓球、太极拳等 19 个不同类型 38 个班级，为 1 100 人次教职工提供服务。（3）抓好社团文化建设。加强师生互动、校内外联动。新成立足球协会、瑜伽协会。18 家教职工社团现场招新，100 余人次报名加入。组织牌类、健走、钓鱼、篮球、乒乓球、羽毛球、围棋、象棋、排舞、瑜伽、游泳协会的“月月赛”。组织参与市级各项联谊比赛，承办了 500 余人规模的上海市第八届教工运动会乒乓球赛。围棋、象棋在上海市第八届教工运动会中分获高校组冠军及第七名的好成绩。教工合唱团获上海高校教工合唱展示演唱会最佳演唱奖。新成立的瑜伽协会在上海市第二届市民运动会上取得佳绩。

教职工维权。（1）提升维权服务能力。关注教职工需求，构筑教职工全方位保障体系。做好“3・15”“宪法日”等重要法律节日及教师节的宣传、咨询服务，通过普及法律提升教职工法律维权意识。发挥法律咨询中心作用，力求服务方式、服务时间、服务对象全覆盖，为全市教育系统的职工提供免费法律咨询服务，2016 年接待各类咨询 173 人次。（2）优化职工利益保障。参加上海市职工四项保障计划和市教育系统的教师补充医疗保障计划，校内设立教职工互助帮困基金，建立健全帮困信息档案。一年里实施帮困 144 人次，共计 181 900 元。优化暑期疗休养线路和服务方式，加强休养员、领队、承接方三方培训，组织 11 条线路 18 个团队，服务 472 名教职工。优化教职工年度体检工作，增加体检项目，统一并上调全校教职工体检标准至人均 800 元，增加重大疾病检测及 CT 等检验项目，公开招标遴选三家专业体检机构为全校教职工提供优质服务。（3）校、院传播华理“家”文化。校、院两级工会加大经费投入、丰富活动类型、创新活动方式，增加活动覆盖面。2016年推出“乐教在奉贤”周末主题休闲活动，校、院联动开展“教师有约”“师生有约”“家庭有约”三大系列24项特色活动，吸引2 450余人次参与，营造“心向奉贤想、人往奉贤走、力在奉贤用”的良好氛围。以“关爱、服务、维权”为主题开展教师节专场活动，“送艺术、送文化、送生活、送优雅”，发放书籍、盆栽、丝巾等800余份教师节礼物。“华理一家亲”传统活动形式多样，30及40岁青年教师形象展示活动、50岁集体生日联谊、当年度退休教师长兴岛健走等，各类活动基本覆盖各年龄段教职工。年底为全校教职工送去3 155份年货大礼包，为全校（含编外）教职工发放3 376份蛋糕领用券，会员普遍感受到工会组织实实在在的服务。

工会组织建设。（1）推进信息化建设。4月改版工会网站，突出网站的功能性、互动性、美观性。网站结构调整划分为“工会概况、民主管理、维权保障、师德师风、校园文化、自身建设、荣誉风采、法律制度”八大板块。加强微信公众号平台建设，加强工会办公室微信群、工会干部微信群的互动，加大对基层工会的工作宣传，形成信息发布辐射圈，使教职工及时了解工会相关文件精神，知晓工会日常活动情况。（2）组织新一届工会干部培训。以校院工会换届为契机贯彻落实党的群团工作会议精神，组织工会干部进行理论学习、业务培训、工作研讨等能力提升活动。上学期邀请工会理论专家为百余名基层工会干部培训，下学期以“主题沙龙”为形式就青年教师关爱工作、基层民主管理、教工小家活动室建设等专题讨论，为基层工会工作者打造横向联系、业务学习、经验交流的平台。（3）开展工会课题研究。9月启动2016—2017年度工会工作课题研究。22项课题批准立项，其中3项被列为重点课题。课题围绕校院二级工会、教代会建设、新媒体建设、青年工作、职工权益保障等工会重点、热点工作展开。邀请工会理论专家就本期课题立项情况及如何撰写工会工作课题进行辅导。2016年校工会《本市高校二级教代会运行现状及作用发挥研究》获上海市教育系统工会理论研究会2016年优秀成果二等奖。（4）组织工会评优工作。11月组织了两年一次的“优秀工会工作者”“优秀妇女工作者”“优秀工会积极分子”评选活动。叶江等23名同志被授予“2015—2016年度优秀工会工作者”称号，龙丽群等9名同志被授予“2015—2016年度优秀妇女工作者”称号，马小思等59名同志被授予“2015—2016年度优秀工会积极分子”称号。（5）做好会员服务卡及编外会员工作。注册工会会员服务卡3 240人、办理新卡237人。为切实维护非在编教职工的合法权益，对全校编外用工进行了摸底调研，与用人单位沟通、协调，以做好编外会员发展及会费、经费管理等工作。

共青团工作

【概况】 年内，校共青团围绕学校党委和团市委中心任务，实施“立德树人工程”，推进群团工作改革，在思想引领、活力团建、实践育人、能力提升等方面取得一定的成绩。

群团工作。（1）贯彻落实《中共中央关于加强和改进党的群团工作的意见》文件精神，推进群团改革。把握共青团改革契机，让基层班团组织“强”起来、“活”起来、“实”起来。深入推进班级志愿服务项目，构建“活力团支部”“红旗团支部”“十佳团支部”三级创建体系，力争使开展的班团活动有主题、有特色、有成效，内容丰富，形式新颖，同学们乐于参与。依托上海市高校共青团改革的试点项目——团学工作评估体系，构建了团学工作评价的“双元综合评估模型”，依供给维度要求建立评估体系标准，围绕学校共青团工作重点，由高校团委提供材料，上级部门根据材料进行考核，整体掌握团学工作的开展程度和效果。团学工作需求侧维度则是考查学生对团学工作的需求和满意度。通过问卷调查，了解学生对重点团学工作的知晓度、参与度、满意度，并将分析结果进行反馈。推进“1＋100”直接联系青年制度，每名团干部直接联系100名青年，直接服务、直接引导青年，以此倒逼工作方式、工作机制改革，推动形成大部分工作时间要到群众中去的生动局面。我校多个共青团组织和个人获得全国和上海市“五四”表彰。校团委书记倪炜荣获“全国优秀共青团干部”；校团委荣获“上海市五四红旗团委”。化工学院团委荣获“上海市五四特色团委”，资源与环境工程学院环境132班团支部荣获“上海市五四红旗团支部”。

（2）指导学生会、研究生会做好自身建设。全面落实第三十四次学代会和第十六次研代会确定的各项任务。2016年，共收集提案500余条，提案答复率近100%。学生会还致力于加强学生与校方的互信互通，举办了3场职能部门座谈会，通过举办“美食季”“走进食堂”“民心商家评选”等活动，开辟了权益服务的新途径。针对广大硕博士生群体的单身问题，校研究生会组织“我在华理遇见你”等交友类活动，并以“花梨桥”为载体，举办了华理研究生最关心的十大话题征集、奖学金满意度调研、研究生职场维权讲座、后勤面对面、权益主题游园会等系列活动，让学生组织的定位更为明确，自身建设更为聚焦，服务的功能更为显著。

意识形态工作。组织“青春华理·祝福祖国”“带着国旗去旅行”“穿越时空与长征的对话”

“优寝连连看”“活力团支部”等主题教育活动，组织举办“与信仰对话”“名师论道”“励志讲堂”等系列讲座，举办纪念“一二·九”运动81周年合唱比赛。打造“小花梨”和“花梨哥哥”新媒体网络思想政治教育平台，建设“网上共青团”。在青年学生集中聚集的网络上开展主题教育宣传活动。在重大节日和时间节点，系统设计宣传专题，如纪念长征胜利80周年期间，推出“红军梨”卡通形象，拍摄《花梨TV之小梨奇遇记》，用动画和视频的形式展现红军长征的壮丽史诗。创作“雷锋梨”，发起“晒晒身边的小雷锋”随手拍活动，引导同学们争做网络文明志愿者。

大学文化建设。加强校园文化活动的规划和指导，上半年开展了以“荟东方韵，铸民族魂”为主题的第29届文化艺术节，下半年举办了以“艺韵三十载 文脉五千年”为主题的第30届文化艺术节，研究生第十七届“秋韵节”，通过“我搭台你唱戏”的艺术展演形式，共举行百余场精品文化艺术活动，引进高雅艺术进校园活动3场。加大对艺术团、10个艺术教育实践基地的扶持和指导，支持合唱团赴俄罗斯参加国际合唱节，并获得了包括混声组金奖在内的五项大奖。开展“青春华理，活力三走”三走主题体育锻炼活动。挖掘师生周围极具人气、各具特色的师生典型，在继续推出“优寝连连看”“活力团支部”等优秀典型宣传报道的基础上，面向全校师生征集优秀稿件和报道线索，把学生中的“学霸学神”“创新达人”“摄影达人”等通过专题报道的形式展现到全校师生面前，打造具有正能量的“华理网红”。

思想引领和成才服务。

（1）把班级建设成为学生培育和践行社会主义核心价值观的日常实践平台。指导全校基层团支部开展主题团日活动和特色团日活动，推动形成了每年推选“一百个活力团支部”“一百个精品团日活动”“一百个精品团日活动策划”的良好局面。开展班徽设计展示大赛，展示班级的精神风貌、特色文化。将寝室文明建设作为班级建设的重要延伸和拓展，开展寝室装饰大赛，开展寝室文化建设，使寝室真正成为每位同学的温馨家园。将班团干部队伍建设作为班级建设管理中的关键环节，在励志团校中面向新生班长、团支书和新生党员开设了“远志班”第2期新生班团骨干培训班，侧重进行班级团支部操作实务的培训。继续进行各类团学骨干的培养工作，全校公开选拔100名学生骨干开设了“百优班”第8期百名优秀学生干部培训班；面向校院两级团学组织主要学生骨干开设了“英才班”第4期团学骨干培训班等。

（2）形成一批互联网+思想政治教育精品。推出面向徐汇校区师生的微信子品牌“花梨哥哥”，不断扩大“小花梨”和共青团工作的覆盖面和触手。截至11月30日，“小花梨”微信号2016年总阅读量1 543 408次，总点赞量17 532次，其中单篇点击量高达95 736次，点赞达

722 次。还在全国团组织微信公众号中首推短视频专栏《花梨 TV》并开通了映客直播，制作的长征专题短视频被团中央学校部微信转发。“小花梨”微信号长期位于全国基层团组织微信排行榜 50 强，并多次进入前五强，“小花梨”微信公众号被评为 2016 年“上海学校共青团十大微信公众号”。

(3) 探索实践育人的重点项目和长效机制。拓展志愿服务渠道和项目。2016 年，全校开展志愿服务超过 1 200 次，参与志愿服务学生 1.4 万余人次，比上一年度增长 27%。第十七届研究生支教团在团长陈敏媛的带领下，通过众筹等形式募集了 2 000 多本儿童绘本和一万多元的资金，为孩子们建立起“彩虹绘本屋”，并为山区儿童举办了一场艺术作品展。2016 年 5 月 19 日，《人民日报》对我校研究生支教团赴定西支教的事迹以及学校形成志愿者长效机制进行了专门报道。“湛蓝”系列助残项目荣获第二届中国青年志愿服务项目大赛银奖。爱心接力社荣获 2015 年阿克苏诺贝尔中国大学生公益奖银奖。

(4) 开展多层次社会实践活动。积极组织学生参与“三下乡”社会实践和全国、上海市各类社会实践专项行动，组织选拔了约 3 800 余名学生组成 500 余支社会实践团，分赴吉林、新疆、安徽、江西、陕西、四川等全国近 30 个省或自治区开展丰富多彩的社会实践活动。商学院党委副书记朱姝荣获 2016 年全国大中专学生“三下乡”社会实践活动先进个人。在上海市“知行杯”大赛中，我校参赛团队获得一等奖 1 项、二等奖 1 项、三等奖 6 项，获奖数创历史新高。

创新创业教育。完善校内创业大赛选拔模式。在校内指导创新创业社团开展活动，举办各类双创辅导讲座，设立“创创说”学生创新创业沙龙，举办暑期创业实战赛、创业训练营，在校园营造浓郁的双创氛围；依托全国性双创赛事，举办校内选拔赛，构建“立项—指导—孵化—运作”式的校内竞赛平台。其中，我校计算化学团队被授予全国“小平科技创新团队”称号，这是我校首支被授予全国“小平科技创新团队”称号的团队。重点打造“双创”教师队伍。首次面向全体大一新生开设“创业基础”必修课，组建以获得 KAB 证书为基础的课堂授课队伍，已建成一支由专业教师、思政教师、创业校友、风险投资人组成的专兼结合的创业教育师资队伍。同时依托对创业项目的指导，聘请著名企业家、创业校友、风险投资家等担任大学生创新创业导师。积极参加各类创业计划大赛。组织参加“创青春”全国大学生创业大赛、“互联网+”全国大学生创新创业大赛等赛事。我校学生在“创青春”国赛中获得 4 银 4 铜，成绩位列上海高校第 3 名。原计划由学校承办和与徐汇区人民政府共同举办的“绿色化工”全国化工类高校大学生创业计划邀请赛，后由于徐汇区尚未落实具体赛事资源，因此本项邀请赛暂缓举行。

表彰与奖励

Biaozhang yu Jiangli

获得国家级先进集体、先进个人名单

填报单位	姓名	单位	授奖名称	获奖时间	授奖单位	项目内容
教务处	鲁习文、苏纯洁、钱夕元、杨勤民、刘朝晖、靳勇飞	理学院	一等奖 2 项、二等奖 3 项、三等奖 4 项	2016. 3	大赛主办方	美国大学生数学建模竞赛（国际）
科研院	章飞芳等	药学院	科技兴检二等奖（第三完成单位）	2016. 1	国家质量监督局	食品有害物质控制技术及快检产品研发
体育科学与工程学院	李鹏	体育科学与工程学院	中国大学生校园健身跑步活动暨2016new balance中国大学生校园路跑接力赛精神文明代表队	2016. 5	中国高等教育委员会、体育专业委员会、接力赛活动委员会	
体育科学与工程学院	李鹏	体育科学与工程学院	第六届全国大学生曲棍球锦标赛第四名、体育道德风尚奖	2016. 7	中国大学生协会、中国曲棍球协会	
体育科学与工程学院	李鹏	体育科学与工程学院	2016 年第 33 届澳大利亚黄金海岸国际马拉松中国第一名、总排名 45	2016. 7	国际田径联合会、澳大利亚马拉松组委会	
体育科学与工程学院	许周政	体育科学与工程学院	2016 全国大学生田径锦标赛男子甲 B 组 100 米第一名	2016. 7	主办方	
体育科学与工程学院	丁超	体育科学与工程学院	2016 全国大学生田径锦标赛女子甲 A 组 200 米第二名	2016. 7	主办方	
体育科学与工程学院	江浩岚	体育科学与工程学院	2016 全国大学生田径锦标赛女子甲 A 组跳高第四名	2016. 7	主办方	
体育科学与工程学院	丁 超	体育科学与工程学院	2016 全国大学生田径锦标赛女子甲 A 组 400 米第七名	2016. 7	主办方	
体育科学与工程学院	赵赟	体育科学与工程学院	第二十一届中国大学生网球锦标赛团体冠军	2016. 7	中国大体协	
学生工作部（处）	吴婷	体育科学与工程学院	全国高校辅导员年度人物入围奖	2016. 5	中国高教学会辅导员工作研究会	

续表

填报单位	姓名	单位	授奖名称	获奖时间	授奖单位	项目内容
团委	华理化工青志协	化工学院	中国扶贫基金会2015年度“爱心团体”	2016.2	中国扶贫基金会	
党委宣传部	华东理工大学新闻网	华东理工大学党委宣传部	“全国高校优秀网站”提名奖	2016.6	全国高校校园网站联盟	

获得省部级先进集体、先进个人名单

填报单位	姓名	单位	授奖名称	获奖时间	授奖单位	项目内容
教务处	程建新	艺术设计与传媒学院	国家级精品视频公开课程	2016.2	教育部	设计创新与城市发展
教务处	黄婕	化工学院	国家级精品资源共享课程	2016.6	教育部	化工原理
教务处	许志美	化工学院	国家级精品资源共享课程	2016.6	教育部	化学反应工程
教务处	乐清华	化工学院	国家级精品资源共享课程	2016.6	教育部	化学工程与工艺专业实验
教务处	张嗣良	生物工程学院	国家级精品资源共享课程	2016.6	教育部	发酵工程
教务处	魏东芝	生物工程学院	国家级精品资源共享课程	2016.6	教育部	酶工程
教务处	曹学君	生物工程学院	国家级精品资源共享课程	2016.6	教育部	生物分离工程
教务处	黑恩成	化学与分子工程学院	国家级精品资源共享课程	2016.6	教育部	物理化学
教务处	钱旭红	化学与分子工程学院	国家级精品资源共享课程	2016.6	教育部	有机化学
教务处	唐燕辉	化学与分子工程学院	国家级精品资源共享课程	2016.6	教育部	制剂工程
教务处	徐世爱	材料科学与工程学院	国家级精品资源共享课程	2016.6	教育部	高分子物理
教务处	刘勇弟	资源与环境工程学院	上海市精品课程	2016.4	上海市教委	水污染控制工程
教务处	陆慧	理学院	上海市精品课程	2016.4	上海市教委	光学

续表

填报单位	姓名	单位	授奖名称	获奖时间	授奖单位	项目内容
教务处	汪冬华	商学院	上海市精品课程	2016.4	上海市教委	多元统计学
教务处	侍洪波	信息科学与工程学院	上海市精品课程	2016.4	上海市教委	自动控制原理
教务处	王学生	机械动力工程学院	上海市精品课程	2016.4	上海市教委	化工设备设计
科研院	于广锁、刘海峰、周志杰等	资源与环境工程学院	山东省科技进步一等奖（第二完成单位）	2016.1	山东省政府	高效大型水煤浆气化技术
科研院	应卫勇、张海涛、房鼎业	化工学院	江苏省科学技术三等奖（第二完成单位）	2016.2	江苏省政府	甲醇合成反应器国产化技术开发与工业应用
人文社科处	潘艺林、蒋冬梅、孙艳丽、汤立群、胡宝林	高等教育研究所	上海市第十一届教育科学研究优秀成果奖一等奖	2016.1	上海市教育委员会	从超越到世俗——西方高等教育的当代转型
人文社科处	曾守锤	社会与公共管理学院	上海市第十一届教育科学研究优秀成果奖二等奖	2016.1	上海市教育委员会	流动儿童的社会适应：研究与实务
人事处	马铁驹	商学院	2015 年教育部长江学者特聘教授	2016.4	教育部	
人事处	杨弋	药学院	2015 年教育部长江学者特聘教授	2016.4	教育部	
人事处	朱为宏	化学与分工子工程学院	2015 年教育部长江学者特聘教授	2016.4	教育部	
人事处	张显程	机械动力工程学院	2015 年教育部长江学者青年项目	2016.4	教育部	
人事处	吴永真	化学与分工子工程学院	2016 年上海东方学者特聘教授	2016.5	上海市教委	
人事处	胡爱国	材料科学与工程学院	2016 年上海东方学者特聘教授跟踪计划	2016.5	上海市教委	
人事处	解永树	化学与分子工程学院	2016 年上海东方学者特聘教授跟踪计划	2016.5	上海市教委	
体育科学与工程学院	孙为庆	体育科学与工程学院	上海市大学生足球联赛第三名	2016.6	市教委，体育局	

续表

填报单位	姓名	单位	授奖名称	获奖时间	授奖单位	项目内容
体育科学与工程学院	李鹏	体育科学与工程学院	2016 年奉贤海湾 550 半程马拉松第一名	2016. 4	上海市体育局、奉贤区人民政府	
体育科学与工程学院	李鹏	体育科学与工程学院	2016 年国际田联钻石联赛——上海站（垫场赛 5 000 米）第一名	2016. 5	上海国际田径黄金大奖赛组委会	
学生工作部（处）	逄索	化学与分子工程学院	第十二届高校辅导员论坛征文一等奖	2016. 1	上海市教育卫生系统思想政治工作研究会、上海市学生德育发展中心	
学生工作部（处）	包雷晶	校团委	第十二届高校辅导员论坛征文一等奖	2016. 1	上海市教育卫生系统思想政治工作研究会、上海市学生德育发展中心	
学生工作部（处）	何天雄	外国语学院	第十二届高校辅导员论坛征文三等奖	2016. 1	上海市教育卫生系统思想政治工作研究会、上海市学生德育发展中心	
学生工作部（处）	刘少文	学工部	第十二届高校辅导员论坛征文三等奖	2016. 1	上海市教育卫生系统思想政治工作研究会、上海市学生德育发展中心	
学生工作部（处）	王阳	资源与环境工程学院	第十二届高校辅导员论坛征文三等奖	2016. 1	上海市教育卫生系统思想政治工作研究会、上海市学生德育发展中心	
学生工作部（处）	武装部	武装部	上海市爱国拥军先进单位	2016. 8	上海市政府	
学生工作部（处）	华东理工大学	学工部	2015 年动感地带杯上海市高校系列宣传活动二等奖	2016. 3	上海市事务中心	
团委	微笑益GO	社会与公共管理学院	上海市大学生社团优秀项目	2016. 5	上海市教育卫生工作委员会、上海市教育委员会、共青团上海市委员会	
团委	微笑益GO	社会与公共管理学院	上海市青年五四奖章集体	2016. 5	共青团上海市委员会、上海市人力资源与社会保障局	

续表

填报单位	姓名	单位	授奖名称	获奖时间	授奖单位	项目内容
团委	大学生艺术团伊卡斯特合唱团	校团委	上海市青年五四奖章集体	2016.5	共青团上海市委员会、上海市人力资源与社会保障局	
团委	共青团华东理工大学委员会	校团委	2015年度上海共青团新媒体工作优秀集体	2016.4	共青团上海市委员会	
团委	共青团华东理工大学委员会	校团委	上海市五四红旗团委	2016.5	共青团上海市委员会	
团委	“小花梨”微信公众号	校团委	2016年度上海共青团学校共青团类十大微信号	2016.4	共青团上海市委员会	
团委	资源与环境工程学院环境132班	资源与环境工程学院	上海市五四红旗团支部	2016.5	共青团上海市委员会	
团委	共青团华东理工大学化工学院团委	化工学院	上海市五四特色团委	2016.5	共青团上海市委员会	
团委	环保协会	资源与环境工程学院	上海市教育委员会示范性节能环保学生社团	2016.6	上海市教育委员会	
团委	华东理工大学青年志愿者协会	校团委	上海市慈善基金会2014—2015年度优秀慈善义工集体	2016.1	上海市慈善基金会	
团委	华东理工大学	校团委	第九届“上汽教育杯”上海市高校学生科技创新作品展示评优活动组织奖	2016.5	上海市高校学生科技创新作品展示评优活动组委会	
团委	倪炜	校团委	全国优秀共青团干部	2016.5	共青团中央	
团委	金志超	校团委	2015年度上海科技馆志愿者活动优秀组织者	2016.3	共青团上海市委员会、上海市精神文明建设委员会办公室	
团委	张显程	机械与动力工程学院	上海市青年五四奖章	2016.5	共青团上海市委员会、上海市人力资源和社会保障局	
团委	何希	校团委	2015年度上海共青团新媒体工作优秀个人	2016.4	共青团上海市委员会	

续表

填报单位	姓名	单位	授奖名称	获奖时间	授奖单位	项目内容
团委	胡兵	校团委	上海市优秀团干部	2016. 5	共青团上海市委员会	
团委	陈啸寅	校团委	上海市优秀团干部	2016. 5	共青团上海市委员会	
团委	李铁军	理学院	上海优秀团员	2016. 5	共青团上海市委员会	
团委	陆乐	资源与环境工程学院	上海市奉贤区青年五四奖章	2016. 5	共青团奉贤区委员会	
团委	万婷	校团委	上海市慈善基金会2014—2015年度优秀慈善义工活动组织者	2016. 1	上海市慈善基金会	
党委宣传部	华东理工大学机关党委宣传部党支部	华东理工大学党委宣传部	上海市教育卫生工作党委系统先进基层党支部	2016. 6	上海市教卫工作党委	
党委宣传部	李铁军	华东理工大学党委宣传部	上海市优秀共青团员	2016. 4	共青团上海市委员会	
党委宣传部	华东理工大学研究生定西支教团	华东理工大学团委	2015年上海市教卫工作党委系统社会主义精神文明十佳好人好事提名	2016. 6	上海市教卫工作党委系统精神文明建设委员会	
党委宣传部	安琦	机械与动力工程学院	2016年上海市教书育人楷模提名	2016. 6	上海市教卫工作党委宣传处	
统战部	九三学社华理委员会	华东理工大学	2015年参政议政工作先进集体一等奖	2016. 6	九三学社上海市委	
统战部	九三学社华理委员会	华东理工大学	2015年信息工作先进集体二等奖	2016. 6	九三学社上海市委	
统战部	民盟华理委员会	华东理工大学	中国民主同盟盟务工作先进集体	2016. 4	民盟上海市委	
统战部	民盟华理委员会	华东理工大学	2015年度参政议政工作先进集体	2016. 6	民盟上海市委	
统战部	华东理工大学侨台）联	华东理工大学	2015年创特色工作（项目）实践奖	2016. 4	上海市侨联	
统战部	钱锋	九三学社华理委员会	2015年信息工作个人二等奖	2016. 6	九三学社上海市委	

续表

填报单位	姓名	单位	授奖名称	获奖时间	授奖单位	项目内容
统战部	周雅新	九三学社华理委员会	2015 年信息工作个人三等奖	2016. 6	九三学社上海市委	
统战部	朱莉	九三学社华理委员会	2015 年信息工作个人三等奖	2016. 6	九三学社上海市委	
统战部	钱锋	九三学社华理委员会	2015 年课题提案工作贡献奖	2016. 6	九三学社上海市委	
统战部	安琦	民盟华理委员会	2015 年度反映社情民意信息工作先进个人	2016. 6	民盟上海市委	
统战部	李浩	民盟华理委员会	2015 年度民盟上海市委盟务工作先进个人	2016. 4	民盟上海市委	
统战部	安琦	民盟华理委员会	2015 年度民盟上海市委盟务工作先进个人	2016. 4	民盟上海市委	
统战部	管爱国	民盟华理委员会	2015 年度民盟上海市委盟务工作先进个人	2016. 4	民盟上海市委	
统战部	刘冬梅	民盟华理委员会	2015 年度民盟上海市委盟务工作先进个人	2016. 4	民盟上海市委	
统战部	熊丹柳	民盟华理委员会	2015 年度民盟上海市委盟务工作先进个人	2016. 4	民盟上海市委	
校工会、妇委会	华东理工大学	华东理工大学	上海市五一劳动奖状	2016. 4	上海市总工会	
校工会、妇委会	华东理工大学“妇女之家”	工会（妇委会）	2015 年度上海市妇女之家示范点	2016. 3	上海市妇女联合会	
校工会、妇委会	图书馆情报部	图书馆	2015 年度上海市巾帼文明岗	2016. 3	上海市妇女联合会	
校工会、妇委会	华东理工大学	华东理工大学	2015 年底上海市妇联妇女儿童研究优秀成果评比中获得优胜奖	2016. 4	上海市妇女联合会	〈上海女性人才贡献研究〉
校工会、妇委会	围棋协会	工会	上海市第八届教工运动会围棋比赛第一名	2016. 5	上海市教育卫生委员会、上海市教育委员会、上海市教育工会	
校工会、妇委会	外国语学院日语系	外国语学院	2015 年上海市教育系统巾帼文明岗	2016. 3	上海市教育工会	
校工会、妇委会	图书馆	华东理工大学	2015 年度上海市教育系统“优秀妇女小家”	2016. 3	上海市教育工会	

续表

填报单位	姓名	单位	授奖名称	获奖时间	授奖单位	项目内容
校工会、妇委会	生物工程学院	华东理工大学	2015 年度上海市教育系统“优秀妇女小家”	2016. 3	上海市教育工会	
校工会、妇委会	教工合唱团	工会	2016 年上海高校教工合唱展示演唱会最佳演唱奖	2016. 6	上海市教育工会、上海市教育工会合唱协会	
校工会、妇委会	李春忠	材料科学与工程学院	上海市五一劳动奖章	2016. 4	上海市总工会	
校工会、妇委会	杜文莉	信息科学与工程学院	2015 年度上海市巾帼建功标兵	2016. 3	上海市妇女联合会	
校工会、妇委会	沈悦萍	工会	2015 年度上海市教育系统优秀工会工作者	2016. 1	上海市教育工会	
校工会、妇委会	徐晓勇	药学院	2015 年度上海市教育系统巾帼建功标兵	2016. 3	上海市教育工会	
校工会、妇委会	郭卫红	材料科学与工程学院	2015 年度上海市教育系统巾帼建功标兵	2016. 3	上海市教育工会	
校工会、妇委会	冯耀宇、钟新华夫妇	资源与环境工程学院	2015 年上海市教育系统比翼双飞模范佳侣标兵	2016. 3	上海市教育工会	
校工会、妇委会	侯丽敏、修光利夫妇	商学院	2015 年上海市教育系统比翼双飞模范佳侣	2016. 3	上海市教育工会	
校工会、妇委会	高攀	外国语学院	第二届上海高校青年教师教学竞赛人文科学一等奖	2016. 6	上海市总工会、市教卫工作党委、市教委	
校工会、妇委会	孙金煜	材料科学与工程学院	第二届上海高校青年教师教学竞赛自然科学应用学科一等奖	2016. 6	上海市总工会、市教卫工作党委、市教委	
校工会、妇委会	张孟	理学院	第二届上海高校青年教师教学竞赛自然科学基础学科三等奖	2016. 6	上海市总工会、市教卫工作党委、市教委	
校工会、妇委会	曹毅然	商学院	第二届上海高校青年教师教学竞赛非语言类外语教学学科三等奖	2016. 6	上海市总工会、市教卫工作党委、市教委	
校工会、妇委会	米丹	马克思主义学院	第二届上海高校青年教师教学竞赛社会学科优胜奖	2016. 6	上海市总工会、市教卫工作党委、市教委	

续表

填报单位	姓名	单位	授奖名称	获奖时间	授奖单位	项目内容
校工会、妇委会	刘汉伟、宋飞飞、孙伟红、范辰辉	后勤保障处	上海市教育系统工会理论研究会2015年课题评选中荣获二等奖	2016. 3	上海市教育工会	〈高校后勤劳动争议治疗中的工会作用研究〉
校工会、妇委会	沈悦萍	工会	华东理工大学2014—2016学年优秀党务工作者	2016. 6	华东理工大学党委	
保卫处	华东理工大学	华东理工大学	2014—2015年度上海市安全文明校园	2016. 1	上海市综治委校园及周边治安综合治理专项组	
保卫处	监控中心	保卫处	上海高校治安安全示范点	2016. 1	上海市教育系统社会治安综合治理委员会办公室、上海市公安局文化保卫分局	
高教所	潘艺林，孙艳丽，胡宝林	高教所	上海市第11届教育科学研究优秀成果一等奖	2016. 1	上海市教育委员会	
后勤保障处	华东理工大学校医院	华东理工大学	上海市内设医疗机构标准化建设合格单位	2016. 3	上海市企事业卫生保健管理协会	
后勤保障处	华东理工大学奉贤校区卫生所	华东理工大学	上海市内设医疗机构标准化建设合格单位	2016. 3	上海市企事业卫生保健管理协会	
后勤保障处	华东理工大学	华东理工大学	2015年度上海市达标锅炉房	2016. 1	上海市质量技术监督局、上海市经济和信息化委员会、上海市环境保护局	
后勤保障处	华东理工大学奉贤校区第二食堂	华东理工大学	餐饮业现场管理规范（六T实务）AAAAA单位	2016. 1	上海市餐饮烹饪行业协会	
后勤保障处	华东理工大学后勤保障处	华东理工大学	2015年上海高校后勤团体采购“先进单位”	2016. 1	上海高校后勤服务中心、上海市学校后勤协会、上海高校后勤服务股份有限公司	
离退休工作处	张东山	华东理工大学（退休）	全国教育系统关心下一代工作先进工作者	2016. 4	教育部关心下一代工作委员会	

获得各类表彰的学生集体和个人名单

1. 2015—2016 学年度优秀奖学金（原综合课程奖学金）名单

化工学院

特等奖

周　倩　宋贵瑶　马清艳　孙晶莹　沈　迪　杨宇琦　吴　杰　何宇航　李睿涵　毛舒岚
陈晴川　郭佳雯　余柳莹　简雨培　侯林怡　李嘉辉　傅忠旺　韩宇晴　盛想英

一等奖

于弘平　刘梦雪　曹天浩　邱召梅　李斓蒨　窦佳红　崔　秀　王　颖　成晓敏　张迈文
李萍萍　周　瑾　凌铁杰　朱宇杰　张郑珂　张　舸　陈熙理　汤嘉伟　包秋琪　蔡亦慧
王一帆　翟咏昕　李沐豪　陈元昊　柳彦恺　陈哲琪　蔡　颖　王瑞颛　李晨丹　杨壹荃
袁满林　贾梦蕾　王路路

二等奖

周自扬　刘　迅　唐艳玲　董　浩　穆艳雨　吴一墨　何　清　范雯婷　陈思睿　徐桂馨
刘亚婵　余雅心　滕　玥　焦一然　马榆垒　吴博航　王艺霖　沈冰洁　汪若晨　李莎婷
刘　霖　蒋　彤　罗　毅　赵晓晖　徐智良　张　佳　蔡文药　孔祥伟　刘义涛　李晓羿
楼仕丰　施晓艳　李　睿　王鹏宇　田丽颖　钱智玲　徐基鹏　邱玉峰　朱臻业　李梦楠
高维群　石昕柠　吉龙彪　沈君尧　杨　柳　朱亚子　李　安　施华溢　刘　颖　俞　洁
吴玉学　李　茜　曹峻博　贾炎涛　李孜萌　林瑞儒　代立恒　周　健　陈　辰　倪烨铭
马辉煌　吕春枚　陈家康　赵恩佑　赵丹阳　王　赫　马宏超　翟伊舒　刘恒源　陈棹桦
曹怀轩　陆家伟　孙晨轩　陈宥霖　姜　铠　毕倩文　万天韵　谢辉豪　陈双静　龚伟中
林珊雅　丁含卓　林　静　姚　钱　白圣禹　王海榕　金家昱　陈　君　王旌馨　齐之垚
盛冰纯　朱恩赐　金道明　谷官耀　廖莹灵　陈　铭　韩警坛　陈翀昊　李雪文　杨璐彬
李伟俊　赵　楠　李吉利　万雨婷　闫俊好　赵晨苗　郭天瑞　乔奕达　王聪莹　张　婷
吴　园　周庆港　王晓宇　王佟玥　赵　瑞　张　露　曹　飘　王　尊　王利杰　杨海波
朱丹凤　代超燕

三等奖

童钰涛　张　政　王雨明　吴克德　王圳男　张　帆　史怡坤　张丁方　陆奕权　黄　倩
辛玮玥　曹俊翔　杨　硕　苑　媛　曹建成　刘伟良　凌诗佳　陈玎乐　金恒超　单宏伟
郭天浩　韩翔宇　许博文　刘锦泽　刘宏韬　安嘉元　张榕芯　江浩然　陈亦佳　谈金辉

曹　正　许晨宪　张佳雯　司　巍　陈明哲　高经天　夏成志　周　楠　陈雪琴　周佳琦
林飞腾　王　龙　陆舟洲　李宇翔　贺　睿　罗　伟　陈泽华　汤人杰　许思祺　朱奕潼
应佳迪　陈　澜　罗　吉　陈宛莹　李　纯　哈静婷　韩丽宏　刘晓华　韦　萍　萧　傲
赵　婧　张梦琪　施梦婷　赵汉秦　冯新慧　汪　成　白　雪　田　莹　陈　阳　张钧博
訾　雪　丁　宁　谭家伦　温　珊　周伟凯　张　俊　江　鹏　李　颖　王　宁　范　军
周思依　徐敏杰　吴正文　蒋为璇　袁纯怡　陆鹏程　孙　静　汪语扬　顾钦卓　王　丹
蒋佳恋　张松岩　斯泽浩　钱　震　张雅曼　董　炜　刘翔宇　曹　晔　林宇航　汪瑜懿
赵一权　刘巧巧　丁晓旭　阮舒成　陈思磊　杨小娟　陈怡沁　郑智源　朱海元　渠　凯
陈琪炯　刘慧清　杜宜林　郭　浩　李　征　严一振　郑威彬　沈帅君　陈顾中　崔　然
张　杰　崔海峰　闫瀚钊　邢　钰　李鑫磊　姚　苑　陈　杨　葛金城　虎良楠　李天越
蒋志宇　徐健元　赵李川　韩晓菲　陈　坚　李　婷　虞坎坎　陈鹏鹏　杜　威　王　伟
赵若祺　邹剑云　尹学睿　方　圆　徐劭晗　王敬鑫　吴盛根　唐梦亚　陈柳伊　赵子浩
赵昕晖　曹大群　乔琳菊　吴　枭　晏嘉骏　张德凯　薛　静　乔　倩　王子健　冯志恒
刘毓蓉　曹齐茗　周家禾　严伟琦　陈　卓　覃　露　张　柯　李　秀　郑朱峰　李临风
梅俊伟　邢　彪　王鑫琦　李雨柔　郭　琛　李　瑶　李定聪　李　翔　何　牧　吴子灵
覃兴龙　王晓宇　王雪阳　李泽旭　陈永灏　陈洲蕴　张雨婷　汤诗怡　谈　天　李卓群
成凤仪　易　珊　赵佳丽　沈　亮　肖可寒　马哲杰　刘陈怡　常　辉　周　菊　于戴奕
冯　昊　郭继宁　曹昕宇　张梦洋　高秀鲁　刘佳文　周　璐　严思燕　尹　艳　刘祎琦
袁　方　李晓婷　姚　蕊　何　力　刘　芬　方海灿　苏　哲　郭彦琪　王　堃　高　天
龚　莉　邹环宇　刘世钰　刘思舜　刘雨洁　陈利婕　杨　菲　洪可正　范小鲁　黄禹沁
张宏泽　许小娜　冯玮瑶　王施施　童奕皓　高思捷　朱铭娅　张以任　倪佳莹　陈英杰
郝亚琪　葛　真　蔡逸凡　唐　睿　苏轶鹏　崔雨楼　万　宣　辛朝冉　姚志强　陈芷晗
章雨柔　朱悦婷　于观旭　俞小叶　王子熠　郑科航　李浦源　李嘉煜　张熙祥　纳　鹏
顾晓雯　杨施默　罗宇恒　刘剑坤　王紫竹　费琦慧　沈逸超　周　齐　朱佳乐　孙惟宜
王思潭　原晓涵　侯子燕　邱立亮　宋建华　王宇鹏　何雨杭　朱剑楠　陈星星　杨丰远
许子豪　郭子毓　郭怡悦　李珮琤　严世超　罗蕴涵　张晨悦　郄冠钰　张慧洁　岳成燕
赵　岩　吴钰哲　苏　磊　刘广成　何　铜　王　迪　李新爽　夏　灿　马莉茹　彭思源
孙　悦　梁　娟　徐　东　张　磊　李志华　吴　田

生物工程学院

特等奖

曹慧君　周梦情　徐　豪　肖梦圆　龚美玲　何秋琳　赵琪琪　李媛媛　李奕欢

一等奖

李雨嘉	杜　筱	朱佳莹	陈伟杰	岳雅妮	年珂晴	李圆圆	耿泽龙	吴　迪	蒋　璐
叶佳琳	黄森鹤	汤丁越	刘雅倩	姚溢融	刘　静	李　晔	包志昌	吉　雷	肖　霞
丁　晟	李春丽								

二等奖

姚　静	徐名强	华康敏	王晨桐	王　彤	黄河舟	张佳妮	傅雅文	梁冰玉	瞿　立
朱筱婧	张　锦	聂膡骕	尹晓梦	杨培君	白雪狄	李虹锐	贺鸿伟	陈緦璐	陈淑敏
石　雪	晏　鸣	钱芷兰	底宇飞	汪雪梅	刘耘莉	余　楚	蒋明莉	陈思园	庄家丰
王怡旻	芦　璐	杨　劲	朱益君	杨　帆	苍玉德	冯　瑶	赵越欣	刁诗晴	丁彦方
赵　迪	徐昭勇	祝越超	金　鑫	王天宇	赵　晖	邢　政	郭　玥	肖志宏	郭晓涵
张　仝	雷霆钧	杨亦臻	曹冬梅	卢巧慧	洪秀菁	黄诗然	滕馨雨	郝亚丽	王钰钰
徐思悦	王　炎	于一帆	李梦桥	李汧蔚	吴安迪	金钰尧	曹淑莹	俞钰典	许　诺
李嘉铭	於葛畅	马丽霞	应丹妮	余招伟	刘旭东	孙　圳	孙阳阳	刘　意	张译文
杨智学	柯　翔	王　涛	程　健	占静茹	李华栋	孙　飞	祝永昌	刘平辉	

三等奖

黄慧敏	邢燕子	邹　茂	伍仪权	张炜坚	寿　超	张幸子	龙虹玫	田　桢	张欣然
刘　先	张　宁	王梦蕊	白春丽	李婧韡	高鸿飞	王治才	贺建伟	顾赵嫣	杨清泽
庄　伟	杨兰兰	陈奕蕾	周英骏	陈焕芸	梁　旭	谢　玲	陈　志	翟星帏	唐卢屹
周乐豪	郑芬彬	孙雨薇	李嘉祥	孙　鑫	王映真	陈姜蕊	夏　枫	黄绪蒙	林阳琛
康雅君	郭利成	刘琳玥	王乃琪	叶莉婷	陈　磊	徐　彤	王亚妮	佘思瑶	林嘉宇
汪湘湘	甘思华	陈秀秀	刘　禹	王　鑫	傅淑霞	陆　雯	马静怡	邓思敬	李雅波
周定鹏	何　瑞	谭振严	杜嘉佳	张添添	郑英美	朱自婷	周劭颉	王　颖	陈郡箐
罗　超	杨　肖	况昱瑶	柏　玫	周　易	王世超	陈建东	明丽艳	刘德洪	王凌旭
陈能斌	李家辉	王　蔚	阮青云	孔凡晶	张晓晨	胥孙婕	杨雨璠	何彤彤	王　琳
王红霞	赵任杰	陆柳妹	涂冰冰	陈怡辉	赵海玉	曹　磊	张铠政	金　鹏	李　川
戴云鹏	陈楚赟	赵佳晨	崔璐瑶	王宇秋	沈思艺	宋嘉琪	游江珊	何时雨	韩心怡
张　迪	汪　浩	王淑敏	刘艳琼	蒋陈添	张馨宁	郑璐悦	袁　妍	施晓予	姚　彤
吴　严	何煜璐	曹佳妮	唐旭东	陈梦丽	秦佳文	张云鹏	陈智杰	石嘉楠	王心鸽
聂鹏兴	张慧文	于玥琳	李彦君	王中杰	曹　源	潘必睿	张　萍	吴宇扬	郭益博
王若瑶	陈振超	谢婷婷	姜逸飞	杨梦蕾	熊万粟	陆郅皓	梁晨曦	李奉庭	康继月

谭雅方	李颖杰	汪　伟	王一丹	朱沈雨	周立铭	李勤睿	吴诗璟	王艺洁	赵李辉
刘庆亚	黄钰惠	丁思文	任泽枫	宋永佳	牟　迪	崔　影	弓丽芝	傅佳予	宋佳瑶
刘亚统	胡　光	陈玉玲	杨慧仪	吴　宵	沈奕琳	高　伟	乔子淳	缪书婷	庄昕晔
王明达	刘　宇	张念民	陈　茹	杨玉伟	陆丹琳	唐晨瑜	吴瑞昕	孙沁然	朱　玥
赵　佳	闫晓媛	徐　诺	杨旦祺	钱迪凡	吴好书	邱卓琦	田景涛	王志强	田　园
邱嘉辉	徐梦帆	胡　蝶	蒙灿兴	刘佳星	谢丽炎	黄丽华	林　旺	翟纬坤	赵丽东
张条红	周士琪	杨灿灿	刘坤山	陈鑫洁	杜文静	何敏琳	林　清	王稳稳	雷　进
吴逸杰	郑荣淇	张　琦	凌菲香	郝　媛	江振洲	颜莉琴	马　辉		

化学与分子工程学院

特等奖

徐　程	张婷婷	王争妍	陈　跃	李　冰	周天雯	夏　倩	董言欣	谢　琦	许邹宏
王维一	许嘉琰	胡佳仪	高师泉						

一等奖

许晓佳	王　婷	覃　潇	部瑞潇	张政成	潘诗涛	桂绍军	张精涛	王文辉	刘　桐
汤林林	许艳艳	阮琳琪	董　磊	舒雅键	周　雨	谢延诚	徐丽成	高　菁	李诗文
陈新悦									

二等奖

黄　昊	郭　昕	王思雨	吴永雷	浦宇舟	李馨源	胡诗渝	李绍程	薛炜楠	陈　璐
李嘉千	金彦焕	米晓晓	朱金康	陈钰晟	孙家伟	游　阳	朱明明	徐　玥	杨　晶
杨　敬	常　帅	赵智峥	曹茂丰	侯　磊	胡晓东	邓　聪	张雨康	王仪萱	陆经天
杜清阳	刘丹丹	董建昕	施晨宇	杨怡德	林楚慧	朱雪影	唐智聪	汪　钰	钟诚兵
池智力	周佳祺	夏紫薇	朱天翼	李子桐	沈姗姗	金泽宸	张懿琳	张冠伦	郝同港
章　敏	顾沁莹	鲍　延	潘旖旎	惠成功	刘昕玥	娄思超	房香凝	任冠华	王　超
张玮杰	卢海洋	渠亚蓉	蒋会杰	薛陈伟	胡宏龙	周海进	张向坤	吴琳琳	董卓雅
陈开茶	周志明	桂凌峰	孙亚茜	曹　琛	张亚琴	魏博娅	王国华	封晓晓	徐子星
徐爱杰									

三等奖

卢欢欢	樊孝祥	李淳纯	陈司蕴	李　菲	夏　婕	李宙显	徐天奕	李傲然	刘振兴
胥　琳	孙文倩	李缘杰	施　磊	董春光	吕继钢	高　洁	杨　洁	李　爽	张婧雯
林　妙	邢若洁	侯咏馨	杨铖宇	王惜时	王振兴	赵天豪	罗柳晋	刘丹昱	王　帅

陆艳双	王朝阳	张耀宸	马嘉渝	雒玉升	潘礼汉	陈　蕾	肖　颖	孔康屹	梁　媛
吴坚磊	李立柏	顾　凡	管志鹏	曹　晋	朱　莹	毕思琦	刘祥隆	王　元	张　飞
钟　娅	寿利斌	秦明建	陈迪志	白　璟	费　晨	杨吴烨	李芯蕊	尚　莹	胡松昌
郭晓涵	唐　璇	苑鸿宇	刘国强	武雪原	王　宇	郎剑桥	毛文乐	张枫易	晁明坤
郭万君	陆圣璐	卢　睿	赵　宇	王　芳	刘晔宏	曹苏杭	韩雨青	周　丹	许素文
樊灵刚	刘宇婧	张晨焕	王　顺	薛富华	朱　唯	唐冰静	邓铭君	张鹤儒	谢伊灵
陆鸿宇	王可心	罗佳鑫	师　航	沈路泽	李一统	黄文薏	张家文	常茂菊	程　禹
吴　琼	吴梦思	张敏玉	涂晨升	魏号召	杨青颖	柴　琳	宗泽州	钟志华	王　骞
虞苗杰	金益钿	黄子钊	张澄玺	张晋东	周鑫佑	诸葛敏	张晨慧	孙学志	吴金妍
李俊雯	王曼曼	叶方圆	薛晨丽	席璟睿	熊闾然	陈子钰	颜文昊	钟怡雯	周　斌
张欣怡	赵彦博	陆宜卿	马长顺	曹诗莹	陈靖钰	沈　佳	宋　健	柏笠宸	廖俊楠
吴　宇	王石林	吴亦凡	刘帅君	高奕吟	范　梨	高　峰	韩秋伟	李　娟	张晓东
于祥钦	黄　宁	李　玲	王雨航	施　懿	赵　兴	钟佳妙	郭志豪	王一琨	张语桐
匡晶晶	马宝润	崔泽鹏	李怡凡	郭依萍	鲁锡存	周旭东	李　丽	周忻宇	陆宏宇
茅潜龙	王　蕾	谭富欣	王　风	郭绍萌	郑　玉	徐清爽	周浪萍	汪肖原	王佩瑶
王丙张	孙　瑶	刘　伟	李翔宇	张　硕	周芳芳	王　芳	徐　萌	代建锋	

药学院

特等奖

施莹莹　赵倩文　许歆瑶　陆征宇　马慧君　吴欣怡　郝艳萍

一等奖

姜　枫	陈　晨	王熳炯	闫梦迪	罗淇瑜	胡雅雯	王步骧	武梦玉	田　威	林　婕
王运召	卓　卿	阮　莉	李馨蔚	万　枫	蔡思敏	杨冰雪			

二等奖

顾　蕾	杜瑶瑶	刘　煜	范先煜	刘荣坤	徐逸凡	卜程阳	胡潇艺	孙宇薇	王　彬
赵文莉	孙　雯	李　洁	史雨青	姚　璇	李宗英	陈欣彤	仲文博	刘　菁	于如月
苑子涵	孙　瑞	潘日钊	韩雨婕	唐慧瑢	郑　伟	吴文伟	陈岩青	吴高星	李锦雯
王瑞昕	王艺飞	刘欣莹	黄雅莉	王怡璜	葛丹丹	王梓人	杨佳鸿	叶晨钰	冷钰婷
徐金萍	张　茜	李怡琛	顾倩兰	李佳雯	徐智康	王艳兵	林诗源	王　婷	诸芳娟
刘　茜	常华荣	李得峰	吴　楠	许　晴	徐小丽	孙　凯	张莉娟		

三等奖

方梦悦　张海玲　潘鹏飞　王盈悦　辛　蕾　房元周　黄赛须　胡家晶　楼琦欣　束　瑞

夏家骏	沈文妍	廖若岑	孙斯琪	徐嘉俊	张雨萌	宁尚琦	师语聃	郑新羽	孟煜嘉
陈剑辉	龚倩怡	王轶平	梁馨予	王少男	尚晓叶	张东阳	杨吉娜	郭家伶	丁佳琦
徐　秀	孙晓梦	刘　寰	杨志空	朱润宇	邓克钻	陈　同	耿辉亮	朱璐男	葛媛媛
陈静雯	郭颖华	方晓雪	王艳妮	李安妮	臧　涛	张晓艺	凌　涵	刘子越	李　彦
高金晖	吕英妮	孙　玥	汪晓蕾	林韵琛	张　苗	郑丹婷	杨玄琳	周　悦	蔡忆川
程　驿	胡　江	王冶凡	方宏龙	夏子航	楼超峰	林　慧	江卓媛	卢思思	余年达
陈嘉瑶	王晓欢	周　韵	施雅怡	丁昭文	孙佳敏	冯丽君	虞武珺	黄雅文	孙　冰
戴　琪	李　恒	倪思炜	顾琪芳	王　娜	孙成宇	施浩宇	赵心蕾	林瑞浩	胡　涛
陆承倩	滕旻圻	董　岳	王　羽	尹玢洁	洪晓倩	沈芷宜	王佳颖	侯世杰	赵　琳
刘佩雯	王沙沙	胡立傲	俞卓杭	杨佳圣	王子涵	孙家灵	孔琴怡	吴　雨	贺菁菁
叶佳依	宗晓莹	熊慕雅	王承诺	胡　玲	朱小云	刘瑞辉	陈语嫣	吴佳芸	余　涛
薛济文	方　芳	徐博涵	祝晨宇	徐敏捷	屈嘉豪	尹　蕾	廖奕晨	李雪晴	邢文倩
罗　露	李　檬	周　宁	李宇轩	马利溶	王　梦	张欢欢	崔佳燕	张　令	孙　锐
刘晓琳	沈佳欢								

材料科学与工程学院

特等奖

邹君逸	王雨涵	叶佶恺	季陆丽	张李巽	高　桐	高镜铭	刘思远	倪璧君	周　杨
宁宝星	邵　宁	苑伟豪							

一等奖

应　蕾	朱唯楚	翁炜竣	熊锦琳	周子田	陈菊锋	高泽华	竺益辉	顾雪莺	张盼盼
田　恒	游　洋	朱涵睿	葛　雅	吴晓颖	单怡琳	程　乐	何　苗	赵丽玮	丁　宁
林　铮	蒯颐熹	丁　虹	倪竟男	吴雪枫	沈晓雪	解洁奇			

二等奖

高国恒	李朋翰	杨培情	邵一帆	涂奕飞	季浙敏	余晨希	邹景橙	王冠宇	康欣悦
吴　航	牛浩鑫	李　珣	冯　兰	何恬蕾	马文浩	郑家昕	戚功文	陈婧雯	甘　甜
张雨荟	赵雨铖	李文婧	程子强	黄文杰	马凯茜	汪昭明	龚长俊	王诗佳	黄小烨
褚衍盟	李世博	张媛颖	夏　蕾	胡恬怡	侯　璐	许鑫垚	季显文	陈锰炯	张安安
陆林子钰	张媛婷	柏佳璐	张　薇	吴伊旸	陈美万	刘袁微	文子聪	吴文静	许　达
薛良耀	常　强	谢　森	贺逸昕	黄琦婧	王　颖	姜　男	杨晓燕	陈　凯	陈　胜
罗海兰	胡雅茜	徐　威	王立轩	宋　群	钱　锦	宋鹏宇	刘　瑾	孟祥申	尹　睿

李姝怡　苟　敬　季已捷　程志敏　闵罡红　张超然　郑勇健　刘英辉　毛嘉毅　张　明
余海峰　秦明鑫　张家豪　王福君　李占鰲　刘　杰　蔡湉鋆　姚　兵　朱华威　高　曼
杨怀斌　杨博文　刘晶晶　韩　磊　金　玲　张　涛　刘艺军

三等奖

王亚婷　程　越　钱祺弘　齐宴宾　郭新月　伍璐琦　郭文涛　杨婷玉　徐时杰　邓天博
金朝恩　常斯惠　沈家麟　贺子芮　李紫晗　张甜甜　徐礼锋　纪苏洋　刘白杨　张佳欣
王　赫　许远琳　陈思思　左丹阳　邱文馨　朱新宇　邢玮婧　王　正　王　杰　周秦鹏
汪宇明　何禹辰　高文豪　孙　勇　文应强　王鼎睿　尹会松　王　敏　吴菁菁　何文俊
高　杨　张哲彬　莫　青　叶祥飞　周楚奇　王　宁　徐嘉蔚　刘家和　张　鹏　刘小伟
李金凤　冯　浩　谢　瑾　王晓阳　李　轲　金梓琳　杨　双　李　炀　池哲人　周　扬
王文杰　郑皆鑫　贺聪泽　陈柯林　张　旭　朱承贤　韩　强　陈鼎涵　赵明磊　陈雨欣
戴一铭　甘丽婷　邵俊杰　张　卓　邱连振　赵　爽　苏　凡　王　钰　黄忠凯　韩　刚
胡洁妮　许梦瑶　王友长　华　娇　彭凌子　刘　帆　郁卓尔　王　鲲　卢　杨　龚晨宇
蒋瑞昕　吴子阳　薛　源　梁月梅　董仕龙　刘昊楠　杨锦昀　赵文林　赵鹏程　陈铭毓
蒋洁超　李　丹　马炬乐　张逸凡　陈国礼　毕玉芳　马文隽　王泽凤　赖铱麟　都　仕
金锐琦　张昌入　赵鸿孟　高雨朦　袁　佑　肖希勉　李　玲　徐绍华　李开远　李曦阳
陆佳胜　李佳宇　朱　凯　袁铭霞　蒋　超　廖翔宇　高小榆　刘　露　周　磊　丁彦桢
陆鸣雷　贾文丽　余盛伟　肖　义　江文斌　丛敬丹　崔博雯　何思远　吕昱宏　李勇强
吴　锴　张　俊　蔡海峰　黎记显　马明明　徐杰宇　李紫莹　孙　尧　倪鑫瑶　戴妮娉
黄建伟　马晓宁　孙宇华　沈　桐　谢佳洋　吕言言　刘　琦　夏　睿　张水铨　罗　炜
东春晓　刘威彤　郭　峰　顾雅洁　王　帆　马景阁　骆佳伟　梁子豪　金莉莉　龙俊聪
胡强强　王清华　张逸枫　沈怡丹　刘思源　刘婧媛　林家豪　侯嘉倩　代承志　李心迪
崔方旭　张诣钧　郭玥蕾　孙　博　刘波儿　张　仪　张旭雯　张　恬　吴春林　刘雨婷
钟　鹏　曹艺霖　李进杰　李一擎　秦　兴　菅　雪　李欣禧　严江豪　陈　梁　姚懿珂
顾翔宇　张潇丹　李贇恒　胡俊杰　于泓之　曾发平　李萌芮　顾凯文　张可夫　袁　梦
林嘉豪　刘　哲　贾　宁　王博慧　胡雪莹　王朝锋　游　莉　雷　锦　朱富威　赵显明
林静宇　史迎利　姜　瑶　陈春雨　梅明慧　王雅馨　李明炆　杨　柳　张君宇　张　慧
刘龙强　王子怡　吕帅康　洪伟进　江伟男　高菲菲　李艳晓　刘晏辛　赵鹏宇　沈莎莎
陈　晨　许佳辉

信息科学与工程学院

特等奖

刘静秋	郑应豪	阮丹薇	郑小宇	秦佳妮	钱 南	杨 迈	金 鹏	王雨晨	颜世福
王赛威	张贤益	房金宝	雷丽琪	张斌杰	秦锦玉	辛佳德	朱斯琪		

一等奖

周彦捷	乔辛磊	戴 鑫	郑宇欣	杨 嫔	姜 靖	于文欣	魏江平	左春玲	沈 阳
李佳鑫	黄佳琳	钱梦薇	丁亚丹	岳文骄	王泽华	季思凡	姜沁源	蔡文韬	左佳斌
吴文斌	张志鹏	王亦凡	郑舒琪	马 榕	刘旭利	沈一峰	张知行	丁 怡	蒲艺华
何逸辉	杨竣乔	周 照	吴 鑫						

二等奖

孟艳雯	叶春玲	李宇琦	于慧晶	俞袁缘	伍文慧	刘颖超	陈兰萍	袁巧迪	邱志楠
韩世位	赵 芮	李健舒	黄家豪	卢伟鹏	余天宇	应宇晖	李 俊	林静娴	马振伟
邱家辉	朱 昀	严俊杰	郭梦洁	杨 晓	陆佳琦	肖 悦	马一男	李 娜	严 秋
吴安雯	赵冰冰	朱 萍	彭 飞	唐 宸	吕 委	张子琪	朱理森	莫泽坤	潘金佳
樊宇曦	钱海龙	肖若诚	李楠希	杨逸俊	丁文杰	王 杰	蓝 鑫	王宇帆	许乔伊
洪朱超	张佳影	陈志阳	潘燕娜	王喆琪	张传法	赵 展	楼宇新	秦祥翔	林毅凯
龚雯妍	桂少军	童嘉慧	姚志婷	林昊琪	范 玮	王 鑫	叶晓波	吴思玥	宣 晓
陈世宽	王家骏	董裕峰	张嘉琛	黄慕轶	孙琦钰	顾 庞	卢宇晟	贺睿远	严徐迪
包兰清	薛 魁	姚 义	蔡婷婷	宋丹阳	王懿鸣	谢方舟	余芙丽	刘志航	袁智杰
杨宇锋	朱东辉	高君钢	龚飞洋	唐仙娥	李登科	李远志	郭建龙	孙 浩	赵超强
黄斌浩	金季豪	苗书宇	万可鑫	季敏飞	马雪娇	刘立军	丁雪晴	李倩玉	陈学良
李 阳	杨孟平	陈志刚							

三等奖

曹文康	李许强	顾吉峰	刘禹含	张兴全	崔恒滔	王 凤	张思雨	王晓晗	陈 肯
鞠瑞格	马 硕	陈思青	毛铁鑫	林增鸣	王东源	梅伟旸	陈裕如	朱学辉	刘健伟
顾施源	刘宇璇	李振彦	陆乔丹	毛 帅	张丫丫	郑紫芊	张 薇	罗 粤	黄鹏飞
王立豪	徐金金	肖语堂	王砚溱	刘 振	段续皇	汪婷婷	赵婧秀	吴潇颖	黄昊杰
谢雨珩	徐哲豪	林瀚宇	胡超亭	郑 昊	刁旭炀	江 鼎	葛学伟	邬彦泽	饶婷霜
孙晓田	徐英皓	陈 聪	马佳敏	魏嘉旺	刘道文	曾 明	刘 潇	蒋琪雷	蔡妤婕
陈文丽	徐晓阳	王延龙	田金灿	曾慧然	董 凯	张伟良	宋宇晖	谢 峰	徐丹阳

谭杰西	蔡 静	李沛东	王守宇	孙融清	贾啸天	许奕杰	洪杉铷	朱 玉	陈红兰
叶 剑	黄 帅	邢智聪	李江声	付 佳	董永昊	王 婷	杨 涵	何雨旻	沈浩奕
郭全全	韦钦臣	李 靖	周德伦	周嘉麟	易怀宽	张旭超	刘 镇	金荫洲	陆莉霞
季陈毓	陈挺铃	吴琪雯	赵嘉豪	虞亦隆	龚雨昭	方思远	杨梦琳	徐逸峰	张晨曦
蒋麒憬	邬东辉	林思莹	洪惠芬	董奇超	杨 帆	邓海松	田一彤	裘昊天	王嘉隆
秦 博	任佳伟	王业相	王世豪	袁聿琨	朱思敏	梁 佐	牛子原	吴漾屹	罗伟杰
奚子安	楼亚楠	陈若云	杨佳承	齐 薇	邹 杰	仇 隽	蔡慧婷	黄文斌	劳正达
王子晨	翁 宇	张雅琳	孙 浛	姚逸夫	马振祺	蔡根根	陈一敬	江志峰	毕 成
何奕昕	胡俊杰	徐盼媛	徐浩然	付锡欣	姜 特	刘子文	张一如	薛洪滢	楼增涛
陈 晨	彭媛媛	周宇杰	孟 婷	康文斌	祖一帆	黄帅伶	李璟菲	王 坤	张寒泊
朱玉帆	龙翔宇	孟昭阁	程予任	王高建	谢祖洪	李 行	陆俞悦	郝中汉	郎凯琪
屈家松	朱佳庆	王建远	王嘉瑛	杭 添	吴若虞	史亿帆	黄怡涛	傅 昊	吴 信
金春晓	文姝璇	赵雪晴	刘 涛	赵志达	邓昭宏	余 江	王开诚	徐皖婷	刘 飏
邵亦安	宋 夏	吴诗佳	王 辉	彭竞超	杨 丹	陈敏皓	周 彪	姜昕妤	孙齐阳
陈书田	张 旭	王腾飞	张哲源	余 浩	罗楚妍	黄金基	石运达	李 圆	高 强
鲍骏韬	李 亘	陈智磊	李增鹏	汤春晨	潘行之	高胜宇	武海霞	宋景涛	许鑫磊
严 婷	张文龙	刘俊杰	蒋宇豪	王 皓	王 鹏	陈建林	褚 旭	周云海	王世气
张 晗	王慧慧	张博晨	林志杰	沈梦姣	徐铭斐	金圣皓	李昀灿	严诗烨	王钰馨
于俊杰	杨文友	李 萌	程 磊	周 园	姚怡欢	纪宏杰	刘 渝	许东儒	方传涛
林嘉树	李镇港	程 超	罗廷慧	孔昳昊	高守信	林静雯	李昱池	董德平	胡博典
徐梦麟	冉启兰	陈志超	毛方亮	唐先梦	刘 凯	姚蔓婷	黎思泉	袁晴龙	李永强
马 磊	范柳伊	王爱民	孙 骏	冯 勇	刘金琳	陈孜维	张 超		

机械与动力工程学院

特等奖

车 竞	许柯华	吴荣耀	朱晨鑫	于国辉	张浩楠	肖 邦	周相阳	缪云鹏	杨 琳
戚昊晨	陈泽坤	唐鉴颖	严武林	李铭杰	单喜良	胡豆豆	王 乔		

一等奖

王 建	许更书	鞠 然	张新科	肖渝泷	王易知	李诗豪	郑枫弋	顾钧诚	张佳豪
郑文龙	钟昊男	王新平	张诗雨	陈 韬	何 旺	余 静	林一超	陈 郡	徐 磊
毛炜炜	王 何	杨 晨	陈 童	吴 頔	周小晓	王富豪			

二等奖

李真仪	吉 悦	王一凡	万 舟	黄 浩	相浩洁	陆 诚	陈泽宇	严宇昂	沙鹏星
荆为记	陈彦齐	任 和	刘丁楠	孙麒萱	黄昊然	白逸凡	吴尚恒	陈李炜	李沁霏
曹港生	李 越	姚佳旭	王紫阳	徐毅翔	刘珂嘉	於晔鸿	颜孙超	冷仓田	张 英
吴 韡	吕蕴韬	金前程	曾洛镔	王庆宇	倪 涛	胡馨丹	陈 波	周雨晴	钱剑勇
杨 文	郑嘉镭	徐明旭	段云昊	马 岳	罗鹏程	陈思佳	徐 锴	李家亮	吴杨宇
张 蕾	张天宇	丁文姣	闵锦阳	吴镜清	陈施栋	马哲锴	朱 盾	许浩杰	顾慧君
许尔超	王 飞	甄一羽	张 悦	刘 斌	丁大有	朱惠豪	王 尧	方小亮	陈志强
黄 昊	魏怡飞	黄艺卉	黄 超	李思宽	秦佳怡	季潇逸	刘龙华	卢 桥	马铭键
李季冬	方艺伟	卢秉伦	余鸿飞	廖书信	马前畅	黄 霖	王杏伟	郑风华	彭 娉
迪盼祺	夏 慧	汪浩洋	王媛媛	谷 琳	王田田	程 锐	许 聪	钱 旭	尹 保
周 波	盖赛优	余 婷	李 涛	邱长亮	阿尔拿乐·哈甫赛买提				

三等奖

周锐东	韩 彬	毕鹏华	王嘉程	肖伟铜	王 楠	李凌威	李东鹏	徐家玮	姜焕志
王涛涛	曹 拯	李帅宾	李恩泽	常 昊	张小奇	郑 辉	刘 欢	陈永霖	詹文捷
林铁宇	杨 鼎	丁希成	梁飞洋	赵俊军	程劭文	陈 锐	钟天奕	徐 虎	刘椰玲
刘炎烽	沈钧诣	马晓宇	岳剑桥	徐文强	凤栩宸	曾黎斌	宋德超	陆柠檬	张俊彦
全宸希	王健坤	黄红兵	滕 图	黄双全	雷意楠	陆恒锋	蔡祥磊	何英杰	陈 锴
秦玉杰	吴 芃	覃 胜	高歆琰	王黎望	邵浙梁	陶贤超	蒲俊吉	南 浩	许 爽
张 卓	林旻玥	姚逸鸣	李起扬	魏赟杰	程佳博	陈 晗	王宇超	李 博	庄彬彬
陈 诚	冯正军	张文杰	伍 丹	韩清壮	王世飞	顾恬嘉	武世汉	郭洪辛	桂 宁
刘瑀珂	张宇吉	谢远春	吴宇星	张宇庭	谈洪斌	刘志滔	唐 强	毕文涵	刘 彬
程 峰	胡孝凯	潘 薇	钟文清	王睿卿	周豪佶	张 冲	曾繁荣	高鹏飞	王 一
刘航铖	陈 飞	蔡英杰	曹佳铭	张旭东	林 坤	张 鹏	洪天骄	曹舒凯	张昊天
朴春柏	曾 鑫	周建伟	王 昊	杨晨捷	吕 凡	吕 懿	钟思蒙	姜治康	朱晓基
舒煦朗	陈启凡	李俊龙	羊 众	李烨浩	席 天	邱茂垚	陈怡州	蔡立成	谷彦颉
鞠 宽	李静怡	孟宸宇	喻展祥	张世光	赵 星	吴 为	匡 鹏	张君天	胡文琪
师 赛	葛 甲	朱光耀	张毅恒	张海宁	王 伦	陈艺中	耿春鹏	何家隆	许志杨
刘雨辰	朱钰婷	席潇然	胡丰怀	步若晨	汪 永	蔡 巍	李桂成	赖雄健	张佳敏
郭浩杰	陈 洋	张鹏程	梁 邦	卢勋勋	张嘉辰	张文康	郑 炎	潘奕辰	刘 荣

李晟浩	淡　京	许明甲	杨　珂	钱恒岳	李连福	李志远	贾腾飞	龚　炜	张邱威
黄勇智	阮克英	樊雨薇	符蓝天	韩颖璐	粟爽格	张雅梦	张思超	魏毓涛	李斐然
钱　磊	陈伟奇	李崇华	丁路佳	滕雪飞	宋　果	杨争争	李　浩	易怀旺	史玉凯
赵　明	陈凯伦	李金铭	程诗铎	李依莎	罗　俊	王杨慧	王　彤	刘　琼	谢　昱
张　雪	张　航	谭晓东	周城宇	周　汉	黄应霞	吴　浩	孙鑫南	余昱东	陈超峰
钱锦烨	刘明睿	赵钰琪	李长青	翁之钥	徐英杰	沈学成	王永乐	熊雪瑶	王艺霖
张书成	时　欣	刘张羽	崔雪晴	陈　鑫	朱荣铭	张　倩	王　婷	刘梦珂	郝　韵
周恩岑	张　帅	王志心	方焕杰	董状状	宋劲坤	姚子叶	赵　晨	徐　优	陈　莹
马　笨	颜仁章	侯嘉良	唐雯婷	曹建方	陈　攀	杨大圣	熊文婷	李潇宁	商华政
田　慧	张金辉	闫嘉豪	谢佳智	邓厚阳	曹恒督	姜　超	肖　清		

资源与环境工程学院

特等奖

张继轩　俞　霞　汪　涛　曹凌志　郑凯丽　严嘉玮　陈　婷

一等奖

郭　俊　孙淑慧　王晓睿　杨佳程　吴光南　王哲妮　王泽宇　杜云珠　张　巍　章雪凝
吴怡昀　王禹博　龚碧瑶

二等奖

罗莹洁	魏　旗	符弘岚	姚志鹏	赵纪源	诸葛杨炀	沈其铖	王贝宁	陆薇儿	吴璐超
田云浩	何璇婷	刘婉莹	杨家宝	周丽丽	周胜钰	闫瑞宁	李晔瑾	赵艺茗	谷　萌
姜伟楠	旷　哲	仲莉杰	金子钰	张洲锋	郑　志	齐梦瑶	林凡斐	刘少凡	王千红
徐佳颖	张　锟	魏傲松	刘子瑜	郑　芳	朱国强	黄　晴	蓝金晶	王　菲	朱盛强
何忠励	吴东全	董伟超	杨　澜	范佳露	李嘉晨	王培雅			

三等奖

周志豪	陆子叶	沈　尹	房　军	吴晓翔	许　多	刘琪铭	王嘉剑	单　朋	朱利卓
徐　斌	杨曹立	徐　杰	鄢博超	陈文兵	范芃琳	蒋威宇	宋友桂	刘亚兰	杨雪瑞
姚金池	张　宁	黄韵竹	孙　勇	邱远航	沙凯健	卢泽海	王佳琦	郭　盈	钱梦成
王怡乔	黄荣洲	马成龙	张　超	王　珂	陈　潇	邓吉安	颜佳峰	扈博洋	吴　安
高德志	周维超	张晟宁	潘瑞昕	姚源朝	孙　爽	曹嘉琨	贺翔宇	柳　畅	郑　妍
包　晗	赵翰斌	阎　明	何伟煜	钱泽颖	马舒晴	黄靖瑶	马铃慧	张　磊	谷　原
姜　丽	唐斯赟	唐宇农	张　雨	杨　涵	程堂颖	倪书砚	黄逸俊	杨　洁	林晨颖

龚佳怡	孙　靖	梁浩然	朱　江	汪白洋	唐　杰	宋　雪	吴雨婷	程　晨	张玮珊
徐旭东	朱伟卓	张智淳	黄心圆	黄明蓉	王梓然	孙　硕	陈春江	张振武	黄洁莹
王旭超	廖国柱	范思楠	马逸譞	沈文愔	任炯秋	王泽钧	汪　敏	彭思雨	金嘉路
钦传慧	刘志航	杨莹莹	於　峰	王鼎鼎	王子翔	唐偲嘉	周铮原	刘紫瑾	孟广源
成　睿	俞洪杰	张　鲁	刘智鑫	梁　纤	余俊钦	刘昊坤	林素芬	鲁泉玲	周雨凤
杨儒民	张　静	何　鲨	孙露露	王春雨	龙　贵	朱　飞			

理学院

特等奖

江铭臣　吴赵龙　吴赛博　胡　倩　郝珊锋　孙樱子　吴思敏　陆鹏皓　胡豪杰

一等奖

申弋斌　袁昳桢　陈　昕　任嘉瑞　曾健骏　张力文　苏晨昊　郑钟屹　李素雅　朱超宇
柳辰琛　陈雅馨

二等奖

闵晶莹	吴倚天	钱文佳	丁玉洁	汪　鹏	彭先伦	张　敏	叶跃振	高在青	李　妍
张宇清	严仕凯	况心怡	武　越	张玉洁	周文豪	王炜畅	李宜臻	史华宇	李文昌
藏嘉琦	郭金华	潘天宇	张瑜轩	杨　蕾	季之杰	张浩宇	孙　溢	孙瀛吉	杨洋飞飞
高　聪	单乐乐	袁雨桐	周梦洁	牛　畅	张宇珂	姜唯亮	高　昊	王巍翰	卢　县
童雨欣	王莅豪	达毅婷	段　卉	任丹妮	王　凯	赵国淦	裘栩炀	贺钰雯	纪　腾
王定树									

三等奖

徐一丹	孙佳华	毛卓远	杨　洋	李沅汐	庄子迪	张　赟	熊家丰	申钦钰	颜　昊
干晨晨	陈基玮	迟景升	程璐华	徐　翔	朱程灿	华津宇	孙鹏飞	姚清照	白　雪
刘杨洋	姚　颖	张　桐	刘　洋	王丽玲	李连花	施名刚	马春良	王　玮	杨宗耀
贾　尧	刘　鑫	韩　飞	程　迪	凌海天	唐亦丰	李佳玮	张震霄	秦棠霜	张　寓
计之皓	方圣欢	曾佳典	金敏峰	李宜美	袁　月	吕壬斌	杨　磊	张叶峰	胡润泽
华雨晨	叶天宏	王旭明	杨钰林	胡　帆	孙成尧	卢旺利	朱若愚	袁佳乐	郝文婷
范雯蕾	陈　莉	姚钰雯	赵一帆	井冈山	黄远航	孙超凡	余　波	舒　勤	陈梓浩
王禹卿	房　明	董晨扬	井　鑫	王开奇	徐力平	曹士奕	高晓青	郎舒博	王　硕
龚致阳	林华冠	潘松勇	黄　尹	束智杰	段新宇	桂博瀚	蔡佳琪	汤　璇	叶良灏
王泽宸	王逸明	张勇德	李文君	胡亦磊	黄景宣	郑久舟	杨　璐	明拉拉	段成固

李瑞杰	陈俊伟	华文菁	卢满红	张鑫	吴明旺	吴锴	严一栋	杨子明	田莫充
彭熙堯	赵艺远	张瑞杨	唐宗凯	王丽	吴帆	陈甲	刘炳权	于春龙	郝家岗
陈成	彭文杰	周国龙	马成麟	高浩锋	贾淑珍	曾慧慧	余玮玥		

商学院

特等奖

徐婷	何乔丹	唐洁	叶鹏卉	燕潇	辛娜	向伟林	宋晓芳	胡立晗	方頔
王文静	焦妍	刘楚芸	王珊珊	罗靖怡	黄彦婕	杨璐铭	郅谋	顾倩	顾凯文
蒋喆									

一等奖

蒋微微	姜宇倩	吴梦怡	尤娜	彭雅哲	刘靖爽	马旭鸥	朱可钦	高雅	孙彧
李珂青	刘静茹	吴红杰	周树理	房慧敏	周瑞琪	宋佳	夏强伟	傅欣岚	罗晓雯
于辉	狄子钰	许勤楠	迟晓彤	陈玥	季芃好	王雪锦	李聪聪	吉捷	唐诗韫
蔡雨晗	龚嘉楠	马徐佳	刘哲宏	杨晸	向攀	李嘉淇	潘枝峰	王馨卉	翁东玲
丁佳艳									

二等奖

姚雪薇	陈璐	林新波	邹凤莉	张月	徐帆	兰云清	黄小鸥	徐溪	靳函琨
钱佳琳	李仰素	杨璐	吕可夫	夏雪	朱诗雯	陈诗涵	唐梦泽	纪卉莹	赵昊坤
苗双麒	李晨雪	余亚男	毛蓓蓉	李骁驰	陈先强	鲁梦琪	徐一丹	段建姝	冯静雯
沈韩斌	乔雪莹	岳青青	缪荣高	张未央	姜宁	马倩昱	詹海婷	王亚茹	安琪
陆玮	杨淑霞	腾春月	曲旸	杜子琳	李帆	王妙韵	石红妃	王雪曈	李潘
谭梦妍	陈晨	蒋文赟	周思雯	胡镒琼	张帆	胡宇辰	陈闻宇	金诗博	胡玥歆
丁枫	张细雨	潘婷	刘悦	黄仪琳	朱敏洁	刘翔宇	黄奕涵	俞嘉炜	刘竞择
胡天仪	金昊	高金锋	周洋	陈佳浓	白晓樱	胡嘉琪	韩爽	陆旻雯	胡美文
夏甘凝	陈依婷	韩晏	张唯佳	汤怡	李嘉欣	吴一凡	王雪纯	陈茹茹	晏佳敏
王倩	杨立	陈清扬	彭钰婧	刘莉	何雨沁	迟钰萌	贺翌	钱若昀	许楠楠
冯洁妮	郭梦婷	张志仑	蒋馨月	李曼玉	杜一雄	王柏超	叶思宇	王园园	徐小乔
魏佳丽	韩嘉桐	张亦欣	谢奇芸	邱真	王新怡	肖金津	郭新宇	沈樱樱	张凯霖
张枫琳	罗昊	赵玉玲	王映辉	陆诗语	贺佳琦	刘迎柱	贾雷雷	周乔	马海程
刘梦秋	徐梦霞	李文铭	陈梅梅	郭晴	胡娟	刘婷	吴倩倩	黄春敏	张银婷
盛翠梅	张璇	路晓迪							

三等奖

曹容宪	王语溪	李雅妮	杨 静	蒲 琪	寿文昊	陆炎立	沈昱蓉	李旻旸	阮 茜
陈泽艇	杨鑫丽	徐若芬	李 鹏	张佳璐	徐 宁	于 豪	陈 曦	潘竹莹	孙亦仁
朱雨静	梁鑫鑫	戚玉婷	王玫美	孙晓蕾	倪赛塘	吕 健	魏嘉琪	王 欣	钟智超
陈奕霖	朱靖祎	郭 鹏	王圆美	李 双	徐 雷	郭梓樱	董佳艳	贺小亮	郑作栋
仇丽娟	文 婧	兰 琼	凌伟豪	李滕如	王成锴	孔梦雪	王文君	王 暖	蔡美玲
唐陈华	高英伦	程 曦	葛英婕	郭 瑞	陈 欢	陈 晔	丁逸佳	宋晨璐	谢梦琪
张 杰	华双仕	俞怡清	祁娇娇	李潇睿	张翠珺	陈 宁	王茹文	董 玥	李若松
杜红彪	张慧伦	孙梦静	李泽宇	马月箫	夏 菁	刘可欣	许雁林	张翰韵	刘路路
陈 帅	杨馥玮	马 莉	黄 奕	祁家宝	肖 雅	项诗卉	朱嘉弘	后兴乐	毛诗雨
周 璟	姜灵雨	徐若瑜	郑 锐	李育苗	张晋通	孙 敏	严怡婷	陈慧兰	王彦力
章俊海	全 鹏	赵 艳	苗 赛	王 琳	刘 磊	金靖杰	聂宇鸣	陈江婷	马思琦
吴欢晨	赵浅予	吴萍萍	李秀琳	戴 敏	黄怡琳	庞仕权	吴日源	林佳珏	韩志远
游佳敏	李 婷	孙雅雯	王扬漾	王 茹	魏 晨	陈 芙	谢培珊	章静娴	王 想
张思雨	赵 嫦	唐罗洁	牛潇奕	王姝蕊	赵文杨	钟舒文	吕 赟	金 晶	具熙杰
赵子恒	朱志强	马里千	詹 媛	熊 桃	张琳妍	陈汉真	蒋子潇	印 陆	胡 安
齐新华	李骏阳	杨景越	陈婧非	甘 莉	王雨贤	鲍薪羽	李明霏	邹倩倩	刘思宇
郁冰沁	唐圆媛	姚京君	蒋 蕾	李 芳	李阿丹	陆金玲	陈妍茜	林 珊	王婧姝
薛 扉	阮宵麟	江金潞	耿 彤	刘 博	董陈森	李运豪	姚圣楠	李 珊	李 飞
朱彧意	袁 锦	蒋雯妍	孙凡祺	刘启帆	夏冬颖	孙嘉润	刘 静	马一凡	郑 潇
海雨昕	黄琴琴	孙 杰	赵 倩	郭麒麟	山 正	陈心蓉	李嘉莉	高亮亮	程楚颖
李 由	严 韬	万敏慧	胡意成	蔡家元	李若晨	洪永年	陈启东	徐庭筠	卢津冉
吴雅健	宋彦菁	商佳琪	黄皓琪	李雪平	邵钟意	陈 璐	王静颖	任嘉怿	李 菊
徐格睿涵	陈鸿坚	张 罕	张 卉	朱明敏	张琬钰	诗 苇	瞿晓楠	吴静悦	肖 能
侯 彬	刘晓钰	陈奕沛	逄增阳	余英杰	汪来勇	徐彦昊	徐雪纯	张 霄	范丽靖
罗珮文	贾 琳	刘伊凡	李星瑶	周成臣	陆荣慷	温恺宁	刘瑞东	嵇敏珍	徐文程
朱海莹	郑君烨	梁婧琳	蒲靖怡	陈 瑞	惠诗絮	陈妤皓	李骄阳	张伟琪	赵莉媛
陆星瑶	王润霄	俞 倩	吴宇迪	华小丽	张瑗竹	戴晶晶	杨雨濛	李慧颖	殷之璇
林少华	于 洪	赵雪晨	王晓通	刘家玲	吕哲洁	朱惠冬	闫夏诗	吕剑书	李非凡
王 政	曹大维	周奕文	余 婕	沈恺飞	盛竞仪	张 倩	张晓磊	许智超	成君仪

华　夏	朱依蕊	龚雪雯	陈子琪	袁怡菱	顾佳萍	王微微	曹欣悦	沈雨婕	黄　越
陈秋伊	李晓越	赵晓雅	黄　仟	方晓倩	刘芳燕	王嘉慧	曹　语	应雨婷	周　乔
石益姝	李逸然	彭意钦	曾佳莹	丁冬蕾	周　芸	关佳怡	朱麟童	符晓雯	陈家宜
方俊萍	丁　今	叶思雨	陆伊宁	何晗笑	朱子敬	陈　思	张　琪	陈书颖	施轶骏
顾祎芸	范宝芬	何家雄	叶文华	张　艺	朱天宇	方梦希	卞家俊	陈立鑫	吴皓月
董　琪	林思源	向　彤	吕文凯	关小雨	姚　越	于　娇	王　敏	吴志坤	蔡钰芸
陈超洋	郭　妙	史宇薇	李　娜	顾　笑	刘成明	张玉丽	杨沁婕	王振伟	王　灿
张文革	吉　欢	宋　斌	申嘉钰	刘　维	叶　姗				

社会与公共管理学院

特等奖

陈芷睿	丁　彤	张苑松	肖彦喆	郑　娉	张梦婷	孙静博	宋文欣	许安琪	闫　堃
王　贺									

一等奖

桑思雨	吴姿怡	李园璐	张忠强	戴　颖	赵唯杜	胡晓蒙	李天宁	邹　敏	王　灿
陈海云	王湖葩	伍方仪							

二等奖

逄程涵	王　璐	马诗思	朱佳欣	杜　楠	花　蕾	王　超	付　洋	周慧慧	张洺硕
罗　晨	刘远晴	沙　涵	张　鑫	支润楠	施宇玮	赵冬冬	陆媛静	孙晨晗	冯　燕
周　枫	李　龙	王　晨	余朝洋	孟　昕	李怡雯	赵瀚清	诸秋纯	张琛琪	何之未
王小语	陈欣钰	吴鹤遥	陈昭希	唐潇潇	陈雪雯	赵驰蕾	陶　敏	鞠彤洁	孙奕欣
朱惠薛	许文杰	施天协	王　奕	酒　毓	詹夏倩	徐佳丽	宋文芳	向若瑜	杨馨怡
汪鑫贵	杨　洁	吕文富	张艳丙	黄　雪	王语薇	唐秀玲	侯凯悦	赵茗茗	郑珊珊

三等奖

尹慧青	刘　萌	刘华露	刘天虞	张沁菲	杨　婉	顾微波	徐莹莹	钱智玲	仲洁露
陈志舜	王俊舒	唱思迪	周旭迪	杨雨莎	孟云婷	时小雅	吴思月	李　萍	孙承琳
赵宇鑫	徐　娟	任佳艺	孙艺一	罗语初	韩　雯	刘俞如	陆计静	刘　安	刘　超
许海玲	周雨婷	苏　展	施　祥	于雪艳	雷奕鸣	张　媛	王杏然	王　晶	刘亚飞
钱磊磊	王宇青	张一鸣	阴慧媛	查心瑜	董宇文	高俊雅	王韶康	刘　莹	梁佳瑄
王　瑶	聂　璞	林佳雯	王　黎	叶子安	韦　悦	郑中悦	朱　旗	石思慧	郑佳祺
钱程美	付晓鸣	胡若涵	向依琳	肖宇琴	张郁芊	蒋　浩	王笑男	杨智媛	何东琴

陈紫婷 赵璐 沈雯怡 赵倩 朱义妮 沈佳 盛名 王亦翔 马力 梅楠
韩冰 李晓奕 王玉妍 施雯婷 宋雨沁 袁晨歌 董萌宇 祝雄美子 田佳灵 蔡梓萌
王天琪 韩露 屠昊昱 周晨怡 王冰清 董舒涵 许兆婉 滕明玥 沈丹伊 于星苑
顾思佳 张馨予 孙文璇 葛倩 曹梦婷 李卓薇 王琦 季蒋磊 李聿铭 林文
盛艳梅 王卉 张月亭 杨佳 丛珊珊 范雨笛 魏妍妍 鲁珍 张嘉辰 王张钰
沈伊娴 胡淳然 朱海龙 王一婷 殷涛 展雪 贾姗 姜铁宁 吴思雨 储韦韦
孙碧 潘钰婷 黄灿 柯露 孙二扣 葛丽君 王磊 王雅雄 周洲 关永红
王晓芳 胡敏 陈思齐 张婷婷 张丽丽

艺术设计与传媒学院

特等奖

赵浩宇 冯璐 徐佳叶 张今英

一等奖

罗雨欣 张沁 汤心怡 周怡 鲍欣宁 左文静 王思琪 裘梦芸 李想 林捷
王晗 许可葭 潘逸炜 刘晨婧 王婧旸 陈子玄

二等奖

杨嘉妍 朱凌云 马文杰 吴涵 孙菁鸿 江艺滔 马蓁蓁 姚凌云 姚佳杰 陈怡洲
刘毅 张王银萱 郝谊莲 何佳娜 徐子溢 姚昌蕾 吴晓菁 赵佳柠 瞿嘉阳 陈郑
杨一 丁一凌 吴双菲彦 王晓玲 刘惠倩 刘巧玲 崔佳圆 倪冰清 陈琳丹 翁琛隆
张佳焱 金天昊 卢弥君 林麦琪 顾欣宜 王安琪 何相贞 张楚媛 孔晚燕 朱哲灏
陈秋仪 陈雨 陈书含 杨非絮 沈嘉歆 凤鸣 吕祎琳 崔秀丽 翟羽顺 蔡璐璐
陈慧 率静文 向园 王梦杰 陆钰怡 李怡炜 吴静宇 怀露 高羽烨

三等奖

曹中 朱萱怡 曹叶晨 张韡倩 吴佳利 郑一凡 卞筱洁 王寅双 顾雪阳 王昱
李茹钰 宋凡桢 桂凯欣 许金华 蒋弘敏 刘智慧 陈哲鹏 冯亦安 郭诗瑜 张心悦
万子贤 刘宏恩 王潇阳 岑糜嘉 毛卓尔 范琦子 吴雨 吴润闰 张楠 熊吟秋
林奇睿 张雪 潘依然 张倩瑜 金婧 金添 胡子西 刘蔓婷 韩秋霞 高听悦
吴妍雯 方欣玮 马意盎 陈霏 叶成环 刘畅 王嘉欣 王伊雯 刘雨蒙 毕亦清
陆金尧 谭笑容 黄哲燕 刘家倩 强宜媛 朱汉宇 杨伊鸣 刘缙 李欣昱 柳烨
潘晓雯 蒋澄雯 苗堃 丁文佳 张宁 于建平 顾诗婕 李晨羽 孔德维 陈嘉瑶
丁亮 白果 陈馨韵 朱艾琳 葛姝 史璐 冯嘉晖 马佳晨 王思齐 顾佳男

宋子健　曹庆松　王征宇　陆伊涔　祝金怡　张　肖　石　涛　焦雪琦　王璐璐　倪　斐
蒋偲佳　王　磊　金笑笑　吴倩倩　刘丽莎　朱　迪　陈　珊　张晓燕　高茗晰　虞文祺
郑宇璐　黄　昕　王鑫宇　王梦飞　陆含芝　李倩倩　张鹤馨　凌贝帆　郑婧玮　华　妍
陈　晨　张雨蕙　何佩玲　徐晨薇　叶晓妮　倪昊莹　陈晓婷　邵天一　李艺晖　潘佳欣
胡又琦　王怡卉　杨若莹　唐明宇　潘雨婷　王瑜斐　乐　其　金　方　姜　倩　朱凡仪
陈梦婷　潘怡迈　龚筑媛　高亦心　周金鑫　史钧文　吴笑翡　李欣悦　孙旖晨　邹玉洁
陈德芳　杨慕华　丁诗意

外国语学院

特等奖

王　琪　许晨迪　丁诗云　孙敏唯　王嘉洋　刘赫喆　薄　帆

一等奖

董玉文　殷斯琦　杨梦倩　李林珊　周　丽　蔡佳佳　陈　璐　丁圣彦　李佳蔚　陆嘉妮
朱佳莹

二等奖

林　玥　刘晓宇　葛军华　范友娟　徐雅恬　薛晨蕾　茹鲜姑丽·吾拉音　鲍楚楚　刘美然
胡越风　朱　婕　赵　楠　张彦瑶　兰　蕙　胡桑琪　曹心缘　宋芳晨　徐雪莹　林妮妮
孙一菲　张俊豪　劳杰女　贺清新　双　颖　李　淼　金柳含　田雨涵　庄　悦　许　威
王　云　蔡弋鸣　张　鑫　王陶涛　张笑怡　张　路　吴　萱　周叶子　郑　植　齐艺青
郑春秀　罗梦玲　蒋润园

三等奖

韩　奔　朱雅清　乐凌艳　陆怡玮　王书盈　梁芳莹　许苑祺　艾　雾　范　彬　闫仁彬
龙晓晨　刘　舒　李　妍　王永伊　唐　雯　蒋晓蔚　张振瑜　董秀秀　朱海蓉　郭诗韵
王倩雯　肖　杨　吴珍妮　张士君　范凌云　高佩玉　章　媛　陆　莹　李润丽　蔡媛媛
阮嘉慧　张云帆　邹桠楠　王忆南　顾祎蕾　王依婷　陈怡蕾　姜　昊　桂羽婕　金　荻
陈　颖　王菱菱　蔡瑜磊　任　玥　孙逸磊　徐翊然　时新昊　张　堃　王子莹　莫晓妍
叶伊婷　王宇晴　黄　静　张清梅　徐雯静　沈乐怡　张译予　郭逸珺　徐芳晴　沈俞蔚
翁　鑫　林　莉　王　琴　王舒姣　牛华倩　蒋　慧　赵慧琳　史慕凡　王宇轩　孙雪璐
沈悦沁　朱如意　谢勤文　蔡永锋　刘　玲　吴　灿　李　婕　陈钤之　杨皓然　谢　飞
施筱韵　李芊芊　姚懿珊　朱文婕　许梦怡　黄逸松　周晓曼　陈玉婷　乔　伊　王　楠
邵　奕　周　婕　王佳君　杨沁若　樊冰钦　王梦琪　金梦莹　陈超仪　杨悦言　沈梦宁

石婉秋 范又月 黄　培 汪徐莹 杨苗苗 周　毅 吴文君

法学院

特等奖

孙铭悦 胡欣琪 孙齐蔚

一等奖

陈　雨 吴秀楠 米娜尔 范香娜 鲍丹丹 焦士凌 刘　薇

二等奖

寿宁静 陈　亮 葛奕男 孙　珍 邓洁雅 李懿珊 余安妮 陆佳怡 郑　冉 孙佳斐
奚雨莹 刘欣琪 张睿智 刘晓玲 张优优 汪鑫富 李　静 吴　影

三等奖

马士博 葛若芸 汪　菁 金赵鑫 仲瑞洋 邓瑜瑛 张京京 刘志毅 郑涔涔 张慎言
韦书豪 邵东来 张梦想 单晓慧 王佳婧 金丹彤 樊玉颖 刘　敏 詹　瑾 应伟锋
张绍华 唐　姣 陈兵兵 方　辰 沈艳邱 黄孔婕 陈冰茹 彭佳欣 周兰曲 沈嘉伟
马　杰 汤怡佳 周　婷 王琴允 陈菲菲 扈芳琼 章诗媛 田康平 张旭东 喻　沛
俞　倩 冯子航 张　琴 汪若兰 张双会

中德工学院

特等奖

张昊泽 蔡梦媛 石文彬 华　韵 刘匡杰

一等奖

马晓琦 徐逸晨 王雨纯 谢琦君 卢　沁 王佳珉 沈　端

二等奖

郭旦威 龚钊文 龚晓婷 周子凯 裘明昊 朱明远 洪　洪 胡正江 杨霖辉 邵　刚
惠靖云 陈　丰 喻子轩 侯思远 许连心 郭　靖 华亦晨 钱慧成 贺　恬 罗一凡
毛轶轩 吴竹清 戴方闻 蔡卓尔 韩　奇 陈思捷

三等奖

舒柯玮 彭奕霖 徐活泼 陈铭羽 刘昊成 孙　赟 张民佳 吴泽灵 王立洲 郑　博
肖何子建 朱茜昕 高陶友维 陶　然 邹　旭 丁梦苑 陈君懿 朱文怡 顾启文 陈　旭
王　炜 邴冠齐 李冠宇 戴　维 周嘉诚 胡伯承 王　悦 马　强 王怡萍 卓少斌
陶娟娟 周翠萍 刘笑成 王定昌 沈　强 金泽昊 董芷颖 冯一帆 刘伦庆 崔小盼
王永嘉 汪天宇 余少鹏 周　聪 阮佳露 孙潇安 王雨轩 贺忆宁 董天元 潘心怡

张梓峰　卿德睿　刘嫣然　辛志斌　路惠童　唐奕敏　邵源钊　周亦宸　宋家福　杨家睿
张照悦　陈家桢　杨子越　干天浩　蔡　真　叶天承　雷　妮　王　准　朱　然

体育科学与工程学院

特等奖

许嘉铭

一等奖

无

二等奖

李　钰　丁　超　刘炎斌　李敏佳　陈佳刚　刘子卿　陈紫滢

三等奖

邱竞阅　冯逸文　刘瑞慈　苗颢严　金　凡　陈袁彤　林紫颖　朱　涛　徐梦泽　顾　超
朱　烨　顾秉成　张美慧　陈英杰　王　玥　肖佳琪　刘紫昕　陈维维　范博容　黄文婷
庄轲铭　易　歆

2. 2015—2016 学年度寒梅（励志）奖学金名单

化工学院

刘雅茹　周　菊　陈棹桦　尹　艳　何　力　姚圣泽　郭文慧　姚　蕊　胡春梅　王素素
高秀鲁　赵佳丽　李　琦　刘剑坤　张熙祥　罗福院　于观旭　王小龙　郝亚琪　陈　博
陈星星　宋建华　冯卫东　赵　洋　王　莹　胡开莉　葛　霞　吕　成　仁天华　刘昕玉
陈人越　欧苏慧　张震宇　张远景　刘宏基　张　艳　万　林　张　阳　刘晓玲　温杨斌
熊建兴　刘锦泽　孙书斌　徐美昌

生物工程学院

闫晓媛　刘　畅　聂鹏兴　王志强　朱斌强　万嘉峻　郑　晋　赵晶晶　李日华　吴　宵
田　园　阿米娜.阿布力米提　杨　洁　于少洋　李　杰　张　敏　孙　祥　黄志刚　栾邹杰
曹正涛　吴齐全　杨敬林　凌金保　徐一鸣　郑世媛　李　凯　马　可　刘学勇　徐世康
杜逸楠　田天贞　谢国豪　罗雪梅　张　雪　王蓉蓉

化学与分子工程学院

高　峰　李　娟　于祥钦　刘　静　周　阳　刘天宇　刘力滔　韦　冠　李曾元　石　喻
马宝润　崔泽鹏　黄艳萍　高　杨　张义飞　胡　涛　刘　强　李鑫圣　刘　捷　牛文利

竺　玲	张　杰	安国强	黄继弘	牛彦超	王邦森	符贵清	柏昱汀	王西翔	杨　辉
赵宝中	马汉光	赵长兴	冯锦明	李永琪	王　正	赵　辉	谢瑞杰	刘雅洁	李泽宇
贾　宾	彭财财	丁媛媛	金　欣	王嘉龙	赵　丹	何月凤			

药学院

方　芳	陈丹丹	张浩辉	李迎香	魏晓丽	贺菁菁	王权超	向正英	吴佳芸	朱礼祥
谢梦婷	范　屏	林　翔	梁　嘉	李华琴	黄　嵩	丁文蕊	李　野	徐俊南	牛　东
苏　琳									

材料科学与工程学院

牛浩鑫	徐礼锋	刘白杨	郭文涛	刘小伟	张　鹏	周秦鹏	高文豪	文应强	张　卓
余　迪	赖德超	金梓琳	杨　双	杨云翀	莫　青	杨逸尘	赵子伟	刘　洋	曾思凡
吕宏坤	薛　涛	殷祥春	肖耀东	程　跃	陶　俊	何　晓	原旭敏	田应飞	岳建宏
郑　宇	林博文	陆海梅	徐　东	王宜鑫	郭　敬	程志鹏	张　强	黄灵丽	庞文富
邢宝元	王柳迪	丛自豪	冯玉平	钟小琳	黄圣磊	董仕辉			

信息科学与工程学院

王高建	李　行	郎凯琪	王建远	马思芸	余飞越	黄龙阳	刘尹翔	彭竞超	陈书田
张　旭	王腾飞	黄金基	莫　桐	郭　威	刘朋飞	储逸然	武海霞	张文龙	王世气
田润泽	王钰馨	吴中乐	夏　志	任丹丹	范在超	邝永康	张晓宇	王泽泰	郑淑慧
沈　乾	李瑾瑾	丁　垒	钟华新	李博睿	马国剑	康周茂	赵　伟	刘金豆	范博辉
吴乐晨	罗永翔	查鳗倩	钟　敏	马文芳	陆大公	岳鑫鑫	李　佳		

机械与动力工程学院

李东鹏	姜焕志	李帅宾	张小奇	陈卓超	何思远	王　鹏	梁飞洋	宋德超	陆柠檬
黄红兵	黄双全	陆恒锋	蔡祥磊	陈许华	王素奇	石　渊	宋光权	冯正军	陈迩文
武世汉	薛　龙	伍　丹	马建洋	江梦慧	尧　蓬	陆淳逸	陆大浪	万敏俊	邢成亮
曾金繁	付旺琪	任道远	吴　赣	左继会	高　航	刘雅丽			

资源与环境工程学院

陈春江	刘金河	范思楠	潘林辉	魏　晓	朱　洋	王千红	张宝琳	杨慧生	明　冰
朱柏林	雷　渊	侯晓林	李　慧	米　潭	赵悦涵	程　杨			

理学院

明拉拉	张兆云	李林骏	秦玉陶	侯　可	郝丁丑	白　鑫	郭　胜	刘　江	孙永强
张欢欢	林俊辰	徐兴群	刘岚慧						

商学院

贾丽雪	华　夏	董　琪	刘　莉	陈　瑞	赵莉媛	迪达尔·别力彦汉		屈雅萍	李敏霞
陈武财	黄　钇	沈燕凤	李梦露	张　硕	李西亚	王明慧	张　静	汪　静	莫玲钰
吴海真	陈　顺	王道鹏	何笑寒	梁　冲	王肖瑶	牟海伟			

社会与公共管理学院

徐光鑫	央金拉姆	赵阿楠	季冬愉	陈　曦	周乃远扬	唐　琦	刘　杨	任青青	王誉洁
方　静	徐　杨	娜菲莎·艾尔肯		比丽克孜·吾莆尔		赵　倩	姚淑宁	钟超慧	王永亮
庄丽侠	茹海燕	彭　丽	黄　丽	董　贞	赵锦君	杨泽琪	田欢欢		

艺术设计与传媒学院

廖雪妮	常青青	罗梦莹	易　志	王清露	黎厚星	薛茸茸	董季华	林　杨	吕雪梅

外国语学院

高浩双	闵海燕	高蒙蒙	吴　畏	张　妍	凌雨凡	高明页	沈星晗	王小涛	罗　辉
刘　璇	帕提古丽.伊力哈木								

法学院

金赵鑫	邓瑜瑛	张京京	刘志毅	王　震	于　充	骆之兰	李汝芸	张　艳	汪星灿
刘天飞	何希亚	马振文	乌仁娜						

3. 2015—2016 学年度社会工作奖名单

化工学院

A 等

韩宇晴	唐艳玲	苑　媛	王　尊	刘　霖	罗　毅	邬龙安	周　倩	蒋佳恋	汪昆锋
王菁兰	张　佳	张钧博	张　磊	成晓敏	赵　楠	余雅心	马莉茹	邱召梅	阿曼·阿吉
李萍萍	虎良楠	郭　浩	杜　威	钱智玲	钱　震	侯林怡	王佟玥	邢　钰	闫瀚文
鲍刘毅	陈怡沁	崔　然	刘慧清	代启航	李天越	陈思磊	杜宜林	孙琳博	李雨柔
蔡　颖	马辉煌	何　铜	周毅兵	刘毓蓉	倪烨铭	代立恒	董泽睿	林瑞儒	方　圆
赵昕晖	余柳莹	石昕柠	赵　瑞	赵恩佑	陈家康	赵瑀晴	陈永灏	郑朱峰	郭　琛
向　迎	孙书斌	汤嘉伟	田晓宇	赵丹阳	曹　晔	王　迪	郄冠钰	郭佳雯	张梦洋
陈双静	尹　艳	郭文慧	罗蕴涵	柳彦恺	严思燕	徐淑妮	李君耀	朱悦婷	李蒙昕
杨壹荃	费琦慧	郭子毓	王亦凌						

B 等

李梦楠　许博文　王艺霖　史怡坤　刘梦雪　李嘉辉　傅忠旺　沈冰洁　盛想英　董　浩
谈金辉　童钰涛　窦佳红　刘宏韬　胡海洋　张碧仪　徐桂馨　吴克德　陈宛莹　罗　吉
朱丹凤　陈　澜　谢兴泽　王伟鑫　孙晶莹　施晓艳　王　丹　徐智良　汪　成　吴　田
曾昭炼　孔祥伟　马清艳　李晨丹　李　昱　宋贵瑶　张迈文　赵汉秦　高　楠　汪瑜懿
向安迪　杨　丹　韩晓菲　简雨培　高维群　邹剑云　陈琪炯　李　安　刘　颖　李鑫磊
王瑞颢　斯泽浩　张　阳　陶绪言　贾梦蕾　周　健　薛　静　陈　卓　沙力磊　刘晓玲
王明昊　陈闵敏　林宇欣　李孜萌　李　瑶　何　牧　李泽旭　王雪阳　彭　颖　王　赫
曹齐茗　陈　晶　钱少康　曹怀轩　陈棹桦　陈晴川　刘恒源　陈宥霖　孙晨轩　姚　蕊
盛喆宇　施润铭　陈哲琪　陆家伟　唐　启　曹昕宇　高秀鲁　刘世钰　林　静　王　堃
宗　诚　高思捷　罗宇恒　莫　毅　赵晨苗　高　津　张　婷　苏轶鹏　龚子洋　赵兴玥
梁　晨　万　宣　王紫竹　陈元昊　杨璐彬　李沐豪　陈　铭　周　齐　黄彬洲　韩警坛
王思潭　吴子灵

C 等

曹　正　曹　飘　吴一墨　刘锦泽　黄　倩　蒋　彤　于欣水　汪语扬　楼仕丰　钱　荣
徐敏杰　江　鹏　曹天浩　周庆港　吴钰哲　杨　柳　周　瑾　蒋志宇　严一振　林宇航
陈倚霄　俞　洁　杨宇琦　沈　迪　张　媛　吴　园　郑智源　沈天择　赵李川　高　鹏
南江波　张　柯　乔　倩　周家禾　冯志恒　王子健　王　菲　吴盛根　王敬鑫　杜卓时
吴玉学　陈熙理　李新爽　张　露　李定聪　李　翔　吕春枚　田丽颖　朱宇杰　李宜凌
李吉利　王路路　袁　方　成凤仪　刘雨洁　苏　哲　邱律铭　姜　铠　董　赫　王海榕
杜世雨　段海凤　梁家丽　袁　野　刘芸娜　梁睿丽　王聪莹　朱铭娅　薛　鹏　何雨杭
赵　洋

生物工程学院

A 等

龙虹玫　张幸子　王梦蕊　邢燕子　姚溢融　陈　志　陈焕芸　梁冰玉　周英骏　聂騰骦
尹晓梦　王乃琪　谢丽炎　刘旭东　马静怡　张添添　曹承嘉　刘　静　隋川石　王怡旻
杨智学　杨灿灿　李　晔　王凌旭　明丽艳　余　楚　包志昌　刘坤山　陈鑫洁　徐一鸣
李媛媛　何敏琳　马同昊　孔凡晶　程　健　吉　雷　张晓晨　王稳稳　陈　旭　骆　骞
茅倩宇　雷　进　杨子珩　冯锦尧　陈伟杰　况昱瑶　金　鹏　田天贞　韩心怡　李华栋
秦佳文　赵　迪　徐昭勇　王子安　曹佳妮　张　琦　潘必睿　郭　玥　李彦君　曹冬梅

郝　媛	徐文皓	季鹏宇	朱斌强	刘　畅	肖梦圆	孙　涵	杨旦祺	范莘培	王　鑫
徐　彤	翟纬坤	孙　圳	王明睿	包逸飞	郑荣淇	王晨桐	应丹妮	龚美玲	张炜坚
凌菲香	郝亚丽	颜莉琴							

B 等

肖　霞	黄河舟	刘锦睿	朱筱婧	翟星帏	何秋琳	唐卢屹	赵琪琪	陈　雯	康雅君
孙雨薇	张　丹	蒙灿兴	孙　鑫	傅淑霞	吴　玲	朱自婷	丁璐璐	李　凯	王　蕾
庄家丰	旷　江	王康妮	李春丽	宋嘉琪	冯　瑶	李奕欢	赵越欣	郑璐悦	郑方晨
唐　好	俞君杰	张馨宁	丁彦方	石嘉楠	邢　政	郭益博	易新宇	肖志宏	翁子安
欧阳薛文	刘庆亚	张竣峰	杨亦臻	吴诗璟	陈天雷	弓丽芝	傅佳予	陈毓鹏	崔　影
叶佳琳	施倩雯	牟　迪	崔　影	宋佳瑶	滕馨雨	郑　晋	王明达	吴安迪	乔子淳
沈奕琳	陈怡君	俞　凡	陈　凯	李汧蔚	金银珠	缪书婷	赵　佳	成昊勍	王志强
谢雅琪	孙沁然	田　园	林建东	南泽郡	金钰尧	陈海东	黄钊禹	凌金保	丁　晟
谢国豪	徐朝阳	任金伟	万嘉峻	林永洋	贺建伟	陈勰璐	周士琪	胡　蝶	王天宇
年珂晴	李日华	李梦桥	刘平辉						

C 等

徐名强	李雨嘉	顾赵嫣	余招伟	司马王奕	李虹锐	曹慧君	陆　雯	邓思敬	高智文
鹿婉莹	刘耘莉	李悦薇	柯　翔	杜文静	陈郡菁	葛少卿	底宇飞	蒋明莉	马　可
占静茹	赵仁杰	郑　榆	陈怡辉	李凤娇	朱益君	乜天鹏	赵佳晨	芦　璐	吴逸杰
邱韵洁	夏昊南	董飞祥	陈智杰	祝越超	章　苇	宋丽丽	丁昊远	马梦洁	谢婷婷
孙　飞	金　袒	曹　阳	姜逸飞	杜　玥	赵　晖	吴宇扬	谭雅方	汪　伟	梁晨晖
吴志强	汪　伟	黄诗然	卢巧慧	吴　宵	刘亚统	宋永佳	陈玉玲	于　跃	张　浩
于一帆	陆丹琳	庄昕烨	林锦瑜	刘雅倩	朱雨燕	朱　玥	田景涛	杜俊熠	李　倩
高煦丹	赵鑫钰	邱卓琦	汤丁越	蒋　璐	郑佳伟	詹　傲	刘　意	朱嘉亮	施　荣
熊　铁	曹惠然	华康敏	伍仪权	刘　先	徐梦帆	张条红	祝永昌	李　祥	王蓉蓉

化学与分子工程学院

A 等

潘礼汉	樊孝祥	施　磊	唐冰静	曹苏杭	王一脉	胡博功	李思凡	张晨焕	杨　晶
张鹤儒	曹　琛	李一统	黄文薏	马长顺	颜文昊	席璟睿	孙亚茜	钟怡雯	张晋东
郑　玉	王国华	赵治全	刘　静	沈　佳	张涵晨	许嘉琰	吴亦凡	李　玲	朱天翼
叶　玲	李昕蕾	周浪萍	胡佳仪	章　敏	徐子星	周尚武	王一帆	陈　璐	薛炜楠

王正 冯锦明 李傲然 卢海洋

B 等

雒玉升 胡松昌 苑鸿宇 赵珏棕 桂绍军 孙玮 张雨康 许素文 卢睿 叶方圆
桂凌峰 曹观越 杨敬 徐玥 许邹宏 王文辉 严梓翀 赵国良 师航 王骞
沈路泽 常茂菊 张家文 谭富欣 王维一 邓聪 王仪萱 吴琳琳 李俊雯 刘丹丹
周斌 董建昕 张雪健 陆经天 丁敏 谢琦 杜清阳 陈宏柢 佟薇 刘清清
韩译德 汪钰 刘思源 舒雅键 钟诚兵 周雨 刘天宇 朱雪影 封晓晓 池智力
高师泉 沈姗姗 帅雅静 陈新悦 郭志豪 成烨 徐丽成 惠成功 陆宏宇 李丽
柏昱汀 陈智渊 王迎群 王西翔 茅潜龙 郝同港 杨文静 房香凝 司兆年 何静山
陆镜禾 刘建宏 杨卓燃 马兆宁 夏倩 李立柏 董言欣 杨昊烨 潘诗涛 张玮杰
赵长兴 李淳纯 李诗文 郑鑫芝 徐天奕 刘修芮 黄昊 禄裕

C 等

曹晋 刘雅洁 吕继刚 马汉光 张子健 赵彦博 李超逸 金泽宸 范梨 顾铭
王中一 刘力滔 赵凝霜 张子寒 刘伟 周佳祺 夏紫薇 谢延诚 周芳芳 李冰
匡晶晶 王佩瑶 刘强 娄思超 安国强 李翔宇 张华英 周旭东 鲁誉浩 黄帅
王争妍 杨楠 任冠华 李菲

药学院

A 等

苏琳 赵倩文 顾蕾 江念慈 张海玲 方晓雪 刘一静 孙湘柏 孙雯 罗淇瑜
朱骆岚 苑子涵 方宏龙 胡江 郑丹婷 孙玥 蔡忆川 梁嘉 虞武珺 丁心慧
孙佳敏 曾洋彬 余年达 李迎 戴琪 李奕彤 沈艳玲 赵心蕾 腾旻圻 孙家灵

B 等

林诗源 王轶平 王少男 徐逸凡 李野 郭静 张杰 郝艳萍 陈剑辉 何露青
钟隽晔 姜枫 江晓帆 王梦 吴伊晨 辛蕾 万枫 赵文莉 胡雅雯 李洁
葛媛媛 陆征宇 陈静雯 杨吉娜 仲文博 刘菁 闫梦迪 许歆瑶 陈文煜 潘日钊
孙瑞 吴欣怡 王步骧 张令 陈岩青 韩雨婕 夏子航 丁昭文 王张顺 陆承倩
王瑞昕 林瑞浩 王娜 李锦雯 庞双双 叶晨钰 王艳兵 张茜 罗露 孙锐
徐敏捷 陈丹丹 徐博涵 郝越 杨冰雪 祝晨宇 徐志康 陈语嫣 叶佳依 魏晓丽
徐金萍 吴雨 詹伟豪 孙凯 宗晓莹 杨佳鸿 李馨蔚 王承诺 肖力铭 马慧君
刘佩雯 陈伟超 武培敏 孙缜 王佳颖 师语聃 郭炳显 周悦 李诗韵 武修文

蔡思敏　施莹莹　许　晴　于　淼　王　羽　李得峰　胡　涛

C等

郑贤子　杜瑶瑶　李宗英　周　韵　兰霖玲　徐小丽　邢文倩　李佳雯　唐　晨　林　翔
薛济文　范　屏　冷钰婷　贺菁菁　余冉阳　葛丹丹　王权超　王怡璜　徐嘉钰　尹玢洁
沈佳欢　牛　东

材料科学与工程学院

A等

张水铨　陈　胜　高　桐　东春晓　侯璐烨　张　俊　倪鑫瑶　李勇强　倪竟男　孟祥申
邵　宁　杨　柳　李贇恒　张　明　梁月梅　刘晏辛　高泽华　洪伟进　王诗佳　王　钰
褚衍盟　张家豪　杨怀斌　靳惠宇　杨　柳　倪璧君　张　薇　张盼盼　袁　佑　吴雪枫
郁卓尔　周　杨　王雅馨　肖希勉　丛自豪　陈春雨　朱　凯　李开远　李　楠　陆鸣雷
丁　虹　贺逸昕　许　达　杨婷玉　程　越　王朝锋　林　铮　李　珣　何恬蕾　谢　瑾
李文婧　李金凤　李　炀　陈鼎涵　王明华　陆海梅　邓天博　庞志豪　冯伊依　赵子伟

B等

夏　睿　罗　炜　谷承甫　杨博文　文绘晶　杨晓燕　范东亮　黄琦婧　朱涵睿　黎记显
金　玲　王立轩　李艳晓　徐　威　张　涛　代承志　吴晓颖　古沁懿　侯嘉倩　张旭雯
金莉莉　宋鹏宇　李进杰　宋　群　刘思源　张诣钧　崔方旭　程志敏　单怡琳　王宜鑫
郭　敬　李欣禧　赵丽玮　毛嘉毅　张超然　郑勇健　姚懿珂　何　苗　秦　兴　高镜铭
胡俊杰　徐　东　袁　梦　宁宝星　余海峰　张可夫　江　全　陈　帅　赵鹏宇　陈　梁
季陆丽　赵烁晨　赵　爽　邢宝元　王柳迪　张媛颖　吴伊旸　彭凌子　赵　珩　胡恬怡
柏佳璐　陆弘杰　张逸凡　谭逸凯　刘　露　赵鸿孟　李世博　马文隽　王泽凤　张媛婷
董仕龙　刘昊楠　都　仕　陈铭毓　张昌入　侯　璐　姜　瑶　蒋　超　谢　淼　常　强
李明炆　周　磊　何思远　陆洁流　郭新月　程思雨　王亚婷　丁　宁　邵一帆　贺子芮
王博慧　李清逸　郭文涛　祁若轩　张　晨　金　金　高　杨　周楚奇　刘　杰　左丹阳
原旭敏　马晓佳　蒙旭强　张哲彬　高一涵　雷　锦　朱富威　王　赫　王　敏　邹景橙
范晓天　张雨荟　王福君　周　扬　赵显明　林静宇　林博文　贺聪泽　姚　兵　秦明鑫
蒯颐熹　张　旭　张健昊　戴一铭　陈兆辉　汪昭明　王　颖　宋杨喆　吕宏坤　徐时杰
马文浩　程　跃　王　宁

C等

赵　莉　顾雅洁　钟沛耘　高菲菲　邱　烨　马明明　苑伟豪　姜　男　程　乐　中　南

苗馨文	郝梦圆	宋金泽	黄小烨	王子怡	陈　诚	顾雪莺	金科君	高雨朦	朱焕君
马炬乐	毕玉芳	金锐琦	杨文漪	孙志光	陈美万	李曦阳	田　恒	高小榆	高　翔
薛良耀	董仕辉	凃亦飞	谭雅婷	纪苏洋	张甜甜	沈晓雪	薛　涛	王　丹	王宇飞
吕超诣	许远琳	史　兴	吕明辉	秦　琦	金梓琳	叶佶恺			

信息科学与工程学院

A 等

王天鹏	任扬扬	顾吉峰	周彦捷	乔辛磊	翁　营	郑应豪	罗　粤	何海洋	席　超
徐金金	邱家辉	刘旭利	陆佳琦	刘道文	姜　靖	马一男	张伟良	朱　玉	郑宇欣
张子琪	朱理森	郭全全	柳　杨	范博辉	刘　镇	何逸辉	冉启兰	吴天乐	罗伟杰
邬东辉	张家玮	王世豪	向　阳	潘燕娜	王子晨	姚逸夫	金季豪	曹丽萍	康文斌
杨　铎	袁晴龙	李　佳	陈　晨	杨　军	张晨曦	权畅睿	郝中汉	姚志婷	吴思玥
杨竣乔	吴伟强	宋　夏	彭竞超	杨孟平	秦锦玉	马　榕	张斌杰	许东儒	刘宇璇
毛铁鑫	靳　喜	赵　展	江志峰	陈歊阳	黄文斌	董德平	李　彧		

B 等

颜世福	李许强	何雨旻	朱学辉	陈思青	刘颖超	陈兰萍	王砚溱	韩世位	段续皇
余天宇	桑森恋	戴　鑫	杨　晓	阮丹薇	马振伟	饶婷霜	刘俊池	秦佳妮	吴安雯
于文欣	俞佳宸	朱　萍	陈　群	李　娜	叶　剑	左春玲	韦钦臣	吴琪雯	张旭超
胡博典	沈一峰	陆丽霞	陈培之	莫泽坤	蒋麒憬	王赛威	赵　伟	陈昊君	李翔宇
蓝　鑫	李诏阳	李佳鑫	吴漾屹	董奇超	秦　博	李楠希	丁文杰	赵超强	张贤益
董政霖	梁　佐	房金宝	蔡慧婷	雷丽琪	陈志阳	罗永翔	钱梦薇	张知行	苗书宇
杨佳承	杨奕晨	姚蔓婷	王　坤	孟　婷	朱斯琪	王鸿程	季思凡	童嘉慧	付锡欣
楼宇新	岳文骄	马　磊	徐浩然	徐炳生	郎凯琪	王　鑫	辛佳德	王高建	马思芸
范　玮	林昊琪	范广兴	孟昭阁	任天宇	金春晓	文姝璇	吴嘉悦	王治民	宋夏杰
张宇昉	陈世宽	吴若虞	李倩玉	赵雪晴	吴　信	刘　涛	蒲艺华	吴金蕾	吴中乐
杨　丹	朱彦伦	张　旭	石运达	丁　怡	黄金基	孙　骏	周　照	丁佳谦	余　浩
马梦婷	李　圆	顾　庞	陈敏皓	谢方舟	蔡婷婷	刘金琳	陈孜维	张志鹏	李增鹏
龙　婋	宋丹阳	余芙丽	李　萌	姚怡欢	王亦凡	姚　远	杨宇锋	于俊杰	李昀灿
金圣皓	袁智杰	刘志航	唐仙娥	高君钢	唐亚兵	邱志楠	江　伟	徐英皓	迟一恒
李圣泽	陈一敬	叶昊源	李　亘	潘行之	胡　珀	陈　程	宋景涛	周德伦	马　硕
刘静秋	孟艳雯	钱　锋	陶　涛	赵　芮	郑　昊				

C 等

单瑞康	王延龙	肖语堂	应宇晖	李昱池	彭　飞	曾慧然	杨皓钦	杨金良	王　婷
龚雨昭	方思远	孙　浩	李霄汉	王业相	黄佳琳	马振祺	黄斌浩	钟　敏	张传法
彭媛媛	祖一帆	辛　鑫	马文芳	朱欣怡	龙翔宇	夏琪迪	李　行	耿斌宗	史亿帆
傅　昊	王嘉瑛	叶晓波	费荣杰	虞倩雅	刘　飏	吴诗佳	姜昕妤	车　晨	莫　桐
王　皓	王懿鸣	王　鹏	米家旺	杨正壮	陈　诚	沈梦姣	许博仁	何　彪	张甲强
李　坤	王任飞	叶　骋	谢捷鑫	王秋阳	于慧晶	李宇琦	袁巧迪	郭梦洁	赵冰冰
蔡丽娜									

机械与动力工程学院

A 等

胡豆豆	赵　晨	宋雪雁	张　悦	王田田	余　婷	赵　明	李　浩	杨　晨	李　昊
余昱东	叶泽昊	黄艺卉	毛炜炜	朱晨鑫	钱锦烨	王永乐	李长青	陈施栋	贾腾飞
周　波	邓厚阳	张雅梦	严武林	马哲锴	陈思佳	张天宇	钟昊男	张　蕾	陈泽坤
谷　琳	李星念	许柯华	於晔鸿	倪子昂	雷　卓	郑风华	杨　琳	潘　薇	刘珂嘉
姜兆辉	王　一	迪盼祺	马　岳	席　天	王富豪	郑文龙	戚昊晨	王越琳	周相阳
张小奇	高天一	方艺伟	程劭文	宋德超	季潇逸	吴宇星	张　鹏	王　何	邱茂垚
张文艺	徐　锴	唐鉴颖	关少杰	刘瑀珂	谢剑斌	马　笨	陶贤超	肖　邦	许　爽
陈迩文	金前程								

B 等

尹　保	徐　优	盖赛优	郑　炎	方焕杰	许　聪	滕雪飞	朱惠豪	钱　旭	程诗铎
单喜良	李晓婵	银　信	易怀旺	叶延挥	方小亮	官业欣	秦佳怡	孙鑫楠	郝　韵
肖　清	魏怡飞	李铭杰	徐　磊	许尔超	赵敏龙	陈　韬	蒋天蕊	余　静	宋天宇
张　昭	叶　东	夏天晨	周小晓	胡文琪	张鹏程	张佳敏	朱钰婷	张成程	钱俊丞
许志杨	王媛媛	李家亮	王新平	何家隆	赵　星	吴　岫	翟世宽	刘　安	肖婳婳
张宇庭	曹佳铭	张　英	颜孙超	郑嘉镭	谢乐群	喻展祥	尧　蓬	杨　文	周雨晴
陈星宇	匡　鹏	杨晨捷	孟宸宇	张君天	张佳豪	贾雯璐	鞠　宽	朱光耀	罗鹏程
吴荣耀	曾洛镔	王林怡	李凌威	张子旸	詹文捷	常　昊	魏　齐	林铁宇	李　粲
毕鹏华	吴尚恒	张浩楠	李沁霏	王黎望	任　和	陆　诚	缪云鹏	张新科	徐　虎
万　舟	林　峰	刘宗凯	李　尧	王志斌	魏　冠	李　胜	胡伟康	马浩元	姜治康
葛　甲	舒煦朗	蒲俊吉	冯正军	丁希成	张诗雨	樊雨薇	阮克英	胡馨丹	张昊天

曾　鑫	倪　涛	李潇宁	吴　韡	商华政	谈洪斌	张宇吉	江梦慧	刘丁楠	王易知
孙麒萱	白逸凡	王紫阳	李诗豪	徐毅翔	石振宇	南　浩	陈　诚	张文杰	吉　悦
王　乔	李恩泽	余　欣	陈泽宇	陆玥萱	蔡祥磊				

C 等

姚子叶	陈　郡	邱长亮	吴旭伟	谭晓东	张　倩	王艺霖	杨　帆	刘梦珂	李思宽
韩颖璐	傅　正	卢勋勋	耿春鹏	林永顺	钟文清	程　峰	毕文涵	刘志滔	顾钧诚
吕　懿	魏洪钧	覃　胜	马子望	王一凡	韩　彬	曾祥鹏	郭映辉	曹港生	王宇超
李　越	沈钧诣	陈　攀	郭　旭	吴　赣	徐英杰	赵子博	王培宇	徐明旭	吴　为
赵子建	陈　童	郭洪辛	林旻玥	李杨帆	颜仁章	周锐东	岳剑桥	陈许华	陈北北
蔡振威									

资源与环境工程学院

A 等

陈　婷	张　超	杨雪瑞	宋友桂	田云浩	邱远航	董思远	孙　勇	刘琪铭	姚志鹏
何忠励	许　多	牛永健	杨俊劼	王　菲	贾　磊	郑凯丽	黄靖瑶	吴光南	马铃慧
李箬璠	谷　原	梁　纤	高　明	周小粮	庄炜杰	马逸譞	郑泽宇	刘紫瑾	朱盛强

B 等

李嘉晨	周　婷	姚金池	郭　盈	王舒扬	孙淑慧	赵悦涵	张继轩	龚碧瑶	唐　彪
龚佳怡	孙梦娇	金子钰	李雄伟	姚源朝	慈明珠	鲁泉玲	杨嘉宁	旷　哲	顾文怡
包　晗	侯　彧	何伟煜	林素芬	谷　萌	阎　明	柳　畅	张　磊	杨　涵	唐思贇
郑　妍	杜慧爽	范岩亭	明雨辰	刘婉莹	许正国	谷　晛	杨佩健	高梓涵	孙叠一
闻少波	杨佳程	刘建阳	余俊钦	杨家宝	张　静	杨莹莹	蓝金晶	彭思雨	刘志航
孙露露	范佳露	钦传慧	孟伟康	朱国强	郑　芳	汪　敏	樊洋成	杨　澜	齐梦瑶
张玮珊	李　彪	成　睿	程　萱	刘书萌	曹凌志	汤　敏	张静彦	严嘉玮	孙　硕

C 等

付　滢	陆　飞	卢泽海	俞　霞	赵　灿	鄢博超	符红岚	李　杰	杨　洁	董伟超
吴　鹏	吴东全	张晟宁	朱柏林	张　锟	李文楠	花宇哲	方星泽	於　峰	吴雨婷
王　恒	顾嘉乐	汪白洋	车　程	林凡斐					

理学院

A 等

韩　飞	严仕凯	吴倚天	颜　昊	杨　洋	魏鹿鸣	朱程灿	于家伟	叶跃振	张　寓

王子扬	裘栩炀	杨东明	柳辰琛	马成麟	井冈山	金白露	郭金华	朱超宇	范雯蕾
刘嘉琦	胡　帆	孙成尧	胡豪杰	孙瀛吉	郝珊锋	陈雅馨	王　硕	袁雨桐	李成茜
高　乾	吴　帆	肖　双	尹　赵	张宇珂	陆鹏皓				

B 等

李　妍	程　迪	吴赛博	张津铭	陈　昕	王定树	江铭臣	孙佳华	张　贇	高在青
刘杨洋	吴赵龙	李宜臻	吴思敏	贺钰雯	贾淑珍	计之皓	朱唯一	袁佳乐	姚钰雯
孙樱子	华雨晨	杨钰林	王　斌	王禹卿	周梦洁	杨洋飞飞	徐　杰	王　超	高晓青
郭　胜	任丹妮	黄景宣	郑　乾	杨子明	段　卉	宗伟泽	卢　县	张兆云	秦棠霜
卢满红	周越桉	王泽宸							

C 等

张宇清	马春良	袁昳祯	闵晶莹	申弋斌	毛卓远	白　雪	姚　颖	周文豪	曾佳典
张叶峰	高浩峰	周国龙	潘天宇	陈　莉	汪　娟	张欢欢	郑书昱	陆臻琦	房　明
程俊宏	余丽红	段新宇	黄　尹	程　杰	黄雅雯	韩朝霖	李素雅	于春龙	赵艺远
王　丽	胡　倩	武　越	洪　婷	张伊人					

商学院

A 等

李文涛	阮丽娟	詹海婷	方　頔	叶佳文	何云冲	杨　璐	蒋　喆	吕文凯	陈先强
张未央	周佳倩	戴星晨	徐　宁	何乔丹	李　鹏	王文静	王　欣	唐诗韫	陈奕霖
苗双麒	陆　煜	陈诗涵	徐一丹	陈小华	洪永年	顾　笑	何　恬	顾　倩	具熙杰
杨　阳	张琳妍	王　戈	石红妃	王姝蕊	唐圆媛	李阿丹	黄　新	杨璐铭	颜　安
刘　悦	刘　婷	王雨贤	夏强伟	胡天仪	崔凯晴	郭佳羽	俞嘉炜	白晓樱	吕天舒
任嘉怿	孙　杰	郅　谋	蔡依伶	罗靖怡	程楚颖	张志豪	周成臣	汪佳颖	逄增阳
刘楚芸	宋　斌	杜一雄	申嘉钰	张晓磊	龚嘉楠	王柏超	龚雪雯	韩嘉桐	王园园
嵇敏珍	谢昌霖	张瑗竹	许勤楠	简佳欣	陆诗语	王恺颖	陈家宜	郭庭瑀	蔡雨晗
郭新宇	李聪聪	刘芳燕	张枫琳	向伟林					

B 等

张炜灿	董佳艳	徐　婷	夏　雪	陆炎立	周　洁	周雅娟	马月箫	林新波	杨　晟
姚雪薇	王明慧	乔雪莹	王语溪	蒋微微	向　彤	黄　钇	徐　帆	张　月	肖　雅
周　翔	马宏宇	姚　越	姜　宁	姜宇倩	周　培	余　哲	徐若瑜	郑　锐	王成锴
郭　瑞	任静妍	陈一帆	马旭鸥	王文君	沈超丹	靳函琨	戴文华	李晨雪	焦　妍

周谭雷	钱佳琳	赵昊坤	刘靖爽	于娇	陈璐	沈韩斌	王亚茹	向攀	缪荣高
岳青青	黄奕	杜子琳	李文铭	赵浅予	陈爽	林佳珏	陈江婷	吴萍萍	李婷
胡娟	蒋文赟	陈芙	周树理	李潘	房慧敏	曲旸	韩志远	杨淑霞	刘静茹
赵子恒	陈顺	甘莉	王雪曈	詹媛	宋佳	金诗博	汪晨东	陈妍茜	周瑞琪
胡玥歆	潘婷	黄彦婕	刘哲宏	李梦恬	马徐佳	张剑乔	李嘉淇	黄修洵	万敏慧
王鲜盛	金静文	刘芳媛	山正	王世隆	罗晓雯	赵倩	袁锦	黄皓琪	顾凯文
司佩勋	李菊	胡嘉琪	宋彦菁	葛万行	曹诗琴	商佳琪	金昊	卢子豪	周洋
徐庭筠	张思雨	杨博能	高金锋	匡倩	陈茹茹	晏佳敏	吉捷	丁佳艳	管思敏
肖能	范丽靖	刘伊凡	李嘉欣	诗苇	侯彬	王钰萱	陈玥	张倩	闫夏诗
朱惠冬	吕哲洁	殷之璇	冯洁妮	王晓通	叶思宇	李曼玉	刘家玲	赵雪晨	于洪
王微微	徐小乔	季芃妤	陈秋伊	李晓越	曹欣悦	王珊珊	马乐竹	杨立	陈清扬
王润霄	华小丽	何雨沁	朱海莹	王婷	刘维	秦术瀚	程泽宇	戴晶晶	李玥莹
陈瑞	梁婧琳	肖诗怡	刘莉	王晨	彭意钦	陈书颖	卞家俊	唐雨睿	叶思雨
符晓雯	蒙明欢	陈立鑫	罗昊	王馨卉	曹语	黄春敏	张亦欣	应雨婷	钱嘉晔
路晓迪	蔡钰芸	李骁驰	张杰	刘晓曦	贾丽婷	张唯佳	陈依婷	于辉	

C 等

张杰	全鹏	郭梓樱	赵艳	许雁林	舒丁	杨诗夏	冯静雯	华亚飞	沈蒸凤
尤娜	陈超洋	夏菁	翟玉莹	高雅	邹凤莉	李育苗	陆裔	池浩艺	吴梦怡
余韵涵	潘竹莹	彭雅哲	吴艾琳	项诗卉	王妙韵	杨沁婕	腾春月	胡安	王茹
黄仪琳	王颖	董陈淼	李娜	刘博	徐梦霞	张智威	姚圣楠	刘静	蒋雯妍
高兆琪	黄奕涵	李嘉莉	郁冰沁	王卓	王雨佳	孙丽玮	张璇	郭梦婷	李非凡
徐一钊	张志仑	许楠楠	顾佳萍	魏佳丽	翁东玲	俞倩	樊悦	徐畅	陈思
关佳怡	苏桂兰	谢奇芸	曾佳莹	何家雄	林思源	贾雪莲	丁今	吴一凡	朱容震

社会与公共管理学院

A 等

马力	唐秀玲	王宇青	施祥	施旅	闫堃	王超	张洺硕	王洪涛	杜楠
朱旗	韦悦	陈天依	王磊	刘博	冯燕	林佳雯	孙晨晗	张晓怡	胡晓蒙
赵锦君	郭箫	屠峰垚	庄丽侠	王笑男	蒋浩	杨智媛	胡若涵	张艳丙	吴晓然
王奕	魏妍妍	鲁珍	胡臻	李怡雯	沈佳	赵冬冬	伍方仪	王瑶	汪鑫贵
赵星	热依拉·哈力木别克	王小语							

B 等

王杏然	刘亚飞	侯凯悦	王　贺	雷奕鸣	张忠强	龚思慧	周雨婷	苏　展	张婷婷
韩　雯	李园蕗	高晓萌	徐莹莹	韩雨晴	顾微波	陈芷睿	桑思雨	郑珊珊	张丽丽
赵雨桐	刘　萌	刘天虞	王　璐	任佳艺	孙承琳	许安琪	周慧慧	杨雨莎	付　洋
胡　敏	吴姿怡	周晓玥	陈田田	吴尔娜	郭临月	石思慧	蒋镕任	肖彦喆	陈紫婷
何之未	黄怡沁	诸秋纯	杨　洁	向依琳	孙静旋	付晓鸣	宋文欣	吕文富	陈　洁
王稚雄	高辛瑶	朴　健	韩　越	沈丹伊	于星苑	董舒涵	姜凌晨	孙文璇	庞　辰
赵驰蕾	许兆婉	曹梦婷	邹　敏	马成锦	展　雪	刘　晨	王誉洁	盛艳梅	李　明
王湖葩	酒　毓	李天宇	祝雄美子	王天琪	董萌宇	陈昭希	张梦婷	严贤玥	陆思诚
向若瑜	张　薇	徐　杨	王一婷	吕艳艳	李卓薇	许文杰	孙奕欣	丁静坤	林　文
王　灿	陈　曦	叶子安	王语薇	周　洲	聂　璞	孙静博	季蒋磊		

C 等

张博文	逄程涵	阿尔森江	周　枫	李心怡	崔悦	张苑松	盛　名	朱雨薇	谢　萌
张斓祯	刘安娜	范雨迪	张月亭	詹夏情	郑　娉	王　卉	崔方婷	宋雨沁	饶予昊
周晨怡	张婧悦	屠昊昱	杨馨怡	俞佳傲	殷　涛	宋文芳	蒋晋阳	陆旻婕	黄　灿
刘　贺	娜菲莎·艾尔肯		赵　倩	詹绍康	高俊雅	王韶康	黄家云	刘文倩	顾思佳
罗寒凌									

艺术设计与传媒学院

A 等

张　肖	崔佳圆	蓝庭光	顾金辉	何宇瑶	张　宁	张佳焱	左文静	冯嘉晖	谭笑容
高　宇	裘梦芸	翟羽顺	周忆姝	潘佳欣	郑宇璐	陈　雨	卞　婕	李怡炜	李倩倩
王鑫宇	陈德芳	朱哲灏	杨非絮	姚至怡	陆钰怡	王欣怡	陈子玄	姜　珊	陈芊蓥
倪超群	姚金江	于建平	冯　璐	曹庆松	郑夏凯	卞筱洁	姚凌云	徐　潞	王　晗
王潇阳	林　捷	王一楚	熊吟秋	郝谊莲					

B 等

牟海淼	赵浩宇	丁文佳	孙龙泉	徐佳叶	杨嘉伟	张鹤馨	杨慕华	怀　露	张今英
刘敏婕	黄　昕	高茗晰	郑婧玮	张田妘	潘逸炜	吴静宇	袁　杰	王梦飞	吴倩倩
刘丽莎	朱　迪	孔晚燕	金笑笑	陈秋仪	周文嘉	许可葭	曹文灏	颜睿康	倪昊莹
徐晨薇	凤　鸣	沈嘉歆	叶晓妮	王思琪	王子垚	郭　鑫	陈　慧	潘怡迈	黄立雯
万瑶倩	宋聚懿	金　方	邹辂贝	吴　涵	王　昱	陈修楷	曾钰淇	曹　中	蔡宇森

郑安妮　郭诗瑜　马子凌　刘　毅　顾城鸣　张文荣　蔡雪薇　王婧旸　翁琛隆　金天昊
高羽烨　何相贞　王　磊　王思琪　叶成环　杨　一

C 等

华星杰　薛茸茸　黎厚星　章悦琦　陶　圣　丁一凌　陆金尧　朱汉宇　张代豪　姚承尚
汪怡凡　林　凯　杨　珉　杜　飒　万子贤　杨嘉妍　奚子非　罗雨欣　廖雪妮　张　沁
顾翊婷　毛卓尔　蒋梦婷　王安琪　宋子健　马蓁蓁　黄莘尧　瞿嘉阳　罗梦莹　岑糜嘉
姚昌蕾　张　楠

外国语学院

A 等

孙居一　赵　楠　杨梦倩　王　琪　刘欣熠　李炜嘉　范友娟　王忆南　周筱倩　金　获
兰　惠　徐雪莹　孙一菲　任　玥　马丹忆　赵心仪　蒲子夜　栾梦飞　郑　植　叶伊婷
薄　帆　张逸群　刘赫喆　徐　源　姚懿珊　周叶子　朱如意　贺清新　陈钤之　罗梦玲
阮嘉慧　董玉文　刘晓宇

B 等

朱海蓉　梁芳莹　徐雅恬　徐　婷　唐　瑭　王依婷　李惟一　时新昊　董　伟　郭梦鸽
黄　静　范又月　王宇晴　翁　鑫　邬俊波　林　莉　莫晓妍　施超琼　王嘉洋　樊冰钦
杨沁若　汪徐莹　杨悦言　李子霖　王　云　姚麻芳　张　妍　双　颖　高浩双　戴婧雅
邱月清　汪师捷　史慕凡　牛华倩　赵慧琳　孙敏唯　李　婕　王舒姣　沈梦宁　张宝晴
张云帆　李　妍　乐凌艳　尚娅晴　娄逸嘉　蒋润园　闫仁彬

C 等

王书盈　沈　莹　葛军华　陈　颖　周　丽　张月瀛　许晨迪　朱　慧　陈　妍　沈俞蔚
齐艺青　张清梅　商文潇　丁圣彦　谢　飞　刘庆龄　田雨涵　郭治文　蒋　慧　杨苗苗
金柳含　吴文君　钟　悦　高明页　肖　杨　顾梦婷　许苑祺

法学院

A 等

刘　薇　张旭东　刘欣琪　胡欣琪　张睿智　苏明月　胡焱秋　张　琴　陆佳怡　宋　叶
张慎言　陈　亮　王　震

B 等

沈艳邱　奚雨莹　沈士华　潘　佳　孙佳斐　张优优　俞　倩　冯子航　李小双　孙齐蔚
应伟锋　陈天予　焦士凌　李　孟　乌仁娜　寿宁静　葛奕男　汪若兰　张双会　吴秀楠

葛若芸　杨子薇　韦书豪　李懿珊　米娜尔·素尔坦别克

C 等

田康平　孟繁迪　喻　沛　黄孔捷　范香娜　梁丽萍　陈羿伉

中德工学院

A 等

张照悦　吴竹清　贺　恬　虞芊蕙　申　遥　马晓琦　朱文怡　王雯卿　肖　聪　沈　端
邵　刚　郦冠齐　刘匡杰　许连心　陶娟娟　韩　奇　陈　丰

B 等

程可婧　刘嫣然　孔　钰　卢　沁　华亦晨　王　准　龚晓婷　王立洲　郑　博　陈君懿
蔡梦媛　屈子韬　高陶友维　申逸飞　薛　雨　陈思捷　石文彬　王　炜　谢琦君　郭　靖
丁佳奇　惠靖云

C 等

毛轶轩　叶天承　张昊泽　黄永盛　章欣澔　钱景灿　张　翀　陈　旭　戴　维　崔小盼
汪天宇　吴江俣　靳志达

体育科学与工程学院

A 等

朱　涛　毛镇达　邱竞阅

B 等

许嘉铭　刘炎斌　陈佳刚　顾　超　王　迪　陈紫滢　刘子卿　庄柯铭　范博容　金　凡
丁　超　李　钰　秦嘉楠

C 等

甄子伟　刘紫昕　陈袁彤

4. 2016 届本科生毕业班综合课程奖学金名单

化工学院

特等奖

王哲禹　陈弋翀　白云博　崔鸿劼　阮嵩钜

一等奖

胡旭涛　章奇明　牛霄峰　卓　威　李怡诺　叶俊翔　吕伟光　孙天舒　赵　凌　何桂春

施　尧　　王　妙

二等奖

闫佳琪　刘景曼　赵　璇　王一冰　王慧慧　张　衡　赵　阳　李　坤　潘燕凯　宗泽钢

汤焱强　陈　俊　朱　林　吉　昂　罗　亮　朱凌志　姚红杰　康　颖　姚鸿俊　潘佳浩

吴婉莹　李海强　孙　杨　陈斌宇　潘伟童　付智楠　李德文　熊亮亮　洪　成　秦　炜

周夏青　徐浩川　王　倩　苏保川　郑弘光　邢　雷　伍　祥　肖长勇　汪　伟　富岱奇

张美佳　胡雪莹

三等奖

崔子仙　吴嘉雯　钟　玲　司　迁　单　毫　陈　宵　来　蕾　高慧芝　孙诗白　王　祎

张馨心　潘晓艺　陈沁媛　杨青松　梁小丽　邵洁玲　邬胜波　王　露　张昳馨　刘崇阳

钟玉洁　傅文钊　刘凯隆　赵倩文　姚林杰　王金岭　姚　舜　耿　赫　孔振凯　鞠庆庆

王丹阳　李玶怡　庄俐敏　刘　岳　黄本清　聂　畅　黄冬雪　盛　晨　肖茂慧　邓　涛

姚翰林　奚莹洁　刘晨旭　张胡货　李　彬　吴裕凡　宋佳琳　车轶菲　喻　小　刘广辉

杜俊杰　童微雯　张晓煜　龚正阳　何　玉　焦艳波　张一恒　杨宜山　徐龙宇　崔梦莹

蒋启顺　胡　阳　胡省义　丁豆豆　朱帅帅　韩舜勋　吕小萮　李国庆　蓝程程　杨华裕

薛皓元　张　颖　吴佳玲　徐少军　李园义　汤洁瑶　刘振盈　袁　勇　武星昱　陈英春

朱　峰　华　昕　应景涛　罗　萌　宗　睿　陈　骋　刘伟志　陆钱磊　孙　谦　陈佳雯

邓逸俊　杨荷心　唐湖栋　任丹妮　伍卿平　傅　敏　王　芊　吕炎谕　徐　磊　王怿兴

韩华哲　彭　威　杜添铭　张子昊　关韶辉　施鸿量　张佳豪

生物工程学院

特等奖

张奕吉　张　立　彭强强　陈瑾轩　马铭悦

一等奖

安西森　万　方　李　晨　王瑞达　曹逸璇　冀　露

二等奖

王淑媛　游佳琪　黎穗子　于鹏洁　白晨晓　叶泽宇　黎敏灵　陈佳祎　许越峰　樊　悦

王天昱　周　煜　袁　嘉　滕　一　谷　策　朱小愚　刘治钧　张光祥　陆经纬　王国楚

徐泽菲　刘　宁　董思莹　薛佳韵　陈　倩　赵晨旭　聂明月　王　慧　孙冰瑶

三等奖

李　苒　赵晶舟　吴嘉琦　孙子荀　张嘉雯　纪德强　丁　玲　胡昌辉　丁鑫涛　秦　天

顾厉明　赵怡婷　李一珩　廖　翀　傅美霞　朱　皓　杨　婷　张　强　黄德彬　朱一菲
姜奕文　景望达　李　颖　邹缘缘　王　壮　蒋家宛　齐奕珂　于海园　彭舒璇　龚瑞卿
孙琦皓　胡璟筠　张艳敏　李柳美　仪菲菲　胡倩倩　沈旖婷　王雪涛　傅军伟　田　弘
金滢滢　莫湘桂　金　雪　刘晓禹　马佳宝　张　珂　徐念桥　倪　旎　潘　燊　刘春兰
益　钧　曾海南　王　莹　王　欢　师晓娜　方钰明　肖　旭　王莉莉　李承玲　张　圆
谢　晔　黄　晗　金　慈　朱　迪　范鸿文　王成豪　瞿毅劼　董今一　许　滢　姬　发
刘璐盈

化学与分子工程学院

特等奖

余智豪　钟承超　谢晓旭　吴梦琪　许元泽

一等奖

路　瑶　孙美子　丁浩然　江玥曈　朱乔虹　金苇航　王　珂

二等奖

潘　福　吴仕群　庞　勇　胡小龙　宋　辉　金俊吉　胡景庭　王宇宁　袁瑜彬
德力木拉提·吐拜　陈　婕　兰　赏　王丽丹　苏光县　刘佳鑫　马戌君　蔡碧莹　江振颖
薛玉峰　余晓玲　张若秋　张　维　王美玲　吴　雷　胡　静　濮伟雯　詹　妮　李雨霏
张　婷　管丽波

三等奖

朱凤强　杨　虹　廖　添　贾宇宁　黄秀全　陈煌冠　熊云飞　王　男　杨洁冰　张俊豪
金　晴　蔡璐遥　李思奇　邓琪琪　许博文　李　胜　余洁娟　姜宏涛　张逸寒　侯嘉祺
陈佳伟　刘钰清　阮文静　帅　洁　李二鹏　丁俊杰　黄想容　阳　洁　赵　杰　宋晓增
黄　洋　魏　强　曹媛媛　牛亚鹏　姚　孟　郑　重　张　斌　张家豪　郭虹利　蒲晨露
邵顺杰　石佳佳　熊　芩　朱玉呈　陈盛文　董　昕　张东生　康文倩　贾钦羽　王　拓
陈洁逸　黄　冲　陈雯雯　张玉涛　吴露平　秦朝阳　孔梦涯　师　睿　袁　媛　李　俊
朱一舒　康　琳　张诗雅　刘　明　李昱昊　陈伟闻　李梦雅　陈　琦　武栢彤　江　伦

材料科学与工程学院

特等奖

姚伟良　邓顺书　吴　蕾　孙丽丽　楚　明　姜广宇

一等奖

寇文娟　张承岩　胡兴龙　吴嘉诚　丁艳玲　童晶晶　乔馨影　陈锦明

二等奖

童艳萍　刘子强　常鹏飞　董玉茹　鲍戮克　常铃雪　许云汉　金　洁　王雅琪　赵雁军
周乐瑶　吴　曦　陆　辉　柳周洋　吴　蓉　潘冀佳　强艺玮　钱正华　王　戎　张天宇
高　佳　汪凯凤　李　磊　田　睿　王　洋　韩阳阳　李　可　马　坤　朱景润　安志康
陈　洁

三等奖

单淑亚　康运卿　潘文磊　谢　斌　罗雪莉　郭　鑫　胡莎妮　于嘉诚　黄灿阳　方博宇
王苗苗　宋　爽　陈佳云　金诗婕　刘晓天　王晓敏　颜　浩　金泽川　毛炫烨　吉步强
徐　昊　花翘楚　周启航　陈佳青　姚威宇　易健安　宗孟静子　李　蕊　刘桂芳　张馨予
文联磊　李一晗　吴　涵　何　健　姚　昳　王　佳　冯楚莹　梅师奇　傅　尧　毕伯威
黄　磊　张　杰　王　瑜　王照闯　许　悦　田　晨　吴金雕　许祥鸿　熊娇阳　王人佳
王炎祥　林泽青　蔡卓昀　何诗羽　伍自涵　王婧琳　张启源　常晓凤　赵　普　孟祥玮
孟　璐　冯婷婷　王　萍　乔梦书　王多金　赵　秦　周佳宸　苟敏涛　邹景强　周枫青
高杨婉格　罗传鹏　陈诗韵　郑　浩　王圣琪　励　琰　夏明鹏　刘彦迪

信息科学与工程学院

特等奖

杜朝晖　潘善照　李志超　汪　磊　孟伟强　陈旭东　杨心凯

一等奖

郭晶晶　郭妙吉　张一鸣　崔晓惠　梁　博　魏天舒　林泽宇　罗　成　诸葛晶晶

二等奖

卓　硕　刘津羽　胡　贵　王　宁　于　苗　黄志宏　汪　洋　柴　宇　孙　帅　张玮雯
蒋立沫　何　炜　杨泽域　吴晓虹　凤　伟　孙　伟　赵熠阳　包垚垚　郭　鹏　徐　颖
曹辰捷　顾依依　施鸿裕　李博文　赵嘉炜　廖国得　金凯迪　王　祺　马文茜　方　阳
熊凯琳　来　佳　李梦霄　汤浩家　吴安琪　侯启桐　黄哲峰

三等奖

郝诗源　纪彦竹　张　爽　陈光宇　王晓辉　黄　键　潘玉雯　李　刚　吴佳奇　李中豪
张芸薇　赵大洋　董云霞　王鹏飞　金一鸣　赵　凯　薛　瑞　朱贯彪　王　臻　李福乐
张　湛　刘慧颖　叶心凌　张军凯　郑锦泉　高嘉诚　赵冰峰　何睿博　程　欣　王君平
凌　晨　郑成霖　袁东昇　齐烨琳　汤　禹　寿天泽　干伟儿　方圣琦　曹瑞远　季　楠
黄　帅　李　标　杨海云　马彦超　高小阳　范依婷　宗雪鹏　梅建国　姚芳玲　顾冰鑫

李超　陈晓亮　赵亮　汪杨　曹真　王德勋　刘鹏　周芳伟　杨正浩　王艳
余波　邓日东　王珏　孙浩然　谈询滔　郁明强　陈颉　申忱　廖林　向怀芳
胡伟强　李紫薇　陈立皇　邱俊俊　张皓　乔璐峰　朱振国　蒋昌江　宓云亭　袁婧
陈磊　解冰　陈嘉豪　施宏颖　柏文　唐志成　顾王欢　王文辉　赵阳　侯志鹏
李晓晨　周垚鑫　郑文博

机械与动力工程学院

特等奖

姜朔　樊旭颖　肖婷　丁强　夏齐炜　封万俊

一等奖

蒋文都　吕佳慧　岑冠男　章倩　熊文莉　贺克宝　李璨　翟红章　黄逸超　罗承强

二等奖

卢岸潇　王梓名　李强　栾军政　莫松海　崔建鹏　杨壮　陈亮　武梦丹　陈梓轩
李俊颖　吴景涛　程隽逸　李腾飞　闻健　刘志远　梁振业　姜滔　李春雄　徐鸿涛
宋伟颉　刘琪麟　郑岚心　谭晓敏　孙晓帆　林晨　陈思媛　张渊博　陈炜健　史浩
刘振　张陈宝　刘俊凯　刘哲铭　刘玉琪　许柳青

三等奖

金陈玲　段鹏洋　冉冀林　沈董林　徐威　陈莹　柏佳顺　韩敏　周海鹏　王涛先
陈磊　于悦　郭毅斐　黄天华　季伟强　陈裕梁　许志炜　杨刚　薛进前　沈扬
廖新培　张良汉　黄洪赛　杨建鹏　郁季星　井炳　包潜　周毅浩　陈兴宏　许占清
何宇　宁月瑶　马焱炜　左冰馨　蒋强强　陈佳　周俊豪　郝杰　金林　孙文杰
石秀强　宁宁宁　沈长林　张雨　韦文龙　池敏　于至孚　王欣欣　张文杰　王红午
张舒侣　许叶龙　陆英栋　金东旭　刘怡心　钟子齐　张鹏　陈冬平　杨振威　樊雪珺
陆丹蓝　李瀚坤　蔡伟杰　贾格　张烨清　付文谦　鲍晓冰　王云　李慧丽　王大伟
杨嘉源　胡志梁　袁子越　蒋新培　唐子腾　柴亦奇　杨梦红　胡家豪　朱星宇　王博
王玺　冉小锋　舒红秀　吴红娃　田炜烨　晏希赟　梁雨　干丽凤　谭琪瑶　杨蕊萌
张恒　康小虎

资源与环境工程学院

特等奖

吴越美　周天俊　陈卓

一等奖

俞　洁　孟　宁　单志昊

二等奖

闫　磊　姜雪梅　丁思佳　田　建　陈　鑫　杨　灿　王　晨　梅雪冰　万瑞欣　徐子茜

戴　力　万诗琪　周　群　李强林　陈智辉

三等奖

王震东　杨　帆　凌思源　张　浩　范晓静　周佳诚　涂光远　白钟庆　卢　琛　瞿　玲

付　滢　曾　晴　陈佳慧　顾天翼　许孔耀　周纯淳　吉昌钤　张兆凯　王燕燕　李　程

侯　梦　唐　周　王　浩　倪煜明　王鑫磊　祝慧雯　邱剑勇　于　雨　刘世奇　杨小艳

李耀悦　钱朝坤　马雅诗　方振旅　邹光麟　喻昕蕾　莫子豪　许鑫磊　李文跃

理学院

特等奖

张涛　丁　樊

一等奖

肖立聪　宫天琪　王雅贤　许文龙　邓奥林

二等奖

诸震宇　彭　俊　徐嘉辉　张　肖　郭洋宏　费知行　杨明威　陈　成　郑英达　姜永欣

张睿琳　王文浩　王　尧　肖临峰　施云颖　张方波

三等奖

郑家宇　吴婉婷　张　岚　宋君秋　舒　研　施佳亮　董　琳　李圣鑫　张　唯　张　威

李　浩　吴　敏　张希羽　贾跃继　宗梦莹　王　辉　程　鹏　孟　硕　钟　华　汪利平

施嘉炜　王陈玲　周佳琪　刘洪朱　孟笑宇　王　金　张慧敏　葛　鹏　徐　瑨　龙雨馨

王　欢　顾佳妮　周思佚　王智颖　吴比乐　梁千柱　马玲莉　楼　锋　朱恩潜　解江涛

任尔康　吴　迪

商学院

特等奖

李　静　綦雨薇　裘祎晨　吴　琼

一等奖

张　媛　齐雨薇　柯博文　王紫妍　顾航宇　张明珏　魏晓宇　马俊超　罗　婧　梁美代子

二等奖

樊　琳　苏圳烽　史焕达　吴莲霞　向闽睿　李　昭　陶艺心　雷　勉　夏乾峰　赵诣成
王鲲鹏　李楚晗　徐　钦　周　瑶　敖　敏　薛　晴　母正杰　邵羽君　穆佩琼　李忆贤
张澄东　柳丽香　张燚龙　张雨露　王　磊　苏星泽　叶　荣　褚国庆　万碧莹　叶颖超
潘佳芸　杨　帆　文　俊　陈心怡　李二松　严欣怡　陈亚西　潘明天　任嘉莉　唐　洁
仇赛男　陈　洁

三等奖

翁雨苏　陈昭宇　孙欣然　俞丽娟　李　爽　张　霞　宋高兰　倪鸿儒　卫珈其　宋　杨
冯顺伟　周一真　饶　希　於颖莹　丁洁扉　戴千山　孔怡颖　赵　阳　黄　赛　刘晓东
毛佳伦　杨向宇　郭雨佳　黄崇威　周臻誉　袁博文　郭嘉诚　黄轩辕　王梦蝶　程　琛
张茹芸　胡金生　许婉扬　郭苗苗　李铁伟　恽辰阳　于浩瀚　王震栋　薛天琦　陈瑜亮
沈雯怡　胡晏雪　施　帅　宋日壮　李天权　丁　立　李瑞婷　梅怡然　王　灿　周　娜
王　鹏　郭涛涛　宋文柏　贾凯慧　龙　瑗　祝康康　张佳琦　李晓宇　李雨婷　吴亮涛
陈　实　张　尧　陈俞飞　王安琪　王柏年　陈　顺　陈　星　张　慧　陈烜炯　赵晔璇
徐雅馨　朱梦田　叶小同　傅　琳　刘诗怡　劳诗涵　冯斯雨　田凯琳　李天佐　魏　萌
毕心蕙　郑赵敏　吕思馨　费艺琼　杨杰凌　吴潘琳　胡姿惠　余丽丽　商明頔　何霁霏
吴瀛栋　肖　强　靳　薇　周诗韵　闵浩东　余建平　沈旻旭　王琪瑛　黄逸雪　郑梦梦
孙婷婷　邵燕燕　冯　骄　程政豪　袁宇焜　李宇晨　苏佳卉　吴　晨　温巧茹　李贞秀
章峻玮

社会与公共管理学院

特等奖

王镜新　漏依凡

一等奖

张　弛　焦薇伊　秦　西　吕园园　冯　豪　次旦卓嘎

二等奖

刘小雨　赵妍斐　单超君　刘梦诗　黄馨卉　格格日乐　沈吴越　白　鑫　张耀丹　韦　香
马亦丹　于　淇　王天玉　朱紫荻　周　薇　郜雨桐　盛玲怡　顾森森　曹珺然　王　喻

三等奖

赵俊毫　吴相仪　柴佳蕾　唐　蕤　王自花　张露雯　王章岑　宋雅文　金袁圆　熊歆童
李思捷　韦秋林　蔡圣辉　耿菲菲　吴岳婷　夏　玮　杨云芳　刘　怡　蒋亚梅　缪　丹

朱雯 唐洁莹 龚怡翎 万琳琳 金潇 石碧波 孙媛媛 杨柳絮 苏翔 沈燕
刘怡宁 赵奂鑫 张伊格 吴宗勇 丁科东 黄迪 江姗 梁飞亚 任雷 斯杨婧
任楚楚 石文君 王晓芳 储雯韵 亓美赫 张冬梅 丁圆圆 祝逸阳 高蔚佳 焉茹
薄丹丹

艺术设计与传媒学院

特等奖

刘子维 曹玉婷 吴明明 金晶

一等奖

孙怡婧 郭昕鸣 毛文瑶

二等奖

林森 熊韬 肖梦真 徐澄 曹宇东 孙然 梁粤晨 教雨萌 王一 乐涵潇
贝典徽 吴凯文 沈思捷 孙夏琳 张易 尹诗 江静

三等奖

孙昭阳 吴衍 华燕菁 周依丽 周青青 刘嘉楠 邵倩倩 王洽 顾元圆 孙芳萍
陈琪 叶丹凤 朱晓晗 薛钊沁 杨茗 周秀秀 牟海森 杨岭 刘静怡 郑泽芸
张亦青 郑子寒 朱婷 夏曦 郭建咏 陈莹 蔡竹君 邵红 徐菀 王陆丹青
林艳 杨旭 李豪然 穆思羽 李鑫锐 孙妤 刘雅 袁睦茜 徐欣怡 陈晨
苏孟芯 彭文婷 周一鸣 杨帆 林佳怡 王欣婷

外国语学院

特等奖

杨茜琳 陈心怡

一等奖

张秋青 姚漪捷 张越

二等奖

韩露露 王超怡 李慧彬 郭佩芸 徐苗苗 刘韩韬 刘洋 王敏芙 何惠婷 尚代悦
李敏 赵童 吕思敬 董燕

三等奖

张宏鸣 钱嘉菁 叶钿 富晓宇 樊川 袁月 王道齐 方苑 苏佳琪 朱琰
刘晓妩 顾琳潇 鲍颖 刘晔 汪梓艳 盛伶丽 章吉虹 邱亦凡 王凌凯 陈嘉怡
章洁 张妤宸 陈敏 王璐 安月婷 梅戈 徐慧慧 闻菁 王玮 刘馨

马丽红　林胜男　段　超　陆珊珊　梁翔宇　韦霁原　周辰若

法学院

特等奖

罗茗会

一等奖

迟翔宇　薛伊娜

二等奖

陈小形　秘燕霞　周　圆　郑孟云　阿伊提拉罕·拜合力克

三等奖

徐晓燕　施德凡　江凌志　徐靖雯　徐佳恬　黄怡雯　王赛赛　吴小娟　胡高丹　苏宇吉

周渝杰　胡　葳

体育科学与工程学院

特等奖

陆蔡影

二等奖

徐　茜　陈天罡　朱丽娜

三等奖

许啸天　王安妮　乐　慧　孙财晋　郑诗畅　杨菲芃　吴绵绵　周　鸣

中德工学院

特等奖

王佳安　陈丹澜

一等奖

邵　蕾　徐文彬

二等奖

高英子　谈杨磊　李瑞飞　张志豪　汪孟南　陈铎鑫　项志瑾　严乐宜

三等奖

陈文皓　俞翘楚　陈疏影　龚嘉庆　翁世源　朱乐奇　戴逸雯　胡祥路　沈丹迪　黄子杰

丁祝成　张沁怡　甄明达　李铁扬　吴康成　陶　巍　陈世轩　徐旻辰　王宇涵

5. 2016 届优秀毕业生名单

（本科生 284 人）

化工学院（31 人）

*秦　炜（10120256）　*沈敏杰（10120359）　*赵　阳（10120390）　*陈弋翀（10120405）　*阮嵩钜（10120412）
*闫佳琪（10120419）　*林梦星（10120421）　*康　颖（10120426）　*王一冰（10120454）　*汤焱强（10120459）
*姚林杰（10120496）　*钟玉洁（10120503）　*王　祎（10120509）　*郑翔睿（10120516）　*洪　成（10120571）
*张文矜（10120626）　*张美佳（10120658）　*吕伟光（10120665）　*肖长勇（10120677）　*何桂春（10120690）
*潘燕凯（10120709）　鞠庆庆（10120329）　辜韵陶（10120348）　陈　俊（10120360）　李　坤（10120368）
陈　宵（10120395）　钟　玲（10120535）　周夏青（10120600）　徐浩川（10120613）　王　芊（10120684）
任丹妮（10120685）

生物工程学院（9 人）

*龚瑞卿（10120809）　*蒋家宠（10120832）　*刘　宁（10120863）　*彭强强（10120874）　*王瑞达（10120880）
*马铭悦（10120891）　*朱小愚（10120915）　仪菲菲（10120829）　黎穗子（10121020）

化学与分子工程学院（24 人）

*牛亚鹏（10121028）　*刘佳鑫（10121031）　*苏光县（10121074）　*薛玉峰（10121091）　*邵顺杰（10121100）
*桑情妮（10121112）　*朱乔虹（10121137）　*陈泽青（10121153）　*张　超（10121188）　*陈雯雯（10121228）
*张紫优（10121259）　*丁浩然（10121260）　*杨　虹（10121323）　*黄　洋（10121026）　丁俊杰（10121039）
刘钰清（10121081）　江振颖（10121106）　詹　妮（10121174）　韩明月（10121202）　卫　征（10121208）
张　朔（10121210）　胡小龙（10121253）　钟承超（10121285）　宋　辉（10121317）

材料科学与工程学院（25 人）

*高　佳（10103550）　*童艳萍（10123010）　*张承岩（10123056）　*鲍戮克（10123091）　*陈佳云（10123104）
*张　彤（10123139）　*陆　辉（10123145）　*王　戎（10123146）　*强艺玮（10123165）　*李　蕊（10123169）
*胡兴龙（10123184）　*易健安（10123234）　*赵雁军（10123285）　*郑　浩（10123290）　*陈锦明（10123292）
*王　鑫（10123295）　周乐瑶（10122988）　吴　蓉（10123011）　吴　蕾（10123012）　李一晗（10123167）
冯楚莹（10123168）　孟祥玮（10123240）　曹立奇（10123250）　李政宏（10123296）　童晶晶（10123075）

药学院（19 人）

*沈雪晴（10121332）　*李柯佳（10121377）　*蒋晨旻（10121398）　*朱可欣（10121407）　*朱胜览（10121423）
*施　昶（10121428）　*赵卓慧（10121467）　*陈宇菲（10121499）　*周丽婷（10121530）　*徐　力（10123311）
陈　宁（10121324）　牛福芊（10121353）　周必健（10121360）　姜佳骝（10121371）　吴艳放（10121373）

王婧媛（10121429） 蒋榕坤（10121490） 胡燕玲（10121522） 左倩颖（10121529）

信息科学与工程学院（33人）

*孙 伟（10120110） *刘 畅（10123345） *郑成霖（10123374） *蒋立沫（10123382） *朱 杰（10123400）
*寿天泽（10123419） *李志超（10123457） *徐 颖（10123470） *张军凯（10123476） *张素钊（10123528）
*刘邺超（10123541） *王兢业（10123553） *施鸿裕（10123574） *朱振国（10123623） *陈嘉豪（10123628）
*杨心凯（10123640） *顾王欢（10123654） *陈旭东（10123658） *胡 贵（12120075） 卓 硕（10123323）
于健博（10123326） 杜朝晖（10123332） 王君平（10123359） 纪彦竹（10123368） 吴文龙（10123395）
曹志宇（10123406） 张玮雯（10123410） 凤 伟（10123418） 孙晓彬（10123420） 何睿博（10123458）
周锦永（10123480） 高 婷（10123558） 诸葛晶晶（10123636）

机械与动力工程学院（20人）

*张 驰（10120884） *梁 雨（10121535） *康小虎（10121547） *许柳青（10121563） *刘怡心（10121591）
*肖 婷（10121592） *蒋文都（10121640） *刘俊凯（10121734） *王 博（10121751） *李 璨（10121761）
*封万俊（10121769） *晏希赟（10121771） *岑冠男（10121793） *樊旭颖（10121816） *栾军政（10121825）
*章 倩（10121841） *周海鹏（10121874） *武梦丹（10121895） 姜 朔（10121551） 岳 蕾（10121896）

资源与环境工程学院（15人）

*吴越美（10121921） *苏 晨（10121997） *徐子茜（10122006） *梅雪冰（10122007） *单志昊（10122018）
*戴 力（10122047） *方振旅（10122052） *李强林（10122062） 王震东（10121903） 王 晨（10121975）
田 建（10121967） 俞 洁（10122009） 姜毅韡（10122025） 柳 明（10122031） 邱剑勇（10122034）

理学院（10人）

*李 浩（10120018） *张 涛（10120014） *唐灵逸（10120019） *张希羽（10120028） *李弗贝（10120054）
*杨明威（10120116） *汪利平（10120147） *王 欢（10120172） 王雅贤（10120115） 王 辉（10120130）

商学院（39人）

*龙 瑗（10122114） *段静静（10122141） *李忆贤（10122142） *陈 花（10122166） *穆佩琼（10122167）
*戚铭铭（10122183） *贾凯慧（10122217） *黄逸雪（10122244） *李 静（10122245） *宋 杨（10122251）
*裘祎晨（10122295） *齐雨薇（10122309） *母正杰（10122318） *赵晔璇（10122338） *张 尧（10122350）
*吉佩珩（10122375） *綦雨薇（10122387） *马俊超（10122400） *叶小同（10122402） *万碧莹（10122417）
*叶颖超（10122424） *张雨露（10122446） *李二松（10129020） *俞丽娟（10122190） 梅怡然（10122208）
李瑞婷（10122210） 靳 薇（10122274） 任嘉莉（10122276） 於颖莹（10122308） 王梦蝶（10122362）
马菁清（10122369） 李楚晗（10122396） 李秋云（10122421） 蒋 玥（10122440） 苏星泽（10122443）
徐怡君（10122444） 田年盛（10128033） 杨向宇（10128040） 李 爽（10122135）

社会与公共管理学院（27 人）

＊秦　西（10122498）＊朱紫荻（10122504）＊王天玉（10122506）＊漏依凡（10122537）＊吕园园（10122557）
＊曹珺然（10122596）＊唐洁莹（10122610）＊焦薇伊（10122628）＊敖云斯琴（10128100）
＊阿丽娅．依不拉音（10128090）吴宗勇（10101060）任　雷（10101084）夏　玮（10122602）
黄馨卉（10128059）宋雅文（10122480）李思捷（10122492）苏　翔（10122500）于　淇（10122507）
马亦丹（10122509）金　潇（10122524）丁科东（10122548）郜雨桐（10122558）沈佳希（10122559）
陈超逸（10122564）张冬梅（10122578）王　喻（10122579）佟晨露（10128097）

艺术设计与传媒学院（12 人）

＊王　洽（10122683）＊梁粤晨（10122711）＊王　一（10122724）＊贝典徽（10122733）＊陈　雪（10122748）
＊龚治力（10122780）＊尹艺荷（10122809）＊王欣婷（10122815）肖梦真（10122162）孙怡婧（10122684）
穆思羽（10122774）孙夏琳（10122788）

外国语学院（5 人）

＊富晓宇（10122857）＊董　燕（10122933）＊俞　璐（10122944）刘　馨（10122958）秦　越（10122980）

法学院（6 人）

＊王赛赛（10120263）＊周　圆（10120280）＊徐晓燕（10120294）秘燕霞（10120264）迟翔宇（10120278）
胡　葳（10120297）

中德工学院（5 人）

＊徐文彬（10120187）＊陈丹澜（10120214）＊翁世源（10120249）陶　巍（10120182）曹心易（10120246）

体育科学与工程学院（4 人）

＊陆蔡影（10123702）＊王安妮（10123706）许啸天（10123691）郝　赫（10123710）

（研究生 218 人）

化工学院（35 人）

＊陈慧超（020100101）＊胡冬冬（020110079）＊苏俊杰（020110083）＊叶光华（020110086）＊陈可冉（020110092）
＊丁海荣（030130758）＊马　明（030130803）＊张鲭丹（030130842）＊马　健（030130887）＊夏腾飞（030130918）
＊严　良（030130924）＊姚佳佳（030130930）＊于晓玲（030130933）＊俞　欣（030131145）＊仇　上（045130167）
＊李晓晓（045130187）＊王杨杨（045130210）＊张　杰（045130225）葛　翔（010110035）王铭纬（010120157）
陈　君（030130754）陈星妤（030130755）吕建峰（030130800）马星全（030130804）章进旸（030130850）
方伟刚（030130867）李关龙（030130879）栾红娟（030130886）潘响明（030130888）王梦雪（030130904）
曾军建（030130937）宫含章（030131133）刘齐琼（045130193）刘昱祺（045130196）赵晓雷（045130229）

生物工程学院（16 人）

＊尤　迪（010130018）＊何　浩（010130060）＊高　鑫（020110100）＊林　杰（030130296）＊赵程程（030130326）
＊赵凤兰（030130327）＊王　倩（030130988）＊杨　骏（030130996）＊张理想（030131000）＊唐文娟（030131238）
张　娇（030130322）　庞昆云（030130979）　吕元娣（030131235）　朱巧沙（030131243）　侯伟亮（045130319）
朱　理（045130345）

化学与分子工程学院（30 人）

＊邵安东（010130069）＊吴新平（010130081）＊陈　凯（020110010）＊姚旭阳（020110112）＊余燕燕（020110119）
＊陈雅静（030130159）＊刘婷婷（030130169）＊上官露露（030130174）＊艾　文（030130186）＊路则海（030130205）
＊董　磊（030131018）＊李　红（030131023）＊刘　亚（030131026）＊魏田田（030131035）＊刘京川（045130346）
王　靳（010130003）　厉凯彬（010130015）　王飞翼（010130016）　赵　珂（010130073）　夏启能（020100130）
李海英（020110017）　汪　诚（020110058）　贺　冰（030130165）　蔡训志（030130187）　蔡帮鑫（030130225）
胡晓华（030130230）　陈　珏（030131012）　胡志勇（030131021）　吴洁菲（030131036）　张　飞（045130296）

药学院（19 人）

＊王友鑫（010130093）＊李诗良（020110143）＊沈巧英（030131098）＊赵见超（030131115）＊朱　娜（030131121）
＊祝凤娟（030131123）＊黄　涛（030131253）＊蔡　琪（030131265）＊唐斐斐（030131297）＊张　骥（030131310）
曾　惠（020110142）　范学敏（030131085）　赵志鹏（030131116）　朱承春（030131262）　李玉杰（030131282）
张玲玲（030131313）　汪佳丹（030131323）　徐刘昕（053130012）　柳　伟（054130006）

材料科学与工程学院（25 人）

＊杨　双（010130026）＊高勇平（020110037）＊李宇航（020110043）＊任大勇（020110046）＊张　侃（020110054）
＊朱向阳（020110056）＊宋文华（030130342）＊崔晓倩（030130406）＊崔中纹（030130407）＊黄健飞（030130434）
＊刘竹霖（030130461）＊张　珊（030130521）陈　一（020100037）　张　婧（020100050）　戴义辉（020110035）
侯晓宇（020110039）　闵书迪（020110045）　丁月婷（030130334）　陈　瑛（030130401）　董　辉（030130413）
余明泉（030130515）　张小娟（030130525）　邹　斌（030130538）　韩向超（045130037）　张梦亚（045130072）

信息科学与工程学院（20 人）

＊裴　新（020100080）＊方　婷（030130627）＊何聪芹（030130628）＊赵江坤（030130640）＊吕小条（030130675）
＊逄铭雪（030130680）＊王　权（030130694）＊周书恒（030130721）＊汤敏伟（045130155）蔡　锋（030130641）
段星辰（030130649）　刘春平（030130667）　牛进伟（030130679）　钱峰峰（030130683）　田　甜（030130738）
薛丽娟（030130741）　张进文（030130743）　董　旭（045130144）　孟　芸（045130152）　孙丽萍（045130154）

机械与动力工程学院（19 人）

＊杜彦楠（020100062）＊周　静（030130374）＊叶东东（030130390）＊陈宇琦（030130402）＊程子非（030130404）

＊董　政（030130580）＊宋晓梅（030130596）＊徐银香（030130608）＊汤俊雄（030131246）＊万　顺（045130056）马　坤（020100059）卫佳骏（030130367）赵玉善（030130389）吴　为（030130564）姜懿峰（030130585）吴　楠（030130606）陈晓朋（045130003）郑焕魁（045130024）高　远（045130036）

资源与环境工程学院（13 人）

＊刘　鹏（010130033）＊丁　路（010130045）＊陈志远（030130861）＊魏燕芳（030130914）＊李　靖（030131197）＊史　念（030131209）＊徐超超（030131222）缪周伟（020110136）林善俊（030130881）黄　玲（030131194）梁　思（030131200）张雅聪（045130263）朱菲菲（045130266）

商学院（12 人）

＊朱　红（030130012）＊翟慧娟（030130032）＊胡珍苗（030131335）＊乔梦宇（030131343）＊毕经纬（030131356）＊李　斌（030131378）任　可（030130007）徐　凯（030130020）卢　婧（030131361）吴秋敏（030131365）胡敏月（030131374）纪宇彤（030131377）

社会与公共管理学院（8 人）

＊戚　玉（030130067）＊刘　蓉（030131398）＊刘一伟（030131415）＊杜　杰（030131422）赵云亭（030130078）何惠亭（030131411）张　颖（030131425）孙　斐（049130016）

艺术设计与传媒学院（6 人）

＊沈驰鑫（030131446）＊王璐璐（030131453）＊徐颢芳（045130312）宋颖颖（030131448）王鹤鸣（045130309）李　丹（051130001）

法学院（3 人）

＊姚妍鞲（030130044）何雅洁（030130035）博雅文（Y48140021）

外国语学院（3 人）

＊江晓雪（030130098）刘高洋（030130101）欧阳秋芳（030130114）

体育科学与工程学院（2 人）

何久勇（030130088）刘　振（030130090）

理学院（2 人）

张　丹（030130128）张健飞（030130141）

马克思主义学院（3 人）

＊陈佳妍（030130002）＊谭美学（030130083）武文菲（030130055）

高等教育研究所（1 人）

倪晓晴（030130085）

科技信息研究所（1 人）

陈锦辉（030131426）

注：以上在姓名前打“*”号的学生同时被授予为上海市优秀毕业生。

6. 2016 年国家奖学金名单

化工学院

柳彦恺　陈晴川　郭佳雯　陈哲琪　余柳莹　蔡　颖　简雨培　王瑞颛　侯林怡　李嘉辉
傅忠旺　韩宇晴　李晨丹　盛想英

生物工程学院

姚溢融　龚美玲　何秋琳　赵琪琪　刘　静　李　晔　包志昌　李媛媛　吉　雷　李奕欢

化学与分子工程学院

李诗文　夏　倩　董言欣　谢　琦　许邹宏　王维一　许嘉琰　胡佳仪　高师泉

药学院

赵倩文　万　枫　许歆瑶　陆征宇　马慧君　吴欣怡　蔡思敏

材料科学与工程学院

丁　宁　林　铮　秦明鑫　蒯颐熹　倪璧君　周　杨　丁　虹　张家豪　宁宝星　邵　宁
倪竟男

信息科学与工程学院

刘旭利　颜世福　沈一峰　王赛威　张贤益　房金宝　雷丽琪　张知行　张斌杰　丁　怡
蒲艺华　秦锦玉　辛佳德

机械与动力工程学院

张浩楠　肖　邦　周相阳　缪云鹏　杨　琳　戚昊晨　陈泽坤　唐鉴颖　严武林　李铭杰
单喜良　胡豆豆

资源与环境工程学院

郑凯丽　王　菲　严嘉玮　朱盛强　陈　婷　龚碧瑶

理学院

孙樱子　朱超宇　吴思敏　陆鹏皓　柳辰琛　陈雅馨

商学院

吉　捷　方　頔　王文静　唐诗韫　焦　妍　蔡雨晗　刘楚芸　龚嘉楠　王珊珊　罗靖怡
黄彦婕　杨璐铭　郅　谋　马徐佳　顾　倩　刘哲宏　顾凯文

社会与公共管理学院

张梦婷　王湖葩　孙静博　宋文欣　伍方仪　许安琪　闫　堃

艺术设计与传媒学院

林　捷　王　晗　许可葭　张今英　潘逸炜　陆钰怡　刘晨婧

外国语学院

孙敏唯　周叶子　王嘉洋　刘赫喆　薄　帆

法学院

孙齐蔚　焦士凌

中德工学院

韩　奇　沈　端　刘匡杰

体育科学与工程学院

毛镇达

7. 2016 年国家励志奖学金名单

化工学院

王路路　李吉利　万雨婷　罗蕴涵　张晨悦　郄冠钰　张慧洁　闫俊好　赵晨苗　郭天瑞
乔奕达　岳成燕　王聪莹　张　婷　吴　园　周庆港　王晓宇　王佟玥　赵　岩　吴钰哲
苏　磊　刘广成　赵　瑞　何　铜　王　迪　张　露　李新爽　夏　灿　曹　飘　马莉茹
彭思源　孙　悦　王　尊　梁　娟　王利杰　徐　东　杨海波　朱丹凤　张　磊　李志华
吴　田　代超燕

生物工程学院

应丹妮　邱嘉辉　徐梦帆　胡　蝶　余招伟　蒙灿兴　刘佳星　谢丽炎　黄丽华　刘旭东
林　旺　翟纬坤　孙　圳　孙阳阳　刘　意　赵丽东　张条红　张译文　周士琪　杨智学
杨灿灿　柯　翔　刘坤山　王　涛　陈鑫洁　杜文静　何敏琳　程　健　占静茹　林　清
王稳稳　雷　进　吴逸杰　郑荣淇　李华栋　张　琦　孙　飞　凌菲香　郝　媛　江振洲
祝永昌　颜莉琴　刘平辉　马　辉

化学与分子工程学院

任冠华　王　超　张玮杰　卢海洋　渠亚蓉　王　蕾　蒋会杰　薛陈伟　胡宏龙　周海进
张向坤　吴琳琳　董卓雅　陈开荼　周志明　桂凌峰　孙亚茜　谭富欣　曹　琛　王　风

张亚琴　魏博娅　郭绍萌　郑　玉　徐清爽　陈新悦　王国华　封晓晓　徐子星　徐爱杰
周浪萍　汪肖原　王佩瑶　王丙张　孙　瑶　刘　伟　李翔宇　张　硕　周芳芳　王　芳
徐　萌　代建锋

药学院

林诗源　马利溶　王　梦　王　婷　诸芳娟　张欢欢　刘　茜　常华荣　崔佳燕　李得峰
吴　楠　许　晴　徐小丽　张　令　孙　凯　孙　锐　张莉娟　刘晓琳　沈佳欢

材料科学与工程学院

王博慧　李占鳌　胡雪莹　刘　杰　沈晓雪　王朝锋　游　莉　雷　锦　朱富威　蔡湉鋆
赵显明　林静宇　解洁奇　姚　兵　史迎利　朱华威　姜　瑶　陈春雨　梅明慧　高　曼
王雅馨　李明炆　杨　柳　张君宇　张　慧　刘龙强　王子怡　杨怀斌　吕帅康　洪伟进
江伟男　高菲菲　杨博文　刘晶晶　韩　磊　金　玲　李艳晓　刘晏辛　赵鹏宇　沈莎莎
张　涛　刘艺军　陈　晨　许佳辉

信息科学与工程学院

程　超　罗廷慧　李登科　孔昳昊　高守信　林静雯　李昱池　董德平　李远志　郭建龙
胡博典　徐梦麟　孙　浩　冉启兰　赵超强　陈志超　毛方亮　黄斌浩　唐先梦　金季豪
刘　凯　苗书宇　姚蔓婷　万可鑫　季敏飞　黎思泉　袁晴龙　马雪娇　李永强　马　磊
刘立军　丁雪晴　范柳伊　李倩玉　周　照　陈学良　李　阳　王爱民　孙　骏　冯　勇
吴　鑫　杨孟平　刘金琳　陈孜维　陈志刚　张　超

机械与动力工程学院

卢　桥　马铭键　马　笨　颜仁章　陈　童　侯嘉良　唐雯婷　李季冬　方艺伟　曹建方
卢秉伦　余鸿飞　廖书信　陈　攀　杨大圣　马前畅　黄　霖　熊文婷　吴　頔　周小晓
王杏伟　郑风华　李潇宁　商华政　田　慧　王富豪　彭　娉　迪盼祺　夏　慧　张金辉
汪浩洋　王媛媛　谷　琳　闫嘉豪　王田田　程　锐　许　聪　钱　旭　尹　保　周　波
谢佳智　邓厚阳　曹恒督　姜　超　盖赛优　余　婷　李　涛　邱长亮　刘　斌　肖　清

资源与环境工程学院

吴东全　梁　纤　余俊钦　刘昊坤　林素芬　鲁泉玲　董伟超　杨　澜　范佳露　周雨凤
杨儒民　张　静　何　鲨　孙露露　王春雨　龙　贵　朱　飞　李嘉晨　王培雅

理学院

王　丽　王　凯　吴　帆　陈　甲　刘炳权　于春龙　赵国淦　郝家岗　裘栩炀　陈　成
彭文杰　周国龙　马成麟　贺钰雯　高浩锋　贾淑珍　纪　腾　曾慧慧　王定树　余玮玥

商学院

刘迎柱	向　彤	吕文凯	关小雨	姚　越	贾雷雷	于　娇	王　敏	周　乔	吴志坤
蔡钰芸	陈超洋	马海程	郭　妙	刘梦秋	史宇薇	李　娜	徐梦霞	李文铭	陈梅梅
顾　笑	郭　晴	胡　娟	刘成明	刘　婷	张玉丽	吴倩倩	杨沁婕	王振伟	潘枝峰
王馨卉	黄春敏	张银婷	盛翠梅	王　灿	张文革	吉　欢	张　璇	宋　斌	申嘉钰
路晓迪	刘　维	叶　姗	翁东玲	丁佳艳					

社会与公共管理学院

展　雪	贾　姗	姜铁宁	吴思雨	储韦韦	孙　碧	潘钰婷	黄　灿	柯　露	孙二扣
葛丽君	王　磊	杨　洁	吕文富	张艳丙	王雅雄	黄　雪	周　洲	王语薇	关永红
唐秀玲	侯凯悦	王晓芳	胡　敏	陈思齐	赵茗茗	张婷婷	郑珊珊	张丽丽	

艺术设计与传媒学院

邹玉洁	李怡炜	吴静宇	怀　露	陈德芳	杨慕华	高羽烨	丁诗意

外国语学院

齐艺青	郑春秀	石婉秋	范又月	黄　培	汪徐莹	杨苗苗	周　毅	罗梦玲	吴文君

法学院

田康平	张旭东	喻　沛	张优优	汪鑫富	俞　倩	冯子航	张　琴	李　静	吴　影
汪若兰	张双会								

8. 2016 年上海市政府奖学金名单

化工学院

杨壹荃　袁满林　贾梦蕾　赵　楠

生物工程学院

肖　霞　丁　晟　李春丽

化学与分子工程学院

丁　敏　成　烨

药学院

郝艳萍　杨冰雪

材料科学与工程学院

王福君　吴雪枫　苑伟豪

信息科学与工程学院

何逸辉　　朱斯琪　　杨竣乔

机械与动力工程学院

王　乔　　王　何　　杨　晨

资源与环境工程学院

何忠励

理学院

胡豪杰　　任丹妮

商学院

蒋　喆　　杨　晸　　向　攀　　李嘉淇

社会与公共管理学院

汪鑫贵　　王　贺

艺术设计与传媒学院

王婧旸　　陈子玄

外国语学院

郑　植

法学院

刘　薇

体育科学与工程学院

秦嘉楠

中德工学院

陈思捷

9. 2015—2016 年社会奖学金名单

学而思奖学金

陈思捷　　吴欣怡　　陈家宜　　张　琴　　柳辰琛　　黄　雪　　朱　凯　　王忆南　　万可鑫　　怀　露

祁柳奖学金

李文婧　　陈宥霖　　周佳祺　　余　静　　赵琪琪　　岳文骄　　李馨蔚　　张照悦　　杨家宝　　林凡斐

陶氏奖学金

蔡亦慧　　杨宇琦　　吴　峋　　朱理森

万华化学奖学金

胡恬怡　单怡琳　窦佳红　邱召梅　李　安　张玮杰　黄　昊　徐　玥　毛炜炜　徐　磊

金龙鱼奖学金

刘梦雪　宋贵瑶　谷官耀　沈　迪　吴　杰　何宇航　吴琳琳　李绍程　肖　邦　朱晨鑫

詹海婷　姚雪薇　陈诗涵　缪荣高　具熙杰　刘静茹　蒋　蕾　金诗博　胡玥歆　胡天仪

刘翔宇　龚美玲　曹慧君　李　晔　李奕欢　杨　迈　俞　霞　张继轩　王泽宇　郑　芳

化学化工奖学金

曹怀轩　刘恒源　王仪萱

宝钢奖学金

特等奖

吴赵龙

优秀奖

刘思远

埃克森美孚奖学金

季陆丽　李世博　周　健　陈家康　张雨康　陈新悦

Fluor 奖学金

李梦楠　李萍萍　高维群　钱智玲　石昕柠　周小晓　许柯华　於晔鸿　张　英　杨　琳

莫泽坤　刘　镇　吴思玥　陈世宽　邱志楠

阿克玛奖学金

盛想英　周　倩　孙晶莹　李晨丹

名誉校长奖学金

特等奖

高镜铭

一等奖

陈芷睿　郑宇欣

二等奖

胡欣琪　傅忠旺　何乔丹　万　枫　杨佳程

三等奖

赵浩宇　伍方仪　陆征宇　汪瑜懿　谢　琦　潘诗涛　严武林　黄　昊　李媛媛　王　琪

博禄奖学金

高泽华　张盼盼　陈泽坤

华谊奖学金

田　恒　范香娜　崔　秀　陈　璐　李铭杰　童雨欣　向伟林　何秋琳　贺清新　钱梦薇

林　婕　王思琪　沈　端　吴怡昀　闫　堃

亿利浦景奖学金

叶佶恺　翟咏昕　李　冰　刘丁楠　王易知　吉　悦　陈　童　吴尚恒　唐鉴颖　王新平

王富豪　戚昊晨　王　何　吴思敏　许勤楠　肖梦圆　张传法　施莹莹　吴光南　张苑松

华陆科技奖学金

李澜蒨　李睿涵　张浩楠　杨　晨　黄佳琳

恒大高新奖学金

陈菊锋　陈元昊　张郑珂　赵恩佑　王文辉　徐丽成　王乔　李诗豪　张佳豪　杨培情

励志明德奖学金

王媛媛　杨孟平　李阿丹　唐冰静　张双会　王志强　刘　静　刘静　方宏龙　曹冬梅

和氏璧奖学金

黄琦婧　朱涵睿　何　苗　王诗佳　张媛婷　侯　璐　许　达　王立轩　叶跃振　王　贺

10. 2015—2016 学年度民族班奖学金名单

化工学院

一等奖

阿曼·阿吉　李莎婷　王开宇　王　迪　敖日根　徐慧敏　胡加布都拉·买买提孜

生物工程学院

一等奖

金钰尧　朱　倩　苍玉德　茫　来　蒋　璐　希尔扎提·吐尔逊　艾散江·亚库普

阿米娜·阿布力米提

二等奖

马文梅

化学与分子工程学院

一等奖

刘修芮　王　风　贾　宾

二等奖

王一帆

材料科学与工程学院

一等奖

苏鸿睿

二等奖

阿丽特娜依·杰恩斯别克

信息科学与工程学院

一等奖

马文芳

机械与动力工程学院

一等奖

陈志强　刘建成　阿尔拿乐·哈甫赛买提

二等奖

欧玉丽格

理学院

一等奖

阿瓦古力·吐尔地

商学院

一等奖

李　浩　古丽曼　迪达尔·别力彦汉　玛伊热·麦麦提　齐那尔·沙坎

社会与公共管理学院

一等奖

沈　忱　肖月佳　潘多峰　张艳丙　迪依娜　巴才旺　普　尺　苏布德　措　姆　旦增尼玛

索朗德吉　旦增玉增　德吉白珍　焦巴智东　边巴次仁　白玛拉姆　米玛措姆　央金拉姆　次丁曲措　索朗次仁

扎西央宗　扎西卓玛　罗布曲珍　德吉曲珍　拉巴卓嘎　次邓尼玛　迪丽胡马尔·买卖提艾力　卓玛央宗

阿尔森江·阿地力　克迪丽娅·希尔扎提　热依拉·哈力木别克　娜菲莎·艾尔肯　比丽克孜·吾甫尔

木合塔尔·万力　西尔艾力·日杰甫　努尔吾·吴尔娜　热海曼·阿扎提

二等奖

次旺贡嘎　益西曲措　旦吾然·塔依尔

外国语学院

一等奖

格桑卓玛　格桑央宗　张宝晴　白玛央金　段松蕾　赛嘉钰　高明页　邹亚楠　帕提古丽·伊力哈木

茹鲜姑丽·吾拉音

三等奖

阿依努尔·麦麦提敏

法学院

一等奖

苏明月　祁政霞　李　孟　乌仁娜　米娜尔　李懿珊　高家正　次仁拉珍　艾力坎木　艾孜来提

嘎玛索措　益西措姆　迪丽娜尔　萨拉麦提　德吉央珍

二等奖

洛桑罗布　阿布地热西提·吐尔地　亚地卡·亚力坤

11. 2016届本科生毕业班民族班奖学金名单

化工学院

一等奖

萨黑拉·努尔恰利甫

化学与分子工程学院

一等奖

德力木拉提·吐拜　管丽波　泰尔格力

机械与动力工程学院

一等奖

希尔艾力·伊卜拉伊木

资源与环境工程学院

一等奖

拜合提亚尔·马合木提　肉先古丽·阿不都热依木　加那提·努尔兰　西尔艾力·艾尼瓦尔

外国语学院

一等奖

强巴央金

商学院

一等奖

强　珍　张　楠　温　馨　卓　嘎　拉姆玉珍　旦增罗布　益西江措　库尔班·买买提

阿迪力·麦合穆提

法学院

一等奖

卓央拉　薛伊娜　穷　吉　哈依沙尔　白玛曲珍　阿伊提拉罕·拜合力克

社会与公共管理学院

一等奖

赵俊英　佟晨露　马永美　吴德玛　朝鲁蒙　白亚楠　白　珍　永　青　米　珍　李　丹

阿丽娅·依不拉音　阿依古则勒·亚森　敖云斯琴　次旦卓嘎　德吉卓玛　德吉卓嘎

阿依江·卡孜别克　热阿孜娅·哈勒木别克

二等奖

强　珍　多吉次仁　次旦欧珠　热比耶姆·安外尔　艾丽拉·卡迪尔别克　马合芭丽·白山拜克

加娜提·沙北提　努尔艳木·阿不都克依木

12. 2015—2016 学年度校优秀学生名单

（本科生 525 人）

化工学院（53 人）

李梦楠（10121186）　王艺霖（10130050）　刘梦雪（10130061）　李嘉辉（10130067）　傅忠旺（10130069）

窦佳红（10130114）　徐桂馨（10130145）　刘　霖（10130182）　周　倩（10130203）　朱丹凤（10130204）

孙晶莹（10130237）　施晓艳（10130238）　徐智良（10130267）　马清艳（10130291）　李晨丹（10130294）

宋贵瑶（10130320）　张迈文（10130325）　余雅心（10130594）　李萍萍（10140004）　简雨培（10140006）

高维群（10140008）　刘　颖（10140036）　钱智玲（10140033）　李　安（10140031）　王瑞颛（10140050）

侯林怡（10140058）　贾梦蕾（10140137）　周　健（10140160）　赵　瑞（10140162）　蔡　颖（10140164）

马辉煌（10140181）　代立恒（10140213）　林瑞儒（10140225）　李孜萌（10140250）　余柳莹（10140278）

石昕柠（10140279）　赵恩佑（10140291）　陈家康（10140303）　王　赫（10140349）　赵丹阳（10141477）

王　迪（10148005）　陈棹桦（10151780）　陈晴川（10151785）　刘恒源（10151787）　陈宥霖（10151803）

孙晨轩（10151805） 陈哲琪（10151854） 柳彦恺（10151858） 林 静（10151924） 赵晨苗（10151989）
张 婷（10152012） 陈元昊（10152078） 杨璐斌（10152081）

生物工程学院（30 人）

王晨桐（10130358） 应丹妮（10130362） 肖 霞（10130389） 黄河舟（10130390） 朱筱婧（10130441）
何秋琳（10130471） 赵琪琪（10130497） 尹晓梦（10130526） 陈棴璐（10130622） 包志昌（10142993）
庄家丰（10143048） 李春丽（10143147） 冯 瑶（10143164） 李奕欢（10143165） 赵越欣（10143169）
赵 迪（10143186） 徐昭勇（10143205） 丁彦方（10143222） 潘必睿（10152618） 王天宇（10152659）
年珂晴（10152662） 肖志宏（10152685） 郝 媛（10152725） 滕馨雨（10152783） 吴安迪（10152802）
刘平辉（10152831） 肖梦圆（10152855） 徐 彤（12130013） 孙 圳（12130019） 丁 晟（12130027）

化学与分子工程学院（45 人）

夏 倩（10130669） 董言欣（10130744） 潘诗涛（10130753） 张玮杰（10130799） 施 磊（10130842）
李诗文（10130856） 卢海洋（10130892） 黄 昊（10139009） 张雨康（10140368） 桂凌峰（10140413）
杨 晶（10140418） 杨 敬（10140419） 徐 玥（10140424） 许邹宏（10140430） 王文辉（10140435）
王维一（10140499） 邓 聪（10140503） 王仪萱（10140508） 吴琳琳（10140509） 刘丹丹（10140539）
董建昕（10140554） 孙亚茜（10140565） 陆经天（10140575） 丁 敏（10140586） 谢 琦（10140588）
杜清阳（10140600） 王国华（10152174） 汪 钰（10152183） 舒雅键（10152203） 钟诚兵（10152211）
周 雨（10152214） 朱雪影（10152220） 封晓晓（10152221） 许嘉琰（10152223） 池智力（10152226）
高师泉（10152229） 沈姗姗（10152244） 陈新悦（10152279） 朱天翼（10152294） 成 烨（10152303）
徐丽成（10152316） 惠成功（10152318） 郝同港（10152381） 胡佳仪（10152391） 房香凝（10152396）

药学院（32 人）

林诗源（10130528） 郝艳萍（10130947） 顾 蕾（10131000） 万 枫（10131015） 胡雅雯（10131034）
李 洁（10131039） 陆征宇（10131045） 仲文博（10131095） 许歆瑶（10131104） 苑子涵（10140627）
潘日钊（10140645） 孙 瑞（10140652） 吴欣怡（10140654） 蔡思敏（10140656） 陈岩青（10140684）
韩雨婕（10140691） 虞武珺（10140688） 施莹莹（10140721） 王瑞昕（10140745） 许 晴（10140753）
李锦雯（10140787） 李得峰（10140796） 叶晨钰（10142631） 王艳兵（10150010） 张 茜（10150018）
杨冰雪（10150047） 徐智康（10150059） 徐金萍（10150077） 孙 凯（10150086） 杨佳鸿（10150103）
李馨蔚（10150107） 马慧君（10150121）

材料与工程科学学院（44 人）

杨博文（10131169） 杨晓燕（10131182） 王 颖（10131210） 朱涵睿（10131213） 黄琦婧（10131211）
金 玲（10131242） 王立轩（10131244） 徐 威（10131255） 吴晓颖（10131268） 宋鹏宇（10131288）
宋群（10131298） 程志敏（10131330） 单怡琳（10131333） 毛嘉毅（10131376） 张超然（10131385）

郑勇健（10131386）	何　苗（10131396）	高镜铭（10131404）	宁宝星（10131429）	余海峰（10131431）
季陆丽（10140810）	胡恬怡（10140886）	张媛颖（10140865）	吴伊旸（10140872）	柏佳璐（10140892）
张　薇（10140893）	李世博（10140934）	张媛婷（10140951）	周　杨（10140955）	侯　璐（10141032）
谢　淼（10141075）	常　强（10141076）	丁　宁（10150188）	邵一帆（10150206）	刘　杰（10150267）
马文浩（10150313）	王福君（10150319）	何恬蕾（10150362）	邹景橙（10150380）	张雨荟（10150389）
姚　兵（10150459）	秦明鑫（10150467）	蒯颐熹（10150468）	汪昭明（10150500）	

信息科学与工程学院（60 人）

颜世福（10131356）	刘静秋（10131452）	孟艳雯（10131477）	刘颖超（10131528）	陈兰萍（10131529）
郑应豪（10131548）	赵　芮（10131552）	韩世位（10131578）	余天宇（10131599）	戴　鑫（10131629）
杨　晓（10131646）	阮丹薇（10131669）	马振伟（10131672）	秦佳妮（10131715）	吴安雯（10131716）
于文欣（10131717）	朱　萍（10131744）	李　娜（10131777）	左春玲（10141117）	沈一峰（10141166）
莫泽坤（10141184）	王赛威（10141199）	蓝　鑫（10141242）	李楠希（10141280）	赵超强（10141287）
张贤益（10141295）	房金宝（10141307）	潘燕娜（10141312）	雷丽琪（10141316）	陈志阳（10141326）
钱梦薇（10141337）	张知行（10141345）	苗书宇（10141373）	朱斯琪（10141395）	季思凡（10141400）
童嘉慧（10141420）	楼宇新（10141446）	岳文骄（10141448）	王　鑫（10152911）	辛佳德（10152917）
范　玮（10152938）	林昊琪（10152944）	陈世宽（10152988）	李倩玉（10152995）	蒲艺华（10153010）
丁　怡（10153057）	周　照（10153072）	顾　庞（10153097）	杨孟平（10153115）	谢方舟（10153117）
蔡婷婷（10153132）	张志鹏（10153142）	宋丹阳（10153169）	余芙丽（10153173）	袁智杰（10153222）
刘志航（10153224）	唐仙娥（10153232）	高君纲（10153239）	张斌杰（10153243）	邱志楠（12130032）

机械与动力工程学院（50 人）

尹　保（10130894）	胡豆豆（10131805）	盖赛优（10131808）	许　聪（10131835）	朱惠豪（10131845）
钱　旭（10131855）	单喜良（10131861）	余　婷（10131868）	方小亮（10131890）	秦佳怡（10131924）
朱晨鑫（10131963）	黄艺卉（10131974）	李铭杰（10132004）	许尔超（10132016）	陈施栋（10132020）
陈　韬（10132033）	余　静（10132070）	张诗雨（10132095）	胡馨丹（10143234）	唐鉴颖（10143238）
王媛媛（10143324）	於晔鸿（10143359）	吴　頔（10143367）	周小晓（10143381）	张　英（10143403）
杨　琳（10143404）	杨　文（10143480）	郑文龙（10143491）	张佳豪（10143504）	戚昊晨（10143517）
罗鹏程（10143530）	吴荣耀（10143532）	刘丁楠（10150509）	万　舟（10150541）	吉　悦（10150569）
周相阳（10150592）	王　乔（10150593）	吴尚恒（10150641）	张浩楠（10150643）	李诗豪（10150660）
李沁霏（10150675）	陈泽宇（10150726）	任　和（10150740）	陆　诚（10150744）	缪云鹏（10150748）
方艺伟（10150759）	张新科（10150776）	徐　磊（10132006）	王　何（12140053）	金前程（12140055）

资源与环境工程学院（22 人）

陈　婷（10132127）　李嘉晨（10132134）　田云浩（10132171）　孙淑慧（10132210）　张继轩（10132255）
姚志鹏（10132260）　龚碧瑶（10132267）　金子钰（10141479）　旷　哲（10141510）　王　菲（10141517）
郑凯丽（10141530）　谷　萌（10141542）　吴光南（10141549）　刘婉莹（10141586）　杨佳程（10141628）
杨家宝（10141639）　蓝金晶（10153293）　范佳露（10153322）　朱国强（10153345）　郑　芳（10153349）
严嘉玮（10153388）　齐梦瑶（10153413）

理学院（18 人）

李　妍（10132294）　吴赛博（10132310）　杨宗耀（10132319）　陈　昕（10132345）　王定树（10132346）
高在青（10132416）　吴赵龙（10132429）　叶跃振（10132430）　李宜臻（10141642）　吴思敏（10141644）
贺钰雯（10141670）　柳辰琛（10141675）　朱超宇（10141725）　孙樱子（10141737）　胡豪杰（10141778）
周梦洁（10150819）　杨洋飞飞（10150820）任丹妮（10150877）

商学院（69 人）

徐　婷（10132477）　方　頔（10132483）　夏　雪（10132506）　蒋　喆（10132534）　林新波（10132555）
杨　晟（10132557）　姚雪薇（10132574）　蒋微微（10132596）　张　月（10132663）　姜　宁（10132699）
姜宇倩（10132700）　马旭鸥（10132788）　唐诗韫（10132791）　靳函琨（10132794）　李晨雪（10132815）
焦　妍（10132819）　赵昊坤（10132861）　刘靖爽（10132881）　陈诗涵（10132884）　陈　璐（10133073）
沈韩斌（10133486）　王亚茹（10138046）　向　攀（10138049）　缪荣高（10139025）　杜子琳（10141815）
李文铭（10141820）　胡　娟（10141855）　周树理（10141862）　李　潘（10141871）　房慧敏（10141885）
曲　旸（10141901）　杨淑霞（10141927）　刘静茹（10141937）　王雪曈（10141965）　金诗博（10142003）
周瑞琪（10142022）　胡玥歆（10142026）　潘　婷（10142027）　黄彦婕（10142049）　夏强伟（10142077）
刘哲宏（10142080）　李嘉淇（10142100）　罗晓雯（10142145）　顾凯文（10142161）　胡嘉琪（10142171）
金　昊（10142213）　高金锋（10142732）　陈茹茹（10150996）　晏佳敏（10151001）　吉　捷（10151023）
张唯佳（10151026）　陈依婷（10151027）　丁佳艳（10151029）　于　辉（10151045）　向伟林（10151046）
李嘉欣（10151067）　刘楚芸（10151096）　叶思宇（10151148）　徐小乔（10151198）　季芃妤（10151202）
杨　立（10151230）　王馨卉（10151416）　黄春敏（10151429）　张亦欣（10151433）　蔡雨晗（10151435）
郭新宇（10151437）　李聪聪（10151455）　路晓迪（10152693）　李孟桥（10152823）

社会与公共管理学院（31 人）

王　贺（10132942）　张忠强（10132946）　陈芷睿（10132997）　桑思雨（10133008）　郑珊珊（10133009）
王　璐（10133033）　周慧慧（10133054）　王　超（10133063）　张洺硕（10133064）　付　洋（10133067）
吴姿怡（10133076）　杜　楠（10138077）　冯　燕（10142254）　肖彦喆（10142273）　王语薇（10142294）

赵冬冬（10142322） 伍方仪（10142332） 何之未（10142344） 孙静博（10142361） 诸秋纯（10142365）
杨　洁（10142373） 宋文欣（10142385） 吕文富（10142388） 热依拉·哈力木别克（10148069）
邹　敏（10152448） 王湖葩（10152487） 酒　毓（10152489） 李天宁（10152496） 陈昭希（10152524）
张梦婷（10152525） 许文杰（10152578）

艺术设计与传媒学院（27人）

崔佳圆（10133094） 赵浩宇（10133105） 翁琛隆（10133133） 高羽烨（10133205） 何相贞（10133208）
徐佳叶（10133210） 冯　璐（10133237） 翟羽顺（10142407） 怀　露（10142445） 张今英（10142449）
李怡炜（10142472） 潘逸炜（10142485） 吴静宇（10142486） 孔晚燕（10142498） 陈秋仪（10142501）
许可葭（10142510） 朱哲灏（10142517） 凤　鸣（10142526） 沈嘉歆（10142527） 王思琪（10142540）
陈　慧（10142582） 杨　一（10153532） 王　晗（10153537） 刘　毅（10153572） 林　捷（10153574）
王婧旸（10153631） 郝谊莲（10153643）

外国语学院（9人）

徐雅恬（10133395） 蒋润园（10133402） 兰　蕙（10142644） 徐雪莹（10142657） 王嘉洋（10151487）
王　云（10151530） 双　颖（10151570） 周叶子（10151586） 孙敏唯（10151611）

法学院（13人）

奚雨莹（10133444） 刘　薇（10133445） 孙佳斐（10133465） 张优优（10133475） 张睿智（10133485）
孙齐蔚（10142770） 焦士凌（10142783） 李　孟（10148086） 乌仁娜（10148092） 寿宁静（10153647）
吴秀楠（10153675） 李懿珊（10158103） 米娜尔（10158109）

中德工学院（13人）

龚晓婷（10133489） 蔡梦媛（10133538） 沈　端（10142806） 石文彬（10142821） 邵　刚（10142834）
谢琦君（10142848） 刘匡杰（10142865） 郭　靖（10142868） 惠靖云（10142887） 吴竹清（10151646）
贺　恬（10151672） 卢　沁（10151697） 华亦晨（10151706）

体育科学与工程学院（9人）

许嘉铭（10133613） 刘炎斌（10133621） 陈佳刚（10133624） 陈紫滢（10142921） 刘子卿（10142925）
毛镇达（10142936） 丁　超（10151726） 李　钰（10151729） 秦嘉楠（10151737）

（研究生366人）

化工学院（54人）

孙钰铭（010140049） 张紫晓（010140058） 脱永笑（011130004） 桂振友（020120084） 张雯斐（020120092）
陈雅华（020130080） 闫宇强（Y10150128） 陈炳旭（Y11140002） 陈　益（Y30140727） 黄志娟（Y30140746）
张　洪（Y30140817） 焦冷康（Y30140856） 鲁　航（Y30140880） 吕七军（Y30140881） 栾雨骅（Y30140882）

邵光印（Y30140890） 施丽丽（Y30140892） 王天潇（Y30140899） 谢　浩（Y30140903） 杨大强（Y30140907）
陈自正（Y30141089） 韩　瑜（Y30141095） 陶颖卿（Y30141104） 郑天文（Y30141113） 何　萧（Y30141117）
张　迁（Y30141121） 付佳蓓（Y30150715） 黄　岩（Y30150725） 盛依依（Y30150763） 束铭杰（Y30150765）
王宝娟（Y30150775） 文　力（Y30150785） 叶　英（Y30150799） 周梦飞（Y30150820） 陈纬成（Y30150829）
陈筱焱（Y30150830） 付　婷（Y30150839） 李晓玮（Y30150850） 李允升（Y30150851） 刘晓娟（Y30150856）
邢蓝吁（Y30150874） 晁　贺（Y30151072） 左艺诚（Y30151101） 刘建飞（Y30151109） 乐宇翔（Y45140161）
李松松（Y45140165） 牛梦旗（Y45140176） 徐延学（Y45140192） 朱仪玫（Y45140207） 罗　力（Y45150184）
时佳慧（Y45150195） 孙　磊（Y45150201） 翟一鸣（Y45150215） 周丹丹（Y45150225）

生物工程学院（31 人）

刘　地（010140022） 王　松（010140023） 李仁结（010140164） 徐　娅（020130027） 简星星（Y10150130）
李　昊（Y10150131） 房　磊（Y10150170） 赵　磊（Y20150033） 叶　倩（Y20150125） 陈　慧（Y30140277）
林　冰（Y30140287） 张一平（Y30140304） 蒋　莹（Y30140937） 万俊仙（Y30140954） 王红亚（Y30140955）
孙晓娟（Y30141134） 罗　钊（Y30141157） 王　晶（Y30141215） 周　雯（Y30141221） 汤　文（Y30150292）
郑　鑫（Y30150305） 蔡睿风（Y30150901） 娄　颖（Y30150923） 莫雪君（Y30150927） 徐时东（Y30150942）
刘　晗（Y30151122） 程跃娟（Y30151139） 张　怡（Y30151151） 聂嘉睿（Y30151209） 潘红霞（Y45140295）
刘晓翠（Y45150325）

化学与分子工程学院（49 人）

杜中林（010140004） 杨军伟（010140035） 田国建（010140073） 胡习乐（010140079） 姬丁坤（010140080）
蔡云松（020120025） 顾开智（020120026） 邱博诚（020120125） 余刘柱（020130013） 任振伟（Y10150086）
曹占奇（Y10150146） 杜　骏（Y10160121） 张　琦（Y11150019） 楚占营（Y20150006） 伊秋颖（Y20150131）
孙　伟（Y20150135） 封文亮（Y30140134） 王凤蕊（Y30140141） 崔　景（Y30140149） 崔晓萍（Y30140175）
金飘飘（Y30140185） 孙原明（Y30140193） 蒋　峰（Y30140214） 张骏达（Y30140265） 胡文慧（Y30140520）
江国灿（Y30140522） 卜露露（Y30140975） 刘沣慧（Y30140990） 宋熊荣（Y30140998） 吴强芳（Y30141005）
项　宁（Y30141007） 张　萍（Y30141017） 张婧玉（Y30150154） 陈　凯（Y30150156） 董笑笑（Y30150158）
高天怡（Y30150159） 张　圆（Y30150176） 邢娇娇（Y30150200） 俞崎文（Y30150202） 赵成蹊（Y30150239）
李俏颖（Y30150963） 刘　婧（Y30150967） 袁志毅（Y30150986） 顾青雯（Y30151005） 姜彤彤（Y30151007）
路小清（Y30151011） 孙宁陵（Y30151018） 谷梦媛（Y45150233） 赵雪华（Y45150244）

药学院（31 人）

吴　伟（010140082） 张　阳（010140088） 何福生（010140090） 马　飞（010140093） 黄林伟（010140170）
邹春城（020120146） 贾晓彤（020120165） 彭雅慧（020120168） 杨武林（020120171） 李　婷（020130025）

张　娟（Y10150167）　李晓康（Y10150191）　代文朋（Y10160194）　梁　芳（Y30141068）　邵玲艳（Y30141072）
孙晓华（Y30141074）　王　瑜（Y30141078）　陈菲菲（Y30141240）　杜汉文（Y30141251）　潘慧玲（Y30141272）
全丽娜（Y30141275）　姚　雪（Y30141289）　赵少甫（Y30150816）　陈小花（Y30151037）　朱京燕（Y30151071）
郎　莉（Y30151256）　辛初华（Y30151275）　仲　晨（Y30151286）　刘　伟（Y30151294）　彭茹洁（Y30151295）
徐　锦（Y45150292）

材料科学与工程学院（40人）

李　涵（010130022）　王宜峰（010140031）　王重午（020120050）　刘鹏飞（020130042）　李　铮（Y10160138）
贾晓博（Y20140042）　路　力（Y20140045）　张浩轩（Y20150064）　吴柄含（Y30140243）　陈飞燕（Y30140370）
陈　豪（Y30140372）　方立军（Y30140384）　冯世鹏（Y30140386）　傅丽娜（Y30140388）　李申喆（Y30140415）
李　旭（Y30140416）　刘　雪（Y30140429）　罗　磊（Y30140435）　马一帆（Y30140437）　漆定庆（Y30140440）
王　钊（Y30140461）　徐　蕾（Y30140470）　于晓晓（Y30140488）　张傲峰（Y30140493）　张　阳（Y30140506）
章海泳（Y30140509）　李甜禄（Y30150246）　刘建华（Y30150247）　巨佩雯（Y30150392）　李　萧（Y30150398）
毛　箭（Y30150409）　邵肖肖（Y30150421）　王　曦（Y30150449）　张　明（Y30150480）　龚敏杰（Y45140029）
王传鑫（Y45140046）　王清清（Y45140048）　李思蒙（Y45150030）　王　迪（Y45150049）　魏　婷（Y45150053）

信息科学与工程学院（19人）

刘子鸣（Y30140607）　谢群义（Y30140613）　李佳宾（Y30140642）　李知聪（Y30140646）　宰　娜（Y30140677）
牛　坤（Y30140706）　王　坤（Y30150585）　周倩如（Y30150593）　韩　松（Y30150608）　宋良轩（Y30150631）
王　程（Y30150635）　叶朋飞（Y30150648）　孙程琳（Y30150684）　李俊晖（Y45140107）　汤　伟（Y45140138）
陈　杰（Y45150103）　张　妍（Y45150139）　朱刘阳（Y45150142）　李力田（Y45150149）

机械与动力工程学院（30人）

刘　时（010140036）　王　成（Y20150088）　王雅莉（Y20150090）　顾浩炜（Y30140337）　徐明天（Y30140347）
潘　铎（Y30140359）　徐　阳（Y30140366）　徐鹍鹏（Y30140545）　戚敏新（Y30140551）　文　城（Y30140587）
许　翔（Y30140590）　张少甫（Y30140596）　钟　飞（Y30140597）　管文超（Y30150325）　张柯尔（Y30150329）
顾晓琳（Y30150335）　刘芳辉（Y30150349）　王翠英（Y30150353）　杨永吉（Y30150358）　郭林灵（Y30150533）
刘　炼（Y30150543）　刘少武（Y30150544）　刘红周（Y45140008）　刘馨雨（Y45140010）　孙元坤（Y45140013）
邢耀华（Y45140077）　纪一丹（Y45150003）　刘可望（Y45150008）　刘安林（Y45150074）　童立坤（Y45150080）

资源与环境工程学院（22人）

张　杰（010140057）　方晨辰（020120060）　李新宇（020120061）　吕丽娜（020120157）　徐旻辉（020120159）
傅晓日（020130124）　张　祥（020130127）　卫俊涛（Y20150075）　王熠梦（Y30140533）　董雁春（Y30140847）
方兴斌（Y30141172）　彭洪江（Y30141188）　赵梦飞（Y30141204）　周　亮（Y30141206）　陈梦帆（Y30151156）

黄　蒂（Y30151166）　李佳怿（Y30151168）　夏晓倩（Y30151186）　赵瑶瑶（Y30151196）　沈立业（Y45140230）
李大雁（Y45150254）　汪宇鹏（Y45150258）

理学院（6 人）

蔡兆克（Y30140109）　胡　铨（Y30140112）　秦伟莉（Y30140119）　孙沛智（Y30140132）　郁顺昌（Y30150128）
卫炳铄（Y30150141）

商学院（17 人）

赵江江（010140097）　刘鲁艳（Y30140008）　丁建江（Y30140031）　范俊杰（Y30141312）　杨　科（Y30141332）
张　亚（Y30141336）　陈　伟（Y30141339）　李慧心（Y30141345）　李维瑶（Y30141358）　孙晓晓（Y30150006）
涂婧清（Y30150017）　刘金瑞（Y30151315）　柳明辉（Y30151316）　张永明（Y30151330）　柳　颖（Y30151336）
张春凯（Y30151360）　周　珺（Y30151364）

社会与公共管理学院（15 人）

王伯承（010140110）　王　欣（010140111）　赵　阳（Y30140071）　朱灵艳（Y30140072）　李　旭（Y30141377）
郑明明（Y30141390）　苏晓芳（Y30141399）　李　玲（Y30141407）　姜碧华（Y30150058）　施佳宁（Y30150068）
胡国恒（Y30151381）　高虹琳（Y49140007）　江盼盼（Y49140010）　张晓灿（Y49140023）　王丽圆（Y49150019）

艺术设计与传媒学院（10 人）

杜佳佳（Y30141418）　刘翔宇（Y30141426）　赵　灿（Y30141442）　马先仙（Y30151410）　孙蕾蕾（Y30151417）
周　萌（Y45140286）　韩　力（Y45150302）　连家一（Y45150304）　鲍如霜（Y51140001）　万红玲（Y51150005）

外国语学院（6 人）

邢沛林（Y30150100）　董　雯（Y30150104）　郑元嘉（Y30150113）　马雪娇（Y58150010）　盛镇浪（Y58150012）
王梦蝶（Y58150014）

法学院（5 人）

夏　伟（Y30140046）　胡瑞瑞（Y30150034）　安小婵（Y30150046）　潘灵翼（Y48140008）　傅秀娇（Y48150001）

体育科学与工程学院（2 人）

黄红媛（Y30140080）　刘宁宁（Y30150084）

高等教育研究所（1 人）

杨伟伟（Y30140077）

科技信息研究所（1 人）

赵晓黎（Y30141414）

商学院专业学位中心（24 人）

张　媛（Y41140047）　朱彩云（Y41140087）　陈书秀（Y41140129）　王　永（Y41140167）　熊　浩（Y41140175）

陈　群（Y41140253）　厉媛媛（Y41140287）　徐　健（Y41140333）　尹建军（Y41140343）　虞伟丽（Y41140345）
衰艳格（Y41150137）　陈宏伟（Y41150142）　丁银芬（Y41150154）　樊　健（Y41150159）　马艳刚（Y41150220）
史玉香（Y41150240）　宋　剑（Y41150242）　汪良刚（Y41150256）　王海峰（Y41150262）　杨启东（Y41150296）
袁　静（Y41150304）　张娇娇（Y41150316）　赵秀敏（Y41150332）　孙　临（Y57150010）

马克思主义学院（3人）

胡飞宇（Y30140051）　郝楠晖（Y30140073）　濮鲁萍（Y30140074）

13. 2015—2016 学年度校优秀学生干部名单

（本科生395人）

化工学院（38人）

韩宇晴（10130035）　唐艳玲（10130063）　王　尊（10130146）　成晓敏（10130324）　马莉茹（10131806）
邱召梅（10132162）　虎良楠（10140012）　郭　浩（10140017）　杜　威（10140019）　钱　震（10140054）
王佟玥（10140075）　邢　钰（10140083）　陈怡沁（10140109）　崔　然（10140124）　刘慧清（10140125）
李天越（10140131）　陈思磊（10140145）　何　铜（10140182）　刘毓蓉（10140188）　倪烨铭（10140201）
方　圆（10140253）　赵昕晖（10140265）　李雨柔（10140280）　陈永灏（10140322）　郑朱峰（10140323）
郭　琛（10140327）　汤嘉伟（10140347）　曹　晔（10143076）　郄冠钰（10151742）　郭佳雯（10151743）
张梦洋（10151772）　陈双静（10151774）　尹　艳（10151779）　罗蕴涵（10151836）　严思燕（10151869）
杨壹荃（10152048）　费琦慧（10152068）　郭子毓（10152122）

生物工程学院（46人）

龙虹玫（10130356）　张幸子（10130360）　王梦蕊（10130388）　邢燕子（10130394）　姚溢融（10130412）
龚美玲（10130418）　张炜坚（10130427）　陈　志（10130439）　陈焕芸（10130473）　梁冰玉（10130476）
周英骏（10130488）　王乃琪（10130543）　谢丽炎（10130562）　刘旭东（10130578）　马静怡（10130584）
张添添（10130598）　刘　静（10130623）　杨智学（10142957）　杨灿灿（10142959）　李　晔（10142962）
王凌旭（10142968）　明丽艳（10142979）　余　楚（10142982）　刘坤山（10143002）　陈鑫洁（10143007）
李媛媛（10143015）　何敏琳（10143047）　孔凡晶（10143062）　程　健（10143067）　吉　雷（10143068）
张晓晨（10143078）　王稳稳（10143079）　雷　进（10143101）　王怡旻（10143119）　陈伟杰（10143132）
况昱瑶（10143136）　金　鹏（10143139）　韩心怡（10143168）　李华栋（10143174）　秦佳文（10143182）
凌菲香（10152667）　郝亚丽（10152750）　杨旦祺（10152882）　王　鑫（12130005）　翟纬坤（12130017）
郑荣淇（12140028）

化学与分子工程学院（25 人）

陈　璐（10130642）　薛炜楠（10130682）　樊孝祥（10130836）　李傲然（10130862）　唐冰静（10140362）
曹苏杭（10140364）　张晨焕（10140400）　张鹤儒（10140431）　曹　琛（10140451）　李一统（10140471）
黄文薏（10140478）　马长顺（10140520）　颜文昊（10140523）　钟怡雯（10140571）　张晋东（10140572）
郑　玉（10140591）　沈　佳（10152215）　吴亦凡（10152228）　李　玲（10152252）　李昕蕾（10152338）
周浪萍（10152372）　章　敏（10152393）　徐子星（10152394）　周尚武（10152417）　王一帆（10158058）

药学院（14 人）

罗淇瑜（10131094）　张海玲（10131011）　方晓雪（10131028）　孙　雯（10131093）　方宏龙（10140641）
胡　江（10140648）　郑丹婷（10140653）　孙　玥（10140655）　蔡忆川（10140663）　孙佳敏（10140712）
余年达（10140734）　戴　琪（10140775）　赵心蕾（10140786）　滕旻圻（10140797）

材料科学与工程学院（46 人）

张水铨（10131129）　陈　胜（10131142）　高　桐（10131154）　东春晓（10131178）　张　俊（10131203）
倪鑫瑶（10131209）　李勇强（10131230）　倪竟男（10131304）　孟祥申（10131310）　邵　宁（10131331）
李贇恒（10131400）　张　明（10131439）　梁月梅（10133348）　刘晏辛（10133349）　高泽华（10140817）
洪伟进（10140828）　王诗佳（10140832）　王　钰（10140834）　褚衍盟（10140846）　杨怀斌（10140852）
杨　柳（10140871）　倪璧君（10140887）　张盼盼（10140921）　袁　佑（10140925）　吴雪枫（10140941）
郁卓尔（10140944）　王雅馨（10140974）　肖希勉（10140994）　陈春雨（10140999）　朱　凯（10141018）
李开远（10141034）　丁　虹（10141088）　贺逸昕（10141102）　许　达（10141105）　张家豪（10140850）
邓天博（10150184）　杨婷玉（10150210）　程　越（10150236）　王朝锋（10150291）　林　铮（10150308）
李　珣（10150338）　谢　瑾（10150388）　李文婧（10150421）　李金凤（10150422）　李　炀（10150430）
陈鼎涵（10150465）

信息科学与工程学院（45 人）

顾吉峰（10131488）　周彦捷（10131496）　乔辛磊（10131517）　罗　粤（10131564）　徐金金（10131633）
刘旭利（10131659）　陆佳琦（10131681）　刘道文（10131702）　姜　靖（10131706）　董德平（10131728）
马一男（10131761）　张伟良（10131770）　朱　玉（10131778）　郑宇欣（10133317）　张子琪（10141114）
朱理森（10141131）　郭全全（10141148）　刘　镇（10141218）　何逸辉（10141224）　冉启兰（10141229）
罗伟杰（10141240）　邬东辉（10141246）　李佳鑫（10141260）　丁文杰（10141282）　王世豪（10141298）
王子晨（10141348）　姚逸夫（10141368）　金季豪（10141370）　康文斌（10141405）　袁晴龙（10141431）
陈　晨（10141458）　张晨曦（10141893）　郝中汉（10152928）　姚志婷（10152939）　吴思玥（10152965）
杨竣乔（10152976）　彭竟超（10153091）　秦锦玉（10153131）　马　榕（10153201）　许东儒（10158097）

刘宇璇（12130036）	毛轶鑫（12130043）	赵　展（12140002）	江志峰（12140007）	黄文斌（12140019）

机械与动力工程学院（39 人）

张　悦（10131834）	王田田（10131854）	赵　明（10131900）	李　浩（10131914）	赵　晨（10131832）
杨　晨（10131926）	余昱东（10131934）	毛炜炜（10131960）	钱锦烨（10131967）	王永乐（10131997）
李长青（10132014）	贾腾飞（10132029）	周　波（10132057）	邓厚阳（10132093）	张雅梦（10132096）
严武林（10132103）	马哲锴（10132109）	张天宇（10143288）	张　蕾（10143293）	陈泽坤（10143298）
谷　琳（10143327）	许柯华（10143355）	郑风华（10143401）	潘　薇（10143406）	刘珂嘉（10143409）
刘瑀珂（10143428）	迪盼祺（10143452）	马　岳（10143457）	王富豪（10143481）	张小奇（10150603）
马　笨（10150636）	陶贤超（10150661）	肖　邦（10150696）	许　爽（10150701）	徐毅翔（10150708）
程劭文（10150793）	宋德超（10150801）	张　鹏（12140050）	邱茂垚（12140065）	

资源与环境工程学院（15 人）

张　超（10132138）	杨雪瑞（10132158）	宋友桂（10132160）	邱远航（10132197）	孙　勇（10132232）
刘琪铭（10132240）	何忠励（10132268）	许　多（10132271）	黄靖瑶（10141543）	马铃慧（10141559）
谷　原（10141571）	梁　纤（10141585）	周小粮（10141598）	马逸譞（10153264）	刘紫瑾（10153324）

理学院（15 人）

韩　飞（10132320）	严仕凯（10132331）	朱程灿（10132423）	张　寓（10132470）	裘栩炀（10141657）
马成麟（10141676）	井冈山（10141697）	胡　帆（10141763）	孙成尧（10141765）	陈雅馨（10150821）
王　硕（10150838）	袁雨桐（10150845）	张宇珂（10150904）	陆鹏皓（10150930）	吴　帆（10150971）

商学院（41 人）

詹海婷（10132482）	杨　璐（10132533）	吕文凯（10132582）	陈先强（10132641）	张未央（10132655）
徐　宁（10132718）	何乔丹（10132725）	李　鹏（10132738）	王文静（10132781）	王　欣（10132784）
苗双麒（10132863）	徐一丹（10133006）	洪永年（10141222）	顾　笑（10141818）	顾　倩（10141877）
具熙杰（10141892）	张琳妍（10141933）	石红妃（10141955）	王姝蕊（10141963）	唐圆媛（10141984）
杨璐铭（10142023）	刘　婷（10142048）	王雨贤（10142050）	胡天仪（10142082）	白晓樱（10142140）
郅　谋（10142194）	程楚颖（10142206）	周成臣（10151014）	逄增阳（10151081）	宋　斌（10151109）
张晓磊（10151149）	龚雪雯（10151190）	韩嘉桐（10151196）	王园园（10151212）	张瑗竹（10151274）
许勤楠（10151286）	陆诗语（10151325）	陈家宜（10151390）	刘芳燕（10151457）	张枫琳（10151469）
颜莉琴（10152825）				

社会与公共管理学院（22 人）

马　力（10122478）	唐秀玲（10132911）	王宇青（10132924）	施　祥（10132945）	闫　堃（10133030）

许安琪（10133053） 朱 旗（10142232） 韦 悦（10142233） 王 磊（10142245） 林佳雯（10142258）
李怡雯（10142276） 胡晓蒙（10142298） 沈 佳（10142305） 王 瑶（10142334） 汪鑫贵（10142340）
蒋 浩（10142387） 杨智媛（10142397） 胡若涵（10142398） 王 奕（10152464） 魏妍妍（10152492）
王小语（10152498） 鲁 珍（10152540）

艺术设计与传媒学院（18 人）

于建平（10133117） 张 宁（10133135） 张佳焱（10133145） 谭笑容（10133175） 曹庆松（10133257）
潘佳欣（10142411） 裘梦芸（10142419） 陈 雨（10142442） 郑宇璐（10142448） 李倩倩（10142479）
王鑫宇（10142487） 陈德芳（10142511） 杨非絮（10142524） 陆钰怡（10142562） 卞筱洁（10153496）
姚凌云（10153501） 王潇阳（10153565） 熊吟秋（10153629）

外国语学院（17 人）

赵 楠（10133284） 阮嘉慧（10133288） 杨梦倩（10133301） 王 琪（10133338） 董玉文（10133341）
刘晓宇（10133347） 范友娟（10133410） 王忆南（10142618） 郑 植（10142733） 叶伊婷（10142745）
薄 帆（10142753） 刘赫喆（10151536） 姚懿珊（10151544） 朱如意（10151589） 贺清新（10151596）
陈铃之（10151620） 罗梦玲（10151630）

法学院（5 人）

张旭东（10133451） 刘欣琪（10133469） 张 琴（10142781） 陆佳怡（10142788） 陈 亮（10153698）

中德工学院（7 人）

朱文怡（10133535） 马晓琦（10133506） 邴冠齐（10142838） 许连心（10142867） 陶娟娟（10142889）
韩 奇（10142896） 张照悦（10151644）

体育科学与工程学院（2 人）

朱 涛（10133636） 邱竞阅（10151713）

（研究生 163 人）

化工学院（23 人）

贾献峰（010140053） 马 成（020130116） 魏艳菊（Y10150169） 陈湘玲（Y30140726） 李思超（Y30140758）
刘佳威（Y30140765） 吕俊铎（Y30140767） 王正磊（Y30140799） 徐宏杰（Y30140805） 秦 雪（Y30140887）
陈 红（Y30141091） 段圆梦（Y30141115） 褚衍倩（Y30150707） 郭中原（Y30150717） 孙 瑞（Y30150769）
赵 鹏（Y30150815） 林 山（Y30150853） 王金强（Y30150869） 余 湛（Y30150881） 李 布（Y45140162）
毛 杰（Y45140174） 史 航（Y45150196） 宋光涛（Y45150200）

生物工程学院（13 人）

樊 飞（011130008） 高 琪（Y20140122） 杨泽宇（Y20150124） 史梦菲（Y30140269） 曹文斌（Y30150902）

刘兆鹏（Y30150920） 王起正（Y30150938） 温 莹（Y30150940） 何 娟（Y30151140） 赵 剑（Y30151153）
李晓丹（Y30151207） 谭晶晶（Y45140300） 汪 亮（Y45150329）

信息科学与工程学院（11 人）

宋 冰（020120076） 杨 健（Y20140083） 赵 博（Y20150099） 刘贺飞（Y30140703） 潘一鸣（Y30150582）
袁枫林（Y30150651） 林 杰（Y45140112） 郑 超（Y45140130） 周亚飞（Y45140132） 任晓东（Y45150096）
杨玉鹏（Y45150136）

材料科学与工程学院（18 人）

陈 潇（020120036） 高 梁（020130039） 陈 灵（Y20150038） 王 权（Y20150054） 马 川（Y30150310）
唐亮琛（Y30150312） 张晓辉（Y30150317） 范小兴（Y30150373） 胡永彬（Y30150383） 刘玉姣（Y30150404）
沈丁丰（Y30150423） 汤莉娟（Y30150434） 赵淑楠（Y30150490） 赵 醒（Y30150491） 金理福（Y45140035）
陈 智（Y45150021） 马祥艳（Y45150037） 张哲源（Y45150062）

化学与分子工程学院（20 人）

许 晗（020130011） 靳佳敏（030131061） 曹亚明（Y20140057） 田项宇（Y20150070） 沈 杰（Y30140158）
朱天懿（Y30140169） 胡庆霞（Y30140178） 王丽仙（Y30140225） 高 川（Y30140255） 杨 韬（Y30140964）
史 文（Y30140997） 张 鹏（Y30141016） 杨铭霞（Y30141049） 童 晶（Y30150151） 沈能为（Y30150223）
李晨阳（Y30150915） 王 玺（Y30150978） 徐 运（Y30150984） 马国栋（Y45140213） 马连骏（Y45150239）

机械与动力工程学院（12 人）

李柳湘（020120033） 方 正（Y20150034） 张亚林（Y20150093） 韩腾腾（Y30140566） 周王军（Y30150323）
刘晓龙（Y30150402） 马 骞（Y30150547） 潘凤洋（Y45140070） 曲 浩（Y45140072） 闫公哲（Y45150014）
张开明（Y45150018） 王文涛（Y45150052）

资源与环境工程学院（10）

张世婧（Y20140132） 樊友雯（Y30140525） 周 阳（Y30141207） 李光源（Y30150504） 顾鑫生（Y30151159）
卓亚昆（Y30151201） 鲍文杰（Y30151215） 涂宝声（Y45140234） 张金妹（Y45140237） 冯 茜（Y45150250）

商学院（9 人）

李文霞（Y10150002） 龙 梅（Y30141327） 夏汝卿（Y30141370） 黄 琪（Y30150011） 柴 齐（Y30150023）
顾 权（Y30151306） 刘丛加（Y30151314） 蒋韦磊（Y30151351） 朱 琳（Y30151365）

马克思主义学院（2 人）

魏 玮（Y30140055） 夏梅英（Y30140056）

社会与公共管理学院（8 人）

马云博（Y30140060） 王亚捷（Y30141384） 夏佳琦（Y30141386） 常亚琼（Y30141392） 陆敏渊（Y30150059）

吴佳蔚（Y30151375）　陆婵媛（Y30151382）　李　根（Y49150012）

外国语学院（3人）

陈逸飞（Y30150091）　黄威玮（Y30150106）　毕雪琴（Y58150001）

艺术设计与传媒学院（4人）

孙朝阳（Y30151416）　朱润秋（Y30151434）　叶春阳（Y45140281）　周　阳（Y51150010）

体育科学与工程学院（1人）

赵容娴（Y30150090）

药学院（13人）

黄　兮（020130110）　陈文华（Y10150187）　杨弘宾（Y20140145）　郭春阳（Y20150141）　张家毓（Y30141083）

张亚男（Y30141084）　周佳斌（Y30141086）　丁一容（Y30141248）　李　婷（Y30141263）　鲁彦丽（Y30141269）

王福凯（Y30151232）　陈夏妮（Y30151237）　杨丛斌（Y45140258）

理学院（3人）

朱　燕（Y30140126）　朱征露（Y30140127）　刘羽桐（Y30140130）

法学院（2人）

范秋燕（Y30150039）　姚有原（Y48140013）

商学院专业学位中心（11人）

陈媛媛（Y41140131）　杨小明（Y41140342）　操汉卿（Y41150136）　高金红（Y41150168）　胡京城（Y41150175）

李金秀（Y41150189）　刘雪松（Y41150207）　田衎衎（Y41150253）　王　颖（Y41150270）　张滨越（Y41150310）

朱巧丽（Y41150342）

14. 2010—2011 学年度校先进班集体名单

（1）2015—2016 学年度校优良学风班集体名单

化工 145	计 143	安检 130	应化优 140	制药（卓越）130 班	安全 131
工管 130	工商类 152	广告 140	国贸运 140	环境 132	环境 141
化工 136	高材 131	新材 130	工设 130	公共 132	生工 131
生工 132	工设 150	英语 152	日语 140	行管 131	计 133
风景 142	新材 151	资源 130	化工 132	化工 141	化工 142
应化 134	数 131	人力 130	经济类 154	管科类 152	金融 131
金融 132	公共 131	社工 132	公共 141	行管 141	日语 151

英语 153	动 143	电自 142	信工 143	计 132	药学 151
药剂 141	药剂 142	药学 141	药学 142	制药 142	法学 142
风景 141	德环 140	高材 132	复材 131	高材 155	法学 152
化工 135	油气 141	资源 151	化工 153	材化 153	过程 132
过程 134	材控 152	光电 141 班	数 132	工商 130	营销 130
信管 130	国贸 132	会计类 152	会计类 153	管科类 151	经济类 152
经济类 151	经济类 153	行管 142	社工 131	食工 132	食质 132
生科 131	生科 132	食质 151	英语 144	日语 152	动 132
电自 131	测仪 131	信工 132	药剂 151	药剂 152	药学 152
制药 151	制药 152	制药 141	制药 131	制药 132	制药 133
药剂 131	药剂 132	药学 131	药学 132		

(2) 2015—2016 学年度校先进班集体名单

(本科生班级 53 个)

化工 145	计 143	安检 130	应化优 140	制药（卓越）130 班	安全 131
工管 130	工商类 152	广告 140	国贸运 140	化工 136	高材 131
新材 130	工设 130	公共 132	生工 131	生工 132	工设 150
英语 152	日语 140	行管 131	计 133	风景 142	新材 151
资源 130	化工 132	化工 141	化工 142	应化 134	数 131
人力 130	经济类 154	管科类 152	金融 131	金融 132	公共 131
社工 132	公共 141	行管 141	日语 151	英语 153	动 143
电自 142	信工 143	计 132	药学 151	药剂 141	药剂 142
药学 141	药学 142	制药 142	法学 142	风景 141	

(研究生班级 22 个)

工艺 141	工艺 142	M155	2015 工硕班	艺术 15 级	14 生物化工
材硕 152	应用经济学 14 级	英研 015	14 级物理	15 环境安全硕士班	工硕 141
15 双控 2 班	药硕 145	资环 15 硕博	2015 级 MBA 全日制班	材硕 154	工商管理 15 级
2015 级 MF	机硕 151 班	工硕 15	法 15 硕		

(3) 2015—2016 学年度校十佳集体名单

(本科生班级 10 个)

化工 145　　计 143　　安检 130　　应化优 140　　制药（卓越）130 班　安全 131

工管 130　　工商类 152　　广告 140　　国贸运 140

本科生竞赛获奖情况一览表

序号	竞赛全称	获奖时间	获奖类别	获奖等级	学生信息		教师信息
					学生姓名	班级	指导教师姓名
1	第十届全国大学生化工设计竞赛	2016 年 8 月	国家级	三等奖	张榕芯	化工 134	童天中、赵宏亮、曹正芳
		2016 年 8 月	国家级	三等奖	沈冰洁	化工 134	
		2016 年 8 月	国家级	三等奖	贺睿	化工 134	
		2016 年 8 月	国家级	三等奖	谈金辉	化工 134	
		2016 年 8 月	国家级	三等奖	陈思睿	化工 134	
2	第十届全国大学生化工设计竞赛	2016 年 8 月	国家级	二等奖	盛想英	化工 134	顾雄毅、袁佩青
		2016 年 8 月	国家级	二等奖	董浩	化工 134	
		2016 年 8 月	国家级	二等奖	王尊	化工 136	
		2016 年 8 月	国家级	二等奖	应佳迪	轻化 131	
		2016 年 8 月	国家级	二等奖	马榆垒	化工 134	
3	第七届上海市大学生化工设计竞赛	2016 年 7 月	省部级	三等奖	郭天浩	化工 135	顾雄毅
		2016 年 7 月	省部级	三等奖	彭思源	化工 135	
		2016 年 7 月	省部级	三等奖	吕成	化工 135	
		2016 年 7 月	省部级	三等奖	许思祺	化工 135	
		2016 年 7 月	省部级	三等奖	陈亦佳	化工 135	
4	第七届上海市大学生化工设计竞赛	2016 年 7 月	省部级	一等奖	李晨丹	油气 132	顾雄毅、袁佩青
		2016 年 8 月	省部级	一等奖	董浩	化工 134	
		2016 年 8 月	省部级	一等奖	王尊	化工 136	
		2016 年 8 月	省部级	一等奖	应佳迪	轻化 131	
		2016 年 8 月	省部级	一等奖	马榆垒	化工 134	
5	第十届全国大学生化工设计竞赛	2016 年 7 月	国家级	三等奖	何清	化工 136	顾雄毅、袁佩青
		2016 年 9 月	国家级	三等奖	吴一墨	化工 133	
		2016 年 9 月	国家级	三等奖	李嘉辉	化工 133	
		2016 年 9 月	国家级	三等奖	傅忠旺	化工 133	
		2016 年 9 月	国家级	三等奖	余雅心	化工 132	

续表

序号	竞赛全称	获奖时间	获奖类别	获奖等级	学生信息		教师信息
					学生姓名	班级	指导教师姓名
6	第十届全国大学生化工设计竞赛	2016年8月	国家级	一等奖	赵楠	油气133	顾雄毅、束忠明、奚桢浩
		2016年8月	国家级	一等奖	张迈文	油气133	
		2016年8月	国家级	一等奖	韩宇晴	化工132	
		2016年8月	国家级	一等奖	曹飘	化工132	
		2016年8月	国家级	一等奖	王艺霖	化工132	
7	第十届全国大学生化工设计竞赛	2016年8月	国家级	三等奖	崔秀	轻化132	顾雄毅
		2016年7月	国家级	三等奖	于弘平	化工136	
		2016年7月	国家级	三等奖	刘迅	化工136	
		2016年7月	国家级	三等奖	焦一然	化工136	
		2016年8月	国家级	三等奖	谢兴泽	轻化132	
8	第十届全国大学生化工设计竞赛	2016年8月	国家级	二等奖	李斓蒨	化工133	顾雄毅
		2016年8月	国家级	二等奖	苑媛	化工133	
9	第十届上海大学生化学实验竞赛	2016年7月	省部级	三等奖	费晨	化学132	孙学芹
10	第十届上海大学生化学实验竞赛	2016年7月	省部级	一等奖	胡松昌	化学133	孙学芹
11	第十届全国大学生化学实验邀请赛	2016年7月	国家级	三等奖	杨吴烨	化学131	孙学芹
12	全国大学生化学实验竞赛	2016年7月	国家级	三等奖	李缘杰	应化132	孙学芹
13	第十届上海市大学生实验化学竞赛	2016年7月	省部级	三等奖	陈璐	材化131	孙学芹
14	第六届“国药工程杯”全国大学生制药工程设计竞赛	2016年1月	国家级	一等奖	陆征宇	制药130	罗晓燕、刘宏伟
		2016年1月	国家级	一等奖	葛媛媛	制药130	
		2016年1月	国家级	一等奖	赵文莉	制药130	
		2016年1月	国家级	一等奖	罗淇瑜	制药130	
		2016年1月	国家级	一等奖	许歆瑶	制药130	
		2016年1月	国家级	一等奖	耿辉亮	制药132	
15	第六届“国药工程杯”全国大学生制药工程设计竞赛	2016年1月	国家级	二等奖	黄艳	制药130	刘宏伟、赵建宏
		2016年1月	国家级	二等奖	杨帆	制药130	
		2016年1月	国家级	二等奖	刘杰	制药130	
		2016年1月	国家级	二等奖	邓克钻	制药130	
		2016年1月	国家级	二等奖	李安妮	制药130	
		2016年1月	国家级	二等奖	沈昕源	制药132	

续表

序号	竞赛全称	获奖时间	获奖类别	获奖等级	学生信息		教师信息
					学生姓名	班级	指导教师姓名
16	2016“上纬杯”第二届全国大学生复合材料设计与制作大赛	2016 年 9 月	省部级	三等奖	苑伟豪	复材 131	侯锐钢
17	第八届超轻复合材料竞赛机翼组海报	2016 年 5 月	省部级	二等奖	韩磊	复材 132	周权
18	首届全国玻璃钢/复合材料创新大赛	2016 年 9 月	省部级	三等奖	黎记显	复材 132	侯锐钢
19	第八届超轻复合材料机翼优秀海报	2016 年 5 月	省部级	二等奖	张家豪	复材 142	周权
20	第八届超轻复合材料机翼优秀海报	2016 年 5 月	省部级	二等奖	杨怀斌	复材 142	周权
21	第八届超轻复合材料机翼优秀海报	2016 年 5 月	省部级	二等奖	靳惠宇	复材 142	周权
22	第八届超轻复合材料机翼优秀海报	2016 年 5 月	省部级	二等奖	吕帅康	复材 142	周权
23	首届全国玻璃钢/复合材料创新大赛	2016 年 9 月	省部级	三等奖	苏鸿睿	复材 141	倪礼忠、宋宁
24	首届全国玻璃钢/复合材料创新大赛	2016 年 9 月	省部级	三等奖	张家豪、黄忠凯、苏凡	复材 142	倪礼忠、宋宁
25	首届全国玻璃钢/复合材料创新大赛	2016 年 9 月	省部级	三等奖	褚衍盟、邢宝元	复材 142	周权
26	首届全国玻璃钢/复合材料创新大赛	2016 年 9 月	省部级	三等奖	杨怀斌、孙坦	复材 142	侯锐钢
27	首届全国玻璃钢/复合材料创新海报大赛	2016 年 9 月	省部级	三等奖	张家豪、黄忠凯、苏凡	复材 142	倪礼忠、宋宁
28	首届全国玻璃钢/复合材料创新大赛	2016 年 9 月	省部级	三等奖	钱祺弘	复材 151	周权
29	首届全国玻璃钢/复合材料创新大赛	2016 年 9 月	省部级	三等奖	郭文涛	复材 152	周权、倪礼忠
30	第五届上海市大学生机械工程创新大赛	2016 年 5 月	省部级	一等奖	陈泽坤	材控 142	马新玲
					戚昊晨	机设 144	
					张天宇	材控 141	
					艾孜买提	机设 144	
					希尔艾力	机设 122	

续表

序号	竞赛全称	获奖时间	获奖类别	获奖等级	学生信息		教师信息
					学生姓名	班级	指导教师姓名
31	第五届上海市大学生机械工程创新大赛	2016 年 5 月	省部级	一等奖	严武林	机设 134	马新玲
					贺明明	机设 134	
					谢佳智	机设 134	
					任道远	过程 133	
32	第七届全国大学生机械创新设计大赛	2016 年 7 月	国家级	一等奖	严武林	机设 134	马新玲
					贺明明	机设 134	
					谢佳智	机设 134	
					赵开国	机设 134	
33	第七届全国大学生机械创新设计大赛	2016 年 7 月	国家级	二等奖	陈泽坤	材控 142	马新玲
					戚昊晨	机设 144	
					张天宇	材控 141	
					艾孜买提	机设 144	
					希尔艾力	机设 122	
34	第十一届全国大学生“恩智浦杯”智能汽车竞赛华东赛区	2016 年 7 月	省部级	一等奖	李铭杰	机设 134	夏春明、吴清
					李涛	过程 133	
					杨晨	过程 131	
35	第十一届全国大学生“恩智浦杯”智能汽车竞赛华东赛区	2016 年 7 月	省部级	一等奖	王何	过程 143	夏春明、吴清
					金前程	过程 144	
					张鹏	过程 143	
36	第十一届全国大学生“恩智浦杯”智能汽车竞赛华东赛区	2016 年 7 月	省部级	三等奖	周波	机设 132	夏春明、吴清
					魏毓涛	机设 132	
					余天宇	动 132	
37	上海市大学生工程训练综合能力竞赛	2016 年 11 月	省部级	一等奖	张浩楠	过程 151	郑毅、刘晋
					白瑞杰	过程 151	
					王紫阳	过程 151	
38	上海市大学生工程训练综合能力竞赛	2016 年 11 月	省部级	三等奖	相浩洁	材控 152	严莹、吴滨
					王乔	材控 152	
					周锐东	材控 152	
39	第七届全国大学生过程装备实践与创新大赛	2016 年 8 月	国家级	一等奖	黄昊	过程 133	潘家祯
					黄艺卉	过程 133	
					陈韬	机设 131	
					秦佳怡	过程 131	
					张邱威	机设 133	

续表

序号	竞赛全称	获奖时间	获奖类别	获奖等级	学生信息		教师信息
					学生姓名	班级	指导教师姓名
40	第七届全国大学生过程装备实践与创新大赛	2016 年 8 月	国家级	一等奖	李长青	过程 134	惠虎
					李思宽	过程 134	
					黄超	过程 134	
					余婷	过程 132	
41	第七届全国大学生过程装备实践与创新大赛	2016 年 8 月	国家级	二等奖	曹鹏飞	过程 125	王学生
					魏怡飞	过程 134	
					王大伟	材控 123	
42	第七届全国大学生过程装备实践与创新大赛	2016 年 8 月	国家级	二等奖	严武林	机设 134	马新玲
					贺明明	机设 134	
					谢佳智	机设 134	
					赵开国	机设 134	
43	第十四届陈嘉庚青少年发明奖（上海）	2016 年 6 月	省部级	三等奖	何一昊	机设 123	栾伟玲
					苏伟超	材控 122	
					顾梁宁	应化 121	
44	第十四届挑战杯上海市大学生课外学术科技作品竞赛	2016 年 1 月	省部级	一等奖	何一昊	机设 123	栾伟玲
					于至乎	材控 122	
					苏伟超	材控 122	
45	第二届上海市大学生力学竞赛	2016 年 11 月	省部级	一等奖	吴頔	过程 141	何录武、杨刚、马新玲
46	第二届上海市大学生力学竞赛	2016 年 11 月	省部级	一等奖	许柯华	过程 141	何录武、杨刚、马新玲
47	第二届上海市大学生力学竞赛	2016 年 11 月	省部级	一等奖	吴荣耀	机设 144	何录武、杨刚、马新玲
48	第二届上海市大学生力学竞赛	2016 年 11 月	省部级	一等奖	陈泽坤	材控 142	何录武、杨刚、马新玲
49	第二届上海市大学生力学竞赛	2016 年 11 月	省部级	一等奖	杨琳	过程 143	何录武、杨刚、马新玲
50	第二届上海市大学生力学竞赛	2016 年 11 月	省部级	二等奖	顾钧诚	机设 141	何录武、杨刚、马新玲
51	第二届上海市大学生力学竞赛	2016 年 11 月	省部级	二等奖	戚昊晨	机设 144	何录武、杨刚、马新玲
52	第二届上海市大学生力学竞赛	2016 年 11 月	省部级	二等奖	周小晓	过程 142	何录武、杨刚、马新玲

续表

序号	竞赛全称	获奖时间	获奖类别	获奖等级	学生信息		教师信息
					学生姓名	班级	指导教师姓名
53	第二届上海市大学生力学竞赛	2016年11月	省部级	三等奖	王新平	材控143	何录武、杨刚、马新玲
54	第二届上海市大学生力学竞赛	2016年11月	省部级	三等奖	冷仓田	过程142	何录武、杨刚、马新玲
55	第二届上海市大学生力学竞赛	2016年11月	省部级	三等奖	张佳豪	机设143	何录武、杨刚、马新玲
56	第二届上海市大学生力学竞赛	2016年11月	省部级	三等奖	曾洛镔	过程141	何录武、杨刚、马新玲
57	第二届上海市大学生力学竞赛	2016年11月	省部级	三等奖	王何	过程143	何录武、杨刚、马新玲
58	第二届上海市大学生力学竞赛	2016年11月	省部级	三等奖	夏慧	机设142	何录武、杨刚、马新玲
59	第六届“上图杯”先进成图技术大赛机械类计算机二维图形绘制竞赛团体	2016年6月	省部级	一等奖	李起扬	过程151	刘晶、赵菊娣
					廖书信	机设154	
					徐虎	机设153	
					方艺伟	机设152	
					李东鹏	材控152	
60	第六届“上图杯”先进成图技术大赛机械类计算机二维图形绘制竞赛团体	2016年6月	省部级	一等奖	张浩楠	过程151	赵菊娣、刘晶
					刘梦珂	过程134	
					程劭文	机设154	
					曹建方	机设152	
					黄超	过程134	
61	第六届“上图杯”先进成图技术大赛机械类计算机二维图形绘制竞赛团体	2016年6月	省部级	二等奖	吴尚恒	过程151	赵菊娣、刘晶
					马前畅	材控152	
					韩文婷	制药152	
					黄霖	材控153	
					薛龙	过程154	
62	第六届“上图杯”先进成图技术大赛机械类计算机二维图形绘制竞赛个人	2016年6月	省部级	一等奖	马前畅	材控152	赵菊娣、刘晶
63	第六届“上图杯”先进成图技术大赛机械类计算机二维图形绘制竞赛个人	2016年6月	省部级	一等奖	吴尚恒	过程151	赵菊娣、刘晶

续表

序号	竞赛全称	获奖时间	获奖类别	获奖等级	学生信息		教师信息
					学生姓名	班级	指导教师姓名
64	全国三维数字化创新设计大赛龙鼎奖上海赛区	2016年10月	省部级	一等奖	徐磊	过程134	刘晶
					魏怡飞	过程134	
					张昭	机设133	
65	全国三维数字化创新设计大赛龙鼎奖上海赛区	2016年10月	省部级	一等奖	许尔超	机设131	刘晶
	全国三维数字化创新设计大赛龙鼎奖上海赛区				唐梓豪	机设131	
	全国三维数字化创新设计大赛龙鼎奖上海赛区				吴镜清	机设131	
	全国三维数字化创新设计大赛龙鼎奖上海赛区				于国辉	过程134	
66	全国三维数字化创新设计大赛龙鼎奖上海赛区	2016年10月	省部级	一等奖	徐磊	过程134	刘晶
	全国三维数字化创新设计大赛龙鼎奖上海赛区				魏怡飞	过程134	
	全国三维数字化创新设计大赛龙鼎奖上海赛区				张昭	机设133	
67	全国三维数字化创新设计大赛龙鼎奖全国总赛区	2016年12月	国家级	二等奖	许尔超	机设131	刘晶
	全国三维数字化创新设计大赛龙鼎奖全国总赛区				唐梓豪	机设131	
	全国三维数字化创新设计大赛龙鼎奖全国总赛区				吴镜清	机设131	
	全国三维数字化创新设计大赛龙鼎奖全国总赛区				于国辉	过程134	

续表

序号	竞赛全称	获奖时间	获奖类别	获奖等级	学生信息		教师信息
					学生姓名	班级	指导教师姓名
68	全国三维数字化创新设计大赛龙鼎奖全国总赛区	2016年12月	国家级	三等奖	徐磊	过程134	刘晶
					魏怡飞	过程134	
					张昭	机设133	
69	上海市第六届“上图杯”大学生先进成图技术大赛机械类计算机三维造型竞赛	2016年6月	省部级	一等奖	郑枫弋	过程153	郭慧、马惠仙
					任和	机设151	
					范宏宇	机设144	
					谷琳	材控143	
					刘雨辰	材控143	
70	上海市第六届“上图杯”大学生先进成图技术大赛机械类计算机三维造型竞赛	2016年6月	省部级	一等奖	李桂成	材控143	郭慧、马惠仙
					王新平	材控143	
					瞿懿成	机设144	
					何旺	机设133	
					肖邦	过程153	
71	上海市第六届“上图杯”大学生先进成图技术大赛机械类计算机三维造型竞赛	2016年6月	省部级	一等奖	严昊	材控153	郭慧、马惠仙
					张新科	机设153	
					陈怡州	机设144	
					刘丁楠	安检150	
					滕图	机设153	
72	上海市第六届“上图杯”大学生先进成图技术大赛机械类计算机三维造型竞赛	2016年6月	省部级	一等奖	车竞	机设153	郭慧、马惠仙
					颜孙超	过程143	
					缪云鹏	机设152	
					鞠然	机设151	
					周相阳	材控152	
73	上海市第六届“上图杯”大学生先进成图技术大赛机械类计算机三维造型竞赛	2016年6月	省部级	二等奖	杨琳	过程143	郭慧、马惠仙
					吕蕴韬	过程143	
					郑嘉镭	机设141	
					王乔	材控152	
					邓厚阳	机设133	

续表

序号	竞赛全称	获奖时间	获奖类别	获奖等级	学生信息		教师信息
					学生姓名	班级	指导教师姓名
74	上海市第六届“上图杯”大学生先进成图技术大赛机械类计算机三维造型竞赛	2016年6月	省部级	二等奖	卢秉伦	机设152	郭慧、马惠仙
					许柯华	过程141	
					张君天	机设143	
					徐磊	过程134	
					张宇庭	过程142	
75	上海市第六届“上图杯”大学生先进成图技术大赛机械类计算机二维造型竞赛	2016年6月	省部级	一等奖	郑枫弋	过程153	郭慧、马惠仙
					吴荣耀	机设144	
					戚昊晨	机设144	
					缪云鹏	机设152	
					郑文龙	机设143	
76	上海市第六届“上图杯”大学生先进成图技术大赛机械类计算机三维造型竞赛个人	2016年6月	省部级	一等奖	杨琳	过程143	郭慧、马惠仙
77	上海市第六届“上图杯”大学生先进成图技术大赛机械类计算机三维造型竞赛个人	2016年6月	省部级	一等奖	卢秉伦	机设152	郭慧、马惠仙
78	上海市第六届“上图杯”大学生先进成图技术大赛机械类计算机三维造型竞赛个人	2016年6月	省部级	一等奖	郑嘉镭	机设141	郭慧、马惠仙
79	上海市第六届“上图杯”大学生先进成图技术大赛机械类计算机三维造型竞赛个人	2016年6月	省部级	一等奖	王乔	材控152	郭慧、马惠仙
80	上海市第六届“上图杯”大学生先进成图技术大赛机械类计算机三维造型竞赛个人	2016年6月	省部级	一等奖	张君天	机设143	郭慧、马惠仙
81	上海市第六届“上图杯”大学生先进成图技术大赛机械类计算机三维造型竞赛个人	2016年6月	省部级	一等奖	许柯华	过程141	郭慧、马惠仙

续表

序号	竞赛全称	获奖时间	获奖类别	获奖等级	学生信息		教师信息
					学生姓名	班级	指导教师姓名
82	上海市第六届“上图杯”大学生先进成图技术大赛机械类计算机三维造型竞赛个人	2016 年 6 月	省部级	一等奖	吕蕴韬	过程 143	郭慧、马惠仙
83	第九届“高教杯”全国大学生先进成图技术与产品信息建模创新大赛机械类	2016 年 7 月	国家级	一等奖	戚昊晨	机设 144	郭慧、马惠仙
					郑文龙	机设 143	
					吴荣耀	机设 144	
					郑枫弋	过程 153	
					任和	机设 151	
84	第九届“高教杯”全国大学生先进成图技术与产品信息建模创新大赛个人全能	2016 年 7 月	国家级	个人全能一等奖	戚昊晨	机设 144	郭慧、马惠仙
85	第九届“高教杯”全国大学生先进成图技术与产品信息建模创新大赛个人全能	2016 年 7 月	国家级	个人全能一等奖	郑文龙	机设 143	郭慧、马惠仙
86	第九届“高教杯”全国大学生先进成图技术与产品信息建模创新大赛个人全能	2016 年 7 月	国家级	个人全能一等奖	吴荣耀	机设 144	郭慧、马惠仙
87	第九届“高教杯”全国大学生先进成图技术与产品信息建模创新大赛个人全能	2016 年 7 月	国家级	个人全能一等奖	郑枫弋	过程 153	郭慧、马惠仙
88	第九届“高教杯”全国大学生先进成图技术与产品信息建模创新大赛个人全能	2016 年 7 月	国家级	个人全能一等奖	任和	机设 151	郭慧、马惠仙
89	第九届“高教杯”全国大学生先进成图技术与产品信息建模创新大赛个人全能	2016 年 7 月	国家级	个人全能一等奖	王新平	材控 143	郭慧、马惠仙

续表

序号	竞赛全称	获奖时间	获奖类别	获奖等级	学生信息		教师信息
					学生姓名	班级	指导教师姓名
90	第九届“高教杯”全国大学生先进成图技术与产品信息建模创新大赛诺信杯工业产品设计大赛	2016 年 7 月	国家级	二等奖	戚昊晨	机设 144	郭慧、马惠仙
					郑文龙	机设 143	
					吴荣耀	机设 144	
					郑枫弋	过程 153	
					任和	机设 151	
91	第九届“高教杯”全国大学生先进成图技术与产品信息建模创新大赛海尔创客实验室杯产品设计大赛	2016 年 7 月	国家级	二等奖	王新平	材控 143	郭慧、马惠仙
92	全国三维数字化创新设计大赛龙鼎奖上海赛区	2016 年 7 月	省部级	三等奖	王新平	材控 143	郭慧、马惠仙
					刘雨辰	材控 143	
					李桂成	材控 143	
					谷琳	材控 143	
93	全国三维数字化创新设计大赛龙鼎奖上海赛区	2016 年 7 月	省部级	三等奖	王新平	材控 143	郭慧、马惠仙
					刘雨辰	材控 143	
					李桂成	材控 143	
					谷琳	材控 143	
94	2016 年上海市大学生“创造杯”大赛	2016 年 11 月	省部级	三等奖	张金辉	机设 141	马新玲
					郑嘉镭	机设 141	
					钱剑勇	机设 142	
					徐文皓	生技 152	
					严武林	机设 134	
95	第九届全国大学生节能减排社会实践与科技竞赛	2016 年 8 月	国家级	二等奖	黄昊	过程 133	潘家祯
					黄艺卉	过程 133	
					陈韬	机设 131	
					秦佳怡	过程 131	
					张邱威	机设 133	
					季潇逸	过程 134	
96	第十一届全国大学生“恩智浦”杯智能汽车竞赛华东区	2016 年 7 月	省部级	二等奖	郑宇欣	动 132	杜红彬
					应宇晖	动 132	
					李健舒	动 131	

续表

序号	竞赛全称	获奖时间	获奖类别	获奖等级	学生信息		教师信息
					学生姓名	班级	指导教师姓名
97	第十一届全国大学生“恩智浦”杯智能汽车竞赛华东区	2016年7月	省部级	一等奖	戴鑫	动133	杜红彬
					卢伟鹏	动133	
					张一范	动133	
98	第十一届全国大学生“恩智浦”杯智能汽车竞赛	2016年8月	国家级	二等奖	戴鑫	动133	杜红彬
					卢伟鹏	动133	
					陈裕如	电自132	
99	“西门子杯”中国智能制造挑战赛ITEM3运动控制赛项，全国总决赛	2016年8月	国家级	三等奖	罗廷慧	电自131	郭丙君
					陈思青	电自131	
100	“西门子杯”中国智能制造挑战赛华东一赛区运动控制赛项	2016年7月	省部级	一等奖	罗廷慧	电自131	郭丙君
					陈思青	电自131	
101	上海市大学生工业自动化挑战赛	2016年7月	省部级	一等奖	罗廷慧	电自131	郭丙君
					陈思青	电自131	
102	西门子杯中国智能制造挑战赛华东赛区	2016年7月	省部级	三等奖	许乔伊	动141	孙京诰
					徐金金	动133	
					颜世福	动133	
103	西门子杯中国智能制造挑战赛华东赛区	2016年8月	国家级	二等奖	于慧晶	测仪131	孙京诰
					黄昊杰	动131	
					曹文康	测仪132	
104	西门子杯中国智能制造挑战赛华东赛区	2016年7月	省部级	三等奖	韩世位	动131	孙京诰
					刘道文	计131	
105	西门子杯中国智能制造挑战赛华东赛区	2016年7月	省部级	二等奖	张薇	动131	孙京诰
106	西门子杯中国智能制造挑战赛华东赛区	2016年7月	省部级	三等奖	包怿杰	测仪142	孙京诰
					何逸辉	电自142	
					沈一峰	测仪142	
107	第三届台达杯高校自动化设计大赛决赛	2016年7月	国家级	三等奖	郑宇欣	动132	孙京诰
					李健舒	动131	
					应宇晖	动132	

续表

序号	竞赛全称	获奖时间	获奖类别	获奖等级	学生信息		教师信息
					学生姓名	班级	指导教师姓名
108	第一届艾默生“工业 4.0 智能数字化工厂”技术竞赛	2016 年 4 月	省部级	一等奖	蒋立沫	动 120	孙京诰
					张一鸣	动 121	
					潘善照	电自 122	
109	第一届艾默生“工业 4.0 智能数字化工厂”技术竞赛	2016 年 4 月	省部级	二等奖	包垚垚	动 120	孙京诰
					范常浩	动 120	
					郑锦泉	动 120	
110	第一届艾默生“工业 4.0 智能数字化工厂”技术竞赛	2016 年 4 月	省部级	三等奖	汪磊	动 120	孙京诰
					凤伟	动 120	
					宗雪鹏	动 120	
111	第一届艾默生“工业 4.0 智能数字化工厂”技术竞赛	2016 年 4 月	省部级	冠军（金奖）	薛瑞	电自 122	孙京诰
					崔晓惠	动 120	
					杜朝晖	测仪 121	
112	第四届“AB 杯”全国大学生自动系统应用大赛	2016 年 7 月	国家级	一等奖	颜世福	动 133	王华忠
					黄家豪	动 131	
113	“西门子杯”中国智能制造挑战赛华东赛区	2016 年 7 月	省部级	二等奖	孙浩	电自 142	王华忠
114	上海市大学生工业自动化挑战赛	2016 年 7 月	省部级	二等奖	孙浩	电自 142	王华忠
115	全国大学生电子设计竞赛嵌入式专题竞赛	2016 年 7 月	国家级	三等奖	朱萍	信工 13	李振坡
					高宇涵	信工 13	
					许奕杰	信工 13	
116	全国大学生电子设计竞赛嵌入式专题竞赛	2016 年 7 月	国家级	三等奖	吴安雯	信工 13	袁伟娜
					马一男	信工 13	
					曾慧然	信工 13	
117	全国大学生电子设计竞赛上海赛区	2016 年 11 月	省部级	二等奖	宋宇晖	信工 13	袁伟娜
					徐丹阳	信工 13	
					刘颖超	电自 132	
118	全国大学生电子设计竞赛上海赛区	2016 年 11 月	省部级	三等奖	虞亦隆	电自 141	李振坡
					王赛威	电自 141	
					王宇帆	动 143	

续表

序号	竞赛全称	获奖时间	获奖类别	获奖等级	学生信息		教师信息
					学生姓名	班级	指导教师姓名
119	全国大学生电子设计竞赛上海赛区	2016 年 11 月	省部级	三等奖	秦佳妮	信工 13	李振坡
					张巍	信工 13	
					于文欣	信工 13	
120	第七届“北斗杯”全国青少年科技创新大赛	2016 年 3 月	省部级	一等奖	邱俊俊	信工 121	朱煜
					来佳	信工 121	
					范炎兰	信工 121	
121	第七届“北斗杯”全国青少年科技创新大赛	2016 年 3 月	省部级	二等奖	秦佳妮	信工 131	朱煜
					徐晓阳	计 133	
					张乐天	信工 121	
122	第七届“北斗杯”全国青少年科技创新大赛	2016 年 3 月	省部级	三等奖	汪周飞	信工 121	木昌洪
					董彦燊	信工 121	
123	美国数学模型竞赛（MCM）	2016 年 4 月	国家级	二等奖	许奕杰	信工 132	万永菁
					彭飞	信工 132	
					吴安雯	信工 131	
124	美国数学模型竞赛（MCM）	2016 年 4 月	国家级	三等奖	朱萍	信工 132	万永菁
					黄昊	应化 131	
					陆经天	应化优 140	
125	蓝桥杯全国软件和信息技术专业人才大赛上海赛区	2016 年 3 月	省级	一等奖	张传法	计 143	杨建国
126	蓝桥杯全国软件和信息技术专业人才大赛上海赛区	2016 年 3 月	省级	一等奖	劳正达	计 142	王占全
127	蓝桥杯全国软件和信息技术专业人才大赛上海赛区	2016 年 3 月	省级	二等奖	黄斌浩	计 142	杨建国
128	蓝桥杯全国软件和信息技术专业人才大赛上海赛区	2016 年 3 月	省级	二等奖	林宇飞	计 141	杨建国
129	蓝桥杯全国软件和信息技术专业人才大赛上海赛区	2016 年 3 月	省级	二等奖	翁天东	信工 152	杨建国
130	蓝桥杯全国软件和信息技术专业人才大赛上海赛区	2016 年 3 月	省级	三等奖	董飞祥	食工 142	杨建国

续表

<table>
<tr><th rowspan="2">序号</th><th rowspan="2">竞赛全称</th><th rowspan="2">获奖时间</th><th rowspan="2">获奖类别</th><th rowspan="2">获奖等级</th><th colspan="2">学生信息</th><th>教师信息</th></tr>
<tr><th>学生姓名</th><th>班级</th><th>指导教师姓名</th></tr>
<tr><td>131</td><td>蓝桥杯全国软件和信息技术专业人才大赛上海赛区</td><td>2016 年 3 月</td><td>省级</td><td>三等奖</td><td>林毅凯</td><td>信工 142</td><td>杨建国</td></tr>
<tr><td>132</td><td>蓝桥杯全国软件和信息技术专业人才大赛</td><td>2016 年 5 月</td><td>国家级</td><td>二等奖</td><td>劳正达</td><td>计 142</td><td>王占全</td></tr>
<tr><td>133</td><td>蓝桥杯全国软件和信息技术专业人才大赛</td><td>2016 年 5 月</td><td>国家级</td><td>三等奖</td><td>张传法</td><td>计 143</td><td>杨建国</td></tr>
<tr><td rowspan="3">134</td><td rowspan="3">ACM-ICPC 亚洲区域赛（青岛）</td><td rowspan="3">2016 年 11 月</td><td rowspan="3">国家级</td><td rowspan="3">二等奖</td><td>劳正达</td><td>计 142</td><td rowspan="3">罗勇军</td></tr>
<tr><td>邬彦泽</td><td>计 131</td></tr>
<tr><td>郑钟屹</td><td>信计 150</td></tr>
<tr><td rowspan="3">135</td><td rowspan="3">ACM-ICPC 亚洲区域赛（青岛）</td><td rowspan="3">2016 年 11 月</td><td rowspan="3">国家级</td><td rowspan="3">三等奖</td><td>王泽宸</td><td>数 152</td><td rowspan="3">罗勇军</td></tr>
<tr><td>林宇飞</td><td>计 141</td></tr>
<tr><td>史亿帆</td><td>电自 151</td></tr>
<tr><td rowspan="3">136</td><td rowspan="3">ACM-ICPC 亚洲区域赛（上海）</td><td rowspan="3">2016 年 12 月</td><td rowspan="3">国家级</td><td rowspan="3">三等奖</td><td>劳正达</td><td>计 142</td><td rowspan="3">罗勇军</td></tr>
<tr><td>邬彦泽</td><td>计 131</td></tr>
<tr><td>郑钟屹</td><td>信计 150</td></tr>
<tr><td rowspan="3">137</td><td rowspan="3">2016 中国大学生计算机设计大赛</td><td rowspan="3">2016 年 9 月</td><td rowspan="3">国家级</td><td rowspan="3">二等奖</td><td>马轲</td><td>产品 140</td><td rowspan="3">文欣秀</td></tr>
<tr><td>蒲艺华</td><td>电自 152</td></tr>
<tr><td>王家辉</td><td>数 132</td></tr>
<tr><td rowspan="3">138</td><td rowspan="3">2016 中国大学生计算机设计大赛</td><td rowspan="3">2016 年 9 月</td><td rowspan="3">国家级</td><td rowspan="3">二等奖</td><td>任强</td><td>动 133</td><td rowspan="3">王占全</td></tr>
<tr><td>刘潇</td><td>计 132</td></tr>
<tr><td>陈兰萍</td><td>电自 131</td></tr>
<tr><td rowspan="3">139</td><td rowspan="3">2016 中国大学生计算机设计大赛</td><td rowspan="3">2016 年 9 月</td><td rowspan="3">国家级</td><td rowspan="3">三等奖</td><td>陈棹桦</td><td>化工 152</td><td rowspan="3">王占全</td></tr>
<tr><td>袁满林</td><td>轻化 152</td></tr>
<tr><td>吉霄龙</td><td>化工 156</td></tr>
<tr><td rowspan="3">140</td><td rowspan="3">2016 中国大学生计算机设计大赛</td><td rowspan="3">2016 年 9 月</td><td rowspan="3">国家级</td><td rowspan="3">三等奖</td><td>吴璐超</td><td>环境 132</td><td rowspan="3">叶元卯</td></tr>
<tr><td>潘佳欣</td><td>产品 140</td></tr>
<tr><td>邱远航</td><td>环境 132</td></tr>
<tr><td rowspan="3">141</td><td rowspan="3">2016 中国大学生计算机设计大赛</td><td rowspan="3">2016 年 9 月</td><td rowspan="3">国家级</td><td rowspan="3">一等奖</td><td>俞哲轩</td><td>化工 141</td><td rowspan="3">文欣秀</td></tr>
<tr><td>方艺伟</td><td>机设 152</td></tr>
<tr><td>张斌杰</td><td>信工 153</td></tr>
</table>

续表

序号	竞赛全称	获奖时间	获奖类别	获奖等级	学生信息		教师信息
					学生姓名	班级	指导教师姓名
142	2016中国大学生计算机设计大赛	2016年9月	国家级	三等奖	邱家辉	计131	王占全
					刘顺裕	计132	
					马振伟	计132	
143	2016中国大学生计算机设计大赛	2016年9月	国家级	三等奖	张知行	计142	应方立
					张佳影	计142	
					钱梦薇	计142	
144	2016中国大学生计算机设计大赛	2016年9月	国家级	三等奖	魏嘉旺	计算机133	杨建国
					钱俊	计算机133	
					陈诚	计算机133	
145	2016中国大学生计算机设计大赛	2016年9月	国家级	三等奖	周劭颉	生工142	文欣秀
					陈顾中	化工143	
					王家辉	数132	
146	2016中国大学生计算机设计大赛	2016年9月	国家级	二等奖	张斌杰	信工153	胡庆春
					王泽华	信工142	
					付锡欣	信工142	
147	2016中国大学生计算机设计大赛	2016年9月	国家级	二等奖	姚远	信工151	胡庆春
					王亦凡	信工151	
					张子琪	测仪141	
148	2016中国大学生计算机设计大赛	2016年9月	国家级	三等奖	王延龙	计133	胡庆春
					张兴全	测仪132	
					张薇	自动化131	
149	2016上海市大学生计算机应用能力大赛	2016年5月	省部级	三等奖	魏嘉旺	计算机133	杨建国
					钱俊	计算机133	
					陈诚	计算机133	
150	2016上海市大学生计算机应用能力大赛	2016年5月	省部级	一等奖	刘意	食工131	文欣秀
					马轲	产品140	
					王家辉	数132	
151	2016上海市大学生计算机应用能力大赛	2016年5月	省部级	二等奖	王皓轩	材化153	文欣秀
					王家辉	数132	
					方艺伟	机设152	
152	2016上海市大学生计算机应用能力大赛	2016年5月	省部级	三等奖	周劭颉	生工142	文欣秀
					陈顾中	化工143	

续表

序号	竞赛全称	获奖时间	获奖类别	获奖等级	学生信息		教师信息
					学生姓名	班级	指导教师姓名
153	2016上海市大学生计算机应用能力大赛	2016年5月	省部级	三等奖	张知行	计142	应方立
					张佳影	计142	
					钱梦薇	计142	
154	2016上海市大学生计算机应用能力大赛	2016年5月	省部级	二等奖	潘佳欣	产品140	叶元卯
					吴璐超	环境132	
					邱远航	环境132	
155	2016上海市大学生计算机应用能力大赛	2016年5月	省部级	优胜奖	陈棹桦	化工152	王占全
					陈晴川	化工152	
					吉霄龙	化工156	
156	2016上海市大学生计算机应用能力大赛	2016年5月	省部级	二等奖	任强	动133	王占全
					陈兰萍	电自131	
157	2016上海市大学生计算机应用能力大赛	2016年5月	省部级	三等奖	刘顺裕	计132	王占全
					马振伟	计132	
158	2016上海市大学生计算机应用能力大赛	2016年5月	省部级	三等奖	王延龙	计133	胡庆春
					张兴全	测仪132	
					张薇	自动化131	
159	2016上海市大学生计算机应用能力大赛	2016年5月	省部级	三等奖	张斌杰	信工153	胡庆春
					王泽华	信工142	
					付锡欣	信工142	
160	2016上海市大学生计算机应用能力大赛	2016年5月	省部级	优胜奖	葛学伟	计算机133	胡庆春
					郭梦洁	计算机131	
					张薇	自动化131	
161	2016上海市大学生计算机应用能力大赛	2016年5月	省部级	三等奖	姚远	信工151	胡庆春
					王亦凡	信工151	
					张子琪	测仪141	
162	第七届“北斗杯”全国青少年科技创新大赛	2016年6月	省部级	二等奖	秦佳妮	信工132	木昌洪
163	第六届全国大学生电子商务“创新、创意及创业”挑战赛上海赛区	2016年6月	省部级	二等奖	刘旭利	计131	阮彤

续表

序号	竞赛全称	获奖时间	获奖类别	获奖等级	学生信息		教师信息
					学生姓名	班级	指导教师姓名
164	“西门子杯”中国智能制造挑战赛ITEM1过程控制赛项华东赛区	2016年7月	省部级	二等奖	李登科	动131	孙京诰
165	2016年“西门子杯”中国智能制造挑战赛华东赛区	2016年7月	省部级	三等奖	张子琪	测仪141	孙京诰
166	上海市大学生工业自动化挑战赛工程创新赛项	2016年8月	省部级	三等奖	刘道文	计133	孙京诰
167	上海市大学生工业自动化挑战赛过程控制赛项	2016年7月	省部级	三等奖	韩世位	动131	孙京诰
168	上海市大学生工业自动化挑战赛过程控制赛项	2016年7月	省部级	三等奖	李登科	动131	孙京诰
169	上海市大学生工业自动化挑战赛过程控制赛项	2016年7月	省部级	三等奖	张薇	动131	孙京诰
170	西门子杯中国智能制造挑战赛华东赛区	2016年7月	省部级	三等奖	周彦捷	测仪132	孙京诰
171	西门子杯中国智能制造挑战赛华东赛区	2016年7月	省部级	二等奖	陈兰萍	电自132	王华忠
172	大学生头脑奥林匹克比赛	2016年12月	省部级	二等奖	罗伟杰	动141	应方立
173	第37届世界头脑奥林匹克竞赛	2016年2月	省部级	一等奖	罗伟杰	动141	应方立
174	第四届全国高校移动互联网应用开发创新大赛	2016年12月	国家级	二等奖	罗伟杰	动141	应方立
175	第四届全国高校移动互联网应用开发创新大赛	2016年12月	国家级	二等奖	宋瑞俊	信工142	应方立
176	第四届全国高校移动互联网应用开发创新大赛	2016年12月	国家级	二等奖	朱斯琪	信工141	应方立

续表

序号	竞赛全称	获奖时间	获奖类别	获奖等级	学生信息		教师信息
					学生姓名	班级	指导教师姓名
177	美国大学生数学建模竞赛	2016年3月	国家级	一等奖	郅谋	经济144	鲁习文
					迟景升	数131	
					吴婧婧	数122	
178	美国大学生数学建模竞赛	2016年3月	国家级	一等奖	凌思源	环122	刘朝晖
					汪婷婷	动133	
					张浩	环122	
179	美国大学生数学建模竞赛	2016年3月	国家级	二等奖	吴倚天	数131	苏纯洁
					戴鑫	动133	
					马先强	制药130	
180	美国大学生数学建模竞赛	2016年3月	国家级	二等奖	尹赵	信计130	钱夕元
					汪含蔚	化工146	
					秦婧玉	化工146	
181	美国大学生数学建模竞赛	2016年3月	国家级	二等奖	李滕如	经济131	杨勤民
					凌伟豪	经济131	
					杨宗耀	物理130	
182	美国大学生数学建模竞赛	2016年3月	国家级	三等奖	秦棠霜	信计130	刘朝晖
					谢金清	工管131	
					江铭臣	数131	
183	美国大学生数学建模竞赛	2016年3月	国家级	三等奖	李瑞存	数学141	钱夕元
					朱雨杰	数学141	
					潘天宇	数学141	
184	美国大学生数学建模竞赛	2016年3月	国家级	三等奖	傅忠旺	化工133	苏纯洁
					吴一墨	化工133	
					黄昊	过程133	
185	美国大学生数学建模竞赛	2016年3月	国家级	三等奖	范雯蕾	应数142	靳勇飞
					姚钰雯	应数142	
					康士鹏	电自141	
186	全国大学生数学建模竞赛	2016年11月	国家级	二等奖	秦婧玉	化工146	刘朝晖
					周国龙	数141	
					胡豪杰	物140	
187	全国大学生数学建模竞赛	2016年11月	国家级	二等奖	陈超峰	过程132	刘朝晖
					徐佳颖	安全150	
					许柯华	过程141	

序号	竞赛全称	获奖时间	获奖类别	获奖等级	学生信息		教师信息
					学生姓名	班级	指导教师姓名
188	全国大学生数学建模竞赛	2016 年 10 月	省部级	一等奖	陆鹏皓	应数 152	苏纯洁
					彭熙尧	物 150	
					王泽宸	应数 152	
189	全国大学生数学建模竞赛	2016 年 10 月	省部级	一等奖	秦婧玉	化工 146	刘朝晖
					周国龙	数 141	
					胡豪杰	物 140	
190	全国大学生数学建模竞赛	2016 年 10 月	省部级	一等奖	陈超峰	过程 132	刘朝晖
					徐佳颖	安全 150	
					许柯华	过程 141	
191	全国大学生数学建模竞赛	2016 年 10 月	省部级	二等奖	林毅凯	信工 142	苏纯洁
					丁文杰	动 142	
					董飞翔	食科 142	
192	全国大学生数学建模竞赛	2016 年 10 月	省部级	二等奖	李轲	无材 151	杨勤民
					周扬	无材 151	
					廖俊楠	材化 151	
193	全国大学生数学建模竞赛	2016 年 10 月	省部级	三等奖	李瑞存	数 141	苏纯洁
					潘天宇	数 141	
					朱雨杰	数 141	
194	全国大学生数学建模竞赛	2016 年 10 月	省部级	三等奖	孙溢	信计 140	苏纯洁
					徐陈铭	信计 140	
					董晨扬	信计 140	
195	全国大学生数学建模竞赛	2016 年 10 月	省部级	三等奖	李佳鑫	动 142	苏纯洁
					赵超强	动 143	
					戴敏	工商 141	
196	全国大学生数学建模竞赛	2016 年 10 月	省部级	三等奖	吴荣耀	机设 144	苏纯洁
					程堂颖	环境 143	
					赵艺茗	环境 141	
197	全国大学生数学建模竞赛	2016 年 10 月	省部级	三等奖	刘竞择	经济 142	苏纯洁
					郅谋	金融学	
					朱盛强	能源 151	
198	全国大学生数学建模竞赛	2016 年 10 月	省部级	三等奖	陆经天	应化优 140	苏纯洁
					杨琳	过程 143	
					童雨欣	信计 150	

续表

序号	竞赛全称	获奖时间	获奖类别	获奖等级	学生信息		教师信息
					学生姓名	班级	指导教师姓名
199	全国大学生数学建模竞赛	2016年10月	省部级	三等奖	张子琪	测仪141	杨勤民
					董永昊	测仪141	
					金季豪	计143	
200	全国大学生数学建模竞赛	2016年10月	省部级	三等奖	许嘉琰	材化153	杨勤民
					朱剑楠	油气152	
					陈钤之	英语153	
201	全国大学生数学建模竞赛	2016年10月	省部级	三等奖	罗雪梅	食质	杨勤民
					仇隽	计143	
					魏冰洁	生工142	
202	全国大学生数学建模竞赛	2016年10月	省部级	三等奖	胡帆	物140	杨勤民
					凌轶杰	化工141	
					周圆方	信计140	
203	全国大学生数学建模竞赛	2016年10月	省部级	三等奖	朱超宇	应数141	钱夕元
					郭金华	应数141	
					郑钟屹	信计150	
204	全国大学生数学建模竞赛	2016年10月	省部级	三等奖	汪瑜懿	化工	钱夕元
					田丽颖	化工	
					傅欣岚	经济142	
205	全国大学生数学建模竞赛	2016年10月	省部级	三等奖	孙晨轩	化工153	钱夕元
					严嘉玮	资环	
					刘恒源	化工152	
206	全国大学生数学建模竞赛	2016年10月	省部级	三等奖	孙浛	计143	刘朝晖
					胡馨丹	安检140	
					何奕昕	计143	
207	全国大学生数学建模竞赛	2016年10月	省部级	三等奖	陈启东	经济141	刘朝晖
					马炬乐	高材144	
					赵一帆	应数142	
208	全国大学生数学建模竞赛	2016年10月	省部级	三等奖	王宇帆	动143	靳勇飞
					张宇珂	数152	
					赵益清	信计150	
209	全国大学生数学竞赛总决赛	2016年3月	国家级	二等奖	杨琳	过程143	殷锡鸣、江志松

续表

序号	竞赛全称	获奖时间	获奖类别	获奖等级	学生信息		教师信息
					学生姓名	班级	指导教师姓名
210	全国大学生数学竞赛上海赛区暨上海市大学生数学竞赛	2016年12月	省部级	一等奖	姜沁源	化工152	殷锡鸣
211	全国大学生数学竞赛上海赛区暨上海市大学生数学竞赛	2016年12月	省部级	一等奖	邹君逸	高材155	江志松
212	全国大学生数学竞赛上海赛区暨上海市大学生数学竞赛	2016年12月	省部级	一等奖	孙麒萱	动151	李红英
213	全国大学生数学竞赛上海赛区暨上海市大学生数学竞赛	2016年12月	省部级	一等奖	鞠然	机设151	李义龙
214	全国大学生数学竞赛上海赛区暨上海市大学生数学竞赛	2016年12月	省部级	一等奖	卢秉伦	机设152	殷锡鸣
215	全国大学生数学竞赛上海赛区暨上海市大学生数学竞赛	2016年12月	省部级	一等奖	贾尧	光电131	江志松
216	全国大学生数学竞赛上海赛区暨上海市大学生数学竞赛	2016年12月	省部级	一等奖	周相阳	材控152	李红英
217	全国大学生数学竞赛上海赛区暨上海市大学生数学竞赛	2016年12月	省部级	一等奖	陈晴川	化工152	李义龙
218	全国大学生数学竞赛上海赛区暨上海市大学生数学竞赛	2016年12月	省部级	一等奖	严嘉玮	能源151	殷锡鸣
219	全国大学生数学竞赛上海赛区暨上海市大学生数学竞赛	2016年12月	省部级	一等奖	张浩楠	过程151	江志松
220	全国大学生数学竞赛上海赛区暨上海市大学生数学竞赛	2016年12月	省部级	一等奖	谷官耀	轻化152	殷锡鸣

续表

序号	竞赛全称	获奖时间	获奖类别	获奖等级	学生信息		教师信息
					学生姓名	班级	指导教师姓名
221	全国大学生数学竞赛上海赛区暨上海市大学生数学竞赛	2016年12月	省部级	一等奖	卢宇晟	动151	江志松
222	全国大学生数学竞赛上海赛区暨上海市大学生数学竞赛	2016年12月	省部级	一等奖	舒雅键	材化152	李红英
223	全国大学生数学竞赛上海赛区暨上海市大学生数学竞赛	2016年12月	省部级	一等奖	徐豪	应物150	李义龙
224	全国大学生数学竞赛上海赛区暨上海市大学生数学竞赛	2016年12月	省部级	二等奖	朱子敬	经济154	殷锡鸣
225	全国大学生数学竞赛上海赛区暨上海市大学生数学竞赛	2016年12月	省部级	二等奖	包秋琪	化工157	江志松
226	全国大学生数学竞赛上海赛区暨上海市大学生数学竞赛	2016年12月	省部级	二等奖	曹淑莹	药学151	李红英
227	全国大学生数学竞赛上海赛区暨上海市大学生数学竞赛	2016年12月	省部级	二等奖	洪永年	金融141	李义龙
228	全国大学生数学竞赛上海赛区暨上海市大学生数学竞赛	2016年12月	省部级	二等奖	赵晖	生工153	殷锡鸣
229	全国大学生数学竞赛上海赛区暨上海市大学生数学竞赛	2016年12月	省部级	二等奖	魏傲松	环境153	江志松
230	全国大学生数学竞赛上海赛区暨上海市大学生数学竞赛	2016年12月	省部级	二等奖	辛佳德	测仪151	殷锡鸣
231	全国大学生数学竞赛上海赛区暨上海市大学生数学竞赛	2016年12月	省部级	二等奖	汤怡	工商类151	江志松

续表

序号	竞赛全称	获奖时间	获奖类别	获奖等级	学生信息		教师信息
					学生姓名	班级	指导教师姓名
232	全国大学生数学竞赛上海赛区暨上海市大学生数学竞赛	2016 年 12 月	省部级	二等奖	方小亮	材控 132	李红英
233	全国大学生数学竞赛上海赛区暨上海市大学生数学竞赛	2016 年 12 月	省部级	二等奖	朱理森	测仪 141	李义龙
234	全国大学生数学竞赛上海赛区暨上海市大学生数学竞赛	2016 年 12 月	省部级	二等奖	刘志航	环境 151	殷锡鸣
235	全国大学生数学竞赛上海赛区暨上海市大学生数学竞赛	2016 年 12 月	省部级	三等奖	谢祖洪	测仪 151	江志松
236	全国大学生数学竞赛上海赛区暨上海市大学生数学竞赛	2016 年 12 月	省部级	三等奖	徐文强	机设 152	李红英
237	全国大学生数学竞赛上海赛区暨上海市大学生数学竞赛	2016 年 12 月	省部级	三等奖	黄森鹤	高材 151	李义龙
238	全国大学生数学竞赛上海赛区暨上海市大学生数学竞赛	2016 年 12 月	省部级	三等奖	张冠伦	应化 153	殷锡鸣
239	全国大学生数学竞赛上海赛区暨上海市大学生数学竞赛	2016 年 12 月	省部级	三等奖	朱唯楚	高材 155	江志松
240	全国大学生数学竞赛上海赛区暨上海市大学生数学竞赛	2016 年 12 月	省部级	三等奖	张超	信工 152	殷锡鸣
241	全国大学生数学竞赛上海赛区暨上海市大学生数学竞赛	2016 年 12 月	省部级	三等奖	谈天	化工 155	江志松
242	全国大学生数学竞赛上海赛区暨上海市大学生数学竞赛	2016 年 12 月	省部级	三等奖	王乔	材控 152	李红英

序号	竞赛全称	获奖时间	获奖类别	获奖等级	学生信息		教师信息
					学生姓名	班级	指导教师姓名
243	全国大学生数学竞赛上海赛区暨上海市大学生数学竞赛	2016 年 12 月	省部级	三等奖	荆为记	机设 154	李义龙
244	全国大学生数学竞赛上海赛区暨上海市大学生数学竞赛	2016 年 12 月	省部级	三等奖	孟大淋	管科 153	殷锡鸣
245	全国大学生数学竞赛上海赛区暨上海市大学生数学竞赛	2016 年 12 月	省部级	三等奖	王路路	化工 152	江志松
246	全国大学生数学竞赛上海赛区暨上海市大学生数学竞赛	2016 年 12 月	省部级	三等奖	周雨	化工 151	李红英
247	全国大学生数学竞赛上海赛区暨上海市大学生数学竞赛	2016 年 12 月	省部级	三等奖	孙瑶	化学 151	李义龙
248	全国大学生数学竞赛上海赛区暨上海市大学生数学竞赛	2016 年 12 月	省部级	三等奖	刘金河	环境 151	殷锡鸣
249	全国大学生数学竞赛上海赛区暨上海市大学生数学竞赛	2016 年 12 月	省部级	三等奖	杨玉伟	食工 152	江志松
250	全国大学生数学竞赛上海赛区暨上海市大学生数学竞赛	2016 年 12 月	省部级	三等奖	徐铭斐	信工 152	殷锡鸣
251	全国大学生数学竞赛上海赛区暨上海市大学生数学竞赛	2016 年 12 月	省部级	三等奖	吴佳迅	管科 132	江志松
252	全国大学生数学竞赛上海赛区暨上海市大学生数学竞赛	2016 年 12 月	省部级	三等奖	刘丁楠	安检 150	李红英
253	全国大学生数学竞赛上海赛区暨上海市大学生数学竞赛	2016 年 12 月	省部级	三等奖	范广兴	测仪 152	李义龙

续表

序号	竞赛全称	获奖时间	获奖类别	获奖等级	学生信息		教师信息
					学生姓名	班级	指导教师姓名
254	第33届全国部分地区大学生物理竞赛（上海赛区）	2016年12月	省部级	一等奖	邹君逸	高材155	陆慧、汪溶、张孟、房毅
255	第33届全国部分地区大学生物理竞赛（上海赛区）	2016年12月	省部级	二等奖	龚致阳	信工153	陆慧、汪溶、张孟、房毅
256	第33届全国部分地区大学生物理竞赛（上海赛区）	2016年12月	省部级	二等奖	郝同港	应化153	陆慧、汪溶、张孟、房毅
257	第33届全国部分地区大学生物理竞赛（上海赛区）	2016年12月	省部级	二等奖	周照	动152	陆慧、汪溶、张孟、房毅
258	第33届全国部分地区大学生物理竞赛（上海赛区）	2016年12月	省部级	二等奖	周子田	新材151	陆慧、汪溶、张孟、房毅
259	第33届全国部分地区大学生物理竞赛（上海赛区）	2016年12月	省部级	二等奖	李怡凡	应化151	陆慧、汪溶、张孟、房毅
260	第33届全国部分地区大学生物理竞赛（上海赛区）	2016年12月	省部级	二等奖	刘雨洁	化工154	陆慧、汪溶、张孟、房毅
261	第33届全国部分地区大学生物理竞赛（上海赛区）	2016年12月	省部级	二等奖	徐豪	应物150	陆慧、汪溶、张孟、房毅
262	第33届全国部分地区大学生物理竞赛（上海赛区）	2016年12月	省部级	三等奖	徐卓然	化学151	陆慧、汪溶、张孟、房毅
263	第33届全国部分地区大学生物理竞赛（上海赛区）	2016年12月	省部级	三等奖	丁怡	动152	陆慧、汪溶、张孟、房毅
264	第33届全国部分地区大学生物理竞赛（上海赛区）	2016年12月	省部级	三等奖	王乔	材控152	陆慧、汪溶、张孟、房毅
265	第33届全国部分地区大学生物理竞赛（上海赛区）	2016年12月	省部级	三等奖	林铮	高材153	陆慧、汪溶、张孟、房毅
266	第33届全国部分地区大学生物理竞赛（上海赛区）	2016年12月	省部级	三等奖	陈晴川	化工152	陆慧、汪溶、张孟、房毅

序号	竞赛全称	获奖时间	获奖类别	获奖等级	学生信息		教师信息
					学生姓名	班级	指导教师姓名
267	第33届全国部分地区大学生物理竞赛（上海赛区）	2016年12月	省部级	三等奖	何宇航	化工153	陆慧、汪溶、张孟、房毅
268	第33届全国部分地区大学生物理竞赛（上海赛区）	2016年12月	省部级	三等奖	王一帆	化工155	陆慧、汪溶、张孟、房毅
269	第33届全国部分地区大学生物理竞赛（上海赛区）	2016年12月	省部级	三等奖	马铭键	过程154	陆慧、汪溶、张孟、房毅
270	第33届全国部分地区大学生物理竞赛（上海赛区）	2016年12月	省部级	三等奖	王高建	测仪151	陆慧、汪溶、张孟、房毅
271	第33届全国部分地区大学生物理竞赛（上海赛区）	2016年12月	省部级	三等奖	张浩楠	过程151	陆慧、汪溶、张孟、房毅
272	第33届全国部分地区大学生物理竞赛（上海赛区）	2016年12月	省部级	三等奖	舒雅键	材化152	陆慧、汪溶、张孟、房毅
273	第33届全国部分地区大学生物理竞赛（上海赛区）	2016年12月	省部级	三等奖	周相阳	材控152	陆慧、汪溶、张孟、房毅
274	上海市大学生物理学术竞赛	2016年7月	省部级	一等奖	裘栩炀	光电141	钟菊花、顾英俊、章登宏、房毅、葛自明、罗锻斌、谢湘华、陈建华、赵慧华、李明达、高建平、朱云霞
		2016年7月	省部级	一等奖	史华宇	光电141	
		2016年7月	省部级	一等奖	吴思敏	光电141	
		2016年7月	省部级	一等奖	周文豪	光电141	
		2016年7月	省部级	一等奖	胡豪杰	应物140	
275	上海市大学生物理学术竞赛	2016年7月	省部级	二等奖	施华溢	化工143	钟菊花、顾英俊、章登宏、房毅、葛自明、罗锻斌、谢湘华、陈建华、赵慧华、李明达、高建平、朱云霞
		2016年7月	省部级	二等奖	王佟玥	化工143	
		2016年7月	省部级	二等奖	陈顾中	化工143	
		2016年7月	省部级	二等奖	余静	机设133	
		2016年7月	省部级	二等奖	藏嘉琦	物140	
276	上海市大学生物理学术竞赛	2016年7月	省部级	一等奖	裘栩炀	光电141	钟菊花、顾英俊、章登宏、房毅、葛自明、罗锻斌、谢湘华、陈建华、赵慧华、李明达、高建平、朱云霞
		2016年7月	省部级	一等奖	史华宇	光电141	
		2016年7月	省部级	一等奖	吴思敏	光电141	
		2016年7月	省部级	一等奖	周文豪	光电141	
		2016年7月	省部级	一等奖	胡豪杰	应物140	

续表

序号	竞赛全称	获奖时间	获奖类别	获奖等级	学生信息		教师信息
					学生姓名	班级	指导教师姓名
277	中国大学生物理学术竞赛	2016 年 8 月	国家级	二等奖	吴思敏	光电 141	钟菊花、顾英俊、房毅、罗锻斌、赵慧华
		2016 年 8 月	国家级	二等奖	周文豪	光电 141	
		2016 年 8 月	国家级	二等奖	史华宇	光电 141	
		2016 年 8 月	国家级	二等奖	施华溢	化工 143	
		2016 年 8 月	国家级	二等奖	王佟玥	化工 143	
		2016 年 8 月	国家级	二等奖	陈顾中	化工 143	
278	全国大学生电子商务“创新、创意及创业”挑战赛	2016 年 7 月	国家级	一等奖	陈妍茜	信管 140	李英
					周瑞琪	信管 140	
					杨璐铭	信管 140	
					毛谦昂	工管 140	
279	全国大学生电子商务“创新、创意及创业”挑战赛上海赛区	2016 年 7 月	省部级	一等奖	陈妍茜	信管 140	李英
					周瑞琪	信管 140	
					杨璐铭	信管 140	
					毛谦昂	工管 140	
280	2016 年上海大学生企业经营模拟沙盘大赛	2016 年 5 月	省部级	三等奖	后兴乐	物流 130	夏卫红
					祁家宝	物流 130	
					马海程	物流 130	
					刘梦秋	信管 130	
					李敏霞	信管 130	
281	第三届上海大学生创业决策仿真大赛	2016 年 11 月	省部级	二等奖	金诗博	工管 140	夏卫红
					李明菲	信管 140	
					张志豪	金融 142	
					胡玥歆	工管 140	
					马徐佳	金融 141	
					彭丽	物流 140	
					刘博	信管 140	
					刘思宇	信管 140	
					潘卉	信管 140	
					王婧姝	信管 140	
282	第六届全国大学生电子商务“创新、创意及创业”挑战赛上海赛区总决赛	2016 年 6 月	省部级	三等奖	俞捷希	营销 140	刘建香
					章静娴	商管 140	
					游佳敏	财务 140	
					倪超群	视觉 140	
					赵文杨	财务 140	

续表

序号	竞赛全称	获奖时间	获奖类别	获奖等级	学生信息		教师信息
					学生姓名	班级	指导教师姓名
283	全国大学生电子商务“创新、创意及创业”挑战赛上海赛区	2016年6月	省部级	三等奖	张玉丽	信管140	刘璇
					李娜	工管140	
					陆金玲	工管141	
					陈丹璇	信管140	
					虎良楠	化工141	
284	第六届全国大学生电子商务“创新、创意及创业”挑战赛上海赛区总决赛	2016年6月	省部级	三等奖	俞捷希	营销140	陈晋
					章静娴	商管140	
					赵文杨	财务140	
					倪超群	视觉传达设计140	
					游佳敏	财务140	
285	2016年“创青春”全国大学生创业大赛电子商务专项赛	2016年8月	国家级	三等奖	金昊	经济145	孙定东
					陈琪	经济144	
					黄彦婕	管科143	
					孙杰	经济144	
					罗靖怡	经济145	
286	2016年“知行杯”上海市大学生社会实践大赛	2016年12月	省部级	三等奖	龚思慧 刘俞如 张婷婷 李乐琪 刘元晴	社保131、132	赵方杜
287	2016“汇创青春”——上海大学生文化创意作品展示(环境设计类)	2016年6月	省部级	一等奖	蓝庭光	景观130	林轶南
		2016年6月	省部级	一等奖	赵浩宇	景观131	
		2016年6月	省部级	一等奖	刘惠倩	景观132	
288	2016“汇创青春”——上海大学生文化创意作品展示(环境设计类)	2016年5月	省部级	二等奖	高扬	环设130	肖黎迦
289	2016“汇创青春”——上海大学生文化创意作品展示(环境设计类)	2016年5月	省部级	二等奖	宋子健	环设130	谭睿光
290	2016“汇创青春”——上海大学生文化创意作品展示(环境设计类)	2016年5月	省部级	二等奖	潘行超	环设130	尚慧芳

续表

序号	竞赛全称	获奖时间	获奖类别	获奖等级	学生信息		教师信息
					学生姓名	班级	指导教师姓名
291	2016“汇创青春”——上海大学生文化创意作品展示（环境设计类）	2016 年 5 月	省部级	三等奖	曹庆松	环设 130	肖黎迦
292	2016“汇创青春”——上海学生文化创意大赛（产品设计）	2016 年 5 月	省部级	二等奖	朱汉宇	产品 130	刘森
293	2016“汇创青春”——上海学生文化创意大赛（产品设计）	2016 年 5 月	省部级	三等奖	王晓玲	产品 130	聂桂平
294	2016“汇创青春”——上海学生文化创意大赛（产品设计）	2016 年 5 月	省部级	三等奖	王晓玲	产品 130	徐力
295	2016“汇创青春”——上海学生文化创意大赛（产品设计）	2016 年 5 月	省部级	二等奖	王晓玲	产品 130	刘森
296	2016“汇创青春”——上海学生文化创意大赛（产品设计）	2016 年 5 月	省部级	二等奖	丁文佳	工设 130	刘森
297	2016“汇创青春”——上海学生文化创意大赛（产品设计）	2016 年 5 月	省部级	三等奖	陈嘉瑶	工设 130	刘森
298	2016“汇创青春”——上海学生文化创意大赛（产品设计）	2016 年 5 月	省部级	三等奖	何宇瑶	产品 130	刘森
299	2016“汇创青春”——上海学生文化创意大赛（产品设计）	2016 年 5 月	省部级	三等奖	丁一凌	产品 130	刘森
300	2016“汇创青春”——上海学生文化创意大赛（产品设计）	2016 年 5 月	省部级	二等奖	鲍欣宁	产品 130	章彰、周美玉

续表

序号	竞赛全称	获奖时间	获奖类别	获奖等级	学生信息		教师信息
					学生姓名	班级	指导教师姓名
301	2016“汇创青春”——上海学生文化创意大赛（产品设计）	2016 年 5 月	省部级	二等奖	蒋中铖	产品 130	章彰、周美玉
		2016 年 5 月	省部级	二等奖	叶向荣	产品 130	
		2016 年 5 月	省部级	二等奖	吴麒霖	产品 130	
		2016 年 5 月	省部级	二等奖	孙龙泉	产品 130	
302	2016“汇创青春”——上海学生文化创意大赛（产品设计）	2016 年 5 月	省部级	三等奖	杜敏萎	产品 130	章彰、周美玉
		2016 年 5 月	省部级	三等奖	刘家倩	产品 130	
		2016 年 5 月	省部级	三等奖	毕亦清	产品 130	
		2016 年 5 月	省部级	三等奖	孙正宇	产品 130	
303	2016“汇创青春”——上海学生文化创意大赛（产品设计）	2016 年 5 月	省部级	一等奖	陈志峰	产品 130	程建新、叶俊男
		2016 年 5 月	省部级	一等奖	鲍欣宁	产品 130	
		2016 年 5 月	省部级	一等奖	毕亦清	产品 130	
		2016 年 5 月	省部级	一等奖	刘晨婧	产品 130	
304	2016“汇创青春”——上海学生文化创意大赛（产品设计）	2016 年 5 月	省部级	一等奖	张志亮	产品 130	程建新、叶俊男
305	2016“汇创青春”——上海学生文化创意大赛（产品设计）	2016 年 5 月	省部级	三等奖	张志亮	产品 130	程建新、叶俊男
306	2016“汇创青春”——上海学生文化创意大赛（产品设计）	2016 年 5 月	省部级	二等奖	朱汉宇	产品 130	程建新、叶俊男
307	2016“汇创青春”——上海学生文化创意大赛（产品设计）	2016 年 5 月	省部级	二等奖	刘晨婧	产品 130	程建新、叶俊男
308	2016“汇创青春”——上海学生文化创意大赛（产品设计）	2016 年 5 月	省部级	三等奖	刘晨婧	产品 130	程建新、叶俊男
309	2016“汇创青春”——上海学生文化创意大赛（产品设计）	2016 年 5 月	省部级	三等奖	鲍欣宁	产品 130	程建新、叶俊男

续表

序号	竞赛全称	获奖时间	获奖类别	获奖等级	学生信息		教师信息
					学生姓名	班级	指导教师姓名
310	2016“汇创青春”——上海学生文化创意大赛（产品设计）	2016 年 5 月	省部级	二等奖	鲍欣宁	产品 130	程建新、叶俊男
		2016 年 5 月	省部级	二等奖	朱汉宇	产品 130	
311	2016“汇创青春”——上海学生文化创意大赛（产品设计）	2016 年 5 月	省部级	一等奖	倪冰清	产品 130	程建新、杨超翔
		2016 年 5 月	省部级	一等奖	吉喆	产品 130	
312	2016“汇创青春”——上海学生文化创意大赛（产品设计）	2016 年 5 月	省部级	一等奖	乐涵潇	艺设 120	程建新、杨超翔
		2016 年 5 月	省部级	一等奖	贝典徽	艺设 120	
		2016 年 5 月	省部级	一等奖	陈雪	艺设 120	
313	2016“汇创青春”——上海学生文化创意大赛（产品设计）	2016 年 5 月	省部级	二等奖	吉喆	产品 130	程建新、杨超翔
		2016 年 5 月	省部级	二等奖	倪冰清	产品 130	
314	2016“汇创青春”——上海学生文化创意大赛（产品设计）	2016 年 5 月	省部级	二等奖	吉喆	产品 130	程建新、杨超翔
		2016 年 5 月	省部级	二等奖	倪冰清	产品 130	
315	2016“汇创青春”——上海学生文化创意大赛（产品设计）	2016 年 5 月	省部级	二等奖	吉喆	产品 130	程建新、杨超翔
		2016 年 5 月	省部级	二等奖	倪冰清	产品 130	
316	2016“汇创青春”——上海学生文化创意大赛（产品设计）	2016 年 5 月	省部级	三等奖	吉喆	产品 130	程建新、杨超翔
		2016 年 5 月	省部级	三等奖	倪冰清	产品 130	
		2016 年 5 月	省部级	三等奖	翁琛隆	产品 130	
		2016 年 5 月	省部级	三等奖	陈琳丹	产品 130	
317	2016“汇创青春”——上海学生文化创意大赛（产品设计）	2016 年 5 月	省部级	二等奖	翁琛隆	产品 130	程建新、杨超翔
318	2016“汇创青春”——上海学生文化创意大赛（产品设计）	2016 年 5 月	省部级	三等奖	陈琳丹	产品 130	程建新、杨超翔
		2016 年 5 月	省部级	三等奖	杨柳	工设 130	
319	2016“汇创青春”——上海学生文化创意大赛（产品设计）	2016 年 5 月	省部级	三等奖	吕祎琳	产品 120	刘淼
		2016 年 5 月	省部级	三等奖	王智勇	产品 120	
		2016 年 5 月	省部级	三等奖	斯泽浩	产品 120	
		2016 年 5 月	省部级	三等奖	张雅曼	产品 120	

续表

序号	竞赛全称	获奖时间	获奖类别	获奖等级	学生信息		教师信息
					学生姓名	班级	指导教师姓名
320	2016“汇创青春”——上海学生文化创意大赛（产品设计）	2016年5月	省部级	三等奖	蒋中铖	产品130	程建新、杨超翔
		2016年5月	省部级	三等奖	丁亮	工设130	
321	“上图杯”先进成图技术大赛	2016年6月	省部级	一等奖	陆金尧	产品130	郭永艳、徐力
		2016年6月	省部级	一等奖	鲍欣宁	产品130	
		2016年6月	省部级	一等奖	翁琛隆	产品130	
		2016年6月	省部级	一等奖	刘晨婧	产品130	
322	“上图杯”先进成图技术大赛	2016年6月	省部级	一等奖	蒋中铖	产品130	郭永艳、徐力
		2016年6月	省部级	一等奖	毕亦清	产品130	
		2016年6月	省部级	一等奖	丁文佳	产品130	
		2016年6月	省部级	一等奖	黄哲燕	产品130	
323	“上图杯”先进成图技术大赛	2016年6月	省部级	一等奖	高宇	产品130	周美玉、刘淼
		2016年6月	省部级	一等奖	张志亮	产品130	
		2016年6月	省部级	一等奖	朱汉宇	产品130	
		2016年6月	省部级	一等奖	华星杰	产品130	
324	“上图杯”先进成图技术大赛	2016年6月	省部级	二等奖	刘家倩	产品130	周美玉、刘淼
		2016年6月	省部级	二等奖	刘雨蒙	产品130	
		2016年6月	省部级	二等奖	谭笑容	产品130	
		2016年6月	省部级	二等奖	吴双菲燕	产品130	
325	“上图杯”先进成图技术大赛	2016年6月	省部级	一等奖	刘家倩	产品130	周美玉、刘淼
326	“全筑杯”上海市第八届大学生创意设计大赛	2016年4月	省部级	三等奖	高扬	环设130	肖黎迦
327	第八届全国大学生广告艺术大赛上海分赛区	2016年9月	省部级	一等奖	姚静夜	广告140	沈唯
328	第八届全国大学生广告艺术大赛上海分赛区	2016年9月	省部级	一等奖	叶晓妮	广告140	沈唯
329	“冠瑞杯”智能健康产品工业设计	2016年10月	省部级	三等奖	陈秋仪	工设140	章彰
		2016年10月	省部级	三等奖	许可葭	工设140	
		2016年10月	省部级	三等奖	周文嘉	工设140	

序号	竞赛全称	获奖时间	获奖类别	获奖等级	学生信息		教师信息
					学生姓名	班级	指导教师姓名
330	21 世纪杯全国英语演讲比赛全国总决赛	2016 年 3 月	国家级	一等奖	袁湛	英 134	高攀、颜静兰
331	“外研社杯”全国英语辩论赛华东赛区	2016 年 4 月	省部级	一等奖	余孙文	英 134 班	高攀
					殷斯琦	英 131 班	
332	第五届全国口译大赛（英语）上海复赛	2016 年 4 月	省部级	二等奖	徐雅恬	英 133 班	葛玥玥
333	第五届全国口译大赛（英语）上海复赛			二等奖	殷斯琦	英 131 班	葛玥玥
334	第五届全国口译大赛华东赛区	2016 年 5 月	省部级	三等奖	徐雅恬	英 133 班	葛玥玥
335	第五届全国口译大赛华东赛区			三等奖	殷斯琦	英 131 班	葛玥玥
336	ChinaOpen 第七届中国辩论公开赛	2016 年 5 月	国家级	冠军	徐雅恬	英 133 班	高攀
337	ChinaOpen 第七届中国辩论公开赛			二等奖	袁湛	英 134 班	高攀
338	第 19 届“外研社杯”全国大学生英语辩论赛全国总决赛	2016 年 5 月	国家级	三等奖	余孙文	英 134 班	高攀、华静
					殷斯琦	英 131 班	
339	第八届商业英语辩论大赛	2016 年 5 月	省部级	一等奖	周叶子	英 152	高攀、颜静兰
					徐雅恬	英 133 班	
					蒋润园	英 133 班	
					袁湛	英 134	
340	第二届“新世界日语杯”上海市大学生日语口译邀请赛	2016 年 6 月	省部级	三等奖	章吉虹	日 121 班	黄育红
341	第三届全国德语原创诗歌大赛	2016 年 6 月	国家级	一等奖	张云帆	德语 132 班	王涌、倪晓慧
342				二等奖	范凌云	德语 131 班	王涌、倪晓慧
343				三等奖	姜昊	德语 142 班	王涌、倪晓慧

续表

序号	竞赛全称	获奖时间	获奖类别	获奖等级	学生信息		教师信息
					学生姓名	班级	指导教师姓名
344	“外教社杯”上海市高校学生跨文化能力大赛	2016 年 10 月	省部级	一等奖	袁湛	英 134 班	高攀、颜静兰
					周叶子	英 152 班	
					莫晓妍	英 144 班	
345	第十三届中国模拟联合国大会	2016 年 10 月	国家级	一等奖	鲍延	应化 152 班	华静
346	第十三届中国模拟联合国大会			二等奖	周叶子	英 152 班	华静
347	外研社杯全国英语演讲上海赛区	2016 年 11 月	省部级	一等奖	李溪岩	会计 151 班	黄岚、杨慧敏
348	“外研社杯”全国英语写作上海赛区	2016 年 11 月	省部级	一等奖	李佳蔚	英 154 班	杨慧敏
349	“外研社杯”全国英语写作上海赛区			二等奖	段超	英研 16 级	杨慧敏
350	“外研社杯”全国英语写作上海赛区			二等奖	孙敏唯	英 153 班	杨慧敏
351	“外研社杯”全国英语阅读上海赛区	2016 年 11 月	省部级	一等奖	胡佳仪	应化 154 班	张新
352	“外研社杯”全国英语阅读上海赛区			二等奖	吴萱	德语 152 班	张新
353	“华澳杯”中澳友好英语大赛	2016 年 11 月	国家级	一等奖	李佳蔚	英 154 班	方朝、贾卉
354	“21 世纪杯”全国英语演讲比赛上海赛区	2016 年 12 月	省部级	三等奖	周叶子	英 152 班	高攀、颜静兰
355	“21 世纪杯”全国英语演讲比赛上海赛区			一等奖	蔡弋鸣	日 152 班	高攀、颜静兰
356	全国大学生英语竞赛	2016 年 5 月	国家级	一等奖	薛天琪		赵蔚
357	全国大学生英语竞赛	2016 年 5 月	国家级	一等奖	孙昭阳		张杰
358	全国大学生英语竞赛	2016 年 5 月	国家级	一等奖	高小榆		吴建伟

续表

序号	竞赛全称	获奖时间	获奖类别	获奖等级	学生信息		教师信息
					学生姓名	班级	指导教师姓名
359	全国大学生英语竞赛	2016年5月	国家级	一等奖	张媛颖		李岩
360	全国大学生英语竞赛	2016年5月	国家级	一等奖	范先煜		封宗颖
361	2016年“创青春”上海市大学生创业大赛	2016年5月	省部级	冠军（金奖）	木纳瓦尔	德语141	陈庆升
		2016年5月	省部级	冠军（金奖）	旦吾然	行管	
		2016年5月	省部级	冠军（金奖）	吴佳蔚	研15级行管土管班	
		2016年5月	省部级	冠军（金奖）	易志	工设150	
		2016年5月	省部级	冠军（金奖）	朱萌萌	工商146	
		2016年5月	省部级	冠军（金奖）	王恺妍	经济155	
362	2016年“创青春”上海市大学生创业大赛	2016年5月	省部级	二等奖	施 蕾	社工141	骆守俭
		2016年5月	省部级	二等奖	宋瑞俊	机设142	
		2016年5月	省部级	二等奖	赵嘉伦	生工133	
		2016年5月	省部级	二等奖	章悦琦	广告130	
		2016年5月	省部级	二等奖	王东方	工商146	
		2016年5月	省部级	二等奖	冯逸文	国贸（运）150	
363	2016年“创青春”上海市大学生创业大赛	2016年5月	省部级	二等奖	李宝力	药学	钟菊花
		2016年5月	省部级	二等奖	李海越	法学132	
		2016年5月	省部级	二等奖	潘鹏飞	药学131	
		2016年5月	省部级	二等奖	陆征宇	制药131	
		2016年5月	省部级	二等奖	李昱池	信工131	
		2016年5月	省部级	二等奖	王语溪	财务	
364	2016年“创青春”上海市大学生创业大赛	2016年5月	省部级	二等奖	杨小明	工商管理	骆守俭
365	2016年“创青春”上海市大学生创业大赛	2016年5月	省部级	三等奖	顾梁宁	应用化学	栾伟玲
		2016年5月	省部级	三等奖	顾欣宜	环设130	
		2016年5月	省部级	三等奖	谢雨珩	自动化133	

序号	竞赛全称	获奖时间	获奖类别	获奖等级	学生信息		教师信息
					学生姓名	班级	指导教师姓名
366	2016年“创青春”上海市大学生创业大赛	2016年5月	省部级	三等奖	李嘉晖	德环150	田禾
		2016年5月	省部级	三等奖	林新波	工商133	
		2016年5月	省部级	三等奖	章宇宁	会计	
		2016年5月	省部级	三等奖	牛永健	能源132	
		2016年5月	省部级	三等奖	李承霖	材化152	
		2016年5月	省部级	三等奖	纪静怡	视觉130	
367	2016年“创青春”全国大学生创业大赛	2016年11月	国家级	二等奖	刘耘莉	生工141	魏东芝
		2016年11月	国家级	二等奖	李欣蓓	社会学140	
		2016年11月	国家级	二等奖	张未央	信息管理与信息工程	
		2016年11月	国家级	二等奖	李家辉	生工	
368	2016年“创青春”全国大学生创业大赛	2016年11月	国家级	二等奖	杨小明	工商管理	胡兵
369	2016年“创青春”全国大学生创业大赛	2016年11月	国家级	二等奖	木纳瓦尔	德语141	陈庆升
		2016年11月	国家级	二等奖	朱萌萌	工商146	
		2016年11月	国家级	二等奖	旦吾然·塔依尔	行管	
		2016年11月	国家级	二等奖	王恺妍	经济155	
		2016年11月	国家级	二等奖	罗泽波	媒体150	
370	2016年“创青春”全国大学生创业大赛	2016年11月	国家级	三等奖	严洁	工商管理	骆守俭
		2016年11月	国家级	三等奖	李宝力	药学	
371	2016年“创青春”全国大学生创业大赛	2016年11月	国家级	三等奖	施蕾	社工141	骆守俭
		2016年11月	国家级	三等奖	章悦琦	广告130	
		2016年11月	国家级	三等奖	宋瑞俊	机设142	
		2016年11月	国家级	三等奖	赵嘉伦	生工133	
		2016年11月	国家级	三等奖	冯逸文	国贸（运）150	
		2016年11月	国家级	三等奖	王东方	工商146	
372	2016年中国大学生武术锦标赛	2016年7月	国家级	冠军（金奖）	冉洪	国贸运140	石秀廷

续表

序号	竞赛全称	获奖时间	获奖类别	获奖等级	学生信息		教师信息
					学生姓名	班级	指导教师姓名
373	2016年上海市学生运动会武术比赛暨上海市大学生武术锦标赛	2016年11月	省部级	冠军（金奖）	冉洪	国贸运140	石秀廷
374	2016年中国大学生武术锦标赛	2016年7月	国家级	三等奖	邱竞阅	国贸运150	石秀廷
375	2016年上海市学生运动会武术比赛暨上海市大学生武术锦标赛	2016年11月	省部级	冠军（金奖）	马骏	国贸运150	石秀廷
376	2016年上海市大学生体育联赛（功夫秀）	2016年11月	省部级	二等奖	冉洪	国贸运140	石秀廷
377	2016年上海市大学生体育联赛（功夫秀）	2016年11月	省部级	二等奖	马骏	国贸运150	石秀廷
378	2016年上海市大学生体育联赛（功夫秀）	2016年11月	省部级	二等奖	余嘉宸	国贸运160	石秀廷
379	上海市学生运动会大学女子篮球乙组	2016年11月	省部级	一等奖	周景晶	国贸运130	常鸣
380	上海市学生运动会大学女子篮球乙组	2016年11月	省部级	一等奖	刘芸希	国贸运130	常鸣
381	上海市学生运动会大学女子篮球乙组	2016年11月	省部级	一等奖	修婉欣	国贸运130	常鸣
382	上海市学生运动会大学女子篮球乙组	2016年11月	省部级	一等奖	李欢欣	国贸运130	常鸣
383	上海市学生运动会大学女子篮球乙组	2016年11月	省部级	一等奖	黄文婷	国贸运140	常鸣
384	上海市学生运动会大学女子篮球乙组	2016年11月	省部级	一等奖	陈维维	国贸运140	常鸣
385	上海市学生运动会大学女子篮球乙组	2016年11月	省部级	一等奖	易歆	国贸运140	常鸣
386	上海市学生运动会大学女子篮球乙组	2016年11月	省部级	一等奖	郭琪	国贸运150	常鸣
387	上海市学生运动会大学女子篮球乙组	2016年11月	省部级	一等奖	苗颢严	国贸运150	常鸣

序号	竞赛全称	获奖时间	获奖类别	获奖等级	学生信息		教师信息
					学生姓名	班级	指导教师姓名
388	上海市学生运动会大学女子篮球乙组	2016 年 11 月	省部级	一等奖	刘思岐	国贸运 150	常鸣
389	上海市学生运动会大学女子篮球乙组	2016 年 11 月	省部级	一等奖	刘瑞慈	国贸运 150	常鸣
390	上海市学生运动会大学女子篮球乙组	2016 年 11 月	省部级	一等奖	张苡漠	国贸运 160	常鸣
391	上海市学生运动会大学女子篮球乙组	2016 年 11 月	省部级	一等奖	郑晓霞	国贸运 160	常鸣
392	上海市学生运动会大学女子篮球乙组	2016 年 11 月	省部级	一等奖	周琳梓	国贸运 160	常鸣
393	上海市学生运动会大学女子篮球乙组	2016 年 11 月	省部级	一等奖	顾恺颖	国贸运 160	常鸣
394	上海市学生运动会大学女子篮球乙组	2016 年 11 月	省部级	一等奖	黄玉莉	国贸运 160	常鸣
395	2016 中国大学生网球锦标赛分区赛	2016 年 5 月	省部级	二等奖	王玥	国贸运 130	赵赟
396	2016 中国大学生网球锦标赛分区赛	2016 年 5 月	省部级	二等奖	林紫颖	国贸运 150	赵赟
397	2016 中国大学生网球锦标赛分区赛	2016 年 5 月	省部级	二等奖	刘紫昕	国贸运 140	赵赟
398	2016 中国大学生网球锦标赛分区赛	2016 年 7 月	省部级	二等奖	徐梦泽	国贸运 130	赵赟
399	2016 中国大学生网球锦标赛分区赛	2016 年 7 月	省部级	二等奖	刘紫昕	国贸运 140	赵赟
400	2016 中国大学生网球锦标赛分区赛	2016 年 7 月	省部级	二等奖	林紫颖	国贸运 150	赵赟
401	2016 中国大学生网球锦标赛分区赛	2016 年 5 月	省部级	二等奖	刘彦斌	国贸运 130	赵赟
402	2016 中国大学生网球锦标赛分区赛	2016 年 5 月	省部级	二等奖	刘楚亮	国贸运 140	赵赟
403	2016 中国大学生网球锦标赛分区赛	2016 年 5 月	省部级	二等奖	文闻	国贸运 130	赵赟
404	2016 中国大学生网球锦标赛分区赛	2016 年 7 月	省部级	冠军（金奖）	张婵	国贸运 150	赵赟
405	2016 中国大学生网球锦标赛分区赛	2016 年 7 月	省部级	冠军（金奖）	王玥	国贸运 130	赵赟

续表

序号	竞赛全称	获奖时间	获奖类别	获奖等级	学生信息		教师信息
					学生姓名	班级	指导教师姓名
406	2016 中国大学生网球锦标赛分区赛	2016 年 7 月	省部级	冠军（金奖）	王妍	国贸运 150	赵赟
407	2016 中国大学生网球锦标赛分区赛	2016 年 7 月	省部级	冠军（金奖）	田然	国贸运 150	赵赟
408	2016 上海市学生运动会	2016 年 11 月	省部级	二等奖	张婵	国贸运 150	赵赟
409	2016 上海市学生运动会	2016 年 11 月	省部级	三等奖	梁誉苧	国贸运 160	赵赟
410	2016 上海市学生运动会	2016 年 11 月	省部级	二等奖	王玥	国贸运 130	赵赟
411	2016 上海市学生运动会	2016 年 11 月	省部级	二等奖	邵佳玮	国贸运 160	赵赟
412	2016 上海市学生运动会	2016 年 11 月	省部级	二等奖	张梦涵	国贸运 160	赵赟
413	2016 上海市学生运动会	2016 年 11 月	省部级	二等奖	梁誉苧	国贸运 160	赵赟
414	2016 上海市学生运动会	2016 年 11 月	省部级	二等奖	张婵	国贸运 150	赵赟
415	2016 上海市学生运动会	2016 年 11 月	省部级	二等奖	刘彦斌	国贸运 130	赵赟
416	2016 上海市学生运动会	2016 年 11 月	省部级	二等奖	刘楚亮	国贸运 140	赵赟
417	2016 上海市学生运动会	2016 年 11 月	省部级	二等奖	季申泽	国贸运 160	赵赟
418	2016 上海市学生运动会	2016 年 11 月	省部级	二等奖	文闻	国贸运 130	赵赟
419	2016 上海市学生运动会	2016 年 11 月	省部级	二等奖	严俊博	国贸运 160	赵赟
420	世界大学生网球大师赛	2016 年 12 月	国家级	三等奖	王玥	国贸运 130	赵赟
421	世界大学生网球大师赛	2016 年 12 月	国家级	三等奖	王妍	国贸运 150	赵赟
422	世界大学生网球大师赛	2016 年 12 月	国家级	三等奖	张婵	国贸运 150	赵赟
423	2016 年泛波罗的海学生运动会	2016 年 5 月	国家级	冠军（金奖）	郑诗畅	研究生 16 级	臧玉瑛

序号	竞赛全称	获奖时间	获奖类别	获奖等级	学生信息		教师信息
					学生姓名	班级	指导教师姓名
424	2016 年泛波罗的海学生运动会	2016 年 5 月	国家级	冠军（金奖）	王姝	国贸运 015	臧玉瑛
425	2016 年泛波罗的海学生运动会	2016 年 5 月	国家级	冠军（金奖）	陈诗婷	国贸运 014	臧玉瑛
426	2016 年泛波罗的海学生运动会	2016 年 5 月	国家级	冠军（金奖）	黄文倩	国贸运 013	臧玉瑛
427	2016 年世界大学生校际运动会	2016 年 11 月	国家级	冠军（金奖）	王麒凯	国贸运 013	黄金建
428	2016 年世界大学生校际运动会	2016 年 11 月	国家级	冠军（金奖）	夏易正	国贸运 015	黄金建
429	2016 年全国大学生乒乓球锦标赛	2016 年 12 月	国家级	冠军（金奖）	于迪扬	国贸运 014	黄金建
430	2016 年全国大学生乒乓球锦标赛	2016 年 12 月	国家级	冠军（金奖）	王少博	国贸运 015	黄金建
431	2016 年全国大学生乒乓球锦标赛	2016 年 12 月	国家级	冠军（金奖）	刘丁硕	国贸运 016	黄金建
432	2016 年全国大学生乒乓球锦标赛	2016 年 12 月	国家级	冠军（金奖）	王麒凯	国贸运 013	黄金建
433	2016 年全国大学生乒乓球锦标赛	2016 年 12 月	国家级	冠军（金奖）	夏易正	国贸运 015	黄金建
434	2016 年全国乒乓球俱乐部甲 A 联赛	2016 年 9 月	国家级	三等奖	王麒凯	国贸运 013	黄金建
435	2016 年全国大学生乒乓球锦标赛（混双）	2016 年 12 月	国家级	冠军（金奖）	任浩	国贸运 013	黄金建
436	2016 年全国大学生乒乓球锦标赛	2016 年 12 月	国家级	冠军（金奖）	孙晨	国贸运 016	马越斐
437	2016 年全国大学生乒乓球锦标赛	2016 年 12 月	国家级	冠军（金奖）	周昕彤	国贸运 016	马越斐
438	2016 年全国大学生乒乓球锦标赛	2016 年 12 月	国家级	冠军（金奖）	王姝	国贸运 015	马越斐
439	2016 年全国大学生乒乓球锦标赛	2016 年 12 月	国家级	冠军（金奖）	魏闻声	国贸运 016	马越斐
440	2016 年全国大学生乒乓球锦标赛	2016 年 12 月	国家级	冠军（金奖）	祁奋捷	国贸运 015	马越斐

续表

序号	竞赛全称	获奖时间	获奖类别	获奖等级	学生信息		教师信息
					学生姓名	班级	指导教师姓名
441	2016年全国大学生乒乓球锦标赛	2016年12月	国家级	冠军（金奖）	陈诗婷	国贸运014	马越斐
442	2016年世界大学生校际运动会	2016年11月	国家级	冠军（金奖）	祁奋捷	国贸运015	马越斐
443	2016年全国大学生乒乓球锦标赛（混双）	2016年12月	国家级	冠军（金奖）	孙晨	国贸运016	马越斐
444	2016全国大学生田径锦标赛	2016年7月	国家级	冠军（金奖）	许周政	国贸运130	俞菁
445	2016全国大学生田径锦标赛	2016年7月	国家级	一等奖	丁超	国贸运150	俞菁
446	2016全国大学生田径锦标赛	2016年7月	国家级	二等奖	江浩岚	国贸运130	俞菁
447	2016全国田径锦标赛	2016年9月	国家级	冠军（金奖）	许周政	国贸运130	俞菁
448	上海市学生运动会	2016年11月	省部级	一等奖	丁超	国贸运150	俞菁
449	上海市学生运动会	2016年11月	省部级	一等奖	丁超	国贸运150	俞菁
450	上海市学生运动会	2016年11月	省部级	一等奖	江浩岚	国贸运130	俞菁
451	上海市学生运动会	2016年11月	省部级	冠军（金奖）	许周政	国贸运130	俞菁
452	上海市学生运动会	2016年11月	省部级	三等奖	肖佳琪	国贸运140	俞菁
453	上海市学生运动会	2016年11月	省部级	三等奖	徐振鑫	国贸运140	俞菁
454	上海市学生运动会	2016年11月	省部级	三等奖	李林伟	国贸运150	俞菁
455	上海市学生运动会	2016年11月	省部级	三等奖	王俊涵	国贸运160	俞菁
456	上海市学生运动会	2016年10月	省部级	冠军（金奖）	葛壮	国贸运140	张大治
457	上海市学生运动会	2016年10月	省部级	二等奖	陈英杰	国贸运130	张大治
458	上海市学生运动会	2016年10月	省部级	三等奖	徐立成	国贸运150	张大治
459	上海市学生运动会	2016年10月	省部级	三等奖	顾思源	国贸运150	张大治
460	上海市学生运动会	2016年10月	省部级	三等奖	史蕊瑜	国贸运160	张大治
461	上海市学生运动会	2016年10月	省部级	三等奖	李钰	国贸运150	张大治
462	上海市学生运动会	2016年10月	省部级	冠军（金奖）	张宏伟	安全131	张大治
463	上海市学生运动会	2016年10月	省部级	一等奖	张博文	行管141	张大治

序号	竞赛全称	获奖时间	获奖类别	获奖等级	学生信息		教师信息
					学生姓名	班级	指导教师姓名
464	上海市学生运动会	2016 年 10 月	省部级	一等奖	曾繁荣	过程 143	张大治
465	上海市学生运动会	2016 年 10 月	省部级	一等奖	刘莹	社工 142	张大治
466	上海市学生运动会	2016 年 10 月	省部级	一等奖	热依拉·哈力木别克	社工 142	张大治
467	上海市学生运动会	2016 年 10 月	省部级	一等奖	阿丽特娜依·杰恩斯别克	复材 141	张大治
468	第十四届“歌唱世界”国际合唱艺术节	2016 年 8 月	国家级	冠军（金奖）	王舒扬	环境 132	
	第十四届“歌唱世界”国际合唱艺术节	2016 年 8 月	国家级	冠军（金奖）	杨馨云	化工 155	
	第十四届“歌唱世界”国际合唱艺术节	2016 年 8 月	国家级	冠军（金奖）	张郁芊	行管 141	
	第十四届“歌唱世界”国际合唱艺术节	2016 年 8 月	国家级	冠军（金奖）	黄怡琳	信工 141	
	第十四届“歌唱世界”国际合唱艺术节	2016 年 8 月	国家级	冠军（金奖）	李欣蓓	社会 140	
	第十四届“歌唱世界”国际合唱艺术节	2016 年 8 月	国家级	冠军（金奖）	祁若轩	高材 151	
	第十四届“歌唱世界”国际合唱艺术节	2016 年 8 月	国家级	冠军（金奖）	吕思凡	社保 151	
	第十四届“歌唱世界”国际合唱艺术节	2016 年 8 月	国家级	冠军（金奖）	邓佳楠	工商 142	
	第十四届“歌唱世界”国际合唱艺术节	2016 年 8 月	国家级	冠军（金奖）	金灵燕	社保 152	
	第十四届“歌唱世界”国际合唱艺术节	2016 年 8 月	国家级	冠军（金奖）	程沁	制药 152	
	第十四届“歌唱世界”国际合唱艺术节	2016 年 8 月	国家级	冠军（金奖）	蒋若彤	应化 154	

续表

序号	竞赛全称	获奖时间	获奖类别	获奖等级	学生信息		教师信息
					学生姓名	班级	指导教师姓名
468	第十四届“歌唱世界”国际合唱艺术节	2016年8月	国家级	冠军（金奖）	汪涛	能源142	
	第十四届“歌唱世界”国际合唱艺术节	2016年8月	国家级	冠军（金奖）	宋文达	轻化151	
	第十四届“歌唱世界”国际合唱艺术节	2016年8月	国家级	冠军（金奖）	沈钦磊	药学151	
	第十四届“歌唱世界”国际合唱艺术节	2016年8月	国家级	冠军（金奖）	包智睿	机设144	
	第十四届“歌唱世界”国际合唱艺术节	2016年8月	国家级	冠军（金奖）	孟宸宇	机设143	
	第十四届“歌唱世界”国际合唱艺术节	2016年8月	国家级	冠军（金奖）	张宏泽	化工153	
	第十四届“歌唱世界”国际合唱艺术节	2016年8月	国家级	冠军（金奖）	张振武	安全150	
	第十四届“歌唱世界”国际合唱艺术节	2016年8月	国家级	冠军（金奖）	李越	过程154	
	第十四届“歌唱世界”国际合唱艺术节	2016年8月	国家级	冠军（金奖）	施雨君	测仪151	
	第十四届“歌唱世界”国际合唱艺术节	2016年8月	国家级	冠军（金奖）	台永昊	化工155	
	第十四届“歌唱世界”国际合唱艺术节	2016年8月	国家级	冠军（金奖）	徐涛	计143	
	第十四届“歌唱世界”国际合唱艺术节	2016年8月	国家级	冠军（金奖）	王昌豪	管科类151	
	第十四届“歌唱世界”国际合唱艺术节	2016年8月	国家级	冠军（金奖）	张世光	机设144	

续表

序号	竞赛全称	获奖时间	获奖类别	获奖等级	学生信息		教师信息
					学生姓名	班级	指导教师姓名
468	第十四届“歌唱世界”国际合唱艺术节	2016年8月	国家级	冠军（金奖）	高柳杉	经济135	
	第十四届“歌唱世界”国际合唱艺术节	2016年8月	国家级	冠军（金奖）	杨洁	应化133	
	第十四届“歌唱世界”国际合唱艺术节	2016年8月	国家级	冠军（金奖）	徐晓倩	工商141	
	第十四届“歌唱世界”国际合唱艺术节	2016年8月	国家级	冠军（金奖）	周昇琪	工商141	
	第十四届“歌唱世界”国际合唱艺术节	2016年8月	国家级	冠军（金奖）	王雪阳	油气143	
	第十四届“歌唱世界”国际合唱艺术节	2016年8月	国家级	冠军（金奖）	唐雨睿	经济类152	
	第十四届“歌唱世界”国际合唱艺术节	2016年8月	国家级	冠军（金奖）	赵思纯	光电151	
	第十四届“歌唱世界”国际合唱艺术节	2016年8月	国家级	冠军（金奖）	孙沁然	食质152	
	第十四届“歌唱世界”国际合唱艺术节	2016年8月	国家级	冠军（金奖）	李卓薇	社会150	
	第十四届“歌唱世界”国际合唱艺术节	2016年8月	国家级	冠军（金奖）	孙奕欣	社会150	
	第十四届“歌唱世界”国际合唱艺术节	2016年8月	国家级	冠军（金奖）	季蒋磊	社会150	
	第十四届“歌唱世界”国际合唱艺术节	2016年8月	国家级	冠军（金奖）	陈维珉	油气152	
	第十四届“歌唱世界”国际合唱艺术节	2016年8月	国家级	冠军（金奖）	张书铭	轻化151	
	第十四届“歌唱世界”国际合唱艺术节	2016年8月	国家级	冠军（金奖）	顾城鸣	产品150	

续表

序号	竞赛全称	获奖时间	获奖类别	获奖等级	学生信息		教师信息
					学生姓名	班级	指导教师姓名
468	第十四届“歌唱世界”国际合唱艺术节	2016年8月	国家级	冠军（金奖）	高昊	数152	
	第十四届“歌唱世界”国际合唱艺术节	2016年8月	国家级	冠军（金奖）	武修文	药剂141	
	第十四届“歌唱世界”国际合唱艺术节	2016年8月	国家级	冠军（金奖）	赵泽亿	油气143	
	第十四届“歌唱世界”国际合唱艺术节	2016年8月	国家级	冠军（金奖）	黄盛	化工131	

获得计划外奖学金的学生名单

序号	奖项		评选方式	序号	学院	学号	姓名	学生类别
1	宝钢		组织答辩	1	材料科学与工程学院	010140026	李庚南	博士研究生
				2	信息科学与工程学院	010140148	宋　军	博士研究生
				3	材料科学与工程学院	Y30140313	宋之言	硕士研究生
2	成思危	特等	组织答辩	1	材料科学与工程学院	Y20150064	张浩轩	硕士研究生
		一等		2	理学院	Y30140132	孙沛智	硕士研究生
				3	商学院	010140097	赵江江	博士研究生
		二等		4	药学院	010140090	何福生	博士研究生
				5	化学与分子工程学院	Y20140104	豆伟涛	博士研究生
				6	生物工程学院	010130182	马金亮	博士研究生
				7	材料科学与工程学院	020120050	王重午	博士研究生
				8	资源与环境工程学院	Y30141204	赵梦飞	硕士研究生
		优秀		9	化学与分子工程学院	010140072	江　涛	博士研究生
				10	机械与动力工程学院	Y10160133	贺　阳	博士研究生
				11	药学院	020120146	邹春城	博士研究生
				12	化学与分子工程学院	Y10160180	谭贤军	博士研究生
				13	社会与公共管理学院	Y30141377	李　旭	硕士研究生
				14	社会与公共管理学院	010140105	侯利文	博士研究生
				15	法学院	Y30140046	夏　伟	硕士研究生
				16	化工学院	Y10150169	魏艳菊	博士研究生
				17	机械与动力工程学院	010130165	鞠　峰	博士研究生
				18	生物工程学院	Y10150170	房　磊	博士研究生

续表

序号	奖项	评选方式	序号	学院	学号	姓名	学生类别
3	华谊集团	组织答辩	1	材料科学与工程学院	020120038	方新亮	博士研究生
			2	信息科学与工程学院	020120076	宋　冰	博士研究生
			3	社会与公共管理学院	010140110	王伯承	博士研究生
			4	药学院	Y10160194	代文朋	博士研究生
			5	化学与分子工程学院	Y10150086	任振伟	博士研究生
			6	药学院	Y30141074	孙晓华	硕士研究生
			7	生物工程学院	Y30141209	方　月	硕士研究生
			8	材料科学与工程学院	Y30140315	王金鹅	硕士研究生
			9	机械与动力工程学院	Y30140545	徐鹍鹏	硕士研究生
			10	商学院	Y30151316	柳明辉	硕士研究生
			11	艺术设计与传媒学院	Y45140272	胡安妮	硕士研究生
			12	理学院	Y30140119	秦伟莉	硕士研究生
			13	化学与分子工程学院	Y30141013	余　滐	硕士研究生
			14	社会与公共管理学院	Y49140008	高　丽	硕士研究生
			15	资源与环境工程学院	Y45140230	沈立业	硕士研究生
4	阿科玛	公司评审	1	材料科学与工程学院	Y20140049	王媛玮	博士研究生
			2	化学与分子工程学院	020130053	樊　菲	博士研究生
			3	化工学院	Y30140723	曹梦习	硕士研究生
			4	机械与动力工程学院	Y30140371	陈　刚	硕士研究生
			5	机械与动力工程学院	Y30150402	刘晓龙	硕士研究生
			6	商学院	Y30141358	李维瑶	硕士研究生
5	维凯	公司评审	1	化工学院	Y30140781	石鎏杰	硕士研究生
			2	化工学院	Y30141097	季辰浩	硕士研究生
			3	材料科学与工程学院	Y30140458	王　倩	硕士研究生
			4	材料科学与工程学院	Y30140461	王　钊	硕士研究生
			5	材料科学与工程学院	Y45140043	孙彩侠	硕士研究生
			6	材料科学与工程学院	Y45140059	张雨潇	硕士研究生
			7	化学与分子工程学院	Y30140141	王凤蕊	硕士研究生
			8	化学与分子工程学院	Y30140254	付幼心	硕士研究生
			9	化学与分子工程学院	Y30141007	项　宁	硕士研究生

续表

序号	奖项	评选方式	序号	学院	学号	姓名	学生类别
6	泰坦探索	公司评审	1	化工学院	010140054	王　梅	博士研究生
			2	化工学院	020130081	王　明	博士研究生
			3	生物工程学院	Y10150135	刘长青	博士研究生
			4	材料科学与工程学院	020130038	段莎莎	博士研究生
			5	材料科学与工程学院	Y20140046	王海燕	博士研究生
			6	材料科学与工程学院	Y30140435	罗　磊	硕士研究生
			7	化学与分子工程学院	010130134	曹　玥	博士研究生
			8	化学与分子工程学院	010140004	杜中林	博士研究生
			9	化学与分子工程学院	010140012	郝伟举	博士研究生
			10	化学与分子工程学院	020130013	余刘柱	博士研究生
			11	化学与分子工程学院	Y10150155	张维伟	硕士研究生
			12	资源与环境工程学院	020110048	王　佳	硕士研究生
			13	药学院	010140170	黄林伟	硕士研究生
			14	药学院	020120145	张旭雪	博士研究生
7	博禄	公司评定	1	化工学院	Y20150143	薛双湄	博士研究生
			1	材料科学与工程学院	Y30150449	王　曦	硕士研究生
			2	材料科学与工程学院	Y30150392	巨佩雯	硕士研究生
9	陶氏化学	学院评定	1	化工学院	010140053	贾献峰	博士研究生
			4	化学与分子工程学院	010140017	洪　刚	博士研究生
			2	材料科学与工程学院	Y20140043	刘艳艳	博士研究生
			3	材料科学与工程学院	Y30140434	吕永蕾	硕士研究生
			5	化工学院	Y30140817	张　洪	硕士研究生
			6	化学与分子工程学院	Y30141044	王　伟	硕士研究生
10	埃克森美孚	学院评定	1	材料科学与工程学院	Y20150056	王文强	硕士研究生
			2	化工学院	Y30150747	刘　双	硕士研究生
			3	材料科学与工程学院	Y30150451	王亚茹	硕士研究生
11	普莱克斯	学院评定	1	资源与环境工程学院	010140037	郭晓峰	博士研究生
			2	资源与环境工程学院	010140057	张　杰	博士研究生
			3	资源与环境工程学院	020120083	陈贵兰	博士研究生
			4	资源与环境工程学院	020130054	胡翀赫	博士研究生
			5	资源与环境工程学院	020130056	李　洋	博士研究生
			6	资源与环境工程学院	020130125	高　洁	博士研究生
			7	资源与环境工程学院	Y30140523	查　杰	硕士研究生

续表

序号	奖项	评选方式	序号	学院	学号	姓名	学生类别
11	普莱克斯	学院评定	8	资源与环境工程学院	Y30140534	魏　艳	硕士研究生
			9	资源与环境工程学院	Y30140847	董雁春	硕士研究生
12	中钞油墨	学院评定	1	化工学院	010140086	汤永健	博士研究生
			2	材料科学与工程学院	010140031	王宜峰	博士研究生
			3	化学与分子工程学院	010140035	杨军伟	博士研究生
			4	材料科学与工程学院	Y30140506	张　阳	硕士研究生
			5	化学与分子工程学院	Y30140185	金飘飘	硕士研究生
			6	化工学院	Y30140920	赵　青	硕士研究生
13	宜瑞安	学院评定	1	化工学院	Y45150184	罗　力	硕士研究生
			3	生物工程学院	Y30151209	聂嘉睿	硕士研究生
			4	生物工程学院	Y30151211	王建琴	硕士研究生
14	华陆科技	学院评定	1	化工学院	020130080	陈雅华	博士研究生
			2	化工学院	Y30150713	段绍君	硕士研究生
			3	机械与动力工程学院	Y20150093	张亚林	硕士研究生
			4	机械与动力工程学院	Y30150571	张　倩	硕士研究生
			5	机械与动力工程学院	Y30150556	王依谋	硕士研究生
			6	信息科学与工程学院	Y30150635	王　程	硕士研究生
			7	信息科学与工程学院	Y45150096	任晓东	硕士研究生
15	于遵宏奖学金	专门委员会评审	1	化工学院	020120090	王　迪	博士研究生
			2	资源与环境工程学院	020120060	方晨辰	博士研究生
			3	资源与环境工程学院	020120099	刘　一	博士研究生
			4	资源与环境工程学院	020130127	张　祥	博士研究生
			5	化工学院	Y30140804	辛双梅	硕士研究生
			6	资源与环境工程学院	Y30141164	蔡玄玄	硕士研究生
			7	资源与环境工程学院	Y30141170	崔　航	硕士研究生
16	龙蟒集团奖学金	专门委员会评审	1	化工学院	020120084	桂振友	博士研究生
			2	资源与环境工程学院	020120158	聂骁垚	博士研究生
			3	化工学院	Y30140727	陈　益	硕士研究生
			4	资源与环境工程学院	Y30141193	王　琳	硕士研究生
			5	资源与环境工程学院	Y45140234	涂宝声	硕士研究生

续表

序号	奖项	评选方式	序号	学院	学号	姓名	学生类别
17	亿利-浦景	学院评定	1	机械与动力工程学院	Y10150097	许　萧	博士研究生
			2	机械与动力工程学院	Y10150090	卢　浩	博士研究生
			3	机械与动力工程学院	Y45150008	刘可望	硕士研究生
			4	机械与动力工程学院	Y30150353	王翠英	硕士研究生
			5	机械与动力工程学院	Y30150357	杨默轩	硕士研究生
		上会讨论	6	化工学院	Y10150125	余　超	博士研究生
			7	材料科学与工程学院	020130043	马晓瑜	博士研究生
			8	化学与分子工程学院	Y20150131	伊秋颖	硕士研究生
			9	化学与分子工程学院	Y30150239	赵成蹊	硕士研究生
			10	化工学院	Y30150829	陈纬成	硕士研究生
18	艾仕得卓越科技	上会讨论	1	化工学院	020120082	卞志诚	博士研究生
			2	化学与分子工程学院	020120014	高宇宁	博士研究生
			3	化学与分子工程学院	Y30150154	张婧玉	硕士研究生
			4	化工学院	Y30151111	吴　婧	硕士研究生
			5	材料科学与工程学院	Y30140493	张傲峰	硕士研究生
19	赢创	公司评定	1	化工学院	Y10160201	刘苗苗	博士研究生
			2	化工学院	020120092	张雯斐	博士研究生
			3	化学与分子工程学院	020120129	杨林钢	博士研究生
			4	生物工程学院	Y20140124	隋雨菲	博士研究生
			5	化学与分子工程学院	Y45140207	朱仪玫	硕士研究生
			6	化学与分子工程学院	Y30140903	谢　浩	硕士研究生
			7	材料科学与工程学院	Y30140482	叶　峰	硕士研究生
			8	材料科学与工程学院	Y30140243	吴柄含	硕士研究生
			9	化工学院	Y30141104	陶颖卿	硕士研究生
			10	化学与分子工程学院	Y30140253	冯雪晴	硕士研究生
			11	机械与动力工程学院	Y30140590	许　翔	硕士研究生
20	液空	学院评定	1	资源与环境工程学院	020120063	张　庆	博士研究生
			2	资源与环境工程学院	010140040	竹怀礼	博士研究生
			3	资源与环境工程学院	020130057	施浙杭	博士研究生
			4	资源与环境工程学院	Y30140526	方　瑞	硕士研究生
			5	资源与环境工程学院	Y30140531	黄园园	硕士研究生
			6	资源与环境工程学院	Y30140905	徐　佳	硕士研究生
	液空液空创意之氧助学金	公司评定	1	化工学院	Y30160822	曾雄伟	硕士研究生
			2	材料科学与工程学院	Y30150431	孙立萍	硕士研究生

续表

序号	奖项		评选方式	序号	学院	学号	姓名	学生类别
21	生农	投身农药奖	二等奖	1	药学院	Y30161231	陈睿嘉	硕士研究生
				2	药学院	Y30161233	杜　康	硕士研究生
				3	药学院	Y30161236	王　龙	硕士研究生
			三等奖	4	药学院	Y30161229	常远森	硕士研究生
				5	药学院	Y30161230	陈　辉	硕士研究生
				6	药学院	Y30161232	丁　雷	硕士研究生
				7	药学院	Y30161238	张洪铭	硕士研究生
				8	药学院	Y30161239	张　娟	硕士研究生
			鼓励奖	9	药学院	Y30161240	张　萍	硕士研究生
				10	药学院	Y30161234	范洋洋	硕士研究生
				11	药学院	Y30161235	贾浩武	硕士研究生
				12	药学院	Y30161237	王亚平	硕士研究生
		农药创新奖	一等奖	1	药学院	010140088	张　阳	博士研究生
				2	化学与分子工程学院	020120012	张姝	博士研究生
				3	药学院	010130199	杨明俊	博士研究生
			二等奖	4	药学院	Y30141237	郓新明	硕士研究生
				5	药学院	Y30141229	郝有武	硕士研究生
				6	药学院	Y45140255	王　曼	硕士研究生
				7	药学院	Y30141232	王　波	硕士研究生
				8	药学院	Y30141272	潘慧玲	硕士研究生
22	东岳-天鼎	专门委员会评定	特等奖	1	化学与分子工程学院	020120125	邱博诚	博士研究生
			特等奖	2	化学与分子工程学院	020120134	陈宗家	博士研究生
			特等奖	3	药学院	020120171	杨武林	博士研究生
			一等奖	4	化学与分子工程学院	010140014	金　田	博士研究生
			一等奖	5	化学与分子工程学院	020110057	白　婷	博士研究生
			一等奖	6	化学与分子工程学院	011130011	胡文德	博士研究生
			一等奖	7	化学与分子工程学院	020130012	杨　松	博士研究生
			一等奖	8	化学与分子工程学院	020120156	钱晓飞	博士研究生
			一等奖	9	化学与分子工程学院	020130008	施立波	博士研究生
			一等奖	10	化学与分子工程学院	020120009	孙　倩	博士研究生
			一等奖	11	药学院	010130203	周　鼎	博士研究生
			一等奖	12	药学院	010140082	吴　伟	博士研究生
			一等奖	13	药学院	010140091	侯彦杰	博士研究生

续表

序号	奖项		评选方式	序号	学院	学号	姓名	学生类别
22	东岳-天鼎	专门委员会评定	一等奖	14	药学院	010140093	马　飞	博士研究生
			一等奖	15	药学院	020120145	张旭雪	博士研究生
			一等奖	16	药学院	020120149	孙德恒	博士研究生
			一等奖	17	药学院	020130025	李　婷	博士研究生
			一等奖	18	药学院	Y10150187	陈文华	博士研究生

大事记

Dashi Ji

1月

6日 昆明市副市长阮凤斌、市政府副秘书长陈树发、扶贫办主任杨凡、寻甸县委副书记马郡等一行来校访问。校党委书记杜慧芳在和平楼第一会议室与来宾就学校定点扶贫云南省昆明市寻甸县的工作进行交流座谈，副校长钱锋等参加。

8日 2015年毕业生就业工作总结表彰暨2016年就业工作推进会在逸夫楼演讲厅举行。校就业工作领导小组组长、校长曲景平出席，校党委副书记宋来主持。

同日 2015年国家科学技术奖励大会在北京人民大会堂召开。由学校牵头、生物工程学院魏东芝教授领衔的项目“定向转化多元醇的生物催化剂创制及其应用关键技术”获国家技术发明二等奖；学校为第二完成单位，于建国教授团队与青海盐湖工业股份有限公司合作完成的项目“青海盐湖低品位难开发钾盐高效利用技术”获国家科技进步二等奖。

同日 超细材料制备与应用教育部重点实验室学术委员会会议在逸夫楼第一会议室召开。解思深院士、胡英院士、袁渭康院士、田禾院士、赵东元院士、李洪钟院士、丁奎岭院士、都有为院士、俞大鹏院士、王继扬教授、彭孝军教授、赵乃勤教授等学术委员会委员，以及重点实验室科研骨干等出席。校长曲景平致辞，并向新一届学术委员会委员颁发聘书。

12日 光遗传学及合成生物学交叉研究中心建设工作研讨会在和平楼第一会议室召开。校长曲景平，副校长钱锋、刘昌胜，相关职能部门负责人及应邀专家出席。中心主任杨弋就中心的建设方案、未来发展目标等进行介绍。

13日 学校与沈阳同联集团共建同联集团上海研发中心签约仪式举行。校长曲景平、副校长刘昌胜出席。

同日 学校召开2016年学院校友工作会议。校党委书记杜慧芳出席并讲话，副校长吴柏钧主持。

14日 学校在逸夫楼演讲厅举行新春媒体座谈会。30余位中央媒体驻沪机构和上海媒体单位代表应邀参加。校党委书记杜慧芳出席并讲话。

15日 校学术委员会换届暨第十一届学术委员会委员选举教授代表大会在逸夫楼报告厅召开。校党委书记杜慧芳、校长曲景平出席，副校长钱锋、辛忠及部分委员候选人列席会议，杜慧芳主持。于建国、马铁驹、王建国、王辅臣、龙亿涛、田禾、朱为宏、朱忆天、刘昌胜、刘金祥、许建和、李忠、李建奎、李春忠、李荣日、杨弋、何雪松、辛忠、汪华林、林嘉平、周兴贵、周炜星、周美玉、顾幸生、钱锋、钱旭红、凌立成、涂善东、龚尚庆29名教授当选第十一届学术委员会委员。

同日 校第十一届学术委员会第一次全体会议在逸夫楼演讲厅召开。校党委书记杜慧芳、校长曲景平出席，新当选的第十一届学术委员会委员参加。杜慧芳主持选举产生第十一届学术委员会主任委员和副主任委员。田禾院士当选第十一届学术委员会主任委员，刘昌胜教授、马铁驹教授当选副主任委员。曲景平为第十一届学术委员会委员颁发聘书并合影留念。新当选的主任委员田禾院士代表新一届学术委员会委员发言。

同日 校董事会主席王基铭院士主持召开第五届董事会第四次会议。校党委书记杜慧芳致辞，校长曲景平向校董事会报告学校 2015 年的工作。

16 日 华东理工大学校友会理事会一届一次会议暨上海华东理工大学校友会理事会一届三次会议召开，近 60 位校友会理事参会。校党委书记杜慧芳致欢迎辞，校长曲景平通报学校相关情况，副校长吴柏钧主持。

同日 日本大阪成蹊学园理事长、校长石井茂等一行 4 人来校访问并签署合作协议。校长曲景平、党委副书记宋来等会见来宾。

18 日 学校在逸夫楼演讲厅、报告厅举行 2016 年迎春音乐会暨团拜会。校党委书记杜慧芳、校长曲景平等校领导和离退休老领导、老同志，以及学校高层次人才代表、师生员工代表欢聚一堂，喜迎新春。

同日 学校在逸夫楼第一会议室召开高层次人才迎新春座谈会。校党委书记杜慧芳，校长曲景平，副校长钱锋、辛忠，校党委常委田禾等出席，并与 20 余位长江学者、“杰青”、“优青”、青年“千人”等专家学者座谈。

19 日 学校以“谋划‘十三五’、激发新活力，推进一流大学一流学科建设”为主题的务虚会在和平楼第二会议室召开。校党委书记杜慧芳、校长曲景平分别主持。会议邀请中山大学原校长黄达人教授和大连理工大学原党委书记张德祥教授作主题报告，副校长钱锋、吴柏钧、刘昌胜、辛忠就分管工作作专题报告，校长曲景平作总结讲话。校党政领导、各学院和职能部处负责人等参会。

21 日 辽宁省人民政府与学校科技合作交流座谈会在辽宁省友谊宾馆举行。辽宁省副省长刘强和校长曲景平出席；辽宁省科技厅厅长刘晓东、副厅长孟庆海及相关处室负责人，副校长钱锋、刘昌胜、辛忠，校办主任王爱祥、科研院常务副院长朱学栋等参加。

27—29 日 校党委书记杜慧芳、校长曲景平、党委副书记宋来赴京拜望校董会副主席、建设部原副部长刘志峰，国家自然科学基金委原副主任、中科院院士朱道本，原中国专利局副局长沈尧曾，中国光大（集团）总公司副董事长、总经理高云龙，中国石化股份公司高级副总裁章建华，成思危夫人舒允宜等在京部分校友。

1 月 学校“星火社”学生社团获“全国百佳大学生理论学习社团”荣誉称号。

2 月

1 日 学校为 210 余名寒假留校学生举办迎春联欢会。上海市教委副主任袁雯出席；校党委书记杜慧芳，校长曲景平，校党委副书记马玉录、宋来，副校长钱锋、吴柏钧、刘昌胜、辛忠，校党委常委、校学术委员会主任田禾等参加。

同日 艺术设计与传媒学院程建新教授为主讲教师的“设计创新与城市发展”课程入选教育部第八批“精品视频公开课”（教高厅函〔2016〕15 号）。

4 日 上海市教委公布 2015 年上海市高校人文社会科学重点研究基地认定结果，学校“能源经济与环境管理研究中心”入选（沪教委科〔2016〕5 号）。

23 日 经 2016 年 1 月 11 日党委十届 76 次常委会讨论并票决决定：任命轩福贞为学科与专业发展规划处处长，免去轩福贞的机械与动力工程学院院长职务（校组〔2016〕2 号）。

25 日 学校召开十届纪委委员第七次全体会议，传达学习十八届中央纪委第六次全会精神和十届上海市纪委第五次全会精神，总结 2015 年学校党风廉政建设工作，研讨审议 2016 年工作要点。校党委副书记马玉录出席并讲话，纪委副书记童之敏主持。

26 日 2015 年度校领导班子和成员年度考核及干部选拔任用“一报告两评议”大会在逸夫楼报告厅举行，校党委书记杜慧芳主持。校党政领导班子全体成员出席会议；全体中层干部，近期退出校领导班子的同志，市级以上人大代表、政协委员和民主党派负责人，教代会代表和离退休同志代表等参加。

同日 2016 年教育系统党风廉政建设工作视频会在北京召开。校党政领导班子全体成员及校党委委员、纪委委员和各二级单位负责同志 70 余人在学校分会场和平楼第二会议室参加会议。

2 月 2015 年度寻访“中国大学生自强之星”活动结果公布。机械与动力工程学院 2012 级本科生何一昊获“中国大学生自强之星”称号；材料科学与工程学院 2014 级学生朱凯、化工学院 2012 级学生吕伟光获“中国大学生自强之星”提名奖。

3 月

3 日 全国哲学社会科学规划办公室公布研究阐释党的十八届五中全会精神国家社科基金

重大项目立项课题。社会与公共管理学院曹锦清教授团队“构建全民共建共享的社会治理格局研究：聚焦人口流入型地区”（15ZDC028）和马克思主义学院鲍宗豪教授团队“推动物质文明与精神文明协调发展研究：10年来文明城市创建的理论、实践与制度构建”（15ZDC007）两项目获准立项。这是学校在国家社科基金重大项目上的历史性突破。

4日 学校举行纪念“三八”国际劳动妇女节106周年表彰会暨2016年女教授论坛。校党委副书记马玉录，组织部、人事处等部门党政工领导及女教师代表出席。

8日 经2016年2月29日党委十届79次常委会讨论并票决决定：张文清同志任化学与分子工程学院党委书记，房树芬同志任党委宣传部副部长，徐文方同志任机关党委委员、副书记，姚磊同志任产业工作党总支委员、副书记，孟庆鹏同志任化学与分子工程学院党委委员、副书记，杨倩同志任机械与动力工程学院党委副书记，饶志雄同志任资源与环境工程学院党委委员、副书记；以上同志试用期均为一年。免去：唐燕辉同志的化学与分子工程学院党委书记、委员职务，程毅同志的化学与分子工程学院党委副书记、委员职务，崔姗姗同志的资源与环境工程学院党委副书记、委员（兼）职务，陆仲林同志的机关党委副书记、委员（兼）职务；因工作调动，免去朱彦龙同志的产业工作党总支副书记、委员职务（华委字〔2016〕17号）。

9日 校党委书记杜慧芳在奉贤校区大学生活动中心主持召开教师专题座谈学生工作会议。学工部、团委等职能部门，部分学院党委副书记及辅导员代表参加。

同日 上海高校心理健康教育与咨询示范中心专家组一行5人到奉贤校区心理咨询中心现场考察。校党委书记杜慧芳出席并致欢迎词，考察组组长、上海市委党校第四分校校长王群讲话，学校心理咨询中心主任、后勤党委书记朱育红汇报相关工作。

同日 经2016年3月7日党委十届80次常委会讨论并票决决定：任命黄婕为教务处处长，鲁习文为继续教育学院院长、网络教育学院院长（兼）；因年龄原因，免去乐清华的教务处处长职务；免去黄婕的继续教育学院院长职务（校组〔2016〕5号）。

同日 经2016年2月29日党委十届79次常委会讨论并票决决定，任命：李永生为国际合作与交流处处长兼港澳台办公室主任，朱为宏为化学与分子工程学院院长，杜文莉为信息科学与工程学院院长，何雪松为社会与公共管理学院院长，陈锋为科学技术发展研究院副院长，李浩为研究生院学位办公室主任，刘涛为学科与专业发展规划处副处长，徐晶为国际合作与交流处副处长，施敏为保卫处副处长，房一泉为信息化办公室副主任，董玉国为实验室与装备处副处长，黄永民为化学与分子工程学院副院长，曲大辉为化学与分子工程学院副院长，林绍梁为材料科学与工程学院副院长，袁媛为材料科学与工程学院副院长，章兰珠为机械与动力工程学院副院长；以上同志试用期均为一年。免去：焦家俊的国际合作与交流处处长兼港澳台办公室主任（兼）职务，田禾的化学与分子工程学院院长职务，侍洪波的信息科学与工程学院院长（兼）职务；因年龄原因，免去徐永祥的社会与公共管理学院院长职务；因工作调动，免去朱彦龙的产业处副处长职务；免去：张金龙的化学与分子工程学院副院长职务，张文清的化学与分子工程学院副院长职务，郭杨龙的化学与分子工程学院副院长职务，李永生的材料科学与工程学院副院长职务，郎美东的材料科学与工程学院副院长职务，安琦的机械与动力工程学院副院长职务，夏春明的机械与动力工程学院副院长（兼）职务，何雪松的社会与公共管理学院副院长职务（校组〔2016〕6 号）。

10 日　信息科学与工程学院召开教师干部大会，宣布学校党委和校部关于学院党委书记和院长调整的决定：任命侍洪波为信息科学与工程学院党委书记、杜文莉为信息科学与工程学院院长（试用期为一年），免去侍洪波信息科学与工程学院院长职务。校党委书记杜慧芳、党委副书记马玉录、党委组织部部长陈麒出席。

同日　社会与公共管理学院召开教师干部大会，宣布学校党委和校部关于学院院长调整的决定：任命何雪松为社会与公共管理学院院长；因年龄原因，免去徐永祥的社会与公共管理学院院长职务。校党委书记杜慧芳、党委副书记马玉录、党委组织部部长陈麒出席。

11 日　化学与分子工程学院召开教师干部大会，宣布学校党委和校部关于学院领导班子调整的决定：任命张文清为化学与分子工程学院党委书记，朱为宏为化学与分子工程学院院长，免去唐燕辉化学与分子工程学院党委书记、委员职务，免去田禾化学与分子工程学院院长职务；任命孟庆鹏为化学与分子工程学院党委委员、副书记，曲大辉为化学与分子工程学院副院长，免去程毅化学与分子工程学院党委副书记、委员职务；免去张金龙、张文清、郭杨龙化学与分子工程学院副院长职务。校党委书记杜慧芳、党委副书记马玉录、党委组织部部长陈麒出席。

15 日　澳大利亚昆士兰科技大学校长 Peter Coaldrake 一行 6 人来校访问。校长曲景平在逸夫楼第三会议室会见来宾，副校长刘昌胜等参加会见。陪同 Peter Coaldrake 校长来访的有该校副校长 Scott Sheppard、科学工程学院院长 Gordon Wyeth、健康和生物创新科学与工程学院教授 Yin Xiao、中国区经理 Jacqueline Yuan 等。

16 日　国务院学位委员会下达 2014 年学位授权点专项评估结果及处理意见。学校的博士学位授权学科“应用经济学”与“管理科学与工程”和专业学位授权类别“法律硕士”“社会学硕士”“药学硕士”“会计硕士”“艺术硕士”评估结果为“合格”；同意学校主动放弃“中药学硕士”专业学位授权点（学位〔2016〕5 号）。

同日 2016年学校财务预算工作会在和平楼第二会议室召开。曲景平校长出席并讲话，吴柏钧副校长主持。

17日 曲景平校长在徐汇校区和平楼第三会议室主持召开新任学院院长座谈会，化工学院等10多名新任学院院长参加。

18日 学校2016年党风廉政建设干部大会在逸夫楼报告厅召开。校党委书记杜慧芳讲话，党委副书记马玉录作工作报告，党委副书记宋来主持。校领导班子成员钱锋、吴柏钧、刘昌胜、辛忠、田禾及校党委委员、纪委委员、全体副处级以上领导干部等出席。

20日 外国语学院英134班袁湛同学获第二十一届中国日报社“21世纪 可口可乐杯”全国英语演讲比赛总决赛一等奖。

21日 经2016年3月7日党委十届80次常委会讨论并票决决定：郑东同志任学生工作部（处）副部（处）长，何希同志任校团委副书记（副处级），高艺霞同志任化工学院党委委员、副书记，吴蓉同志任生物工程学院党委副书记，戴诚安同志任材料科学与工程学院党委委员、副书记；以上同志的试用期均为一年。免去司忠业同志的化工学院党委副书记、委员（兼）职务（华委字〔2016〕21号）。

22日 学校党委召开二级党组织书记会议，对在全校共产党员中开展“学党章党规、学系列讲话，做合格党员”学习教育进行动员部署。校党委书记杜慧芳、党委副书记宋来出席，党委副书记马玉录主持。

同日 校领导班子在和平楼第三会议室开展集体学习活动。全国政协委员、钱锋副校长传达两会会议精神，曲景平校长传达3月18日召开的上海市市委常委扩大会议的主要内容。校党委书记杜慧芳主持。

同日 经2016年3月7日党委十届80次常委会讨论并票决决定，任命康健、武亚珍为图书馆副馆长，赵双良为化工学院副院长，赵黎明为生物工程学院副院长，王启要为生物工程学院副院长，赵宏为外国语学院副院长；以上同志的试用期均为一年。免去赫崇衡的化工学院副院长职务，许建和的生物工程学院副院长职务，曹学君的生物工程学院副院长职务；同意王建国辞去外国语学院副院长职务（校组〔2016〕8号）。

同日 2015年青年教师课堂教学竞赛颁奖暨授课经验交流会在逸夫楼演讲厅召开。学校对荣获一、二、三等奖的33名青年教师以及获得优秀组织奖的5个学院进行表彰。其中，李莹、赵双良、赵丽霞、米丹、张杰5位青年教师获一等奖；化工学院、理学院、商学院、外国语学院、马克思主义学院获优秀组织奖。副校长辛忠、教务处处长黄婕、人事处处长王慧锋、工会常务副主席沈悦萍、督导组徐佩若老师出席并为获奖者颁发荣誉证书。

同日 由《解放日报》、《文汇报》、《新民晚报》、上海广播电台、东方卫视、华东科技、新民网7家媒体组成的新闻采访团来校，就“单喷嘴冷壁式粉煤加压气化技术关键装备开发及应用”和“大型气流床煤气化炉内湍流多相流动、传递与反应过程基础研究与工程应用”两个项目进行集体采访。科研院常务副院长朱学栋、资源与环境工程学院院长刘勇弟，以及华理洁净煤研究团队的龚欣教授、王辅臣教授、刘海峰教授接待采访团。

23日 教育部思政司副司长张文斌莅临学校，组织召开上海高校思政工作调研会。校长曲景平、校党委副书记马玉录、副校长吴柏钧先后与张文斌进行了交流。

同日 曲景平校长在和平楼第一会议室会见来访的中国石油天然气集团公司科技管理部副总经理何盛宝一行。副校长刘昌胜等参加会见。

24日 欧莱雅-联合国教科文组织2015年“世界最具潜力女科学家”颁奖典礼在巴黎举行。化学与分子工程学院博士后应佚伦代表亚太地区获得该项殊荣。

同日 华南农业大学党委书记李大胜一行8人来校访问，调研人才队伍建设、校院两级管理、数字化校园建设等工作。校党委副书记马玉录会见来宾，党办、校办、组织部、人事处、财务处、信息化办公室、现代教育技术中心等相关部门负责人参加。

25日 学校2016年重点工作推进会暨“两会”精神学习报告会在和平楼第二会议室举行。曲景平校长出席并讲话，校党委副书记马玉录和副校长钱锋、吴柏钧、刘昌胜、辛忠根据工作分工就2016年的重点工作作详细解读和部署，全国政协委员钱锋院士作“两会”精神学习报告。

27日 过程143班学生杨琳获“第七届全国大学生数学竞赛决赛”非数学专业类全国二等奖。

31日 校党委书记杜慧芳、校长曲景平等一行7人赴金山，与金山区委书记李跃旗、区长胡卫国等领导交流校地合作与发展事宜。副校长刘昌胜，金山区副区长刘健、吴瑞弟及相关部门负责人参加交流。

4月

1日 上海市教委公布“2016年度上海高校市级精品课程名单”。刘勇弟教学团队的“水污染控制工程”、陆慧教学团队的“光学”、汪东华教学团队的“多元统计学”、侍洪波教学团队的“自动控制原理”及王学生教学团队的“化工设备设计”等5门课程入选（沪教委高〔2016〕26

号）。

6 日　徐汇区委书记莫负春、副区长王宏舟一行来校访问。校党委书记杜慧芳、副校长吴柏钧等接待并在逸夫楼第三会议室就区校合作事宜座谈。徐汇区委办、住建局、凌云街道等部门及学校相关职能部门负责人陪同。

同日　校事业单位法人证书的变更登记工作完成。根据国发〔2015〕33 号文，事业单位组织机构代码证和法人证合一，使用统一社会信用代码。即日起，启用新的事业单位法人证，原组织机构代码证和 IC 卡不再使用。

7 日　经 2016 年 4 月 5 日党委十届 82 次常委会讨论并票决决定：葛轶群同志任离退休工作党委书记（兼），刘志鹏同志任信息科学与工程学院党委委员、副书记，赵菡同志任艺术设计与传媒学院党总支委员、副书记；因另有任用，免去郑东同志的艺术设计与传媒学院党总支副书记、委员职务；因年龄原因，免去徐心茹同志的化工学院党委副书记、委员职务，免去杨苏同志的马克思主义学院（人文科学研究院）党总支委员职务（华委字〔2016〕26 号）。

同日　由马克思主义学院鲍宗豪教授承担的，国家社会科学基金重大项目“推动物质文明与精神文明协调发展研究：10 年来文明城市创建的理论、实践与制度构建”开题研讨会在逸夫楼演讲厅举行。中共上海市委宣传部副部长、上海市社联党组书记燕爽，国务院学位委员会马克思主义学科评议组成员、华中科技大学原副书记、副校长欧阳康教授等专家、领导应邀参加，校党委书记杜慧芳出席并致辞，副校长吴柏钧参加。

8 日　由社会与公共管理学院曹锦清教授主持的，国家社会科学基金重大项目“构建全民共建共享的社会治理格局研究：聚焦人口流入型地区”开题论证会在逸夫楼第一会议室举行。北京大学张静教授、清华大学景跃进教授等校外专家出席，校党委书记杜慧芳、副校长吴柏钧出席并先后致辞。

同日　校第二十期青年干部培训班在和平楼第二会议室举行开班仪式暨主题报告。校党委书记杜慧芳出席开班仪式并作以“聚焦学习全面成长”为主题的首场报告，党委副书记马玉录主持。

11 日　经 2016 年 4 月 5 日党委十届 82 次常委会讨论并票决决定：任命赵菡为艺术设计与传媒学院副院长（兼），付尧为校学术委员会副秘书长（副处级）；免去刘志鹏的校长办公室副主任职务，付尧的科学技术发展研究院副院长职务；因年龄原因，免去程建新的艺术设计与传媒学院院长职务，杨苏的马克思主义学院（人文科学研究院）副院长职务（校组〔2016〕9 号）。

13 日　天津团市委副书记刘亚男率领由天津团市委、天津大学、南开大学等 14 所高校团委书记组成的天津市高校共青团代表团一行18人，在上海团市委学校工作部部长徐速的陪同下，来学校专题调研大学生创新创业工作。座谈会前，校党委书记杜慧芳接待来访客人。

14日 东华大学党委副书记刘淑慧一行5人来校调研马克思主义学院建设和思想政治理论课改革措施等工作。校党委书记杜慧芳会见来宾，党委宣传部、人文社会科学处、马克思主义学院等相关部门负责人参加座谈。

同日 校长曲景平在和平楼第三会议室主持召开校人才招聘评审会。5名青年教师入选特聘计划，其中“特聘研究员”入选1人，“特聘副研究员”入选4人。

同日 经2016年4月5日党委十届82次常委会讨论决定：设立校学术委员会秘书处，挂靠校长办公室（校组〔2016〕10号）。

15日 校机关第十五届工会会员代表大会在和平楼第二会议室举行。校党委书记杜慧芳作为会员代表出席，党委副书记马玉录出席并讲话。

同日 校长曲景平在逸夫楼第三会议室会见澳大利亚首都地区首席部长Andrew Barr与堪培拉大学校长Stephen Parker代表团一行，副校长辛忠等陪同。

18日 上海市科技奖励大会召开，学校12个项目获奖。其中，在学校牵头的项目中，由刘海峰教授领衔的项目“单喷嘴冷壁式粉煤加压气化技术关键装备开发及应用”获上海市首个技术发明奖特等奖，另外还获5个一等奖、1个二等奖和1个三等奖；在学校协作的项目中，获2个二等奖和2个三等奖。

同日 生物工程学院赵黎明入选2015年度“曙光计划”（沪教委科〔2016〕21号）。

20日 教育部党组以徐大平为组长的第五巡视组巡视学校工作动员会召开。组长徐大平就巡视工作作讲话，校党委书记杜慧芳作表态发言，校长曲景平主持。巡视组全体成员及学校领导班子成员出席，近期退出领导岗位的校级领导、党委委员、纪委委员、学科带头人、人大代表、政协委员、民主党派负责人、中层干部、学术委员会委员、党代会代表、工会委员和教代会代表、教授代表、中青年教师代表、离退休人员代表、学生代表列席会议。

同日 美国自然出版集团发布2016自然指数排行榜（Nature Index 2016 Tables），学校位列全球科研机构第130名（全球高校第112名），国内高校第15名。

同日 教育部公布2015年度“长江学者奖励计划”入选名单。马铁驹、杨弋和朱为宏等3名教授入选长江学者特聘教授；张显程教授入选长江学者青年项目（教人函〔2016〕3号）。

22日 学校在和平楼第三会议室召开上海市科学技术奖励获奖人员座谈会。校长曲景平、副校长刘昌胜与刘海峰、王辅臣、项延训、白志山、林绍梁等10多位获奖者座谈。

4 月　学校获 2016 年上海市五一劳动奖状，材料科学与工程学院李春忠教授获 2016 年上海市五一劳动奖章。

同月　商学院教师李晓蓓博士的合作论文《人员管理中的矛盾式领导行为：前因与结果变量》获美国管理学会 2015 年组织行为领域杰出发表奖。

5 月

4 日　校团委书记倪炜获“全国优秀共青团干部”。

5 日　党委中心组在和平楼第二会议室举行“学党章党规、学系列讲话，做合格党员”专题辅导报告会。邀请中共上海市委党史研究室征编处处长、《上海党史与党建》副主编袁志平教授作“‘两学一做’：协调推进‘四个全面’的有力抓手”主题报告，校党委书记杜慧芳主持。校长曲景平，党委副书记马玉录、宋来，副校长刘昌胜、辛忠，党委常委田禾，以及党委中心组成员参加。

同日　金山区区委常委、副区长刘健一行 7 人来学校调研，并就区校合作事宜进行座谈。校党委书记杜慧芳、副校长刘昌胜会见客人。

同日　纪念“五四运动”97 周年 2016 年“青春盛典”活动在奉贤校区举行。校长曲景平出席并讲话，校党委副书记宋来、团市委学校工作部部长徐速等领导与学校 700 余名青年师生代表参加。

6 日　第 30 届体育节在奉贤校区开幕，3500 余名师生参加。校党委书记杜慧芳、校长曲景平，党委副书记马玉录、宋来，副校长钱锋、吴柏钧、刘昌胜，党委常委田禾等校领导及各学院、部门主要负责人出席开幕式。

同日　曲景平校长在奉贤校区与各学院本科生代表座谈，校党委副书记宋来主持。

10 日　校第十一届学术委员会第二次全体会议在和平楼第三会议室召开。会议审议通过了《校学术委员会章程》和学术分委员会的组建方案，讨论了学校科研综合改革总体思路和《学校自然科学类科技奖励实施办法》修订方案，听取了学校“双一流”建设有关工作的汇报。

同日　兖矿集团有限公司和学校共同申报的“高效大型水煤浆气化技术”项目获山东省科技进步一等奖。

同日　上海市教委公布 2016 年上海高校特聘教授（东方学者）入选名单，吴永真、解永权（跟踪计划）、胡爱国（跟踪计划）等 3 位教授入选（沪教委人〔2016〕40 号）。

11 日　校长曲景平、副校长刘昌胜在和平楼第三会议室会见抚顺市副市长何庆一行，双方就市校合作事宜交流。

同日 校长曲景平、副校长刘昌胜会见“华东理工大学-长龙生物壳寡糖研究中心”签约嘉宾。刘昌胜出席研究中心揭牌仪式并致辞。

12日 2016年离退休党支部书记培训班在和平楼第二会议室举行开班仪式。校党委书记杜慧芳出席并作开班动员报告，党委副书记马玉录主持。

13日 在第32届泛波罗的海大学生运动会中，学校女子乒乓球队代表中国参赛，包揽女子项目所有冠军。其中，团队夺得乒乓球女子团体冠军，郑诗畅同学获女子单打冠军，陈诗婷同学获女单亚军，王姝、黄文倩同学获女单第三名。

14日 学校举行2016年本科招生咨询活动。

16日 中共教育部党组经与中共上海市委商得一致，2016年4月28日研究决定：罗仪华同志任中共华东理工大学委员会委员、常委、副书记、纪律检查委员会书记（教党任〔2016〕64号）。

同日 药学院李洪林和生物工程学院赵黎明两位教授入选科技部中青年科技创新领军人才（国科发政〔2016〕152号）。

20日 2016年学生工作研讨会在奉贤校区召开。校党委书记杜慧芳，党委副书记宋来，相关职能部门负责人，各学院党委（党总支、直属党支部）书记、副书记，全体辅导员等参加会议。

同日 由学校和上海戏剧学院共同培育，校大学生艺术团排演的话剧《海岛来信》首次公开演出。校党委书记杜慧芳、党委副书记宋来和上海市警备区副参谋长等观看演出。

20—22日 外国语学院徐雅恬（英133班）和袁湛（英134班）2位选手分别与来自美国威廉姆特大学的辩手组队，分获第七届中国辩论公开赛冠军、二等奖。

23日 学校在和平楼第三会议室召开学科评估工作第三次会议，校长曲景平出席并讲话，副校长辛忠主持。学校已于同月5日召开第四轮学科评估参评工作启动会，并于9日召开此项工作推进会。

同日 校友马秋林被提请任命为江苏省人民政府副省长。

24日 教育部党组第五巡视组自4月20日至5月24日为期35天的巡视工作结束。

同日 外国语学院余孙文（英134班）和殷斯琦（英131班）获第19届“外研社杯”全国大学生英语辩论赛三等奖，参赛队伍获“思辨风云”奖。

26日 四川理工学院党委书记汪明义、校长庹先国一行7人来校访问。校党委书记杜慧芳会见汪明义一行。

同日 教育部直属高校基本建设规范化管理专项检查组对学校基本建设规范化管理情况进行检查，校长曲景平、党委副书记宋来等出席相关座谈会及总结会。

6月

1—7日 由科技部、国家发改委、财政部和军委装备发展部为主办单位的“十二五”科技创新成就展在北京举办。生物工程学院庄英萍教授课题组的“工业发酵绿色制造关键技术”，刘琴教授课题组研发的“大菱鲆迟钝爱德华氏菌活疫苗EIBAV 1”，李元广教授课题组研发的“海洋微生物农药和微藻能源与生物固碳、高附加值微藻产品”入选参加展览。

2—3日 由学校主办，商学院和北展商务咨询、中国化学品交易网共同承办的“2016中国石油化工发展创新论坛”在上海召开。华谊集团董事长刘训峰、巴斯夫全球高级副总裁郑大庆、上海赛科总经理吴海君、中石化九江分公司总经理覃伟中、金发科技董事长袁志敏等出席论坛。校长曲景平出席开幕式并致辞。

5日 第九届上海高校外国留学生龙舟赛在我校奉贤校区举行。来自复旦大学、上海交通大学等32所在沪高校的千余名外国留学生参加。上海市教委副主任丁晓东等市有关部门领导、我校党委副书记宋来、中国银行上海市分行副行长周和华等出席开幕式。

8日 华谊集团奖助学金颁奖仪式在和平楼第二会议室举行。华谊集团党委书记、董事长刘训峰，副总裁黄德亨，我校校长曲景平、副校长吴柏钧等出席。

14日 经2016年6月6日党委十届87次常委会讨论并票决决定：夏江雯为马克思主义学院（人文科学研究院）院长（兼）；因工作调动，免去沈炜的马克思主义学院（人文科学研究院）院长（兼）职务（校组〔2016〕16号）。

同日 上海市学位委员会公布2016年上海市增列学士学位授予专业名单，学校“景观学”专业获批（沪学位〔2016〕7号）。

15日 学校召开第十一届学位评定委员会第二十次会议。校学位评定委员会主席、校长曲景平等20位委员出席。经投票表决，同意授予156名博士研究生博士学位，1 439名硕士研究生硕士学位；会议还对2016年博士生导师遴选进行了审议，经投票表决，同意新增19名教师为博士生导师。

16日 经2016年6月6日党委十届87次常委会讨论并票决决定：李德强为审计处处长，夏春明为信息化办公室主任，陈丰为社会与公共管理学院副院长，刘晓亮为社会与公共管理学院副院长；以上同志试用期均为一年。免去王慧锋的信息化办公室主任（兼）职务，李德强的审计处副处长职务，夏春明的教务处副处长职务；因年龄原因，免去纪晓岚的社会与公共管理学院副院长职务（校组〔2016〕17号）。

17日 2016届毕业典礼暨学位授予仪式在大礼堂举行，3 764名本科生、2 397名硕士生、204名博士生顺利毕业。杜慧芳、曲景平、马玉录、罗仪华、钱锋、刘昌胜、辛忠、田禾等校领导出席典礼，曲景平以“让创新成为一种习惯”为题发表讲话，宋来主持。

同日 经2016年6月6日党委十届87次常委会讨论并票决决定：沈海涛同志任党委办公室主任（试用期一年）；万胤婕同志任社会与公共管理学院党委副书记（试用期一年）；免去沈海涛同志的党委办公室副主任职务（华委字〔2016〕38号）。

20—26日 校党委书记杜慧芳应邀率团先后访问加拿大韦仕敦大学、美国阿克伦大学以及加州大学伯克利分校，会见多伦多校友及驻多伦多总领馆教育参赞徐卫亚一行，分别看望在各校交流学习的华理学生，并在加州伯克利举行招聘会等。陪同出访的有化工学院院长赵玲、资源与环境工程学院副院长修光利、党委办公室主任沈海涛，以及国际合作与交流处处长李永生和唐纪敏。

21日 英国《泰晤士报高等教育特辑》公布2016年度亚洲大学排行榜。学校位居第63位，较去年排名上升22位。中国大陆39所高校上榜，学校排列第11名。

23日 教师招聘工作会议在和平楼第二会议室召开。27位校教师招聘工作委员会的专家，通过远程视频互动，分别面试德国、英国、日本的海外人才。这是学校首次采取视频面试的招聘方式。

29日 学校庆祝中国共产党成立95周年大会在逸夫楼报告厅举行。校党委书记杜慧芳，校长曲景平，校党委副书记马玉录，校党委副书记、纪委书记罗仪华，校党委副书记宋来，副校长刘昌胜、辛忠以及全体中层干部、基层党组织代表、民主党派代表等280余人出席会议。曲景平主持会议。

同日 经2016年6月17日党委十届89次常委会讨论并票决决定：李建奎为理学院院长（试用期一年），龚尚庆为理学院副院长（试用期一年）；免去鲁习文的理学院院长（兼）职务（校组〔2016〕18号）。

30日—7月7日 校长曲景平应邀率团访问英国诺丁汉大学、牛津大学，德国勃兰登堡工业大学、柏林工业大学，并拜访我国驻英国及德国使馆教育处。陪同出访的有校办主任王爱祥、生物工程学院院长庄英萍、中德工学院院长吴唯等。

7月

1日　中共中央举行庆祝中国共产党成立95周年大会，校党委中心组成员在和平楼第二会议室集中观看网络直播。

同日　校第二十期青年干部培训班结业典礼在和平楼第二会议室举行。校党委书记杜慧芳出席并发表题为“学以致用、敢于担当”的讲话，马玉录主持。

同日　校党委书记杜慧芳、党委组织部部长陈麒出席理学院教师干部大会。会议宣布学校党委和校部关于理学院院长、副院长调整的决定：任命李建奎为理学院院长，龚尚庆为理学院副院长，免去鲁习文理学院院长职务。陈麒主持会议。

3—8日　第十六届国际催化大会在北京国家会议中心举行。化工学院周兴贵教授课题组青年教师段学志博士，因在金属-炭催化研究领域出色的研究工作——“Maximizing Reactivity and Durability of Platinum-Carbon Composite Catalysts”，获评国际催化联合理事会“青年科学家奖”。

8日　以2013级为主体的133个班级近3 800名学生，从奉贤校区平安搬到徐汇校区。

11日　教育部党组第五巡视组向学校反馈4月20日至5月24日的巡视情况。教育部党组第五巡视组组长徐大平、教育部巡视工作办公室副主任牛燕冰、巡视组副组长王子镐出席反馈大会。校党委书记杜慧芳作表态发言，校长曲景平主持。教育部巡视工作办公室有关同志，学校领导班子全体成员、党委委员、纪委委员、学校中层正职、部分教师学生代表参加。

13日　学校党委在和平楼第三会议室召开第十届90次党委常委会，集中学习习近平总书记在庆祝中国共产党成立95周年大会上的讲话，校党委书记杜慧芳主持。

22日　由商学院李英教授指导，学生周瑞琪、杨璐铭、陈妍茜、毛谦昂组队的参赛项目“‘能量帮’一站式电动汽车车主服务App”获第六届全国大学生电子商务“创新、创意及创业”总决赛一等奖。

23—26日　在第九届“高教杯”全国大学生先进成图技术与产品信息建模创新大赛中，由机械与动力工程学院学生戚昊晨、郑文龙、吴荣耀、郑枫弋、任和、王新平6人组成的代表队，在郭慧和马惠仙老师的指导下，获团体一等奖、6项个人全能一等奖、2项作品二等奖；两位老师获优秀指导教师一等奖。

24日　校党委副书记、纪委书记罗仪华同志，因突发疾病，抢救无效，于凌晨5时去世，享年53岁。

28日　在第七届全国大学生机械创新设计大赛中，由机械与动力工程学院马新玲老师指导的2项作品均获奖。其中，贺明明、严武林、谢佳智、周锦煜、赵开国等学生的作品《智能化硬币纸币联合分拣装置》获一等奖；陈泽坤、希尔艾力、张天宇、戚昊晨、艾孜买提等学生的作品《多捻轮式六通道智能化纸币分拣装置》获二等奖。

29—30日 英国皇家科学院院士、牛津大学 Donald Pollock 终身教授崔占峰先生一行访问学校生物反应器工程国家重点实验室。29日，曲景平校长会见崔占峰教授一行。

7月30日—8月2日 “锅检杯”第七届全国大学生过程装备实践与创新大赛颁奖及作品展示会在西安交通大学举行。机械与动力工程学院黄昊、黄艺卉、陈韬、张邱威、秦佳怡等学生的作品“仿生水母式海上溢油回收装置”（指导教师：潘家祯）和李长青、李思宽、黄超、余婷等学生的作品“智能型双爆破片组合泄放装置”（指导教师：惠虎）获特等奖；曹鹏飞、王大伟、魏怡飞等学生的作品“低温超导磁分离污水处理系统关键技术研究”（指导教师：王学生），贺明明、严武林、谢佳智、周锦煜、赵开国等学生的作品“智能化人民币分拣装置”（指导教师：马新玲）获二等奖。同时，学校获优秀组织奖，潘家祯和惠虎两位教授获优秀指导教师奖。

7月 王辅臣、朱为宏、杨弋、汪华林、轩福贞等5位教授入选第二批国家“万人计划”科技创新领军人才（组厅字〔2016〕37号）。

8月

4—10日 在俄罗斯举行的第十四届“歌唱世界”国际合唱艺术节中，校大学生艺术团伊卡斯特合唱团（ECUST Choir）揽获5项大奖：摘得混声组冠军，获本次国际合唱艺术节的最高荣誉；首次分男女声部参赛分获同声男声组亚军和同声女声组亚军；俄文歌曲《原始森林》获评委会专项奖之“俄罗斯作曲家作品最佳演绎奖”；女声组的中国结演出服获评委会专项奖之“最佳服装奖”。

5日 副校长吴柏钧一行赴奉贤区交流科技园共建合作。奉贤区委副书记、代区长华源，奉贤区副区长姚卫华，奉贤区副巡视员汪鸣等领导携区府办、经委、教育局、科委等相关部门负责人接待吴柏钧一行。科研院常务副院长朱学栋、华理科技园副总经理谢传刚等参加会谈。

15日 “2016软科世界大学学术排名”正式发布，学校位列世界第391名。这是学校继进入泰晤士高等教育（THE）世界前500强、上海交大“世界大学学术排名”和“QS世界大学排名”500强之后的又一重大进步。

19日 教育部网站刊登题为“华东理工大学构建‘四位一体’艺术教育体系”的文章，专题报道学校构建艺术教育体系工作。

22日 第十届中国青少年科技创新奖颁奖大会在人民大会堂举行。学校的计算化学团队被授予全国“小平科技创新团队”称号，获中国青少年科技创新奖励基金资助。

同日 严怀成教授入选2016年度“曙光计划”（沪教委科〔2016〕60号）。

26日 国家环保部公布第二批全国环境保护专业技术人才评选结果。资源与环境工程学院于建国教授入选国家环境保护专业技术领军人才，李辉研究员入选国家环境保护专业技术青年拔尖人才。

8月 由信息科学与工程学院学生倪光耀、郑兵兵、王欣组成，朱煜老师指导的“Hello World”团队获“华为杯”第十一届中国研究生电子设计竞赛一等奖。

同月 科技部高技术研究发展中心发布《关于国家重点研发计划重点基础材料技术提升与产业化重点专项2016年度项目立项的通知》（国科高发计字〔2016〕18号）。学校作为牵头单位、化工学院赵玲教授负责的“聚合物材料的轻量化技术”获批立项，项目总经费8 600万元，其中中央财政经费3 100万元。

同月 在第九届中国大学生计算机设计大赛中，学校获1项一等奖、4项二等奖、7项三等奖和优秀组织奖。其中，由俞哲轩等3名学生完成、文欣秀老师指导的“Chembook化学助手”获一等奖。

同月 由信息科学与工程学院学生黄家豪、颜世福组成的代表队，在王华忠、孙京诰老师的指导下，获第四届“AB杯”全国大学生自动化系统应用大赛总决赛一等奖。

8月 2016年国家自然科学基金项目评审结果揭晓。在已公布结果的项目中，学校共获立项项目112项。其中，创新研究群体项目1项、优秀青年基金项目5项、重点项目2项、重点国际（地区）合作研究项目2项、面上项目69项、青年科学基金项目33项，资助金额（直接经费）共计7 122.5万元。

同月 校参赛队Emoji团队在指导教师许志美、顾雄毅、李瑞江的带领下，荣获2016年“东华科技-陕鼓杯”第十届全国大学生化工设计竞赛全国总决赛特等奖。

9月

3日 2016级4100余名本科新生报到入学。校长曲景平，党委副书记宋来，副校长刘昌胜、辛忠到迎新现场指导工作。

4日 2016级学生军训动员大会在奉贤校区体育场举行。军训团政委、校党委副书记宋来，军训团团长、上海警备区海防二旅副政委李多瑜上校和其他团部领导出席。

5 日 曲景平校长在和平楼第三会议室会见来访的上海化工研究院院长李良君一行。

同日 中共教育部党组经与中共上海市委商得一致，2016 年 8 月 23 日研究决定：陈麒同志任中共华东理工大学委员会常委、副书记，胡宝国同志任中共华东理工大学委员会委员、常委；免去马玉录同志的中共华东理工大学委员会副书记、常委职务（教党任〔2016〕128 号）。

同日 教育部 2016 年 8 月 23 日研究决定：任命胡宝国同志为华东理工大学副校长（教任〔2016〕55 号）。

6 日 世界权威大学排名机构 QS 公司发布“2016—2017 年 QS 世界大学排名”。学校排名第 476 位，位列中国大陆第 21 名，比去年上升 3 名。

同日 2016 级 2 900 余名研究生新生报到入学。

7 日 校长曲景平到奉贤校区了解和指导学生军训工作，并慰问承训官兵和参训教师。

7—8 日 学校召开首轮“一流学科”建设项目评审会，辛忠副校长主持，田禾院士担任评审专家组组长。副校长钱锋、吴柏钧、刘昌胜作为评审专家出席，参加本次评审会的还有胡英院士、袁渭康院士、钱旭红院士等共 26 位专家，对 19 个申报学科进行评议。

8 日 上海软科发布 2016 年世界大学学科领域排名。学校在理科领域排名中位列世界第 151—200 名，在进入世界 200 强的 19 所中国内地大学中位列 15 位；在工科领域排名中进入世界第 101—150 名，在进入世界 200 强的 42 所中国内地大学中位列 24 位。

同日 机械与动力工程学院安琦教授获“2016 年度上海市教书育人楷模”提名奖。

9 日 学校决定，以首任校长张江树教授的名义设立“张江树教学名师奖”。“张江树教学名师奖”每两年评选一次，设特等奖 1 名、一等奖 2 名、二等奖 6 名。对获得特等奖的教师授予荣誉证书，并颁发奖金人民币 50 万元/人；获得一等奖和二等奖的教师，授予荣誉证书，并分别颁发奖金人民币 10 万元/人和 5 万元/人（校教〔2016〕67 号）。

10 日 2016 级新生开学典礼在奉贤校区举行。杜慧芳、曲景平、马玉录、宋来、吴柏钧、刘昌胜、辛忠、田禾等校领导出席。各学院、相关职能部处负责人、教师代表及 4 090 名本科新生和 2 957 名研究生新生参加。校长曲景平作题为“梦想从学习开始”的讲话。宋来副书记主持。

13 日 2016 级学生军训总结表彰大会在奉贤校区举行，校党委副书记宋来出席并讲话。上海警备区党委常委、后勤部部长王锦飞大校，上海警备区海防二旅旅长钱俊大校等领导应邀出席。

19 日 2016 年秋季学期干部大会在徐汇校区召开。校党委书记杜慧芳主持并讲话，校长曲景平作工作报告。会上，杜慧芳宣读《中共教育部党组关于陈麒等同志职务任免的通知》和《教育部关于胡宝国任职的通知》。校领导班子成员、校党委委员、校纪委委员、副处级以上干部、部分高层次人才代表和民主党派代表参加会议。

同日 马克思主义学院入选第二批上海高校示范马克思主义学院建设单位，建设周期为3年（沪教委德〔2016〕23号）。

20日 校洁净煤技术研究所团队获“2016感动上海年度人物”提名奖。

22日 校长曲景平出席上海化工研究院60周年院庆活动及科创节“化工科技创新发展论坛”。

同日 中国石油和化学工业联合会会长李寿生、副秘书长胡迁林一行来校交流访问。校长曲景平会见来宾，副校长刘昌胜陪同参观实验室。

同日 应田禾院士之邀，国家杰青、北京大学王剑波教授来校作学术交流和访问。校长曲景平会见王剑波教授。

24日 校长曲景平出席由科技部和上海市政府共同主办的2016浦江创新论坛主宾国论坛，发表题为“面向国家重大需求的科技创新”的演讲并参加互动对话等活动。

30日 学校举办“华理-申能能源大数据研究中心”成立仪式暨大数据产业发展趋势研讨会。校长曲景平出席并参加揭牌仪式，副校长刘昌胜致辞，上海市经济和信息化委员会副主任邵志清，申能（集团）有限公司总经理吴建雄、副总经理朱宗尧，万达信息股份有限公司副总裁李光亚等嘉宾参加成立仪式及研讨会。信息科学与工程学院院长杜文莉主持研讨会。

同日 2016年新进教职工岗前培训开班典礼在和平楼第二会议室举行。校长曲景平出席并讲话，副校长钱锋主持。

9月 由信息科学与工程学院学生戴鑫、卢伟鹏和陈裕如组成，杜红彬老师指导的参赛队获2016年第十一届“恩智浦”杯全国大学生智能汽车竞赛摄像头组二等奖。

同月 在2016年“西门子杯”中国智能制造挑战赛全国总决赛中，由信息科学与工程学院学生于慧晶、曹文康、黄昊杰组成，孙京诰老师指导的“华理一组”队获过程控制赛二等奖；由学生罗廷慧、陈思青组成，郭丙君老师指导的的代表队获运动控制赛三等奖。

同月 由信息科学与工程学院应宇晖、郑宇欣、李健舒等3名学生组成的“进击的探索小分队”，在孙京诰老师的指导下，获第三届“台达杯”高校自动化设计大赛全国三等奖。

10月

9日 近2 000名离退休教职工返校欢度重阳节。

同日 经 2016 年 9 月 26 日党委十届 94 次常委会讨论并票决决定：曹宵鸣为国际合作与交流处副处长，徐首红为化学与分子工程学院副院长，钟伟民、万永菁为信息科学与工程学院副院长（试用期均为一年）；免去牛玉刚、刘漫丹的信息科学与工程学院副院长职务（校组〔2016〕23 号）。

10 日 中共徐汇区委书记鲍炳章一行来校访问。校党委书记杜慧芳，校长曲景平，党委副书记陈麒，副校长吴柏钧、刘昌胜、辛忠、胡宝国参加交流。

11 日 第十二届校学位评定委员会第一次会议在和平楼第二会议室召开。校学位评定委员会主席、校长曲景平主持。经学位评定委员会投票表决，同意授予 53 名博士研究生博士学位、121 名硕士研究生硕士学位。

17 日 聊城市市长宋军继、副市长郭建民、政府秘书长高洪岩、副秘书长王福祥、科技局局长张同奇等一行来校交流考察。校党委书记杜慧芳、副校长刘昌胜在和平楼第三会议室会见来宾并座谈。

20 日 全国深化教育督导改革暨第十届国家督学聘任工作会议在北京召开。资源与环境工程学院于建国教授受聘为国务院教育督导委员会第十届国家督学。

22 日 学校科技创新大会在逸夫楼报告厅召开。校党委书记杜慧芳，校长曲景平，校党委副书记陈麒，副校长钱锋、吴柏钧、刘昌胜、辛忠、胡宝国，校长助理张彦铎，各职能部处、学院、重点科研基地的主要负责人，知名教授、青年教师等近 300 人参会。杜慧芳致辞，曲景平总结讲话，刘昌胜、吴柏钧分别作自然科学和人文社会科学工作报告。自然科学基金委副主任高瑞平、科技部创新司副司长张旭、上海市科委总工程师傅国庆、中石化科技部主任谢在库分别作报告。

同日 近千名 1986 届校友返校参加活动，副校长吴柏钧出席并致欢迎辞。校党委书记杜慧芳、校长曲景平、副校长吴柏钧和辛忠会见中石油总裁章建华、上海市黄浦区区长杲云、华谊集团董事长刘训锋等校友代表。同日，还举行了 1986 届校友修缮“青春桥”开通揭幕仪式。

24 日 全国学生资助管理中心公布 2015 年度学生资助工作绩效考评结果。学校获评优秀，在参评高校中排名第 10 位（教助中心〔2016〕145 号）。

27 日 经 2016 年 10 月 17 日党委十届 95 次常委会讨论并票决决定：王跃为体育科学与工程学院院长，叶心明为体育科学与工程学院副院长（试用期一年）；免去王跃的体育科学与工程学院常务副院长职务（校组〔2016〕25 号）。

28—30 日 第六届“国药工程杯”全国大学生制药工程设计竞赛全国总决赛在中南大学举

行。由药学院2013级制药工程专业学生组成的“6的三次方”和“药要灵”团队分获一等奖和二等奖，指导教师为罗晓燕、赵建宏和刘宏伟。

29日 近千名毕业20周年的1996届校友返校参加活动，副校长吴柏钧出席并致辞。

30日 第十届“校庆杯”教工龙舟赛在奉贤校区举行。后勤、机关、产业工会3支参赛队分获冠、亚、季军。

同日 徐永祥教授当选第六届中国社会工作教育协会会长，何雪松教授当选协会副秘书长。

11月

1日 经2016年10月17日党委常委会讨论并票决决定，并报中共上海市教育卫生工作委员会批准同意：王慧锋同志任校党委组织部部长，免去陈麒同志的校党委组织部部长职务（华委字〔2016〕72号）。

同日 教育部网站刊登题为“华东理工大学扎实做好学生就业创业工作”的简报，专题报道学校就业创业相关工作。

1—5日 第十八届中国国际工业博览会在国家会展中心举行。学校11个项目参展并获多个奖项。其中，资源与环境工程学院刘海峰领衔的“SE粉煤加压气化技术”项目获创新金奖，信息科学与工程学院叶贞成领衔的“苯乙烯生产过程节能降耗运行优化技术”项目获创新银奖，机械与动力工程学院易建军领衔的“一种具有物联网功能的新型多功能电动手术床”获中国高校展区优秀展品二等奖，校友、紫霄智能科技（上海）有限公司曾明树的大学生创业项目“远距离无线充电技术”被评为中国高校展区优秀创新创业项目；学校连续第11次获优秀组织奖，产业处姚磊老师获先进个人奖。

4日 由学校举办的第八届光致变色国际会议在逸夫楼办公厅开幕，包括2016年诺贝尔化学奖得主Ben L. Feringa教授在内的250余位世界各地学者与会。开幕式由大会主席田禾院士主持，副校长刘昌胜出席并致辞。会议于7日上午闭幕。

同日 2016年新生运动会在奉贤校区举行。副校长辛忠出席开幕式并致辞。

5日 2016年诺贝尔化学奖得主Ben L. Feringa教授受聘为校名誉教授，校长曲景平为其颁发聘书并佩戴校徽，副校长刘昌胜和校学术委员会主任、党委常委田禾院士出席受聘仪式。

9日 校党委书记杜慧芳在和平楼第三会议室会见阳泉市委书记陈永奇，市委常委、市委秘书长巩成，市长助理、煤炭工业局局长呼亚民等一行座谈交流，校党委副书记陈麒主持。

10日 甘肃省高校校长团一行9人来校调研访问，并就学科建设、创新创业教育改革、人才培养及科技创新等问题交流座谈。副校长胡宝国主持，副校长吴柏钧、校长助理张彦铎等出席座谈会。

11 日　应副校长刘昌胜邀请，中国科学院院士、清华大学副校长薛其坤来校参加科技创新论坛，并作题为“清华科技创新——改革与探索”的报告。校党委书记杜慧芳会见来宾，刘昌胜参加会见并主持论坛。

14 日　经 2016 年 11 月 6 日党委十届 96 次常委会讨论并票决决定：周建国同志任法学院党总支委员、副书记（试用期一年）（华委字〔2016〕75 号）。

16 日　上海市区、乡镇两级人大代表换届选举投票日。学校下午停课，全体师生参加选举。

同日　经 2016 年 11 月 6 日党委十届 96 次常委会讨论并票决决定：修光利任资源与环境工程学院院长（试用期一年），周登谅任法学院副院长（试用期一年）；免去刘勇弟的资源与环境工程学院院长职务，修光利的资源与环境工程学院副院长职务，于杨曜的法学院副院长职务（校组〔2016〕29 号）。

18 日　学校举办首届国际文化节。在以“我们是一家人（We are family）”为题的文化节现场，来自 23 个国家近百名留学生搭建了 20 个展台，展示各国文化、服饰、工艺品和美食等。

21 日　资源与环境工程学院召开教师干部大会，宣布学校党委和校部关于资源与环境工程学院院长任免的决定：任命修光利为资源与环境工程学院院长（试用期一年）；免去刘勇弟资源与环境工程学院院长职务，修光利资源与环境工程学院副院长职务。校党委书记杜慧芳出席，党委副书记陈麒主持会议。

同日　教育部网站刊登题为“华东理工大学‘三心工程’做好学生资助工作”的简报，专题报道学校学生资助工作的经验和做法。

28 日　校长曲景平在徐汇校区和平楼第三会议室主持召开院长座谈会，围绕学科建设、人才培养、科学研究等方面展开研讨。

29 日　经 2016 年 11 月 21 日党委十届 97 次常委会讨论并票决决定：柴华同志任党校常务副校长（正处级）（兼）（试用期一年），免去张攀同志的党校副校长（兼）职务（华委字〔2016〕77 号）。

11 月　全国哲学社会科学规划办公室公布 2016 年度国家社科基金重大项目立项名单。社会与公共管理学院徐永祥教授团队“中国特色社会体制改革与社会治理创新研究”（16ZDA078），张广利教授团队“特大城市社会风险系统治理研究”（16ZDA083），何雪松教授团队“社会治理背景下我国社会工作行动本土化理论框架与实践体系研究”（16ZDA084）等三个项目获准立项。

同月 由副校长辛忠教授主持、徐心茹等教授参与完成的“标准建设，深改推动，质量监督——化学工程专业学位研究生培养体系构建与实效”项目获第二届中国学位与研究生教育学会研究生教育成果二等奖。

同月 理学院教师杨勤民获全国高校数学微课程教学设计竞赛二等奖。

12 月

2 日 校党委书记杜慧芳主持召开党委十届十次全委（扩大）会议，开展二级党组织书记抓基层党建述职评议工作。

同日 校党委书记杜慧芳在和平楼第三会议室会见青岛市崂山区委书记、区长江敦涛一行，就华理青岛研究院的建立进行洽谈，副校长吴柏钧主持洽谈会。

5 日 校党委常委召开专题学习研讨会，学习领会十八届六中全会精神。马克思主义学院杜仕菊教授作题为“开启全面从严治党的新境界——学习领会党的十八届六中全会精神”的辅导报告。校党委书记杜慧芳主持研讨会。

8—10 日 以信息化办公室房一泉老师为领队，郭玉娇、金毅老师及学生龚哲凡、周博东、李凌威组成的 6 人参赛团队获全国高校网络信息安全管理运维挑战赛全国第四名（三等奖）、华东第二名（二等奖）、上海第一名。

9 日 经 2016 年 12 月 5 日党委十届 98 次常委会讨论并票决决定：辛忠为创新创业教育中心主任（兼）；阎海峰（兼）、司忠业、岳海洋（兼）、倪炜（兼）、黄婕（兼）、龚学庆（兼）、夏春明（兼）、姚磊（兼）为副主任（校组〔2016〕31 号）。

11 日 药学院李剑教授获“药明康德生命化学学者奖”。

12 日 校党委书记杜慧芳主持召开十届第 99 次党委常委会，专题传达学习全国高校思想政治工作会议精神和习近平总书记重要讲话精神，研究部署贯彻落实工作。

20—26 日 第 21 届全国大学生乒乓球锦标赛在河北迁安举行。学校代表队包揽男女团体冠军；单项比赛中，任浩、孙晨获混双冠军，王麒凯、夏易正获男双季军，王麒凯获男单季军，王姝、周昕彤分获女单亚、季军。另外，孙晨、王麒凯获“体育道德风尚运动员”称号，学校被评为“体育道德风尚”集体。

24—25 日 2017 年研究生入学考试举行。学校考点设 83 个考场，约 2 500 名考生考试。副校长辛忠全程指挥考务工作。

26—27日 校长曲景平、副校长钱锋带队赴寻甸，围绕县域经济发展重点问题开展调研，推进定点扶贫工作。校办、招办、网络教育学院、继续教育学院、商学院等负责同志参加。

28日 上海华东理工大学教育发展基金会理事会二届三次会议召开。杜慧芳主持，吴柏钧出席。会议审议通过《基金会2016年工作报告》，并对明年的工作重点进行探讨研究。

同日 校长曲景平赴奉贤校区召开学生干部座谈会，胡宝国出席。

12月 田禾院士获法国化学会“中法化学讲座奖”（China-France Chemistry Lectureship A-ward）。

同月 QS发布2017全球大学毕业生就业能力排名。学校进入全球200强，位列大陆高校第11名。